Sommaire

2   Carte des Principales curiosités

11   Introduction au voyage

12   Le paysage

22   L'histoire

31   L'art

56   La table

58   Grands itinéraires de tourisme

62   Grandes stations et manifestations

69   Villes et curiosités

385   Renseignements pratiques

386   Pour préparer son voyage

388   Des vacances originales

392   La Gastronomie

394   Bibliographie pratique

395   Petite Filmographie

396   La France en fête

401   Conditions de visite

445   Index

D0308673

RÉGIONS ADMINISTRATIVES

1 Alsace
2 Aquitaine
3 Auvergne
4 Bourgogne
5 Bretagne
6 Centre
7 Champagne-Ardenne
8 Corse
9 Franche-Comté
10 Ile-de-France
11 Languedoc-Roussillon
12 Limousin
13 Lorraine
14 Midi-Pyrénées
15 Nord-Pas-de-Calais
16 Basse-Normandie
17 Haute-Normandie
18 Pays de la Loire
19 Picardie
20 Poitou-Charentes
21 Provence-Alpes-Côte d'Azur
22 Rhône-Alpes

Principales curiosités

Signes conventionnels

Vaut le voyage ★★★		
	═══	Autoroute ou assimilée
Mérite un détour ★★	⎯	Route de grand tourisme
	●	Localité décrite
Intéressant ★	✝	Édifice religieux
	⋈	Château

♣	Ruines
⌒	Grotte
♦	Site préhistorique
▲	Curiosités diverses

0   50 km

Cette carte situe les villes et curiosités classées par ordre alphabétique, les sites les plus importants qui leur sont rattachés et les grandes stations.

Le guide mentionne en outre d'autres localités, monuments, souvenirs historiques ou sites naturels illustres : consultez l'index.

De	in Deutsch
En	in English
Es	en Español
Fr	en Français
It	in Italiano
Ne	in het Nederlands
Po	em Português

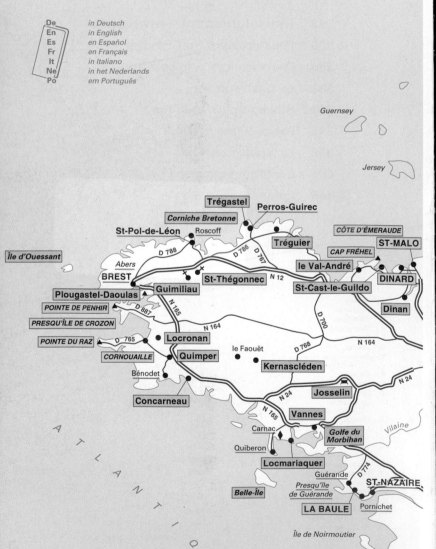

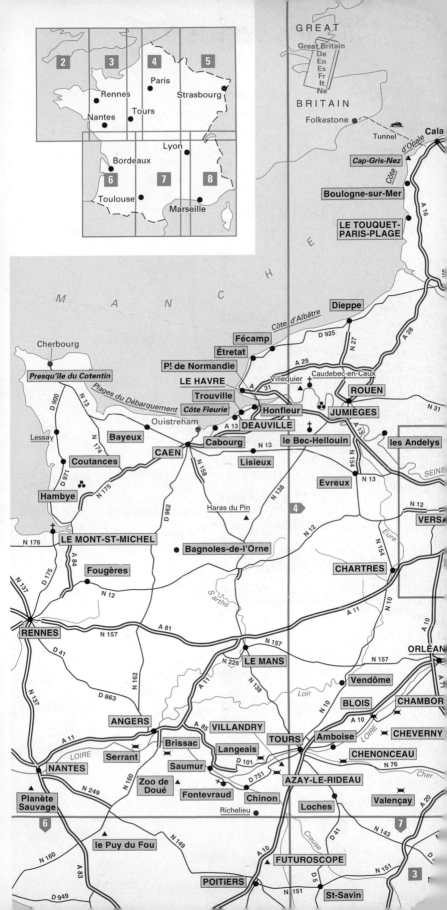

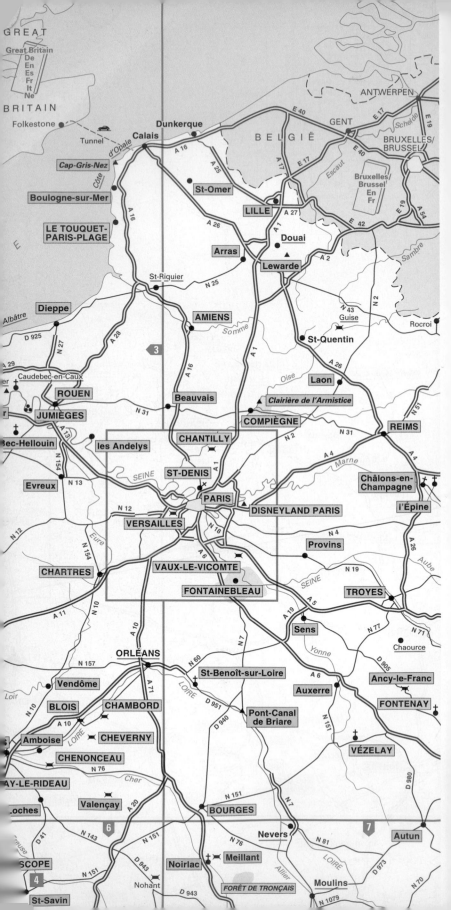

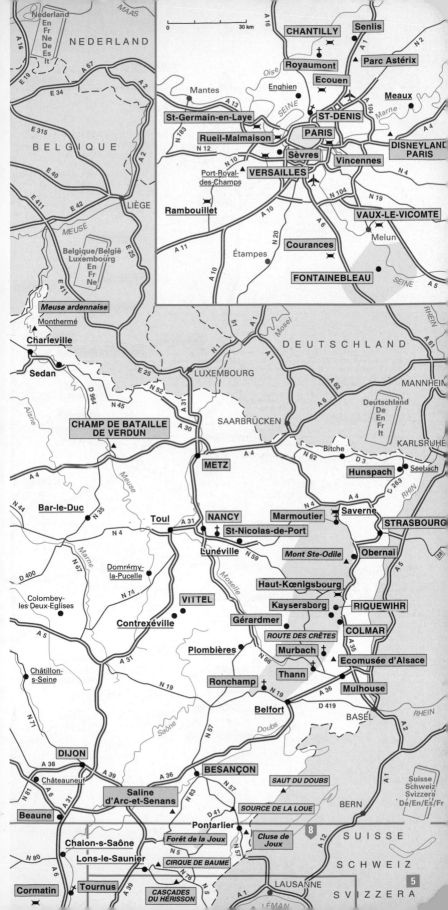

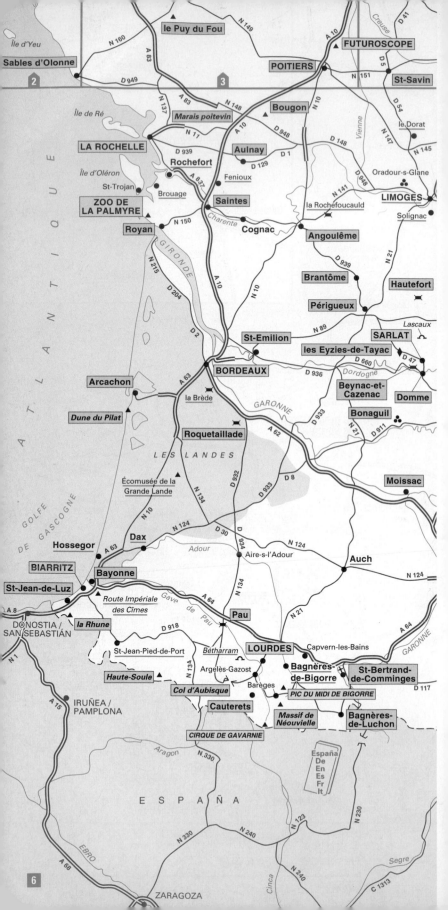

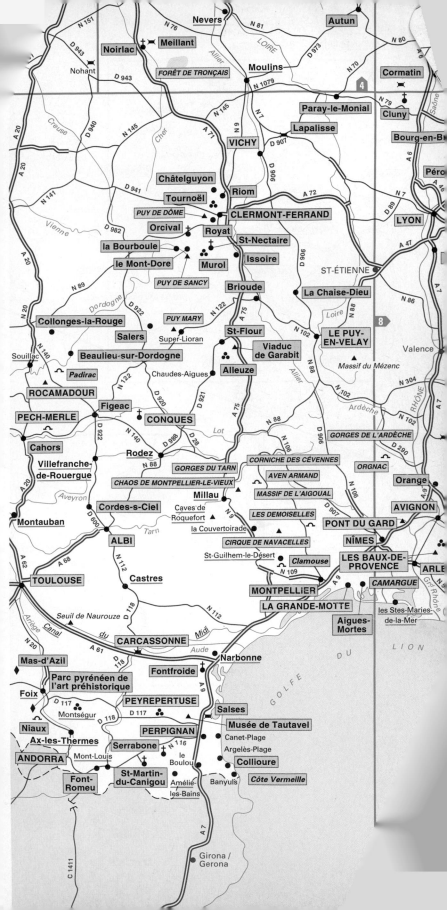

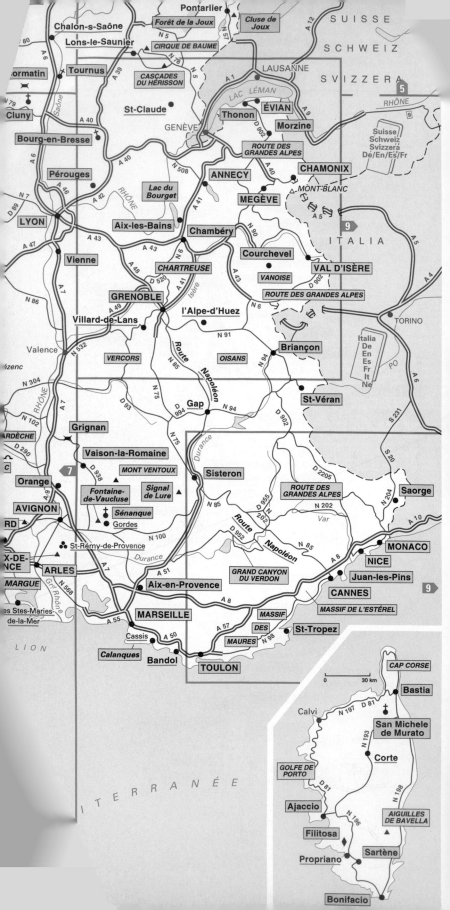

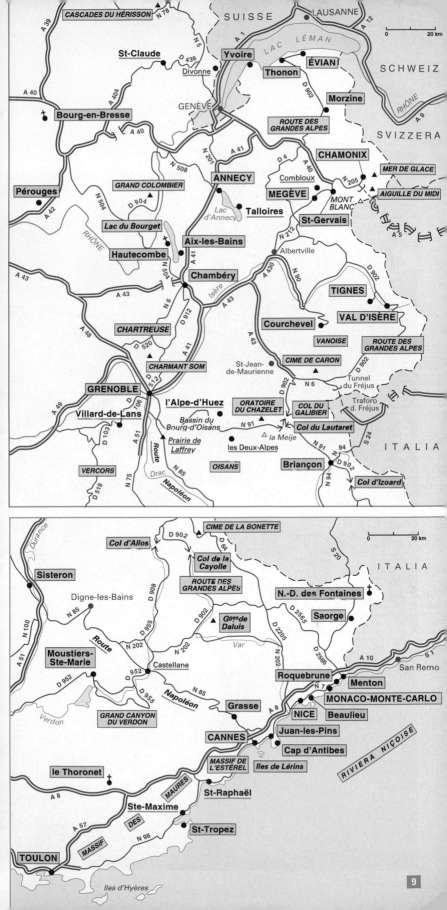

Introduction
au voyage

G. Gauthier/PIX

11

Le paysage

A l'extrémité occidentale du continent européen, l'histoire géologique a engendré une diversité de paysages – eux-mêmes liés à la nature des sols, à l'action des éléments, à l'étagement naturel de la végétation – qui offre un plaisir raffiné et sans cesse renouvelé à qui parcourt la France et sait l'observer.

Paris : vingt siècles d'urbanisme

Paris est née des îles qui facilitaient la traversée de la Seine sur la grande voie Nord-Sud devenue les rues St-Martin et St-Jacques croisant la route fluviale ; la Lutèce gauloise se limitait à l'île de la Cité. Elle doit son rôle politique au choix que firent d'elle les Capétiens pour leur capitale et son rayonnement au talent des écrivains, compositeurs, artistes, au travail des savants, à l'œuvre des hommes d'État et des administrateurs qui y ont exercé leur activité. L'urbanisme Renaissance et classique fait le charme du Marais où l'hôtel particulier à la française prit sa physionomie.

La pyramide du Louvre : vue de nuit avec l'Arc du Carrousel

A. Wolf/EXPLORER

Au milieu du 19e s., sous l'impulsion du baron Haussmann, le cœur de la ville et les villages ruraux qui la ceinturaient furent remodelés. Les lieux d'habitation, de travail, de loisirs, de commerce furent disposés selon une ordonnance raisonnée, plus harmonieuse et plus économique que par le passé ; des quartiers nouveaux, de grands axes furent créés en même temps que l'activité se différenciait par secteurs. Le Second Empire et la IIIe République marquent de leur empreinte la Voie Triomphale. Depuis 1945, sous l'influence entre autres de Le Corbusier, l'esthétique architecturale connaît un renouveau : Unesco (1957), Palais de la Défense (CNIT) (1958), Maison de la Radio et de la Télévision (1963), Tour Montparnasse (1973), Palais des Congrès (1974). Les années qui suivent verront cette tendance se confirmer avec la construction, au centre de Paris, de quelques monuments phares, œuvres des plus grands architectes du moment : le Palais Omnisports de Bercy (1984), la Cité des sciences et de l'industrie ainsi que la Géode à la Villette (1986), l'Opéra Bastille (1989), la Grande Arche de la Défense (1989), la Pyramide du Louvre (1989), le ministère des Finances à Bercy (1990), l'aile Richelieu (1994), étape importante du projet « Grand Louvre » (1981-1998), la Cité de la musique à la Villette (1995), la Bibliothèque de France (1996).

Ile-de-France, une ceinture de forêts et de rivières

De grands massifs forestiers (Fontainebleau, Rambouillet, qui comptent parmi les plus belles forêts de France, Chantilly, Ermenonville, Halatte) et de belles rivières serpentant dans des vallées verdoyantes (l'Oise tranquille, la Marne capricieuse, la Seine majestueuse) font la parure des environs de Paris (le Bassin parisien) opulent territoire agricole qu'illustrent les noms du Vexin, du Valois, de la Brie, du Gatinais, de la Beauce, du Hurepoix et du Mantois. Deux chiffres soulignent le poids industriel de la région : sur 2,2 % du territoire travaillent 22 % de la population active.
En outre, la proximité du pouvoir politique a valu à l'Ile-de-France ses admirables monuments dont bon nombre subsistent de nos jours, chefs-d'œuvre des époques Renaissance et classique. A côté des plus grands châteaux, la nature a été aménagée, par des maîtres de l'art paysager, en parcs et jardins.

Val de Loire, « Jardin de la France »

Pays de grâce paisible, le Val passe pour la région la plus éminemment française. Les pépinières et les roseraies de l'Orléanais, les halliers de Sologne où de tout temps chassèrent nos gouvernants, les maisons troglodytiques de Touraine, l'ardoise fine et la douceur angevine chères à du Bellay se succèdent le long de la nonchalante Loire.
Nonchalante, du moins depuis que la concurrence du chemin de fer a ruiné, au siècle dernier, l'activité du chemin d'eau. Durant cinq siècles, en effet, la Loire a apporté la vie au pays comme grande voie de transit encore améliorée en 1642 par la mise en service du canal de Briare. Tout le long du fleuve les villes conservent la marque de cette activité : **Gien** (65 2), reconstruite, où, de berrichon, le fleuve devient solognot à hauteur du pont que franchit Jeanne d'Arc en se rendant de Vaucouleurs à Chinon ; **Châteauneuf** (64 10), grand centre de mariniers ; **Orléans**, principal entrepôt de marchandises et port de voyageurs lors de la grande batellerie ; plus en aval Blois, Tours, Langeais, Saumur. L'éperon de grès siliceux de **Sancerre** (65 12) porta probablement le château de Robert le Fort.

Bretagne : l'attrait de la mer

La zone maritime bretonne, l'**Armor**, offre l'infinie variété de la côte, déchiquetée par une mer « qui bouge » : une poussière d'écueils, des baies immenses et des anses étroites, d'admirables « bouts du monde », le spectacle des vagues sans cesse recommencé, le cycle des marées réglant la vie des pêcheurs dans les estuaires. L'intérieur, l'**Argoat**, reste une terre de légendes et de foi. Les monts d'Arrée et les Montagnes Noires enserrent la région du lac de Guerlédan et le bassin de Châteaulin. Aux premiers se rattachent le Ménez (mont) Bré et les sites forestiers des rochers d'Huelgoat, la montagne St-Michel et le roc Trévezel ; aux secondes le **Ménez Hom** qui domine la baie de Douarnenez et le plateau du Finistère.
Partout, de beaux monuments de granit retiennent l'attention : menhirs, dolmens, châteaux, cathédrales, villes anciennes, maisons rurales, calvaires, fontaines.
De l'embouchure de la Loire à la vallée de l'Aulne, le pays de Nantes, la Grande Brière, les marais salants et la presqu'île de Guérande, les landes de Lanvaux, la Cornouaille composent l'intérieur d'un littoral, la **Côte de l'Atlantique**, dont les ports, les stations balnéaires, les bourgs pittoresques, les sites marins (golfe du Morbihan, presqu'île de Crozon) font l'originalité.
De Fougères et du bassin de Rennes au grand port de Brest et à l'île d'Ouessant, sur la **Côte de la Manche**, le particularisme breton s'individualise dans les vieux terroirs du Guildo, du Penthièvre, du Trégor et du pays de Léon où se succèdent des villes historiques (Guingamp, Morlaix, Tréguier), des stations élégantes, des corniches marines. Alors que des caps et des promontoires (cap Fréhel, pointe St-Mathieu) grandioses s'avancent en mer, battus par les flots, la vallée de la Rance et les estuaires des abers sont envahis par la mer à marée haute.

La verdure normande

Le paysage normand traditionnel est célèbre pour ses collines boisées et ses frais vallons où l'aimable silhouette d'un château ou d'un manoir apporte une note d'opulence et d'ordre. La floraison architecturale aux époques romane et gothique s'y est manifestée dans de célèbres abbayes et dans d'admirables cathédrales. En **Basse-Normandie**, la presqu'île du **Cotentin** évoque la Bretagne par l'austérité de ses paysages granitiques, la vie maritime de ses petits ports et l'amplitude des marées dans la baie du Mont-St-Michel. Le bocage séduit par ses chemins creux, ses champs cloisonnés, ses hameaux dispersés, ses herbages plantureux cernés de haies méticuleusement entretenues, ses vergers de pommiers dont la floraison en avril-mai est un enchantement. De grands massifs forestiers font la parure végétale de la province. Les modes et les jeux ont bien changé depuis que Marcel Proust contemplait Albertine jouant au diabolo, mais les plages normandes font toujours le bonheur de la jeunesse. La **vallée de la Seine** est le grand axe des échanges de la **Haute-Normandie**, tout entière tournée vers Rouen, la ville-musée. Le pays d'Auge, bocage de luxe, y règne par son cidre, son « calvados », ses prestigieux fromages et l'élégance de ses manoirs. Au Nord du fleuve, le pays de Caux, au limon fertile, où les fermes sont de vraies oasis de verdure, tombe dans la mer par les valleuses festonnées de la côte d'Albâtre.

Flandres, Artois, Picardie

Sous un ciel très doux, les plaines du Nord composent un pays agricole et industriel verdoyant, aux maisons de brique caractéristiques dont la diversité s'observe dans la Thiérache, le Hainaut, l'Avesnois et le Soissonnais. Les grands plateaux de Picardie, coupés d'étangs et de vallées bordées de peupliers, portent des betteraves et des céréales ; au Sud, le pays de Bray est échancré, à la manière d'une boutonnière, dans la craie du Bassin parisien. Le Boulonnais est connu pour ses plages immenses. Le « plat pays » de Flandre, coupé de canaux et agrémenté de moulins, oppose les hauts fourneaux et les terrils du Pays Noir au bocage de l'Avesnois et au pays d'élevage de la Thiérache aux originales églises fortifiées.
Aux portes de Compiègne s'étend une vaste et magnifique forêt, vestige de l'immense forêt gauloise qui s'étendait de l'Ile-de-France aux Ardennes et dont les massifs de Raismes-St-Amand-Wallers, St-Gobain et Retz représentent d'autres lambeaux.

Champagne, Ardennes

La côte de l'Ile-de-France porte le célèbre vignoble champenois, en particulier de part et d'autre de la montagne de Reims, sur les versants qu'y creuse l'entaille de la vallée de la Marne et, au Sud d'**Épernay** (56 16), sur les pentes de la prestigieuse Côte des Blancs aux bourgs caractéristiques (Cramant, Vertus). Le mont Aimé, isolé en avant du front de la côte, couronné de bois, est une butte-témoin exemplaire de l'évolution du relief en pays de couches sédimentaires peu inclinées.
La Champagne crayeuse (sèche), vaste plaine de Châlons-sur-Marne et de Troyes connue pour ses terrains militaires, naguère « pouilleuse », est devenue l'un des grands terroirs agricoles de la France (betteraves, céréales, industries agro-alimentaires). La Champagne humide est la vaste dépression qui auréole à l'Est la Champagne crayeuse. Au Sud du massif forestier de l'Argonne s'y étendent le Perthois, le Vallage et le Der. Les grands lacs artificiels de la Forêt d'Orient (1966) et du Temple (1991), destinés à régulariser le cours de la Seine, et de Der-Chantecoq (1974), jouant le même rôle pour la Marne, sont devenus des centres de loisirs.
A l'Est et au Sud le paysage est plus accidenté, on distingue la côte des Bars jalonnée par Bar-le-Duc, Bar-sur-Aube, Bar-sur-Seine et le plateau de Langres rude et immense où les reliefs qui prolongent la côte bourguignonne se perdent sous les sédiments du Bassin parisien.
Les Ardennes, où la Meuse déroule ses méandres, sont un ancien massif primaire bouleversé par le plissement hercynien. Ce pays, souvent dévasté par les guerres, maintient sa tradition métallurgique.

Alsace, Lorraine, les Ballons des Vosges

Entre le Rhin et la chaîne des Vosges, l'Alsace, plaine affaissée par le contrecoup du plissement alpin, apparaît comme un immense verger bien doté par la nature. Elle présente des aspects différents liés à la variété des sols. Sur les cailloux et les sables déposés par le Rhin et ses affluents s'étendent de grandes forêts ; celle d'Haguenau couvre près de 14 000 ha, composée pour les deux tiers de pins sylvestres et pour le reste de feuillus où dominent charmes, hêtres et chênes. Au pied des coteaux sousvosgiens hérissés de tours et de châteaux en ruine, la route du vin constitue un pittoresque et gourmand chemin des écoliers ; en particulier à l'époque des vendanges. La Lorraine présente un ensemble de plateaux inclinés vers le Bassin parisien, barrés par l'original relief des « côtes » ; les buttes de Montfaucon et de Monsec, la colline des Éparges qui domine la Woëvre, la Colline inspirée (Sion) sont des buttes-témoins des côtes de Meuse, la butte de Mousson, l'une de celles des côtes de Moselle. Le massif des Vosges, qui fait obstacle aux communications plus par son épaisseur que par son altitude, présente au Nord des sommets gréseux, rougeâtres, escarpés ; au Sud de hauts bombements trapus, arrondis, dénommés Ballons. Ses vallées

Hunawihr

abritent des lacs glaciaires, ses versants portent la magnifique forêt vosgienne et ses hauteurs les riches pâturages des Hautes Chaumes. La route des Crêtes est le grand itinéraire touristique longitudinal de la chaîne. Dans le sens transversal, de part et d'autre du col de Saverne, se font pendant Saverne dans la plaine d'Alsace et **Phalsbourg** (57 17) sur le plateau lorrain, ville fondée au 16e s. puis fortifiée par Vauban et démantelée par les Allemands en 1871.

La verdure, les eaux, les belvédères du Jura

Le vert sombre des forêts de sapins (forêts de la Joux, de Levier, de Fresse, du Massacre) et celui plus frais des immenses prairies enchantent l'œil. De même, l'abondance des eaux vives : torrents écumants, cascades en nappe ou en éventail (de la Billaude, du Flumen, du Hérisson, du Saut du Doubs), innombrables petites sources, puissantes résurgences (sources de la Loue, du Lison), réseau serré du Rhône, du Doubs, de l'Ain et de leurs affluents (Valserine, Loue, Bienne, Albarine). Les nappes tranquilles de 70 lacs (Bonlieu, Chalain, Nantua, St-Point...) contrastent avec tout ce ruissellement ; tout comme les retenues formées par les barrages (Vouglans), qui transforment la vallée de l'Ain en un gigantesque escalier d'eau. De grands belvédères (Grand Colombier, Colomby de Gex, Mont-Rond...) dévoilent des paysages qui parlent aux yeux : « vals » parallèles séparés par des « monts », réunis par des « cluses » qui font l'originalité du « plissement jurassien » ; grandioses « reculées » (cirques de Baume, de Consolation, Roche du Prêtre...) révélant des structures géologiques si caractéristiques qu'on a donné le nom de jurassique, en raison de son exceptionnel développement ici, à un étage important de la sédimentation de l'ère secondaire ; barrière de la « montagne », escalier géant des « plateaux ». C'est la géographie facile.

Les vignes de Bourgogne, la forêt du Morvan

Le seuil de Bourgogne, entre les bassins de la Seine et de la Saône, et les pays qui l'avoisinent : Auxois, Bresse, Charolais, doivent pour une grande part leur unité à la réussite politique des Grands Ducs d'Occident au 15e s. Leur richesse est liée aux 23 500 ha d'un vignoble qui passe pour l'un des plus beaux du monde.
En altitude et à l'écart des grandes routes, la forêt du **Morvan** occupe une place prépondérante dans un paysage de physionomie bocagère. Le Haut-Folin, socle cristallin de roches très anciennes (901 m), domine l'horizon. La forêt occupe le tiers de la superficie ; les parties inférieures des versants sont aménagées en pâturages. La dispersion des hameaux dans le paysage permet de mesurer la dissémination de la population imposée par les ressources naturelles.

Berry, Limousin

Sur le versant Nord du Massif Central se déploient les horizons du Berry, domaine de la grande culture, dont Bourges, la capitale, matérialise l'unité historique. Des paysages très divers le composent : terres brunes hérissées de petits tertres rouges de la Brenne aux mille étangs, terre opulente de la Champagne berrichonne autour de Châteauroux, défrichée depuis l'époque néolithique, bocage vert autour de La Châtre chanté par George Sand.

Plus au Sud, les plateaux et la montagne du Limousin sont le pays des haies vives, des étangs, des herbages et des ombrages. Leurs bourgs, aux solides maisons de granit couvertes d'ardoise, maintiennent leur tradition de villes-marchés.

Autour de Guéret, la Marche est une région d'élevage dont les hauteurs tapissées de bruyères sont couronnées de ruines. C'est une « terre difficile à cultiver parce que sinueuse et sans profondeur, mais qui, échancrée de rivières et généreusement feuillue, porte des paysages poétiques » *(Jean Guitton)*. Le plateau de Millevaches domine de quelque 350 m le pays alentour. Sur un éperon, dans un méandre de la Vézère, **Uzerche**★★ (75 8) dispose ses maisons de granit, si belles qu'elles ont justifié le dicton populaire : « Qui a maison à Uzerche a château en Limousin. »

Le site de **Tulle** (75 9), au débouché du cours supérieur de la Corrèze, en aval de replats où reposent des étangs, apparente anomalie hydrographique, et plus encore les cascades de Gimel *(9 km au Nord-Est)* manifestent de façon spectaculaire la vigueur de la phase d'érosion en cours depuis le début de l'époque quaternaire.

Poitou, Vendée, Charentes

De la Loire à la Gironde, l'unité de la façade littorale, aux plages immenses et au climat océanique, contraste avec la variété de son arrière-pays. Du mont Mercure au mont des Alouettes, la ligne de crêtes du haut bocage vendéen, coupé de haies vives, représente la dernière ride de granit où vient s'achever le Massif Central.

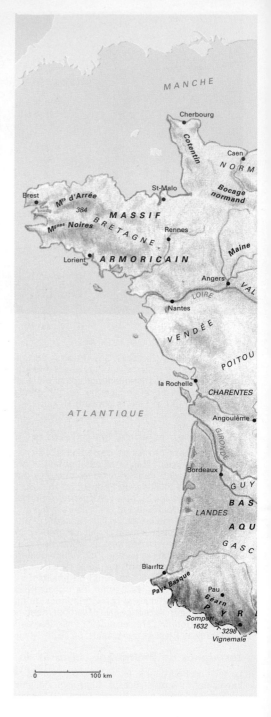

A l'Ouest de Niort s'étend le ravissant marais poitevin qui débouche sur les polders et les marais salants de l'anse de l'Aiguillon. La Gironde, estuaire de la Garonne, attaque inlassablement la falaise sur laquelle s'est perchée l'église romane de Talmont : elle est appréciée de Meschers à la pointe de la Coubre pour la qualité de ses plages.

Au large, cinq îles exercent leur attirance sur le tourisme familial. **Noirmoutier** est connue pour ses primeurs et ses pommes de terre. **Yeu**, plus rocheuse, est une vieille terre bretonne où vécut autrefois un collège de druidesses et où débarqua au Moyen Age un village entier de Cornouaille sous la conduite de son recteur. **Ré** est l'île des petites maisons blanches et des marais salants. **Aix**, fortifiée par Vauban en 1699, abrita Napoléon durant ses derniers jours en terre française. **Oléron**, qui ferme au Sud le pertuis d'Antioche, séduit par sa végétation et la douceur de son climat.

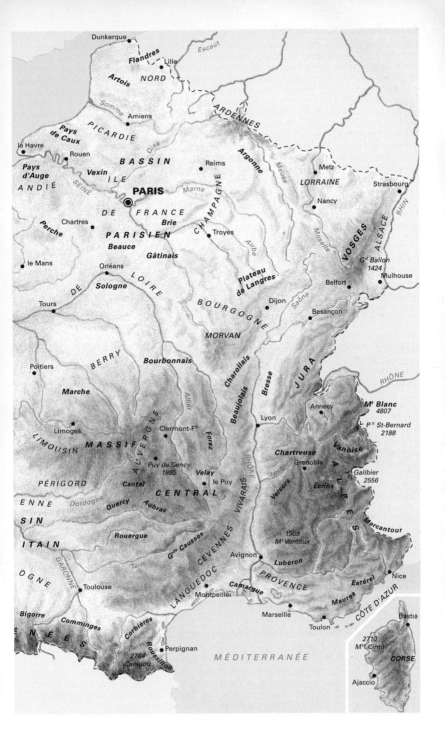

Périgord, Quercy

Les plateaux boisés du Périgord et les causses du Quercy criblés de gouffres sont entaillés par des vallées largement épanouies et richement cultivées ou étroitement encaissées. Du rebord de leurs falaises, de grands belvédères dominent une campagne intimement humanisée ou de profondes solitudes. Certaines grottes attirent ceux qui s'intéressent aux sciences de la terre par leurs concrétions, leurs réseaux hydrographiques souterrains ou leurs résurgences, d'autres, ceux qui s'attachent à connaître le passé lointain de l'humanité par les témoignages millénaires de l'industrie humaine qu'elles recèlent (sculptures, gravures, peintures, traces d'habitat). De l'époque féodale au 17e s., de nombreux châteaux ont été élevés dans des sites défensifs ou plaisants.

Les volcans d'Auvergne

L'Auvergne présente des paysages qu'on ne peut voir nulle part ailleurs en France : des volcans de tous âges. Certains comme les monts Dômes ont des cônes qu'on dirait éteints d'hier, des coulées de lave qui semblent à peine refroidies ; d'autres (monts Dore et surtout Cantal) ont été démantelés par les éléments mais leur forme générale transparaît malgré les ravages du temps. Aussi l'Auvergne est-elle considérée comme « un musée des formes volcaniques récentes » *(M. Derruau)*. Dans le Cézallier, les laves fluides se sont épanchées et superposées autour du dôme aplati du Luguet ; à la Cheire d'Aydat, leur torrent s'est cristallisé ; aux planèzes de St-Flour, elles ont recouvert le plateau. Ailleurs, elles se sont glissées dans des vallées qu'elles ont protégées contre l'érosion qui attaquait les collines alentour : ce sont les « inversions de relief » (Polignac, Carlat, Gergovie). Parfois, en se refroidissant, elles se sont cristallisées en « tuyaux d'orgues » (Bort-les-Orgues, le Puy).

Ces manifestations éruptives ont donné naissance à des lacs très divers. Ici, une coulée de lave est venue barrer une vallée et retenir ses eaux (Aydat, Guéry) ; là, un volcan a surgi dans une vallée qu'il a obstruée de son cône (Chambon, Montcineyre) ; ailleurs, une série d'explosions volcaniques a provoqué un effondrement du sol dans lequel les eaux se sont rassemblées (Chauvet). Un lac peut encore occuper la vasque d'un cratère (Bouchet, Servière) ou s'installer dans un cratère d'explosion aux parois abruptes (Gour de Tazenat, Pavin).

Entre la Loire et l'Allier, la Montagne Bourbonnaise, le Forez et le Livradois sont des hauteurs granitiques, couvertes de forêts et de pâturages. Elles séparent des bassins qui se sont effondrés à l'ère tertiaire, les **Limagnes**, bien cultivées : la grande Limagne de Riom au Nord et les Limagnes du Sud, plus petites.

La campagne **bourbonnaise**, doucement vallonnée, est couverte d'un bocage serré dont les haies ou bouchures donnent au pays une allure boisée.

Le Rhône à Tain-l'Hermitage

La vallée du Rhône, grande voie de passage

Depuis l'Antiquité, la vallée du Rhône en aval de Lyon n'a cessé d'être une voie de passage : route de l'étain de Cornouaille, route du vin de Bourgogne, coche d'eau... De nos jours une autoroute, deux grandes routes nationales, onze canaux dérivant partiellement le fleuve, facilitant la navigation et alimentant des usines hydro-électriques « au fil de l'eau », une grande voie ferrée sur chaque rive, un oléoduc et un gazoduc assurent un trafic de toute première importance.

Mais, sur quelque 250 km, la physionomie du couloir rhodanien se renouvelle. Au Nord, le Mont-d'Or lyonnais apparaît comme un petit récif calcaire que la Saône contourne avant de forcer son passage, à Lyon.

Le Rhône lui-même ne sépare pas rigoureusement les géologies critalline du Massif Central et calcaire des Alpes. A Vienne, à St-Vallier, il a creusé son lit dans des avancées granitiques ; au contraire, à **Valence** (77 12), il se glisse entre une des dernières terrasses du Dauphiné et l'échine calcaire de Crussol venue prendre appui sur les granits du Vivarais ; de même, plus en aval, à Cruas (cimenteries sur la rive droite). De part et d'autre du fleuve, **Tournon** et **Tain-l'Hermitage** (77 1) forment deux anciens ports jumeaux, le premier à la base des falaises du Massif Central, le second au pied de l'éperon calcaire qui porte son célèbre vignoble. Le château de Rochemaure perché sur les prismes de basalte des Coirons, l'ancienne cité épiscopale de Viviers, le « Robinet » (défilé) de Donzère et les ouvrages que la Compagnie Nationale du Rhône a créés à sa sortie témoignent de la diversité de la vallée.

Le delta du Rhône et les chaînons de Provence

Le Rhône, « père des plaines provençales », charrie chaque année quelque 20 millions de mètres cubes de graviers, de sables et de limons qui ont donné naissance aux 56 000 ha de la Camargue. Ce delta, dont les terres sont imprégnées de sel, est curieux par sa flore et sa faune et intéressant par sa mise en valeur.
De même la Durance, qui, avant d'être un affluent du Rhône, se jetait directement dans la mer en empruntant le pertuis de Lamanon, avait accumulé dans son delta les cailloux arrachés à ses berges, les avait roulés en galets puis laissés sur place – créant ainsi la plaine de la Crau – lorsque s'est produit son changement de cours.
Le lumineux climat provençal irradie le plateau aride du Vaucluse, les chaînons broussailleux des Alpilles, du Lubéron, de l'Estaque, de la Montagnette, de la Ste-Baume, de la montagne Ste-Victoire et de la chaîne de l'Étoile où se déploient les olivettes, les champs de lavande, les cultures maraîchères protégées du mistral par des haies de cyprès.

Un relief en creux : les Gorges du Tarn

La bordure méridionale du Massif Central se distingue par des paysages d'une sévère et rare singularité. Les **Grands Causses** (causse de Sauveterre, causse Méjean, causse Noir, causse du Larzac) se présentent comme de vastes tables calcaires arides et pierreuses. De leurs corniches se découvrent d'inoubliables panoramas (Point Sublime, Roc des Hourtous, cirque de Navacelles) sur des canyons aux parois verticales, profondément encaissés : en particulier, ceux du Tarn et de la Jonte. Dans ces plateaux s'ouvrent des grottes et des avens (les Demoiselles, la Clamouse, Dargilan, la Devèze, Aven Armand) où le travail des eaux souterraines a donné naissance à des formes rocheuses inconnues à la surface du sol : stalactites, stalagmites, gours, excentriques. Autour de la région proprement caussenarde se déploient, en arc de cercle, des paysages d'une surprenante diversité. Dans l'Aubrac aux immenses horizons, des coulées de laves très fluides ont colmaté le vieux socle granitique déjà labouré par l'érosion. De l'Aigoual au Tanargue, les **Cévennes** présentent la succession de leurs lourds sommets granitiques (« Pelouse » de l'Aigoual, « Plat » du mont Lozère) entre lesquels les « serres » schisteuses et d'étroites vallées boisées sont longtemps restées impénétrables. Plus au Sud, la garrigue, buissonneuse, tapissée de plantes aromatiques, est dominée par le pic St-Loup.
De part et d'autre de **Sète** (83 16), port créé au 17ᵉ s. par Louis XIV dans un site abrité par l'ancienne île rocheuse du mont St-Clair, s'étend la côte à lagunes du Bas-Languedoc ; l'accumulation des sables étirés par le courant marin en cordons littoraux (barres) isole des étangs, dont celui de Thau, le plus vaste du Languedoc. Au Nord de la Montagne Noire, extrême Sud-Ouest du Massif Central, le Sidobre est l'un des grands centres européens d'extraction du granit. Des sites pittoresques, comme les Trois Fromages, la Mère l'Oie, les chaos et les rivières (compayrés), permettent aux curieux de sciences naturelles d'observer le phénomène de décomposition du granit en boules : les noyaux les plus durs de la roche ayant seuls résisté à l'altération chimique et à l'entraînement des déblais par les eaux.

Les Pyrénées

La chaîne des Pyrénées dresse en travers du dernier isthme européen une barrière continue, longue de 400 km, entre l'océan Atlantique et la mer Méditerranée.
A l'Ouest, dans les Pyrénées atlantiques et les Pyrénées centrales, des vallées perpendiculaires à la ligne de faîte individualisent la moyenne montagne en « pays » originaux : Pays Basque, Béarn, Bigorre, Comminges. A leurs vallonnements semés de maisons blanches succèdent des crêtes découpées, des cimes neigeuses, des cirques rayés de cascades,

Le cirque de Gavarnie

les lacs d'altitude, des gaves tumultueux et des bassins bien cultivés. Au cœur de la zone axiale, les granits et les sédiments très anciens des Pyrénées luchonnaises ont été ciselés par les glaciers durant l'ère quaternaire.

L'**Aquitaine** constitue l'avant-pays gascon où le plateau de Lannemezan et les pays de l'Adour conservent leur identité. Au Nord, **Agen** (79 15) manifeste la richesse du pays des Serres qui, entre le Lot et la Garonne, porte des céréales sur les plateaux limoneux de Tournon-d'Agenais mais surtout des vignes et des arbres fruitiers sur les pentes. Le « prunier d'ente », dont l'origine remonterait aux Croisades, et, en particulier, la variété robe-sergent, produit un fruit qui, séché au four ou à l'étuve, devient le pruneau d'Agen, « bombe de miel et de sucre » *(P. Guth)*. Les **Landes** sont devenues, depuis la fixation des dunes par Brémontier et l'assainissement de l'intérieur par Chambrelent, une immense forêt de pins ; dans les clairières de leurs 14 000 km subsistent de pittoresques maisons à colombage.

Le **Bordelais**, cœur de l'ancienne province de Guyenne, est célèbre pour les crus qui s'élaborent sur les rives de la Garonne et de la Gironde.

La rectiligne **Côte d'Argent**, tout juste échancrée par le bassin d'Arcachon, offre aux estivants l'immensité de ses plages de la Pointe de Grave à l'estuaire de l'Adour que commande **Bayonne** (78 18), port de « tête de marée » dont les accès maritimes sont tributaires de digues et de dragages continuels.

A l'Est, le **Roussillon** est la grande unité régionale des Pyrénées méditerranéennes et le secteur le plus épanoui de la chaîne malgré le rude profil et le ravinement de ses montagnes. Les hauts bassins intérieurs de la Cerdagne et du Capcir, la cime bien dégagée du Canigou, les forêts et les pâturages du Vallespir (vallée du Tech), les terrasses des Aspres couvertes d'arbres fruitiers et de vignes précèdent le jardin roussillonnais qui avec ses immenses vergers, ses cultures maraîchères et ses vignes compose l'arrière-pays de la côte Vermeille où **Collioure** (86 20) conserve sa physionomie de petit port catalan.

Au Nord de la vallée de l'Aude, l'**Albigeois** opulent et paisible voit son activité, à dominante agricole, toute tournée vers Toulouse, la capitale du Haut-Languedoc.

Les vallées alpines

Les superbes vallées alpines, dont les eaux vives atténuent peu à peu le caractère glaciaire, constituent les secteurs les plus actifs du massif.

Dans les **Alpes du Nord**, savoyardes, les vallées tantôt s'étirent en couloirs industriels ou de transit (Romanche, Maurienne), tantôt s'élargissent en bassins où se concentrent les cultures et l'élevage et où, sur des terrasses bien exposées, se rassemble la population dans des villes-marchés.

Dans les Aravis, le Beaufortin, la Chartreuse, l'Oisans, le Vercors, les villages sont encore fiers de leurs maisons rurales traditionnelles bien intégrées à un milieu naturel difficile (altitude, froid, enneigement) ; la diversité régionale de leur plan et de leur matériau reflète celle des modes de vie et des ressources disponibles (pierre, ardoise, bois...).

Grenoble, la métropole des Alpes françaises, occupe un élargissement au confluent du Drac et de l'Isère.

Les vallées profondes se raccordent latéralement par de grands cols (Lautaret, Galibier) et séparent des massifs de haute montagne (Écrins, Mont-Blanc).

Au pied des versants humides et verdoyants, parés de magnifiques forêts de hêtres, de sapins et d'épicéas, dorment de splendides lacs (Annecy, le Bourget, Léman).

Les **Alpes du Sud**, provençales, plus arides et plus sèches, drainées par le grand sillon de la Durance, annoncent les paysages méridionaux. Là, les « clues » entaillent en gorges les chaînons et les plateaux intérieurs, le mont Ventoux domine la plaine du Comtat, la grandiose canyon du Verdon ouvre une prodigieuse entaille dans les plans de Haute-Provence, prenant en écharpe les ultimes contreforts des Alpes. L'élevage du mouton, la culture de la lavande, l'exploitation des forêts de mélèzes nourrissent des villages de haute altitude (St-Véran).

En Queyras, en Vallouise, en Briançonnais et en Embrunais, on admire de belles maisons de montagne.

La Côte d'Azur, un nom prometteur

La nature se pare ici de grâces éblouissantes : éclat des rivages, bleu de la mer et du ciel, lumière enchanteresse. Et quelle miraculeuse variété : les fameuses calanques, le massif boisé et la corniche des Maures aux multiples festons, l'abrupte montagne de porphyre rouge de l'Esterel baignant dans la mer, les corniches de la Riviera...

La Côte d'Azur est la fenêtre méditerranéenne des Alpes : de Nice à Menton la montagne plonge brusquement dans la mer. Les hauts reliefs des Préalpes de Nice orientés Nord-Sud et le plan de Caussols d'une sécheresse presque désertique (parfois dénommé Préalpes de Grasse) sont traversés de vallées très profondes en raison de la proximité de la mer comme celles de la Roya, de la Bévéra, de la Vésubie, du Cians, du Var, du Loup. Ce dernier et ses affluents ont entaillé le plateau calcaire des célèbres clues de Haute-Provence.

Roquebrune-Cap-Martin

Toute cette région a vu séculairement sa population se réfugier dans des villages perchés, véritables nids d'aigle, et fortifiés (Coaraze, Peille, Peillon, Èze, Gourdon, Saorge, St-Paul...) loin des cultures. Semblable prudence n'était pas superflue lors des grandes invasions germaniques, des pirateries des barbaresques et des méfaits des gens de guerre au Moyen Age et à la Renaissance.

Plus à l'Ouest se signalent le massif de l'Esterel, de porphyre rouge, qui culmine à 618 m au mont Vinaigre, le massif schisteux des Maures qui appartient au plissement hercynien et les courts chaînons provençaux du mont Faron qui dominent Toulon et sont d'origine pyrénéenne.

Les cordons littoraux (tombolos) de la presqu'île de Giens rattachant une ancienne île au continent, les îles d'Hyères (Porquerolles, Port-Cros, île du Levant) détachées du massif des Maures à une époque géologiquement récente et les îles de Lérins ajoutent à la diversité et à l'agrément de ces paysages.

Une montagne dans la mer : la Corse

1 000 km de côtes rocheuses et découpées, inondées de soleil, des gorges arides et sauvages, d'immenses forêts de pins et de châtaigniers sur les versants, des sommets dépassant 2 000 m, enneigés jusqu'au printemps, avaient déjà valu à l'île le surnom de Kallisté (la plus belle) décerné par les Grecs anciens il y a 25 siècles. Le touriste moderne y apprécie, de surcroît, des villages perchés aux maisons de granit ou de schiste hautes et massives et desservis par d'étroites routes de montagne, des régions naturelles bien individualisées comme la riante Balagne, le sévère Cap Corse, la verte Castagniccia, les Agriates désertiques, le Niolo isolé formé par le bassin supérieur du Golo (Monte Cinto, forêt de Valdo-Niello) et le chaud parfum du maquis. D'autres leur préfèrent les vallées fermées de l'Asco, de la Restonica, de l'Abatesco (Fiumorbo) ou des sites originaux comme les Calanche de Piana ou le col de Bavella. Les « marins » ne manquent pas le golfe de Porto-Vecchio, de **Girolata** et de **Porto** (presqu'île de porphyre de la **Scandola**) et les îles (Sanguinaires, Lavezzi).

L'histoire

La préhistoire *(voir à Eyzies-de-Tayac)*, science de la vie et de l'évolution de l'humanité avant l'invention de l'écriture, voit son extension couvrir quelque 1 500 fois la durée de l'ère chrétienne.

Antiquité

Avant J.-C. **4670**	La civilisation mégalithique se répand en Bretagne (Carnac), puis en Corse (Filitosa). Elle a duré plus de 25 siècles.
8e s.	Les Celtes, originaires d'Europe centrale, s'installent en Gaule où ils établissent des oppidums.
600	Les Phocéens fondent Marseille puis Glanum en Provence et Aléria en Corse.
2e s.	La civilisation celte qui avait atteint la Bretagne régresse sous les coups des Germains et des Romains qui, en 154, fondent Fréjus comme port relais vers l'Espagne, en 122 s'établissent à Aix et quatre ans plus tard à Narbonne.
58-52	Guerre des Gaules conduite par Jules César. En 56, il réduit les Vénètes ; en 52, il subit à Gergovie le revers que lui inflige Vercingétorix ; mais quelques mois plus tard, à Alésia, le chef gaulois doit se livrer au général romain.
Après J.-C. **1er s.**	Auguste conduit une politique d'expansion et de rayonnement en Gaule. Il fortifie le port de Fréjus dont il fait une base navale (itinéraires des monastères déterminés par l'étude des amphores – *musée de St-Raphaël*).
5e s.	A la suite de saint Martin à Ligugé et de saint Honorat à Lérins, des monastères confortent l'implantation du christianisme, illustrent l'essor de la vie érémitique en Gaule, fondés par les saints Victor à Marseille, Loup à Troyes, Maxime à Riez, puis Léobard à Marmoutier...

F. Joly/Bibliothèque municipale, Tours

Saint-Martin partageant son manteau,
Missel de Tours (14e s.)

Les Mérovingiens (418-751)

451	Mérovée, roi des Francs Saliens (région de Tournai), remporte la victoire des Champs Catalauniques sur Attila. C'est le grand-père de Clovis. Il donne son nom à sa dynastie.
476	Chute de l'Empire romain d'Occident ; les Barbares occupent la Gaule.
498	Baptême, à Reims, de Clovis, roi des Francs.
507	A Vouillé, Clovis bat Alaric II.
6e s.	Des insulaires venus de Grande-Bretagne, accompagnés d'évangélisateurs, supplantent les Celtes en Bretagne. A leur tour ils connurent l'effacement devant les Francs au 9e s. puis les Angevins au 11e s.
732	A Moussais-la-Bataille, Charles Martel défait les Arabes et arrête leur invasion.

Les Carolingiens (751-986)

751	Pépin le Bref se fait élire roi au « Champ de mai » de Soissons et se substitue au Mérovingien Childéric, déchu. Trois ans plus tard, il se fait sacrer par le pape Étienne II.
800	Charlemagne couronné Empereur d'Occident à Rome.
842	Serment de Strasbourg.

843	Le traité de Verdun partage l'Empire carolingien entre les fils de Louis Ier. Charles le Chauve reçoit la zone occidentale.
850	Nominoé conquiert, sur les Francs, l'Est de la Bretagne et le pays de Rais au Sud de la Loire.
910	Fondation de l'abbaye de Cluny.
911	L'accord de St-Clair-sur-Epte, conclu entre Charles le Simple et Rollon chef des Normands, crée le duché de Normandie.

Les Capétiens (987-1789)

Les Capétiens directs (987-1328)

987	Hugues Capet, duc de « France », descendant de Robert le Fort, évince Charles de Lorraine et se fait élire. En faisant couronner son fils de son vivant, il installe sa dynastie qui ne devint réellement héréditaire qu'avec Philippe Auguste en 1180.
1066	Guillaume de Normandie, parti de Dives, prend pied en Angleterre. Par sa victoire d'Hastings, il devient roi d'Angleterre ; pour le roi de France, le Conquérant est un vassal redoutable.
1095	Prêche de la première croisade à Clermont.
1137	Mariage de Louis VII et d'Aliénor d'Aquitaine ; sa rupture, 15 ans plus tard, est une catastrophe politique pour les Capétiens. La même année, une école de médecine est fondée à Montpellier.
1204	Philippe Auguste s'empare des Andelys puis conquiert la Normandie, le Maine, la Touraine, l'Anjou et le Poitou.
1209	Début de la croisade contre les Albigeois.
1214	La victoire de Bouvines est considérée comme la toute première manifestation d'un sentiment national en France.
1244	Les cathares sont exterminés au bûcher de Montségur.
1270	Mort de Saint Louis devant Tunis (8e croisade).

Les Valois (1328-1589)

La guerre de Cent Ans – 1337-1475. Cette guerre qui s'étendit sur six règnes est à la fois un affrontement politique et dynastique entre les Plantagenêts et les Capétiens et un conflit de droit féodal concernant les prérogatives de la suzeraineté et les règles successorales. Ce fut une période de misère par les troubles nés du brigandage, du pillage par les grandes compagnies et de désarroi où la pauvreté, la maladie (peste de 1348) et le désordre de l'Église plongeaient la population.

En 1337, Philippe VI de Valois doit défendre son royaume contre les prétentions d'Édouard III d'Angleterre (petit-fils, par sa mère, de Philippe le Bel). C'est le début de la guerre. Trois ans après le revers de Crécy, en 1349, Clément VI est alors le 4e pape d'Avignon. Philippe VI négocie avec Humbert II l'achat du Dauphiné jusqu'alors terre d'Empire. C'est le « Transport du Dauphiné à la France » solennellement conclu à Romans-sur-Isère.

En 1356, à Nouaillé-Maupertuis, Jean le Bon perd la bataille de Poitiers devant le Prince Noir.

Sous Charles V, Du Guesclin rétablit l'ordre dans les campagnes. Mais chacun des antagonistes connaît alors des difficultés intérieures qui rendent plus confuse encore leur rivalité : en Angleterre problèmes posés par la minorité de Richard II ; en France par celle de Charles VI, puis par sa démence, puis par la guerre entre Armagnacs et Bourguignons. C'est alors (1378) que, de son côté, l'Église est menacée par le Grand Schisme d'Occident. Après le désastre d'Azincourt, puis l'entrevue de Montereau, Jean sans Peur, duc de Bourgogne, bascule dans l'alliance anglaise. Le traité de Troyes semble sonner le glas de la cause de Charles VII.

En 1429, après avoir reconnu le roi à Chinon, Jeanne d'Arc délivre Orléans ; elle empêche ainsi l'armée de Salisbury de franchir la Loire et de faire sa jonction avec les troupes anglaises stationnées dans le Centre et le Sud-Ouest depuis le traité de Brétigny (1360).

Enfin Charles VII est sacré à Reims, le 17 juillet de la même année ; Paris en 1436, puis la Normandie et la Guyenne sont libérées. En 1453, la victoire de Castillon-la-Bataille marque le dernier affrontement de la guerre qui se conclut, 22 ans plus tard, par le traité de Picquigny.

1515	Avènement de François Ier ; bataille de Marignan ; paix perpétuelle avec la Suisse.
1520	Entrevue du Drap d'Or à Guînes.

François Ier en 1525, par Jean Clouet
(Musée du Louvre, Paris)

1539	Les Ordonnances de **Villers-Cotterêts** (56 3) promulguées par François Ier représentent un texte capital de l'ancienne législation française. Les 192 articles en avaient été préparés par le chancelier Poyet. Ils ordonnent la tenue de registres d'état civil dans les paroisses, mais surtout ils réforment la justice en interdisant aux artisans et aux compagnons de s'associer, en instituant le secret de l'instruction criminelle et en astreignant tout le personnel de justice à rédiger en français leurs actes, procédures, sentences ou exploits. Depuis Philippe Auguste, trois siècles d'épreuves et de succès ont amenuisé le provincialisme et lentement fait l'identité française.
1541	Jean Calvin, né à Noyon, publie l'« Institution chrétienne ». Dans ce livre, il cherche à rompre avec les délices de la Renaissance et à éviter – 24 ans après les 95 propositions de Martin Luther – la dissolution de la Réforme entre ses nombreuses tendances en affirmant sa vocation d'universalité. Par sa gravité, son ordonnance et son écriture, c'est le premier de nos grands livres classiques.
1559	Traité du Cateau-Cambrésis.
1560	Le Tumulte d'Amboise annonce la gravité de la crise politico-religieuse qui couve.

Les guerres de Religion – 1562-1598. Ce nom désigne la crise de 36 ans durant laquelle se superposent les désordres religieux entre catholiques et protestants et un conflit politique complexe. Au cours de ce 16e s. finissant, la monarchie ne trouve pas son rythme administratif alors que se dessine l'hégémonie espagnole. Les seigneurs sentent l'occasion de s'affermir dans les provinces et de grandes familles cherchent, sous couvert de religion, à prendre en main le gouvernement du pays face au désarroi politique, à l'endettement financier poussé à l'extrême, et à la faveur du jeu de bascule entre les partis et d'apaisement des esprits qu'entretient la régence de Catherine de Médicis et que ne connurent alors ni l'Espagne ou l'Italie papiste, ni les pays de la Réforme. La ligue, « Sainte Ligue », formée par les Guise et les Montmorency, catholique, joue l'appui espagnol et rivalise avec les Bourbon, les Condé et les Coligny, huguenots, soutenus par l'Angleterre.

Les historiens distinguent huit guerres séparées par des paix et des accalmies. En fait, les troubles, les persécutions, les assassinats ne cessèrent pas, allant de pair avec un regain de brigandage ; de même que les intrigues, les volte-face d'intérêt et les enchevêtrements d'influences à la cour. Les guerres qui menaçaient depuis le Tumulte d'Amboise commencèrent à Wassy en 1562 avec le massacre des protestants. Dreux, Nîmes, Chartres, Longjumeau, Jarnac, Moncontour, St-Lô, Valognes, Coutras, Arques, Ivry... les jalonnent. La paix de St-Germain en 1570, la St-Barthélemy en 1572 en marquent les temps forts.

Les ligueurs opposés aux tentatives de centralisation monarchique obtiennent la convocation d'états généraux à Blois. Là, Henri III, ultime juge au nom de l'État, inquiet du pouvoir que prenait Henri de Guise, ordonne son assassinat au petit matin glacial du 23 décembre 1588. La mort du duc, meilleur capitaine du royaume, chef de la Ligue, mais ni traître ni conspirateur, ouvrait au roi, soutenu par Henri de Navarre (futur Henri IV), la route de Paris (où, sous le couteau du moine Clément, la race des Valois s'éteignit avec lui). Et au Béarnais, qui le comprit aussitôt,

Henri III étant sans descendance, la possibilité, hérissée de difficultés, de monter sur le trône en tant qu'héritier légitime. L'abjuration solennelle du protestantisme par Henri IV en 1593, et l'édit de Nantes en 1598 permettaient la pacification du royaume à laquelle aspiraient les deux partis épuisés par la lutte et mettaient un terme à la crise.

Les Bourbons (1589-1789)

Henri IV - 1589-1610. Ses volte-face plus politiques que religieuses et la frivolité de sa conduite irritent une partie de la population. Mais ce grand roi sait restaurer l'image de la France. Il a rattaché la Bresse, le Bugey et le Valromey, confié à de grands architectes (Du Cerceau, Métezeau...) d'importants projets d'architecture (place des Vosges et galerie du Louvre à Paris, La Rochelle, Charleville...). Il nourrit un grand dessein économique.

Henri IV en Mars,
tableau attribué à Ambroise Dubois

Sully, son vieil ami huguenot, applique ses qualités de gestionnaire et d'organisateur au redressement des finances publiques, au creusement de canaux, à la création de routes et de ports.

Olivier de Serres, qui exploite lui-même son domaine du Pradel près de Villeneuve-de-Berg, publie en 1600 le « *Théâtre d'agriculture et mesnage des champs* ». Prosélyte expérimenté de la vie rurale, du renouvellement des méthodes agricoles et de la diversification des cultures, il conforte Sully dans sa conviction que « labourage et pâturage sont les deux mamelles de la France ». Le roi médiatise cette valeur en souhaitant que les paysans mettent « la poule au pot chaque dimanche ».

1610	Louis XIII, roi de France. L'activité des ports intérieurs et l'extension urbaine se poursuivent (Orléans, La Rochelle, Montargis, Langres). Le règne, marqué par une rébellion de grands seigneurs, fut illustré par saint Vincent de Paul, précurseur des œuvres sociales qui se détermina en 1617 à faire des pauvres le souci de sa vie (hôpitaux, Filles de la Charité) et dans le domaine des idées par le *« Discours de la Méthode »* (1637) où **Descartes** fonde son raisonnement sur le doute systématique (« Je pense, donc je suis »), à l'origine d'une révolution intellectuelle dont la géométrie analytique fut l'un des premiers fruits.
1624	**Richelieu** (1585-1642), Premier ministre, amenuise l'importance politique du protestantisme sensible aux arguments étrangers (La Rochelle) ou refusant l'unification du royaume (Montauban, Privas) ; réduit la noblesse par quelques exécutions exemplaires (Montmorency, Cinq-Mars) et le démantèlement de ses châteaux ; renforce le rôle de la France en Europe (guerre de Trente Ans). En 1635, il fonde l'Académie française.

Louis XIV - 1643-1715. Les 72 ans de ce règne marquent la France et l'Europe de l'empreinte du Roi-Soleil et font de cette période le Siècle de Louis XIV. A son avènement, le roi n'a que cinq ans, Anne d'Autriche, régente, confirme Mazarin dans sa charge de Premier ministre. Cinq jours plus tard, la victoire de Rocroi marque l'effacement de l'Espagne sur la scène internationale. En 1648 – Port-Royal est alors à l'apogée de son rayonnement – les traités de Westphalie concluent la guerre de Trente Ans, reconnaissent à la France ses droits sur l'Alsace (sauf Strasbourg et Mulhouse) et consacrent l'usage du français comme langue diplomatique.

En 1657, après deux mois d'un siège conduit par La Ferté et d'attaques menées par Vauban sous le regard du roi, la reddition de Montmédy marque la fin des Pays-Bas espagnols. En 1662, la première année du règne personnel de Louis XIV se couronne par l'achat de Dunkerque, aboutissement de l'activité diplomatique de Lionne. La ville devient un repaire de contrebandiers et de corsaires (Jean Bart) au service du roi.

LA FORMATION TERRITORIALE
DE LA FRANCE

0   150 km

ARTOIS
1191
FLANDRES
1305
PICARDIE
1185-1214
NORMANDIE
1204
CHAMPAGNE
1314
LORRAINE
1766
PARIS
PERCHE
1525
ALSACE
1648
BRETAGNE
1532
MAINE
1204
ORLÉANAIS
1498
BOURGOGNE
1361
FRANCHE-
COMTÉ
1678
ANJOU
1204
TOURAINE
1204
BERRY
1100
NIVERNAIS
1789
POITOU
1204
BOURBONNAIS
1269
BRESSE
1601
AUNIS
1224
ANGOUMOIS
1308
MARCHE
1269
LYONNAIS
1312
BUGEY
SAVOIE
1860
SAINTONGE
1224
LIMOUSIN
1224
AUVERGNE
1269
DAUPHINÉ
1349
1947
PÉRIGORD
1224
GUYENNE-
GASCOGNE
1591
COMTAT
VENAISSIN
1791
COMTÉ
DE
NICE
1947
1860
COMTÉ DE
TOULOUSE
1271
HAUT-LANGUEDOC
1271
PROVENCE
1486
BÉARN
1591
COMTÉ
DE FOIX
1591
BAS-LANGUEDOC
1226
ROUSSILLON
1642
CORSE
1769

La "France" primitive
des Mérovingiens et des Carolingiens.

Acquisitions sous les Capétiens
directs.

Extension sous les Valois.

Extension sous les Bourbons.

Rattachements pendant
la Révolution, sous le Second
Empire et les Républiques.

La rivalité franco-anglaise pour la maîtrise des mers domine alors les ressorts de la politique internationale. En 1678, le traité de Nimègue marque la fin de la guerre de Hollande, la restitution par l'Espagne de la Franche-Comté et de 12 places dans les Flandres, la reconquête de l'Alsace : Louis XIV devient « le Grand » mais se doit de faire assurer les frontières par Vauban.

L'affaire de la Régale qui opposa durant 20 ans le clergé de France et le roi à la papauté, la révocation de l'édit de Nantes en 1685 et ses conséquences, la répression menée contre les camisards en 1702 jalonnent une politique religieuse difficile. La fin du règne, assombri par l'épuisement économique du pays, est relevée par la victoire de Denain, en 1712, qui sauve la France de l'invasion par l'armée austro-hollandaise et prépare la fin de la guerre de Succession d'Espagne.

Des rêves aventureux vers l'Orient – Un siècle après que Jean Ango et Jacques Cartier eurent sillonné les océans à la suite des Portugais, des Hollandais et des Anglais, Colbert fonde en 1664, après trois échecs, la Compagnie des Indes orientales. En mars 1666, il autorise son installation à **Port-Louis** (63 1) et sur des terrains vagues à l'embouchure (rive droite) du Scorff et du Blavet (Port-Louis, abandonné au traité du Cateau-Cambrésis, avait été fortifié par Philippe II d'Espagne de 1591 à 1598 puis par Richelieu en 1616).

La bourgade nouvelle devint l'Orient en 1671 (puis **Lorient** en 1830), l'année où un premier grand bateau y fut armé pour les Indes. C'était là le point de départ de la rivalité maritime franco-anglaise et de l'expansion européenne dans le monde. En 47 ans la Compagnie a utilisé 76 navires. Les seigneurs de la mer, au terme de périlleux, pénibles et longs mois de navigation, rapportaient des cargaisons d'épices (encore qu'ils n'eussent pas accès aux îles productrices) et de porcelaine (quelque 12 millions de pièces ont été importées pour la France seule). Les bénéfices d'abord fabuleux oscillèrent puis déclinèrent jusqu'à devenir fictifs lorsque la compagnie, réorganisée en une sorte d'organisme d'État, fut gérée par la banque de Law. Alors la fonction de Lorient passa du commerce à l'armée ; le port de Kergroise y fut creusé en eau profonde à partir de 1720, une intendance militaire édifiée par Gabriel en 1771.

| 1715 | Régence du duc d'Orléans. Louis XV, roi de France. Le règne, discrédité par l'indécision, la légèreté et la corruption (« Louis XV assiste à son propre règne »), est marqué par la perte de la plupart de nos terres lointaines (Sénégal, Québec, Antilles, Indes) mais, à l'intérieur, par une modération fiscale qui permet une aisance croissante, une amélioration du niveau de vie (succès de l'épargne) et une période de calme propice à l'agriculture (extension des prairies artificielles, introduction de la culture de la pomme de terre). Réunion de la Lorraine en 1766 et de la Corse en 1769. |
| 1774 | Louis XVI, roi de France. Lafayette participe à la guerre d'Indépendance des États-Unis contre l'Angleterre (le traité d'Indépendance est signé à Versailles en 1783). |

La Révolution (1789-1799)

La Révolution française est la crise, longue d'une décennie, qui mit fin à l'Ancien Régime et ouvrit l'Europe à la démocratie. Hâtée par les revendications des philosophes à l'encontre de l'absolutisme royal, des institutions et des privilèges hérités de la féodalité et ne répondant plus à une charge sociale effective, la Révolution fut provoquée par une désastreuse crise financière. Les principaux événements s'en déroulèrent à Paris mais se répercutèrent dans les villes de province (Lyon, Nantes...) et dans les campagnes.

Les grands événements qui l'ont marquée furent en 1789 la réunion des États Généraux qui se transforment en Assemblée nationale déclarée Constituante, la prise de la Bastille (le 14 juillet), l'abolition des privilèges (nuit du 4 août), la Déclaration des droits de l'homme et du citoyen ; en 1791, la fuite du roi, reconnu à Varennes (22 juin), ramené à Paris et suspendu (30 septembre) ; la **Convention** (1792-1795), à Valmy (20 septembre), Kellermann et Dumouriez contraignent les Prussiens à la retraite et sauvent la France de l'invasion ; la proclamation de la République française une et indivisible (22 septembre) ; en 1793 (le 21 janvier), l'exécution de Louis XVI, l'insurrection vendéenne, la répression du soulèvement dans le Midi et le siège de Toulon (juillet-décembre) ; en 1795, l'adoption du système métrique ; en 1799 (le 9 novembre), le coup d'État du 18 Brumaire qui met fin au **Directoire** et le remplace par le **Consulat** ; en 1804, promulgation du Code civil.

Arc de Triomphe – *La Marseillaise* de Rude

La Vendée militaire – C'est le pays de bocage (Mauges, Gatine, marais vendéen) de pénétration difficile, soulevé en 1793 contre les excès de la Convention et contrôlé par l'armée catholique et royale. Dans les pays de chouannerie (Maine, Normandie, Bretagne) les royalistes opérèrent de façon plus dispersée. Le mont des Alouettes fut l'un des théâtres d'affrontement entre les Blancs et les Bleus (républicains). Dans cette guerre, la Convention inquiète fait donner Kléber et son armée de Mayence ; la répression est effroyable durant l'hiver 1794 (colonnes infernales du général Turreau). Quelques mois plus tard la guérila reprend, mais Hoche réussit à pacifier la région. En acculant d'Hervilly dans la presqu'île de Quiberon, il assure la victoire de la République.

L'Empire (1804-1815)

1804	Le 2 décembre, Napoléon Ier est sacré empereur des Français, à Notre-Dame de Paris par le pape Pie VII. Pour préserver les conquêtes de la Révolution, il va devoir faire face aux coalitions qui, les unes après les autres, se nouent contre lui.
1805	Abandon du camp de Boulogne où se préparait l'invasion de l'Angleterre. La défaite de Trafalgar laisse à l'Angleterre la maîtrise des mers. Victoires d'Ulm et d'Austerlitz.
1806	Le blocus continental, destiné à ruiner l'Angleterre en la privant de ses débouchés commerciaux sur le continent, demande, pour être efficace, de nouvelles annexions.
1808	Guerre d'Espagne où se désagrègent les meilleures armées.
1812	Campagne de Russie.
1813	Défaite de Leipzig. L'Europe entière se ligue. L'admirable campagne de France révèle le génie stratégique de l'Empereur mais ne peut éviter la prise de Paris et l'abdication de Fontainebleau (le 20 avril 1814).

La Restauration (1815-1830)

1814	Rappel de Louis XVIII.
1815	Les Cent-Jours (du 20 mars au 22 juin) : tentative de rétablissement de l'Empire qui s'achève par la défaite de Waterloo. Retour de Louis XVIII. La France est ramenée à ses frontières de 1792. Au congrès de Vienne (Autriche), Talleyrand, se faisant le défenseur des minorités, replace la France dans le concert européen. Exécution du maréchal Ney.

La monarchie de Juillet (1830-1848)

1830	La promulgation des ordonnances, qui violent la charte, donne le signal de la Révolution. Les Trois Glorieuses (27, 28, 29 juillet) chassent les Bourbons. Avènement de Louis-Philippe.
1837	Inauguration de la première ligne voyageurs de chemin de fer (Paris-St-Germain-en-Laye).

La IIe République et le Second Empire (1848-1870)

1848	Louis-Napoléon élu, le 10 décembre, président de la République au suffrage universel.
1851	Le 2 décembre, Louis-Napoléon dissout l'Assemblée législative et s'octroie la présidence de la République pour 10 ans.
1852	Le Second Empire plébiscité (2 décembre) : Napoléon III.
1855	Exposition universelle à Paris.
1860	La Savoie et le comté de Nice se rattachent à la France.
1868	Liberté de la presse.
1870	Le 19 juillet : déclaration de guerre à la Prusse. Le 2 septembre, la capitulation de Sedan marque la chute du Second Empire. Le surlendemain au matin l'émeute gronde à Paris, la République y est proclamée. Mais la route de la capitale est ouverte aux troupes ennemies qui l'atteignent et l'investissent.

L'industrialisation – Dès le règne de Louis-Philippe se dessine la civilisation industrielle – jusqu'alors contrariée par la dispersion de l'activité en toutes petites usines – qui s'est surtout développée à partir de 1850. Elle met en œuvre les progrès de la science (mathématiques, physique, chimie), ceux de la technique et l'évolution des mentalités où interviennent les notions de performances et d'applications pratiques. L'ère des anciennes inventions fait place à celle du machinisme avec l'utilisation de la vapeur et de la houille blanche.

L'industrialisation se concentre aux gisements de matières premières ou à proximité des sources d'énergie : le Nord (bassin houiller), l'Est (pays du fer), les régions de Paris, de Lyon, de Marseille, la Basse-Seine, Dunkerque, St-Étienne, Montbéliard, Caen, Mulhouse, les vallées alpines (Maurienne) et pyrénéennes ou celles du Massif Central. Cette concentration permet une production standardisée, abondante et moins coûteuse et par là une large diffusion des articles. Mais elle engendre des problèmes sociaux (repos hebdomadaire, logement, santé, éducation, sécurité, retraite, travail des enfants et des femmes…) et syndicaux.

La IIIᵉ République (1870-1940)

1870	Après la défaite de Sedan, la IIIᵉ République est proclamée le 4 septembre, à l'Hôtel de Ville de Paris.
1871	La Commune de Paris (du 21 au 28 mai). Par le traité de Francfort, la France perd l'Alsace, sauf Belfort, et une partie de la Lorraine.
1875	Lois constitutionnelles.
1881	Lois de Jules Ferry : enseignement primaire, gratuit puis obligatoire.
1884	Le syndicalisme reçoit son statut.
1885	Vaccin contre la rage (Pasteur).
1889	Inauguration de la Tour Eiffel (Exposition universelle).
1895	Condamnation du capitaine Dreyfus. L'« affaire », et l'action d'Émile Zola.
1897	A Toulouse, Clément Ader fait voler un « plus lourd que l'air ».
1904	Entente cordiale.
1905	Loi de séparation des Églises et de l'État.

La Grande Guerre – 1914-1918. Le 3 août 1914 l'Allemagne viole la neutralité belge, engage la bataille des frontières puis déclare la guerre à la France. La résistance en Belgique et en Lorraine et les retours offensifs des Français sur Guise et sur la Meuse dérèglent le plan de l'état-major allemand de fondre sur Paris par le Nord et la vallée de l'Oise à l'Ouest ; les armées française de Laurezac et britannique de French refluent en deçà de la Marne. Le général von Kluck fonce alors sur la Seine et, enfreignant les ordres, veut atteindre la capitale par l'Est. Devant cette situation, Joffre, secondé par Gallieni, ose une manœuvre délicate et prend l'armée allemande en plein mouvement sur son flanc droit, avec la vallée de l'Ourcq pour objectif. L'armée de Maunoury, la garnison de Paris et 4 000 territoriaux conduits au front par 600 taxis parisiens gagnent, le 13 septembre, la première bataille de la Marne. Simultanément, **Foch** et Franchet d'Esperey attaquent.

La Guerre par Marcel Gromaire

Musées de la ville de Paris © ADAGP 1988

La guerre de position – Septembre 1914-mai 1918. Les armées se terrent alors dans des tranchées. Dans l'Argonne, la cote 285, Vauquois et sa butte et, plus à l'Est, la crête des Éparges deviennent l'enjeu de la guerre des mines (150 000 morts). Les attaques destinées à forcer la décision en perçant le front échouent (Artois en mars, Champagne en septembre 1915). Il faut se résoudre à grignoter chaque position.

Verdun – 16 février 1916-20 août 1917. Le point culminant de la guerre, le champ du courage et du patriotisme, où le général Philippe Pétain (1856-1951), le grand « Vainqueur de Verdun », stoppa l'offensive ennemie.

Les offensives – Les offensives destinées à desserrer l'étau de Verdun échouent (Nivelle sur l'Aisne) ou ne réussissent que très partiellement. Clemenceau cherche alors à redresser le moral des troupes et à préparer l'opinion aux épreuves d'un nouvel assaut. Sur la Somme, les Allemands (offensive de Ludendorff) remportent de nouveaux succès, colmatés à Montdidier.

Le 2 mars 1918, sur le front oriental, à Brest-Litovsk, l'Allemagne dicte à Lénine et à Trotski les conditions de la paix qu'ils ont demandée.

En juin 1918, le nom de Château-Thierry cristallise l'anxiété française. L'ennemi est encore installé à moins de 80 km de Paris, et ce n'est que le 9 juillet que la 39ᵉ division française et la 2ᵉ division américaine parviennent, au bout de cinq semaines de combat, à le déloger de la cote 204 (seconde bataille de la Marne).

Foch, généralissime des troupes alliées, reprend l'initiative sur tout le front ; le 26 septembre, il déclenche l'offensive générale qui décide l'Allemagne à envoyer ses plénipotentiaires à Rethondes dans la clairière de l'armistice, le 11 novembre 1918.

1919	Traité de Versailles (28 juin) : fin de la Première Guerre mondiale.
1934	Les manifestations et les affrontements du 6 février aggravent la division politique qui débouche sur le Front populaire (1936).

Seconde Guerre mondiale – 1939-1945. En juin 1940, les troupes allemandes submergent la France ; la défaite contraint le gouvernement, formé par le maréchal Pétain, à demander l'armistice (signé le 22 juin).

Mais, dès l'été, les Forces Françaises Libres, composées surtout des troupes de Norvège et des volontaires de l'empire colonial français, ralliées à l'appel du général de Gaulle passé à Londres, poursuivent la guerre aux côtés des Alliés et s'illustrent en particulier par l'épopée Leclerc au Sahara (Mourzouk, Koufra, Bir Hakeim), en Tripolitaine, dans le Sud tunisien et en Syrie.

En 1942, la France entière est occupée, la flotte se saborde à Toulon ; en juin 1944, débarquement allié en Normandie, en Provence en août et libération de Paris ; le 7 mai 1945, capitulation allemande à Reims.

Dès l'appel du général de Gaulle (18 juin 1940) et durant toute l'Occupation, la Résistance se développe et s'organise sur tout le territoire national. Par la force morale de ses héros, le martyre de ses 20 000 fusillés et 115 000 déportés, le courage de ses combattants, elle a facilité la libération et rendu à la France l'espérance et la fierté.

Ce conflit, qui a embrasé tous les continents, est abordé dans ce guide sur les lieux qu'il a le plus marqués en France.

1946	IVe République.
1958	Ve République.
1958	Entrée en vigueur de la Communauté économique européenne (CEE).
1958	Approbation, par référendum, de la nouvelle Constitution inspirée par le général de Gaulle.
1962	Référendum instituant l'élection du président de la République au suffrage universel.
1968	Événements de mai 1968.
1969	Élection du président Georges Pompidou (16 juin).
1974	Élection du président Valéry Giscard d'Estaing (19 mai).
1981	Élection du président François Mitterrand (10 mai).
1981	Inauguration de la ligne TGV Paris-Lyon.
1992	Ratification du traité de Maastricht par la France (2 juillet).
1994	Inauguration du tunnel sous la Manche (6 mai).
1995	Élection du président Jacques Chirac (7 mai).

PIX, Paris

Charles de Gaulle

L'art

ÉLÉMENTS D'ARCHITECTURE

Architecture religieuse

CLERMONT-FERRAND (Puy-de-Dôme) – Plan de la basilique Notre-Dame-du-Port (11e et 12e s.).

Plan en forme de croix latine, la nef transversale formant le **transept**.

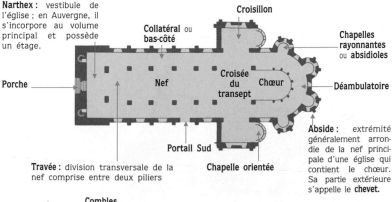

Narthex : vestibule de l'église ; en Auvergne, il s'incorpore au volume principal et possède un étage.

Croisillon

Collatéral ou **bas-côté**

Chapelles rayonnantes ou **absidioles**

Porche

Nef

Croisée du transept

Chœur

Déambulatoire

Portail Sud

Abside : extrémité généralement arrondie de la nef principale d'une église qui contient le chœur. Sa partie extérieure s'appelle le **chevet**.

Travée : division transversale de la nef comprise entre deux piliers

Chapelle orientée

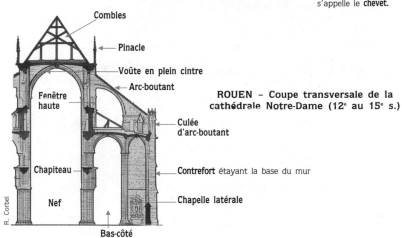

Combles

Pinacle

Voûte en plein cintre

Arc-boutant

Fenêtre haute

ROUEN – Coupe transversale de la cathédrale Notre-Dame (12e au 15e s.)

Culée d'arc-boutant

Chapiteau

Contrefort étayant la base du mur

Nef

Chapelle latérale

R. Corbel

Bas-côté

MOISSAC – Portail méridional de l'église abbatiale (12e s.)

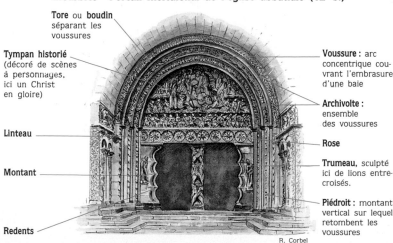

Tore ou **boudin** séparant les voussures

Tympan historié (décoré de scènes à personnages, ici un Christ en gloire)

Voussure : arc concentrique couvrant l'embrasure d'une baie

Archivolte : ensemble des voussures

Linteau

Rose

Montant

Trumeau, sculpté ici de lions entrecroisés.

Piédroit : montant vertical sur lequel retombent les voussures

Redents

R. Corbel

31

ORCIVAL – Basilique Notre-Dame (12ᵉ s.)

De style roman, la plupart des églises auvergnates appartiennent à une école qui s'est développée aux 11ᵉ s et 12ᵉ s. et qui compte parmi les plus originales de l'art occidental.

Clocher octogonal à double étage

Arc de décharge ; allège le poids du mur portant sur les ouvertures.

Baies jumelées : groupées par deux, trois, quatre, etc.

Baies géminées : groupées par deux

Transept

Toit en croupe ronde : en cône surbaissé

Mur-pignon

Croupe en appentis

Baie en plein cintre

Chapelle rayonnante

Modillons à copeaux : petites consoles décorées de tranches d'enroulement évoquant des copeaux de bois.

Corniche ornée de damiers

Contrefort : renfort extérieur d'un mur, faisant saillie et engagé dans la maçonnerie.

Chevet ; par l'ordonnance magnifique de son étagement, c'est la partie la plus belle et la plus typique des églises auvergnates.

R. Corbel

CHARTRES - Façade principale de la cathédrale Notre-Dame (12ᵉ et 13ᵉ s.)

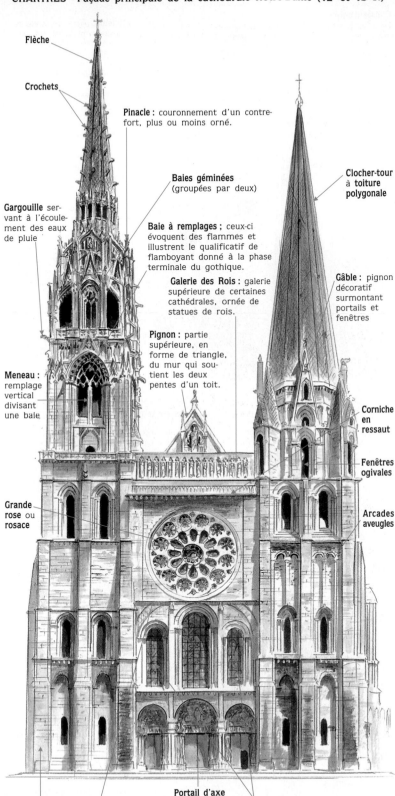

Flèche

Crochets

Pinacle : couronnement d'un contre-fort, plus ou moins orné.

Baies géminées (groupées par deux)

Clocher-tour à toiture polygonale

Gargouille servant à l'écoulement des eaux de pluie

Baie à remplages ; ceux-ci évoquent des flammes et illustrent le qualificatif de flamboyant donné à la phase terminale du gothique.

Galerie des Rois : galerie supérieure de certaines cathédrales, ornée de statues de rois.

Gâble : pignon décoratif surmontant portails et fenêtres

Pignon : partie supérieure, en forme de triangle, du mur qui soutient les deux pentes d'un toit.

Meneau : remplage vertical divisant une baie

Corniche en ressaut

Fenêtres ogivales

Grande rose ou **rosace**

Arcades aveugles

Portail d'axe

Bandeau : division horizontale et saillante d'une surface verticale

Triplet : ensemble de trois baies souvent groupées sous un arc de décharge dont il reste ici quelques vestiges.

Contrefort

R. Corbel

SENLIS - Cathédrale Notre-Dame (12ᵉ et 13ᵉ s.)

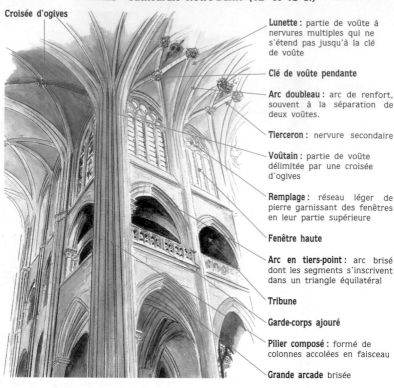

Croisée d'ogives

Lunette : partie de voûte à nervures multiples qui ne s'étend pas jusqu'à la clé de voûte

Clé de voûte pendante

Arc doubleau : arc de renfort, souvent à la séparation de deux voûtes.

Tierceron : nervure secondaire

Voûtain : partie de voûte délimitée par une croisée d'ogives

Remplage : réseau léger de pierre garnissant des fenêtres en leur partie supérieure

Fenêtre haute

Arc en tiers-point : arc brisé dont les segments s'inscrivent dans un triangle équilatéral

Tribune

Garde-corps ajouré

Pilier composé : formé de colonnes accolées en faisceau

Grande arcade brisée

JOUARRE - Crypte St-Paul (7ᵉ s.)

Construites à l'époque carolingienne, les cryptes de Jouarre comptent parmi les plus anciens monuments de cette architecture funéraire et religieuse très répandue au Moyen Âge.

Voûte d'arêtes

Oves : ornementation en forme d'œufs

Tailloir

Chapiteaux polymorphes de tradition antique : interprétation de chapiteaux corinthiens avec ajout de motifs tels que cannelures, oves, perles...

Gisant : statue représentant un mort étendu

Cénotaphe : tombeau commémoratif, ne contenant pas le corps du défunt.

Cannelure

Coquilles marines, symbole d'immortalité.

Sarcophage : cercueil en pierre

Fût en porphyre

Tore : moulure ronde dessinant un boudin

Base

R. Corbel

34

REIMS – orgue de la cathédrale, 18ᵉ s.

Le **buffet,** meuble qui renferme les tuyaux, devient monumental à l'époque baroque et s'orne de figures, de putti, de cariatides.

Grand buffet

Petit buffet

Tribune

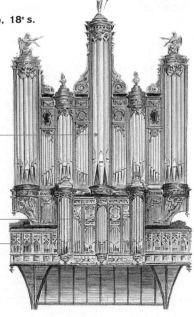

Dessin R. Corbel

ÉVREUX – Vitrail (début du 14ᵉ s.) de la cathédrale Notre-Dame

La raison d'être des vitraux et leur fonction essentielle, c'est de fournir une clôture translucide aux fenêtres des édifices et d'en régler l'éclairage. "Les vitraux du chœur d'Évreux sont les plus beaux du 14ᵉ s. Ils sont d'une limpidité délicieuse : ce ne sont qu'ors légers, bleus aériens, rouges transparents, blancs argentins... ils s'harmonisent avec le chœur lumineux, largement éclairé de blanc", affirmait Émile Mâle.

Filet ou **Liseré :** bordure de verre qui souvent fait le tour du vitrail

Feuillard : bande de fer qui maintient les panneaux sur les barlotières

Armature : assemblage de tringles en fer qui maintient et protège la verrière

Plomb : pièce qui sertit et maintient entre elles chacune des plaques de verre

Jaune d'argent : peinture à base de sulfure d'argent et de terre ocre, qui donne après cuisson un très beau jaune.

Grisaille : peinture à base d'oxyde de fer qui, suivant la densité après cuisson, donne du noir ou du gris.

Barlotières : fixées dans la maçonnerie des fenêtres, elles soutiennent le châssis du vitrail.

R. Corbel

35

THANN – Stalles de la collégiale St-Thiébaut (14ᵉ- début du 16ᵉ s.)

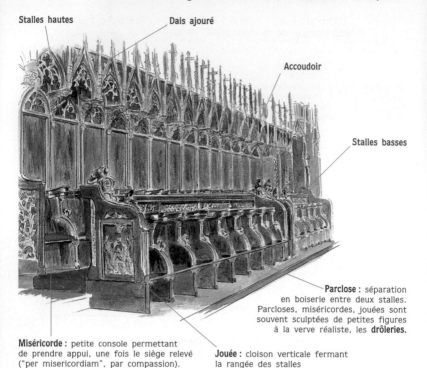

Stalles hautes

Dais ajouré

Accoudoir

Stalles basses

Parclose : séparation en boiserie entre deux stalles. Parcloses, miséricordes, jouées sont souvent sculptées de petites figures à la verve réaliste, les **drôleries.**

Miséricorde : petite console permettant de prendre appui, une fois le siège relevé ("per misericordiam", par compassion).

Jouée : cloison verticale fermant la rangée des stalles

ALBI – Jubé de la cathédrale Ste-Cécile (16ᵉ s.)

Le **jubé** avait pour fonction de séparer le chœur (réservé aux clercs) de la nef centrale (où se tenaient les fidèles). Celui de la cathédrale d'Albi est un exemple de style gothique flamboyant.

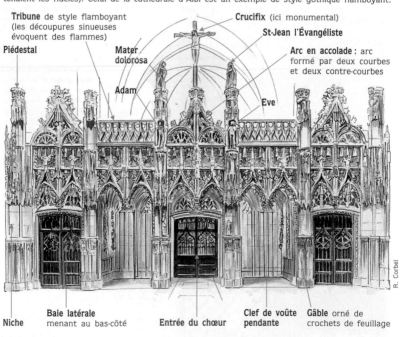

Tribune de style flamboyant (les découpures sinueuses évoquent des flammes)

Piédestal

Mater dolorosa

Adam

Crucifix (ici monumental)

St-Jean l'Évangéliste

Arc en accolade : arc formé par deux courbes et deux contre-courbes

Eve

R. Corbel

Niche

Baie latérale menant au bas-côté

Entrée du chœur

Clef de voûte pendante

Gâble orné de crochets de feuillage

CARCASSONNE – Porte Est du Château Comtal (12ᵉ s.)

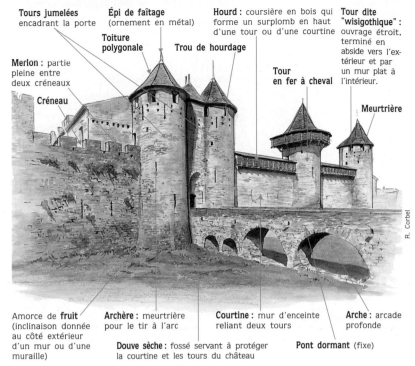

Tours jumelées encadrant la porte

Épi de faîtage (ornement en métal)

Toiture polygonale

Trou de hourdage

Hourd : coursière en bois qui forme un surplomb en haut d'une tour ou d'une courtine

Tour dite "wisigothique" : ouvrage étroit, terminé en abside vers l'extérieur et par un mur plat à l'intérieur.

Merlon : partie pleine entre deux créneaux

Créneau

Tour en fer à cheval

Meurtrière

R. Corbel

Amorce de fruit (inclinaison donnée au côté extérieur d'un mur ou d'une muraille)

Archère : meurtrière pour le tir à l'arc

Courtine : mur d'enceinte reliant deux tours

Arche : arcade profonde

Douve sèche : fossé servant à protéger la courtine et les tours du château

Pont dormant (fixe)

Château de BONAGUIL (13ᵉ s.-début du 16ᵉ s.)

Reconstruit de 1483 à 1510 par Béranger de Roquefeuil, Bonaguil présente les ultimes perfectionnements du château fort confronté au progrès de l'artillerie à feu.

Mâchicoulis : créneaux en encorbellement permettant de laisser tomber des projectiles sur l'assaillant

Tourelle renfermant la **vis** qui permet d'accéder aux étages

Logement des **flèches** (poutres de bois auxquelles étaient attachées les chaînes du pont-levis)

Guette : poste de guet

Donjon en éperon ; l'éperon, massif de maçonnerie pleine angulaire, protège des tirs de boulets.

Corbeaux en pyramides renversées dits "bretons", représentés notamment en Bretagne.

Blason

Créneau   **Merlon**

Enceinte : muraille de défense

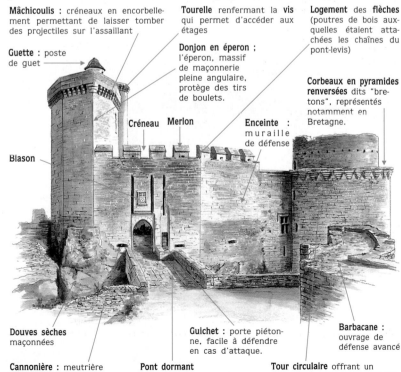

Douves sèches maçonnées

Guichet : porte piétonne, facile à défendre en cas d'attaque.

Barbacane : ouvrage de défense avancé

Cannonière : meurtrière pour arme à feu

Pont dormant (fixe)

Tour circulaire offrant un réduit défensif supplémentaire

NEUF-BRISACH – Place forte (1698-1703)

Le système bastionné polygonal naît au 16e s. avec les progrès de l'artillerie : le canon d'un ouvrage supprime l'angle mort de l'ouvrage voisin. La place fut construite par Vauban, face à la puissante forteresse de Breisach rendue à la Maison de Habsbourg, suite au traité de Ryswick en 1697.

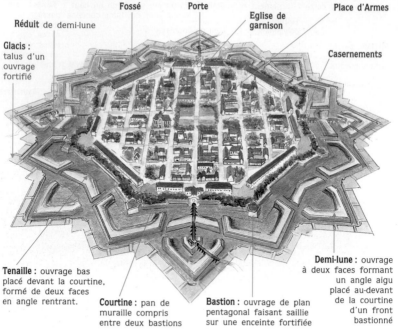

Réduit de demi-lune

Glacis : talus d'un ouvrage fortifié

Fossé

Porte

Eglise de garnison

Place d'Armes

Casernements

Tenaille : ouvrage bas placé devant la courtine, formé de deux faces en angle rentrant.

Courtine : pan de muraille compris entre deux bastions

Bastion : ouvrage de plan pentagonal faisant saillie sur une enceinte fortifiée

Demi-lune : ouvrage à deux faces formant un angle aigu placé au-devant de la courtine d'un front bastionné

Architecture civile

BLOIS – Château, escalier François-1er (16e s.)

L'escalier à vis monte dans une cage octogonale à demi engagée dans la façade ; il s'ouvre en une série de balcons formant loges sur la cour d'honneur. L'entourage du roi assistait d'ici à toutes sortes de spectacles : arrivée de personnages importants, joutes sportives, scènes de chasse ou revues militaires.

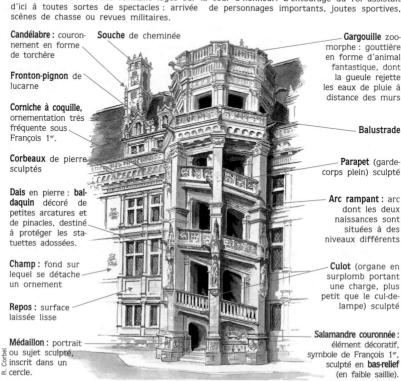

Candélabre : couronnement en forme de torchère

Souche de cheminée

Gargouille zoomorphe : gouttière en forme d'animal fantastique, dont la gueule rejette les eaux de pluie à distance des murs

Fronton-pignon de lucarne

Corniche à coquille, ornementation très fréquente sous François 1er.

Corbeaux de pierre sculptés

Balustrade

Parapet (garde-corps plein) sculpté

Dais en pierre : **baldaquin** décoré de petites arcatures et de pinacles, destiné à protéger les statuettes adossées.

Arc rampant : arc dont les deux naissances sont situées à des niveaux différents

Champ : fond sur lequel se détache un ornement

Culot (organe en surplomb portant une charge, plus petit que le cul-de-lampe) sculpté

Repos : surface laissée lisse

Médaillon : portrait ou sujet sculpté, inscrit dans un cercle.

Salamandre couronnée : élément décoratif, symbole de François 1er, sculpté en **bas-relief** (en faible saillie).

R. Corbel

SERRANT – Château (16e-17e s.)

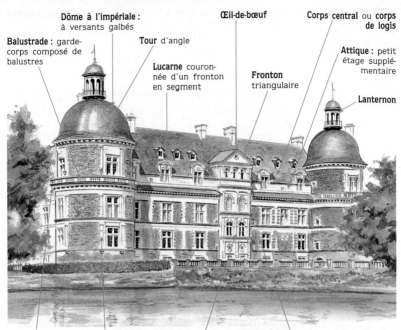

Dôme à l'impériale : à versants galbés

Balustrade : garde-corps composé de balustres

Tour d'angle

Lucarne couronnée d'un fronton en segment

Œil-de-bœuf

Fronton triangulaire

Corps central ou **corps de logis**

Attique : petit étage supplémentaire

Lanternon

Corniche   **Pilastre :** pilier plat engagé dans un mur

Avant-corps : partie d'un bâtiment faisant saillie sur toute la hauteur et sur l'alignement de la façade, toit y compris.

Chaînage en harpe : une pierre de taille sur deux est posée en retrait vers l'intérieur pour une meilleure cohésion de l'ensemble.

BORDEAUX – Palais de la Bourse (18e s.)

Pot à feu : élément décoratif en forme de vase coiffé d'une flamme, caractéristique de l'architecture classique.

Fronton triangulaire sculpté d'une **allégorie**

Œil-de-bœuf

Trophée d'armes : armes diverses groupées en motif décoratif autour d'une cuirasse, d'un casque.

Denticules : frise formée de petites découpures rectangulaires en ressaut

Architrave : partie de l'entablement qui porte horizontalement sur les colonnes

Chapiteau ionique à cornes

Baie couverte en segment

Cartouche : ornement disposé autour d'un espace vide destiné à recevoir une inscription

Colonne à tambours, en délit : isolée de la paroi par un bref intervalle

Imposte : partie supérieure d'une baie de porte ou de fenêtre

Mascaron décorant **l'agrafe**

Ordre colossal : ordre d'architecture embrassant plusieurs étages

Appareil en bossage. Le **bossage** est une saillie laissée sur le parement d'une pierre taillée.

Refend : ciselure profonde marquant les joints de l'appareil de bossage

Architecture civile

MONTAUBAN – Immeuble néo-classique, place Franklin-Roosevelt (1830-1840)

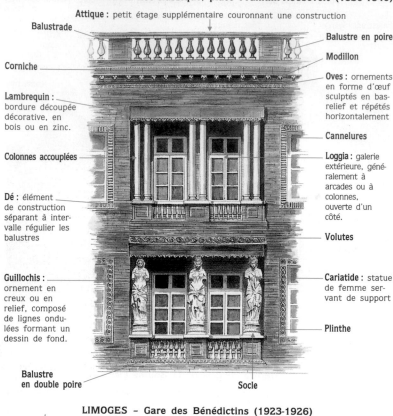

Attique : petit étage supplémentaire couronnant une construction

Balustrade

Cornice

Lambrequin : bordure découpée décorative, en bois ou en zinc.

Colonnes accouplées

Dé : élément de construction séparant à intervalle régulier les balustres

Guillochis : ornement en creux ou en relief, composé de lignes ondulées formant un dessin de fond.

Balustre en double poire

Balustre en poire

Modillon

Oves : ornements en forme d'œuf sculptés en bas-relief et répétés horizontalement

Cannelures

Loggia : galerie extérieure, généralement à arcades ou à colonnes, ouverte d'un côté.

Volutes

Cariatide : statue de femme servant de support

Plinthe

Socle

R. Corbel

LIMOGES – Gare des Bénédictins (1923-1926)

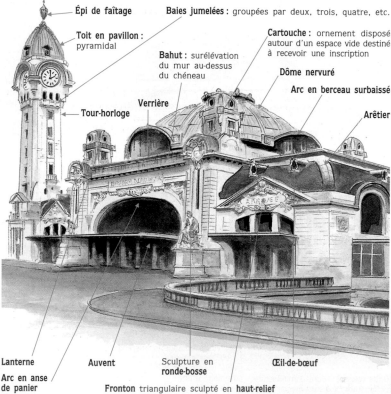

Épi de faîtage

Baies jumelées : groupées par deux, trois, quatre, etc.

Toit en pavillon : pyramidal

Bahut : surélévation du mur au-dessus du chéneau

Cartouche : ornement disposé autour d'un espace vide destiné à recevoir une inscription

Dôme nervuré

Arc en berceau surbaissé

Verrière

Tour-horloge

Arêtier

Lanterne

Arc en anse de panier

Auvent

Sculpture en ronde-bosse

Œil-de-bœuf

Fronton triangulaire sculpté en **haut-relief**

R. CORBEL

Architecture industrielle

LYON – Halle Tony-Garnier (1914)

Cette « cathédrale de fer », véritable prouesse technique permettant de couvrir près de 18 000 m²
sans piliers, a été conçue au début du siècle par l'architecte lyonnais Tony Garnier. Bien qu'ayant
changé de vocation, elle reste une référence et marque l'architecture industrielle contemporaine.

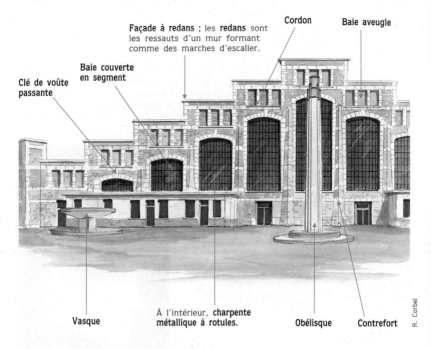

Façade à redans ; les **redans** sont les ressauts d'un mur formant comme des marches d'escalier.

Cordon

Baie aveugle

Baie couverte en segment

Clé de voûte passante

Vasque

À l'intérieur, **charpente métallique à rotules.**

Obélisque

Contrefort

R. Corbel

Génie civil

Le Pont de NORMANDIE (1988-1994)

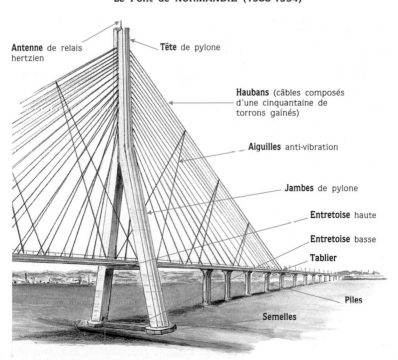

Antenne de relais hertzien

Tête de pylone

Haubans (câbles composés d'une cinquantaine de torrons gainés)

Aiguilles anti-vibration

Jambes de pylone

Entretoise haute

Entretoise basse

Tablier

Piles

Semelles

Porte d'accès à l'intérieur du pylone

R. Corbel

DE LA PRÉHISTOIRE A L'ÉPOQUE GALLO-ROMAINE

Préhistoire – Si l'outillage en pierre ou osseux apparaît dès le paléolithique inférieur, l'art préhistorique n'est pas attesté avant le paléolithique supérieur (35000 à 10000 avant J.-C.), et trouve son apogée au magdalénien *(voir la rubrique Les Eyzies-de-Tayac pour la chronologie de la préhistoire)*. L'art mobilier (ivoire et bois gravés, statuettes votives) se développe parallèlement à l'art pariétal, bien identifié en France par les grottes de Dordogne, des Pyrénées, de l'Ardèche et du Gard. Les peintures rupestres, exécutées avec des colorants d'origine minérale, sont parfois associées à des bas-reliefs sur pierre.

La révolution néolithique (vers 6500 avant J.-C.), caractérisée par la sédentarisation, entraîne l'apparition de la céramique, la différenciation des cultures sur le territoire et la modification des pratiques d'inhumation : certains mégalithes (dolmens, allées couvertes) sont des sépultures. Les menhirs – autre type de mégalithes –, très abondants en Bretagne, ont une signification incertaine (Carnac, Locmariaquer). La découverte du métal introduit la civilisation préhistorique dans l'âge du bronze (2300-1800 avant J.-C.) puis du fer (750-450 avant J.-C.). L'art celtique montre une parfaite maîtrise du travail du métal : torques (colliers) et bijoux en or, monnaies, vaisselle de bronze constituent les trésors des tombes (la Gorge-Meillet, Mailly-le-Camp, Bibracte, Vix).

St-Germain-en-Laye – Figurine
à la capuche de Brassempouy

Époque gallo-romaine et Haut Moyen Age – La conquête romaine (2e-1er s. avant J.-C.) introduit en Gaule la technique de la construction en pierre. Dans les cités, centres administratifs de l'Empire, le pouvoir central romain érige une architecture qui reflète sa puissance et impose sa culture : théâtres (Orange, Vienne), temples (Maison Carrée à Nîmes), thermes, basiliques, arcs de triomphe. L'aristocratie locale adopte la mode des villas romaines décorées de fresques et de mosaïques (Vaison-la-Romaine, **Grand** 62 2). La présence romaine a durablement modifié le paysage français par le développement urbain et l'établissement de routes, ponts et aqueducs (pont du Gard). A la fin du Bas-Empire, la reconnaissance officielle de l'Église chrétienne (380) génère l'apparition de la première architecture chrétienne, comme les baptistères (**Fréjus** 84 8, **Riez** 84 5, Poitiers).

Au 5e s., les grandes invasions barbares entraînent le recul de l'art figuratif – ignoré des peuples germaniques – au profit de motifs abstraits (entrelacs, rouelles) ou animaliers. L'orfèvrerie cloisonnée (trésor de Childéric) devient une technique très répandue dans les arts précieux.

L'**art mérovingien** (6e-8e s.) élabore une synthèse entre les apports antiques, barbares et chrétiens (hypogée des Dunes à Poitiers, crypte de **Jouarre** 106 24), à partir de laquelle va se développer l'art médiéval.

La **Renaissance carolingienne** (9e s.) est marquée par l'essor de l'enluminure et de l'ivoirerie (psautier de Dagulf, musée du Louvre), et par un retour délibéré aux formes de l'art antique impérial (Aix-la-Chapelle, oratoire de Germigny-des-Prés). Dans les édifices religieux, l'autel est parfois surélevé, au-dessus d'une zone voûtée du chœur appelée « crypte » mais à l'origine de plain-pied avec la nef (Saint-Germain d'Auxerre, **Saint-Philbert-de-Grand-Lieu** 67 3).

ART ROMAN (11e-12e s.)

Après les troubles de l'an mille, le rayonnement spirituel et la puissance de l'Église vont permettre l'éclosion de l'art roman, dans le premier quart du 11e s.

Principes architecturaux de l'art roman – La généralisation du système de voûtement en pierre, qui se substitue à la charpente, l'utilisation de contreforts, le retour au décor architectural caractérisent les premiers édifices romans (**Saint-Martin-du-Canigou** 86 17, Saint-Bénigne de Dijon). L'impossibilité d'ouvrir largement les murs qui soutiennent la voûte explique l'obscurité du vaisseau.

Le plan basilical (nef et bas-côtés, parfois précédés par un porche) prédomine en France ; cependant, certains édifices adoptent un plan centré (**Neuvy-Saint-Sépulcre** 68 19). Le chevet, à l'extrémité de la nef, révèle une très grande variété formelle : plat ou muni d'absidioles, il est fréquemment en hémicycle avec chapelles échelonnées dans le sens de la nef (**Anzy-le-Duc** 69 17) ou avec chapelles rayonnantes. Des plans plus complexes combinent chevet à déambulatoire et chapelles rayonnantes (Conques, Cluny).

St-Nectaire

Les premières tentatives décoratives préludent au renouveau de l'art décoratif, dont le linteau de Saint-Genis-les-Fontaines est l'un des premiers témoignages. Tympans, voussures, piédroits, trumeaux se couvrent de sculptures à thèmes religieux ou profanes (illustration du Roman de Renart à Saint-Ursin de Bourges). A l'intérieur, l'essentiel du décor est constitué par les fresques (Saint-Savin-sur-Gartempe, **Berzé-la-Ville** 70 11) et les chapiteaux sculptés, dont l'iconographie est parfois complexe (chapiteaux du chœur de Cluny).

Le style roman s'inspire largement de modèles orientaux (griffons, animaux fantastiques) véhiculés par les croisades, ainsi que de modèles byzantins (représentation du Christ en Majesté, graphisme des drapés) et islamiques (végétaux stylisés, pseudo-coufique).

Particularismes régionaux – L'art roman conquiert l'ensemble de la France, avec cependant des disparités stylistiques et chronologiques.

Apparu très tôt dans les zones méridionales et en Bourgogne, il ne s'impose que tardivement dans l'Est.

Le **roman languedocien** doit beaucoup au modèle de l'église Saint-Sernin de Toulouse, dont la haute tour-lanterne ajourée d'arcatures servira d'exemple à de nombreux clochers. Les sculptures de la porte Miégeville, achevée en 1118, sont caractérisées par un style graphique, des drapés bouillonnants, un canon allongé que l'on retrouve à Moissac et, dans une moindre mesure, à **Saint-Gilles-du-Gard** (83 9).

En **Saintonge-Poitou**, l'originalité des édifices est due à la hauteur des nefs latérales, dont la fonction est de renforcer les murs de la nef centrale, et d'assurer ainsi l'équilibre du berceau. Les façades-pignons, flanquées de lanternons, sont largement couvertes d'arcatures abritant statues et bas-reliefs (Notre-Dame-la-Grande à Poitiers).

En **Auvergne**, la croisée du transept est souvent couverte par une coupole, contre-butée de hautes voûtes en quart de cercle et soutenue par des arcs diaphragmes ; cet ensemble constitue le massif barlong, dont le volume apparaît en saillie au-dessus des toitures, sous le clocher. L'utilisation de la lave, pierre particulièrement difficile à sculpter, explique la pauvreté du décor (Saint-Nectaire, Notre-Dame-du-Port à Clermont-Ferrand, Orcival). Les linteaux des tympans sont en forme de bâtière.

En **Bourgogne**, le développement de l'art roman a été fortement influencé par le modèle de l'abbaye de Cluny (aujourd'hui détruite), caractérisé par l'importance du chœur muni de chapelles rayonnantes, un double transept, et l'amorce d'un éclairage direct de la nef par de faibles ouvertures à la base du berceau ; Paray-le-Monial et

Notre-Dame de La Charité-sur-Loire en dérivent. Au Nord du Morvan, la Madeleine de Vézelay représente un parti simplifié et un couvrement en voûte d'arêtes qui exerceront également leur influence dans la région.

Dans les zones du **Rhin** et de la **Meuse**, le respect des formules héritées de l'époque carolingienne définit une architecture qui relève de l'art ottonien : permanence du plan à double chœur et double transept (Verdun), reprise du plan centré et de l'élévation intérieure de la chapelle palatine d'Aix (Ottmarsheim).

En **Normandie** enfin, l'architecture est restée tardivement fidèle au couvrement charpenté (Jumièges, Bayeux). L'adoption du voûtement en pierre entraîne l'utilisation de nervures décoratives (Saint-Étienne de Caen). L'ampleur et la monumentalité des édifices, les façades harmoniques à deux tours sont également caractéristiques du roman anglo-normand.

Outre ces traits régionaux, certains édifices doivent leur particularité à leur fonction. Le plan des **églises de pèlerinage** (chœur muni d'un déambulatoire, transept à collatéraux, nef centrale à double collatéraux) facilite le culte des reliques ; Sainte-Foy de Conques, Saint-Sernin de Toulouse, Saint-Martial de Limoges et Saint-Martin de Tours (ces deux dernières ayant été détruites) constituaient les principaux édifices de ce type sur la route de Saint-Jacques-de-Compostelle.

Les arts précieux romans – Les trésors d'église se constituent à l'époque romane, rassemblant objets liturgiques en orfèvrerie, manuscrits, étoffes précieuses et reliquaires. Une Vierge en Majesté, en bois polychrome ou en métal repoussé et orné de pierreries, est souvent intégrée au trésor.

L'essor de l'**émaillerie limousine** est l'un des aspects majeurs de l'histoire des arts somptuaires à l'époque romane. Exécutée sur cuivre doré et champlevé (la plaque de métal est creusée pour recevoir l'émail), cette émaillerie connut un exceptionnel développement et fut exportée dans toute l'Europe. De petits objets (croix, ciboires, châsses), aussi bien que des réalisations plus monumentales (retable de l'autel majeur de l'abbaye de **Grandmont** 72 8, musée de Cluny à Paris) illustrent la diversité de ses utilisations.

ART GOTHIQUE (12ᵉ-15ᵉ s.)

Architecture

Le gothique de transition – Dès 1140 environ, à Saint-Denis, des innovations architecturales importantes marquent les préludes du gothique : l'adoption dans l'avant-nef et le chœur de la voûte sur croisée d'ogives, associée à l'arc brisé.

Ogives et moulurations provenant du voûtement se prolongent en faisceaux de colonnettes sur les piles des grandes arcades ; le chapiteau, simplifié, s'amenuise et tendra à s'effacer. En fa-çade préside une nouvelle organisation du décor sculpté, au sein duquel apparaissent les statues-colonnes.

Ces innovations se retrouvent dans un groupe d'édifices en Ile-de-France et au Nord de la France, dans la deuxième moi-tié du 12ᵉ s. A la cathédrale de Sens, la voûte sexpartite, qui répond au plan rectangulaire des travées, entraîne l'alter-nance pile forte-pile faible au niveau des supports des grandes arcades. La pile forte reçoit trois éléments d'ogive, tandis que la pile faible ne sup-porte que la seule ogive inter-médiaire. Voûte sexpartite avec alternance des supports et élévation à quatre étages – grandes arcades, tribunes, tri-forium, baies hautes – caracté-risent ce premier art gothique (Sens, Noyon, Laon).

Dans les années 1180-1200, à Notre-Dame de Paris, les voû-tes surhaussées sont renfor-cées, à l'extérieur de l'édifice, par des arcs-boutants. A l'inté-rieur, l'alternance des sup-ports disparaît. Ces nouvelles dispositions constituent un style de transition vers le go-thique lancéolé.

Cathédrale d'Amiens
La croisée du transept

S. Chirol

Le gothique lancéolé – Les règnes de Philippe Auguste (1180-1223) et de Saint Louis (1226-1270) voient l'apogée du gothique en France. La reconstruction de la cathédrale de Chartres (vers 1210-1230) donne un modèle, adopté par les édifices de la « famille chartraine » (Reims, Amiens, Beauvais) : voûte sur plan barlong, élévation à trois étages (sans tribunes), arcs-boutants à l'extérieur. Le chœur à double déambulatoire et les transepts munis de collatéraux aménagent un volume intérieur grandiose. Les fenêtres hautes de la nef centrale sont divisées en deux lancettes surmontées d'une rosace.

Les façades se subdivisent en trois registres, comme à Laon ou Amiens : la zone des portails, aux porches profonds unifiés par des gâbles, est surmontée d'une rose ajourée enserrant des vitraux. Sous l'étage des tours court une galerie d'arcatures. Le gothique lancéolé est soumis en France à de multiples variations ; ainsi, à Notre-Dame de Dijon, le parti archaïque de la voûte sexpartite est conservé.

L'évolution du gothique jusqu'au 15e s. – Le perfectionnement technique du voûtement, et notamment l'utilisation d'arcs de décharge, permet d'ouvrir plus largement les murs, comme à Saint-Urbain de Troyes où à la Sainte-Chapelle de Paris (1248) : c'est le **gothique rayonnant**, qui s'impose en France du Nord, de la fin du 13e s. au dernier tiers du 14e s. (le chœur de Beauvais, Évreux, transept Nord de la cathédrale de Rouen).

Dans le Centre et le Sud-Ouest, l'architecture gothique se développe à la fin du 13e s. avec des formules originales. Jean Deschamps, maître d'œuvre à la cathédrale de Narbonne, conçoit une architecture aux proportions massives, où l'élan vertical est brisé par l'aménagement de terrasses au-dessus des bas-côtés.

A Sainte-Cécile d'Albi, le recours à la brique et la fidélité au système des contreforts, hérités de l'art roman, dessinent un édifice d'une très grande indépendance par rapport aux modèles du Nord de la France.

Tout au long du 14e s., la sculpture envahit l'intérieur des édifices (jubés, clôtures de chœur, retables monumentaux et statues de dévotion).

Dès la fin du 14e s., les grands principes architecturaux n'évoluent plus, mais le vocabulaire décoratif multiplie flammèches, arcs lancéolés, pinacles, choux frisés, définissant le **gothique flamboyant**. Ce système ornemental, parfois qualifié de « baroque gothique », apparaît dans le domaine de l'architecture civile à la cheminée de la grande salle du Palais de Justice de Poitiers, sculptée par Guy de Dammartin dans la dernière décennie du 14e s. La Sainte-Chapelle de Riom, construite pour le duc de Berry, en constitue un autre exemple précoce. Le gothique flamboyant caractérise en France de nombreux édifices civils (hôtel Jacques-Cœur à Bourges) ou religieux (façade de l'église Saint-Maclou à Rouen), et s'étend au mobilier liturgique (clôture du chœur et jubé de Sainte-Cécile d'Albi).

Durant toute la période gothique, les châteaux restent fidèles aux modèles féodaux (château d'Angers, cité-forteresse de Cordes, tours de Merle) et n'évolueront qu'à l'aube de la Renaissance.

Sculpture, Arts précieux, Peinture

La sculpture gothique – La statuaire et la sculpture architecturale gothiques illustrent les progrès du naturalisme et du réalisme, reflets de l'« humanisme gothique ». Les statues-colonnes des portails, encore hiératiques au 12e s., témoignent dès le 13e s. de plus de liberté et d'expressivité (statuaire d'Amiens, ange au sourire de Reims). De nouveaux thèmes s'imposent : le Couronnement de la Vierge, traité à Senlis pour la première fois (1191), devient un sujet privilégié.

Le vitrail – Au 12e s., on distingue essentiellement quatre ateliers actifs : celui de Saint-Denis, celui de Champagne, les ateliers de l'Ouest de la France (Le Mans, Vendôme, Poitiers...), et un groupe rhénan dans l'Est. Les maîtres verriers mettent au point un bleu intense, devenu célèbre sous le nom de « bleu de Chartres ». Vers 1300-1310, l'invention du jaune d'argent permet d'obtenir des verres émaillés plus translucides, aux couleurs plus nuancées.

L'association du vitrail à l'architecture gothique a eu pour conséquence l'élar-

Beaune
Polyptyque du Jugement dernier : Saint Michel

gissement des baies. La fragilité des verrières explique la rareté des ensembles médiévaux originaux, auxquels des copies ou œuvres tardives ont souvent été substituées. Les vitraux de Chartres, d'Évreux, de la Sainte-Chapelle, en grande partie intacts, constituent de précieux témoignages de cet art caractéristique de l'esprit gothique.

L'enluminure et la peinture – L'art de l'enluminure atteint son apogée au 14e s., avec la production de luxueux manuscrits à usage privé, exécutés par des artistes libérés de la tutelle de l'Université, tels Jean Pucelle (les « Heures de Jeanne d'Évreux ») ou les frères Limbourg (les « Très Riches Heures du duc de Berry », début du 15e s.).

La peinture de chevalet n'est attestée en France que vers 1350 (portrait de Jean le Bon, musée du Louvre). Les influences italiennes et surtout flamandes sont sensibles dans les œuvres des grands maîtres du 15e s. comme **Jean Fouquet**, **Enguerrand Quarton**, ou le **Maître de Moulins**, tant dans le traitement du paysage que par le souci du détail.

RENAISSANCE

L'art gothique se maintient en France dans de nombreuses régions jusqu'au milieu du 16e s. Cependant, dès le début du siècle, apparaissent dans la région de la Loire les signes d'une rupture avec les traditions médiévales.

L'italianisme et les débuts de la Renaissance – L'esthétique de la Renaissance lombarde, connue en France depuis les campagnes militaires de Charles VIII et de Louis XII, à la fin du 15e s., n'affecte dans un premier temps que le décor architectural, en y introduisant les motifs antiquisants de pilastres, rinceaux, coquilles (sépulcre de Solesmes, **château de Gaillon** 55 17). Peu à peu l'architecture féodale, militaire et défensive laisse place à des demeures seigneuriales plus luxueuses et plus confortables. Le château de Chenonceau (commencé avant 1515) et celui d'Azay-le-Rideau (1518-1527) témoignent de cette évolution, par le souci de régularité dans le plan, la symétrie des façades, l'amorce d'un décor architectural. Ce sont cependant les grandes entreprises royales qui furent déterminantes pour l'essor de la Renaissance française.

L'architecture et le décor palatial sous François Ier (1515-1547) – Au château de Blois (entrepris en 1515), la façade des Loges (1520-1524) est une libre réplique des Loges du Vatican à Rome. Si l'irrégularité des travées relève d'un archaïsme médiéval, le désir de s'inspirer des modèles italiens atteste la nouveauté capitale de cette entreprise. Le château de Chambord (1519-1547), mélange de traditions françaises (tours d'angle, toits irréguliers à lucarnes) et d'innovations (symétrie des façades, raffinement du décor, escalier monumental intérieur), inspire la réfection de nombreux châteaux de la Loire sous le règne de François Ier (Chaumont, le Lude, Ussé).

Après la défaite de Pavie (1525) François Ier délaisse ses résidences du Val de Loire et privilégie l'Ile-de-France. En 1527 débute la construction du château de Fontainebleau, sous la direction de Gilles Le Breton. La conception du décor intérieur, œuvre des artistes de la **première École de Fontainebleau**, aura une profonde influence sur l'évolution de la production artistique française.

L'italien **le Rosso** (1494-1540) impose un système décoratif nouveau en France combinant stucs, lambris, fresques allégoriques aux coloris acides, nourries de références humanistes, philosophiques et littéraires. Le style maniériste, caractérisé par l'influence de la statuaire antique, l'allongement des proportions et la surcharge décorative, s'accentue avec l'arrivée à la cour du **Primatice** (1504-1570), en 1532.

Le rayonnement de cet art trouve un écho jusqu'à la fin du siècle dans l'œuvre des sculpteurs comme **Pierre Bontemps**, **Jean Goujon** (reliefs de la Fontaine des Innocents à Paris) ou **Germain Pilon** (monument du cœur d'Henri II, musée du Louvre), et des peintres comme Jean Cousin le Père. Les portraitistes de cour **(Jean** et **François Clouet**, **Corneille de Lyon)** sont davantage influencés par les traditions flamandes.

Henri IV et le préclassicisme – Après les guerres de Religion (1560-1598), de nouvelles tendances viennent renouveler les arts et préludent au classicisme. L'intérêt du pouvoir monarchique pour les questions d'urbanisme conduit à l'aménagement rationnel de places (place des Vosges, place Dauphine à Paris) et à l'uniformisation des bâtiments qui les bordent (arcades au rez-de-chaussée, façades en brique et pierre). Imitées en France (Charleville, Montauban), ces réalisations préfigurent les places royales du Grand Siècle.

Le décor de Fontainebleau se poursuit sous la **seconde École de Fontainebleau**, qui désigne l'ensemble des peintres actifs dans l'entourage de la cour sous le règne d'Henri IV et sous la régence de Marie de Médicis. Les décors exécutés pour les autres palais royaux, Tuileries, Louvre ou Château-Neuf de Saint-Germain-en-Laye, participent également à la définition de ce style. **Toussaint Dubreuil** (1561-1602), **Ambroise Dubois** (1542-1614) et **Martin Fréminet** (1567-1619) prolongent le maniérisme de Fontainebleau (effets de lumière, cadrages coupant les personnages à mi-corps, perspective accentuée), tout en l'infléchissant vers plus de classicisme, et en renouvelant les thèmes, inspirés de la littérature contemporaine, comme la Franciade de Ronsard.

A la fin du 16e s., l'architecture des châteaux présente une ordonnance nouvelle, composée d'un corps de logis unique, centré sur un avant-corps et flanqué de pavillons aux extrémités (**Rosny-sur-Seine** 101 28, Gros-Bois). Les ailes en retour d'équerre sont supprimées et les façades allient parement de brique et chaînage de pierre.

Sous la régence, l'architecte Salomon de Brosse (palais de justice de Rennes, palais du Luxembourg à Paris) conçoit des monuments sobres aux volumes clairs.

Les arts décoratifs au 16e s. – Le 16e s. est une grande période pour l'art du bijou, notamment pour les enseignes (petites broches fichées dans la coiffe ou le couvre-chef) et les pentacols (pendentifs), portés ou simplement collectionnés. **Étienne Delaune** (1518-1583) est l'un des grands orfèvres du temps.

La céramique reflète une féconde variété régionale. Du Beauvaisis proviennent les fameux grès azurés. A l'instar de l'Italie, Lyon et Nevers fabriquent des majoliques (faïence lustrée et historiée). **Bernard Palissy** (vers 1510-vers 1590) domine la production saintongeaise. Outre de nombreux plats, recouverts de reptiles, crustacés, poissons, algues, moulés au naturel, il exécuta le décor de la grotte du château d'Écouen ainsi que de celle des Tuileries. Pour certaines céramiques, Palissy s'inspire de gravures de l'école de Fontainebleau, reproduisant des nymphes dans un paysage. La technique de l'émail peint sur cuivre, aux couleurs inaltérables, est mise au point au 15e s., à Limoges, sous le règne de Louis XI. J.C. Pénicaud et surtout **Léonard Limosin** (1505-1575) excellent dans cette technique, appréciée à la cour de France.

L'ART DU 17e s.

Formation du classicisme – première moitié du siècle

Architecture – Trois architectes, **Jacques Lemercier** (vers 1585-1654), **François Mansart** (1598-1666) et **Louis Le Vau** (1612-1670) eurent un rôle essentiel dans la définition des normes de l'architecture classique en France.

J. Lemercier (château de Rueil, ville de Richelieu, église de la Sorbonne à Paris) se montre tributaire des influences italiennes, dominantes dans le domaine de l'architecture religieuse : façades à deux étages, avant-corps à colonnes, couronnement en fronton triangulaire. F. Mansart innove davantage (**châteaux de Balleroy** 54 14 et de Maisons-Laffitte, aile Gaston d'Orléans à Blois) : le plan des châteaux (pavillon central avec avant-corps), la répartition du décor architectural établi pour accentuer les lignes verticales et horizontales, l'utilisation des ordres (dorique, ionique, corinthien) seront désormais des constantes de l'architecture classique française. L'œuvre de Le Vau, qui débute sa carrière avant le règne de Louis XIV en concevant des hôtels particuliers pour la noblesse ou la haute bourgeoisie (hôtel Lambert à Paris), possède, par la recherche d'une architecture grandiose, d'apparat, les caractéristiques du classicisme louis-quatorzien (château de Vaux-le-Vicomte).

Peinture – Le retour de **Simon Vouet** (1590-1649) en France en 1627 (après un long séjour romain), puis la création de l'Académie royale de peinture et de sculpture en 1648 vont permettre l'essor de l'école française. Les références italiennes, vénitiennes (richesse du coloris) ou romaines (dynamisme de la composition) sont présentes dans l'art de Vouet et de son élève **Eustache le Sueur** (1616-1655), toujours tempérées par un souci d'ordre et de clarté. Décors à sujets mythologiques, sujets religieux prônés par la Contre-Réforme, portraits constituent l'essentiel de leur œuvre.

Les peintres comme **Poussin** (1595-1665) ou **Philippe de Champaigne** (1602-1674) pratiquent un art très intellectuel, nourri de références philosophiques, historiques ou théologiques, également emblématique du classicisme français.

D'autres courants picturaux se manifestent en France dans la première moitié du siècle. L'Italien Caravage influence par son réalisme l'école toulousaine, dont **Nicolas Tournier** (1590-après 1660) est la figure majeure. En Lorraine, le caravagisme affecte aussi profondément l'œuvre de **Georges de La**

« La Richesse », par Vouet

Tour (1593-1652) par la science du clair-obscur et le choix de sujets humbles. Les frères **Le Nain**, Antoine (vers 1588-1648), Louis (vers 1593-1648) et Mathieu (vers 1607-1677), actifs à Laon puis à Paris, se rattachent au courant des « peintres de la réalité » en privilégiant des scènes de genre. Leur style atteste la connaissance du métier flamand.

Sculpture – Dans les premières décennies du 17e s., la sculpture est marquée par les modèles italiens contemporains. **Jacques Sarrazin** (1588-1660), formé à Rome, adopte en sculpture un vocabulaire classique, mesuré, dérivé de l'antique et des modèles picturaux de Poussin (décoration du château de Maisons-Laffitte, tombeau d'Henri de Bourbon au château de Chantilly). François Anguier (tombeau des Montmorency dans la chapelle du lycée de Moulins) et son frère Michel (décor de la porte Saint-Denis à Paris) se montrent davantage sensibles au langage baroque par la mise en scène théâtrale des sculptures et la traduction du dynamisme.

Le classicisme versaillais

Sous le règne de Louis XIV (1643-1715), la centralisation du pouvoir et la toute-puissance de l'Académie royale engendrent un art officiel, reflet des goûts et de la volonté du souverain. Défini à Versailles, le style Louis XIV s'impose en France dans le dernier tiers du 17e s., imité dans ses principes, mais avec moins de moyens, par l'aristocratie.

Les références à l'Antiquité, le souci d'ordre et d'apparat caractérisent cet art, en architecture comme en peinture ou en sculpture. L'échec des projets du Bernin pour le palais du Louvre symbolise la résistance française aux formules du baroque, qui ne l'atteignent que superficiellement. Le Collège des Quatre-Nations (aujourd'hui Institut de France), réalisé par Le Vau, adoptant une église à coupole et des ailes incurvées, en est l'une des rares expressions.

A Versailles, **Louis Le Vau** puis **Jules Hardouin-Mansart** (1646-1708) érigent une architecture grandiose : volumes rectangulaires scandés par des avant-corps à colonnes jumelées, toit plat, décor architectural inspiré de l'antique.

Charles Le Brun (1619-1690), premier peintre du Roi, supervise l'ensemble du décor intérieur (peintures, tapisseries, mobilier et objets d'art) et lui assure une remarquable homogénéité de style. Tissus foncés, lambris sombres, stucs dorés, plafonds compartimentés et peints, copies de statues gréco-romaines composent ce décor, qui va cependant s'alléger vers la fin du siècle.

En 1662, la création des **Gobelins**, « Manufacture royale des meubles de la Couronne », assure l'essor des arts décoratifs. Peintres, sculpteurs, lissiers, marbriers, orfèvres, ébénistes travaillent sous la direction de Charles Le Brun et parviennent à une grande perfection technique. Les tapis sont fabriqués à la Savonnerie, établie à Chaillot. Le mobilier est massif, souvent sculpté et parfois doré. La marqueterie Boulle, qui associe laiton, écaille et bronze doré, est l'une des plus luxueuses productions de la période dans le domaine des arts décoratifs.

Le parc, conçu par **Le Nôtre** (1613-1700), répond aux exigences de rigueur et de clarté du jardin « à la française ». Compositions végétales géométriques, grandes perspectives axiales, jeux d'eau, théâtres de verdure, bosquets et sculptures allégoriques donnent l'image d'une nature maîtrisée et parfaitement ordonnée.

Le décor de sculptures est omniprésent dans les jardins : les deux sculpteurs majeurs du règne, **François Girardon** (1628-1715) et **Antoine Coysevox** (1640-1720), y contribuèrent, avec des œuvres inspirées de la mythologie antique. **Pierre Puget** (1620-1694), autre sculpteur important de la période, est l'auteur d'une œuvre beaucoup plus tourmentée, baroque, marginale dans l'art de la fin du 17e s.

L'ART DU 18e s.

L'art du 18e s. est né en réaction contre l'austérité et le caractère imposant du grand style Louis XIV, inadapté à la vie luxueuse et aux plaisirs de l'aristocratie et de la haute bourgeoisie sous la Régence (1715-1723) puis sous Louis XV (1723-1774).

L'art rocaille français (1715-1750)

Architecture – L'architecture rocaille reste fidèle, dans son ordonnance extérieure, à certains principes de composition classiques (volumes simples, symétrie des façades, avant-corps sommé d'un fronton triangulaire), mais le recours aux ordres antiques est moins rigoureux et moins systématique. Les hôtels particuliers sont les édifices les plus représentatifs de cette nouvelle architecture (hôtel de Soubise à Paris par **Delamair**, hôtel Matignon par **Courtonne**).

Le salon ovale de l'Hôtel de Soubise

Les appartements d'apparat pompeux sont abandonnés au profit de pièces plus petites, plus intimes, comme les « boudoirs » ou les « cabinets ».

A l'intérieur, les lambris, souvent blanc et or, couvrent intégralement la surface des murs (hôtel de Lassay à Paris, cabinet de la Pendule à Versailles).

Le répertoire ornemental combine enlacements végétaux, courbes, coquilles, motifs naturalistes ; des peintures – paysages ou scènes champêtres – sont insérées dans les lambris au-dessus des portes, ou aux écoinçons des plafonds. **Verberckt**, qui travailla à Versailles pour Louis XV, fut un décorateur intérieur d'une exceptionnelle virtuosité.

Peinture – La génération des peintres du début du siècle est marquée par l'influence de l'art flamand. **Desportes** (1661-1743), **Largillière** (1656-1746), **Rigaud** (1659-1743) traitent de somptueuses natures mortes décoratives ou des portraits d'apparat. Les thèmes profanes s'imposent : fêtes galantes, théâtre de la vie mondaine. **Watteau** (1684-1721), **Boucher** (1703-1770), **Natoire** (1700-1777) et **Fragonard** (1732-1806) peignent des scènes de genre, aimables ou bucoliques, parfois à prétexte mythologique, qu'affectionne le goût de l'époque.

La peinture religieuse n'est pas délaissée pour autant. Charles de La Fosse (1636-1716), élève de Le Brun, Antoine Coypel (1661-1722) et surtout **Restout** (1692-1768) l'adaptent aux idéaux moins stoïciens du 18e s., en l'épurant d'un trop grand dogmatisme.

Le portrait connaît un important renouvellement au 18e s. Peintre officiel des filles de Louis XV, **Nattier** (1685-1766) exécute des portraits en travesti mythologique ou des portraits à mi-corps, moins pompeux que les traditionnels portraits de cour. Le pastelliste **Quentin de La Tour** (1704-1788) excelle dans le rendu du tempérament individuel et de la psychologie, en insistant sur l'étude du visage, moins chargé de signification sociale que le costume ou les accessoires.

Les petits genres (nature morte, paysage), méprisés par l'Académie mais appréciés comme décor dans les intérieurs bourgeois, connaissent un essor significatif. **Chardin** (1699-1779) peint de sobres natures mortes, ou des petites scènes de genre d'inspiration flamande, à la fois réalistes et pittoresques.

Sculpture – Un souffle baroque anime la sculpture dans la première moitié du siècle. Les **frères Adam** (bassin de Neptune à Versailles), **Coustou** (1677-1746) (chevaux de Marly) ou **Slodtz** (1705-1764) introduisent dans leur art le vocabulaire du lyrisme baroque, recherchant la traduction expressive du mouvement et du sentiment. Drapés animés ou flottants, goût pour la représentation des détails, poses instables caractérisent les principales tendances de cet art.

Bouchardon (1698-1762), formé à Rome au contact de l'archéologie antique, représente jusqu'au milieu du siècle une tendance plus classique (fontaine de la rue de Grenelle à Paris).

Arts décoratifs – L'importance de la vie mondaine favorise le développement du mobilier de luxe, dont le style s'harmonise avec celui des lambris. Naissent alors de nouveaux meubles : après la commode, ce seront les secrétaires – droit ou en pente –, bonheur-du-jour, chiffonnier et innombrables petites tables, et pour les commodités de la conversation : la bergère, la voyeuse et toutes sortes de canapés et sièges où s'alanguir (duchesse, dormeuse, divans...). Les lignes courbes sont privilégiées ; les matériaux rares et précieux, comme les bois exotiques, les panneaux de laque de Chine, sont fréquemment associés aux marqueteries florales et aux bronzes dorés finement ciselés. Les grands ébénistes rocaille signent Cressent, Joubert, Migeon, et les menuisiers en siège Foliot, Sené, Cresson...

La **Manufacture de Vincennes**, transférée à **Sèvres** en 1756, produit des pièces de luxe, certaines décorées d'un bleu profond (bleu de Sèvres). La dorure est théoriquement réservée aux services royaux. L'orfèvrerie rocaille se distingue par des motifs de roseaux, vagues, cartouches, coquillages, souvent agencés de façon dissymétrique. **Thomas Germain** (1673-1748) fut l'un des plus prestigieux fournisseurs de modèles pour les tables princières.

La réaction néo-classique

Dès le milieu du siècle, une réaction à la fois morale et esthétique se dessine contre le style rocaille, considéré comme le fruit d'une décadence des mœurs et des arts. Les modèles classiques – ceux du 17ᵉ s. et de l'Antiquité – apparaissent alors comme un recours absolu pour régénérer la production artistique.

Architecture – La nouvelle architecture s'astreint à plus de rigueur et de monumentalité. Les façades sont marquées par la discrétion du décor sculpté, et l'utilisation de l'ordre dorique se généralise (église Saint-Philippe-du-Roule à Paris, par J.-F. Chalgrin). Certains édifices dérivent directement de modèles antiques, comme l'église Sainte-Geneviève (actuel Panthéon) à Paris, due à **G. Soufflot** (1713-1780). **Victor Louis** (1735-1807), qui donne les plans du théâtre de Bordeaux, **A.T. Brongniart** (1739-1813) et **F.J. Bélanger** (1744-1818) bénéficient de la majorité des grandes commandes architecturales sous Louis XVI.

L'influence de la philosophie des Lumières engendre un intérêt accru pour l'architecture publique et fonctionnelle (salines d'Arc-et-Senans par **Claude-Nicolas Ledoux** [1736-1806]).

Sculpture – Les sculpteurs recherchent un rendu naturaliste de l'anatomie, éloigné des excès de l'art rocaille. E.M. Falconet (1716-1791), P. Julien (1731-1804) et G.C. Allegrain (1710-1795) s'inspirent de modèles gréco-romains pour leurs baigneuses, alors très admirées. **J.A. Houdon** (1741-1828) est l'un des sculpteurs majeurs de la deuxième moitié du siècle. Ses bustes constituent une véritable galerie de portraits de ses contemporains, aussi bien français (Voltaire, Buffon, Madame Adélaïde) qu'étrangers (B. Franklin, G. Washington). Très réalistes, sans perruque ni vêtement, « à la française », ils représentent l'apogée du portrait sculpté en France. Houdon fut également l'auteur de tombeaux et de statues mythologiques. **J.-B. Pigalle** (1714-1785) se montre encore tributaire des formules du début du siècle (tombeau du maréchal de Saxe, dans le temple Saint-Thomas de Strasbourg), que la réaction néo-classique ne parvint pas totalement à effacer en sculpture.

Peinture – Dès les années 60, les tentatives de l'Académie royale pour restaurer le Grand Genre conduisent à favoriser de nouveaux thèmes : histoire antique, héroïsme civique ou tragédies du 17ᵉ s. constituent le répertoire des peintres comme **J.L. David** (1748-1825), **J.B.M. Pierre** (1714-1789) ou **J.F.P. Peyron** (1744-1814). Le style est inspiré des bas-reliefs et de la statuaire antiques, les principes de composition se réfèrent aux œuvres de Poussin et des grands maîtres du 17ᵉ s.

Une tendance plus souple, représentée par les œuvres de **J.M. Vien** (1716-1809) ou de **J.-B. Greuze** (1725-1805), accorde davantage d'importance à la sensibilité et au sentiment, prémices du romantisme qui s'épanouira après la Révolution.

Arts décoratifs – Le mobilier Louis XVI conserve certaines caractéristiques héritées du début du siècle (utilisation de matériaux précieux, décor de bronze doré ciselé), mais le galbe et la courbe laissent place à la ligne droite. Le décor, quoique conservant les motifs de fleurs et de rubans, adopte volontiers la frise d'oves, les grecques, les faisceaux. **René Dubois** (1738-1799) est, avec **Louis Delanois** (1731-1792), l'initiateur du style « à la grecque », inspiré du mobilier antique révélé par les

Sèvres – Vase « Bachelier »,
porcelaine (18ᵉ s.)

fresques d'Herculanum et de Pompéi. A ce genre se rattachent des artistes prestigieux comme Œben, Riesener et, pour les meubles ornés de plaques de porcelaine peinte, Carlin, puis par la suite Beneman et Levasseur.

A la fin du siècle, les motifs nouveaux importés d'Angleterre – épis, lyres, corbeilles de vannerie, montgolfières – sont introduits dans le vocabulaire décoratif.

La porcelaine dure – dont la technique n'est connue en France qu'au début des années 70 – domine la production de la Manufacture de Sèvres. Les **biscuits** (statuettes en porcelaine non émaillées et laissées blanches), reproduisant des modèles de Fragonard, de Boucher ou d'autres artistes, connaissent un vif succès.

Sous la Révolution, l'iconoclasme marque une rupture dans l'histoire de l'art français, mais le mouvement néo-classique se poursuit dans le premier quart du 19e s. L'ouverture du Musée du Louvre en 1793 prélude à la création de nombreux musées en France.

L'ART DU 19e s.

L'art sous le Ier Empire – Après le sacre (1804), Napoléon favorise un art officiel par la commande de décors (Tuileries, détruites en 1870, Fontainebleau) ou de tableaux relatant les grands événements de l'Empire. Des artistes formés au 18e s., comme J.L. David ou ses élèves **A.J. Gros** (1771-1835) et **A.L. Girodet-Trioson** (1767-1824), bénéficient de la faveur de l'Empereur.

Les thèmes nouveaux du romantisme inspirés par la littérature contemporaine, l'orientalisme, le goût pour les anecdotes de l'histoire nationale chez les peintres troubadours définissent les nouvelles orientations de la production picturale.

Dans le domaine de l'architecture, l'art est moins novateur. Napoléon commandite de grandes réalisations commémoratives à la gloire de la Grande Armée : Arc de triomphe du Carrousel, colonne Vendôme, temple (aujourd'hui église) de la Madeleine. Les architectes officiels, **Percier** (1764-1838) et **Fontaine** (1762-1853), supervisent l'ensemble des entreprises architecturales, et donnent des modèles aussi bien pour les édifices que pour les décors de fêtes ou les arts décoratifs. De grands projets d'urbanisme voient également le jour comme la reconstruction de la ville de Lyon.

Les anciens palais royaux sont remeublés. Le mobilier Ier Empire dérive du mobilier néo-classique : commodes et serre-bijoux aux volumes massifs, quadrangulaires, en acajou plaqué de bronze doré aux motifs antiquisants. **Jacob-Desmalter** (1770-1841) est le principal ébéniste de la cour impériale. Les sculpteurs **Chaudet** (1763-1810) et **Cartellier** (1757-1831) fournissent des modèles pour le décor du mobilier, dans un style néo-classique qui se retrouve parallèlement dans leur œuvre de statuaire. La campagne d'Égypte introduit le style dit « retour d'Égypte » (sphinx, lotus) dans les arts décoratifs.

Restauration et Monarchie de Juillet – De 1815 à 1848, deux grandes tendances traversent la production artistique en France. D'une part, l'épuisement de la veine néo-classique, qui caractérise encore l'architecture religieuse (églises Notre-Dame-de-Lorette ou Saint-Vincent-de-Paul à Paris), d'autre part, l'éclosion de l'historicisme. Ce dernier style multiplie les références à l'architecture du passé, notamment médiévale (église Notre-Dame de Boulogne-sur-Mer, cathédrale de Marseille par Léon Vaudoyer). La création des Monuments historiques en 1830 et les débuts de la carrière de **Viollet-le-Duc** (1814-1879) en sont le prolongement.

Le Second Empire – Avec l'avènement de Napoléon III, l'**éclectisme** domine dans l'ensemble des arts. L'achèvement du Louvre par **Visconti** (1791-1853), disciple de Percier, puis par **H. Lefuel** (1810-1880), et la construction de l'Opéra de Paris par **Garnier** (1825-1898) comptent parmi les plus grandes entreprises du siècle. Les références aux styles du passé (16e, 17e et 18e s.) sont omniprésentes. Cependant, l'introduction de nouveaux matériaux comme le fer, le verre et la fonte (gare du Nord par Hittorff, église Saint-Augustin par V. Baltard) témoignent de l'apport des doctrines rationalistes et du progrès technologique.

Le baron **Haussmann** (1809-1891), préfet de la Seine, établit les règles d'un urbanisme qui modernise la capitale. Le préfet C.M. Vaïsse conduit une œuvre parallèle à Lyon.

En **peinture**, l'académisme triomphe. **Cabanel** (1823-1883), **Bouguereau** (1825-1905) ou le portraitiste **Winterhalter** (1805-1873) s'inspirent aussi bien de la statuaire antique que des grands maîtres vénitiens du 16e s. ou des décors rococo. Cependant **Courbet** (1819-1877), **Daumier** (1808-1879) et **Millet** (1814-1875) forment l'avant-garde du réalisme en peinture, avec des sujets privilégiant la vie urbaine ou rurale.

Ingres (1780-1867), qui représente la tendance classique, et **Delacroix** (1798-1863), le grand peintre romantique du siècle, sont au faîte de leur carrière.

Les grands chantiers architecturaux favorisent l'essor de la sculpture. **Carpeaux** (1827-1875), auteur du haut-relief de la Danse sur la façade de l'Opéra, transcende l'éclectisme par un style très personnel, qui se réfère sans plagiat à l'art flamand, à la Renaissance et au 18e s. Dubois (1829-1905), Frémiet (1824-1910) ou Guillaume (1822-1905) pratiquent un art plus académique.

Le goût du pastiche prévaut dans les arts décoratifs. Mobilier et objets d'art reproduisent les formes et les motifs ornementaux de la Renaissance, du 16e ou du 18e s. L'**industrialisation** de la production apparaît : l'orfèvre Christofle (1805-1863), le bronzier Barbedienne (1810-1892) fabriquent des objets de luxe pour la cour impériale, mais aussi des pièces en série destinées à la bourgeoisie aisée.

Les tendances artistiques à la fin du siècle – Sous la IIIe République, les créations architecturales suivent essentiellement le rythme des Expositions universelles à Paris (l'ancien Palais du Trocadéro, tour Eiffel, Grand-Palais et pont Alexandre-III). Le style pompeux des édifices, au décor chargé de « pâtisseries », dérive de l'éclectisme. Dès les années 90, les architectes de l'**Art Nouveau**, influencés par l'Angleterre et la Belgique, se démarquent du style officiel. Décor des façades et décor intérieur sont harmonisés et l'architecte conçoit l'ensemble des éléments : vitraux, carrelage, mobilier, papier peint... Tiges végétales, motifs floraux stylisés et japonisants, asymétrie prévalent dans le nouveau vocabulaire décoratif. **Guimard** (1867-1942) est le principal représentant de cet art (Castel Béranger à Paris, décor d'entrée des bouches de métro parisiennes). Les arts décoratifs sont intégrés au mouvement de l'Art Nouveau, grâce à des artistes comme l'ébéniste **Majorelle** (1859-1929) ou le verrier-céra-miste **Gallé** (1846-1904) à Nancy.

En peinture, les **impressionnistes** exposent, dès 1874, en dehors du Salon officiel. **Monet** (1840-1926), **Renoir** (1841-1919), **Pis-sarro** (1830-1903) renouvel-lent la technique et les thèmes du paysage, par l'étude de la lumière et le travail en plein air, et imposent des sujets nouveaux, inspirés par la vie contemporaine. **Manet** (1832-1883) et **Degas** (1834-1917) se joignent temporairement au groupe.

Dans les années 85-90, les **néo-impressionnistes**, comme **G. Seurat** (1859-1891), **Signac** (1863-1935), portent à son paroxysme la technique de la touche fragmentée (division-nisme). Peintre néerlandais, **Van Gogh** (1853-1890) arrive en France en 1886. Sa technique (couleurs pures ou expression-nistes, touche visible), ainsi que sa conception de l'art, où la vision intérieure prévaut sur l'étude du réel, auront une

Le jardin par Claude Monet

National Gallery Washington, CdA-Hinous/EDIMEDIA Paris

grande influence sur les peintres du début du 20 s. **Cézanne** (1839-1906) et **Gauguin** (1848-1903), influencés par l'art japonais et primitif, rejettent en partie l'héritage de l'impressionnisme pour s'attacher davantage au volume. En 1886, Gauguin vient chercher un renouvellement de son inspiration à Pont-Aven, petit bourg à l'Est de Concarneau, déjà fréquenté par Corot dans les années 60. Les artistes qui travaillent alors à ses côtés, **Émile Bernard**, **Paul Sérusier** forment l'**école de Pont-Aven**, caractérisée par des recherches synthétiques et symbolistes, et ouvrent la voie aux **nabis**.

Ces derniers, parmi lesquels **Denis** (1870-1943), **Bonnard** (1867-1947) et **Vuillard** (1868-1940), prônent la supériorité de la couleur sur la forme et le sens.

En sculpture, la fin du siècle est dominée par le génie de **Rodin** (1840-1917) ; libérée des conventions formelles académiques, expressionniste, tourmentée et symboli-que, l'œuvre de Rodin ne fut pas toujours comprise en son temps.

L'ART DU 20e s.

Les mouvements d'avant-garde jusqu'en 1945 – Au début du 20e s., l'avant-garde se définit comme une réaction contre les nombreux courants issus du 19e s. (académisme en peinture, Art Nouveau en architecture, art officiel).

Le « **retour au style** » est caractérisé en architecture par des volumes géométriques simples, animés de sobres bas-reliefs : le théâtre des Champs-Élysées à Paris, réalisé par les frères Perret, avec un décor de **Bourdelle** (1861-1929), en fut l'un des manifestes les plus éclatants. En sculpture, **Maillol** (1861-1944), **Bartholomé** (1848-1928) et **J. Bernard** (1866-1931) simplifient les volumes, parfois jusqu'à la schématisation, en contraste avec l'esthétique de Rodin qu'ils contestent.

Le **fauvisme** crée l'événement en **peinture** au Salon d'Automne de 1906. A Derain (1880-1954), A. Marquet (1875-1947), M. de Vlaminck (1876-1958) décomposent le paysage en couleurs arbitraires et ouvrent la voie à l'art non figuratif. **Matisse** (1869-1904), après des débuts fauves, développera un art indépendant des grands courants, basé sur l'étude de la couleur.

L'autre manifestation majeure de l'avant-garde en peinture est traduite dans l'œuvre de **Braque** (1882-1963) et de **Picasso** (1881-1973), qui poursuivent l'étude de la décomposition des volumes amorcée par **Cézanne** (1839-1906). Ces recherches conduisent au **cubisme** (discontinuité dans la représentation de la réalité, monochromie, illisibilité des sujets), qui domine leur production entre 1907 et 1914.

La joie de vivre ou *Antipolis* (1946) par Picasso. Détail

Les cubistes du groupe de la Section d'Or (A. Gleizes et J. Metzinger, F. Léger à ses débuts) pratiquent un art moins révolutionnaire, plus figuratif. L'œuvre d'Henri Laurens, influencée par Braque, constitue la principale contribution cubiste française.

Dans les années 20-30, le **surréalisme** renouvelle l'inspiration des artistes. Art subversif, il crée un univers non logique, onirique ou fantastique. Le hasard, les messages de l'inconscient sont intégrés pour la première fois au processus de création. **Duchamp** (1887-1968), **Masson** (1896-1987), **Picabia** (1879-1953) et **Magritte** (1898-1967) participèrent à ce mouvement.

La création artistique depuis 1945 – L'abstraction s'impose en France dans le domaine de la peinture, après la Seconde Guerre mondiale. **Herbin** conçoit l'art abstrait comme un triomphe de l'esprit sur la matière. Il publie en 1949 *L'Art non figuratif non objectif* et exerce une grande influence sur les jeunes artistes du mouvement de l'**abstraction géométrique**. Toutes les œuvres qu'il réalise à partir des années 50 sont des compositions sur le mot (inclusion de lettres) combinées avec des formes géométriques élémentaires, traitées en aplats de couleur pure.

Les peintres de l'**abstraction lyrique** axent leurs recherches sur le chromatisme et la matière, comme **Riopelle** qui applique la couleur au couteau, ou **Mathieu** qui travaille la peinture directement extraite du tube. L'art d'Extrême-Orient influence **Soulages**, dont le lyrisme méditatif est une variation sur les noirs. **Nicolas de Staël** crée un lien entre abstraction et figuration, ses compositions abstraites dérivant d'une observation d'objets réels, parfois encore lisibles dans l'œuvre finale. Certains artistes comme **Fautrier** travaillent la peinture en pâte épaisse, ou lui adjoignent d'autres matériaux comme le sable.

Le domaine de l'architecture a connu un renouveau important avec **Le Corbusier** (1897-1965) qui respecte à la fois les exigences fonctionnalistes et le purisme dans l'esthétique des façades (Cité Radieuse à Marseille, chapelle de Ronchamp).

Dans les années 60, le **Nouveau Réalisme**, dont le théoricien est **Pierre Restany**, tente d'exprimer la réalité quotidienne de la vie moderne et de la société de consommation. Il se développe une réflexion critique sur les objets industriels, symboles de cette société : en les accumulant, en les cassant **(Arman)**, en les compressant ou en les assemblant **(César)**, en les piégeant sous verre...

Yves Klein (1928-1962), au-delà de son appartenance aux Nouveaux Réalistes, tente dans ses *Monochromes* de capter et d'exprimer l'espace, l'énergie ou l'essence universelle des choses. Il travaille la couleur pure : IKB, International Klein Blue, est le bleu qu'il a conçu.

Le rejet du formalisme et du traditionalisme caractérise également l'œuvre de **Dubuffet** (1901-1985). En 1968, il publie *Asphyxiante Culture*, un pamphlet qui prône la révolution permanente, la dérision, l'inattendu. Dans ses dernières œuvres, il compose peintures et sculptures à partir d'un puzzle d'unités colorées ou noir et blanc.

Depuis les années 60, les problèmes d'urbanisme ont conduit à reconsidérer le rapport entre architecture et sculpture, pour une meilleure intégration des deux arts. Architectes et sculpteurs travaillent de concert, comme Ricardo Bofill et

Dani Karavan à Cergy-Pontoise. Les artistes sont de plus en plus fréquemment incités à intervenir directement dans le paysage urbain (colonnes de Buren au Palais-Royal).

Le mouvement **Support-Surface (Claude Viallat, Pagès, Daniel Dezeuze...)**, au cours des années 70, réduit la peinture à sa réalité matérielle en jouant sur le support ou sur le mode d'application des couleurs : la toile, hors châssis, est découpée, suspendue, pliée.

Les années 80 voient le retour à la **figuration**, avec des recherches multiples : références à la tradition pour **Gérard Garouste** et **Jean-Charles Blais.**

L'extrême diversité des styles et des courants qui caractérisent la création contemporaine est l'expression de sa vitalité.

J.-L. Bohin/EXPLORER

Évry – La cathédrale

LA FRANCE TELLE QU'ELLE EST !

Si la France compte parmi les cinq premiers pays du monde pour l'ampleur de ses échanges commerciaux elle n'en demeure pas moins un pays au fort **enracinement rural**, même si au fil des ans la population active travaillant dans le secteur de l'agriculture va en diminuant. Par l'intermédiaire d'une villa à la campagne ou d'une propriété tenue en héritage, le Français reste très lié et attaché à sa terre d'origine. Les vertus de cette terre ancestrale se retrouvent, pour beaucoup de Français, dans le **village**. Celui où l'on est né, celui où l'on passe des vacances ou bien dans lequel on habite, tout au long de l'année. Au-delà des différences d'aspect, liées aux conditions climatiques et aux matériaux de construction, ils présentent tous quelques points communs : une **Grand'rue** qui concentre l'essentiel des commerces, une place du **Champ de foire** qui accueillait jadis d'importants marchés aux bestiaux et bien sûr l'**église** dont les cloches continuent d'égrener les heurs et malheurs de la communauté villageoise. La vie du village, si elle connaît un sommet au moment des foires commerciales ou patronales, se déroule tout au long de l'année de manière très paisible. Seuls le traditionnel **café** ou l'**aire de jeux de boules** résonnent de l'écho parfois passionné des conversations où chacun tente de refaire le monde. Bien qu'une réforme de décentralisation soit effectuée depuis 1982, **Paris** demeure une grande capitale de 9 millions d'habitants dont le poids se fait sentir sur toute la France.
Siège du pouvoir politique, centre de décision pour les affaires, Paris, par la richesse inégalée de ses trésors architecturaux, ses musées et l'art de vivre qu'il symbolise, représente l'une des toutes premières destinations de tourisme.
Fort heureusement, entre Paris et les villages de la campagne française, des **métropoles régionales** se sont développées depuis quelques décennies. Résolument tournées vers l'avenir, elles sont le reflet du dynamisme des différentes régions de France.
Cet ensemble rapidement esquissé ne serait pas complet sans mentionner les **Français**. Souvent mal perçus par les visiteurs, réputés rouspéteurs, peu serviables et guère ouverts sur l'extérieur, ils demeurent cependant toujours prompts à s'enflammer pour une cause juste ou la défense de leurs traditions. A qui sait prendre le temps de les découvrir, ils réservent toujours un accueil chaleureux et durable.

La table
SPÉCIALITÉS RÉGIONALES - GRANDS VIGNOBLES

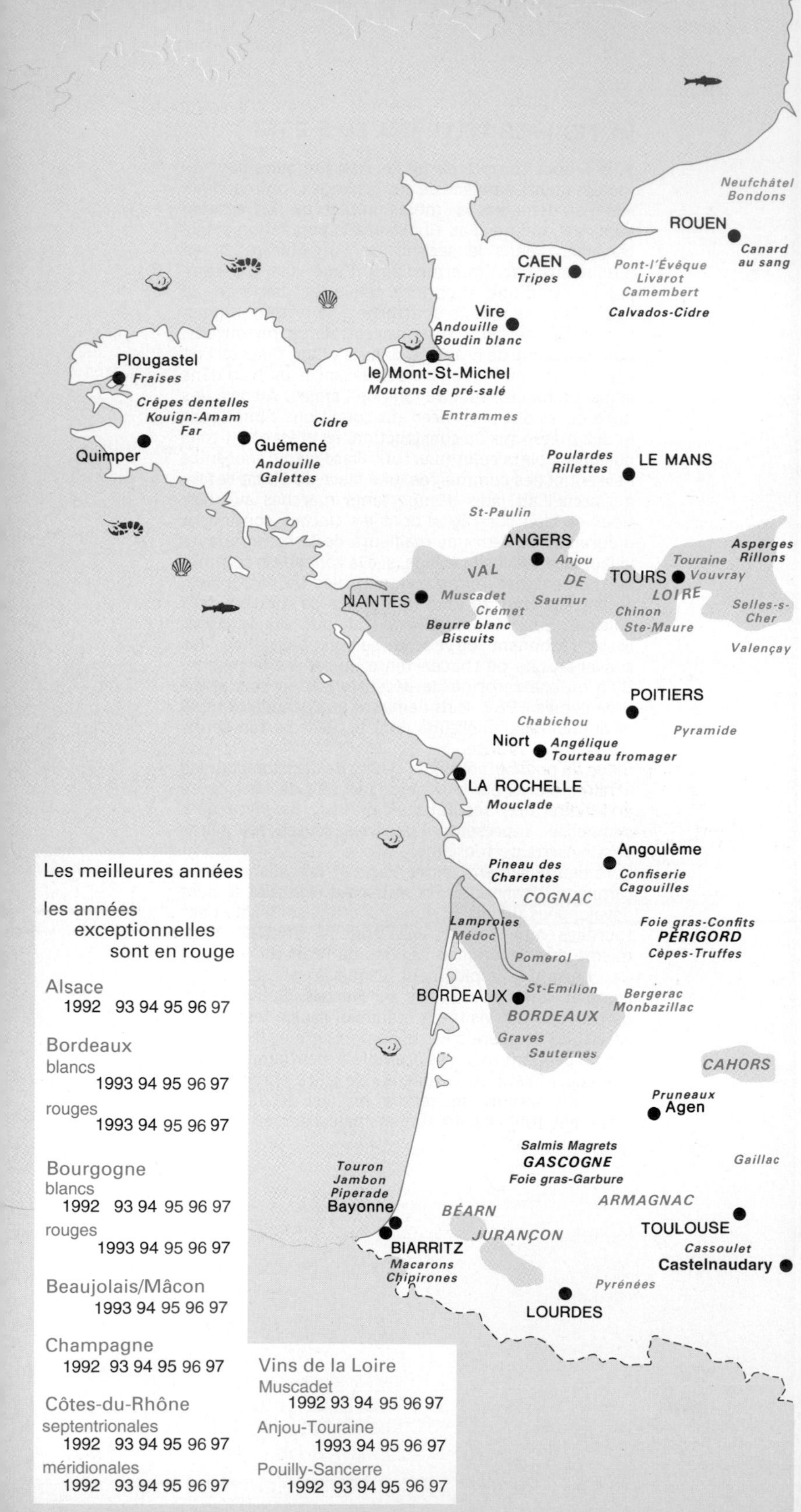

Neufchâtel
Bondons

ROUEN

Canard
au sang

CAEN
Tripes

Pont-l'Évêque
Livarot
Camembert

Vire
Andouille
Boudin blanc

Calvados-Cidre

Plougastel
Fraises

le Mont-St-Michel
Moutons de pré-salé

Crêpes dentelles
Kouign-Amam
Far

Cidre

Entrammes

Quimper

Guémené
Andouille
Galettes

Poulardes
Rillettes

LE MANS

St-Paulin

ANGERS

Anjou

Touraine

Asperges
Rillons

VAL

DE

TOURS

Vouvray

NANTES

Muscadet
Crémet

Saumur

LOIRE

Chinon
Ste-Maure

Selles-s-
Cher

Beurre blanc
Biscuits

Valençay

POITIERS

Chabichou

Pyramide

Niort

Angélique
Tourteau fromager

LA ROCHELLE
Mouclade

Angoulême

Pineau des
Charentes

Confiserie
Cagouilles

COGNAC

Lamproies
Médoc

Foie gras-Confits
PÉRIGORD
Cèpes-Truffes

Pomerol

BORDEAUX

St-Emilion

Bergerac
Monbazillac

BORDEAUX

Graves
Sauternes

CAHORS

Pruneaux
Agen

Salmis Magrets
GASCOGNE
Foie gras-Garbure

Gaillac

Touron
Jambon
Piperade
Bayonne

ARMAGNAC

BÉARN

JURANÇON

TOULOUSE

Cassoulet
Castelnaudary

BIARRITZ
Macarons
Chipirones

Pyrénées

LOURDES

Les meilleures années

les années
exceptionnelles
sont en rouge

Alsace
1992 93 94 95 96 97

Bordeaux
blancs
1993 94 95 96 97
rouges
1993 94 95 96 97

Bourgogne
blancs
1992 93 94 95 96 97
rouges
1993 94 95 96 97

Beaujolais/Mâcon
1993 94 95 96 97

Champagne
1992 93 94 95 96 97

Côtes-du-Rhône
septentrionales
1992 93 94 95 96 97
méridionales
1992 93 94 95 96 97

Vins de la Loire
Muscadet
1992 93 94 95 96 97
Anjou-Touraine
1993 94 95 96 97
Pouilly-Sancerre
1992 93 94 95 96 97

Grands itinéraires de tourisme

La France en 5 jours (Paris non compris)
Itinéraires NORD-SUD

(d'Est en Ouest, voir pages suivantes)

Ces itinéraires offrent, entre les points de départ et de destination les plus fréquentés, un grand choix de combinaisons et de variantes de retour possibles. Ils peuvent être abordés ou quittés en n'importe quel point de leur parcours.

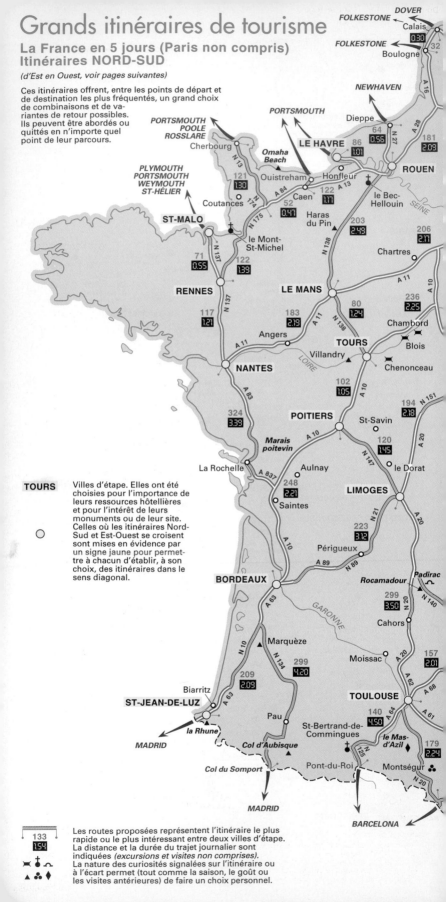

DOVER
FOLKESTONE ← Calais
0.30
FOLKESTONE ← Boulogne
32
A 16
NEWHAVEN

PORTSMOUTH
POOLE
ROSSLARE
Cherbourg

PORTSMOUTH

Dieppe
64 0.56 N 27 A 28 181 2.09

NEWHAVEN

Omaha Beach

LE HAVRE
86 1.01

ROUEN

PLYMOUTH
PORTSMOUTH
WEYMOUTH
ST-HÉLIER

121 1.30 N 13 Ouistreham A 84 Honfleur A 13
Coutances N 174 Caen 122 1.17 le Bec-Hellouin
N 175 52 0.47 SEINE

ST-MALO
le Mont-St-Michel Haras du Pin 203 2.49 206 2.17

71 0.55 N 137 122 1.39 N 138 Chartres

RENNES LE MANS A 11 A 10

117 1.21 183 2.19 80 1.24 236 2.25

N 137 A 11 N 138 Chambord

Angers TOURS Blois

NANTES Villandry Chenonceau
LOIRE

A 83 102 1.05 A 10 194 2.18 N 151

324 3.39 POITIERS St-Savin A 20

A 10 120 1.45 N 147 le Dorat

Marais poitevin

A 837 Aulnay LIMOGES

La Rochelle 248 2.21 N 21 A 20

Saintes 223 3.12

A 10 Périgueux N 89

BORDEAUX A 89 Rocamadour Padirac N 140

A 63 GARONNE 299 3.50 N 20

Marquèze Cahors

N 10 N 134 Moissac 157 2.01

209 2.09 299 4.20 A 20 A 62 A 68

Biarritz A 63 TOULOUSE 140 4.50 A 64 A 61

ST-JEAN-DE-LUZ Pau St-Bertrand-de-Comminges le Mas-d'Azil

la Rhune 179 2.24

MADRID Col d'Aubisque N 125 Montségur

Col du Somport Pont-du-Roi N 20

MADRID BARCELONA

TOURS Villes d'étape. Elles ont été choisies pour l'importance de leurs ressources hôtelières et pour l'intérêt de leurs monuments ou de leur site. Celles où les itinéraires Nord-Sud et Est-Ouest se croisent sont mises en évidence par un signe jaune pour permettre à chacun d'établir, à son choix, des itinéraires dans le sens diagonal.

133
1.54
Les routes proposées représentent l'itinéraire le plus rapide ou le plus intéressant entre deux villes d'étape. La distance et la durée du trajet journalier sont indiquées *(excursions et visites non comprises)*. La nature des curiosités signalées sur l'itinéraire ou à l'écart permet (tout comme la saison, le goût ou les visites antérieures) de faire un choix personnel.

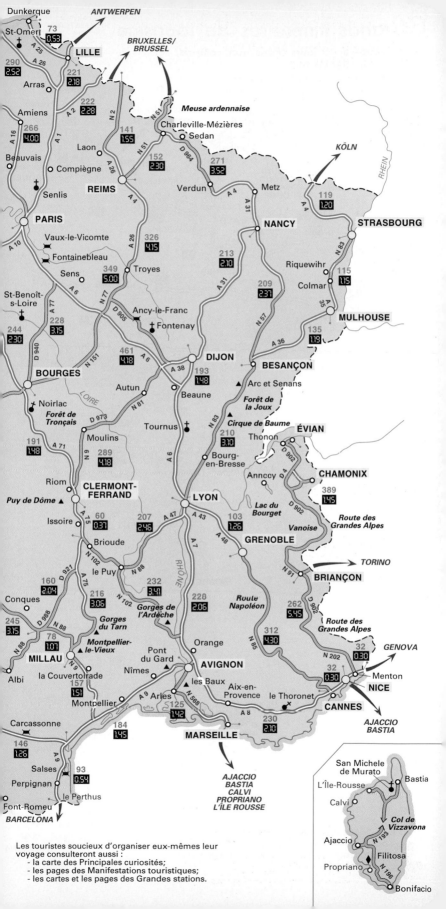

Grands itinéraires de tourisme

La France en 5 jours (Paris non compris)
Itinéraires EST-OUEST
(du Nord au Sud, voir pages précédentes)

Paris : *Programme en 3 jours*

1er jour : Le Marais – les Quais, le palais du Louvre, la Voie Triomphale, la terrasse de Chaillot.

2e jour : Notre-Dame, la Ste-Chapelle, quelques chefs-d'œuvre dans un musée, Montmartre.

3e jour : Château de Versailles (Grands Appartements, Jardins, Trianon).

Grandes stations et manifestations

Les stations sélectionnées ci-dessous offrent, pour la plupart, un équipement très complet, des installations de choix, des ressources hôtelières et une variété de distractions aptes à satisfaire un très large public. Nous nous en tenons donc à leurs caractères essentiels et aux sites qui font leur renommée ou leur agrément.

★★ **Aix-en-Provence** – 84 3 – *Voir à ce nom* – Thermalisme – Casino – Thermes Sextius bâtis au 18 s. près des anciens thermes romains.

★★ **Aix-les-Bains** – 74 15 – Thermalisme – Casinos : Palais de Savoie et Nouveau Casino – « Saison » prestigieuse, l'une des plus mondaines des Alpes. Parcs – Esplanade du bord du lac★ – Musée Docteur Faure★.

★★ **Ajaccio** – 90 17 – *Voir à ce nom* – Balnéaire (sable) – Casino – Place Maréchal-Foch – Plages en bordure du golfe.

★★ **L'Alpe-d'Huez** – 77 6 – Montagne (sports d'hiver, alt. 1 860-3 350) – Pic du lac Blanc★★★ *(par télécabine et téléphérique)* : vue sur les massifs du Mont-Blanc et des Écrins. – Lac Besson★ *(6,5 km)*.

★★ **Amélie-les-Bains-Palalda** – 86 18, 19 – Thermalisme – Casino – Piscine romaine restaurée – Gorges du Mondony.

★★★ **Annecy** – 74 6 – *Voir à ce nom* – Balnéaire (lac) – Les bords du lac★★★ – Promenade au bord du Thiou.

★★ **Arcachon** – 71 20 – *Voir à ce nom* – Balnéaire (sable) et climatique – Casino – Front de mer (panorama sur le bassin).

Argelès-Gazost – 85 17 – Thermalisme – Panorama sur les dentelures du Viscos, le gave d'Azun et les premières cimes du massif de Néouvielle.

Argelès-Plage – 86 20 – Casino – Balnéaire (sable) sur la côte Vermeille★★.

★★ **Avoriaz** – 89 3 – Montagne (sports d'hiver).

★ **Ax-les-Thermes** – 86 15 – Thermalisme – Montagne (sports d'hiver, alt. 1 400-2 400) – Bassin des Ladres – Plateau de Bonascre★ (vue★★ sur la haute Ariège et les sommets de l'Andorre).

★ **Bagnères-de-Bigorre** – 85 16 – Thermalisme – Casino – Parc thermal du Salut★.

★★ **Bagnères-de-Luchon** – 85 20 – Thermalisme – Montagne (sports d'hiver à Super-Bagnères, alt. 1 420-2 260) – Allées d'Étigny.

★★ **Bagnoles-de-l'Orne** – 60 1 – Thermalisme – Casino – Lac★ – Parc de l'établissement thermal★ – Promenade au Roc au Chien★ *(à Tessé-la-Madeleine)*.

★ **Bandol** – 84 14 – Balnéaire (sable) – Casino – Allées Jean-Moulin★.

★ **Barèges** – 85 18 – Thermalisme – Montagne (sports d'hiver, alt. 1 250-2 350) – Plateau du Lienz – Font d'Ayré.

★★★ **La Baule** – 63 14 – *Voir à ce nom* – Balnéaire (sable) – Thalassothérapie – Casino – Front de mer★★ – Parc des Dryades★ – La Baule-les-Pins★★.

★★ **Beaulieu-sur-Mer** – 84 10 – Balnéaire (sable) – Casino – Villa Kérylos★ (site★) – Baie des Fourmis★.

★★ **Belle-Île** – 63 11 – *Voir à ce nom* – Thalassothérapie.

★ **Bénodet** – 58 15 – Balnéaire (sable) – Casino – Phare de la Pyramide (panorama★ sur la côte de Cornouaille et les îles de Glénan).

★★★ **Biarritz** – 85 2 – *Voir à ce nom* – Balnéaire (sable et rochers) – Thalassothérapie – Casino – La Perspective (vue★★) – Phare de la Pointe St-Martin (vue★) – Rocher de la Vierge★ – Musée de la Mer★.

★ **Le Boulou** – 86 19 – Thermalisme – Casino – Site au pied des Albères.

★★ **La Bourboule** – 73 13 – Thermalisme – Parc Fenêstre★ – Plateau de Charlannes.

★★ **Cabourg** – 55 2 – Balnéaire (sable) – Casino – Promenade Marcel-Proust.

Canet-Plage – 86 20 – Balnéaire (sable) – Casino – Animation sportive.

★★★ **Cannes** – 84 9 – *Voir à ce nom* – Balnéaire (sable) – Casinos : les Fleurs, Palm Beach, municipal – Boulevard de la Croisette★★ – Pointe de la Croisette★ – Observatoire de Super-Cannes (panorama★★★) – Musée de la Castre★.

★★ **Cap-d'Antibes** – 84 9 – Balnéaire (sable et rochers) – Le tour du cap★★ – Plateau de la Garoupe (panorama★★) – Jardin Thuret★.

★ **Capvern-les-Bains** – 85 9 – Thermalisme – Vue sur la chaîne des Pyrénées.

★ **Carnac** – 63 12 – Thalassothérapie.

★★ **Cauterets** – 85 17 – Thermalisme – Montagne (sports d'hiver : alt. 930-2 340) – Esplanade du Casino – Pont d'Espagne★★★ – Cascade★★ et vallée★ de Lutour ; Val de Jéret★★.

★★ **Chamonix-Mont-Blanc** – 74 8, 9 – *Voir à ce nom* – Montagne (sports d'hiver, alt. 1 035-3 842) – Site au pied des « Aiguilles » (groupes de Blaitière et de Charmoz-Grépon) en vue du dôme terminal du Mont-Blanc.

★★ **Châtelguyon** – 73 4 – Thermalisme – Casino – Vallée des Prades★ – Gorges d'Enval★.

Chaudes-Aigues – 76 14 – Thermalisme – Source du Par – Niches vitrées.

★ **Combloux** – 74 8 – Montagne (sports d'hiver, alt. 1 000-1 853) – Panorama★ sur le massif du Mont-Blanc.

★★ **Contrexéville** – 62 14 – Thermalisme – Casino – Lac de la Folie.

★★ **Courchevel** – 74 18 – Montagne (sports d'hiver, alt. 1 300-2 700) – Panorama★ – La Saulire *(par télécabine puis téléphérique)* : panorama★★.

Le Crouesty – 63 12 – Thalassothérapie.

★ **Dax** – 78 6, 7 – Thermalisme – Casino – Fontaine chaude – *A 9 km au Nord-Est :* Buglose (maison natale de saint Vincent de Paul).

★★ **Deauville** – 55 3 – *Voir à ce nom* – Balnéaire (sable) – Casinos (d'été et d'hiver) – Promenade des Planches★.

★★ **Les Deux-Alpes** – 77 6 – Stations jumelles de l'Alpe-du-Mont-de-Lans et de l'Alpe-de-Venosc – Montagne (sports d'hiver, alt. 1 650-3 560) – De l'Alpe-de-Venosc : belvédère de la Croix★ et belvédère des Cimes★ *(par télécabine)*.

★★ **Dieppe** – 52 4 – Balnéaire (galets) – Casino – Boulevard de la Mer (vue★) – Boulevard du Maréchal-Foch.

★★ **Dinard** – 59 5 – *Voir à ce nom* – Balnéaire (sable et rochers) – Thalassothérapie – Casino – Pointe du Moulinet (vue★★) – Grande plage★ – Promenade du Clair de Lune★.

★ **Divonne** – 70 16 – Thermalisme – Casino – Parc thermal.

★ **Douarnenez** – 58 14 – Thalassothérapie.

★ **Enghien** – 101 5 – Thermalisme – Casino – Lac★.

★★ **Évian** – 70 17 – Thermalisme – Casino – Jardin anglais.

★★ **Font-Romeu** – 86 16 – Montagne (sports d'hiver, alt. 1 850-2 204) – Casino – Ermitage★ (Camaril★★) – Calvaire (panorama★★ sur la Cerdagne).

J. Lebar/PIX

Monte-Carlo

Grandes stations et manifestations

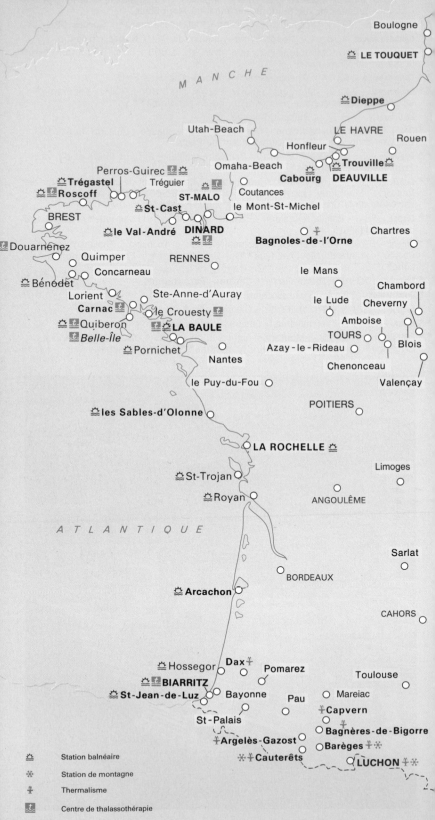

Boulogne

♨ **LE TOUQUET**

MANCHE

♨ **Dieppe**

Utah-Beach

LE HAVRE

Honfleur

Rouen

Perros-Guirec

Omaha-Beach

♨ **Trouville** ♨

Cabourg

DEAUVILLE

♨ **Trégastel**

Tréguier

♨ **Roscoff**

ST-MALO

Coutances

♨ **St-Cast**

le Mont-St-Michel

BREST

♨ **le Val-André**

DINARD

♨ **Douarnénez**

Bagnoles-de-l'Orne

Chartres

Quimper

RENNES

le Mans

Chambord

Concarneau

Cheverny

♨ **Bénodet**

le Lude

Lorient

Ste-Anne-d'Auray

Amboise

Carnac

le Crouesty

TOURS

Blois

♨ **Quiberon**

LA BAULE

Azay-le-Rideau

♨ *Belle-Île*

Chenonceau

♨ Pornichet

Nantes

Valençay

le Puy-du-Fou

POITIERS

♨ **les Sables-d'Olonne**

LA ROCHELLE ♨

Limoges

♨ St-Trojan

♨ Royan

ANGOULÊME

ATLANTIQUE

Sarlat

BORDEAUX

♨ **Arcachon**

CAHORS

♨ Hossegor

Dax ⚕

Pomarez

Toulouse

♨ **BIARRITZ**

Bayonne

Pau

Mareiac

♨ **St-Jean-de-Luz**

⚕ **Capvern**

St-Palais

⚕ **Bagnères-de-Bigorre**

⚕ **Argelès-Gazost**

Barèges ⚕ ❋

❋⚕ **Cauterêts**

LUCHON ⚕ ❋

♨	Station balnéaire
❋	Station de montagne
⚕	Thermalisme
⚓	Centre de thalassothérapie
	Manifestations et festivals

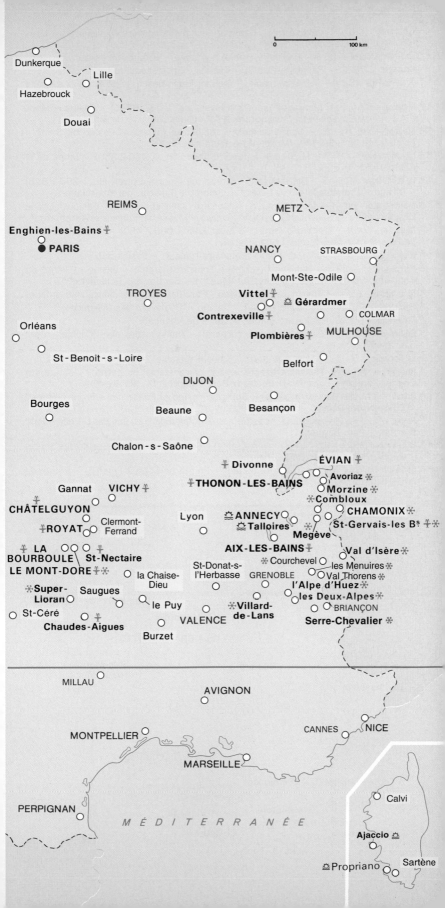

0   100 km

Dunkerque
Lille
Hazebrouck
Douai

REIMS
METZ

Enghien-les-Bains
● PARIS

NANCY   STRASBOURG
Mont-Ste-Odile

TROYES
Vittel
Gérardmer
Contrexeville
COLMAR
Plombières   MULHOUSE

Orléans
St-Benoit-s-Loire
Belfort

DIJON

Bourges
Beaune
Besançon

Chalon-s-Saône

Divonne
ÉVIAN
THONON-LES-BAINS
Avoriaz
Gannat   VICHY
Morzine
CHÂTELGUYON
Combloux
Lyon   ANNECY   CHAMONIX
ROYAT   Clermont-   Talloires   St-Gervais-les-Bs
Ferrand
Megève
LA   AIX-LES-BAINS   Val d'Isère
BOURBOULE   St-Nectaire
LE MONT-DORE   Courchevel   les Menuires
Super-   St-Donat-s-   Val Thorens
Lioran   Saugues   la Chaise-   l'Herbasse   l'Alpe d'Huez
Dieu   GRENOBLE   les Deux-Alpes
St-Céré   le Puy   BRIANÇON
Chaudes-Aigues   Villard-   Serre-Chevalier
VALENCE   de-Lans
Burzet

MILLAU

AVIGNON

MONTPELLIER
CANNES   NICE

MARSEILLE
Calvi

PERPIGNAN   M É D I T E R R A N É E

Ajaccio

Propriano   Sartène

★ **Gérardmer** – 62 17 – Balnéaire – Cadre montagneux couvert de belles sapinières (sports d'hiver, alt. 870-1 130) – Lac★.

★★★ **La Grande-Motte** – 83 8 – Balnéaire (sable) – Casino – Urbanisme estival.

Hossegor – 78 17 – Balnéaire (sable) – Casino – Promenade du Lac★.

★★★ **Juan-les-Pins** – 84 9 – Balnéaire (sable) – Casino : Eden Beach – Site au creux du golfe Juan.

★★★ **Megève** – 74 7, 8 – Montagne (sports d'hiver, alt. 1 067-2 350) – Casino – Mont d'Arbois *(par téléphérique)* : panorama★★★ sur les Aravis et le Mont-Blanc).

★★ **Menton** – 84 10, 20 – *Voir à ce nom* – Balnéaire (galets) – Casino du Soleil – Promenade du Soleil★★ – Musée du palais Carnolès★.

★★ **Les Menuires** – 77 7 – Montagne (sports d'hiver, alt. 1 400-2 850) – Mont de la Chambre★★.

★★ **Le Mont-Dore** – 73 13 – Thermalisme – Montagne (sports d'hiver, alt. 1 350-1 850) – Casino – Promenade des Artistes★ – Salon du Capucin, par funiculaire★.

★★★ **Monte-Carlo** – 84 10 – *Voir à Monaco* – Balnéaire (sable et rochers) – Casinos : Grand Casino, casino du Sporting Club, casino Loews – Musée de Poupées et Automates★.

★★ **Morzine** – 74 8 – Montagne (sports d'hiver, alt. 1 000-2 460) – Site de vallées – Le Pléney *(par téléphérique)* : panorama.

★★★ **Nice** – 84 9, 10 – *Voir à ce nom* – Balnéaire (galets) – Casino-club.

★ **Perros-Guirec** – 59 1 – Balnéaire (sable) – Thalassothérapie – Casino – Pointe du Château (vue★) – Table d'orientation (vue★) – Sentier des Douaniers★★.

★★ **Plombières** – 62 16 – Thermalisme – Casino – Parc national, dessiné par Haussmann.

★ **Pornichet** – 63 14 – Balnéaire (sable) – Casino – Boulevard des Océanides.

★ **Propriano** – 90 18 – Balnéaire (sable) – Golfe de Valinco★.

★ **Quiberon** – 63 12 – Balnéaire (sable, rochers) – Thalassothérapie – Casino – Côte Sauvage★★.

★★★ **La Rochelle** – 71 12 – *Voir à ce nom* – Balnéaire (sable) – Casino.

★ **Roscoff** – 58 6 – Thalassothérapie – Balnéaire (sable et galets) – Aquarium Charles-Pérez★ – Église N.-D.-de-Kroaz-Betz★ (clocher★, albâtres★).

★★★ **Royan** – 71 15 – Balnéaire (sable) – Sporting casino *(à Pontaillac)* – Front de mer★ – Église Notre-Dame★ – Zoo de La Palmyre★★★.

★★ **Royat** – 73 14 – Thermalisme – Casino – Site au pied de la chaîne des Dômes – Parc thermal – Parc Bargoin.

★★★ **Les Sables-d'Olonne** – 67 12 – Balnéaire (sable) – Casino de la Plage – Casino des Sports – Remblai★ – Quartier de la Chaume.

★★ **St-Cast-le-Guildo** – 59 5 – Balnéaire (sable) – Pointe de St-Cast (vue★★) – Pointe de la Garde (vue★★).

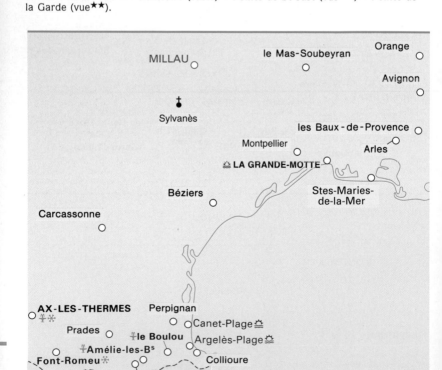

★★ **St-Gervais** – 74 8 – Thermalisme – Montagne (sports d'hiver, alt. 850-2 350) – Route du Bettex★★★ – Nid d'Aigle (glacier de Bionassay★★) *(par tramway du Mont-Blanc)*.

★★ **St-Jean-de-Luz** – 85 2 – *Voir à ce nom* – Balnéaire (sable) – Casino.

★★★ **St-Malo** – 59 6 – *Voir à ce nom* – Balnéaire (sable) – Thalassothérapie – Casino.

★★ **St-Nectaire** – 73 14 – *Voir à ce nom* – Thermalisme.

★ **St-Raphaël** – 84 8 – Balnéaire (sable) – Casino – Site abrité par le massif de l'Esterel – Bord de mer.

St-Trojan-les-Bains – 71 14 – Balnéaire (sable) – Forêt de pins maritimes.

★★ **St-Tropez** – 84 17 – *Voir à ce nom* – Balnéaire (sable) – Port★ : quais Jean-Jaurès et Suffren – Musée de l'Annonciade★★ – Môle Jean-Réveille (vue★) – Citadelle★ (vue★).

★ **Ste-Maxime** – 84 17 – Balnéaire (sable) – Casino – Sémaphore (panorama★).

★ **Serre-Chevalier** – 77 18 – Sports d'hiver.

★ **Super-Lioran** – 76 3 – Montagne (sports d'hiver, alt. 1 160-1 830) – Plomb du Cantal★ *(par téléphérique)* : panorama★★.

★ **Talloires** – 77 6 – Balnéaire – Site★★ au bord du Petit Lac d'Annecy.

★★ **Thonon** – 70 17 – Thermalisme.

★★★ **Le Touquet-Paris-Plage** – 51 11 – Balnéaire (sable) – Casinos de la Forêt et des Quatre Saisons – Digue-promenade – Forêt – Phare (vue★★).

★★ **Trégastel** – 59 1 – Balnéaire (sable) – Rochers★★ de la corniche bretonne – La Grève blanche★.

★★ **Trouville** – 55 3 – Balnéaire (sable) – Casino – Corniche★ – Promenade des Planches.

★★ **Le Val-André** – 59 4 – Balnéaire (sable) – Casino – Pointe de Pléneuf★ (vue★★) – Promenade de la Guette★.

★★★ **Val-d'Isère** – 74 19 – Montagne (sports d'hiver, alt. 1 850-3 450) – Rocher de Bellevarde *(par téléphérique)* : panorama★★★ – Tête du Solaise *(par téléphérique)* : panorama★★.

★★ **Val-Thorens** – 77 8 – Montagne (sports d'hiver, alt. 2 300-3 200) – Cime de Caron★★★ (par télécabine).

★★★ **Vichy** – 73 5 – *Voir à ce nom* – Thermalisme – Casinos : Élysée Palace et Grand Casino – Parc des Sources★ – Parc de l'Allier★.

★ **Villard-de-Lans** – 77 4 – Montagne (sports d'hiver, alt. 1 050-2 170) – Site dans un val du Vercors dominé par l'arête de la Moucherolle – Gorges de la Bourne★★★.

★★★ **Vittel** – 62 14 – Thermalisme – Casino – Parc paysager★.

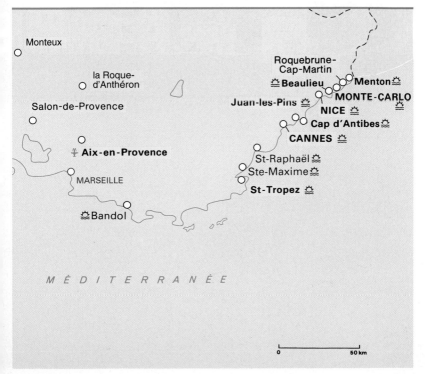

Château de Chaumont

Villes
et curiosités

B. Kaufman

Massif de l'AIGOUAL★★★

Cartes Michelin n°s 80 pli 16 ou 240 Sud-Est du pli 10 – Guide Vert Gorges du Tarn

A 1 567 m d'altitude, le **mont Aigoual**★★★ est le sommet d'un massif granitique imperméable, appartenant au très vieux socle hercynien, disloqué et nulle part soulevé aussi haut par le contrecoup du plissement alpin, au milieu de l'ère tertiaire. La vigueur de l'érosion, stimulée par la proximité de régions déprimées et par l'abondance des pluies, a engendré un paysage de longues crêtes rectilignes (serres) que tailladent des ravins (valats) ouverts dans les schistes. Le massif de l'Aigoual est ainsi un gigantesque château d'eau.

La forêt de l'Aigoual est le résultat du reboisement entrepris en 1875 par Georges Fabre, garde général des Eaux et Forêts, dont l'obstination vint à bout de la résistance de l'administration, des communes et des bergers. La forêt, replantée par Fabre et ses successeurs, couvre actuellement 14 000 ha ; elle est particulièrement vivace sur les versants Ouest les mieux exposés. Aux hêtraies plantées par Fabre se sont ajoutées des zones de résineux depuis une vingtaine d'années, voire de châtaigniers, l'arbre traditionnel des Cévennes entre 600 et 950 m.

Massif de l'Aigoual

★★★ **Panorama** – De la table d'orientation, érigée au sommet de l'observatoire météorologique, le regard embrasse les Causses et les Cévennes. Certains jours d'hiver, il porte simultanément sur le Mont-Blanc et le massif de la Maladeta dans les Pyrénées centrales. Mais les brumes d'été et de mi-journée et les brouillards des saisons intermédiaires réduisent souvent l'ampleur du panorama.

AIGUES-MORTES★★

4 999 habitants
Cartes Michelin n°s 83 pli 8 ou 240 pli 23 – Guide Vert Provence

Vision médiévale saisissante que celle d'Aigues-Mortes abritée derrière ses remparts dans un paysage de marais, d'étangs et de salines.

En 1240, Saint Louis, âgé de 26 ans, est habité par le souci de l'absence française dans les enjeux commerciaux que les Pisans et les Génois investissent en Méditerranée et par le projet d'une croisade. Mais il ne possède aucune façade sur ce littoral, et un roi de France ne saurait s'embarquer d'une terre étrangère ou vassale (la Provence est alors terre d'Empire, Sète n'existe pas et Narbonne qui s'ensable relève du duc d'Aquitaine). Le roi acquiert donc la terre d'un prieuré presque insulaire, accorde des privilèges au hameau qui se développe un peu comme une bastide à partir de 1245 mais sur un plan moins strictement géométrique, fait creuser un bassin et un chenal.

★★ **Tour de Constance** ⊙ – La tour est entreprise dès 1241 sur des pilotis de bois. Affirmation plus juridique que militaire de l'autorité royale, édifiée en huit ans, elle est capétienne par son ordonnance défensive intérieure (escaliers, chicanes, herses), et, dans ce pays sablonneux, par ses beaux moellons en calcaire de Beaucaire. Sa tourelle sert de phare, car le littoral n'est alors qu'à 3 km de là. Le 28 août 1248, le roi s'y embarque pour la 6 croisade, sur une flotte de 38 nefs génoises mouillée dans le chenal du Grau Louis. Le 1er juillet 1270, Saint Louis s'y embarque de nouveau. Cette 8e croisade lui est fatale, il meurt devant Tunis.

★★ **Remparts** ⊙ – Saint Louis ne les a pas connus. Ils furent en effet entrepris en 1272 (31 ans après la tour) sur ordre de Philippe le Hardi. Leur aménagement fait, à dater de 1280, d'Aigues-Mortes le premier port méditerranéen des Capétiens.

A la fin du 13e s., Philippe le Bel poursuit l'aménagement du port et achève l'enceinte. Il la cantonne de 20 grosses tours défendant les portes et assurant le flanquement (tir en enfilade) le long des courtines.

Au 14e s., Aigues-Mortes compte 15 000 h. mais ses graus s'ensablent et le littoral s'éloigne. Désormais la tour de Constance, qui a perdu sa signification militaire, joue le rôle de prison pour des templiers, des seigneurs rebelles et même, de 1672 (sept ans après la révocation de l'édit de Nantes) à 1768, pour des huguenots.

Le comblement des bassins et des graus par les alluvions du Rhône, le rattachement de Marseille à la France en 1481 et la création de Sète au 18e s. portent les derniers coups à Aigues-Mortes.

Dans ce guide,
les plans de villes indiquent essentiellement
les rues principales et les accès aux curiosités.
Les schémas mettent en évidence les grandes routes et l'itinéraire de visite.

AIX-EN-PROVENCE★★

123 842 habitants
Cartes Michelin nos 84 pli 3 ou 245 pli 31 ou 246 pli J – Guide Vert Provence

Depuis le 4e s. avant J.-C., de l'oppidum d'Entremont, leur capitale, les Salyens (celto-ligures) compromettaient par leurs razzias le développement commercial des cités grecques de la côte et surtout celui de Marseille. Aussi, en 123 avant J.-C., les Phocéens font-ils appel à Rome. La République leur envoie Sextius et ses légions qui, l'année suivante, détruisent Entremont et s'installent, un peu au Sud, près de sources thermales.

20 ans plus tard (71 ans avant les campagnes de César), alors que les Cimbres ébranlent le monde romain du Dauphiné à la Narbonnaise et bousculent les légions, les Teutons cherchent à gagner l'Italie par les Alpes Maritimes. Ils sont écrasés par Marius dans la plaine de l'Arc, au pied de la montagne Ste-Victoire.

La colonie romaine, ravagée par les Lombards en 574 puis par les Sarrasins, est désertée ; ses monuments servent de carrière durant six siècles. Au 12e s., les comtes de Provence refont la fortune d'Aix en y installant leur résidence. Le dernier et le plus célèbre d'entre eux est le roi **René** (1409-1480), allié à Charles VII contre les Bourguignons et les Anglais, duc d'Anjou, de Lorraine, de Bar, roi de Naples. Fin et mécène, il achève la cathédrale, soutient le rayonnement des arts et des lettres ; bonhomme avec ses sujets, il sait être un administrateur rigoureux ; vers sa fin, il lègue son comté à son neveu Charles du Maine qui s'éteint sans descendance. En 1486 Louis XI peut réunir la Provence à la France.

Mais les invasions des Impériaux, les rivalités entre les grands et les luttes religieuses secouent la Provence. Le Parlement d'Aix résiste à Richelieu alors que la « crue » des charges et des offices engendre l'extension urbaine et le renouveau architectural. L'apaisement, voulu par Mazarin, y permet, à partir de 1643, l'essor du classicisme. Le parlement, la magistrature, les notables du monde rural édifient alors des demeures sobres et distinguées qui font le charme du Vieil Aix, marquées par des portails à bossages, ornées de cartouches et de masques, puis d'escaliers « de la vanité » et de stucatures. En même temps, l'impulsion intellectuelle donnée par le roi René se poursuit : parmi les personnalités qui illustrèrent la ville par leur naissance ou leur action, il faut mettre à part Fabri de Peiresc, astronome qui dessina la première carte de la lune en 1636 ; au 18e s. l'élégant portraitiste Jean-Baptiste Van Loo, Vauvenargues dont les réflexions et maximes font un moraliste optimiste et un apologiste du cœur, le comte de Mirabeau, orateur passionné, est élu député du Tiers État aux États Généraux de 1789 ; **Paul Cézanne** (1839-1906), précurseur de la peinture contemporaine dont les *Montagne-Ste-Victoire* sont célèbres, de même que la *Nature morte au sucrier*, la *Femme nue au miroir*, les *Baigneuses* (musée Granet).

★★ VIEIL AIX

Ce quartier doit son cachet à l'élégance des vieux hôtels, à la grâce discrète des places, au charme des fontaines, aux statues d'angle des 17ᵉ, 18ᵉ et 19ᵉ s. qui décorent les demeures.

★★ **Cours Mirabeau** (**DY**) – Agréable lieu de détente rafraîchi par des fontaines, ombragé de beaux platanes, il compose un tunnel de verdure fort apprécié quand frappe le soleil de Provence. Il fut tracé en 1646, à l'emplacement du rempart du 15ᵉ s., par le frère du cardinal Mazarin qui, en même temps, faisait édifier, au Sud du cours, un nouveau quartier social sur plan régulier où les hôtels disposent au Nord leur façade d'apparat et au Sud leurs jardins ensoleillés. Le long du cours Mirabeau, les façades aristocratiques se succèdent, sur le côté Sud, qui doivent leur distinction à la chaude patine acquise par la pierre de Rognes, à leurs portes sculptées, à leurs balcons de fer forgé soutenus par des cariatides ou des atlantes de l'école de Puget.

Hôtel Boyer d'Éguilles (**DY Mᵉ**) – Muséum d'Histoire naturelle ⊙. De transition baroque-rococo ; attribué à Pierre Puget. Très bel escalier de ferronnerie de 1678.

Place d'Albertas

★ **Place d'Albertas** (**DY**) – Hôtel (1724) et belle fontaine (1745). Ensemble architectural Régence où l'élancement des pilastres et la légèreté des balcons, à l'étage, contrastent avec la robustesse du rez-de-chaussée (arcs en plein cintre et murs à refends).

Hôtel de ville (**DY H**) – Centre historique de la justice et de l'administration urbaine. L'hôtel, dessiné par Pierre Pavillon, présente une façade très compartimentée par des pilastres et des entablements et allégée par un élégant balcon de ferronnerie. Sa **cour★** intérieure, de 1671, offre une ordonnance toute classique.
La **place★** devant le monument fut ouverte au 18ᵉ s. La tour de l'Horloge (**F**) voisine est un ancien beffroi du 16ᵉ s. dominé par une cage de ferronnerie.

★ **Cathédrale St-Sauveur** (**DX**) ⊙ – Au fond de la nef, à droite, intéressant **baptistère★** mérovingien du 4ᵉ s. ; autour de la cuve, huit colonnes romaines réemployées, provenant probablement d'une basilique antique voisine, portent une coupole (18ᵉ s.) octogonale inscrite dans une construction gallo-romaine. Au mur de la nef, le triptyque du **Buisson ardent★★** de Nicolas Froment, peint vers 1475, représente le buisson dans lequel Dieu apparut à Moïse, qui brûle sans se consumer et conserve sa verdure. C'est l'un des chefs-d'œuvre de la seconde école d'Avignon où s'associent un sujet religieux, un paysage sur le modèle des œuvres du quattrocento italien et un sens décoratif (bijoux, miroir, drapés) flamand.
Les **vantaux★** de noyer, sculptés de 1500 à 1508 *(masqués par de fausses portes)*, qui représentent des prophètes et des sibylles, et le **cloître** (**N**) ⊙ du chapitre, dont le toit en appentis s'appuie sur de légères colonnettes, retiennent aussi l'attention. Ce dernier marque l'emplacement du forum d'Aix à l'époque d'Auguste. Tous les ans, en juillet-août, le **Festival international d'art lyrique et de musique**, l'un des plus renommés d'Europe, transforme le vieil Aix en capitale de la musique.

VIEL AIX

Agard (Passage)	**EY** 2
Aude (R.)	**DY** 3
Bagniers (R. des)	**DY** 4
Bedarrides (R.)	**DY** 5
Bellegarde (Pl.)	**EX** 6
Bon-Pasteur (R. du)	**DX** 9
Cabassol (R. Joseph)	**DY** 14
Clemenceau (R.)	**DY** 18
Cordeliers (R. des)	**DY** 20
Curie (R. Pierre-et-Marie)	**DX** 22
De-la-Roque (R. J.)	**DX** 25
Espariat (R.)	**DY** 26
Fabrot (R.)	**DY** 28
Foch (R. du Maréchal)	**DY** 30
Gaulle (Pl. du Gén.-de-)	**DY** 36
Martyrs-de-la-Résistance (Pl. des)	**DX** 47
Matheron (R.)	**DY** 49
Méjanes (R.)	**DY** 51
Mirabeau (Cours)	**DY**
Montigny (R. de)	**DY** 55
Nazareth (R.)	**DY** 58
Opéra (R. de l')	**EY** 62
Pasteur (Av.)	**DX** 64
Paul-Bert (R.)	**DX** 66
Portalis (R.)	**EY** 69
Prêcheurs (Pl. des)	**EY** 70
Richelme (Pl.)	**DY** 72
St-Honoré (Pl.)	**DY** 73
Saporta (R. Gaston-de-)	**DX** 75
Thiers (R.)	**EY** 80
Vauvenargues (R.)	**DY** 82
Verdun (Pl. de)	**EY** 85
Victor-Hugo (Av.)	**DY** 86
4-Septembre (R. du)	**DY** 87

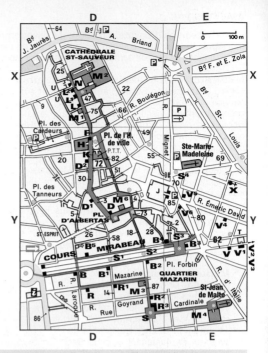

B	Hôtel d'Isoard de Vauvenargues
B¹	Hôtel de Forbin
B²	Hôtel de Maurel de Pontevès
B³	Hôtel du Poët
B⁴	ancienne chapellerie
B⁵	Hôtel d'Arbaud-Jouques
D	Hôtel d'Albertas
D¹	Hôtel Peyronetti
D²	Hôtel d'Arbaud
F	Tour de l'Horloge
H	Hôtel de ville
K	Ancienne halle aux Grains
L	Hôtel de Châteaurenard
L¹	Hôtel Boyer de Fonscolombe
L²	Hôtel de Maynier d'Oppède
M¹	Musée du Vieil Aix
M²	Musée des Tapisseries
M³	Musée bibliographique et archéologique Paul-Arbaud
M⁴	Musée Granet (Beaux-Arts et Archéologie)
M⁶	Hôtel Boyer d'Eguilles (Muséum d'Histoire naturelle)
N	Cloître St-Sauveur
R	Hôtel de Marignane
R¹	Hôtel de Caumont
R²	Hôtel de Villeneuve d'Ansouis
R³	Hôtel de Boisgelin
S	Fontaine des Quatre Dauphins
S¹	Fontaine des 9 canons
S²	Fontaine d'eau thermale
S³	Fontaine du roi René
S⁴	Fontaine des Prêcheurs
V	Hôtel de Lestang-Parade
V¹	Hôtel de Bonnecorse
V²	Hôtel de Grimaldi
V³	Maison natale de Cézanne
V⁴	Hôtel de Panisse-Passis
V⁵	Hôtel d'Agut
V⁶	Hôtel de Roquesante
X	Ancienne chapelle des jésuites

Depuis 1948, les plus prestigieuses interprétations des opéras de Mozart ont fait applaudir non seulement des « voix » nouvelles : Teresa Stich-Randall, Teresa Berganza, Regine Crespin, Luigi Alva, mais aussi des nouveaux metteurs en scène de génie. Il faut noter que nombreux sont les peintres ayant signé des décors inoubliables : G. Wakhévitch, Cassandre, Balthus, Derain, Masson.

La ville neuve connaît, de nos jours, un essor démographique et une extension considérables. Ses activités industrielles, thermales et touristiques, son rayonnement culturel sont en plein renouveau.

Ⓥ ►► Musée des Tapisseries★ **(M²)** – Église St-Jean-de-Malte (nef★) – Musée Granet★ *(Beaux-Arts et Archéologie)* **(M⁴)** – Église Ste-Marie-Madeleine (Vierge★, triptyque★) – Fondation Vasarely★ – Fontaine des Quatre Dauphins★ **(S)**.

AJACCIO★★

Agglomération 58 315 habitants
Carte Michelin n° 90 pli 17 – Guide Vert Corse

Ajaccio se développe en amphithéâtre au fond de son magnifique golfe qui s'ouvre sur la Méditerranée. La ville fut fondée en 1492 par l'Office de St-Georges qui administrait l'île pour le compte de la République de Gênes et ne fut autorisée aux Corses qu'après sa prise, en 1553, par Sampiero Corso (1498-1567), originaire de Bastelica *(25 km au Nord-Est)* au cours de la première intervention militaire française dans l'île. Le 13 septembre 1943, à 1 h du matin, le sous-marin « Casabianca », commandé par le capitaine de frégate L'Herminier, débarquait à Ajaccio la première unité des Forces Françaises Libres à prendre pied sur le sol de la patrie.

Mais dans l'Histoire, Ajaccio compte surtout pour être la ville natale de **Napoléon** dont la stupéfiante carrière s'intègre dans le monde politique qui l'explique et qu'elle a contribué à façonner. La cité impériale conserve avec piété le souvenir de « l'enfant prodigue de la gloire ». Né le 15 août 1769, le fils de Charles-Marie Bonaparte et de Letizia Ramolino est admis à 10 dix ans comme élève du roi à l'école militaire de Brienne (Aube). A 27 ans, il épouse Joséphine Tascher de La Pagerie, veuve du général de Beauharnais, puis dirige la campagne d'Italie (victoire d'Arcole) et, deux ans plus

AJACCIO

tard, l'expédition d'Égypte. En 1804, il devient empereur des Français sous le nom de Napoléon Ier. L'année suivante, le 26 août, du camp de Boulogne, face à l'Angleterre, il lance sa grande armée contre les Autrichiens. En 1807, il domine l'Europe ; il a 38 ans.

Mais les coalitions formées depuis 1793 contre la Révolution se nouent maintenant contre l'Empire ; en Europe, aux colonies et sur les mers, l'Angleterre les anime et participe à toutes. Napoléon fait front ; très actif, bien que bouffi, empâté et prématurément vieilli, il ne fut jamais aussi grand qu'à partir de 1809 (5 et 6 coalition). Mais, comme l'opinion française, il était alors en retard sur les mentalités, car l'idéologie révolutionnaire et les conquêtes territoriales avaient éveillé les idées d'indépendance et dressé contre lui les peuples étrangers occupés ou soumis au nom de la liberté. La défaite de Waterloo, le 18 juin 1815, met un terme à l'épopée napoléonienne : après les adieux à la Malmaison le 29 juin et le départ de l'île d'Aix, le 15 juillet, c'est l'exil à l'île anglaise de Ste-Hélène. « Le général Bonaparte » y meurt le 5 mai 1821.

★★ **Musée Fesch** ⊙ – Installé au Palais Fesch, ce musée présente la plus importante collection de peintures italiennes conservée en France, après celle du Louvre. Parmi des œuvres des 14e et 15e s., le thème de la *Vierge à l'enfant* est traité admirablement par plusieurs peintres des écoles vénitienne et florentine.

★ **Maison Bonaparte** ⊙ – Cette maison toute simple, de type génois, entra dans le patrimoine familial en 1743 ; Napoléon y serait né sur le canapé de l'antichambre, au 1er étage. Le maigre traitement du père et les quelques revenus des terres familiales (Milelli, Egitto, Salines, Sposata...) ne permettaient pas d'y vivre à l'aise ; Letizia « femme rare... conduisait tout, administrait tout » avec sagesse et sagacité ; elle y assurait l'éducation des enfants avec une tendresse sévère.

En mai 1793, Bonaparte, fidèle aux idées républicaines et menacé par les partisans de Paoli, doit s'enfuir avec les siens ; la maison est alors saccagée et les propriétés familiales avoisinantes ravagées et incendiées.

De retour à Ajaccio en 1798, Letizia fait remettre la maison en état grâce à une indemnité du Directoire

« Le Général Bonaparte », par David

Musée du Louvre/GIRAUDON

– l'abbé Fesch, son demi-frère, futur cardinal, surveillant l'avancement des travaux – et surtout aux moyens que Bonaparte, général en chef de l'armée d'Italie, a donnés à son frère Joseph pour acheter les étages supérieurs et le premier étage de la maison voisine. A son retour d'Égypte, le 29 septembre 1799, Bonaparte fait escale à Ajaccio, admire la demeure familiale transformée et loge, dit-on, dans l'alcôve du second étage. Six jours plus tard, il s'esquive par la trappe, gagne le port et quitte la ville qu'il ne revit plus.

Place Letizia – Ardemment voulue par Napoléon devant sa maison natale, elle occupe l'emplacement de bâtiments disparus. Un buste de l'Aiglon s'y élève.

Place Maréchal-Foch – Belle place ombragée de palmiers, centre de l'animation ajaccienne, dominée dans sa partie haute par une statue, en marbre blanc, du Premier Consul, due à Laboureur.

★ **Musée napoléonien** ⊙ – *Au 1er étage de l'hôtel de ville.* L'acte de baptême de Napoléon (21 juillet 1771) rédigé en génois, des tableaux, portraits, statues des membres de sa famille composent un ensemble attachant pour les fidèles et les historiens. Moulage, en bronze, d'un masque mortuaire réalisé à Ste-Hélène.

La CNMHS délivre un laissez-passer permettant d'accéder librement à plus de 100 monuments gérés par elle en France et de bénéficier de la gratuité aux expositions organisées dans les monuments concernés. Ce laissez-passer est valable un an sur tout le territoire, à compter de la date d'achat. On peut l'obtenir sur place dans certains monuments ou par correspondance.

ALBI★★★

46 579 habitants
Cartes Michelin nᵒˢ 80 pli 11 ou 82 pli 10 ou 235 pli 23 – Guide Vert Pyrénées Roussillon

Albi doit aux argiles du Tarn la matière première des briques roses de ses maisons, de ses ponts et de ses grands monuments.

Au 13ᵉ s., la première, elle accueillit des adeptes de la doctrine des cathares qui devinrent, du coup, les Albigeois. La « croisade » contre eux fut menée, dans le domaine de la foi, par saint Dominique et, sur le terrain, par des armées venues du Nord et de l'Est qui commirent les effroyables massacres de Béziers, Carcassonne, Minerve et Lavaur. Ces guerres, de 1208 à 1229, ouvrirent aux Capétiens la pénétration dans le Languedoc ; mais il fallut l'Inquisition et le bûcher de Montségur pour venir à bout du catharisme.

★★★ **Cathédrale Ste-Cécile** – *Voir illustration au chapitre de l'Art – Éléments d'architecture.* En 1282, lorsque commence la construction de la cathédrale qui s'étendit sur deux siècles, le chantier du palais épiscopal voisin, est déjà très avancé. Pour les évêques, le rayonnement de l'Église est alors indissociable de sa puissance temporelle, aussi donnent-ils à leur cathédrale la physionomie d'une forteresse. Au 19ᵉ s., le formidable édifice reçut les trois derniers étages de son clocher-donjon, son couronnement de hauts mâchicoulis et son chemin de ronde. Cet ensemble redoutable s'ouvre, depuis 1520, par un porche en forme de baldaquin où le gothique flamboyant déploie les grâces de ses arcatures tourmentées, de ses torsades et de sa voûte en réseaux.

A l'intérieur, la parfaite simplicité de la large nef unique bordée de chapelles du gothique méridional passe presque inaperçue tant est éblouissante la décoration flamboyante. Le **jubé★★★** est l'un des rares et des plus somptueux qui nous soient conservés. Aux 15ᵉ et 16ᵉ s. toutes les grandes églises possédaient un jubé, galerie transversale de séparation entre le chœur réservé au clergé et la nef attribuée aux fidèles ; de sa galerie se faisait la lecture des textes sacrés lors des offices. Celui-ci, comme la clôture du **chœur** Ⓥ, date de 1485. Sculptés dans le calcaire blanc, leurs gâbles, leurs arcatures, leurs piliers, leurs accolades ont été fouillés par le ciseau avec une étourdissante minutie. Dans leur statuaire s'épanouissent le naturalisme des attitudes et le réalisme des visages de l'art gothique ; les personnages de l'ancienne loi y sont disposés à l'extérieur, ceux de la nouvelle à l'intérieur, côté chœur, où sont sculptées deux rangées de 66 stalles. Les compartiments de la grande voûte furent peints de 1509 à 1512 par des artistes de Bologne ; ils méritent d'être détaillés à la jumelle. L'hallucinant **Jugement dernier** est l'un des grands chefs-d'œuvre de la peinture murale de la fin du 15ᵉ s. Il a malheureusement été défiguré et amputé de sa partie centrale pour permettre l'installation du grand orgue au 17ᵉ s. Il faut cependant en admirer, à la partie haute, la cour céleste ; à gauche les apôtres nimbés d'or, de saints ecclésiastiques déjà admis et les élus portant ouvert le livre de leur vie ; à droite les réprouvés stupéfaits et punis dans l'objet même de leur péché.

★ **Palais de la Berbie** Ⓥ – Il abrite le **musée Toulouse-Lautrec★★**. Henri de Toulouse-Lautrec (1864-1901), né à Albi à l'hôtel du Bosc, handicapé et difforme, y occupe une place prépondérante et s'y révèle l'un de nos grands peintres de mœurs traitant avec une discrète noblesse la dépravation et la déchéance de sa vie parisienne (*Jane Avril, Mlle Lucie Bellanger, Au bal de l'Élysée-Montmartre, Au salon de la rue des Moulins, La Goulue* et *La Môme Fromage*).

►► Vieil Albi★.

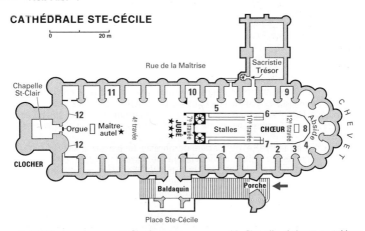

CATHÉDRALE STE-CÉCILE

1 Judith
2 Prophète Sophonie
3 Prophète Isaïe
4 Prophète Jérémie
5 Esther
6 Charlemagne
7 Constantin
8 Statue de la Vierge à l'Enfant
9 Chapelle Sainte-Croix
10 Chapelle abritant un tableau de la Sainte Famille
11 Chapelle du Rosaire
12 Peinture du Jugement dernier

Écomusée d'ALSACE★★

Cartes Michelin n° 242 pli 35 – 9 km au Sud-Ouest d'Ensisheim, à Ungersheim
Guide Vert Alsace et Lorraine

Une soixantaine de maisons anciennes, distribuées sur un terrain de 15 ha, présentent principalement un panorama de l'habitat rural dans les différentes régions d'Alsace.

Une initiative de sauvegarde du patrimoine marqua l'origine de ce musée de plein air : des maisons anciennes du 15e s. au 19e s., vouées à la période des démolisseurs, furent patiemment repérées sur le territoire alsacien, plus minutieusement démontées pour entamer une seconde vie dans ce nouveau « village ». Le développement du musée inauguré en 1984, et en extension continue depuis, est marqué par son ouverture au patrimoine industriel avec la restauration des bâtiments de la mine de potasse « Rodolphe » (1911-1930) contiguë au musée.

VISITE ⊘

Le circuit de visite permet de découvrir, regroupées selon leurs régions d'origine, Sundgau, Ried, Kochersberg, Bas-Rhin, les maisons rurales à colombage, distribuées en cours et jardins. On constatera l'évolution des techniques de construction, et l'articulation des bâtiments de ferme (habitations, granges, étables...) très changeante suivant les régions et les époques.

Des bâtiments ruraux spécifiques, tels que maison forte, chapelle, école et lavoir, évoquent la sociabilité dans le village alsacien traditionnel, et un terroir reconstitué est le support de la présentation de variétés végétales anciennes et de démonstrations de travaux agricoles. Un secteur à part valorise le patrimoine de la fête foraine, avec en particulier le carroussel-salon Eden-Palladium, dernier grand manège français de la Belle Époque (1909). Au gré du cheminement, on découvrira les travaux ancestraux des charpentiers et maçons, et dans certains intérieurs reconstitués les conditions de vie et leur évolution, avec les cuisines, les alcôves et « stube » (pièce à vivre dotée d'un poêle en terre cuite).

AMBOISE★★

10 982 habitants
Cartes Michelin nᵒˢ 64 pli 16 ou 238 pli 14 – Guide Vert Châteaux de la Loire

Amboise occupe, sur la rive gauche de la Loire, au pied de l'escarpement fortifié dès l'époque gallo-romaine et qui porte son château, un site de ville-pont favorisé par l'existence de l'île St-Jean.

★★ **Château** ⊘ – Le 15e s. est le siècle d'or d'Amboise. Charles VIII, qui est né au château en 1470, y poursuit, à 22 ans, les travaux entrepris par son père Louis XI. La chapelle flamboyante St-Hubert (admirables vantaux dus à des sculpteurs flamands), qui servit d'oratoire à Anne de Bretagne, les tours rondes et les grands combles gothiques de l'aile qui domine la Loire étaient déjà bien avancés lorsque le roi partit guerroyer en Italie. Lorsqu'il en revint, ébloui, en 1496, il amena à Amboise 22 artistes : des architectes (Fra Giocondo, le Boccador), des sculpteurs, des ébénistes, des jardiniers et des œuvres d'art.

Les Italiens apportaient avec eux un goût de l'Antiquité et un sens décoratif encore inconnu en France (arcades superposées, portes dessinées en arcs de triomphe, toitures à rampants marquetés...). Les fastes du prince servaient le rayonnement de la monarchie ; et le goût pour cette renaissance artistique qui pénétrait en France s'affirma bientôt sous Louis XII et plus encore sous François I. Ce dernier donna à Amboise l'éclat d'un luxe princier où fêtes, distractions, chasses composaient un vrai tourbillon. Mais le démantèlement du monument entrepris par les troupes de Louis XIII, puis poursuivi sur ordre du Sénat sous Napoléon, fit disparaître, sur le plateau, ce premier château de la Renaissance en France. Nous ne le connaissons que par une gravure de Du Cerceau.

11 mois après le traité du Cateau-Cambrésis le **tumulte d'Amboise** jette sur le château un reflet sanglant annonciateur de l'imminence et de la gravité des événements. 1 500 huguenots, dirigés par La Renaudie, marchent sur Blois où ils arrivent le 15 mars 1560, alléguant une démarche auprès du jeune François II en faveur du libre exercice de leur culte. Ils projettent, en fait, de s'emparer de la personne du roi pour le contraindre au désaveu des Guise. Mais leur conjuration a été éventée et la cour s'est réfugiée à Amboise plus facile à défendre.

Là, les conjurés sont arrêtés, groupe par groupe, à leur arrivée et la répression est inexorable. On a même prétendu que Catherine de Médicis, François II et sa jeune femme Marie Stuart seraient venus, après dîner, assister aux dernières grimaces des pendus qui se balançaient sous le grand balcon et aux créneaux du château.

Maisons d'Alsace

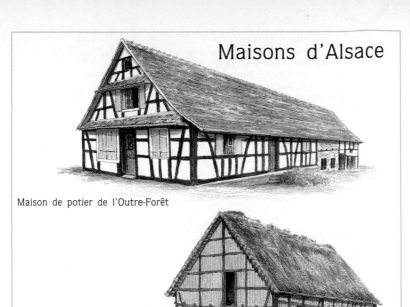

Maison de potier de l'Outre-Forêt

Maison de pêcheur du Ried

Ferme-cour du Kochersberg

Maison du vignoble
sous-vosgien

Maison-bloc du Sundgau

★ **Clos-Lucé** ⊙ – Dans ce manoir de briques roses à chaînages de pierres, François Ier installa Léonard de Vinci en 1516.

Le grand maître du Cinquecento (16e s.) florentin était alors âgé de 64 ans. A Amboise il n'ouvrit pas d'école et ne se servit guère de sa palette, mais il mit en scène des fêtes royales, dressa les plans d'un château pour Louise de Savoie, mère de François Ier, à Romorantin, étudia le drainage de la Sologne et se plut à imaginer des mécaniques qui, faute de sources d'énergie, ne purent devenir des anticipations techniques.

ENVIRONS

Lussault-sur-Loire – *8 km à l'ouest par la D 751.* **Aquarium de Touraine**★ ⊙.

AMIENS★★★

Agglomération 156 120 habitants
Cartes Michelin nos 52 pli 8 ou 236 pli 24
Guide Vert Flandres Artois Picardie

L'histoire de l'ancienne capitale de la Picardie est traversée de quelques événements marquants : partage du manteau de saint Martin (au 4e s.) avec un mendiant mordu par le vent glacial, obtention de franchises municipales en 1117, rattachement au domaine royal en 1477 par Louis XI après la mort de Charles le Téméraire, essor de l'industrie textile par le développement (velours) que Colbert lui insuffla au 17e s., batailles de Picardie (1918) puis de la Somme (1940).

Parmi les Amiénois qui s'illustrèrent, il faut au moins mentionner Pierre Choderlos de Laclos (1741-1803), ingénieur militaire et auteur des *Liaisons dangereuses*, Charles Tellier (1828-1913), inventeur, en 1872, de la machine frigorifique, Jules Verne (1828-1905), né à Nantes, écrivain d'anticipation et auteur des *Voyages extraordinaires*, Édouard Branly (1844-1940), dont les radioconducteurs à limaille permirent la réception de la télégraphie sans fil, Roland Dorgelès (1885-1973), auteur des *Croix de bois*.

De tout temps nœud de communications très important, centre économique, artistique, intellectuel, Amiens est devenu, depuis 1964, une ville universitaire.

★★★ **Cathédrale Notre-Dame** – Elle doit son exceptionnelle unité architecturale à la rapidité de sa construction. Commencée en 1220, elle fut achevée en 68 ans ; une telle prouesse fut rendue possible par l'idée de son architecte, Robert de Luzarches, de faire tailler et calibrer les pierres, à la cote, dans la carrière même plutôt que sur le chantier où dès lors il suffisait de les assembler.

La cathédrale appartient au gothique lancéolé ; elle en présente l'élévation à trois étages avec triforium ajouré dans le chœur et le transept. Sa nef, la plus haute de France (42,50 m), est d'une élégance admirable.

Malheureusement, l'affouillement du sous-sol par les eaux de la Somme engendra une flexion longitudinale de l'édifice que manifestent des lézardes dans la nef, à proximité du transept. Pour contenir cet écartement, aggravé par la pression des voûtes, on ancra, au 16e s., dans le triforium, une chaîne de fer de Tolède, inattaquable par la rouille, placée au rouge, qui se rétracta en se refroidissant et qui, depuis quatre siècles, assure sa

Barque d'hortillon

fonction. On consolida aussi la cathédrale en multipliant les contreforts du chevet et en ajoutant dans la nef des chapelles latérales en guise de doubles bas-côtés destinées à élargir l'assise au sol.

La célèbre et légère flèche de bois qui domine le carré du transept fut montée par le maître charpentier Cardon en deux ans (1528-1529).

L'œuvre décorative de la cathédrale est particulièrement importante. Se prêtent en particulier à l'admiration : les sculptures de la façade Ouest (le Beau Dieu du portail central) ; les roses de la grande façade (rose de la Mer – 16e s.), du croisillon gauche (rose des Vents – 14e s.), du croisillon droit (rose du Ciel – 15e s.) ; la grille du chœur en fer forgé du 18e s. ; les stalles en chêne du début du 16e s.

La 3e chapelle du bas-côté gauche abrite un Christ roman (12e s.), peut-être d'inspiration orientale, particulièrement intéressant à étudier : les pieds cloués séparément, les jambes bien parallèles, vêtu d'une longue robe, le visage glorieux sous sa couronne royale, il est très antérieur à l'arrivée à Paris des reliques de la Passion et de la sainte couronne d'épines achetées par Saint Louis et donc très étranger à la prise de conscience en Occident de la réalité médicale de l'agonie du Christ.

★ **Hortillonnages** – Ces petits jardins maraîchers, les **aires**, cultivés depuis le Moyen Age, s'étendent sur 300 ha dans un lacis de canaux ou **rieux**, alimentés par les bras de la Somme. Ils fournissaient à l'origine primeurs, fruits et légumes aux Amiénois ; parterres de fleurs et maisons de week-end tendent à les remplacer.

⊘ ►► Musée de Picardie★★ *(archéologie, peinture).*

Les marionnettes

Amiens est la capitale de la marionnette à tringle et à fils dont l'origine remonte vers 1785. Appelée **cabotan** en picard, la marionnette, de 50 cm de long environ, est taillée dans un morceau de bois et manipulée par le haut. Le personnage, **Lafleur**, « ch'Roé d'San-Leu », roi de St-Leu (quartier médiéval d'Amiens), chef de file des cabotans, est, sans conteste, la plus expressive incarnation de l'esprit et du caractère picards. Depuis le 19e s., mais probablement bien plus tôt, ce héros mythique, narquois, irrévérencieux, redoutable dans sa colère, exprime dans la langue de ses tayons (ancêtres) le bon sens populaire, la noblesse et la fierté de la province. Du plus loin qu'on l'aperçoive, on le reconnaît à sa stature imposante, à sa démarche caractéristique, mais surtout à sa livrée ordinaire de valet du 18e s., taillée dans le beau velours rouge d'Amiens. Il est souvent accompagné de sa femme Sandrine et de son ami Tchot Blaise. Sa devise est : « bien boère, bien matcher et ne rien fouère ».

Au 19e s., chaque quartier possédait son théâtre de marionnettes, il y en avait une vingtaine dans la capitale picarde. Mais au début du siècle, avec l'apparition du cinéma et les manifestations sportives, les représentations disparurent peu à peu.

Château d'ANCY-LE-FRANC★★

Cartes Michelin nos 65 pli 7 ou 243 pli 1 – Guide Vert Bourgogne

Le château d'Ancy-le-Franc, dessiné par Sébastien Serlio, l'un des architectes italiens attirés en 1541 par François Ier à la cour de France, fut entrepris en 1546 et achevé 50 ans plus tard pour Antoine III de Clermont-Tonnerre. La première Renaissance (italianisante) y jette ses derniers éclats en France.

VISITE ⊘

La symétrie et l'ordonnance chères à Bramante, la disposition des volumes et des surfaces selon le rapport 5/8 (« la divine proportion »), le raffinement de la cour, où de doubles pilastres, encore profondément encastrés dans les murs, coiffés de chapiteaux corinthiens séparant des niches à coquilles, lui donnent une grande noblesse.

La décoration intérieure compte de très belles œuvres : chambre de Judith où Cornelius Van Haarlem, un élève du Primatice, a peint le plafond à caissons ; reliures anciennes de la bibliothèque ; cabinets italiens à secrets ; la *Bataille de Pharsale* où Niccolo dell'Abbate s'est livré, en camaïeu doré, à une étourdissante étude de musculature ; médaillons des *Arts libéraux* peints par le Primatice dans la chambre des Arts.

Principat d'ANDORRA★★

Principauté d'ANDORRE – 62 400 habitants
Cartes Michelin nos 86 plis 14, 15 ou 235 plis 50, 54
Guide Vert Pyrénées Roussillon

La Principauté d'Andorre, formée de sept paroisses, couvre 464 km² de hauts plateaux et de vallées desservis par de pittoresques petites routes de montagne. Coprincipauté jusqu'en 1993, l'Andorre vivait sous le régime du paréage hérité du monde féodal : les seigneurs voisins (jusqu'en 1993 il s'agissait des évêques d'Urgel et du président de la République française) délimitaient leurs pouvoirs et leurs droits sur un territoire qu'ils tenaient en fief en commun. Aujourd'hui, la Principauté est un État souverain membre de l'O.N.U.

Le développement de l'équipement hydro-électrique, les opérations d'« urbanitzacio » (lotissements touristiques), l'afflux des visiteurs étrangers ont bouleversé la vie andorrane. Malgré tout, les traditions perdurent à travers les types de culture (culture du tabac en terrasses dans la vallée de Sant Juliá) ou les « aplec » catalans (pèlerinages).

Andorra la Vella (Andorre-la-Vieille) – Capitale des vallées d'Andorre, la ville est massée sur une terrasse dominant le Gran Valira.

A l'écart des voies de traversée, le noyau d'Andorre-la-Vieille garde ses ruelles et sa **Casa de la Vall (Maison des Vallées)** ⊘ où se discutent toujours les intérêts du pays. C'est à la fois le Parlement et le palais de justice des Vallées, où le « Très Illustre Conseil Général » tient ses séances.

A l'Est, Andorre-la-Vieille se soude à la commune animée d'Escales au-dessus de laquelle se dresse **Caldea**, grand centre aquatique (hammam, lits à bulles, marbres chauds, etc.) à l'allure futuriste.

Estany d'Engolasters (Lac d'Engolasters) – Sur le plateau de pâturage d'Engolasters, annexe sportive d'Andorre-la-Vieille, se dresse la fine tour romane de l'**église San Miguel**.

Du terminus de la route, franchir la crête, sous les pins, pour redescendre aussitôt (à pied) au barrage.

L'ouvrage a élevé de 10 m le niveau du lac (alt. 1 616 m), reflétant la forêt sombre.

Santuari de Meritxell (Sanctuaire de Meritxell) – Une fois franchi le verrou des **Bons**, **site★** d'un hameau groupé sous la ruine du château qui défendait le passage et la chapelle Sant Roma, on atteint la **chapelle Notre-Dame-de-Meritxell**, sanctuaire national de la Principauté, reconstruite en 1976.

Canillo – L'église collée au rocher est surmontée du plus haut clocher d'Andorre. A côté se détache, en blanc, l'ossuaire, construction fréquente dans les pays de civilisation ibérique.

Sant Joan de Caselles ⊘ – L'église est l'un des types les plus accomplis d'édifice roman d'Andorre, avec son clocher à trois étages de baies. A l'intérieur, derrière la pittoresque grille de fer forgé et découpé du chœur, apparaît un retable peint, œuvre du Maître de Canillo (1525) illustrant la vie de saint Jean et les visions de l'apôtre. Une **Cruxifixion★** romane a été reconstituée lors d'une restauration en 1963 : sur une fresque représentant la scène du Calvaire est plaqué un Christ en stuc.

★★ **Port d'Envalira** – *La route peut être obstruée par la neige, mais sa réouverture est assurée dans les 24 h.* Alt. 2 407 m. Le plus haut col pyrénéen franchi par une bonne route marque la ligne de partage des eaux entre la Méditerranée et l'Océan. Il offre un **panorama** sur les montagnes d'Andorre.

★ **Pas de la Casa** – Alt. 2 091 m. Simple poste-frontière, ce village, le plus élevé de la Principauté, est devenu un centre important de ski.

Ordino – *Laisser la voiture dans le village haut sur la place près de l'église.* Bourg pittoresque dont on parcourra les ruelles en contrebas de l'église. L'église a gardé de belles grilles de fer forgé et découpé, que l'on découvre encore dans plusieurs sanctuaires proches des anciennes « forges catalanes ». Une autre réalisation de ferronnerie ancienne s'observe près de l'église : le balcon, long de 18 m, de la « maison de Don Guillem », jadis propriété d'un maître de forges.

Attention, il y a étoile et étoile !
Sachez donc ne pas confondre les étoiles :
- *des régions touristiques les plus riches et celles de contrées moins favorisées ;*
- *des villes d'art et celles des bourgs pittoresques ou bien situés ;*
- *des grandes villes et celles des stations élégantes ;*
- *des grands monuments (architecture) et celles des musées (collections) ;*
- *des ensembles et celles qui valorisent un détail...*

Les ANDELYS★★

8 455 habitants
Cartes Michelin nᵒˢ 55 pli 17 ou 231 pli 24 ou 237 plis 2, 3
Guide Vert Normandie Vallée de la Seine

La valeur stratégique des Andelys, verrouillant la vallée de la Seine et la route de Rouen, est telle que Richard Cœur de Lion, fils d'Henri II et d'Aliénor d'Aquitaine, roi d'Angleterre et duc de Normandie, décide en 1196 de rompre la paix de Louviers consentie avec le roi de France et de construire sur la falaise la plus formidable place forte du 12ᵉ s. destinée à protéger le domaine des Plantagenêts face aux prétentions de la couronne. Un an plus tard, selon la légende, le château fort est debout et Richard en le voyant s'écrie : « Qu'elle est belle ma fille d'un an. »

★★ **Château Gaillard** ⊙ – Cette forteresse avait en effet de quoi forcer l'admiration. Ses 17 tours, ses murailles de huit pieds d'épaisseur, son site sur la falaise, ses trois enceintes successives, protégées par de profonds fossés (celle du châtelet, celle de la basse-cour, celle du logis) et servant de défenses avancées au donjon, le rendaient imprenable.
Imprenable, en effet, sauf par la ruse. C'est ainsi que Philippe Auguste finit par s'en emparer en 1204 après un siège de huit mois. Cette victoire lui permit de rattacher au domaine royal la Normandie, le Maine, l'Anjou, la Touraine et le Poitou. Henri V d'Angleterre le reprit au roi de France quatre ans après Azincourt, en 1419 ; dix ans plus tard, La Hire puis Henri V d'Angleterre l'enlevèrent tour à tour. Enfin, en 1449, Charles VII le conquît définitivement.
Le château fut démantelé par Henri IV entre 1603 et 1610.

ANGERS★★★

Agglomération 206 276 habitants
Cartes Michelin nᵒˢ 63 pli 20 ou 64 pli 11 ou 232 pli 31
Guide Vert Châteaux de la Loire

Dans un paysage de bocage façonné par les eaux du Loir, de la Sarthe, de la Mayenne et de l'Oudon qui, réunies, forment la Maine, Angers s'élève, à 8 km du Val de Loire proprement dit, au contact des sols sédimentaires du Bassin parisien et des schistes armoricains ; ces derniers exploités par les ardoisières de Trélazé *(6 km à l'Est)* depuis le 12ᵉ s.
Le 9 juin 1129, Geoffroi Plantagenêt, beau-fils de Foulques Nerra, épouse Mathilde, la petite-fille de Guillaume le Conquérant, héritière convoitée de la Normandie et de l'Angleterre. 23 ans plus tard, nouveau mariage : son propre fils Henri II épouse Aliénor d'Aquitaine divorcée du roi Louis VII et devient, 2 ans plus tard, roi d'Angleterre. L'État féodal angevin, pratiquement indépendant, s'étend alors de l'Écosse au Pays basque. Face à lui, le domaine capétien fait piètre figure et, comparée à Angers, Paris passe pour une grosse bourgade. D'ailleurs, l'Anjou est alors politiquement coupé de l'Ile-de-France.
En 1203 (Aliénor d'Aquitaine, âgée de 81 ans, vit retirée à Fontevraud), Philippe Auguste rattache l'Anjou au domaine royal, en même temps que la Normandie, le Maine, la Touraine et le Poitou en les confisquant à Jean sans Terre, roi d'Angleterre mais grand vassal de la couronne. La politique des Plantagenêts, en violation du droit féodal, avait en effet fait de ces terres une possession anglaise. En 1471, le roi René remet l'Anjou à Louis XI.

Les voûtes angevines (ou « Plantagenêts ») – Les amateurs de belle architecture apprécient cette transition originale et particulièrement heureuse du roman au gothique. Les voûtes bombées (leur clef est à près de 3 m au-dessus de celles des doubleaux et des formerets) sont probablement issues des coupoles d'Aquitaine (dot d'Aliénor) associées à la croisée d'ogives apparue vers la fin du 11ᵉ s. Elles n'utilisent qu'un seul type de nervures, très fines, pour leurs doubleaux, leurs liernes et leurs formerets. Au milieu du 12ᵉ s., la voûte angevine s'identifie. Elle apparaît vers 1150 avec les célèbres doubleaux angevins à double rouleau de Normand le Doué, à la couverture de la nef de la **cathédrale St-Maurice**★★. A la fin du siècle, elle s'allège : ses nervures plus nombreuses retombent sur de sveltes colonnes (chœur et transept de St-Maurice). Au début du 13ᵉ s., la voûte angevine connaît son apogée : le vaisseau, dépourvu d'appuis latéraux, s'élève sur un jeu de liernes (salle des Malades de l'hôpital St-Jean) et repose sur de fines colonnettes très décoratives (6 colonnes portent les 12 voûtes qui fractionnent en voûtains la couverture du **chœur**★★ de l'**église St-Serge**★ ⊙) vers 1210.

★★★ **Château** ⊙ – Reconstruit par Saint Louis, de 1228 à 1238, en réutilisant largement les fondations de l'enceinte gallo-romaine, ce très beau spécimen d'architecture féodale était destiné à s'opposer à des menaces pouvant venir du duché de Bretagne. Il représentait une puissance formidable avec ses 17 grosses tours rondes à assises de schistes et de pierre de taille. Le rempart, de 660 m de développement, fait comprendre, côté de la Maine surtout, la valeur défensive du site. Les fossés furent creusés en 1485 par Louis XI.

ANGERS

Angers – Le château

En 1562, sous Henri III pendant les guerres de Religion, ses tours furent abaissées et dérasées en terrasse de tir, par Philibert Delorme, ancien abbé de St-Serge, pour répondre aux besoins de l'artillerie.

★★★ **Tenture de l'Apocalypse** – 1375-1380. Cette tapisserie, haute de 5 m, longue à l'origine de 168 m, est la plus ancienne et la plus importante qui nous soit parvenue, « un des plus hauts chefs-d'œuvre de l'art occidental », déclare Jean Lurçat (1892-1966) qui la découvre en 1938 et y puise sa vocation artistique. 76 pièces subsistent, admirables par leur ampleur, leur ordonnance et leur dessin, interprétant littéralement le texte de saint Jean.
Commandée au marchand lissier Nicolas Bataille pour le duc Louis Iᵉʳ d'Anjou, elle fut, vraisemblablement, exécutée à Paris dans l'atelier de Robert Poinçon, à partir de cartons de Hennequin de Bruges, d'après les enluminures d'un manuscrit du roi Charles V.

★★ **Tenture de la Passion et Tapisseries mille-fleurs** – *Au logis du Gouverneur.* Dans ce très bel ensemble de tapisseries flamandes il faut remarquer la *Dame à l'orgue* (16ᵉ s.) et *Penthésilée* ; mais surtout les trois pièces de la *Tenture de la Passion* (fin du 15ᵉ s.) pour la richesse de leurs coloris et l'élégance du dessin des *Anges porteurs des instruments de la Passion.*

★ **Hôpital St-Jean (musée Jean-Lurçat)** ⊙ – L'hôpital, fondé en 1174, a exercé son activité durant 680 ans. La salle des Malades, admirable par sa voûte angevine, abrite la série des tapisseries du **Chant du monde**★★ (1957), vaste ensemble moderne de 10 grandes compositions par lequel Jean Lurçat symbolise sa vision des contradictions du monde contemporain et amorce la rénovation de l'art de la laine.

⊙ ►► Maison d'Adam★ – Galerie David-d'Angers★ *(sculptures)* – Galerie romane★★ *(préfecture)* – Hôtel Pincé★ *(musée Turpin-de-Crissé, archéologie, art d'Extrême-Orient)* – Quartier de la Doutre★ – Château de Pignerolle★ *(musée européen de la Communication)*★★.

ENVIRONS

★★ **Château de Serrant** ⊙ – *Voir illustration au chapitre de l'Art – Éléments d'architecture – 18 km au Sud-Ouest d'Angers.*
Entourée de larges douves en eau, la somptueuse demeure, bien qu'ayant été construite sur trois périodes, au cours des 16ᵉ, 17ᵉ et 18ᵉ s., présente une grande unité. De grosses tours rondes, coiffées de dômes, et le schiste brun contrastant avec le tuffeau blanc lui donnent beaucoup de personnalité.

Les appartements – Ils sont magnifiquement meublés. De somptueuses tapisseries flamandes ornent la salle à manger. On admire le grand escalier Renaissance, les appartements aux plafonds à caissons du 1er étage, la bibliothèque et ses dix mille volumes, les chambres d'apparat où passèrent Louis XIV et Napoléon. Les œuvres d'art sont nombreuses : tapisseries des Flandres et de Bruxelles, très beau cabinet italien, buste de l'impératrice Marie-Louise par Canova.

ANGOULÊME★★

42 876 habitants
Cartes Michelin nos 72 plis 13, 14 ou 233 plis 29, 30
Guide Vert Poitou Vendée Charentes

La **ville haute**★★ d'Angoulême, le « plateau », domine de 70 m le confluent de l'Anguienne et de la Charente dont elle sépare les cours. Aristocratique et administrative, elle contraste avec la ville basse, commerçante et industrielle, où maintiennent leurs activités la papeterie, mécanisée et traditionnelle, et la métallurgie (Ruelle devint au 19e s. la plus grande fonderie de canons de France).

Guez de Balzac (1597-1654), angoumois d'origine, revint sur le tard ensevelir dans sa ville son tempérament sombre et vaniteux ; mais par la qualité de son style, il fut considéré, après Malherbe, comme un restaurateur de la langue française (*Le Prince*, 1631) ; Richelieu en fit l'un des premiers membres de l'Académie. Honoré de Balzac, angoumois d'adoption, est l'autre gloire littéraire de la cité.

Charles de Coulomb (1736-1806), enfant d'Angoulême, a attaché sa réputation de chercheur à la mise au point de sa balance à torsion et celle de physicien par l'énoncé, en 1785, de sa « loi » confirmant la formulation de la gravitation universelle (1687) de Newton.

La face Nord des **remparts** fut en 1806 le théâtre de l'exploit du général Resnier, âgé de 77 ans, qui tenta un essai de deltaplane... lequel se solda par une jambe cassée et le renoncement d'un projet de débarquement en Angleterre selon cette technique.

★ **Cathédrale St-Pierre** – Elle fut en grande partie détruite par les calvinistes, restaurée en 1634 puis réédifiée par Abadie à partir de 1866.

Elle conserve une **façade**★★ où la statuaire d'origine (vers 1125) a heureusement été largement conservée ; plus travaillée que les façades typiquement angou-moises, elle associe les représentations de l'Ascension un peu traitée comme à Cahors et du retour du Christ.

Parmi 70 personnages, statues et bas-reliefs, le Jugement dernier (admirable Christ en majesté entouré des évangélistes), des saints dans les médaillons, et l'épisode d'un combat inspiré par la Chanson de Roland (linteau au premier portail de droite) retiennent l'attention.

Ⓥ ►► Centre national de la bande dessinée et de l'image (C.N.B.D.I.)★.

ANNECY★★★

49 644 habitants
Cartes Michelin nos 74 pli 6 ou 244 plis 18, 19
Guide Vert Alpes du Nord

Annecy séduit par son site, dans un paysage de montagne et d'eau très bien composé. Sa cluse sépare les Bauges au Sud du Genevois au Nord. Ce fut d'abord une cité lacustre puis une bourgade gallo-romaine. Après avoir erré sur les sites défensifs d'Annecy-le-Vieux et sur les flancs du Semnoz, la ville s'est fixée, au 13e s., en bordure du Thiou, fournissant la force motrice à ses moulins, sous la protection du château.

Au 16e s., elle l'emporte, comme métropole régionale, sur Genève qu'abandonnèrent les comtes dus aux incessantes revendications de la bourgeoisie et les catholiques refusant la Réforme. Au 17e s., sa grande figure est **saint François de Sales**, prévôt à la cathédrale, qui s'engage dans la lutte contre le calvinisme implanté dans tout le Chablais. En 1604, il rencontre sainte Jeanne de Chantal, veuve de Rabutin Chantal, grand-mère de Mme de Sévigné et fondatrice, à Annecy, de l'ordre de la Visitation. Dans l'actuelle bibliothèque salésienne, il écrivit son *Introduction à la vie dévote*, destinée aux laïcs. En 1608, avec le magistrat Antoine Favre, il fonda l'Académie florimontaine, 30 ans avant l'Académie française.

★★ **Le Vieil Annecy** – Ce quartier pittoresque s'ordonne de part et d'autre du Thiou, émissaire du lac ; ses ponts offrent de plaisantes perspectives sur les arêtes plissées du mont Veyrier et sur le **Palais de l'Isle**★ (ancienne prison, qui abrite

Annecy – Palais de l'Isle

aujourd'hui le **musée de l'histoire d'Annecy** ⊘) faisant figure de proue dans le lit du torrent. La **rue Ste-Claire**★ conserve sa physionomie du début du 17ᵉ s. avec ses arcades portant des avant-soliers et ses maisons de bois à pignons.

La cour du palais épiscopal est le site de la rencontre entre Jean-Jacques Rousseau et Mme de Warens un matin de printemps, en 1728.

Dominant le Vieil Annecy, le **château**★ ⊘, ancienne résidence des comtes de Genève, a conservé une fière allure défensive. Ses bâtiments abritent un Musée régional et l'Observatoire des lacs alpins.

★★★ **Le lac** ⊘ – L'**avenue d'Albigny** en offre une belle perspective. Dominé par le Semnoz dans un site de cluse modelée par les glaciers, c'est le joyau des Alpes de Savoie.

   ⊘ ►► Jardins de l'Europe★ *(arboretum)* – A Sevrier *(5 km)*, musée de la Cloche★.

ENVIRONS

★ **Talloires** – Cette villégiature au bord du « Petit lac » d'Annecy séduit par le **site**★★ de sa baie, justement célèbre. Des quais du port, vue sur la montagne d'Entrevernes et, toute proche, la pointe boisée du château de Duingt.

ARCACHON★★

11 770 habitants
Cartes Michelin nᵒˢ 71 pli 20 ou 234 pli 6 – Guide Vert Pyrénées Aquitaine

Jusqu'en 1852, l'emplacement d'Arcachon n'était occupé que par une pinède. C'est alors que les frères Pereire, qui venaient d'acquérir la ligne déficitaire de chemin de fer de Bordeaux à La Teste, eurent l'idée de la prolonger jusqu'à la baie. Dans le but de la rentabiliser, ils vont créer des infrastructures. Les plans des premiers édifices sont conçus par Paul Régnault, secondé par le jeune Gustave Eiffel. Station estivale fréquentée pour ses bains de mer, Arcachon devient aussi une station d'hiver.

La ville se compose aujourd'hui de quatre quartiers : **ville d'hiver**★ dont les villas aux styles cosmopolites sont abritées dans la pinède, **ville d'été** dont le front de mer et le **boulevard de la Mer**★ font l'attrait, **ville d'automne** et **ville de printemps** formée par le parc Pereire et ses résidences cossues.

★ **Le bassin** ⊘ – Entre Arcachon, Andernos et les dunes boisées de la flèche littorale du cap Ferret, le bassin d'Arcachon, où affleure l'**île aux Oiseaux**, s'étend sur 25 000 ha dont les 4/5 découvrent à marée basse. Avec ses 1 800 ha marins de parcs à huîtres, le bassin est le domaine de l'ostréiculture.

★★ DUNE DU PILAT *7 km au Sud*

La dune du Pilat, encore vive, échancre la forêt d'Arcachon. Avec ses 2 800 m de longueur et 114 m d'altitude, c'est la plus étendue et la plus haute d'Europe. La crête de la dune offre le meilleur belvédère sur cette côte landaise, dite **côte d'Argent**, rectiligne, longue de 230 km de l'embouchure de la Gironde à celle de la Nivelle : immense plage de sable où déferlent les rouleaux de mer argentés d'écume, mais côte inhospitalière où seuls Arcachon et Capbreton ont pu abriter un port. Chaque année, l'océan y dépose 15 m³ de sable marin par mètre linéaire, si bien que les dunes, souvent aussi élevées que les falaises de la côte normande, avaient fini par recouvrir l'église de Soulac en 1774. Leur progression fut enrayée par Brémontier (1738-1809), ingénieur en chef de la généralité de Bordeaux, qui parvint à les fixer sur une largeur d'environ 5 km, puis stoppée en 1823, sous la Restauration. Les dunes ont déterminé la formation d'étangs, fermés par des cordons littoraux et que des « courants » (Contis, Huchet) font communiquer avec l'Atlantique. Le **panorama**★★ sur l'océan et la forêt landaise se révèle magnifique, spécialement au coucher du soleil.

ARC-ET-SENANS

1 277 habitants
Cartes Michelin nᵒˢ 70 Nord-Est du pli 4 ou 243 pli 18 – Guide Vert Jura

Les bâtiments de l'ancienne saline constituent l'un des plus curieux ensembles monumentaux français de style classique et un rare témoignage de l'architecture industrielle entre 1775 et 1780, à l'époque de l'essor des techniques.

★★ **Saline royale** ⊙ – Telle qu'elle se présente à nos yeux, la saline ne comprend que l'axe diamétral et la moitié de la première couronne de bâtiments prévus par **Claude-Nicolas Ledoux** (1736-1806) ; le reste n'ayant jamais été réalisé. Et cependant, pour partielle qu'elle soit, cette réalisation est très évocatrice de la conception d'une « ville idéale » au 18ᵉ s. Ledoux avait conçu un projet grandiose : une ville tout entière ordonnée selon un plan circulaire dont la maison du directeur formait le centre, les bâtiments des Sels, des Commis et des corps de métiers le noyau et qui comportait une église, un marché, des bains publics, une maison de récréation... Cette conception place Ledoux parmi les précurseurs de l'architecture moderne.

En visitant, il faut observer, outre la noblesse et l'originalité de la construction, le symbolisme partout présent · complète convergence de l'ensemble sur la maison du directeur, cœur de l'entreprise, décor de rochers, cols d'urne d'où s'échappent des flots pétrifiés évoquant la source d'activité de la saline. L'unité de style et l'agencement des matériaux, la disposition des colonnes et des frontons à l'antique sont révélateurs de l'influence de Palladio, architecte italien du 16ᵉ s.

Gorges de l'ARDÈCHE★★★

Cartes Michelin nᵒˢ 80 pli 9 ou 240 pli 8 ou 245 plis 14 et 15 ou 246 pli 23
Guide Vert Provence

L'Ardèche prend sa source à 1 467 m d'altitude, dans le massif de Mazan, au Nord du col de la Chavade. Elle se jette dans le Rhône après un cours de 119 km. Elle est connue pour ses crues de printemps et pour les « coups » soudains qui peuvent multiplier son débit par 3 000 (celui du 22 septembre 1890 emporta 28 ponts).

Le plateau ardéchois – A une haute vallée montagnarde et à de lumineux bassins plantés de vergers entre Pont-de-Labeaume et Vallon succède le plateau ardéchois (plateaux des Gras au Nord, d'Orgnac au Sud). Ce plateau, composé de bancs épais de calcaire gris, fissuré de diaclases dues à la dissolution des rochers, s'est lentement façonné par la sédimentation des débris sous la surface des mers, durant l'ère secondaire. Sa carapace soulevée et émergée lors du soulèvement des Alpes durant l'ère tertiaire s'est fracturée par endroits. Il est couvert de chênes verts, de buis et de genévriers et fréquenté par des choucas, des pies-grièches et quelques rapaces. La proximité de la grande voie de migration qu'était déjà la vallée du Rhône durant l'ère quaternaire y a favorisé l'installation de l'homme préhistorique depuis les périodes les plus reculées ; il semble que s'y soient accomplis l'invention de l'arc, la domestication du chien, les débuts de l'agriculture et de la poterie. Orgnac III abrita des chasseurs d'aurochs probablement contemporains de l'homme de Tautavel ; St-Marcel-d'Ardèche semble avoir connu des agriculteurs lors du réchauffement qui suivit la dernière grande glaciation, il y a quelque 100 siècles ; Vallon-Pont-d'Arc des pasteurs dès l'époque néolithique. Les dolmens proches de St-Remèze et les grottes aménagées des baumes au pied des falaises, mais au-dessus des éboulis, datent de l'âge du bronze.

★★★ **Aven d'Orgnac** – *Rive Sud. Voir à ce nom.*

★ **Aven de Marzal** ⊙ – *Rive Nord.* Au fond de ce puits naturel d'effondrement, à 130 m de la surface du plateau, scintillent les cristaux de calcite de la salle « des Diamants ». Un **musée du Monde souterrain** ⊙ présente des objets authentiques ayant servi aux plus éminents spéléologues. Le **zoo préhistorique** ⊙ élargit l'intérêt du site à celui d'un centre attractif.

Pont-d'Arc

Les gorges : de Vallon-Pont-d'Arc à Pont-St-Esprit – *47 km.* Le tracé de l'Ardèche est ici déterminé par les méandres que parcourait déjà la rivière à la surface du plateau où elle s'enfonçait à mesure que la poussée alpine le soulevait à l'ère tertiaire. La verticalité des parois creusées de marmites de géants, les méandres emboîtés au fond du canyon dans l'épaisseur du calcaire urgonien offrent un exemple géographique type de morphologie fluviale alors que l'alternance des rapides et des calmes fait la diversité de l'hydrographie.

★★ **Pont-d'Arc** – Gigantesque arche naturelle franchissant l'Ardèche, haute de 34 m et large de 59 m. En fait, le site est celui du recoupement « récent » de la racine d'un méandre, facilité par la présence de fissures et de cavités dans le calcaire, elles-mêmes agrandies par les eaux en marmites de géants, puis traversant le rocher. L'ancien cours du méandre abandonné suivait au Nord la base du cirque empruntée par la route.

★★★ **Haute Corniche** – Impressionnante série de belvédères. On observe de la Serre de Tourre le méandre du Pas du Mousse dont le piton central, boisé, n'est pas encore recoupé ; des aiguilles de Morsanne, la structure du plateau et le léger pendage de ses strates vers le Sud ; de Gournier, un paysage de lapiaz ; de la Cathédrale, les aiguilles composant les flèches de ce monument de la nature ; du Balcon des Templiers, la formidable corniche du « mur des Templiers » dominant de 220 m un immense méandre (sur un éperon, au fond de la vallée, ruines d'une maladrerie).

ARLES★★★

Agglomération 54 309 habitants
Cartes Michelin nᵒˢ 83 pli 10 ou 245 pli 28 ou 246 pli 26
Guide Vert Provence

Arles, grande cité provençale très animée et jalouse de ses traditions, est la plus vaste commune de France (77 000 ha). C'est surtout une ville d'art : capitale romaine et important centre religieux à l'époque romane.

La Rome des Gaules – Cette très ancienne bourgade celto-ligure, colonisée dès le 6ᵉ s. avant J.-C. par les Grecs de Marseille, entre de bonne heure dans l'organisation romaine de la Narbonnaise. Après sa victoire sur les Teutons, Marius emploie ses captifs à creuser un canal navigable qui relie la ville à la mer et facilite, par là, l'approvisionnement de Rome. Plus tard, à la fin de la guerre des Gaules, César y établit une colonie de ses vétérans puis il y fait construire la flotte destinée à parfaire le siège (49 avant J.-C.) qui ruina Marseille. Arles devient alors un grand port fluvial et maritime. Sous Auguste son rôle commercial au carrefour des axes romains se développe encore ; promue préfecture des Gaules, elle se pare de beaux monuments.

LE CENTRE MONUMENTAL

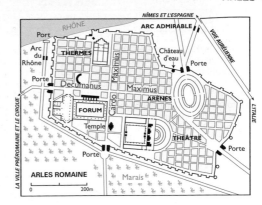

★★ **Théâtre antique** ⊘ – Un des plus importants de la fin du 1er s. avant J.-C., il conserve deux admirables colonnes entières de brèche africaine et de marbre italien se profilant dans un paysage d'une rare élégance. Il servit de carrière dès le 5e s., fut transformé en réduit fortifié au 9e s. et ne fut dégagé qu'au 19e s.

★★ **Arènes** ⊘ – Cet amphithéâtre pouvant contenir 20 000 spectateurs date du règne de Vespasien (vers 75). Sa bonne conservation est due au rôle de forteresse qu'il joua aux 5e et 6e s. C'est alors que son promenoir supérieur (grande ellipse) disparut... s'il fut effectivement construit. Plus vaste et plus récent que celui de Nîmes, il entre dans le plan d'urbanisme politique des empereurs Flaviens. La puissance de l'architecture antique s'y affirme ; mais la culture grecque de l'époque hellénistique s'y reconnaît dans les entablements horizontaux des corniches et dans les dalles posées à plat qui couvrent les galeries à la place des voûtes romaines habituelles.

★ **Cryptoportiques** ⊘ – Sous-sol du **musée d'Art chrétien**. Impressionnant magasin souterrain du 1er s. avant J.-C. ayant permis d'aménager l'esplanade du forum en dépit de la pente du sol. Les sarcophages du musée, en particulier ceux d'Imago et de la Chasse, proches par leur facture de celui de sainte Hélène *(musée du Vatican à Rome)*, montrent, par leurs thèmes, l'expansion du christianisme dans la vallée du Rhône dès le règne de Constantin (vers 350).

★ **Église St-Trophime** – L'église, reconstruite à partir de 1080, s'ouvre par un **portail**★★ qui est un des chefs-d'œuvre de l'école romane provençale de la fin du 12e s. Par la disposition de ses piédroits à colonnes et par le dessin de sa frise, ce portail semble emprunté à l'art antique de l'arc municipal de **Glanum** et des sarcophages du 4e s. des Alyscamps et de Trinquetaille à Arles ; de même qu'il l'est par son matériau puisé dans le théâtre antique proche. Le **cloître**★★ ⊘, construit après 1150, est célèbre pour ses sculptures (chapiteaux à feuillages ou historiés, piliers Nord-Est et Nord-Ouest).

Hôtel de ville – La façade, toute classique, relève du second style Louis XIV. Le vestibule au rez-de-chaussée est couvert d'une admirable **voûte**★ (1684), presque plate, dessinée par Jules Hardouin-Mansart et portée par 20 colonnes adossées aux murs. De très nombreux compagnons du tour de France vinrent étudier l'agencement de ses berceaux dont les deux principaux se disposent perpendiculairement et qui prennent appui sur des trompes d'angle par l'intermédiaire de voûtes à pénétrations. Observer l'épure des arêtes courbes ou gauchies et la taille parfaite des claveaux.

⊘ ➤ Musée de l'Arles antique★★ *(sarcophages*★★*)* – Museon arlaten★ *(ethnographie provençale)* – Musée Réattu★ *(peintures, donation Picasso*★*)* – Palais Constantin★ – Alyscamps★ *(nécropole)*.

Arlésienne en costume

R. et S. Michaud/RAPHO, Paris

Sur un plan de ville, les curiosités apparaissent en orange.
Elles sont identifiées soit par leur nom propre,
soit par une lettre repère
reprise en légende dans un encadré vert.

ARRAS★★

Agglomération 79 607 habitants
Cartes Michelin nᵒˢ 53 pli 2 ou 236 pli 15 – Guide Vert Flandres Artois Picardie

La capitale de l'Artois s'est développée au Moyen Age autour de l'abbaye de St-Vaast. Du 12ᵉ au 14ᵉ s. les comtes d'Artois lui accordent ses franchises communales et favorisent le commerce des grains, les fabriques de draps et les boutiques de change. La ville, opulente, entretient des sociétés poétiques ou littéraires dont les trouvères, écrivant pour le théâtre, brocardent les notabilités qui s'en amusent. Au 15ᵉ s. l'Artois passe aux mains des ducs de Bourgogne. Les tapissiers d'Arras reçoivent alors des commandes qui assurent leur activité jusque vers 1460.

Maximilien Robespierre naît à Arras en 1758 dans une famille de robe aisée. Il embrasse naturellement la carrière du barreau. Élu député en 1789, il devient républicain en 1792 et joue un rôle de premier plan en 1793 au Comité de salut public. Sincère, résolu, ombrageux, indifférent aux faveurs, l'« Incorruptible » incarne l'action révolutionnaire : secondé par Saint-Just et Couthon, il pourchasse les complots et écrase les factions déviationnistes, jusqu'à prendre part à la condamnation de ses amis Girondins et à se discréditer lui-même par les conséquences extrêmes de son idéologie. Il est guillotiné le 27 juillet 1794.

★★ **Les Places** – La **Grand'Place**, la **place des Héros** et la **rue de la Taillerie** qui les relie composent un exceptionnel ensemble d'urbanisme affirmant le rôle séculaire d'Arras comme ville-marché. Elles existaient déjà au 11ᵉ s., mais leur harmonie actuelles sont le fruit d'un échevinage soucieux d'unité architecturale. La décoration du baroque flamand (17ᵉ et 18ᵉ s.) s'y applique à partir de 1635 sur une architecture plateresque espagnole (16ᵉ et 17ᵉ s.) ; en effet Arras fut espagnole de 1492 à 1640. Les 345 colonnes et les 155 maisons de cet ensemble, toutes édifiées sur avant-soliers, préservant des intempéries les marchands et les chalands du marché, frappent par l'unité de leurs façades de brique et de pierre, sans saillie et par la régularité de leurs dimensions. Mais quelle diversité dans le détail : frontons à volutes simples, doubles ou à ressauts ; arcades à consoles ou à pilastres ; chaînage des portiques ; variété des enseignes (baleine, paon, harpe, cloche...).

En 1572, la vie communale avait manifesté sa vitalité par la construction de l'**hôtel de ville**★ ⊘ avec son **beffroi** ⊘ où la tradition du gothique flamand se nuance de décorations de style Henri II (il fut reconstruit après 1919).

ENVIRONS

Vimy – *10 km au Nord.* Au sommet d'un bombement crayeux de l'Artois, qui fut enlevé en avril 1917 par le corps expéditionnaire canadien intégré dans la 3ᵉ armée britannique, le **mémorial canadien de Vimy**★ perpétue le souvenir des 66 000 frères d'armes tués ou disparus en France.

⊘ ►► Ancienne abbaye St-Vaast★★ (musée des Beaux-Arts★).

Arras – Grand'Place

Parc ASTÉRIX★★

Carte Michelin n° 106 pli 9 – Guide Vert Ile-de-France

Le petit Gaulois Astérix, héros de la célèbre bande dessinée de Goscinny et Uderzo, sert de thème à ce parc de 50 ha, royaume de fantaisie qui avec humour invite petits et grands à un voyage dans le passé. Plusieurs espaces « historiques » aux décors soignés, des attractions, des spectacles, des montages audiovisuels contribuent à rendre la journée mémorable.

VISITE ⊙

On pénètre dans cet univers enchanteur par la **Via Antiqua**, bordée d'échoppes symbolisant les différents voyages du héros gaulois. Le parc comprend 6 quartiers illustrant chacun un thème : le **Village Astérix** (reconstitution fidèle d'un village gaulois de huttes), le **Domaine Lacustre** (village sur pilotis) et son **Menhir Express★**, la **Rue de Paris** retraçant dix siècles d'histoire, le **Grand Lac** très prisé par les plus téméraires (**Goudurix★** et **Tonnerre de Zeus**), la **Grèce Antique** avec son **Vol d'Icare** et les dauphins du **Théâtre de Poséidon**, enfin la **cité Romaine** (arènes de gladiateurs et impressionnante **Descente du Styx★**).

Cet ouvrage, périodiquement révisé, tient compte des conditions du tourisme connues au moment de sa rédaction. Certains renseignements perdent de leur actualité en raison de l'évolution incessante des aménagements et des variations du coût de la vie. Nos lecteurs sauront le comprendre.

Col d'AUBISQUE★★

Cartes Michelin nos 85 pli 17 ou 234 pli 43 – Guide Vert Pyrénées Aquitaine

A 1 709 m d'altitude, le col d'Aubisque sépare le Béarn (gave d'Ossau) et la Bigorre (gave de Pau). Il n'est pas le plus élevé (Tourmalet 2 114 m), mais le plus spectaculaire des seuils qui cloisonnent les Pyrénées françaises en vallées perpendiculaires à l'axe de la chaîne et déterminent des pays originaux, plus en rapport avec les basses vallées qu'avec les vallées adjacentes.

Dans un immense paysage pastoral qui domine des versants rocheux et de belles vallées profondément humanisées, le site prend sa pleine ampleur au mamelon Sud du col *(relais TV - 1/2 h à pied AR)* d'où la **vue★★** se déploie sur les stratifications magnifiques du cirque de Gourette fermé de gauche à droite par le Grand Gabizos, la Pène Blanche et le Pic du Ger.

AUCH★

23 136 habitants
Cartes Michelin nos 82 pli 5 ou 234 pli 32 – Guide Vert Pyrénées Aquitaine

Ville d'étape bimillénaire sur la route Toulouse-Bordeaux qui a longtemps évité le cours instable de la moyenne Garonne, Auch, primitivement oppidum des Basques sur la rive gauche du Gers, a connu une longue existence urbaine.

Elle honore Charles de Batz, le vrai d'Artagnan, et l'intendant d'Étigny qui la régénéra au 18e s. et précéda de remarquables administrateurs départementaux installés dans l'ancien évêché dont la façade est rythmée de pilastres cannelés.

★★ **Cathédrale Ste-Marie** – Dans son déambulatoire s'ordonne un ensemble de **vitraux★★**, œuvre du Gascon Arnaud de Moles, achevés en 1517 et considérés comme un chef-d'œuvre de la Renaissance par la mise en valeur du sujet principal entouré de saynètes qui permettent de le commenter selon le symbolisme ou la préfiguration chers aux humanistes d'alors, par la composition, les couleurs nuancées, les dégradés et les demi-teintes qui succèdent au cloisonnement et à la couleur pure de l'époque gothique. Adam et Ève, Jonas, la Nativité du Christ sont particulièrement beaux.

Les **stalles★★★** ⊙ du chœur, où 1 500 sujets sont représentés, achevées en 1554, confondent l'imagination par la noblesse des grands personnages qui occupent les hauts dossiers, par l'indescriptible variété des détails et le rendu des physionomies que l'on ne se lasse pas d'observer sur les pare-closes, les accoudoirs, les miséricordes et sur les panneaux et les niches des dossiers. La survivance de la richesse flamboyante se manifeste dans cette œuvre Renaissance.

AULNAY★★

1 462 habitants
Cartes Michelin n°s 72 pli 2 ou 233 pli 17 – Guide Vert Poitou Vendée Charentes

La poitevine Aulnay se trouva saintongeaise le 22 décembre 1789 par la vertu de la division départementale de la France opérée par la Constituante.

★★ **Église St-Pierre** – Elle séduit par son site dans un vieux cimetière planté de cyprès où se dresse encore une belle croix hosannière gothique. Elle fut élevée de 1140 à 1170 alors qu'Aliénor d'Aquitaine régnait comme épouse de Louis VII puis de Henri II d'Angleterre sur le Sud-Ouest de la France. Elle relève du roman poitevin par son architecture (élévation de ses trois nefs sans tribune) et du roman saintongeais par sa sculpture.

Sa façade Ouest, déparée par de lourds contreforts du 15e s. qui cachent l'articulation des portails et, aux extrémités, noient les faisceaux de colonnes d'origine, vaut surtout par ses archivoltes somptueusement sculptées et par ses grandes figures (anges, vertus). Au tympan de l'arcade de gauche est sculptée la Crucifixion de saint Pierre – qui voulut être supplicié la tête en bas, indigne qu'il se trouvait d'être traité comme son maître –, une œuvre saisissante.

Cette manière de faire, qui abaissait le centre de gravité du gibet, donc ses dimensions et son coût, fut souvent adoptée, déjà avant Néron.

Au portail Sud, admirable par sa composition en deux registres, cerné par de hautes colonnes d'angle et un grand arc de décharge, la 2e voussure, portée par des atlantes assis et représentant les prophètes et les apôtres, est l'un des sommets de la sculpture saintongeaise du 13e s.

Le chevet est célèbre pour sa haute fenêtre axiale dont les parements sont sculptés de rares rinceaux évoquant l'art décoratif du haut Moyen Age. Le clocher très beau aux étages inférieurs (fâcheusement rehaussé au 15e s. et pourvu d'une flèche d'ardoise au 18e s.) et les chapiteaux de la nef retiennent aussi l'attention.

AUTUN★★

17 906 habitants
Cartes Michelin n°s 69 pli 7 ou 243 pli 25 – Guide Vert Bourgogne

Un demi-siècle après la soumission de la Gaule par Jules César, l'empereur Auguste fonde Autun, le long de la voie romaine Lyon-Sens, sur un tertre, en bordure de la plaine de l'Arroux. La nouvelle ville prend Rome pour modèle et son enceinte, longue de 6 km, protège bientôt des monuments (théâtre, amphithéâtre), des entrepôts et des commerces florissants. Son attrait s'exerce en particulier sur les Éduens qui sont demeurés dans Bibracte, leur oppidum fortifié par un rempart de 5 km au sommet du **mont Beuvray** *(29 km à l'Ouest)*, et finissent par venir s'y installer.

Au Moyen Age, la cité se ramasse dans son quartier le plus élevé.

★★ **Cathédrale St-Lazare** ⓥ – Elle fut bâtie, en grès, de 1120 à 1146 et placée sous le vocable de l'ami que le Christ avait ressuscité et dont les reliques venaient d'être ramenées de Marseille. Son caractère roman bourguignon, bien altéré à l'extérieur par l'adjonction d'une tour et d'une flèche de pierre au 15e s., survit à l'intérieur dans la brisure, précoce, de ses grandes arcades, dans son berceau brisé monté sur doubleaux et dans son faux triforium destiné à garnir le nu du mur entre les arcades et le comble des bas-côtés. Sculpté à l'identique de la galerie de la porte d'Arroux, ce faux triforium témoigne du rayonnement conservé par les monuments antiques en plein 12e s.

St-Lazare vaut surtout par la sculpture bourguignonne du 12e s. qu'elle abrite et qui, pour l'essentiel, est l'œuvre du maître Gislebertus accomplie ici entre 1125, année de son arrivée de Vézelay, et 1145. Le **tympan**★★★ du portail central (vers 1135) prend pour sujet le Jugement dernier. Moins mystique que celui de Moissac antérieur d'une trentaine d'années, mais d'une technique artistique maîtrisée encore plus d'audace, il surpasse toute la sculpture de son époque par l'ampleur de sa composition. Des anatomies déformées, des naïvetés ou des disproportions qui pourraient passer pour risibles sont en fait chez lui un moyen d'expression dramatique par lequel il matérialise la hiérarchie des valeurs spirituelles. Observer par exemple le bonheur des élus et l'angoisse des damnés, la taille du Christ, celle des apôtres et celle des autres personnages.

Les **chapiteaux**★★ des piliers de la nef (éclairage), et ceux de la salle capitulaire surtout (originaux du chœur, disposés à hauteur du regard) relèvent du même talent.

ⓥ ►► Musée Rolin★ *(collection gallo-romaine, peinture, sculpture)* – Porte St-André★.

AUXERRE★★

38 819 habitants
Cartes Michelin nᵒˢ 65 pli 5 ou 238 pli 10 – Guide Vert Bourgogne

Auxerre, port sur l'Yonne navigable et point de départ du Nivernais, est la capitale de la basse Bourgogne, région vallonnée où les plateaux portent des champs et des forêts et les versants bien exposés des vignes et des arbres fruitiers. La ville, sur le versant gauche de la vallée, était déjà importante dans l'Antiquité gallo-romaine comme ville d'étape sur la voie romaine de Lyon à Boulogne par Autun et Lutèce.

★ **Abbaye St-Germain** – C'est le monument le plus vénérable de la cité, et le plus prestigieux pour les historiens et les archéologues. Il est placé sous le vocable de saint Germain (378-448) né à Auxerre dont il fut le premier évêque, évangélisateur de la Gaule à la suite de saint Martin, qui fut le témoin des assauts livrés par les Barbares à l'Empire romain.

Très vraisemblablement, Clothilde, femme de Clovis, éleva sur le tombeau du saint, au début du 6ᵉ s., une petite basilique mérovingienne ; et cette dernière fut agrandie en 841 (époque carolingienne) par une avant-nef à l'Ouest et une crypte à l'Est, où furent replacées les reliques, après les travaux, 18 ans plus tard.

Cette **crypte**★ ⊙ abrite donc en superposition une cavité, recreusée au 9ᵉ s. pour cacher le tombeau aux Normands, et un tombeau postiche destiné à les leurrer, puis des aménagements ultérieurs. Dans sa partie mérovingienne (emplacement de l'oratoire primitif) on admire deux architraves de chêne portées par des colonnes gallo-romaines et un chrisme du 5ᵉ s. ; dans la partie carolingienne, une fresque des évêques d'Auxerre, un pavement et, surtout, un chapiteau copié d'un modèle ionique antique, émouvant témoignage de la pauvreté sculpturale de cette époque.

Le clocher, du milieu du 12ᵉ s., isolé par la destruction de plusieurs travées, est une œuvre romane remarquable dont il faut admirer la pyramide terminale à huit pans imperceptiblement renflés.

⊙ ►► Cathédrale St-Étienne★★ (crypte★ – trésor★ – vitraux★★).

AVEN ARMAND★★★

Cartes Michelin nᵒˢ 80 Sud du pli 5 ou 240 pli 10
Guide Vert Gorges du Tarn

Le causse Méjean laisse, à qui parcourt ses immenses étendues désertiques, une impression de monotonie et de désolation saisissante. Quelques villages où subsistent des habitations de pierres sèches, quelques cultures d'avoine dans les sotchs, quelques reboisements de pins noirs sur les versants, côté Ouest surtout, soulignent la sévérité du paysage caussenard.

Aven Armand

VISITE ⊘

L'aven qui s'ouvre dans ce plateau fut découvert par Louis Armand sous la conduite d'Édouard-André Martel en 1897 et ouvert au public 30 ans plus tard. Cette merveille souterraine est née de l'intense activité hydrologique, insoupçonnée à la surface, qui règne dans l'épaisseur du causse. Une grande salle formée par l'érosion et la dissolution des roches, l'accumulation au sol de blocs de la voûte effondrés, la variété et la beauté des concrétions (400 stalagmites composent une « Forêt vierge » pétrifiée) font l'intérêt de la visite.

AVIGNON★★★

Agglomération 181 136 habitants
Cartes Michelin nᵒˢ 81 plis 11, 12 ou 245 pli 16 ou 246 pli 25
Guide Vert Provence

Fermée dans ses remparts, la vieille ville est une cité méridionale animée et gaie. Elle fut pendant 68 ans la résidence où régnèrent sept papes français, puis trois autres après qu'en 1377 Grégoire XI eut regagné Rome, puis celle des légats pontificaux jusqu'en 1791 lorsque la ville et le comtat Venaissin se réunirent à la France.

Au début du 14ᵉ s., les papes sentent le besoin de se soustraire aux pressions partisanes des grandes familles romaines. Avignon, qui est une de leurs terres, bien que rattachée au comté de Provence et placée sous la protection du Saint Empire romain germanique, occupe une position très centrale en Europe. En outre Philippe le Bel préconise ce choix avec insistance, peut-être pas sans l'arrière-pensée de faire entrer la papauté dans son jeu politique. En 1309 Clément V se décide et s'y installe : Avignon devient la capitale de la chrétienté ; dès l'année suivante, il doit se résoudre à la dissolution de l'ordre des Templiers.

La cour pontificale et le gouvernement de l'Église transforment la cité : il faut bâtir et décorer.

Ville d'art et de culture, Avignon doit beaucoup à Jean Vilar qui a fondé en 1947 le **festival d'art dramatique**. Ce festival annuel de renommée internationale est, sans doute, à l'origine de cette explosion culturelle qui a servi de modèle à d'autres villes de Provence. Outre les grandes manifestations théâtrales, de multiples représentations illustrent les différents arts du spectacle : danse, musique, cinéma, lectures-poésie, mimes, expositions... ainsi que des échanges culturels.

★★★ **Le Palais des Papes** (EY) ⊘ – C'est un vaste château féodal, à la fois forteresse et palais, dont la puissance défensive est impressionnante. Il comprend au Nord le Palais Vieux et, au Sud, donnant sur la place, le Palais Nouveau. La hauteur et le nu de ses murailles, la dimension de ses mâchicoulis, la robustesse de ses contreforts sont considérables.

La papauté d'Avignon – En 1334, Benoît XII commence la construction du Palais Vieux. Cet ancien moine cistercien, de goûts et de tempérament austères, veut par là mettre à l'abri le trésor et les archives de l'Église. De cette époque datent le Consistoire, la chapelle St-Jean, le grand tinel, la chapelle St-Martial et trois chambres d'apparat.

Clément VI lui succède en 1342. Mécène soucieux de la fortune et du rayonnement de l'Église, il entreprend le Palais Nouveau (Grande Audience, Petite Audience, chapelle Clémentine) et achète Avignon à Jeanne de Provence. La France pouvait alors soutenir la comparaison avec l'Italie pour l'architecture, voire la sculpture ; mais pas pour la peinture. Clément VI fait donc appel à des artistes italiens **(première école d'Avignon)**. Simone Martini qui arrive de Sienne peint la fresque du Consistoire ; Matteo Giovannetti de Viterbe décore la chambre de la Garde-robe de motifs végétaux dans le goût seigneurial d'alors ; dans la chapelle St-Martial il montre sa virtuosité dans le traitement des perspectives ; dans la Grande Audience, les prophètes répondent à l'idéal courtois.

Innocent VI, après la peur jetée dans les esprits par la bataille de Poitiers et les troubles de la guerre de Cent Ans, relève les remparts de la ville selon une technique militaire déjà bien dépassée (mâchicoulis peu nombreux, tours ouvertes côté ville).

Malheureusement les traces de l'animation princière, l'ameublement et la plus grande part de la décoration peinte ont disparu.

La seconde école d'Avignon – En 1378, à Rome, les cardinaux mécontents de la succession de Grégoire XI élisent un autre pape, Clément VII, qui revient à Avignon. Durant 37 ans, deux, voire trois papes rivaux, à Rome, Avignon et Pise, se combattent et s'excommunient. C'est le grand schisme d'Occident qui désoriente la chrétienté, perturbe les esprits et annihile l'activité artistique à la cour pontificale.

A Avignon, celle-ci ne reprend qu'en 1418 avec l'installation des légats pontificaux (Italie, Angleterre, France).

AVIGNON

Amirande (Pl. de l') .... **DZ** 2
Aubanel (R. Théodore) ...... **EZ** 5
Balance (R. de la) .... **EY** 7
Bancasse (R.) .... **EY** 9
Bertrand (R.) .... **FY** 10
Bon-Martinet (R.) .... **FY** 13
Campane (R.) .... **FY** 14
Collège-d'Annecy (R. du) ... **EZ** 18
Collège-du-Roure
   (R. du) .... **EY** 19
Corps-Saints (Pl. des) ...... **EZ** 20
David (R. F.) .... **EY** 22
Dorée (R.) .... **EY** 23
Folco-de-Baroncelli (R.) .... **EY** 28
Four (R. du) .... **FY** 33
Fourbisseurs (R. des) ...... **EY** 34
Four-de-la-Terre (R. du) .... **FZ** 35
Galante (R.) .... **EY** 37
Grande-Fusterie (R. de la) .. **EY** 39
Grottes (R. des) .... **EY** 41
Jaures (Cours J.) .... **EZ**
Jérusalem (Pl.) .... **EY** 45
Ledru-Rollin (R.) .... **FY** 47
Marchands (R. des) .... **EY** 49
Masse (R. de la) .... **FZ** 52
Molière (R.) .... **EY** 54
Ortolans (R. des) .... **EZ** 63
Palais (Pl. du) .... **EY** 64
Palapharnerie (R.) .... **EY** 66
Petite-Calade (R. de la) .... **EY** 67
Petite-Fusterie (R. de la) ... **EY** 68
Petite-Saunerie (R. de la) .. **FY** 70
Petramale (R.) .... **EZ** 72
Peyrollerie (R.) .... **EY** 73
Pont (R. du) .... **EY** 74
Prévot (R.) .... **EY** 77
Rempart-de-l'Oulle (R. du) .. **DY** 82
Rempart-du-Rhône (R. du) .. **EY** 83
République (R. de la) ... **EYZ**
Rhône (Pte du) .... **EY** 88
Rouge (R.) .... **EY** 90
St-Agricol (R.) .... **EY** 95
St-Etienne (R.) .... **EY** 99
St-Jean-le-Vieux (Pl.) ...... **FY** 101
St-Jean-le-Vieux (R.) ...... **FY** 102
St-Joseph (R.) .... **FY** 104
St-Pierre (Pl.) .... **EY** 106
Ste-Catherine (R.) .... **FY** 109
Sarailleric (R. de la) ...... **EYZ** 110
Vernet (R. J.) .... **EYZ**
Vernet (R. Horace) .... **EZ** 118
Viala (R. Jean) .... **EY** 119
Vice-Legat (R.) .... **EY** 120
Vieux-Sextier (R. du) ...... **EFY** 122
Vilar (R. Jean) .... **EY** 123
3-Faucons (R. des) .... **EZ** 126
3-Pilats (R. des) .... **FY** 127

B Hôtel des Monnaies	**K** Hôtel de Fortia de Montréal	**N** Hôtel de Salvan Isoard
D Hôtel de Rascas	**L** Hôtel Salvador	**P** Bureaux préfectoraux
E Palais du Roure	**M¹** Musée Calvet	**Q** Ancienne Aumône Générale
F Hôtel de Sade	**M²** Musée lapidaire	(Ecole des Beaux-Arts)
H Hôtel de Ville	**M³** Musée Théodore-Aubanel	**V** Cloitre
K Hôtel d'Honorati	**M⁴** Musée Louis-Vouland	**W** Hôtel Gasqui de la Bastide
K Hôtel de Jonquerettes	**M⁵** Muséum Requien	**X** Hôtel de Fonseca
K Hôtel Berton de Crillon	**M⁶** Fondation Anglandon-Dubrujeaud	**Y** Livrée Ceccano

La seconde école d'Avignon produit des années 1440 à 1500. Elle est marquée par une sorte de compromis entre la stylisation et les jeux de lumière des Italiens (musée du Petit Palais où l'on peut en particulier étudier les grands peintres italiens durant tout le 15ᵉ s.) et le réalisme mystique des Flamands. Alors apparaît une peinture « française » dont Enguerrand Quarton est la grande figure (sa Pietà de Villeneuve-lès-Avignon est actuellement au Louvre à Paris) avec Jossé Lieferinxe et Nicolas Froment (triptyque du Buisson ardent dans la cathédrale d'Aix-en-Provence).

★★ Pont St-Bénézet (EY) ⊙ – Il fut lancé en 1177, assure-t-on, par Bénézet lui-même, berger du Vivarais et fondateur de la congrégation des Frères Pontifes. Durant plus d'un siècle – jusqu'à l'achèvement, en 1309, de celui de Pont-St-Esprit, construit lui aussi par les Frères Pontifes –, ce fut le seul pont de pierre sur le Rhône. Il assura le développement économique d'Avignon bien avant de relier la cité des papes à Villeneuve, la ville des cardinaux. 18 arches du « Pont d'Avignon » furent emportées par une crue du Rhône au 17ᵉ s.

Le pont St-Bénézet et le Palais des Papes

ENVIRONS

★ **Villeneuve-lès-Avignon** – *2 km à l'Ouest, sur la rive droite du Rhône.* A la sortie du pont St-Bénézet, en terre française, Philippe le Bel dresse un châtelet dont subsiste la tour. Un demi-siècle plus tard, Villeneuve est devenue la ville des cardinaux qui, trop à l'étroit dans Avignon, s'y construisent 15 belles résidences, les « livrées ». Au même moment, Jean le Bon puis Charles V édifient le fort St-André sur une hauteur où se trouvait déjà une abbaye. Ce vaste ensemble, protégé par une enceinte et une admirable porte fortifiée à tours jumelles, offre, de la chapelle romane N.-D.-de-Belvezet, une des vues les plus célèbres de la vallée du Rhône : porte de St-André au premier plan, le fleuve et le Palais des Papes sur la rive gauche.

★ **Chartreuse du Val de Bénédiction** ⊙ – Elle fut fondée en 1356 par Innocent VI, quatre ans après son élection à la place du général de l'ordre des Chartreux qui s'était récusé par humilité. Elle fut bientôt la plus importante de France. La porte monumentale (17e s.), l'église qui abrite le tombeau du fondateur, le petit cloître et surtout le grand (cloître du Cimetière) bordé par les cellules des pères en sont les sites les plus révélateurs.

A proprement dire, saint Bruno n'a pas fondé l'ordre des Chartreux. Mais en vivant retiré au « désert » dans le massif de la Chartreuse de 1084 à 1090, ce contemporain de saint Hugues a institué la pratique rigoureuse de l'ascétisme. Les constitutions de l'ordre, inéluctables, furent promulguées 50 ans plus tard.

⊙ ►► Petit Palais★★ – Rocher des Doms★★ (vues★★) – Fondation Angladon-Dubrujeaud★★ – Cathédrale N.-D.-des-Doms (coupole★) – Remparts★ – Musée Calvet★ *(Préhistoire, ferronnerie, beaux-arts)* **M**¹ – Musée Louis-Vouland *(faïences★)* – Hôtel des Monnaies (façade★) (**B**) – Musée lapidaire★ (**M²**) – Fresques★ de l'église St-Didier.

Château d'AZAY-LE-RIDEAU★★★

Cartes Michelin nᵒˢ 64 pli 14 ou 232 pli 35 – Guide Vert Châteaux de la Loire

Le **château d'Azay-le-Rideau** ⊘ fut construit de 1518 à 1529 pour le financier Gilles Berthelot dans un plaisant paysage de verdure où l'Indre joue le rôle de miroir d'eau. L'architecture en est encore une œuvre française du 15e s. avec son chemin de ronde monté sur corbeaux, ses combles aigus où pointent de grandes souches de cheminées, ses fenêtres à meneaux et sa porte sculptée en plis de serviette tout à fait gothiques. Mais les défenses (mâchicoulis couverts, tourelles, poivrières) ne sont qu'une parure manifestant le rang du promoteur.

La décoration, en revanche, se ressent du goût italianisant adopté pour l'aile François Iᵉʳ à Blois : coquilles florentines aux gâbles de la grande fenêtre des combles, pilastres, entablements moulurés et surtout l'escalier d'honneur à rampes droites (il est encore à vis à Blois) et paliers rectangulaires (encore courbes à Chenonceau) et horizontaux.

A l'intérieur l'attention doit surtout porter sur le plafond à la française de la salle à manger et sur la cheminée de la chambre de François Iᵉʳ.

Azay-le-Rideau – Le château

ENVIRONS

Marnay – *6 km à l'Ouest d'Azay-le-Rideau par la D 57 puis la D 20.* Le **Musée Maurice-Dufresne★** ⊘, voué à la locomotion, présente toutes sortes d'engins.

BAR-LE-DUC★

17 545 habitants
Cartes Michelin nᵒˢ 62 pli 1 ou 241 pli 31 – Guide Vert Alsace Lorraine

La capitale du Barrois, installée sur le plateau, en retrait de la côte des Bars, que jalonnent aussi les anciennes places fortes de Bar-sur-Seine et de Bar-sur-Aube, annonce un peu la Lorraine par sa physionomie. La ville basse, portuaire et industrielle, est baignée par l'Ornain et le canal de la Marne au Rhin.

Elle entra dans la dépendance capétienne en 1301 lorsque Philippe le Bel réussit à se faire reconnaître comme suzerain par le comte de Bar et fut réunie à la France en 1766, en même temps que la Lorraine.

★ **Ville haute** – Elle conserve, place St-Pierre, quelques maisons anciennes (15e, 16e et 17e s.). Son château (musée) surveillait déjà les alentours au 6e s. ; il appartient à la Renaissance rhénane par ses fenêtres moulurées et ses impostes sculptées. L'église St-Étienne, étonnante par son clocher-porche édifié telle une survivance médiévale à la fin du 18e s., abrite deux œuvres de Ligier (ou Léger) **Richier**. Son Christ *(derrière l'autel)* est plus conventionnel et moins saisissant que son **Squelette★★** ; l'image de la corruption de la chair permise par les progrès de la dissection y est bien éloignée des gisants sereins du Moyen Age.

ENVIRONS

La « Voie Sacrée » – Pour alimenter la bataille de Verdun, assurer la relève et le ravitaillement des troupes et le transport des blessés, la France ne disposait que de deux voies qui ne soient pas coupées par le canon ennemi. Elles reliaient l'une et l'autre Bar-le-Duc à Verdun : le Meusien, petit chemin de fer à voie étroite dont le trafic put être porté à 2 000 t par jour, et une route départementale, sinueuse, longue de 56 km, à peine large de 6 m (actuelle N 35), mais vitale, qui devint la « Voie Sacrée » des poilus. Bien vite, elle fut défoncée par le trafic incessant de 8 500 camions à bandages pleins, des Berliet surtout, des Renault et des Peugeot, qui à raison de 800 véhicules par heure transportaient 90 000 t par semaine. 10 000 territoriaux l'entretenaient jour et nuit.

★ **St-Mihiel** – *33 km au Nord-Est* – L'importance de St-Mihiel est liée au rôle de surveillance que la cité jouait à un point de passage de la rivière entre des pays relevant des souverainetés germanique et française.
Le saillant de St-Mihiel, où les Allemands réussissent à pénétrer dès septembre 1914, interdit à l'armée française toute communication avec Verdun par la vallée, rendant son ravitaillement exclusivement tributaire de l'état de la « Voie Sacrée ». Plus que par son ancienne abbaye bénédictine fondée au 8ᵉ s., mais reconstruite au 17ᵉ s., la ville est connue dans le monde des arts par son église St-Étienne, église-halle élancée qui abrite le célèbre **Sépulcre**★★ de Ligier Richier, l'un des maîtres de la statuaire du 16ᵉ s., natif de St-Mihiel. L'œuvre, plus théâtrale que celle de Chaumont entreprise en 1554, est restée inachevée en raison du départ de son auteur, acquis aux idées de la Réforme, pour Genève en 1565 ; elle révèle cependant un sens de la composition et une intensité dramatique où s'affirme la richesse des écoles de sculpture provinciales à la Renaissance.

La BAULE★★★

14 688 habitants
Cartes Michelin nᵒˢ 63 plis 14 ou 230 pli 51, 52 – Guide Vert Bretagne

La Baule est une des plus célèbres stations balnéaires de la côte atlantique. Créée en 1879, la ville, dont le **front de mer**★★ est résolument moderne, est protégée des vents par les pointes de **Penchâteau** à l'Ouest, de **Chémoulin** à l'Est et par les bois de pins au Nord.

De luxueux hôtels, des immeubles modernes, un casino, des centres de thalassothérapie ainsi que la proximité de stations telles que **La Baule-les-Pins**★★, **Le Croizic**★, **Le Pouliguen**★, **Pornichet**★ en font un lieu de séjour privilégié pour découvrir la « **Côte d'Amour** » et la **presqu'île de Guérande**★.

Les BAUX-DE-PROVENCE★★★

457 habitants
Cartes Michelin nᵒˢ 83 pli 10 ou 245 pli 29 ou 246 pli 26 – Guide Vert Provence

Un éperon dénudé, long de 900 m et large de 200 m, détaché des Alpilles, bordé de deux ravins à pic ; un château fort détruit ; de vieilles maisons mortes dressées sur ce roc aride : tel est le **site**★★★ du village des Baux.
Ses monuments les plus remarquables sont l'ancien hôtel de ville du 17ᵉ s. (salles voûtées d'ogives), la porte Eyguières (jadis le seul accès à la ville), la **place St-Vincent**★ ombragée d'ormes et de micocouliers et sa terrasse donnant sur le vallon de la Fontaine et le val d'Enfer, l'église St-Vincent (12ᵉ s.) où les bergers des Alpilles drapés dans leurs houppelandes célèbrent leur **fête**★★ durant la messe de minuit de Noël, la **rue du Trencat**★ taillée dans le rocher où le vent et la pluie ont buriné des cannelures et des alvéoles.
Le village a donné son nom à la bauxite, minerai découvert sur son territoire en 1822 et d'où est sortie l'industrie de l'aluminium (carrières dans la région).

Château ⊙ – Dès le 11ᵉ s. les seigneurs des Baux, « race d'Aiglons », comptent au nombre des plus puissants féodaux du Midi. Leur adhésion à la Réforme et surtout leur tempérament turbulent et indocile lassent Louis XIII qui, en 1632, ordonne le démantèlement du château et des remparts. La ville meurt.
Des vestiges du donjon féodal (13ᵉ s.) : **panorama**★★ sur les Alpilles. Vers l'Ouest se profilent les moulins de Fontvieille ; celui de St-Pierre fut choisi en 1935 comme moulin d'Alphonse Daudet (natif de Nîmes) où le conteur aurait rédigé ses délicieuses lettres donnant à l'*Arlésienne* sa célébrité, à la *Chèvre de Monsieur Seguin* sa juvénilité émouvante, à la *Mule du pape* son caractère rancunier, au révérend dom Balaguère la précipitation gourmande qui lui fait escamoter ses *Trois messes basses*.

⊙ ►► Cathédrale d'Images★ *(spectacle audiovisuel)* – Musée Yves-Brayer★.

Aiguilles de BAVELLA★★★

Carte Michelin n° 90 pli 7 – Guide Vert Corse

Les Aiguilles ou fourches de Bavella, appelées aussi cornes d'Asinao, composent un étonnant site de haute montagne. Un arrêt au col de Bavella permet d'admirer ces aiguilles aux formes particulières, la couleur changeante des grandes murailles rocheuses émergeant des pins laricio, et l'âpreté du paysage.

Les aiguilles de Bavella et Zonza

★★ FORÊT DE BAVELLA

Étagée entre 500 et 1 300 m d'altitude, cette belle forêt, souvent dévastée par des incendies, a fait l'objet d'un reboisement important : pins maritimes et laricio, cèdres et sapins y abondent. Une réserve de chasse abrite des hardes de mouflons que l'on peut parfois apercevoir sur les rochers abrupts. Peu avant le col s'étagent quelques constructions basses, anciennes bergeries et l'**Auberge du Col**, point de départ des randonnées pédestres autour du col vers le « Trou de la Bombe » et la Pianona.

★★★ COL DE BAVELLA

A 1 218 m d'altitude, ce col, qui échancre l'arête faîtière de l'île, est marqué par une croix et la **statue de N.-D.-des-Neiges.** Le site et le panorama sur les aiguilles de Bavella sont splendides. A l'Ouest émergent de la forêt de pins tordus les célèbres aiguilles de Bavella ; et à l'Est, la grande paroi de la Calanca Murata et l'arête rouge en dents de scie de la Punta Tafonata di Paliri, avec la mer Tyrrhénienne dans le lointain.

BAYEUX★★

14 704 habitants
Cartes Michelin n°ˢ 54 pli 15 ou 231 pli 17
Guide Vert Normandie Cotentin

Capitale du Bessin aux plantureux herbages, sortie intacte de la guerre, Bayeux fut la première ville de France libérée, dès le 7 juin 1944.
Bayeux a donné naissance à Alain Chartier (1385-1433), chroniqueur qui s'est dépensé à stimuler la participation de toutes les classes du peuple de France au salut du pays durant la guerre de Cent Ans. Cinq siècles plus tard, sept jours après le débarquement, le général de Gaulle « à pied, de rue en rue, dans une extraordinaire émotion » prononçait une première allocution sur le sol libéré ; et le 16 juin 1946, il y esquissait les lignes directrices de sa pensée constitutionnelle.

Bayeux – Tapisserie dite de la Reine Mathilde :
Harold est armé chevalier par Guillaume. Ils se rendent ensemble à Bayeux.

★★★ **Tapisserie dite de la reine Mathilde** ⊘ – Cette somptueuse broderie, probablement confectionnée en Angleterre dès le 11ᵉ s., raconte les suites du serment non tenu de Bayeux par lequel Harold reconnaissait les droits de Guillaume à la succession d'Édouard le Confesseur. Ce « long film » relate l'épopée normande en 58 séquences « sur-titrées » saisissantes de vérité ; c'est en outre un irremplaçable document d'histoire sur les navires, les armes, les costumes et les mœurs au milieu du 11ᵉ s.

La conquête de l'Angleterre

Sur le trône d'Angleterre Édouard le Confesseur est mort sans descendance. Harold, son favori, avait juré « sur les reliques », à Bayeux, d'honorer les droits à la couronne de **Guillaume** le Bâtard, duc de Normandie (cousin d'Édouard) ; mais faiblesse ou présomption, il récuse son serment. Alors Guillaume, fort de l'appui du pape, de la neutralité du roi de France, du soutien de ses barons normands, riche des trésors de Rouen et de Caen, organise, en 7 mois, une expédition punitive.

Le gros de sa flotte rassemblé dans le port de **Dives** *(48 km à l'Est)* compte quelque 3 000 bâtiments et embarque 50 000 cavaliers et soldats. Le 28 septembre 1066 l'armée prend pied dans le Sussex, le 14 octobre elle donne l'assaut à Hastings. Guillaume est devenu le Conquérant.

Quelques jours plus tard, avec l'assentiment des Normands, il accepte la couronne royale qu'on lui offre, et le 25 décembre, dans l'abbaye de Westminster, le Conquérant est sacré roi.

Situation conforme au droit féodal, mais effectivement ambiguë : Guillaume se trouve roi d'Angleterre, indépendant, mais en même temps duc de Normandie et, à ce titre, vassal du roi de France. Les difficultés, inéluctables, ne tardent pas : elles s'aggravent encore en 1152 des conséquences du divorce de Louis VII et d'Aliénor d'Aquitaine et ne prendront fin qu'au terme de la guerre de Cent Ans.

★★ **Cathédrale Notre-Dame** – La « Mère-église », chère aux habitants de Bayeux, porte la marque des chantiers qui, siècle après siècle, l'ont façonnée.

De l'église romane (1049-1097) subsistent surtout la crypte voûtée d'arêtes et l'étage inférieur de la grande nef dont les murs et les écoinçons furent ornés au 12ᵉ s. d'une profusion de « frettes » (vannerie et bas-reliefs). Dans la seconde moitié du 12ᵉ s., les piliers de la nef furent cantonnés de colonnettes, les grandes arcades doublées et les collatéraux voûtés d'ogives.

Du 13ᵉ s., l'apogée du gothique, datent l'étage supérieur de la nef épaulé extérieurement par des arcs-boutants à double volée remplaçant les tribunes romanes, l'admirable chœur rayonnant avec son élégant triforium, sa galerie normande et les quatre piliers cannelés qui ferment l'hémicycle. A la même époque, les portails et le pignon de la façade furent plaqués en avancée sur la façade romane, les croisillons édifiés avec leurs arcs en tiers-point et leur galerie de circulation ajourée.

Les siècles suivants furent jalonnés par la construction des chapelles dans les collatéraux (14ᵉ s.) ; par des fresques peintes à la naissance des voûtes et dans un enfeu de la crypte et par la construction de l'étage octogonal au-dessus de la croisée du transept (15ᵉ s.) ; par la mise en place de mobilier et d'œuvres d'art (16ᵉ, 17ᵉ et 18ᵉ s.) ; par la reconstruction des piles du transept qui menaçaient de s'effondrer et le couronnement du lanternon extérieur qui le surmonte (19ᵉ s.).

⊘ ►► Musée mémorial de la Bataille de Normandie★. Musée Baron Gérard.

BEAULIEU-SUR-DORDOGNE★★

1 265 habitants
Cartes Michelin n°s 75 pli 19 ou 239 pli 39 – Guide Vert Berry Limousin

En 1076, l'abbaye bénédictine de Beaulieu, qui traversait une période difficile, se plaça dans l'obédience de Cluny. 25 ans plus tard, sa restauration commençait.

★★ **Église St-Pierre** – C'est l'ancienne abbatiale. Limitrophe de l'Auvergne, du Limousin et du Quercy, elle se ressent de Conques par ses tribunes et son déambulatoire, du Dorat et de Solignac par ses voussures limousines et la discrétion de sa décoration, de Cahors par la disposition du chœur.
Son **portail**★★, daté de 1125, est une œuvre d'artistes toulousains. Il conserve la stylisation romane (composition compartimentée, piédroits et trumeau de Moissac ; plissé des vêtements de Souillac et Cahors), mais laisse déjà pressentir la personnalisation plus nuancée du gothique (visages expressifs des apôtres). Il représente les préliminaires du Jugement dernier : les morts, assignés à comparaître, sortent de leur tombeau ; l'exaltation des apôtres, la magnificence de la croix et des instruments de la Passion, le témoignage des plaies du Christ, la soumission du Mal représenté par des monstres laissent entendre le prochain rendu du jugement.

⊙ ►► Vierge romane★ *(trésor de l'église).*

BEAUNE★★

21 289 habitants
Cartes Michelin n°s 69 pli 9 ou 243 pli 27 – Guide Vert Bourgogne

Cité du vin et ville d'art, Beaune, fortifiée dès 1368, fut, avant Dijon, la résidence des ducs de Bourgogne.

Le vignoble – Au Sud de Dijon s'étend l'un des vignobles les plus beaux et les plus prestigieux du monde ; Beaune en occupe pratiquement le cœur à distance égale de Gevrey-Chambertin et de Givry. La vigne, introduite ici dès l'époque gallo-romaine, se développa au Moyen Age grâce aux défrichements des moines et acquit sa célébrité au 15e s. lors du rayonnement de la cour des grands ducs d'Occident. Au 16e s. se dessina réellement la fortune des grands crus lorsqu'une partie du bien foncier des abbayes fut cédée aux détenteurs urbains de l'épargne qui surent exploiter, au mieux de leurs propriétés naturelles, les pâtures et les bonnes terres.
Au pied de la « Côte » – dont l'abrupt rectiligne marque le fossé d'effondrement de la Saône et que d'étroites vallées cloisonnent en combes et en bouts du monde –, dans les zones les plus favorables par leur drainage, leur exposition, leur climat, la texture de leurs éboulis, se développent les grands crus et des murs enclosent les vignes les plus précieuses. Se distinguent au Nord la **Côte de Nuits** célèbre pour ses très grands vins rouges issus du cépage de pinot noir fin (Nuits, Vosne, Vougeot, Chambolle, Morey, Gevrey…), et au Sud la **Côte de Beaune** où le même cépage produit aussi de très grands vins rouges (Beaune, Pommard, Volnay, Chassagne-Montrachet, Santenay, Mercurey) et le chardonnay de très grands vins blancs (Meursault, Puligny-Montrachet…).
Le 3e dimanche de novembre se déroule à Beaune la vente aux enchères des vins des Hospices.

Les Hospices : une fondation charitable au 15e s. – En 1443, **Nicolas Rolin** (1377-1461), chancelier de Philippe le Bon, fonde l'Hôtel-Dieu de Beaune. Prodigieuse promotion sociale que la sienne. Issu d'une modeste famille d'Autun, juriste, conseiller de Jean sans Peur, il est promu chancelier en 1422 par Philippe le Bon dont il sut accroître le prestige et gérer les affaires, en s'assurant par là des faveurs, une fortune et une puissance hors de pair. Ce fut lui qui sut affranchir la Bourgogne de l'alliance anglaise puis la réconcilier à la France par le traité d'Arras en 1435.
Remords d'indélicatesses commises durant son ascension, caution d'un homme de 66 ans inquiet pour son salut ou réelle charité pour les miséreux, il fonda là un établissement de soins gratuits et en assura le fonctionnement perpétuel par la dotation d'un domaine de 1 300 ha de bois, de terres arables et de vignes entre Aloxe-Corton et Meursault ; 58 ha de grands crus, conservés, en garantissent de nos jours encore l'entretien et la restauration.
Tombé en disgrâce en 1457, Nicolas Rolin mourut à Autun quatre ans plus tard.

★★★ **Hôtel-Dieu** ⊙ – Durant 520 ans, de 1451 à 1971, l'Hôtel-Dieu a abrité des malades. Il nous est parvenu intact. Par la beauté de son architecture, la qualité de ses aménagements, l'élégance de sa décoration (ferronneries, lucarnes à pignons, girouettes), la disposition artistique de ses tuiles vernissées et son vieux puits, il évoque plus le luxe d'un palais gothique que la simplicité d'un hospice.

Beaune – L'Hôtel-Dieu

La cour intérieure de style flamand bourguignon, la pharmacie, la salle des religieuses, la cuisine sont intéressantes. Mais surtout la Grand'Salle ou chambre des pauvres, cœur de l'établissement, qui resta en service jusqu'en 1959, rend sensible la dimension spirituelle des hôpitaux d'autrefois.

Le **polyptyque du Jugement dernier**★★★ fut commandé à Rogier Van Der Weyden par Nicolas Rolin lui-même pour constituer le retable de l'autel de la Grand'Salle et exécuté par le maître (et localement par des élèves) de 1443 à 1451. C'est l'une des œuvres majeures de la peinture gothique, à la fois par la perfection des détails (examen à la loupe), l'émotion qui s'empare des personnages à cette heure décisive et le réconfort qu'il apportait aux justes en leur dépeignant le prix de leur souffrance et l'enjeu de leur vie.

⊙ ►► Musée du Vin de Bourgogne★ – Collégiale Notre-Dame★ (tapisseries★★) – Hôtel de La Rochepot★.

ENVIRONS

★ Châteauneuf *37 km au Nord-Ouest*

Bâti dans un **site**★ très pittoresque, ce vieux **village**★ fortifié est célèbre pour son château qui commandait la route de Dijon à Autun. Les rues étroites bordées de vieilles demeures présentent beaucoup de caractère. La meilleure vue se situe en arrivant du Sud, après avoir franchi le canal de Bourgogne.

★ **Château** ⊙ – Cette imposante forteresse, construite au 12e s. et remaniée en gothique flamboyant au 15e s., est ceinturée d'épaisses murailles flanquées de tours massives. Un pont-levis encadré de grosses tours donne accès à la cour intérieure.

Afin de donner à nos lecteurs
l'information la plus récente possible,
les conditions de visite des curiosités décrites
ont été groupées en fin de volume.
Dans la partie descriptive du guide,
le signe ⊙ placé à la suite du nom des curiosités soumises
à des conditions de visite les signale au visiteur.

BEAUVAIS★★

Agglomération 57 704 habitants
Cartes Michelin nᵒˢ 55 plis 9, 10 ou 237 pli 5 – Guide Vert Flandres Artois Picardie

Beauvais, cité fortifiée dans une zone de marécages, se constitue en commune dès 1099. C'est là que prirent naissance en 1357 les troubles de la Jacquerie. En 1602 y naquit Gilles Personne de Roberval, physicien qui prouva la pression atmosphérique (la pesanteur de l'air) en 1647 (que Pascal fit mesurer au Puy de Dôme l'année suivante) et réalisa en 1670 la balance à plateaux et fléaux composés qui fit sa notoriété ; il se comporta en contradicteur de la philosophie de Descartes.

★★★ **Cathédrale St-Pierre** – De l'ancienne cathédrale carolingienne ne subsistent que trois travées à l'Ouest. En 1225, l'évêque décide d'ériger, en l'honneur de saint Pierre, la plus vaste et la plus haute cathédrale de l'époque, avec 48 m de hauteur sous voûte. La construction du chœur, commencée en 1238, est achevée en 1263 ; sa voûte s'effondre en 1272 puis de nouveau en 1284. Il faut sans attendre renforcer les culées, dresser de nouveaux contreforts, multiplier les arcs-boutants au chevet et les lancer, tels des étais hors œuvre, à la base même du toit, à 40 m de hauteur, au point de masquer la hardiesse et l'élancement du vaisseau.
A l'intérieur, de la même façon, on dédouble les grandes arcades des travées droites du chœur par des piliers venant, en sous-œuvre, soutenir les parties hautes, on multiplie les lancettes qui compartimentent et raidissent le fenestrage, on allège tout l'étagement en les garnissant de verrières. Autant de facteurs qui contribuent à la sensation de vertige ascendant que donne la cathédrale ; mais autant d'aveux de la présomption originelle.
Les travaux reprennent après la guerre de Cent Ans. Martin Chambiges reçoit mission d'élever le transept. Il dessine le grand gâble et la rose du croisillon Sud ; mais au lieu de poursuivre la nef, il faut dresser la tour du transept. Cette dernière est achevée en 1539, un siècle après celle de Strasbourg qu'elle surpasse de 11 m. Mais l'orgueilleuse construction de 153 m, non contrebutée par une nef, s'effondre à son tour en 1573. La cathédrale reste inachevée.
Son œuvre décorative mérite d'être admirée surtout pour les vantaux du portail Sud, sculptés dans le goût Renaissance ; pour les **vitraux**★★ de l'école beauvaisienne fondée par Ingrand Leprince (remarquer la rose Sud de Nicolas Leprince et les verts qui illuminent son triforium ; les Sibylles, entre la rose et le triforium au bras gauche) ; pour les tapisseries qui y sont régulièrement exposées et dont la célébrité est liée à l'œuvre d'Oudry qui dirigea la manufacture de 1734 à 1753. **Horloge astronomique**★ ⊙.

★ **Église St-Étienne** – Les bas-côtés de la nef romane sont couverts d'une des toutes premières voûtes sur croisée d'ogives ; observer les doubleaux légèrement outrepassés et l'archaïsme des ogives. Admirer, à gauche du chœur, le **vitrail de l'Arbre de Jessé**★★★ dont la descendance se ramifie sur un fond bleu très lumineux ; son dessin, son coloris et sa transparence témoignent d'une rare maîtrise.

⊙ ►► Musée départemental de l'Oise★ *(peinture, sculpture, tapisserie).*

Abbaye du BEC-HELLOUIN★★

Cartes Michelin nᵒˢ 54 pli 19 ou 231 pli 21
Guide Vert Normandie Vallée de la Seine

L'abbaye du Bec-Hellouin, dont le renom a égalé celui de Jumièges, eut en matière de doctrine et d'éloquence un rayonnement sans pareil.
1042. Lanfranc (1005-1089), savant jurisconsulte et éminent professeur, frappe à la porte de l'abbaye, fuyant par esprit d'humilité le succès que ses cours lui ont valu à Avranches. Trois ans plus tard, il reprend, par obéissance, son enseignement au Bec qui devient alors un des grands centres intellectuels de l'Occident. Lanfranc, successeur d'Hellouin et conseiller de Guillaume le Conquérant, est élu archevêque de Canterbury et primat d'Angleterre. Il réforme alors son Église dont il remplace le haut clergé par des sujets issus du Bec.
Saint Anselme (1033-1109), élève de Lanfranc, philosophe dont la réflexion, possédée par la vérité, est d'une rigueur quasi expérimentale et théologien insigne, succède à son maître au Bec d'abord – où il achève en 1078 son *Proslogion* considéré comme l'une des sources de la pensée philosophique occidentale – puis à dater de 1093 à Canterbury.
Le Bec possède en Angleterre de riches domaines que la dissolution des abbayes outre-Manche, consécutive au divorce d'Henri VIII et à sa rupture avec Rome (1534), lui font perdre. Mais son prestige spirituel y reste intact ; aussi bien les chefs des deux Églises d'Angleterre – anglicane et catholique romaine –, se prévalant de la succession de saint Anselme, ont-ils toujours entretenu avec le Bec des liens privilégiés, seulement interrompus par l'expulsion des moines entre 1792 et 1948.

101

Destruction, profanation, restitution – A la Révolution, les moines qui restaient au Bec sont expulsés ; le bronze des cloches, le cuivre, le plomb envoyés à la fonte ; les tapisseries, les archives, la bibliothèque, le mobilier dispersés. En 1809, en conformité avec un décret autorisant la démolition d'édifices religieux faisant double emploi dans une commune, l'église abbatiale du 13ᵉ s. et la salle capitulaire sont exploitées comme carrières.

Dès 1802 et pour près d'un siècle, l'abbaye devient dépôt de remonte et d'étalons. En 1901 elle est attribuée au ministère de la Guerre.

VISITE ⊙

Depuis 1948, une œuvre gigantesque de restitution s'y est accomplie concernant en particulier la tour St-Nicolas de 1467 et le logis abbatial de 1735. Mais la grande église arasée, dont le chœur long de 42 m était l'un des plus vastes de la chrétienté, a perdu sa signification archéologique sans occulter son pouvoir émotionnel.

BELFORT★

Agglomération 75 509 habitants
Cartes Michelin nᵒˢ 66 pli 8 ou 243 pli 10 – Guide Vert Jura

La Savoureuse partage Belfort en deux parties fort différentes. Sur la rive droite la ville nouvelle étend ses industries, ses quartiers commerçants et ses secteurs urbains rénovés ; sur la rive gauche, au pied du rocher qui porte le château, la citadelle « imprenable » de Vauban, chef-d'œuvre du grand architecte qui avait déployé là tout son génie, est une cité du 17ᵉ s. dont on a décidé d'abattre les remparts à la fin du 19ᵉ s. sous la pression de l'extension urbaine.

Le chemin des invasions – Entre les monts du Jura, au Sud, et les Vosges cristallines, au Nord, la Trouée de Belfort (ou Porte de Bourgogne), empruntée par le canal du Rhône au Rhin et par la voie ferrée, a vu déferler les Celtes, les Barbares, les Impériaux... dont a souffert au cours des siècles la malheureuse cité qui commande ce passage.

En 1870, le colonel **Denfert-Rochereau**, à la tête de 16 000 hommes, pour la plupart des gardes mobiles, dispute durant un mois les approches de la ville face à 40 000 Allemands avant de s'enfermer dans le réduit de la citadelle. Il ne consent à quitter Belfort, avec ses troupes – après 103 jours de siège, 21 jours après l'armistice de Versailles –, que sur l'ordre formel du gouvernement. Cette admirable défense permet à Thiers, rivalisant de ténacité avec Bismarck, de ne pas lier le sort de la ville à celui de l'Alsace et de la Lorraine et d'en faire le chef-lieu d'un Territoire.

Le 14 novembre 1944, la 1ʳᵉ armée française, stoppée dans sa marche vers la Haute-Alsace et le Rhin, doit faire sauter le bouchon de Belfort. La prise du fort de Salbert (au Nord-Ouest de la ville), dans la nuit du 19 par des commandos de l'armée d'Afrique, est un fait d'armes qui permet la libération de Belfort le 22 novembre et la progression sur Mulhouse.

★★ **Le Lion** ⊙ – Le Lion de Belfort symbolise la force et la résistance des défenseurs de la ville en 1870 et manifeste le retentissement national que connut leur héroïsme. Cette œuvre gigantesque – le lion mesure 22 m de longueur et 11 m de hauteur – s'adosse à la paroi rocheuse qui porte le château. **Frédéric Bartholdi** (1834-1904) né à Colmar a donné ici, en 1880, libre cours à sa ferveur patriotique et à la fougue de son génie. On lui doit aussi le monument des Trois Sièges, sur la place de la République, en contrebas, et, à l'entrée du port de New York, la fameuse statue de *La Liberté éclairant le monde*, ainsi que la fontaine des Terreaux à Lyon.

⊙ ►► Le camp retranché★★.

PAYS DE MONTBÉLIARD *19 km au Sud*

La principauté de Montbéliard dut à son rattachement au duché de Wurtemberg, en 1397, son adhésion précoce à la doctrine de Luther. Son annexion politique à la France date de 1793. De puissantes familles y vécurent comme les Mousson, les Montfaucon, les Châlon qu'évoquent encore le château du chef-lieu et ses tours rondes. Jean Cuvier, prénommé Georges par ses proches, y vit le jour.

L'émergence industrielle qui se manifesta sous le règne de Louis XVI y connut d'exemplaires développements. Georges-Frédéric Japy, petit-fils d'un serrurier et maréchal-ferrant de Beaucourt, créa en 1773 un atelier d'horlogerie d'où essaimèrent des usines en région parisienne et dans le Nord produisant des articles de quincaillerie et d'électromécanique, des poupées dansantes, des machines à écrire.

En 1811, au moulin de Sous-Cratet, près d'Hérimoncourt, Jean-Pierre Peugeot, descendant d'une lignée de meuniers industriels (grains, teinturerie, tannerie), fait ses débuts dans la métallurgie et connaît quelques déboires. Ses fils Armand et Eugène, en lançant une fabrique de bicyclettes en 1886 et en produisant quelques tricycles à vapeur en 1889, deviennent les fondateurs d'un groupe industriel. A **Sochaux**, un **musée Peugeot**★ ⊘ est consacré à la production de la marque (moulins à café, bicyclettes, outillage, automobiles) ; on y remarque en particulier un vis-à-vis de 1892, un double phaéton de 1906, une torpédo Bébé de 1913, un coach Éclipse « fuseau de Sochaux » de 1936 et un coupé 404 Diesel Records de 1965.

BELLE-ÎLE★★

4 489 habitants
Cartes Michelin nos 63 plis 11, 12 ou 230 plis 48, 49 – Guide Vert Bretagne

Belle-Ile intéresse en particulier par le regard qu'elle offre sur plus de 150 ans d'histoire et séduit par la beauté de ses sites marins.
Au Moyen Age possession des comtes de Cornouaille, elle attire, par sa richesse céréalière, les razzias de pirates hollandais, anglais et français.

Les aiguilles de Port-Coton.

Le Palais – C'est la capitale de l'île ; son havre naturel doit son caractère à la citadelle qui la domine et à la ligne fortifiée qui enserre la ville. En 1548, une attaque anglaise, repoussée, fait prendre conscience à Henri II de l'attrait qu'exercent toujours outre-Manche l'Aquitaine et le littoral atlantique ; il fait donc construire un fortin moins rudimentaire que l'ancien château des moines.
Durant les guerres de Religion, en 1572, Albert de Gondi reçoit l'île avec mandat de la défendre ; on lui doit les cachots de la porte du Palais. L'année suivante, Gabriel de Lorgues, dit Montgomery (celui-là même qui avait blessé mortellement Henri II dans un tournoi à Paris, puis, devenu huguenot, rescapé de la St-Barthélemy, avait fui en Angleterre par crainte de la vindicte de Catherine de Médicis), à la tête d'une flotte de 80 vaisseaux, s'empare de Belle-Ile entre deux échecs devant La Rochelle et la pille, justifiant a postériori la politique conduite par le roi au traité du Cateau-Cambrésis.

★ **Citadelle Vauban** ⊘ – La situation de l'île à proximité des ports de la côte Sud de la Bretagne (Lorient) et de l'embouchure de la Loire (Nantes) en fait un enjeu très recherché dans la lutte pour la maîtrise des mers, objet de la rivalité franco-anglaise qui domine la politique internationale en Europe du règne de Louis XIV à la chute de Napoléon. L'Angleterre, à la recherche de débouchés qu'elle désire exclusifs pour ses manufactures, inspire des guerres de circonstance à la France qui, elle aussi, a besoin de terres lointaines mais doit, en outre, garantir ses frontières.
Nicolas Fouquet, invité à acquérir Belle-Ile dès 1658, consolide les anciennes défenses de la citadelle et y installe les 200 canons des batteries de la mer.

En 1674 (guerre de Hollande), 70 navires des Provinces-Unies mouillent à la plage des Grands Sables dans le temps où Vauban travaille à St-Malo, Rochefort, Blaye, St-Martin-de-Ré. A partir de 1682, le grand ingénieur adapte la citadelle aux besoins nés des nouvelles techniques militaires : il transforme une ancienne chapelle (devenue la tour Henri II) en poudrière abritée des boulets rouges par un toit à ressauts, aménage l'ancien arsenal ainsi que la promenade des officiers (galerie avec regards sur l'océan).

En 1696 (guerre de la Ligue d'Augsbourg), les Anglais s'emparent des îles voisines de Houat et d'Hoëdic et prennent pied à Belle-Ile.

De 1710 à 1713 (guerre de Succession d'Espagne), ils s'installent aux Grands Sables et nous enlèvent l'Acadie et Terre-Neuve au Canada. En 1723, l'ancien bastion de Louis XIII est transformé en bastion de la Mer (ou du Gouverneur). En 1746 (guerre de Succession d'Autriche), la flotte anglaise coule l'*Ardent*, un navire royal, entre le Palais et Quiberon.

En 1761 (guerre de Sept Ans), alors que nous perdons aux Antilles la Guadeloupe et la Martinique, et aux Indes le territoire de Pondichéry, la citadelle de Belle-Ile tombe après 38 jours de siège ; durant deux ans, sous la menace d'une flotte de 130 voiles, l'île subit la « colonisation » de Hogdson. Par le traité de Paris, signé le 10 février 1763, la France recouvre les Antilles mais perd le Canada ; l'Angleterre restitue Belle-Ile mais s'installe en Méditerranée, à Ibiza, dans une situation favorable à ses visées sur la Corse.

En 1775, l'arsenal de Louis XVI est le dernier grand ouvrage entrepris dans la citadelle. Trois ans plus tard, la guerre d'Indépendance américaine exige le maintien de la puissance et de la liberté portuaires en Bretagne.

La rivalité franco-anglaise se confirme durant la Révolution et sous l'Empire. La Convention doit accuser en 1793 la perte de Pondichéry et faire face, devant Toulon, à une flotte anglo-espagnole, en 1794 perdre les Antilles et étouffer un royaume anglo-corse, en 1795 écraser les émigrés à Quiberon. En 1802, Bonaparte, encore Premier Consul, fait fortifier le Palais puis, empereur, il perd à nouveau les Antilles alors qu'il doit affronter les coalitions successives.

★★★ **La Côte Sauvage** – Belle-Ile est un lambeau de l'ancien rivage de la Bretagne, effondré entre la pointe de Penmarch et l'île d'Yeu. Elle n'a été séparée du continent que par la montée des eaux, conséquence de la fonte des derniers grands glaciers quaternaires, il y a quelque 8 000 ans.

La Côte Sauvage, entre la pointe des Poulains et la pointe de Talud, y reçoit l'assaut des vagues, et les falaises du plateau de schiste déchiqueté y composent d'admirables paysages.

La **plage de Port-Donnant**★★, entre des falaises, est connue pour la violence des courants et la force des rouleaux.

Les **aiguilles de Port-Coton**★★ présentent leurs pyramides élancées trouées de grottes et leurs couloirs dégagés par les vagues dans les parties les moins résistantes de la roche.

⊘ ►► Sauzon★ – Pointe des Poulains★★ – Port-Goulphar★.

BESANÇON★★

Agglomération 122 623 habitants
Cartes Michelin nos 66 pli 15 ou 243 pli 19 – Guide Vert Jura

Besançon est la capitale de la Franche-Comté. Son noyau urbain historique occupe un **site**★★★ original encadré par une ceinture de « monts » et enfermé dans un méandre du Doubs débouchant des montagnes du Lomont par la cluse de la Rivotte. La valeur stratégique de ce site, déjà remarquée par César, donna naissance à une ville gallo-romaine dont témoignent encore un arc de triomphe du 2e s., la Porte Noire, et l'axe urbain de la voie romaine devenue la Grande-Rue au cœur de la **vieille ville**★★. Besançon était déjà une grande étape sur l'itinéraire commercial vers l'Allemagne, la Suisse et l'Italie.

Début septembre, chaque année, la ville abrite un intéressant **festival international de musique de Besançon et de Franche-Comté**, durant lequel un prix de direction d'orchestre est décerné à de jeunes chefs.

Ville espagnole puis française – En 1493, l'empereur Maximilien d'Autriche donna la Comté à son fils Philippe le Beau qui épousa Jeanne la Folle, héritière d'Espagne. Leur fils Charles Quint hérita donc de l'Espagne par sa mère et des domaines des Habsbourg, dont les Flandres et la Comté, par son père. Successivement impériale, bourguignonne, la Comté devint ainsi espagnole au 16e s.

Cette époque marque l'apogée commercial de la province, illustré par l'ascension de la famille de Granvelle. Perrenot, humble paysan de la vallée de la Loue, parvient à devenir le chancelier de Charles Quint et se fait construire de 1525 à 1545 le **palais Granvelle**★ : très beau témoignage de l'architecture civile du 16e s. avec sa façade à trois étages, compartimentée en cinq registres, son grand toit aux pignons à redans et ses mansardes monumentales sculptées.

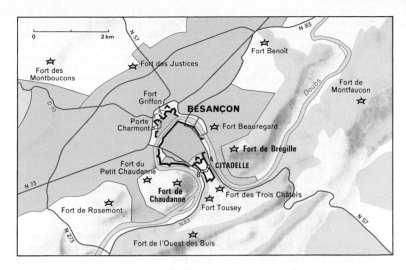

Aux proportions et aux détails décoratifs de la première Renaissance (arcs en anse de panier, moulures) s'ajoutent les colonnes toscanes et la superposition des ordres ioniques et composites alors toute nouvelle.

1674 : Louis XIV conquiert la Franche-Comté. Il fait de Besançon (au détriment de Dole) la capitale de cette province devenue française ; mais conscient de la vulnérabilité de cette nouvelle frontière, il ordonne à Vauban de rendre la ville imprenable. Alors le grand ingénieur rase une partie des fortifications espagnoles de 1668 et édifie, de 1675 à 1711, la **citadelle**★★ ⊘ dont la valeur stratégique apparaît à qui parcourt les chemins de ronde des remparts qui ceinturent les esplanades intérieures, les échauguettes et les audacieuses guérites du Roi (**A**) et de la Reine (**B**).

Plus tard, les forts de Chaudanne, de Beauregard et de Brégille parachèvent le système défensif de Besançon et confirment la primauté désormais accordée à son rôle militaire sur son activité économique.

Capitale française de l'horlogerie – La plupart des grandes firmes sont présentes à Besançon. La ville et le Jura français ont vu quelques créateurs faire accomplir des progrès décisifs à cette technique artistique.

1660 : **Mayet** crée à Morbier (Jura) le premier centre de fabrication d'horloges comtoises.

1766 : **Antide Janvier**, né à St-Claude, construit des sphères mouvantes et un grand planétaire. Puis il fabrique des horloges astronomiques et ouvre, à Paris, une école d'horlogerie.

1771 : **Georges-Frédéric Japy** crée à Beaucourt la première fabrique mécanique de calibres de montres. Il fonde en 1777 une fabrique d'ébauches au moyen de machines-outils.

1790 : **Laurent Mégévand** ouvre une manufacture d'horlogerie.

1798 : **Louis Perron** invente l'échappement libre à goupilles (un siècle plus tard un horloger américain en tire parti, crée et développe l'industrie du réveille-matin) ; il réalise des montres et des horloges originales entre 1817 et 1827.

Mécanisme d'horloge
à une aiguille
Début du 18ᵉ s.

1889 : **Frédéric L'Épée** expose des boîtes à musique et fabrique des porte-échappements.

1897 : **Leroy** entreprend à Besançon la montre la plus compliquée du monde qu'il achève en 1904 *(exposée au musée)*.

1920 : **Maurice Favre-Bulle** produit, à Besançon, la première horloge électrique.

1952 : **CETEHOR** (Centre technique de l'industrie horlogère) lance à Besançon une horloge mécanique à remontage automatique par la lumière du jour. La même année Lip réalise la première montre électrique européenne.

1958 : à Besançon, **Lip** innove avec sa montre-bracelet électrique, puis, en 1967, avec son micro diapason à quartz pour montres et, en 1971, avec les premières montres-bracelets françaises à quartz.

Une salle au premier étage du **musée des Beaux-Arts** Ⓥ témoigne de l'activité traditionnelle exercée en Franche-Comté dans la fabrication des montres et des horloges. Des sabliers, les premières méthodes de mesure du temps, un cadran solaire multiface précèdent des horloges de table du 16e s., des montres-réveils et des montres de gousset des 17e et 18e s., des cartels Régence et de belles œuvres du 19e s. Des mouvements d'horloges de clocher, des pendules de cheminée, des horloges de parquet et de mur, des comtoises permettent d'apprécier l'ingéniosité des mécanismes, l'art des boîtiers (or ciselé, émail uni ou peint) et la variété des formes.

Ⓥ ►► Cathédrale St-Jean (Vierge aux Saints★ et Rose de St-Jean) – Horloge astronomique★ – Musées★ de la citadelle *(musée d'histoire naturelle★, musée Comtois★, musée de la Résistance et la Déportation★)* – Musée des Beaux-Arts et d'Archéologie★★ – Préfecture★ – Bibliothèque municipale★.

BEYNAC-ET-CAZENAC★★

Cartes Michelin nᵒˢ 75 pli 17 ou 235 pli 5 – Guide Vert Périgord Quercy

Parmi tous ceux du Périgord, le **château de Beynac**★★ Ⓥ est l'un des plus célèbres, à la fois par son site (du calvaire voisin, **panorama**★★), son histoire et son architecture. Protégé du côté du plateau par une double enceinte, il domine la Dordogne d'un aplomb de 150 m ainsi que le village, blotti au pied de la falaise, où vécurent O' Galop, le premier dessinateur de Bibendum, et le poète Paul Éluard.
Dès 1115 existait là un donjon carré, renforcé lors de la rivalité entre les Capétiens et les Plantagenêts. Durant la guerre de Cent Ans, la Dordogne départagea souvent le domaine royal et les possessions anglaises ; ce fut pour Beynac une grande période, face à son rival de Castelnaud sur la falaise opposée. Les Anglais partis, le Périgord s'organisa en quatre baronnies ; Beynac fut l'une d'elles avec Biron, Bourdeilles et Mareuil, aussi le château conserve-t-il encore sa salle des États.

BIARRITZ★★★

28 742 habitants
Cartes Michelin nᵒˢ 78 pli 18 ou 234 pli 29 – Guide Vert Pyrénées Aquitaine

Sur la côte basque, entourée de plages de sable fin, Biarritz est une station balnéaire bien aménagée pour la détente. Ses équipements modernes : aéroport, centre de congrès, cinq parcours de golf, en font une station de classe internationale.
Il y a plus d'un siècle, alors simple bourgade dont les plages étaient fréquentées par les Bayonnais, Biarritz accéda rapidement à la célébrité après les séjours qu'y firent l'impératrice Eugénie et Napoléon III, entraînant dans leur suite maints personnages illustres de l'époque. Plus tard, la reine Victoria en 1889 et surtout le roi Édouard VII dès 1906 firent des séjours prolongés à Biarritz.

Le front de mer

L'agrément de Biarritz réside aujourd'hui dans ses équipements rénovés et le plaisir toujours renouvelé qu'offre la fréquentation de ses promenades, jardins et plages disposés de part et d'autre du promontoire rocheux du plateau de l'Atalaye.
Le relief sous-marin, l'orientation des plages, au fond du golfe de Gascogne, donnent naissance à de puissantes vagues dont les rouleaux permettent la pratique du surf.

Les promenades – Depuis la Grande Plage jusqu'au **rocher de la Vierge**★, le promeneur flânera à sa guise le long des rues ombragées et fleuries. Plus au Sud la perspective de la Côte des Basques lui offrira une **vue**★★ dégagée sur les sommets du Pays basque : la Rhune, les Trois Couronnes et le Jaizkibel.

⊙ ►► Musée de la Mer★.

ENVIRONS

★★ Bayonne

Biarritz, Anglet et Bayonne ne forment qu'un même ensemble urbain. Bayonne est tout d'abord, à 8 km de l'océan, un port d'estuaire sur l'Adour, situé en « tête de marée », qui exporte le maïs de la Chalosse, le soufre de Lacq et des hydrocarbures. Mais elle est aussi la capitale économique de cet ensemble et l'animation de ses quais et de ses vieilles rues n'est pas sans intérêt.
La ville a donné son nom à la baïonnette : imaginée dès 1640 par des Basques, puis adoptée par Vauban, elle fut utilisée à partir de 1703 par toute l'infanterie française.
La rue du Pont-Neuf conserve ses arcades anciennes et ses hautes demeures, les effluves qui émanent de ses pâtisseries et de ses confiseries témoignent de l'importance acquise, ici, par l'industrie du cacao dès le 17e s.

⊙ ►► Musée Bonnat★★ – Cathédrale Ste-Marie★ (Cloître★).

★ Route impériale des Cimes

Cette route sinueuse, aménagée dans un but stratégique par Napoléon III, relie Bayonne à Saint-Jean-Pied-de-Port. Belles **vues**★ sur la côte et le Pays basques.

BITCHE

5 517 habitants
Cartes Michelin nos 57 pli 18 ou 242 pli 11 – Guide Vert Alsace et Lorraine

Entre l'Alsace et la Lorraine, dans le paysage forestier des « Petites Vosges », gréseuses, Bitche est une ville-forteresse gardienne de la frontière.

★ **Citadelle** ⊙ – Un premier château s'élevait là, dès le 12e s. Mais, en 1683, à la demande de Louis XIV, Vauban donne les plans d'une citadelle. Quinze ans plus tard, lorsque la France doit abandonner la Lorraine aux termes du traité de Ryswick, la citadelle est rasée. Louis XV la fait reconstruire en 1741.
La puissance de l'ouvrage, bâti sur d'énormes assises de grès rouge, et la complexité de son système défensif (fossés, bastions, glacis...) n'apparaissent que si l'on en fait le tour *(1/2 h à pied AR par le sentier prenant avant la 2e porte)*. La citadelle perd sa valeur stratégique au début du 20e s. Dans l'ancienne chapelle, remarquer le beau plan en relief de Bitche.

La Ligne Maginot

Les leçons de la Grande Guerre, la part qu'y ont prise les gaz, les chars, les avions condamnent en 1920-25 aussi bien la place forte ou le fort isolés que le réseau de tranchées à découvert. Le concept de Régions et Secteurs Fortifiés offrant des fronts continus de 20 à plus de 60 km s'impose, en même temps que celui de fortification permanente enterrée, adaptée au combat moderne : la « Ligne Maginot », multiforme, comprendra ici de gros ouvrages mixtes, là de petits ouvrages d'infanterie ou d'artillerie, des abris, des chapelets de casemates ou, derrière une cuvette inondable, de simples blockhaus, liés par des nappes de barbelés, champs de mines, réseaux de rails ou fossés antichars, et se fournissant un appui-feu mutuel. Dans les intervalles entre ces ensembles fortifiés manœuvreront les troupes de soutien. L'édification est lancée le 14 janvier 1930.
Le fait que la Ligne Maginot ne couvre pas le Nord du pays par suite de considérations politiques et financières, qu'elle ne serve pratiquement pas de base offensive durant la « drôle de guerre », qu'elle ait été privée au moment crucial de ses troupes d'intervalle tenues de se replier et réduite à sa seule garnison (qui n'excéda jamais 30 000 hommes), rendra vaine la pathétique et glorieuse résistance de mai-juin 1940 : les équipages invaincus devront se plier aux clauses de l'armistice.

★ **Fort du Simserhof** ⊙ – *4 km à l'Ouest.* La visite de ce gros ouvrage, l'un des plus importants de la Ligne Maginot *(voir ci-avant),* constitue une initiation à un type de fortifications dont le rôle qu'elles ont joué en 1940 est resté bien méconnu. Achevé en 1935, il était conçu pour une garnison interarmes (infanterie de forteresse, artillerie, génie) de 1 200 hommes disposant d'une autonomie complète de 3 mois en vivres, munitions, carburant. De l'extérieur, on ne voit que le bloc d'accès, orienté au Sud, avec sa porte blindée de 7 t, ses créneaux de flanquement précédés de fossés « Diamant », et les cloches de tir ou d'observation.

BLOIS★★

Agglomération 65 132 habitants
Cartes Michelin n°s 64 pli 7 ou 238 pli 3 – Guide Vert Châteaux de la Loire

Ville charnière entre la Beauce et la Sologne, Blois fut d'abord protégée par un château féodal et installée où le Val nuance sa physionomie en passant du calcaire de l'Orléanais à la craie de la Touraine. La ville s'est transformée à partir de 1503, lorsque les rois, quittant Amboise, s'y installèrent et, avec eux, les métiers de luxe.

★★★ **Château** ⊙ – *Voir illustration au chapitre de l'Art – Éléments d'architecture.*
De la féodalité au classicisme de Louis XIII, toute l'évolution de l'architecture civile s'y observe.
De l'époque féodale subsistent, avec leurs tours rondes, leurs escaliers en spirale et leurs combles aigus, la tour de Foix et la salle des États généraux (1205) aux voûtes lambrissées où se tinrent les assemblées de 1576 et de 1588.
La transition du gothique à la Renaissance apparaît à la galerie de Charles d'Orléans, et surtout à l'aile Louis XII (1498-1501). Ce roi, né à Blois, en 1462, fait réaménager le château avec Anne de Bretagne, et édifier une aile nouvelle où le modernisme apparaît dans les portails en arcs de triomphe, dans les arabesques qui décorent (sur cour) trois piliers gothiques de motifs italiens et dans les galeries qui, à chaque étage, desservent les pièces du logis.
La première Renaissance (italianisante) donne à l'aile François Ier (peut-être dessinée par Claude de France) sa séduction ; en 15 ans, l'art, où la part des ornemanistes est devenue prépondérante, a connu une transformation totale. Certes l'ouvrage reste inachevé ; mais la façade des Loges, créée 7 m en avant de l'ancien rempart percé pour élargir le logis, affiche dans ses trois étages de galeries aux baies encore dissymétriques le luxe décoratif nouveau. De même l'escalier François Ier, dû à Pierre Trinquart (d'une réfection excessive au goût des archéologues), avec ses pans ajourés, ses balcons et sa décoration séduisante. Les appartements, très modifiés, sont, au 1er étage, le cabinet de travail de Catherine de Médicis avec ses armoires secrètes et, au 2e étage (celui de l'assassinat de Henri de Guise), la résidence de Henri III.
Le style Louis XIII apparaît à l'aile de Gaston d'Orléans (1632-1637). Le frère du roi a fait appel à François Mansart, mais celui-ci ne manifeste pas ici la plénitude de son talent : l'œuvre est rigide plus que noble. Les travaux en furent interrompus lorsque la naissance de Louis XIV ôta tout espoir de régner à son oncle.

⊙ ►► Église St-Nicolas★ – Hôtel d'Alluye (galeries★) – Maison de la magie★.

Château de BONAGUIL★★

Cartes Michelin n°s 79 pli 6 ou 235 pli 9 – Guide Vert Périgord Quercy

Cette stupéfiante forteresse, qui se dresse aux confins du Périgord Noir et du Quercy, est très représentative de l'architecture militaire de la fin du 15e s. et du 16e s.

Visite ⊙ – *Voir illustration au chapitre de l'Art – Éléments d'architecture.*
Autour d'un donjon du 13e s., le château fut agrandi en 1445, puis de nouveau entre 1482 et 1520. Il offre la particularité de dissimuler, sous la carapace traditionnelle des châteaux forts, une remarquable adaptation aux techniques nouvelles des armes à feu : canonnières et mousqueterie. En outre, Bonaguil, qui fut édifié non comme un château de surveillance ou de menace mais comme un abri sûr, apte à faire victorieusement front à toute attaque, présente la nouveauté, dans les années 1480-1520, d'utiliser les armes à feu à des fins exclusivement défensives. C'est déjà la conception d'un fort. Mais c'est aussi un anachronisme à l'époque où Montal et les châteaux de la Loire se muaient en demeures de plaisance.

BONIFACIO★★

2 683 habitants
Carte Michelin n° 90 pli 9 – Guide Vert Corse

Bonifacio, où des témoignages d'occupation humaine dès la préhistoire et durant l'Antiquité grecque puis romaine ont été retrouvés, est entrée dans l'Histoire en 828 lorsque le marquis Boniface de Toscane donna son nom à la bourgade. Les Génois, désireux de s'assurer la possession de ce site stratégique pour la surveillance de la Méditerranée occidentale, réussirent à s'infiltrer dans la place par la ruse en 1187 et y installèrent une colonie huit ans plus tard.

La cité, convoitée par les principaux souverains d'Europe, eut à soutenir de nombreux sièges. Celui de 1420 par Alphonse V d'Aragon reste dans la légende par le célèbre escalier de 187 marches qui fut taillé à même la falaise Sud, en une nuit, dit-on.

Au Sud-Est du cap Pertusato, les îles Lavezzi furent le théâtre, le 14 février 1855, du naufrage de la *Sémillante* qui avec 750 hommes à bord partait renforcer le corps expéditionnaire qui assiégeait Sébastopol.

Bonifacio - La ville haute

★★★ **Le site** – Magnifique « bout du monde », Bonifacio comprend à la fois un port et une ville haute.

La **marine**★, ensemble du port aménagé au fond d'un fjord de 1 500 m, est un havre sûr pour les bateaux de guerre, de pêche et de plaisance, fermé par un étroit goulet et protégé de la haute mer par un promontoire haut de 60 m.

La **ville haute**★★, juchée sur le promontoire parfois en surplomb sur la mer, est intéressante par ses anciennes demeures hautes de quatre ou cinq étages reliées entre elles par des arcs-boutants qui sont en fait des canalisations permettant de diriger les eaux pluviales vers des citernes.

La loggia, par laquelle s'ouvre à l'Ouest l'église Ste-Marie-Majeure, est construite sur une citerne de 650 m³ ; elle abritait, au temps de la domination génoise, les délibérations sur les affaires de la cité de quatre anciens, élus pour trois mois ; deux fois par semaine le podestat, dont la maison lui fait face, y rendait la justice.

★ **Grotte du Sdragonato** – La promenade en mer *(3/4 h)* à cette célèbre grotte marine (du Dragon) fait connaître les vagues des Bouches de Bonifacio, la pénombre de la grotte éclairée par un puits naturel en forme de Corse inversée, les strates calcaires et les falaises du fameux promontoire et l'escalier du roi d'Aragon.

⊘ ►► Église St-Dominique★.

BORDEAUX★★★

Agglomération 696 364 habitants
Cartes Michelin n⁰ˢ 71 pli 9 ou 234 plis 3 et 7 – Guide Vert Pyrénées Aquitaine

« Prenez Versailles, ajoutez-y Anvers, vous aurez Bordeaux », c'est ainsi que Victor Hugo, frappé par la majesté des constructions du 18e s. et par l'ampleur du fleuve, définissait la ville.

Mais, bien avant Versailles, Bordeaux avait pesé dans l'histoire de France.

La dot d'Aliénor – 1137. Dans la cathédrale St-André on célèbre le mariage du fils du roi, le prince Louis (le futur Louis VII) et de la fille unique du duc Guillaume d'Aquitaine. Aliénor apporte en dot pratiquement tout le Sud-Ouest de la France. Mariage mal assorti qui se déchire, après 15 ans de mésentente conjugale, lorsque Suger, abbé de St-Denis et grand ministre, n'est plus là pour exhorter les époux à se supporter mutuellement et à préserver ainsi sa politique d'extension du royaume. En 1152, le concile de Beaugency prononce le divorce. Aliénor retrouve sa chère liberté... et sa dot. Deux mois plus tard, elle se remarie avec Henri Plantagenêt, duc de Normandie, comte d'Anjou, suzerain de la Touraine et du Maine. Deux mois encore et le Plantagenêt hérite de la couronne d'Angleterre sous le nom de Henri II. C'est pour les Capétiens une catastrophe politique ; la lutte franco-anglaise qui s'engage durera trois siècles.

Après 1360, Bordeaux, la ville du Prince Noir (Edouard de Galles), sert de base aux expéditions que ce bon capitaine et féroce pillard organise contre les bastides « françaises ». Enfin, en 1453, à Castillon-la-Bataille, Bordeaux et la Guyenne sont repris par l'armée royale. C'est le dernier affrontement de la guerre de Cent Ans.

Bordeaux – Place de la Bourse

Les Intendants – Colbert a organisé le travail des Intendants, hauts représentants du pouvoir central mis en place par Richelieu. Leur vision des problèmes locaux, plus prospective que celle de la population, leur a donné à lutter pour faire d'une cité aux rues étroites et tortueuses une ville moderne par son urbanisme. A Bordeaux, ils ont donné à la ville, au 18e s., une physionomie classique où les édifices civils occupent une place de choix. L'œuvre de Claude Boucher, de Tourny, de Dupré, de Saint-Maur, se mesure aux grandioses ensembles que forment les quais, la place de la Bourse, les allées de Tourny, l'hôtel de ville, le Grand Théâtre.

Les Girondins – Pendant la Révolution, les députés de Bordeaux, dont les plus connus furent Condorcet et Vergniaud, créent le groupe politique des Girondins, de sensibilité bourgeoise, qui dispose de la majorité à la Législative et durant les premiers mois de la Convention. Mais ils sont de tendance fédéraliste, aussi les Montagnards les rendent-ils responsables de l'état de la patrie et les accusent-ils de conspirer contre l'unité et l'indivisibilité de la République. Vingt-deux d'entre eux, mis en accusation en mai 1793, sont condamnés à mort et exécutés.

Le port – Dès le Moyen Age, la domination anglaise ouvrit Bordeaux à la vie maritime par l'expédition de ses vins ; et, du même coup, elle engendra le développement du vignoble. Au 15e s., les troubles de la guerre de Cent Ans ne réduisirent pas le commerce du « claret » en Angleterre, et, jusqu'au 17e s., cette exportation fit l'objet d'une campagne annuelle assurée par des navires anglais et hollandais. Au 18e s. s'ajouta le trafic des denrées coloniales en provenance des « isles » qui détermina le développement portuaire de la ville, jouissant, à 98 km de l'océan, de la situation privilégiée de ville de premier pont.

De nos jours, cette activité déserte la courbe du fleuve, trop tributaire de la marée pour les navires de fort tirant d'eau, et s'exerce au Verdon, à Ambès et à Bassens, le long de la Gironde.

BORDEAUX

Albret (Cours d') .... **CY**
Alsace-et-Lorraine
  (Cours d') .... **DEY**
Argentiers (R. des) .... **EY** 7
Ausone (R.) .... **EY** 4
Bordelaises (Galeries) ...... **DX** 21
Chapeau-Rouge (Crs) ...... **EX** 36
Chartres (Allées de) .... **DX** 37
Clemenceau
  (Cours G.) .... **DX**
Comédie (Pl. de la) .... **DX** 43
Dr.-Nancel-Pénard (R.) ..... **CX** 48

Douane (Quai de la) ..... **EX** 52
Duffour-Dubergier (R.) .... **DX** 58
Duplessy (R.) .... **DX** 58
Esprit-des-Lois (R. de l') .. **EX** 62
Ferme-de-Richemont
  (Pl. de la) .... **DY** 63
Foch (R. Mar.) .... **DX** 64
Fusterie (R. de la) .... **EY** 65
Grands Hommes (Pl. des) . **DX** 75
Intendance (Cours de l') . **EX**
Jaurès (Pl. J.) .... **EX**
Meynard (Pl.) .... **EY** 102
Notre-Dame (R.) .... **EX** 105
Orléans (Allées d') ...... **EX** 106
Parlement (Pl. du) ...... **EX** 109

Parlement St-Pierre
  (R. du) .... **EX** 110
Pas-St-Georges (R. du) . **EXY** 112
Philippart (R. F.) .... **EX** 114
Porte-Dijeaux
  (R. de la) .... **DX**
Richelieu (Quai) .... **EY** 122
Rousselle (R. de la) ..... **EY** 126
St-Pierre (Pl.) .... **EX** 129
St-Projet (Pl.) .... **DY** 130
St-Rémi (R.) .... **EX** 132
Ste-Catherine (R.) .... **DXY**
Tourny (Allée de) .... **DX**
Verdun (Crs de) .... **DX** 139
Victor-Hugo (Cours) ...... **EY**

D Porte de la Grosse-Cloche
E Tour Pey Berland
H Hôtel de Ville
L Maison de Jeanne de Lartigue

M² Musée
    des Arts décoratifs
M³ Musée des Beaux-Arts
M⁴ Musée d'Aquitaine, musée Goupil

M⁷ Musée d'Art
    contemporain
R Monument
  aux Girondins

*Dans les **guides Michelin**,*
les cartes et les plans de villes sont orientés le Nord en haut.

★★ LE VIEUX BORDEAUX

Cette appellation désigne le secteur qui fait actuellement l'objet d'une vaste campagne de réhabilitation pour redonner tout son éclat à la belle pierre ocre des quartiers anciens. Au nombre de ces ensembles ordonnancés, élevés au cours du 18e s., on compte la prestigieuse **façade des quais** épousant la courbe de la Garonne sur plus d'1 km.

★★ **Grand Théâtre** (DX) ⊘ – Récemment restauré, il compte parmi les plus beaux de France. Édifié de 1773 à 1780 par Victor Louis (1731-1802), le théâtre de Bordeaux précède celui de Besançon dû à Ledoux et l'Odéon de Paris dû à Vailly. Louis, propagateur du style Louis XVI, a réalisé là, en matière d'architecture dramatique et lyrique, une innovation inspirée de l'Antiquité par les dimensions de l'ouvrage et la retenue de la décoration.

A l'extérieur règne la colonnade qu'il affectionne, dressée en avant des murs et de la terrasse.

Celle de la façade compose un péristyle colossal dont l'entablement porte 12 grandes statues de muses et de déesses. Le raffinement intérieur apparaît dans le dessin de l'escalier (Garnier en a repris l'idée pour l'Opéra de Paris) et dans la salle de spectacle avec ses piliers, ses rampes, ses galeries où les loges occupent une position saillante, ses balcons exclusivement en bois et qui font par le choix de leurs essences et l'étude de leur profil la qualité acoustique de cette salle.

★ **Place du Parlement** (EX 109) – Elle est représentative de l'urbanisme sous Louis XV par l'ordonnance de ses demeures dont certaines sont caractérisées par un rez-de-chaussée sur arcades, des fenêtres à impostes et un décor de masques. La balustrade qui couronne ces façades souligne l'unité de l'ensemble.

★ **Quartier des Chartrons** (DX) – Le pavé (quartier) des Chartrons, en arrière du quai où se concentrent l'armement et le commerce du vin, devint au 18e s. celui de la haute société bordelaise qui y édifia de beaux hôtels. La rue Notre-Dame, le cours de la Martinique, le **cours Xavier-Arnozan** (l'ancien « pavé ») sont bordés de nombreuses demeures ornées de façades classiques avec attiques, **balcons**★ de fer forgé, fenêtres à entablements et à impostes.

Esplanade des Quinconces (DEX) – Son intérêt réside avant tout dans sa superficie, évaluée à 126 000 m². Elle a été aménagée, pendant la Restauration, sur l'emplacement du château Trompette.

Monument aux Girondins (DX R) – Il forme un ensemble sculptural étonnant ; il se compose d'une colonne de 50 m de hauteur surmontée de la Liberté brisant ses fers et de deux remarquables **fontaines**★ en bronze symbolisant le Triomphe de la République (côté Grand Théâtre) et le Triomphe de la Concorde.

⊘ ►► Musée des Beaux-Arts★ **M³** – Cathédrale St-André★ – Basilique St-Michel★ – Place de la Bourse★★ – Église Ste-Croix (façade★). – Musée d'Aquitaine★★ **M⁴** – Musée d'Art contemporain★ (Entrepôt Lainé★★) **M⁷** – Croiseur Colbert★★.

Musée des Tumulus de BOUGON★★

Cartes Michelin nos 68 pli 12 ou 233 pli 6 – Guide Vert Poitou Vendée Charentes

Cette dénomination désigne à la fois un site préhistorique et un **musée** ⊘ de conception moderne situés près du village de Bougon, bien connu par ailleurs pour ses fromages de chèvre.

Une nécropole mégalithique – Les cinq tumulus de Bougon, sépultures monumentales de pierre et de terre de forme allongée ou circulaire, dont certaines remontent à 4 700 ans avant J.-C., soit 2 000 ans avant les Pyramides d'Égypte, constituent l'une des plus anciennes architectures funéraires connues dans le monde. Ces constructions mégalithiques sont l'œuvre de sociétés néolithiques qui vivaient dans des villages environnants dont les habitations n'ont laissé que fort peu de traces. Un élégant péristyle de métal et de verre résolument contemporain, construit sur le sol calcaire initial, s'édifie autour des vestiges d'un prieuré cistercien. Il constitue le point de départ d'une promenade à travers la préhistoire, depuis la création de l'univers jusqu'à la nécropole de Bougon.

Avant de prendre la route,
consultez 3615 MICHELIN (2,23 F/mn) sur votre Minitel :
votre meilleur itinéraire,
le choix de votre hôtel, restaurant, camping,
des propositions de visites touristiques.

BOULOGNE-SUR-MER★★

Agglomération 95 930 habitants
Cartes Michelin n°s 51 pli 1 ou 236 pli 1 – Guide Vert Flandres Artois Picardie

La côte rocheuse du Boulonnais a fait, de très bonne heure, de Boulogne une base de traversée de la Manche. C'est là que s'embarqua l'empereur romain Claude pour sa campagne de conquête de l'Angleterre. Il y organisa un service régulier de liaisons avec Douvres et y fit élever un amer gigantesque haut de 200 pieds romains (12 étages) qui ne fut démantelé qu'au 16ᵉ s.
La pêche y fut toujours une activité prépondérante. Dès 1203 une charte régissait le fonctionnement du syndicat des armateurs. De nos jours, les bateaux s'amarrent surtout le long du quai Gambetta ; ils font de Boulogne le premier port de pêche fraîche d'Europe continentale. Les autres bassins, développés, creusés ou aménagés en eau profonde à partir du 19ᵉ s., en font le 2ᵉ port de voyageurs et le 10ᵉ port de commerce français.

★★ **Ville haute** – Encore entourée de remparts (13ᵉ s.), elle occupe le site de l'ancien castrum romain. C'est le cœur historique et monumental de Boulogne.

★ **Colonne de la Grande Armée** ⊙ – *3 km au Nord.* Elle commémore le rassemblement de l'armée, en 1803, pour opérer, selon le projet de Napoléon, un débarquement en Angleterre. Le projet fut abandonné lorsqu'en août 1805 il fallut lever le camp pour faire front à l'entrée en guerre de la Russie et de l'Autriche (3ᵉ coalition).
Un peu à l'Ouest, une stèle marque l'emplacement du trône de l'Empereur lors de la deuxième grande distribution de croix de la Légion d'honneur le 16 août 1804.

ENVIRONS

★★ **Cap Gris-Nez** – *20 km au Nord.* C'est le grand accident morphologique de la côte d'Opale qui protège et régularise la côte flamande depuis la montée du niveau des mers qui suivit la fonte des grands glaciers quaternaires. Il sépare la baie d'Ambleteuse, au Sud, où les falaises ont été décapées en promontoires qu'échancrent les gorges étroites des « crans » et la baie de Wissant, au Nord, où s'opère la rectification du littoral sous l'effet de l'ensablement. Par beau temps, la **vue**★ porte jusqu'aux falaises anglaises.

⊙ ►► Basilique Notre-Dame (coupole★, crypte★ et trésor) – Château-Musée★ – Nausicaa★★★ *(musée de la Mer).*

En dehors des sentiers de Grande Randonnée jalonnés de traits horizontaux blancs et rouges et des sentiers de Pays balisés en jaune et rouge, il existe d'autres chemins intéressants à parcourir ;
renseignez-vous auprès des syndicats d'initiative et offices de tourisme.

BOURG-EN-BRESSE★★

40 972 habitants
Cartes Michelin n°s 74 pli 3 ou 243 pli 41 ou 244 pli 4 – Guide Vert Bourgogne

Bourg est la capitale et le grand marché aux volailles blanches de la plantureuse Bresse, plaine limoneuse largement inondable. Au Sud s'étend la Dombes, région d'étangs aménagés dans des cuvettes aux contours imprécis qui marquent l'extension extrême des anciens glaciers alpins.

« **Fortune infortune fort une** » – Devise tristement évocatrice des malheurs que le destin accumula sur **Marguerite d'Autriche** (1480-1530).
A l'âge de 2 ans, elle perd sa mère Marie de Bourgogne. A 3 ans, son héritage bourguignon la fait choisir par Louis XI comme épouse du dauphin Charles VIII ; un simulacre de mariage est organisé à Amboise. A 11 ans, rupture pour raison d'État : elle est répudiée de la cour de France au bénéfice d'Anne de Bretagne. A 21 ans, elle épouse Jean de Castille qui la laisse veuve en moins d'un an ; elle met au monde un enfant mort-né. A 24 ans, elle se remarie avec Philibert le Beau qui meurt bientôt d'un refroidissement contracté au cours d'une chasse. Elle décide de s'en tenir là et de consacrer désormais sa vie à l'oraison et à la gestion de son patrimoine.
Ses malheurs ont forgé son caractère. En Bourgogne, en Franche-Comté et en Artois, elle exerce ses qualités d'habileté diplomatique, de rigueur financière et d'efficacité politique. Si bien qu'à 26 ans, à la mort de son frère Philippe le Beau (père de Charles Quint), elle reçoit de son père, Maximilien de Habsbourg, la charge du gouvernement des Pays-Bas. Elle s'installe alors à Bruxelles. La même année, en 1506, au repos des cendres de son mari, elle décide de réaliser le vœu, déjà ancien de 24 ans, prononcé par sa belle-mère Marguerite de Bourbon, et fait élever le monastère de Brou, glorification de sa personne, affirmation de son rang et symbole de son amour conjugal.

★★ Église de Brou ⊙ – Dès 1506, les travaux du monastère sont entrepris. L'église elle-même est édifiée en 19 ans seulement, de 1513 à 1532, dans un style gothique tardif, très homogène mais exubérant à l'excès, sous la direction d'un maître d'œuvre flamand, Loys Van Boghem, secondé par une équipe d'artistes, flamands eux-mêmes pour la plupart, dont l'œuvre décorative est largement pénétrée par la Renaissance.

Dans la nef, très élégante, où la pierre du Revermont dispense sa clarté blonde, le triforium a été remplacé par un balcon ajouré très réussi. Le **jubé★★** de pierre, à trois arcatures en anse de panier, s'orne d'une profusion de rinceaux, de cordelières, de lacs d'amour et de feuillages.

Dans le chœur, les 74 **stalles★★**, réalisées en 2 ans par des menuisiers bressans, portent tout un peuple de statuettes évoquant l'Ancien Testament à droite et le Nouveau à gauche. Dans l'**Oratoire★★★**

Église de Brou – Retable des Sept Joies de la Vierge
La Visitation

de Marguerite d'Autriche, à gauche, le retable des Sept Joies de la Vierge confond l'esprit par la virtuosité de son exécution. Les **vitraux★★** inspirés d'œuvres de Dürer et de Titien sont d'une magnifique polychromie.

Les trois **tombeaux★★★** font de l'église un mémorial princier. A droite, celui de Marguerite de Bourbon, en conformité avec le goût de son époque, est traité dans un enfeu, selon une disposition générale gothique et une décoration flamboyante. Celui de Philibert le Beau, au centre, est tout à fait Renaissance ; en haut, le prince en armure d'apparat sommeille sous la protection d'angelots, en bas, son cadavre est gardé par de délicieuses statuettes représentant ses propres vertus. Celui de Marguerite d'Autriche, à gauche, s'intègre à la clôture du chœur : la princesse s'y affirme, en haut, sur une dalle de marbre noir, elle repose dans son linceul en bas ; le somptueux dais sculpté et gravé de sa célèbre devise en fait le plus richement traité de ces trois mausolées.

⊙ ►► Musée★ (dans le monastère), *(peinture, sculpture, arts décoratifs).*

BOURGES★★★

Agglomération 94 731 habitants
Cartes Michelin nᵒˢ 69 pli 1 ou 238 plis 30, 31 – Guide Vert Berry Limousin

Bourges était déjà une ville au temps de la conquête de la Gaule par César qui la prit en 52 avant J.-C., la saccagea et y massacra, dit-on, 40 000 habitants.
La cité devint métropole de l'Aquitaine première au 4ᵉ s. et son importance s'affirma avec le temps. Mais elle n'acquit son rôle national qu'à la fin du 14ᵉ s., lorsque Jean de Berry, fils de Jean le Bon et oncle de Charles VII, en fit la capitale de son duché et un foyer d'art, rayonnant à l'instar de ceux de Dijon et d'Avignon où régnaient alors les ducs de Bourgogne et les papes. C'est lui qui commanda aux frères de Limbourg ses « Très Riches Heures », l'un des plus purs chefs-d'œuvre de l'art des miniaturistes.

★★★ Cathédrale St-Étienne – Au 12ᵉ s., Bourges était le siège d'un archevêché traditionnellement lié au domaine royal, face aux pays du Sud-Ouest, de mouvance angevine. Son titulaire, primat d'Aquitaine, rêvait d'une belle cathédrale dans le nouveau style apparu en Ile-de-France. En 1198, quelques années seulement après Chartres, l'œuvre était entreprise.

En dressant le plan de l'édifice, l'architecte sut tirer parti de toute la technique du gothique dans l'art de diriger et de répartir les poussées du monument. Il se montra, en outre, novateur et économe en renonçant à élever un transept, en reconduisant six travées sexpartites de même plan et en réutilisant les portails romans de l'ancienne cathédrale aux porches Nord et Sud de la nouvelle. Malheureusement – imprudence ou manque de moyens – il édifia sa façade sur des fondations insuffisantes.

En 1200, la crypte était achevée ; en 1215, le chœur ; en 1220, le gros œuvre de la nef et l'admirable ligne d'arcs-boutants à double volée le long du vaste vaisseau. Une restauration excessive au début du 19e s. a valu à la cathédrale l'ouverture d'oculus, la réfection des pignons extérieurs et l'adjonction malencontreuse de balustrades et de pinacles sur les contreforts.

La **façade Ouest**, immense, annonce par ses cinq portails les cinq vaisseaux intérieurs ; le style rayonnant y domine. Les portails furent entrepris en 1230. En 10 ans, les deux de droite qui se rattachent à Notre-Dame de Paris étaient achevés ; en 1250, le grand portail central consacré au Jugement dernier. Soixante ans plus tard, un tassement du sol oblige à épauler la tour Sud par un énorme pilier-boutant et à renforcer l'ensemble de la façade. Mais le 31 décembre 1506, la tour Nord s'effondra et Guillaume Pellevoysin, le nouvel architecte, travailla 30 ans à sa réfection et à celle des deux portails correspondants : il introduisit dans son ouvrage de remarquables éléments d'architecture et de décoration Renaissance.

Le **chevet** de la cathédrale superpose une église inférieure avec ses fenêtres gothiques disposées entre les bases des chapelles et des contreforts ; le déambulatoire extérieur avec ses chapelles à trois pans ; le déambulatoire intérieur enjambé par le premier étage des arcs-boutants ; la partie haute du chœur que viennent étayer, à la naissance de la voûte, les grands arcs-boutants à double volée et à double batterie. Le gothique lancéolé règne ici magistralement.

A l'intérieur, les cinq **nefs**, achevées en 1270, frappent par leur élévation et par la qualité de la lumière qu'y diffusent les vitraux. Les bas-côtés extérieurs, sur lesquels donnent des chapelles, s'élèvent déjà à 9 m sous voûte ; les bas-côtés intérieurs, dotés d'un triforium aveugle, à 21 m ; la nef centrale à 37,15 m. Limitée par les grandes arcades, dépourvue de tribunes, elle est couverte d'une large voûte sexpartite dont l'alternance des piles fortes et faibles est habilement dissimulée par les faisceaux de colonnes contournant les piliers. L'ensemble offre une disposition rare reprise au chœur du Mans presque aussitôt.

Sous le chœur, une **crypte**★★ ⓥ de même plan rattrape les 6 m de dénivellation du sol. C'est l'une des plus belles du 13e s. avec son déambulatoire extérieur voûté en triangles et ses galeries intérieures montées sur des ogives tordues pour faciliter le réglage en hauteur des clefs de voûte.

Les **vitraux**★★★ – qui constituent l'un des ensembles les plus célèbres de France – couvrent tout l'art du vitrail du 12e au 17e s. Pour l'essentiel, ceux du 13e s. entourent le chœur et relèvent de la technique des maîtres verriers de Chartres. Ils font pénétrer la lumière dans l'édifice par les fenêtres basses des chapelles, par les fenê-

Bourges – Le songe de Joseph

tres doubles des bas-côtés intérieurs, par les fenêtres hautes de la grande nef.

★★ **Palais Jacques-Cœur** ⓥ – Fils d'un pelletier de Bourges, Jacques Cœur (1395-1456) fréquente d'abord comme orfèvre la cour de Jean de Berry, puis celle de Charles VII, lorsque le dauphin, âgé de 15 ans, vient se réfugier dans le palais de son oncle. Il prend rapidement conscience de la reprise économique qui se dessine et de l'œuvre à accomplir dans le bassin méditerranéen. Il possède bientôt des salines, des mines, des forges, des chantiers navals, des navires, des comptoirs au Levant ; il fournit la cour en articles de luxe et devient argentier du roi. A 50 ans, au comble de sa fortune, il décide d'élever sa demeure.

Son palais, achevé en moins de 10 ans à partir de 1445, manifeste la reprise du goût de bâtir, après le marasme dû à la guerre et le succès que connaît alors le gothique flamboyant. L'hôtel, somptueux, comporte des commodités voulues par son propriétaire et qui trouvent là l'origine de leur faveur comme ses étuves (sanitaires) et sa cour à galerie, promenoir abrité pour les visiteurs. Il apportait, en outre, des innovations à l'architecture civile du Moyen Age finissant : oratoires particuliers ménagés dans la chapelle, pièces nombreuses et indépendantes, sculptures sur les linteaux désignant la destination des pièces desservies par les divers escaliers...

Ⓥ ►► Hôtel Cujas★ *(musée du Berry)* – Hôtel Lallemant★ *(arts décoratifs)* – Jardin des Prés-Fichaux★ – Hôtel des Échevins★ (Musée Maurice-Estève★★).

Lac du BOURGET★★

Cartes Michelin n°s 74 pli 15 ou 244 plis 17, 18 – Guide Vert Alpes du Nord

Au contact des Préalpes et du Jura méridional, le lac du Bourget est le plan d'eau naturel le plus renommé et le plus vaste (4 500 ha) de France. Sa nappe, garnissant une vallée glaciaire, atteignait jadis le pied du Grand Colombier et était directement alimentée par le Rhône. De nos jours, elle communique avec le fleuve par le canal de Savières creusé dans la plaine marécageuse de Chantagne. La rive Ouest, abrupte, est dominée par la Dent du Chat et le mont de la Charvaz.

Le lac et ses abords constituent un milieu biologique d'une richesse et d'une originalité remarquables. Ses eaux sont en particulier fréquentées par le lavaret, salmonidé migrateur, et par l'écrevisse américaine importée, il y a un siècle, de la côte Est des États-Unis. Parmi les oiseaux qui hantent ses berges on peut remarquer, à partir du mois de novembre, plus de 300 grands cormorans venant hiverner dans la grande Cale sur la rive Ouest.

Le lac a valu à **Alphonse de Lamartine** (1790-1867) la consécration littéraire. A 26 ans, il traîne en Bourgogne, en Italie et à Paris une jeunesse désœuvrée de poitrinaire distingué. A Aix, en octobre 1816, il rencontre Mme Charles, Julie, qu'il immortalise sous le nom d'Elvire et dont la mort, 14 mois plus tard, donne au poète sa maturité. En mars 1820, les *Méditations poétiques* lui apportent, d'un coup, la gloire littéraire ; l'écriture y pèche certes par quelques facilités et négligences mais la poésie transfigure l'ouvrage. La révolution de 1830 fait de lui un homme politique : sa carrière s'édifie sur une œuvre oratoire considérable et idéaliste. Lorsqu'il passe à l'opposition en 1833 sa popularité est immense, soutenue par son *Histoire des Girondins*. En février 1848, il proclame le gouvernement provisoire et sauve le drapeau tricolore. Mais le coup d'État du 2 décembre l'isole dans ses terres. Criblé de dettes, aux abois, il doit vendre son bien à des prix dérisoires et s'astreindre à bâcler des « travaux forcés littéraires » : quelques volumes d'histoire politique sur la Russie, la Turquie, la Constituante et un Cours familier (famélique, vilipendent ses détracteurs) de littérature. Une récompense nationale proposée par Napoléon III facilite ses derniers mois.

►► Le tour du lac★★.

★★ **Abbaye royale de Hautecombe** Ⓥ – Quarante-deux princes et princesses de la maison de Savoie reposent dans l'église entièrement restaurée au 19e s. dans un style néo-gothique exubérant. Durant des siècles, les souverains installés à Turin souffrirent de voir leur domaine partagé par la ligne de crêtes de la chaîne des Alpes. Aussi, pour pallier les effets d'une telle contrainte, Victor-Emmanuel II entreprit-il en 1857 de forer entre Bardonnèche et Modane le tunnel ferroviaire du Fréjus, la première en date des grandes percées alpines (13 657 m) ; ironie de l'Histoire, lorsque l'œuvre fut achevée, 15 ans plus tard, la Savoie s'était donnée à la France par le plébiscite de 1860.

La **grange batelière** (12e s.), ou grange d'eau, permettait à la fois l'accostage et le déchargement des bateaux et l'entreposage des marchandises.

BRANTÔME★★

2 080 habitants
Cartes Michelin n°s 75 pli 5 ou 233 pli 31 – Guide Vert Périgord Quercy

Au cœur de l'opulente campagne périgourdine, faite de champs à peine inclinés et plantés de noyers, cernée par les falaises de rivières à méandres et bâtie de fermes bien construites, Brantôme offre une image de séduction.

Les **bords de la Dronne**★★ y composent un paysage d'une subtile sérénité avec leurs maisons aux toits d'ardoise, édifiées comme de vraies gentilhommières, leurs plans d'eau assagis par des barrages offrant des perspectives vaporeuses sur un vieux pont coudé, sur un parc public où s'associent les pelouses et les grands arbres et sur de nobles monuments : **clocher**★★ ⊙ roman et grande façade de l'abbaye du 18e s.

Pierre de Bourdeilles (1540-1614), abbé commendataire, s'y retira après qu'en 1584 une chute de cheval l'eut handicapé... et après que les Bourbons eurent succédé aux Valois, lui faisant ainsi perdre la faveur des grands. Sous le pseudonyme de Brantôme, ce courtisan batailleur et chroniqueur se plut alors à consigner ses souvenirs dans des Mémoires posthumes sur les « Vies » des Dames illustres, des Hommes illustres, des Grands capitaines, des Dames galantes... Ces chroniques, volontiers licencieuses, décrivent avec complaisance des exploits auxquels leur auteur impotent ne participe plus. Ce sont de piquants portraits.

Brantôme - Rive droite de la Dronne

Château de la BRÈDE★

Cartes Michelin n°s 71 pli 10 ou 234 pli 7 – Guide Vert Pyrénées Aquitaine

Dans la paisible campagne des Graves, le **château de la Brède** (brède : marécage), entouré de larges douves en eau, présente, pratiquement inchangée, la physionomie aristocratique qu'il avait à la fin du 15e s.

Charles Montesquieu, qui y naquit en 1689, fut le spirituel auteur des Lettres persanes (1721), le crédule historien de La Grandeur et la décadence des Romains (1734) et surtout le fécond écrivain de l'Esprit des lois (1748), son œuvre majeure conçue et rédigée au château. Ce magistrat de Bordeaux, zélé surtout pour les voyages et la gestion de son vignoble, s'y hausse, à l'image de Montaigne, au rang de philosophe et s'y fait le théoricien de la séparation des pouvoirs législatif, exécutif et judiciaire, garante de la liberté des citoyens. Les 31 volumes de l'ouvrage, qu'on ne lit plus guère aujourd'hui mais qui connurent 22 éditions en 18 mois, font entrer le droit politique dans l'histoire littéraire française.

VISITE ⊙

La **chambre** (meublée telle qu'elle était du vivant de Montesquieu) et la **bibliothèque** (qui abrite quelque 7 000 volumes) permettent une bonne évocation de l'homme et de l'écrivain.

BREST★

Agglomération 201 480 habitants
Cartes Michelin n°s 58 pli 4 ou 230 pli 7 – Guide Vert Bretagne

Station navale qu'utilisèrent les Gaulois puis les Romains, Brest ne prit son importance qu'au 13e s. C'est une ville reconstruite après les destructions de la Seconde Guerre mondiale : 4 années de bombardements et 43 jours de siège.

La rue de Siam, rectiligne, entre l'arsenal et la place de la Liberté, et dont le nom a fait le tour du monde évoqué par les marins, était déjà l'axe de la ville ancienne. En 1341, au moment où il entre en guerre contre Jeanne de Penthièvre pour la succession du duché, Jean de Montfort confie Brest en gage à Édouard III d'Angleterre. Mais une fois la paix revenue et le traité de Guérande signé et en dépit de trois sièges, l'Anglais s'incruste. Il ne lâche sa proie qu'aux termes du contrat de mariage entre Richard II, le nouveau souverain, et Isabelle, fille de Charles VI en 1397. Une garnison royale française s'installe alors dans la place et s'y maintient.

Au début du 17e s., Richelieu qui veut doter la France d'escadres toujours prêtes à appareiller et qui a reconnu la valeur de Brest, « la force de la France au bout de la France » *(J. Michelet)*, comme celle de Toulon, fonde le premier atelier de l'arsenal sur les rives de la Penfeld d'où un bâtiment sort dès 1634. Plus tard, Colbert poursuit son œuvre en créant les écoles de gardes maritimes, de canonnage, d'hydrographie, de génie maritime. Duquesne perfectionne l'arsenal et élève les remparts que Vauban remanie en 1683. Parmi les sculpteurs entretenus au port figure Coysevox qui œuvre à des proues et à des poupes de navires. La sculpture religieuse bretonne de la fin du 17e s. a été très marquée par cet atelier d'art.

Au 18e s., les lignes fortifiées du Quélern (sur le Goulet) témoignent de la puissance navale qu'il fallait protéger lors des guerres pour l'Indépendance américaine.

Cours Dajot – Cette promenade, construite en 1769 sur l'ancien rempart, domine (**vue**★★) l'ensemble portuaire et la rade de 150 km², échancrée par les estuaires de l'Élorn, du Daoulas, du Faou et de l'Aulne et fermée par la presqu'île de Roscanvel. Sur la droite s'ouvre le Goulet de Brest. Profond de 55 m, large de 2 km, long de 5 km, ce goulet est un exemple spectaculaire de l'immersion de la partie inférieure d'un fleuve côtier par la remontée du niveau des océans lors de la fonte des glaciers quaternaires. Ce phénomène général a déterminé des formations identiques appelées **abers** en Basse-Bretagne (Aber-Wrach, Aber-Benoît, Aber-Ildut...), rivières en Bretagne du Sud (rivières d'Auray, de Pont-Aven, d'Étel...), ria en Galice (Nord-Ouest de l'Espagne), calanques dans les chaînons provençaux (Cassis).

★ **Musée des Beaux-Arts** ⊙ – Il abrite des œuvres significatives des recherches de l'école de Pont-Aven, *Mer jaune* par Lacombe, une curieuse évocation de la ville d'Ys (p. 214), *les Perroquets* de Monet et *le Bouquet de roses* par Suzanne Valadon.

Pont de Recouvrance – C'est le plus important pont levant d'Europe avec sa travée métallique de 87 m de portée. Il offre une vue dominante sur l'aber encaissé et sinueux de la Penfeld devenu au 17e s. arsenal, base navale et port de guerre.

Château – Avec la tour Tanguy qui lui fait face sur la rive droite de la Penfeld, il témoigne des fortifications historiques de Brest.

★★ **Océanopolis** ⊙ – En bordure du port de plaisance du Moulin Blanc, Océanopolis se présente comme un vaste bâtiment aux allures de crabe géant. A l'entrée du niveau 1, la falaise aux oiseaux répertorie les principales espèces qui nichent en Bretagne, tandis qu'au niveau 2, plusieurs aquariums d'eau salée recréent la vie sous-marine au large des côtes brestoises.

ENVIRONS

★★ **Calvaire de Plougastel-Daoulas** – *11 km à l'Est – au Sud de l'église*. Ce calvaire fut édifié de 1602 à 1604, quatre ans après une épidémie de peste, par les frères Bastien et Henri Priget. Ses 180 personnages, traités en ronde bosse, figés dans une attitude de pose, frappent par la violence expressive de leur physionomie, encore

Plougastel-Daoulas
Calvaire : la scène du Lavement des pieds

MICHELIN

---

rehaussée par l'importance des têtes. 28 scènes illustrent la vie du Christ (Nativité, lavement des pieds) mais surtout sa Passion (arrestation, outrages) et sa Résurrection.

Le grès ocre de Logonna-Daoulas, choisi pour le monument, fait valoir les scènes traitées en **kerzanton**, roche éruptive grenue de la famille des diorites, très riche en mica noir. Cette pierre, extraite à fleur d'eau dans une échancrure voisine de la rade de Brest (filon épuisé), facile à travailler, durcit à l'air avec le temps. Elle a fait la réputation de l'atelier de sculpture du Folgoët et a longtemps été le matériau des monuments aux morts adopté dans le Finistère.

★ **Les Abers** – La côte Nord-Ouest du Finistère, dite encore « Côte des Légendes », est entaillée par des estuaires appelés « abers » dont le spectacle, à marée haute, est remarquable. Les abers diffèrent des estuaires de la côte Nord par leur sillon beaucoup moins profond et par leurs pentes moins raides.

Une charmante **route touristique★**, tracée en corniche, suit la côte depuis l'Aber-Ildut jusqu'à Trémazan, puis la route continue par l'Aber-Benoît, l'Aber-Wrach (dont le port de plaisance est très fréquenté) et conduit au phare de l'île de la Vierge (le plus haut de France avec ses 82,5 m).

BRIANÇON★★

11 041 habitants
Cartes Michelin nᵒˢ 77 pli 18 ou 244 plis 42, 43 ou 189 pli 9
Guide Vert Alpes du Sud

Le chemin de ronde supérieur du fort du **château** ⊙ (statue de **La France★** par Antoine Bourdelle) constitue le meilleur observatoire sur le site de Briançon. La plus haute ville d'Europe (1 321 m) occupe le centre de convergence des vallées qui forment le bassin supérieur de la Durance. Au pied du col de Montgenèvre se rejoignent les deux grandes routes vers l'Italie par l'Oisans et par l'Embrunais.

Probablement ce site stratégique, déjà occupé par les Gaulois, reçut-il les survivants d'une tribu alémanique écrasée par Marius au pied de la montagne Ste-Victoire et, au 15ᵉ s., des réfugiés vaudois. Dans cette zone de passage, à vocation naturellement commerçante et militaire, « dominée par des verrous prédestinés à l'édification de fortifications » (P. et G. Veyret), les anciens forts (Dauphin, Sallettes, les Trois-Têtes, Anjou, Randouillet), installés par Vauban selon un système de couverture mutuelle, ont permis la résistance victorieuse du général Éberlé à l'armée austro-sarde qui envahit le Dauphiné après Waterloo.

★★ **La Ville haute** – En janvier 1692, la guerre de la Ligue d'Augsbourg dure depuis 6 ans. Les mercenaires à la solde de Victor-Amédée II, duc de Savoie, envahissent le Dauphiné et incendient Briançon ; 2 maisons sur 258 échappent au désastre. Louis XIV dépêche alors Vauban avec mandat de dresser un plan de reconstruction et de fortification rendant la ville inexpugnable. Un séjour d'une semaine suffit au grand ingénieur pour remplir sa tâche, mais âgé et malade il ne peut en suivre la bonne exécution et déplore les accommodements apportés à son projet.

Briançon-Vauban, par opposition à Briançon-Ste-Catherine, la Ville basse, conserve sa physionomie de place frontière du règne de Louis XIV avec sa porte de Pignerol et son église fortifiée. Ses rues étroites et pentues, sa **Grande Gargouille★** (ou Grande-Rue) surtout, illustrent son adaptation à la topographie.

▶▶ Pont d'Asfeld★ – Fort des Salettes★ – Prorel★★ ⊙.

Pont-Canal de BRIARE★★

Cartes Michelin nᵒˢ 65 pli 2 ou 238 pli 8 – Guide Vert Bourgogne

Briare est une active cité du Val d'Orléans ; ses émaux pour le revêtement des sols et des murs, ses céramiques et ses grès sont connus.

Du 14ᵉ au 19ᵉ s., le grand trafic a toujours emprunté le Val de Loire ; mais l'irrégularité du débit du fleuve et la hauteur des fonds exerçaient des contraintes souvent insurmontables pour les compagnies. Aussi Henri IV, dans le cadre de sa politique d'unification économique, fit-il entreprendre en 1605 le canal de Briare qui assura, à partir de 1642, par le Loing raccordé à Montargis, la jonction navigable entre les bassins de la Loire et de la Seine. C'était le premier canal à double versant d'Europe.

Pont-canal de Briare

Le canal latéral à la Loire (1822-1838) le prolonge au Sud jusqu'à Digoin. Il franchit la Loire à Briare sur un pont-canal réalisé de 1890 à 1894 (58 ans après ceux du Guétin et de Digoin). Sa gouttière métallique, la plus longue du monde avec ses 662,68 m, repose sur 15 piles de granit dessinées par Eiffel et dont la charge est constante, que le pont soit ou non parcouru par des péniches en transit : simple application du principe d'Archimède.

BRIOUDE★★

7 285 habitants
Cartes Michelin nos 76 pli 5 ou 239 pli 32 – Guide Vert Auvergne

Parmi les Limagnes du Sud, celle de Brioude est la seule à donner l'image d'une plaine, privilégiée au regard des montagnes qui l'encadrent et par la fertilité de son sol et la clémence de son climat.

★★ **Basilique St-Julien** – Elle s'élève au lieu où, selon la tradition, Julien, centurion d'une légion romaine basée à Vienne, connut le martyre en 304. Elle fut longtemps une étape très fréquentée par les pèlerins qui, au-delà du Puy, empruntaient le chemin de Regordanne (par Langogne et Villefort), seule voie de communication entre l'Auvergne et le Languedoc.

L'église actuelle, entreprise par le narthex en 1060, fut achevée en 1180 (chœur et chevet). Sa nef fut surélevée et voûtée d'ogives en 1259.

Le **chevet**★★ est l'une des dernières manifestations de l'art roman en Auvergne. Il présente cinq chapelles à corniches et chapiteaux sculptés, à toits d'ardoise, étayées par des contreforts et décorées par les mosaïques de pierre. Le **porche**★ Sud conserve un haut linteau pentagonal très auvergnat ; ses pentures de fer forgé et deux admirables marteaux de bronze.

La longue nef, chaudement colorée par les grès et les basaltes roses, rouges ou bruns, a retrouvé son pavage du 16e s. en galets de l'Allier.

La sculpture, favorisée par la présence de grès et de marbres à proximité, se déploie surtout dans les **chapiteaux**★★ auxquels ont travaillé quatre et peut-être six ateliers successifs aux 12e et 13e s. Parmi les sujets les plus significatifs on distingue *(collatéral droit, à hauteur du porche)* un chevalier en armure, peut-être un croisé en rapport avec le prêche de la Ire croisade à Clermont, et un usurier par qui l'artiste dénonce l'avarice ou flétrit l'activité des prêteurs et agents d'affaires, fléau social du Moyen Age. Dans le collatéral droit, observer deux œuvres du 14e s., la Vierge parturiente et le Christ lépreux.

La peinture murale, malheureusement dégradée, couvre près de 140 m². Deux œuvres s'y distinguent de façon toute particulière : la grande figure de saint Michel *(1re travée de la nef)* et l'ensemble de fresques à la tribune du narthex *(salle de droite)*. Dans ces dernières se reconnaissent le Christ bénissant, les élus et les damnés, les vertus et les vices et une centaine d'anges ; sur le mur de refend, l'enfer est représenté par la défaite hallucinante de Satan foudroyé (13e s.).

ENVIRONS

★ **Lavaudieu** – *10 km au Sud-Est.* Ancien prieuré (11e s.) de moniales bénédictines dépendant de La Chaise-Dieu, attachant par les galeries à plafond de bois de son petit **cloître**★ ⊙ et les **fresques**★ du 14e s. qui décorent sa chapelle et son réfectoire.

Château de BRISSAC★★

Cartes Michelin n° 54 pli 11 ou 232 pli 32 – Guide Vert Châteaux de la Loire

Dans un beau parc où s'élèvent de magnifiques **cèdres**★, ce château surprend par son élévation et par l'enchevêtrement de deux constructions destinées non à voisiner, mais à se succéder. Le duc **Charles de Cossé** fait reconstruire sa demeure, endommagée par les guerres de Religion, sur des plans de **Jacques Corbineau**, architecte de la citadelle de Port-Louis à Lorient ; sa mort (1621) interrompt les travaux, laissant l'édifice dans l'état où il se présente aujourd'hui.

VISITE ⊙ 1 h

Le château présente une façade principale, bloquée entre les deux tours médiévales et inachevée. Elle comporte une aile gauche et un pavillon central, au motif triomphal abondamment orné de pilastres à bossage et de niches abritant des statues. A droite, la tour gothique ne céda jamais la place à l'aile droite attendue.

Les **plafonds** à la française, rehaussés de sculptures, ont gardé leurs peintures du 17e s. tandis qu'aux murs pendent de superbes **tapisseries**.

Par l'escalier Louis XIII, on gagne, au 1er étage, la salle des Gardes aux dimensions imposantes, la chambre où Louis XIII et sa mère, Marie de Médicis, se réconcilièrent provisoirement après le combat des Ponts-de-Cé (1620) et la chambre des Chasses aux murs tendus de magnifiques tapisseries des Flandres (16e s.).

Au Nord de Brissac, sur la route d'Angers, s'élève un beau moulin à vent du type moulin cavier.

BROUAGE★

498 habitants
Cartes Michelin nos 71 pli 14 ou 233 pli 14 – Guide Vert Poitou Vendée Charentes

A la surface de ses anciens marais salants convertis en pâturages, Brouage illustre l'avance du rivage saintongeais. Au Moyen Age c'était une cité maritime qui commerçait avec les ports de la Baltique. Samuel Champlain, fondateur de Québec, y naquit en 1570. Mais, durant les guerres de Religion, les Rochelais bloquèrent le havre (chenal) de Brouage en y coulant des navires chargés de pierres.

Aussitôt l'Aunis dégagé de la menace anglaise (débarquements en quelques points de la côte et sur l'île de Ré, soutien actif aux rebelles de La Rochelle), Richelieu veut faire de Brouage « l'arsenal du Ponant » : il édifie une ville neuve protégée par un rempart. Mais, malgré les travaux de Vauban, les marais salants passent à l'état de marais gâts, générateurs de fièvres, le havre s'envase et les chenaux se colmatent ; il faut se résoudre à fonder Rochefort et à laisser à l'abandon la rivale de La Rochelle.

★★ **Remparts** – Bâtis de 1630 à 1640, ils offrent un exemple encore intact de l'architecture militaire antérieure à Vauban avec leurs canonnières, leurs portes fortifiées et leurs délicates échauguettes en encorbellement. Sur la route de retour de St-Jean-de-Luz, où il avait épousé l'infante Marie-Thérèse, Louis XIV vint un soir les arpenter en songeant à Marie Mancini qui, six mois plus tôt, y était venue cacher son chagrin.

★★★ ZOO DE LA PALMYRE ⊙ 32 km au sud

Situé dans la forêt de la Palmyre, ce parc animalier de 14 ha est installé sur un site accidenté, ombragé de pins maritimes et de chênes. Des flamants roses, au pied d'un rocher du haut duquel dévale une cascade, accueillent les visiteurs. Le zoo offre un parcours agréable d'environ 4 km, jalonné de panneaux détaillant le mode de vie et le caractère de plus de 1 500 animaux de tous les continents. On est fasciné par la variété infinie de petits singes au regard pénétrant, notamment le Tamarin lion doré au pelage flamboyant, et par les facéties des imposants gorilles. Pour se faire une idée de l'activité des chauves-souris géantes (roussettes), on pénétrera dans la grotte qui a pour voûte un ciel étoilé. On pourra enfin s'attendrir devant les bébés lions dans la nursery.

Les publications Michelin :
  – plus de 220 cartes, atlas et plans de villes ;
  – 12 guides Rouges hôtels-restaurants couvrant
    les pays européens ;
  – plus de 160 guides Verts pour toutes les destinations
    (8 langues d'édition).

CAEN★★★

Agglomération 189 000 habitants
Cartes Michelin nᵒˢ 54 pli 16 ou 231 pli 30 – Guide Vert Normandie Cotentin

Caen, capitale de la Basse-Normandie, est une ville industrielle et, grâce à la création d'un canal latéral à l'Orne, un port de mer important.

« Enfin Malherbe vint » – Par cet hémistiche, Boileau, souverain critique littéraire du siècle de Louis XIV, rendit justice à François Malherbe, né à Caen en 1555, moins poète que grammairien acariâtre et doctrinaire intransigeant de la versification et de la langue qu'il voulait « dégasconner » après les libertés prises par les écrivains de la Pléiade.

La bataille de Caen – La bataille de Caen a duré plus de deux mois. Les premiers obus tombent le 6 juin 1944 sur la ville qui prend feu ; l'incendie des quartiers centraux dure 11 jours ; lorsque le 9 juillet les Canadiens y pénètrent, les Allemands à leur tour le pillonnent.

L'abbaye aux Hommes, l'hospice du Bon Sauveur et les carrières de Fleury abritent la population.

Le dernier obus ne tombe sur Caen que le 20 août. Pendant ce temps, une dure bataille s'engage pour le franchissement de l'Odon – qui coûta plus cher aux Britanniques que celui du Rhin – mais la menace de Montgomery, pesant sur la ligne de retraite allemande, éclaire la stratégie de tenaille qui fut celle de la bataille de Normandie.

★★ **Le Mémorial, un musée pour la Paix** (CX) ⊘ – *Esplanade Dwight-Eisenhower. Accès signalé à partir du centre-ville et du périphérique Nord. Compter 2 h au minimum.*

Érigé dans la ville qui, en 1944, se trouva au cœur de la bataille de Normandie, ce bâtiment sobre s'ouvre sur une esplanade où treize pierres, gravées d'un message de paix, représentent les différentes nations qui ont combattu à cette époque sur le sol normand. Il occupe l'emplacement même du poste de commandement du général allemand W. Richter qui, le 6 juin, opposa une résistance farouche aux troupes de débarquement alliées. Ce lieu abrite, désormais, une galerie consacrée aux prix Nobel de la paix.

S'appuyant sur des techniques audiovisuelles et scénographiques des plus avancées, le mémorial propose un parcours dans la mémoire collective, de 1918 à nos jours : la faillite de la paix (l'entre-deux-guerres), la France des années noires (la « Drôle de guerre » et l'occupation allemande), l'extension mondiale du conflit,

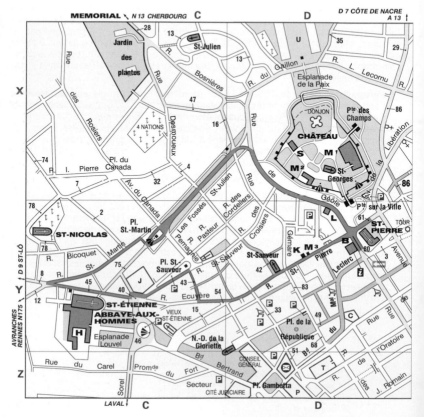

le jour J évoqué de façon saisissante avec des films d'archives alliées et allemandes projetés simultanément sur un écran géant, la bataille de Normandie et la libération de la France puis de l'Europe du joug nazi.

Dépassant le cadre de la Seconde Guerre mondiale, le film *Espérance* retrace, à l'aide de séquences fortes appuyées par une musique originale de Jacques Loussier, l'alternance des conflits et des actions pacifistes qui ont suivi. Il invite, de ce fait, à une réflexion approfondie sur les liens étroits qui existent entre le respect des droits de l'homme et la sauvegarde de la paix.

LA VILLE DUCALE

La parure architecturale de Caen appartient pour l'essentiel à l'art roman. Elle manifeste l'attachement de Guillaume et de Mathilde à leur ville de prédilection. Après les invasions des Vikings (hommes du Nord – North men – Normands) aux 9e et 10e s., et forts du soutien des ducs, les bénédictins se mettent à l'ouvrage. Leurs abbatiales sont les premiers grands édifices religieux de Normandie. Elles se distinguent extérieurement par les tours vigoureuses qui encadrent leurs façades, par les « lanternes » élevées sur le carré du transept, et intérieurement par la clarté qui règne dans l'édifice, par la simplicité de ses lignes et par l'ampleur de ses dimensions liée à l'adoption délibérée d'une couverture de charpente ancrée sur des solins plutôt qu'à une lourde voûte en berceau de pierre. Autre particularité normande : la galerie technique de surveillance qui court à la base des fenêtres hautes.

La main de Mathilde – Caen prit son importance au 11e s., lorsque **Guillaume** de Normandie et Mathilde, sa jeune femme, en firent leur cité préférée. Pour en arriver là, Guillaume, qui avait demandé la main de Mathilde de Flandre, une arrière-cousine, avait dû dévorer l'affront d'un refus, la fière Mathilde ne voulant pas de ce prétendant de naissance illégitime (Guillaume était né, en 1027, à Falaise, des complaisances de la belle Arlette pour Robert le Diable). Mais éperdu d'amour et fou de rage, Guillaume revient à Lille et administre à la demoiselle une magistrale correction.

Mathilde subjuguée consent à lui donner sa main. Le mariage est célébré vers 1050, malgré l'opposition papale qui tire argument de la lointaine parenté des fiancés et Rome prononce à la fois l'excommunication des époux et l'interdit sur la Normandie.

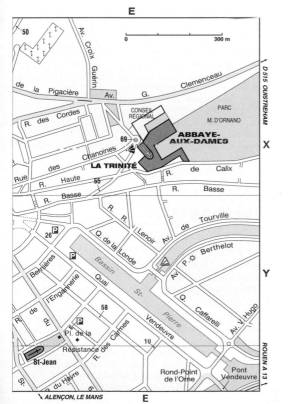

CAEN

Académie (R. de l')	**CY**	2
Alliés (Bd des)	**DY**	3
Bagatelle (Av. de)	**CX**	4
Barbey-d'Aurevilly (R.)	**CX**	7
Bayeux (R. de)	**CY**	8
Caponière (R.)	**CY**	12
Carrières-St-Julien (R. des)	**CDX**	13
Caumont (R. A.-de)	**CY**	15
Chanoine X de Saint-Paul (R.)	**CX**	16
Courtonne (Pl.)	**EY**	26
Creully (Av. de)	**CX**	28
Délivrande (R. de la)	**DX**	30
Docteur-Rayer (R. du)	**CX**	32
Doumer (R. Paul)	**DY**	33
Ecuyère (R.)	**CY**	
Edimbourg (Av. d')	**DX**	35
Fontette (Pl.)	**CY**	40
Froide (R.)	**DY**	42
Fromages (R. aux)	**CY**	43
Guillaume-le-Conquérant (R.)	**CY**	45
Guillouard (PL. L.)	**CYZ**	46
Juifs (R. aux)	**CX**	47
Lair (R. P.-A)	**DY**	49
Lebisey (R. de)	**EX**	50
Lebret (R. G.)	**DYZ**	51
Leclerc (Bd du Mar.)	**DY**	
Malherbe (Pl.)	**CY**	54
Manissier (R.)	**EX**	55
Marot (R. Jean)	**CY**	56
Miséricorde (R. de la)	**EY**	58
Montoir-Poissonnerie (R.)	**DY**	61
Pont-St-Jacques (R. du)	**DY**	68
Reine-Mathilde (Pl. de la)	**EX**	69
St-Gabriel (R.)	**CX**	74
St-Jean (R.)	**DEYZ**	
St-Manvieu (R.)	**CY**	75
St-Nicolas (R.)	**CXY**	78
St-Pierre (Pl.)	**DY**	80
St-Pierre (R.)	**DY**	
Strasbourg (R. de)	**DY**	83
Vaugueux (R. du)	**DX**	86
6-Juin (Av. du)	**DEYZ**	

B	Hôtel d'Escoville
E	Salle de l'Échiquier
K	Maisons à pans de bois
L	Maison des Quatrans
M¹	Musée des Beaux-Arts
M²	Musée de Normandie
M³	Musée de la Poste et des Techniques de Communication

En 1059 l'illustre Lanfranc obtient la levée de ces sanctions et les époux font amende honorable en élevant l'un l'abbaye aux Hommes, l'autre l'abbaye aux Dames.

Pendant que Guillaume, quelques années plus tard, guerroie en Angleterre ou organise l'administration de son royaume, la main de Mathilde, douce et ferme, tient le duché de Normandie dont elle a reçu la régence.

★★ **Église St-Étienne (CY)** – C'est l'église de **l'abbaye aux Hommes** fondée par Guillaume le Conquérant. Elle fut élevée en 12 ans à partir de 1066.

Sa façade est une œuvre du 11ᵉ s., saisissante par la superbe envolée de ses tours (les flèches octogonales ont été ajoutées à l'époque gothique).

La nef immense est un modèle d'ordonnance romane par ses grandes travées carrées qu'une pile plus faible divise en deux parties et par l'élévation de tribunes au-dessus des bas-côtés. Le 3ᵉ étage a été refait au 12ᵉ s. lorsqu'on remplaça la couverture en charpente par une voûte sexpartite.

La tour-lanterne, probablement due à Guillaume le Conquérant et à Lanfranc eux-mêmes, est un chef-d'œuvre de l'art roman par l'équilibre et la simplicité de ses arcs.

Le chœur, développé et refait au début du 13ᵉ s., est l'un des plus précoces spécimens du gothique normand. Il a fait école dans d'autres grands édifices de la province.

★ **Château (DX)** – Cette vaste citadelle qui couronne une butte fut créée par Guillaume en 1060 (puis renforcée, agrandie et consolidée ultérieurement). Des remparts, vues étendues sur Caen.

★★ **Église de la Trinité (EX)** – Elle fut fondée en 1062 par Mathilde pour **l'abbaye aux Dames★**. C'est un bel exemple de l'art roman avec ses neuf travées, ses arcs en plein cintre, ses tribunes et l'arcature de son triforium. Tout comme celles de St-Étienne, les parties hautes ont été remaniées au 12ᵉ s., lors du remplacement de la couverture en charpente par des voûtes sexpartites.

Le chœur avec ses voûtes d'arêtes (11ᵉ s.) de grande portée (au centre, tombeau de la reine Mathilde) et la crypte, admirablement conservés, ajoutent à l'intérêt de la visite.

⊘ ►► Musée des Beaux-Arts★★ **M¹** – Musée de Normandie★ *(archéologie et ethnographie)* **M²** – Église St-Pierre★ (chevet★★) – Hôtel d'Escoville★ **B** – Église St-Nicolas★.

Les guides Verts Michelin
Paysages
Monuments
Routes touristiques, Itinéraires de visite
Géographie
Histoire, Art
Lieux de séjour
Plans de villes et de monuments
Renseignements pratiques
Une collection de guides régionaux
sur la France.

CAHORS★★

19 735 habitants
Cartes Michelin nᵒˢ 79 pli 8 ou 235 pli 14 – Guide Vert Périgord Quercy

Sur son promontoire calcaire que boucle presque un cingle (méandre) du Lot, la première rivière canalisée de France, Cahors connut au 13ᵉ s. la prospérité et le renom international liés à l'activité de ses habitants, collecteurs d'impôts, monnayeurs et changeurs.

Boulevard Gambetta – Grand axe historique de la traversée Nord-Sud de Cahors, c'est un « cours » méridional, planté de platanes, actif et animé, commerçant d'un côté, plus administratif de l'autre. Il porte le nom du plus illustre des Cadurciens, **Léon Gambetta** (1838-1882) ; devenu parisien à 18 ans, puis avocat, cet ardent patriote, membre du corps législatif, prit une part active à la déchéance de Napoléon III et à la proclamation de la République le 4 septembre 1870. Pour organiser sur la Loire la résistance à l'armée prussienne, il quitta Paris en ballon le 7 octobre.

Lit à montants
(Pays d'Auge - 18ᵉ s.)

Horloge « demoiselle »
(St-Lô - 19ᵉ s.)

Meubles
de Basse-Normandie

Armoire de mariage
(Bayeux - 18ᵉ s.)

Armoire de laiterie *(Avranchin - 18ᵉ s.)*

Vaisselier garde-manger
(Cotentin - 19ᵉ s.)

Bas-buffet *(Vire - 19ᵉ s.)*

Cahors – Pont Valentré

★★ **Pont Valentré** ⊘ – Ce pont de pierre élevé de 1308 à 1378, contemporain du pont de brique de Montauban, est l'œuvre des marchands. Ses six belles arches gothiques et ses fortifications témoignent de l'importance que Philippe le Bel, associé à la ville par un acte de pariage (partage seigneurial sur base d'égalité), attachait à la sécurité de Cahors.

★ **Cathédrale St-Étienne** – Église fortifiée dans ce pays bouleversé par les guerres. Mais surtout, l'une des premières églises à coupoles de l'Aquitaine, elle vaut par ses deux coupoles (18 m de diamètre et 32 m de hauteur sous clef), où se décèle l'un des tout premiers exemples de l'emploi systématique de l'arc brisé (arcs latéraux et transversaux) et par ses pendentifs empiriques dont l'aplatissement est encore bien éloigné du sphéroïde idéal.
Son **portail Nord**★★ illustre l'Ascension. Placé là au 13e s., il présente la scène au moment où le Christ commence à s'élever et où des anges viennent apaiser les craintes des apôtres. Par ses sculpteurs formés dans les ateliers de Moissac et sa technique de compartimentage des scènes, il relève de l'école languedocienne.

► ► Barbacane et tour St-Jean★.

CALAIS

Agglomération 101 768 habitants
Cartes Michelin nos 51 pli 2 ou 236 pli 2 – Guide Vert Flandres Artois Picardie

La proximité de la côte anglaise (38 km) est le facteur majeur de la destinée de Calais, sur le « Pas », auquel la ville a donné son nom. Le port, premier port français de voyageurs, est en effet à la fois tête de ligne pour l'Angleterre et tête d'étape vers les grandes villes de France, d'Allemagne, de Suisse et d'Italie.
En 1189, c'est là que Richard Cœur de Lion mit pied à terre pour partir à la Croisade. En mai 1347, 8 mois après sa victoire de Crécy sur Philippe VI de Valois qui marquait le début de la guerre de Cent Ans, Édouard III vient à bout de Calais par la famine. La ville reste anglaise pendant plus de deux siècles jusqu'à ce que Guise s'en empare en janvier 1558, treize mois avant le traité du Cateau-Cambrésis.
Au Sud-Est de Calais, entre Guînes et Ardres se déroula, en 1520, la rencontre du camp du Drap d'or. L'alliance envisagée par Henri VIII d'Angleterre et François Ier contre Charles Quint ne put être conclue, sans doute à cause même du luxe ostentatoire déployé par les deux souverains.

★★ Monument des Bourgeois de Calais – *Devant l'hôtel de ville.* Groupe de bronze réalisé par Rodin en 1895 commémorant la démarche d'Eustache de Saint-Pierre et de ses compagnons, amaigris par huit mois de famine, qui vinrent, en chemise, nu-pieds, s'offrir à la vindicte d'Édouard III pour éviter le massacre de la population. Le roi d'Angleterre eut le geste d'apaisement nécessaire pour assurer la tranquillité future dans sa nouvelle conquête. Le talent de Rodin apparaît dans ces effigies frémissantes de vie, héroïques et hautaines dans leur humiliation.

Les Bourgeois de Calais par Rodin

G. Guittot/DIAF

⊘ ►► Phare (panorama★★) – Musée des Beaux-Arts et de la Dentelle★.

★ LA CÔTE D'OPALE

L'itinéraire de Calais à Boulogne permet de découvrir la partie la plus spectaculaire de la Côte d'Opale, front de mer où alternent falaises sauvages, landes et plages immenses de sable fin enveloppées de dunes piquées d'oyats. *Sortir de Calais par la D 940.*

Blériot-Plage – Station appréciée pour sa belle plage qui s'étend jusqu'au cap Blanc-Nez. Aux Baraques (500 m à l'Ouest de la station), un monument commémore la première traversée aérienne de la Manche par **Louis Blériot** le 25 juillet 1909.

Le Tunnel sous la Manche – Entre Blériot-Plage et Sangatte le tunnel sous la Manche relie la Grande-Bretagne au continent. Son inauguration en 1994 fut la concrétisation de plus de deux siècles de rêves inaboutis, de projets inachevés. Il permet de mettre Paris à 3 heures de Londres et d'assurer le transbordement de 30 millions de passagers par an et ce par voie ferroviaire.
L'ouvrage est composé de deux tunnels ferroviaires unidirectionnels de 7,60 m de diamètre, séparés par un tunnel de service. La longueur totale du tunnel est de 49,4 km dont 38 km sous la mer.
Le service de navettes, aux couleurs vert et bleu, est appelé « le Shuttle ». Longues de 775 m, les navettes passagers ont deux niveaux pour les voitures de tourisme et un niveau pour les autocars et les caravanes. Il existe des navettes spéciales pour les poids lourds.
Le Shuttle fonctionne 24 h sur 24, toute l'année. La fréquence de départ varie en fonction du volume du trafic (2 à 4 par heure le jour, 1 par heure la nuit). Le parcours dure 35 mn dont 28 mn dans le tunnel.
Le **terminal** est situé sur la commune de **Coquelles**, à 3 km de la côte, et s'étend sur une superficie de 700 ha.

★★ Cap Blanc-Nez – Du haut de ses falaises de craie (134 m de haut) **vue**★ étendue sur les falaises anglaises et la côte, de Calais au cap Gris-Nez.

Wissant – Cette belle plage de sable fin au cœur du site national des caps Gris-Nez et Blanc-Nez est l'un des principaux centres nationaux de char à voile.

★★ Cap Gris-Nez – *Voir à Boulogne-sur-Mer.*

Ambleteuse – Pittoresque village situé à l'embouchure de la rivière Slack, à égale distance de Boulogne et du cap Gris-Nez. A l'entrée de la plage bordée de rochers se dresse le **fort Mahon** (17e s.), ouvrage construit par Vauban ; il protégea naguère Ambleteuse, alors station navale, où Napoléon basa une partie de sa flottille de débarquement.

Wimereux – Importante station balnéaire familiale, encadrée au Sud par le cap d'Alprech et au Nord par la ligne de falaises du cap Gris-Nez. Bordant la plage, une digue-promenade offre de belles vues sur le pas de Calais, la **colonne de la Grande Armée** et le port de Boulogne ; dans le prolongement s'amorce un sentier en direction de la **pointe aux Oies**, où le futur Napoléon III débarqua, le 6 août 1840, en vue de sa tentative de soulèvement de la garnison de Boulogne.

★ Boulogne-sur-Mer – *Voir à ce nom.*

La CAMARGUE★★

Cartes Michelin n°ˢ 83 plis 8 à 10, 18 à 20 ou 245 plis 40 à 42
ou 246 plis 26 à 28 – Guide Vert Provence

Immense plaine alluviale de 95 000 ha, la Camargue est le produit de l'action conjuguée du Rhône, de la Méditerranée, et du vent. Assez homogène en apparence, elle se divise en trois zones distinctes : la zone de culture, dans le Nord du delta, les salins qui s'étendent près de Salin-de-Giraud et à l'Ouest du Petit Rhône, et la zone naturelle qui occupe le Sud du delta.

PARC NATUREL RÉGIONAL DE CAMARGUE

Il occupe une superficie de 85 000 ha répartis sur les communes d'Arles et des Stes-Maries-de-la-Mer. Avec la **Réserve nationale de Camargue**, il permet de sauvegarder le fragile écosystème de la région. La flore et la faune de Camargue sont d'une richesse et d'une variété exceptionnelles (pas moins de 400 espèces différentes d'oiseaux). Cette zone naturelle conserve la tradition des **manades** et des **gardians**, devenus l'image emblématique de la Camargue. De nombreux loueurs de chevaux organisent des promenades dans les manades.

La « manade » désigne le troupeau qu'on « a en main » et tout ce qui se rapporte à l'élevage : gardians, terre, chevaux... L'âme de la manade, c'est le gardian ; coiffé d'un chapeau de feutre à larges bords, armé d'un trident, cet excellent cavalier rassemble chaque jour le troupeau pour surveiller les bêtes malades, prodiguer les soins, choisir les taureaux destinés aux courses...

J. Dupont/EXPLORER

Camargue – Manade

★ LES STES-MARIES-DE-LA-MER

Au cœur de la Camargue, Les Stes-Maries-de-la-Mer se signalent par leur église-forteresse. Situé à plusieurs kilomètres de la côte au Moyen Âge, le bourg est aujourd'hui menacé par la progression de la mer, et il a fallu le protéger par des digues.

Dix-neuf siècles de pèlerinages – Selon la tradition provençale, vers 40 après J.-C., Marie Jacobé, sœur de la Vierge, Marie Salomé, mère des apôtres Jacques et Jean, Lazare le ressucité et ses deux sœurs, Marthe et Marie-Madeleine, sont abandonnés en mer sur une barque. Grâce à la protection divine, l'esquif aborde sur la plage que domine aujourd'hui l'église des Stes-Maries. Les deux Maries et leur servante noire Sara se fixent en Camargue et leur tombeau devient l'objet d'un culte. Le **pèlerinage des Gitans**★★ (les 24 et 25 mai) attire les Gitans du monde entier pour une procession haute en couleur et en pittoresque.

◉ ►► Musée camarguais★ – Centre d'information de la Camargue à **Ginès**.

CANNES★★★

68 676 habitants
Cartes Michelin nᵒˢ 84 pli 9 ou 115 plis 38, 39 ou 245 pli 37
Guide Vert Côte d'Azur

Au bord du golfe de La Napoule, étirée entre les hauteurs du Suquet et la pointe de la Croisette, Cannes séduit par la beauté de son **site**★★, l'extrême douceur de son climat, son élégance et la splendeur de ses fêtes. En 1834, alors qu'il se rendait en Italie, Lord Brougham, ancien chancelier d'Angleterre, est empêché de pénétrer dans le royaume sarde à cause d'une épidémie de choléra sévissant en Provence. Sur le chemin du retour, il fait étape à Cannes. Émerveillé et rapidement conquis par le site, il reviendra y séjourner chaque année pendant l'hiver. Imité par l'aristocratie anglaise, il fut ainsi à l'origine du premier grand essor de Cannes.

Résidents ou touristes de passage flânent sur l'élégant **boulevard de la Croisette**★★. Bordée par d'exceptionnelles plages de sable fin, cette promenade offre pour le plaisir de tous une succession de jardins admirablement fleuris tandis qu'en front de mer se succèdent palaces aux noms prestigieux, commerces luxueux et immeubles aux façades sobres et soignées. Aux deux extrémités de la Croisette, deux ports de plaisance permettent d'admirer yachts et voiliers. A l'entrée de la Croisette s'élève le nouveau Palais des Festivals et des Congrès qui chaque année, en mai, abrite le Festival international du film. La ville connaît alors ses fêtes les plus brillantes.

Le Suquet – C'est la vieille ville de Cannes. Gagner la Tour du mont Chevalier d'où l'on a une belle **vue**★ d'ensemble de la Croisette, le golfe de La Napoule, les îles de Lérins et l'Esterel.

★★MASSIF DE L'ESTEREL

L'Esterel offre un décor naturel qui frappe d'admiration ; c'est une des plus belles régions de Provence, ouverte au grand tourisme depuis la création par le Touring-Club de la route de corniche ou « Corniche d'Or » (1903).
L'opposition entre la vie grouillante de la côte et la solitude des routes de l'intérieur est extraordinaire ; sauvage et solitaire, le massif est couvert de sombres forêts, hélas clairsemées par des incendies répétés, et plonge abruptement dans le bleu indigo de la mer, offrant un rivage farouche bordé d'écueils et d'îlots.

Les sites les plus importants sélectionnés dans ce guide sont mis en évidence
– sur la carte des Principales curiosités ;
– dans le chapitre Grandes stations ;
– par le descriptif des villes et curiosités.
Mais l'examen des cartes, plans et schémas, le dépouillement du chapitre Manifestations touristiques, la consultation de l'index et la lecture de l'Introduction au voyage donneront un surcroît d'intérêt à votre voyage.

CAP CORSE★★★

Carte Michelin nᵒ 90 plis 1, 2 – Guide Vert Corse

Le Cap Corse est la longue échine montagneuse qui prolonge en mer, sur près de 40 km, la dorsale de la Corse schisteuse.

Un pays de marins – Les Cap-corsins, se distinguant en cela des autres Corses, furent sensibles à l'appel du large et acquirent le goût du négoce et des grandes courses. Ils furent à l'origine des premiers comptoirs français créés au 19ᵉ s. en Afrique du Nord. Un grand nombre d'entre eux émigrèrent en Amérique du Sud ; ceux ayant fait fortune firent bâtir dans leur village d'origine de superbes demeures en style colonial ou Renaissance qui ont marqué l'architecture de cette région.

Une pittoresque route de corniche permet de découvrir successivement les minuscules plages de sable, les villages remarquablement perchés sur des sites défensifs et les petites marines blotties dans une échancrure de la côte. Le Cap Corse présente deux versants dissemblables à l'Ouest et à l'Est. La côte occidentale, très découpée, est dominée par la haute chaîne dorsale dont les versants plongent brutalement dans la mer. Le versant oriental, moins élevé et plus rectiligne, présente de belles plages et des vallées favorables aux cultures et aux prairies.

★★ **Bastia** – Ancienne capitale gênoise, aujourd'hui premier centre économique de l'île, Bastia a su garder un aspect typiquement méditaranéen avec les vieilles rues pittoresques de sa partie ancienne. La ville s'ordonne en deux quartiers autour du **vieux port**★★, la ville basse **Terra-Vecchia**★ et la ville haute (ou citadelle) **Terra Nova**★.

⊙ ➤➤ Oratoire de l'Immaculée Conception★ – Musée d'Ethnographie corse★ – Église Ste-Marie★ (Assomption de la Vierge★★) – Chapelle Ste-Croix★ (Christ des miracles★, décor★★).

CARCASSONNE★★★

43 470 habitants
Cartes Michelin nºˢ 83 pli 11 ou 86 pli 7 ou 235 pli 39
Guide Vert Pyrénées Roussillon

Carcassonne est le grand centre commercial de l'Aude et de ses vins. C'est aussi une cité fortifiée qu'une fée semble avoir figée, d'un coup de baguette magique, depuis le Moyen Age.

L'escarpement sur lequel est bâtie la cité de Carcassonne commande les communications entre la Méditerranée et Toulouse. Aussi a-t-il été fortifié dès les temps gaulois. Le camp retranché devint romain pendant cinq siècles, wisigothique pendant deux siècles, au 8ᵉ s. la forteresse tombe sous la domination franque. A partir du 9ᵉ s., Carcassonne fut la capitale d'un comté, puis d'une vicomté dans la suzeraineté de Toulouse. Comme tout le Midi, elle connut une époque prospère interrompue par la croisade des Albigeois.

Le 1ᵉʳ août 1209, les croisés, sous le commandement de Simon de Montfort, mettent le siège devant Carcassonne. La place est réduite à merci au bout de quinze jours par le manque d'eau et l'emprisonnement de son négociateur et chef Raymond-Roger Trencavel.

En 1240, son fils échoue dans une tentative pour recouvrer son héritage par la force avec l'aide des habitants. Alors Saint Louis fait raser le bourg et condamne les habitants à expier leur trahison par sept ans d'exode ; après quoi il autorise leur retour, mais sur la rive gauche de l'Aude.

C'est la ville basse actuelle, bastide dont les boulevards occupent les anciens remparts et dont l'urbanisme est caractéristique.

★★★ LA CITÉ

Saint Louis remet alors la cité en état et la renforce pour imposer le royaume de France à ses nouvelles acquisitions territoriales et le protéger face à l'Espagne. Son fils Philippe le Hardi poursuit son œuvre ; la place passe alors pour imprenable : c'est la « Pucelle du Languedoc ». Le Prince Noir durant la guerre de Cent Ans n'ose pas l'affronter et se borne à brûler la ville basse.

En 1659, avec l'annexion du Roussillon par Louis XIV et l'invention de l'artillerie moderne, le rôle militaire de la cité, déjà amenuisé depuis deux siècles, est réduit à néant. C'est l'abandon.

Mais au 19ᵉ s., Prosper Mérimée s'intéresse aux ruines ; Viollet-le-Duc envoyé sur place est enthousiaste : en 1844, il entreprend sa restauration qui dure jusqu'en 1910.

Les fortifications – *Voir illustration au chapitre de l'Art - Éléments d'architecture.* La cité permet une évocation tout à fait exceptionnelle de ce que fut la guerre de siège au Moyen Age.

Elle présente toutes les formes architecturales destinées à faire obstacle à un assaillant : ponts-levis et ponts dormants avec herse, tours à « bec », ouvertes « à la gorge » (protégées à leur sommet par un hourd et à leur base par un « fruit »), courtines avec chemin de ronde à merlons entre lesquels s'ouvrent des créneaux, échauguettes, archères, mâchicoulis, dont la puissance dissuasive se trouve décuplée par la disposition intérieure assurant une couverture réciproque.

Château Comtal ⊙ – 12ᵉ s. Il est l'œuvre des comtes, adossé au rempart gallo-romain. Un grand fossé et une barbacane l'isolent de l'intérieur de la cité.

Enceinte intérieure – Elle comprend une partie wisigothique, du 6ᵉ s. (remaniée et surélevée au 13ᵉ s.), dont les tours se reconnaissent facilement : elles sont étroites, arrondies vers l'extérieur, plates vers l'intérieur. La partie du 13ᵉ s. comprend les ouvrages de défense les plus remarquables ; les tours sont souvent à « bec ».

Enceinte extérieure – Elle fut édifiée par Saint Louis ; Philippe le Hardi y a mis la dernière main. Les tours de cette enceinte sont, pour la plupart, ouvertes « à la gorge » (c'est-à-dire vers l'intérieur). Si l'assiégeant y prenait pied, il se trouvait exposé aux contre-attaques des défenseurs.

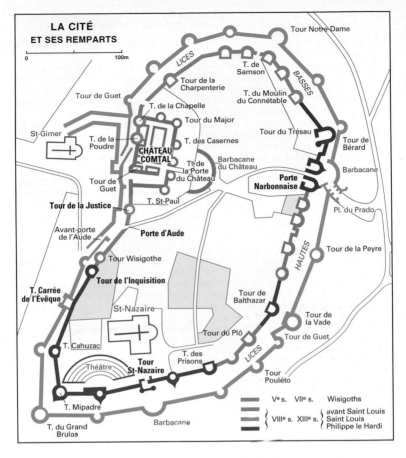

De place en place, quelques tours complètement fermées constituaient des réduits d'où l'on pouvait harceler l'ennemi entré dans la lice.

Les diverses époques de ces constructions se distinguent par leur appareillage. Les fondations gallo-romaines sont faites de gros blocs ajustés sans ciment. Les constructions wisigothiques sont établies avec des pierres cubiques alternant avec des rangées de briques souvent disposées en arêtes de poisson.

Les bâtiments des comtes sont élevés en moellons de grès jaunâtre assemblés de façon assez grossière. Les murailles royales se composent de pierres rectangulaires assemblées régulièrement. Elles sont lisses au temps de Saint Louis et à bossages sous Philippe le Hardi pour mieux résister aux chocs. Les murailles et les tours de l'enceinte intérieure présentent quelques anomalies apparentes de parties romaines ou wisigothiques observables au-dessus de murailles du 13e s. Il s'agit là de reprises en sous-œuvre lorsqu'on a creusé le sol pour établir la lice.

►► Basilique St-Nazaire★ (vitraux★★ et statues★★).

Les plans de Paris Michelin :
- *Paris Tourisme au 1/20 000 (monuments, musées, shopping, spectacles, renseignements pratiques, plan touristique, métro) ;*
- *Paris Transport au 1/20 000 (bus, métro, RER, taxis) ;*
- *Paris plan au 1/10 000 (carte pliable) ;*
- *Paris plan au 1/10 000 (atlas format poche) ;*
- *atlas Paris par arrondissement (au 1/10 000) et 22 communes périphériques (au 1/15 000) ;*
- *nouvel atlas Paris et banlieue (Paris par arrondissement au 1/10 000 et les communes de la banlieue au 1/15 000).*

CARNAC★

4 243 habitants
Cartes Michelin nos 63 pli 12 ou 230 pli 35, 49 – Guide Vert Bretagne

Entre les rivières d'Étel et d'Auray, Carnac est un centre préhistorique dont le nom évoque la civilisation mégalithique.

★★ **Les mégalithes** – L'ensemble de Carnac, morcelé dans sa continuité par la création de routes, compte pour l'essentiel 2 792 menhirs disposés sur dix ou onze lignes et comprenant les **alignements du Ménec**★★ (1 169 menhirs), de **Kermario**★ (1 029) et de **Kerlescan**★ (594). Parmi les mégalithes, il faut aussi compter les dolmens (sépultures), les cromlechs (enceintes monolithiques) et les tumulus.

La civilisation mégalithique s'est développée durant la période néolithique entre 4670 et 2000 avant J.-C. Elle est l'œuvre de sédentaires qui surent domestiquer la nature (en progrès sur les nomades de la période paléolithique vivant de cueillette, de chasse et de pêche), produire des objets polis, des poteries et des vanneries et exercer le commerce du silex ; ceux de Carnac pratiquaient des échanges avec ceux du Grand-Pressigny (au Nord du Poitou) et de Belgique. Les gravures des mégalithes témoignent d'un art abstrait en opposition avec les gravures figuratives des cavernes remontant au paléolithique supérieur ; l'orientation des alignements selon une direction Ouest-Nord-Est ajoute à leur caractère énigmatique. Plusieurs théories y voient une destination religieuse, astronomique ou lunaire. Les tumulus et les dolmens apparus 40 siècles avant J.-C. constituent des sépultures collectives et les cairns qui les recouvrent, antérieurs de dix siècles aux premières pyramides d'Égypte, sont considérés comme « les constructions monumentales les plus anciennes du monde ».

4 000 siècles plus tôt, la région de Carnac était habitée par des hommes préhistoriques. A l'âge de la pierre taillée (paléolithique inférieur), par une population de nomades, contemporains de ceux de Tautavel, de Terra Amata et de la vallée de l'Ardèche.

Au 5e s. avant J.-C., les Celtes s'y installèrent. Puis, dans la région de Carnac s'éleva la grande villa gallo-romaine des Bosseno ; plus tard arrivèrent des populations venues des îles Britanniques et des moines irlandais.

★ **Église St-Cornély** – Au cœur du bourg, l'église, l'un des plus beaux monuments de style Renaissance du Morbihan, fut élevée en 1639 et placée sous le vocable de saint Cornély (Corneille), protecteur des bêtes à cornes, qui est représenté entre deux bœufs sur la façade.

La décoration date des 17e, 18e et 19e s. : porche *(côté gauche)* à baldaquin de granit en forme de couronne de style baroque, lambris des voûtes peintes au 17e s. (mystères du Rosaire, vies du Christ, de saint Jean-Baptiste, de saint Cornély), grilles du chœur et chaire en fer forgé du 18e s.

🕐 ►► Musée de Préhistoire J.-Miln-Z.-Le-Rouzic★★ – Tumulus St-Michel★.

CASSIS★

7 967 habitants
Cartes Michelin nos 84 pli 13 ou 246 pli M – Guide Vert Provence

Dans le paysage pittoresque des chaînons calcaires provençaux, Cassis occupe un très joli **site**★ au fond d'une baie dominée par le **cap Canaille**★★★ (alt. 362 m), la plus haute falaise littorale de France. Le petit port doit à la qualité de sa lumière d'avoir attiré des peintres comme Derain, Vlaminck, Matisse et Dufy.

La grotte Cosquer

Cette grotte sous-marine, située près de la pointe du Cap Morgiou, fut explorée à partir de 1985 par Henri Cosquer, un plongeur cassidain. Le 3 septembre 1991, la sensationnelle révélation de son décor de peintures et gravures paléolithiques la propulsa au rang de cathédrale engloutie de l'art pariétal. Un instant, on crut à une énorme « histoire marseillaise », mais l'authenticité des figurations fut rapidement prouvée scientifiquement ; la nouvelle méthode de datation par activation neutronique, capable d'analyser d'infimes quantités de matière organique, place la réalisation des « mains négatives » vers 27 000 ans av. J.-C. et celle des dessins d'animaux environ 17 000 ans av. J.-C., antérieurs d'un à deux millénaires à ceux de Lascaux, voisins par la technique et le style. La présence de faune marine parmi ces représentations (phoques, grands pingouins, poissons), tout à fait inhabituelle, ajoute à l'originalité de cette cavité ornée, actuellement reconnue comme la plus ancienne au monde.

Submergée par la dernière transgression marine, la grotte a conservé intacts ses trésors. Inaccessible, elle ne sera sans doute jamais présentée au public. On peut néanmoins découvrir le site à travers l'exposition présentée aux docks de la Joliette, à Marseille.

Calanque d'En-Vau

★★ LES CALANQUES *1 h en bateau*

A l'Ouest, entre Cassis et Marseille, le massif de Puget est échancré par les Calanques. Ces petites vallées en gorges encaissées, accessibles surtout par la mer, ont été envahies par la montée des eaux qui suivit la fonte des grands glaciers quaternaires. Elles composent des sites balnéaires plaisants et abrités de falaises où s'enracinent quelques pins maritimes. Celles d'**En-Vau**★★, de **Port-Pin**★ et de **Port-Miou** sont particulièrement caractéristiques.

CASTRES★

44 812 habitants
Cartes Michelin nᵒˢ 83 pli 1 ou 235 pli 31 – Guide Vert Gorges du Tarn

Construite sur les bords de l'**Agout**, Castres est le point de départ idéal pour des excursions dans le **Sidobre**, les **monts de Lacaune** et la **Montagne Noire.**
Ville active, Castres et sa région est le premier centre français du lainage cardé.
A ces activités traditionnelles du textile se sont ajoutées plus récemment diverses industries de chimie, de pharmacie et de robotique.

★ **Musée Goya** ⊙ – Installé au second étage de l'ancien palais épiscopal (actuel hôtel de ville), ce musée, spécialisé dans la peinture espagnole, est célèbre pour sa collection d'œuvres de Goya★★, particulièrement : *La Junte des Philippines présidée par Ferdinand VII*, son *Autoportrait*, le portrait de *Francisco del Mazo* et les *Désastres de la Guerre*.

CAUDEBEC-EN-CAUX★

2 265 habitants
Cartes Michelin nᵒˢ 52 pli 13 ou 54 pli 9 ou 231 pli 21
Guide Vert Normandie Vallée de la Seine

Ville-marché (le samedi), depuis 1390, sur la rive droite de la Seine, Caudebec possède avec son **église Notre-Dame**★ ⊙ « la plus belle chapelle du royaume » selon Henri IV frappé par l'heureux équilibre entre la qualité de ce chef-d'œuvre de l'architecture flamboyante et celle des œuvres sculptées qui le parent.
De la première relèvent la flèche délicatement ciselée dans sa partie haute, la balustrade qui règne au-dessus des tribunes, la façade et, intérieurement, la grande nef centrale dont le triforium ajouré manifeste l'aptitude de la craie cauchoise à se plier à la virtuosité du sculpteur.

CAUDEBEC-EN-CAUX

De la seconde, l'amateur d'art observe à la façade, dans les fins jambages des piédroits, les attitudes et les expressions des petits personnages et les dais. Dans l'église, les œuvres sculptées les plus marquantes sont les panneaux des fonts baptismaux (scènes du Nouveau Testament au registre inférieur et scène de l'Ancien Testament qui les préfigure au registre supérieur), la chapelle du Sépulcre dont les statues proviennent de Jumièges et la **clef de voûte**★ de la chapelle de la Vierge (chapelle axiale) stupéfiant monolithe de sept tonnes et d'une retombée de 4,30 m.

Corniche des CÉVENNES★★★

Cartes Michelin nos 80 plis 6, 16, 17 ou 240 plis 6, 10, 11, 15
Guide Vert Gorges du Tarn

La route dénommée « Corniche des Cévennes » fut aménagée au début du 18e s. pour faciliter la pénétration des troupes de Louis XIV chargées de réduire l'insurrection camisarde.

De Florac à Anduze – *67 km.* La route suit la crête « Entre deux Gardons » (ceux de St-Jean et de Ste-Croix-Vallée-Française) et offre des belvédères saisissants sur les découpures des crêtes et la profondeur des vallées.
– Dans la montée vers St-Laurent-de-Trèves se découpent, à droite, les escarpements orientaux du causse Méjean ;
– A St-Laurent furent découvertes des traces de dinosaures datant de quelque 190 millions d'années ; **vues**★ sur le mont Aigoual, le mont Lozère et le Causse ;
– Le Can de l'Hospitalet fut l'un des sites des assemblées camisardes ;
– Le Col des Faïsses offre un large panorama sur les Cévennes ;
– Au Pompidou, la route pénètre en terrain schisteux, les châtaigniers apparaissent, puis les serres se creusent, enchevêtrées.

La CHAISE-DIEU★★

778 habitants
Cartes Michelin nos 76 pli 6 ou 239 pli 33 – Guide Vert Auvergne

A plus de 1 000 m d'altitude, sur le haut plateau granitique du Livradois, La Chaise-Dieu était, déjà au 11e s., une abbaye connue ; au 12e s., elle venait, en importance, aussitôt après celle de Cluny ; au 13e s., son rayonnement gagnait le Bordelais, l'Espagne, la Sicile, la Suisse et 300 congrégations relevaient d'elle. Son apogée fut atteint lorsque Pierre Roger, l'un de ses anciens novices et moines puis prélat à Rouen, évêque d'Arras et archevêque de Sens, fut élu pape à Avignon en 1342 sous le nom de Clément VI. En 1518, l'instauration de la commende amorce son déclin que la réforme mauriste introduite par Richelieu au 17e s. ne parvient pas à enrayer ; la décadence au 18e s. précède l'extinction de l'abbaye sous la Révolution.

Festival de musique de La Chaise-Dieu

** **Église abbatiale de St-Robert** ⊘ – Une puissante façade de granit encadrée de deux tours affirme à la fois sa grandeur et sa sévérité à peine tempérée par les voussures du portail (mutilé par les huguenots) auquel conduit un escalier monumental. A l'intérieur, l'élévation, à un seul étage, est très simple. Les grandes arcades qui séparent les trois vaisseaux de hauteur presque égale s'élèvent jusqu'à la naissance des voûtes. Cette architecture de granit, d'un style gothique surbaissé, est allégée par l'élancement des piliers chanfreinés à huit pans.

** **Chœur des moines** – C'est l'œuvre (1344-1352) de Clément VI. Ce pape mécène, constructeur du Palais Nouveau à Avignon, qui avait pris goût au gothique septentrional, confie à l'architecte Hugues Morel l'élévation de l'abbatiale de son ancien monastère. En 1348, Clément VI, en annonçant qu'il y élit sa sépulture, confirme le sens donné à sa vie.

Les 14 **tapisseries**★★★ (1500-1518) flamandes, provenant des ateliers d'Arras et de Bruxelles, en laine, lin et soie, illustrent des scènes de la vie du Christ mises en rapport avec les épisodes de l'Ancien Testament qui les préfigurent ; la Tentation de Jésus, la Cène et le Tombeau vide sont particulièrement remarquables. Elles sont tendues au-dessus de 144 **stalles**★★ du 15e s., en chêne du Limousin, sculptées de motifs floraux ou de personnages ; celle de l'abbé et du doyen, à l'entrée, sous le jubé, étant traitées d'une manière très recherchée. Le tombeau de Clément VI, très restauré après sa mutilation par les huguenots qui prirent l'abbaye en 1572, a perdu ses pleurants mais le gisant est empreint d'une confiance sereine.

* **Danse macabre** – 1470. Le goût des sujets morbides est apparu lors des grandes épidémies de peste noire, puis à la fin du 15e s., lors des derniers troubles de la guerre de Cent Ans. Les horreurs de la mort devinrent alors l'objet de prédications, les pierres tombales montrèrent la décomposition des corps (au lieu des gisants pacifiés), les artistes peignirent les plaies du Christ (plutôt que des Jugements derniers) ; les danses macabres devinrent un motif décoratif. Celle de La Chaise-Dieu se distingue des farandoles germaniques : elle met chacun (grands de ce monde, dames, clergé) en présence du mort qu'il deviendra. Elle a inspiré, en 1938, *La Danse des morts* au compositeur Arthur Honegger.

Les travées de l'Ouest – Comme le **cloître**★ et la tour Clémentine, elles sont l'œuvre de Grégoire IX, neveu de Clément VI qui voulut, par là, répondre aux besoins nés de l'affluence des pèlerins. Au 16e s., elles furent fermées par le jubé dont le balcon se prolonge sur une travée de la nef et en contourne les piliers.

Au revers de la façade un premier orgue fut installé en 1683, agrandi en 1726 ; son **buffet**★ sculpté de grands personnages est bien éloigné de l'esprit qui prévaut dans l'architecture du chœur.

CHÂLONS-EN-CHAMPAGNE★★

Agglomération 62 452 habitants
Cartes Michelin nos 56 pli 17 ou 241 pli 25 – Guide Vert Champagne

Installée à l'origine sur une île de la Marne, Châlons occupe le centre de la Champagne crayeuse. Au Sud-Ouest, en direction de Troyes, la plaine de l'Aube fut en 451 le théâtre des **champs Catalauniques**. On désigne sous ce nom l'ensemble des combats où Attila – qui avait renoncé à piller Lutèce sur l'intervention de sainte Geneviève – fut défait par l'armée romaine d'Aetius et dut s'enfuir vers l'Est.

Châlons vit naître, en 1749, Nicolas Appert, d'abord confiseur, puis industriel de l'alimentation, qui inventa en 1795 le procédé de conservation des aliments par stérilisation en bocaux de verre, d'abord appelé appertisation.

** **Cathédrale St-Étienne** – L'édifice actuel, entrepris vers 1235, appartient encore au gothique lancéolé créé à Chartres 40 ans plus tôt ; mais petit progrès sur son modèle, le triforium est ici ajouré à partir du transept.

La cathédrale est célèbre pour ses **vitraux**★. Les fenêtres hautes du chœur, celles du croisillon gauche (observer les superbes verts champenois), celle de la première travée à gauche (vitrail des Mégissiers : remarquer les peaux qui pendent) sont garnies de vitraux du 13e s. Mais les plus beaux, de la Renaissance, se trouvent dans les chapelles du bas-côté droit (Création, Paradis terrestre, Passion, Vie du Christ, Saints).

* **Église N.-D.-en-Vaux** ⊘ – Église caractéristique du style gothique primitif dont elle présente l'élévation à quatre étages. Son déambulatoire champenois inspiré de celui de St-Remi de Reims et les vitraux du bas-côté gauche aux beaux verts champenois retiennent l'attention. A gauche de l'église, le **musée du Cloître de N.-D.-en-Vaux**★ ⊘ présente des **statues-colonnes**★★ provenant de l'ancien cloître roman.

CHALON-SUR-SAÔNE★

54 575 habitants
Cartes Michelin nos 69 pli 9 ou 243 pli 27 – Guide Vert Bourgogne

Chalon est la grande ville de la fertile vallée de la Saône, affaissée entre les rebords du Jura et du Massif Central.

La rivière a déjà reçu à Corre le canal de l'Est en 1882, à Pontailler celui venant de la Marne en 1907, à St-Jean-de-Losne celui du Rhône au Rhin en 1833 et celui de Bourgogne en 1832. Mais ce n'est qu'à Chalon, au débouché du canal du Centre (1790), qu'elle devient réellement la « Grande Saône » des mariniers, jusqu'à Lyon où elle se jette dans le Rhône aménagé. Bien avant les facilités créées par l'ouverture de ces canaux, la Saône navigable avait engendré le commerce : on a découvert à Chalon 20 000 pieds d'amphores ayant servi à importer du vin de la région de Naples, avant que l'implantation de la vigne en Bourgogne, dès l'époque gallo-romaine, ne cause l'extinction de ce trafic.

Depuis, et dès le 18e s., les industries se sont installées à proximité de la voie d'eau : métallurgie lourde installée par les usines Schneider du Creusot (naguère le Petit-Creusot), industries électrique et nucléaire.

Les origines de la photographie – Le Chalonnais Joseph **Nicéphore Niepce** (1765-1833), chercheur dans l'âme, qui, en 1807, avait donné les plans d'un moteur à combustion interne (le principe des réacteurs) mais dépourvu de talent pour le dessin et rêvant cependant de lithographie, entreprit, à 48 ans, de réaliser des gravures spontanément produites par la lumière.

Il connaissait les propriétés optiques de la chambre noire déjà observées et étudiées au 11e s. par le physicien arabe El Hazen, par Léonard de Vinci et plusieurs savants du 18e s. dont Jacques Charles le mari de Julie, l'« Elvire » de Lamartine.

Après trois ans de travail, il parvient à enregistrer une image positive, et fixée, sur un support et, le 28 mai 1816, il adresse à son frère Claude une gravure effectuée dans sa propriété de St-Loup-de-Varennes *(7 km au Sud)*, la première photographie. Daguerre vulgarisa la découverte et d'autres chercheurs la firent progresser (Talbot et Bayard) : procédé négatif-positif, optique, film, couleur... de la chambre à iris de Niepce à l'Hasselblad répondant aux exigences de l'exploration lunaire.

Par la simplicité de sa mise en œuvre, la photographie avait pris place au cœur de la vie moderne comme auxiliaire de la science, mode d'expression artistique et témoin de la vie familiale.

★★ **Musée Nicéphore-Niepce** ⊘ – Situé dans l'hôtel des Messageries (18e s.), au bord de la Saône, il contient une très riche collection d'images et de matériels photographiques anciens, parmi lesquels les premiers appareils du monde fabriqués et utilisés par Joseph Nicéphore Niepce, à côté de ses premières « héliographies ». Les grands noms de la photographie contemporaine figurent en bonne place.

⊘ ►► Musée Denon★ *(peinture, collections archéologiques)*.

CHAMBÉRY★★

Agglomération 102 548 habitants
Cartes Michelin nos /4 pli 15 ou 244 pli 18 – Guide Vert Alpes du Nord

A dater de 1232, les comtes de Savoie installèrent leur capitale dans cette cluse de physionomie presque jurassienne qui sépare les massifs de la Chartreuse et des Bauges. Ils surent tirer parti de sa situation sur les routes tradition-nelles vers l'Italie et y restèrent attachés lorsque la capitale fut transférée à Turin.

Les « portiques », rue de Boigne, où la célèbre **fontaine des Éléphants** crée une illustration pittoresque, évoquent l'urbanisme architectural transalpin.

La **Ste-Chapelle**★, dans le périmètre du **château**★, est une création d'Amédée VIII destinée à abriter le Saint Suaire emporté à Turin en 1578 par les souverains lorsque la Savoie devint française. Elle séduit par son architecture flam-boyante, ses vitraux Renaissance et ses voûtes en réseau, peintes en trompe l'œil.

Aux **Charmettes** ⊘, domaine campagnard de Mme de Warens et que Jean-Jacques Rousseau habita entre 1736 à 1742, l'oratoire et le « jardin de curé » évoquent le charme de ce « séjour du bonheur et de l'inno-cence ».

⊘ ►► Vieille ville★ – Château★ – Musée Savoisien★ *(préhistoire, art religieux, ethnographie régionale)* – Église St-Pierre de Lémenc (crypte★).

Château de CHAMBORD★★★

Cartes Michelin n°s 64 Sud des plis 7, 8 ou 238 pli 3
Guide Vert Châteaux de la Loire

A l'orée de la giboyeuse forêt solognote où nos rois et nos gouvernants ont toujours aimé chasser, dans un parc de 5 500 ha fermé par un mur long de 32 km, le château de Chambord annonce les grandes constructions classiques.
Lorsque François Ier, à 21 ans, revient d'Italie, auréolé par la victoire de Marignan qui lui a ouvert le Milanais, la vieille résidence royale de Blois, malgré les travaux qu'il y accomplit, ne le satisfait plus. Il imagine, à quatre lieues, une fabuleuse architecture de rêve dont il semble avoir confié le plan de masse à Léonard de Vinci : un donjon central de tradition féodale cantonné de tours mais ordonné en une demeure où la vie de société et le goût de la Renaissance trouvent à se déployer. Le château, entrepris en 1519, doit servir le rayonnement de la monarchie. Plus tard, Philibert Delorme, Jean Bullant puis Mansart y travaillèrent aussi.
A peine le château sortait-il de terre que le roi connaissait la défaite à Pavie et la captivité (1525). De retour en France, il jugea plus compatible avec son métier de roi de s'installer à proximité de la capitale : St-Germain-en-Laye et Fontainebleau.

VISITE ⊘

L'escalier (1544) est célèbre pour ses deux hélices superposées ouvrant sur des loges intérieures et par sa voûte décorée de salamandres.
Les terrasses, vrai chemin de ronde élargi en promenoir, prêtent leurs recoins à l'intrigue, aux confidences, aux jeux galants qui tenaient une grande place dans la vie de cette brillante société. Leurs lanternes décorées de poivrières féodales, les colonnettes adossées aux souches des cheminées, les lucarnes de la toiture, les coquilles garnissant les fausses fenêtres, les marqueteries d'ardoise en constituent le théâtre.
Les appartements composent un très riche aménagement muséographique (boiseries, tapisseries, mobilier, portraits, collections cynégétiques).

CHAMONIX-MONT-BLANC★★★

9 700 habitants
Cartes Michelin n°s 74 plis 8, 9 ou 244 pli 21 – Guide Vert Alpes du Nord

La capitale française de l'alpinisme et de la haute montagne, au pied de ses célèbres aiguilles qui la dominent de près de 3 000 m, et en vue du dôme terminal du Mont-Blanc, occupe un élargissement de la vallée glaciaire de l'Arve, au cœur du massif. Celui-ci, par son altitude, la vigueur de ses reliefs, ses roches cristallines, sa morphologie glaciaire, est le plus célèbre des massifs centraux.

L'Aiguille du Midi

LE SITE

La langue terminale du glacier des Bossons, long de 7 km, descendant du dôme du Goûter, est suspendue, 500 m au-dessus de la vallée à l'entrée de la ville. Chamonix servit de champ d'observation en Savoie au naturaliste et géologue genevois Saussure qui, en 1760, promit une récompense au vainqueur du Mont-Blanc. Le 8 août 1786, le Dr Michel Paccard et Jacques Balmat réussirent l'exploit, inaugurant par là l'ère des escalades en montagne... et l'urbanisation de la vallée.

★★★ **EXCURSIONS** par téléphériques
ou chemin de fer de montagne

★★★ **Aiguille du Midi** ⊙ – *Compter 5 h par téléphériques et télécabine.* L'aiguille du Midi et, mieux encore, son piton central (alt. 3 842 m) offrent un **panorama**★★★ éblouissant sur les splendeurs neigeuses de la haute montagne : **Mont-Blanc**, Mont-Maudit, Grandes Jorasses, dôme du Goûter dont les contreforts sont enfouis sous quelque 30 m de glace. Les granits apparaissent dans les dômes et les sommets arrondis (Mont-Blanc, Peuterey, Goûter), les schistes dans les aiguilles et les arêtes vives séparant les couloirs de neige (Drus, Grandes Jorasses).
La **vallée Blanche** ou glacier du Géant (traversée par **télécabine** ⊙ jusqu'à la pointe Helbronner) permet d'observer les cirques glaciaires supérieurs avec leurs flancs déchiquetés par les attaques incessantes du gel. La neige persistante s'accumule dans les « cirques », s'y tasse, s'y durcit en « **névé** » où elle se transforme en glace dont le fleuve se fendille en crevasses, se coupe en « **séracs** » et s'écoule en une langue glaciaire dans la vallée naissante qu'elle rabote. De la sorte, les glaciers du Géant et du Mont-Blanc-de-Tacul représentent la partie haute de la Mer de Glace.

★★★ **Mer de Glace (par le Montenvers)** ⊙ – *2 h 1/2 par chemin de fer à crémaillère puis téléphérique.* De la gare supérieure du chemin de fer inauguré en 1908 se découvre l'ensemble de la Mer de Glace. Le glacier, long de 14 km, épais de 400 m par endroits, progresse de 90 m par an. Il transporte des roches qui, tels des abrasifs, strient ses parois, charrie des débris rocheux que son évaporation laisse en surface et qui lui donnent son aspect souillé et grisâtre ; à l'aval, il les dépose en une moraine frontale.
Dépassant les épaulements latéraux (cascades), le **panorama**★★★ est célèbre pour son cadre montagneux : aiguilles du Grand-Charmoz, du Grépon, de Blaitière, du Tacul, Pointe Helbronner, Dent du Géant, Grandes Jorasses, les Drus, Aiguille Verte du Montenvers.

⊙ ►► Le Brévent★★★ – La Flégère★★ – L'aiguille des Grands-Montets★★★ – Bellevue★★ (Les **Houches**) et le Nid d'Aigle (glacier de Bionnassay)★★.

Château de CHANTILLY★★★

Carte Michelin n° 106 pli 8 – Guide Vert Ile-de-France

Le nom de Chantilly, placé sous le signe de l'élégance, évoque un château, d'admirables collections d'art, un parc, une forêt et le monde du cheval et des courses.

Château ⊙ – En 1528, l'année même où François Ier entreprend Fontainebleau, Pierre Chambiges édifie sur les fondations d'un château féodal, qui déjà avait été reconstruit en 1386, pour Anne de Montmorency, le grand connétable qui servit six rois de Louis XII à Charles IX, un château, dans le goût nouveau de la Renaissance, qui saisit Charles Quint d'admiration.
En 1560, Jean Bullant donne les plans d'un petit château attenant, au Sud. Dans ce dernier, dont plus tard le Grand Condé et ses descendants firent leurs appartements, on admire de nos jours des boiseries Régence et rocaille et, en particulier, dans le cabinet des Livres les *Très Riches Heures du duc de Berry*, manuscrit somptueusement enluminé vers 1415 par les frères Limbourg et achevé, 60 ans plus tard, par Jean Colombe (reproductions), des vélins, des incunables, des coffrets d'argent, des icônes et, dans la chambre de Monsieur le Prince, une commode de Riesener.
Par mariage, Charlotte de Montmorency apporte Chantilly à Henri II de Bourbon-Condé. Leur fils Louis II de Bourbon, dit le Grand Condé, fait travailler Le Nôtre au parc, aux bosquets, aux parterres d'eau (dont les jeux sont si réussis que Louis XIV voulut les imiter, en plus grand, à Versailles), François Mansart qui redessine la façade (faisant ainsi disparaître l'œuvre de Pierre Chambiges) et redistribue les pièces, Vatel comme maître d'hôtel qui se donna la mort lors d'une réception, à cause, dit-on, du retard d'une marée.

La Révolution rase le grand château au niveau du 1er étage, ruine le petit et démantèle le parc.

A son retour d'exil, Louis-Joseph de Condé s'attache à remembrer son domaine et à le remettre en état. A sa mort, il le transmet au duc d'Aumale (Henri d'Orléans, cinquième fils de Louis-Philippe) qui fait réédifier le grand château de 1875 à 1883 dans un style néo-Renaissance et lègue à l'Institut de France cet ensemble à la fois palais, mausolée et musée.

Le granc château abrite un **musée**★★ d'une richesse telle (manuscrits, mobilier, peinture, sculpture...) qu'il serait difficile de constituer de nos jours une pareille collection.

★★ **Grandes écuries** – Elles furents édifiées en 1721 par Jean Aubert pour Louis-Henri de Bourbon, arrière-petit-fils du Grand Condé. Ce chef-d'œuvre déjà très admiré à son époque est le plus noble monument du 18e s. de Chantilly qui nous soit parvenu. Les grandes écuries abritent le **musée vivant du Cheval et du Poney**★★ ⊘ (stalles de l'époque du duc d'Aumale, collections de harnachements, de costumes, d'outillage des métiers liés à la plus noble conquête de l'homme, et, dans la rotonde centrale, démonstrations équestres commentées).

3 000 chevaux à l'entraînement sur les pistes, des prix (Jockey Club, Diane), des chasses à courre perpétuent la première grande réunion hippique officielle du 15 mai 1834 et font de Chantilly la capitale du pur-sang.

⊘ ►► Parc★★ – Appartements des Princes★ – Jardin anglais★.

CHAOURCE★

1 031 habitants
Cartes Michelin n°s 61 pli 17 ou 241 pli 41 – Guide Vert Champagne

Au cœur de la Champagne humide, Chaource possède une **église**★ rurale gothique particulièrement intéressante (chœur du 12e s., nef des 15e et 16e s.).

Le monument, restauré après le bombardement du 14 juin 1940, peut presque être considéré comme un musée d'art rural champenois, attachant par la simplicité et la vérité de la statuaire qui provient, pour partie, de sanctuaires désaffectés du voisinage. Quelques œuvres méritent une attention toute particulière : le grand Christ de pitié du 15e s. et, du 16e s., mais encore de goût gothique, la Sainte Marthe *(chapelle de la Vierge)* plus tardive que celle de l'église Sainte-Madeleine de Troyes, le **St-Sépulcre**★★, la crèche et la pietà de la chapelle du Paradis *(à gauche)*.

CHARLEVILLE-MÉZIÈRES★

Agglomération 67 213 habitants
Cartes Michelin n°s 53 pli 18 ou 241 pli 10 – Guide Vert Champagne

Ville double. Mézières, administrative et militaire, s'est développée à partir du 10e s. au pied d'un château gardant l'isthme formé au Sud par le triple méandre de la Meuse ; Charleville, commerçante et bourgeoise, a grandi au 17e s. dans le méandre central plus épanoui.

« **L'homme aux semelles de vent** » – Arthur Rimbaud y naquit en 1854 ; ce grand poète symboliste, en révolte contre la société, pénétra peu à peu dans la recherche d'un subconscient exprimé (les nuits du *Bateau ivre*), annonçant les tentatives d'écriture automatique des surréalistes. Rompant ensuite avec la littérature, il entama une vie d'errance qui le mena jusqu'en Orient. Rapatrié, il meurt à Marseille, âgé de 37 ans.

★★ **Place ducale** – Comme la ville, la place fut construite en 16 ans à partir de 1612 par Clément Métezeau, frère cadet de Louis qui achevait l'année même la place des Vosges à Paris. La parenté entre les deux ensembles est donc bien naturelle : même goût de l'ordonnance géométrique, mêmes pavillons de brique à chaînages de pierre édifiés sur avant-soliers dont les arcades présentent un dessin très régulier. Plusieurs de ces pavillons, restaurés, ont retrouvé leurs œils-de-bœuf et leurs frontons Louis XIII.

Sur le côté Ouest, le palais de justice et l'hôtel de ville sont plus tardifs et plus banals en dépit de leurs pilastres et de leurs balcons en avant-corps.

Au centre de la place se dresse la statue de Charles de Gonzague qui obtint des privilèges de franche gabelle pour la ville qu'il venait de fonder et lui donna son nom.

Pour organiser vous-même votre voyage
vous trouverez, au début de ce guide,
la carte des principales curiosités et un choix d'itinéraires de visite.

CHARTRES★★★

39 595 habitants
Carte Michelin n° 106 pli 37 – Guide Vert Ile-de-France

En progressant vers Chartres, dans l'immense terre à blé de la Beauce, le regard cherche d'abord, puis discerne, distingue, détaille et admire la silhouette de la cathédrale dont Rodin faisait « l'Acropole de la France ».

En ce lieu qui, dans l'Antiquité, fut à la fois la ville de la peuplade des Carnutes et un important centre religieux druidique, se pratiquait le culte des eaux ; peut-être aussi celui de la déesse-mère en qui les évangélisateurs auraient vu une préfiguration de la Vierge. Au contact entre le plateau beauceron et la vallée encaissée de l'Eure, le **Vieux Chartres**★ compose un quartier pittoresque, évocateur de la vie séculaire de cette capitale de la Beauce : ville de négoce et d'artisanat. Les « métiers de la rivière », meuniers, teinturiers, corroyeurs, cordonniers, foulons, drapiers, sergiers, tanneurs, mégissiers y exerçaient leur bourdonnante activité. Les biefs des anciens moulins, les lavoirs ont été remis en valeur ; de vieilles maisons du 17e s. ont conservé leur portail à bossages surmonté d'un œil-de-bœuf. Le quartier St-André, les bords de l'Eure, la rue des Écuyers, le grenier de Loëns, la rue du Cygne en constituent les sites les plus attrayants. De bonne heure, un pèlerinage à N.-D.-sous-Terre s'y développa et au 11e s. l'évêque Fulbert éleva une cathédrale qui fut incendiée en 1194.

★★★ **Cathédrale Notre-Dame** – *Voir illustration au chapitre de l'Art – Éléments d'architecture.* La reconstruction de l'édifice fut entreprise aussitôt et menée à bien en 25 ans seulement. Les porches Nord et Sud furent ajoutés 20 ans plus tard, ce qui assure au grand œuvre et à sa décoration une homogénéité presque unique dans le style gothique. Depuis près de 8 siècles, la cathédrale où l'on dénombre 175 figurations de la Vierge se prête aux grands pèlerinages par son vaste chœur entouré d'un double déambulatoire et par son immense transept. De même les pèlerins isolés la fréquentent de façon presque ininterrompue. Le plus célèbre d'entre eux est Charles Péguy qui y vint en 1912 et en 1913 et nous transmit son émotion dans sa *Présentation de la Beauce à Notre-Dame de Chartres* :

> « Un homme de chez nous, de la glèbe féconde
> A fait jaillir ici d'un seul enlèvement,
> Et d'une seule source et d'un seul portement,
> Vers votre assomption la flèche unique au monde... »

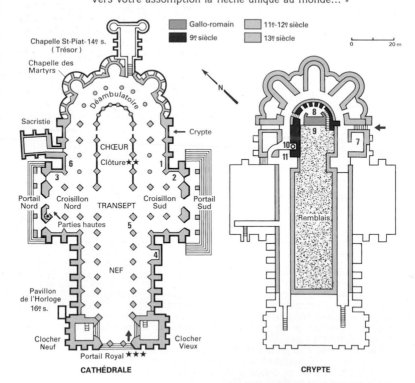

1 Notre-Dame-de-la-Belle-Verrière
2 Vitrail de Saint Fulbert
3 Vitrail de la Paix
4 Chapelle Vendôme
5 Orgues
6 Vierge du Pilier

7 Chapelle St-Martin
8 Crypte St-Lubin
9 Mur gallo-romain
10 Puits des Saints-Forts
11 Chapelle Notre-Dame-de-Sous-Terre

140

CHARTRES

Le nouvel édifice fait accomplir au gothique de transition des progrès irréversibles. La voûte sexpartite, dont la travée de base est de plan carré, est remplacée par une suite de travées rectangulaires ; les grandes arcades et les arcs des fenêtres sont devenus plus aigus ; une baie ronde s'inscrit à l'abri du formeret au-dessus des fenêtres hautes ; les tribunes qui assuraient l'équilibre des édifices antérieurs sont abandonnées et leur fonction assurée par l'emploi généralisé d'arcs-boutants ; un étroit triforium (encore aveugle) facilite la visite technique des étages supérieurs ⊙. C'est le gothique lancéolé.
A l'extérieur fuse la verticalité du gothique, mais l'architecte a su conserver deux grands chefs-d'œuvre romans : le clocher vieux (1145), prodigieux d'audace et de légèreté

« C'est l'épi le plus dur qui soit jamais monté...
La flèche irréprochable et qui ne peut faillir...
L'angle une fois trouvé par un seul homme au monde... » *(Ch. Péguy)*
et le **portail Royal**★★★ (façade Ouest) dont les statues-colonnes alignent dans l'embrasure des portes leurs personnages aux corps raides et aux visages intensément expressifs. Les **vitraux**★★★ irradient de leur douce lumière la pénombre intérieure. Ils couvrent 2 700 m² et comptent 5 000 personnages. 45 furent offerts par des confréries de corporations. Ils datent pour la plupart des 12e et 13e s. et constituent un des sommets de cet art. Le « bleu de Chartres » est fameux pour sa limpidité et sa profondeur ; sa gamme transparaît en particulier dans la merveilleuse N.-D.-de-la-Belle-Verrière (1). En 1964, les architectes américains ont offert un vitrail à la cathédrale (2) et, de même, en 1971, les amis allemands de la cathédrale (3).

⊙ ►► Musée des Beaux-Arts *(émaux★)* – Église St-Pierre★ *(verrières★).*

Massif de la CHARTREUSE★★

Cartes Michelin nᵒˢ 74 pli 15 et 77 pli 5 ou 244 plis 28, 29
Guide Vert Alpes du Nord

Le petit massif de la Chartreuse, peu élevé, couvert de sapinières, délimité par les cluses de Grenoble et de Chambéry et par le Grésivaudan, relève des Préalpes du Nord. La hardiesse de ses crêtes, la vigueur des reliefs, l'encaissement de ses vallées lui confèrent une physionomie très montagnarde. Il les doit à la grande épaisseur et à la résistance de ses bancs de calcaire urgonien, plissés et faillés.
Le massif a donné son nom au monastère fondé, en 1084, dans le « désert » par saint Bruno et qui devint la maison mère de l'ordre religieux qui en naquit.

★★★ **Charmant Som** – *1 h 1/2 à pied AR.* Panorama sur le sommet de Chamechaude, la vallée du Guiers-Mort et le site du couvent dans une combe presque jurassienne.

★★ **Pas du Frou** – Profonde entaille creusée par le Guiers-Vif.

★★ **Col du Granier** – Cette formidable paroi représente l'entaille faite par l'érosion à la base d'un pli en berceau (synclinal).

★★ **Bec du Margain** – Le Bec domine de 820 m le couloir du Grésivaudan, le plus connu du Sillon alpin, ouvert entre les Massifs Centraux et les Préalpes. Cette ancienne fosse marine, calibrée et façonnée par les glaciers, nivelée par les alluvions de l'Isère, est un grand axe de circulation. Au côté Chartreuse adonné aux vignes et aux cultures s'oppose le versant Belledonne beaucoup plus austère et industriel (papeterie – chimie – métallurgie – électricité) ; à Lancey, en 1891, **Aristide Bergès** orienta les aménagements hydrauliques d'une papeterie vers la production de « houille blanche ». A l'horizon, la **vue** porte, de droite à gauche, sur le Vercors, les Grandes Rousses, le massif de Belledonne, le Mont-Blanc et les Bauges.

*Actualisée en permanence,
la **carte** Michelin au 1/200 000 indique :*
  – golfs, stades, hippodromes, plages, piscines, altiports ;
  – sentiers de grande randonnée, panoramas, routes pittoresques ;
  – forêts domaniales, monuments intéressants...
Pour vos loisirs, elle est le complément naturel des guides Verts Michelin.
Équipez votre voiture de cartes Michelin à jour.

CHÂTILLON-SUR-SEINE*

6 862 habitants
Cartes Michelin n°s 65 pli 8 ou 243 pli 2 – Guide Vert Bourgogne

Châtillon occupe à proximité de l'oppidum celte du mont Lassois, près de Vix *(7 km au Nord)*, une situation antique intéressante. La haute Seine cessait, ici, d'être navigable sur l'itinéraire commercial qui, par les vallées alpines et jurassiennes, assurait les échanges d'ambre, d'étain, de corail et de céramique entre les peuples de Cornouailles britannique et les Étrusques d'Italie. Des entrepôts de rupture de charge, générateurs de richesse, y fructifiaient.

Vase de Vix

★★ Trésor de Vix – Le 1er étage du **musée** ⊙ abrite les pièces maîtresses découvertes dans la tombe d'une reine de 30 ans inhumée au tout début du 5e s. avant J.-C. Elles permettent d'imaginer la qualité du mobilier que les classes aisées importaient alors de Grèce et d'Italie par la richesse de quelques pièces exposées : gigantesque cratère, chef-d'œuvre des bronziers grecs, vases de l'industrie étrusque, bijoux d'or (diadème) et de fer de fabrication gauloise.

►► Source de la Douix★.

Château de CHENONCEAU★★★

Cartes Michelin n°s 64 pli 16 ou 238 pli 14
Guide Vert Châteaux de la Loire

Le **château de Chenonceau** est un joyau de la Renaissance *(voir illustration p. 66)* construit de 1513 à 1521, à l'emplacement d'un moulin fortifié en bordure du Cher, pour Thomas Bohier, intendant des finances de François Ier. Composé d'un corps de logis rectangulaire, avec des tourelles aux angles, il est assis sur les deux piles de l'ancien moulin, qui reposent sur le lit du Cher. A gauche, en saillie, se trouvent la librairie et la chapelle. Sur le pont du Cher s'élève la galerie à deux étages de Catherine de Médicis. Cette construction de Philibert Delorme est d'une sobriété déjà classique qui contraste avec l'aspect riche et gai que donnent, à la partie plus ancienne, les sculptures des balustrades, du toit et des lucarnes.

Six femmes ont régné sur cette demeure ; trois l'ont tout particulièrement marquée de leur sceau de maîtresse de maison.

Catherine Briçonnet, épouse de Thomas Bohier, en imagine le vestibule central droit, véritable salon d'accueil sur lequel donnent les pièces ; son arête axiale, brisée par la disposition des clefs de voûte, est un chef-d'œuvre. Elle innove aussi en introduisant, dès 1515, dans le Val, un escalier à l'italienne dont les rampes droites sont plus adaptées aux réceptions que les vis gothiques ; mais les retours en sont encore courbes et coupés de marches.

Diane de Poitiers, en 1556, confie à Philibert Delorme, qui avait travaillé pour elle à Anet, le dessin de son jardin floral *(côté Est)* et le dessin du pont qu'elle veut lancer sur le Cher.

Trois ans plus tard, à la mort d'Henri II, **Catherine de Médicis** humilie la favorite en la contraignant à lui céder Chenonceau en échange de Chaumont. Plus tard elle fait élever sur le pont les deux étages de galeries, dessiner le jardin Ouest devant les communs et agrandir les fenêtres en leur donnant leurs frontons ouvragés.

VISITE ⊙

Dans les pièces, admirer tout particulièrement une cheminée de Jean Goujon (salle de Diane de Poitiers), la librairie de 1521, le plafond du cabinet Vert, le portrait de Diane par le Primatice, les tapisseries et le linteau de cheminée du salon Louis XIV, tout à fait Renaissance par ses rinceaux, ses corbeilles de fruits, ses cornes d'abondance et ses animaux fantastiques.

Château de CHEVERNY★★★

Cartes Michelin n°s 64 pli 17 ou 238 pli 15 – Guide Vert Châteaux de la Loire

Cheverny, construit de 1604 à 1634, présente la simplicité et la distinction toute classique de l'architecture Henri IV et Louis XIII.

Sa façade est bâtie en pierre de Bourré *(28 km au Sud-Ouest)* qui blanchit et durcit avec le temps. Elle s'ordonne de façon symétrique de part et d'autre de la cage centrale d'escalier. Deux grands pavillons d'angle à dômes carrés délimitent le corps de logis ; les grands toits d'ardoise Louis XIII sont percés de mansardes et d'œils-de-bœuf. A l'étage, entre les fenêtres couronnées de volutes, les tableaux des murs portent les médaillons des César (le buste de Jules César occupe le fronton central). La porte, très élégante, s'orne, à l'imposte, de deux grands colliers concentriques, celui de l'ordre du St-Esprit avec la croix de Malte et, à l'intérieur, celui de l'ordre de St-Michel.

Cheverny – La façade du château

VISITE ⊙

Les appartements, desservis par un majestueux escalier Louis XIII à montées droites, orné de balustres massifs et d'une abondante décoration sculptée, abritent un riche mobilier du 17e au 19e s.

CHINON★★

8 627 habitants
Cartes Michelin n°s 67 pli 9 ou 232 pli 34 – Guide Vert Châteaux de la Loire

Au Sud du fertile Véron, Chinon occupe en bordure de la Vienne un site bien exposé et connu pour la douceur de son climat.

A la métairie de **la Devinière** *(8 km au Sud-Ouest)* naquit, en 1494, **François Rabelais**, fils d'un avocat de Chinon. Il étudia la médecine à Montpellier, la pratiqua à Lyon. Sous un style bouffon, il inocule à la bourgeoisie naissante le mépris de la cuistrerie et de la fausse culture et le respect d'une morale sociale fondée sur la droiture d'hommes libres et intègres.

★★ **Le Vieux Chinon** – La « Ville-Fort » (fortifiée) de Jeanne d'Arc conserve sa physionomie médiévale et Renaissance. Ses vieilles maisons à colombage et à poteaux corniers, ses gentilhommières des 16e et 17e s., pour la plupart en tuffeau blanc, composent un paysage urbain d'un grand pouvoir évocateur. La rue Voltaire (anciennement Haute-St-Maurice) en constitue le grand axe. Le musée du Vieux Chinon (demeure ogivale où Richard Cœur de Lion serait mort le 6 avril 1199 et où se tinrent les états généraux de 1421), l'hôtel du Gouvernement (arcades 17e s. dans la cour), le palais du Bailliage du 15e s. et l'hôtel Poirier de Beauvais (16e s.) la bordent.

Au **Grand Carroi**★★ (carrefour) se pressent les demeures les plus anciennes du quartier ; sur la margelle du puits, **Jeanne d'Arc** arrivant de Vaucouleurs aurait posé le pied pour descendre de cheval, le dimanche 6 mars 1429. Le surlendemain,

La Vienne à Chinon

au château, elle identifiait le dauphin mêlé à la troupe de ses courtisans et lui déclarait « Tu es héritier de France et vrai fils de roi, lieutenant du roi des Cieux qui est roi de France », scène émouvante bien propre à mettre fin aux doutes sur sa naissance qui le torturaient. De là, elle fut envoyée à Poitiers. De retour à Chinon, elle reçut quelques hommes d'armes et partit le 20 avril vers son destin miraculeux et tragique.

★★ **Château** ⊘ – L'éperon qui domine Chinon fut occupé par un oppidum gaulois puis par un château fort avant que Henri II Plantagenêt n'y élève en 1152, pour protéger l'Anjou de la menace capétienne, le château actuel. Celui-ci, conquis en 1205 par Philippe Auguste sur Jean sans Terre, devint une résidence royale renforcée par Charles VII puis fut abandonné par la cour et peu à peu démantelé. Le château fut en 1308 la prison des dignitaires de l'ordre du Temple et en 1498 le lieu où Louis XII reçut Louis Borgia, légat pontifical, venu lui remettre la bulle d'annulation de son mariage avec Jeanne de France, ce qui rendait possible son union avec Anne de Bretagne. Les ruines comprennent à l'Est le fort St-Georges protégeant le point le plus vulnérable du château ; le château du Milieu (porte de l'Horloge, jardins offrant une belle vue sur le Vieux Chinon, logis royaux) et le fort du Coudray à l'extrémité de l'éperon.

ENVIRONS

★ **Champigny-sur-Veude** – *15 km au Sud.* Le château de Champigny, bâti dans la première moitié du 16e s. par Louis de Bourbon et son fils, fut démoli en 1635 sur ordre de Richelieu : il aurait porté ombrage à celui que le cardinal édifiait alors, 6 km plus au Sud, et pour lequel ses matériaux furent réutilisés. Seuls ont subsisté les communs et la chapelle.

★ **Sainte-Chapelle** ⊘ – C'est un bijou Renaissance allégé par deux originales galeries latérales et qui s'ouvre par un porche (1570) de Toussaint Chesneau, véritable avant-corps traité à l'antique avec ses volutes, ses entrelacs, ses pilastres, sa terrasse et déjà annonciateur de classicisme.
Elle est éclairée par d'admirables **vitraux**★★ Renaissance (1538-1561) attribués aux Pinaigrier, maîtres verriers de Tours, de l'école de Jean Fouquet et de Bourdichon. Quelques-uns sont peut-être sortis d'un atelier bourbonnais. Ils représentent 34 portraits des Bourbon-Montpensier, des épisodes de la vie de Saint Louis et des scènes de la Passion. Le chatoiement de leurs couleurs, des bleus de Prusse surtout à reflets mordorés, est incomparable.

★ **Richelieu** – A 25 km au Sud. Le « *bourg clos* » voulu par le cardinal Armand du Plessis matérialise le sens de l'ordre, de l'équilibre mesuré, de la symétrie qui inaugure le Grand Siècle. La ville que La Fontaine nommait le « plus beau village de l'univers » fut construite par Lemercier. Il ne reste aujourd'hui presque plus rien de l'orgueilleuse demeure du cardinal.

⊘ ►► Musée de l'hôtel de ville – Promenade en train à vapeur (entre Chinon et Richelieu).

CLERMONT-FERRAND★★

Agglomération 254 416 habitants
Cartes Michelin nºs 73 pli 14 ou 239 plis 19, 20 – Guide Vert Auvergne

Le **site**★★ de Clermont doit son originalité au volcanisme. Le quartier ancien, bâti sur un cône éruptif, compose avec ses vieilles maisons et sa cathédrale de lave une « ville noire ». Au Nord, les plateaux de Chanturgue et des Côtes où s'était installé un oppidum gaulois représentent, à un niveau ancien de la Limagne, des surfaces que le phénomène d'inversion de relief a protégées de l'érosion et qui se trouvent maintenant en altitude. A l'horizon, la chaîne des Puys donne à la capitale de l'Auvergne son arrière-plan incomparable. La place de la Poterne, où s'élève la jolie **fontaine d'Amboise**★ (1515), est un bel observatoire de ce site.

Vercingétorix – En 58 avant J.-C., la Narbonnaise ne suffit plus pour la tranquillité de Rome : il faut que la Gaule entière devienne un glacis, une voie sûre pour ses importations d'étain et d'ambre, un terroir agricole pour son approvisionnement. César, poussé par l'ambition de la gloire, entreprend donc de la soumettre. En mars 52, il se présente avec six légions devant le grand oppidum des Arvernes. Quelques jours plus tard, il essuie devant les troupes de Vercingétorix (72-46 avant J.-C.) – à qui une fougueuse statue équestre, par Bartholdi, a été élevée sur un terre-plein de la place de Jaude – un revers mémorable qui le contraint à rebrousser chemin, par le Berry, la Bourgogne et le Jura, vers l'Italie. Les spécialistes n'ont pas encore pu s'accorder sur le site de cette bataille (plateaux de Chanturgue ou de Gergovie ?) non plus que sur celui de la bataille d'Alésia (Alise-Ste-Reine en Bourgogne ou Chaux-de-Crotenay dans le Jura... ?) qui, à la fin de l'été, marqua la victoire décisive de César. Durant 6 ans, le chef gaulois attendit, incarcéré à Rome dans la prison Mamertine, son exécution par strangulation ordonnée par César.

La première croisade – Le 28 novembre 1095, sur la place Delille, le pape Urbain II, ancien moine de Cluny, clôture un concile tenu à Clermont en raison de la stabilité de la province. En présence d'une foule d'archevêques, d'évêques, d'abbés mitrés, de barons, de chevaliers, de menu peuple, il exhorte son auditoire à reconquérir la Terre sainte. L'accroissement de population que connut l'Auvergne dans le siècle qui suivit les invasions des Francs, des Normands et des Danois permit la réalisation de cet élan de foi populaire parti au cri de « Dieu le veut ».
D'innombrables croisés avaient péri en chemin lorsque Godefroy de Bouillon se rendit maître de Jérusalem 3 ans plus tard.

Le vieux Clermont – La cathédrale Notre-Dame

Blaise Pascal (1623-1662) – Au Sud-Ouest de la cathédrale, une dalle marque l'emplacement de la maison natale de cet écrivain et penseur de génie insoumis, par tempérament, aux idées reçues. Son organisme, torturé par la maladie, abrite une intelligence d'une acuité et d'une précocité scientifique surprenantes : il étudie à 11 ans les lois de l'acoustique, à 12 ans, il redécouvre, seul, la 32e proposition d'Euclide, à 16 ans, il rédige un *Essai sur les coniques* qui étonne Fermat, Roberval et Descartes, à 19 ans, il invente une machine à calculer *(exposée au musée du Ranquet)*. Puis il imagine une presse hydraulique, le principe de l'hydrostatique, pressent le calcul des probabilités. A 33 ans, il met son talent littéraire au service de la cause de Port-Royal ; à 34, il rédige ses notes, les *Pensées,* où l'on voit « l'œuvre la plus forte du 17e s. et l'un des textes majeurs de notre littérature ».

« A mesure que l'on a plus d'esprit, on trouve qu'il y a plus d'hommes originaux ; les gens du commun ne trouvent pas de différence entre les hommes... On se persuade mieux, pour l'ordinaire, par les raisons qu'on a soi-même trouvées, que par celles qui sont venues dans l'esprit des autres... »

Les Grands Jours d'Auvergne – Le lundi 28 septembre 1665 les Grands Jours s'ouvrent à Clermont ; ils s'y tiennent jusqu'au 30 janvier 1666. En envoyant ses commissaires revêtus de la pleine autorité judiciaire en Auvergne, province centrale restée à l'égard de la Fronde, il semble que Louis XIV ait voulu manifester par une opération exemplaire l'autorité royale et l'arrivée d'une période d'ordre. Cela, en réprimant le comportement souvent tyrannique et la violence excessive par laquelle les seigneurs avaient compté réduire les rébellions paysannes qui depuis un quart de siècle, en Auvergne comme ailleurs, étaient nées des contraintes d'un pouvoir central en formation.

La cour instruit 1 360 dossiers, prononce 692 arrêts de condamnation dont 450 par défaut, car les auteurs des crimes et même les suspects ont pris la fuite dès la première des 23 exécutions effectives. Du coup, les sentences ne sont plus prononcées que par contumace et les pendaisons exécutées en effigie. Ce simulacre de justice, « sans qu'il y eût de sang répandu » *(Esprit Fléchier)*, permet néanmoins la restitution de nombreux biens et la destruction de châteaux qu'avait épargnés Richelieu, 40 ans plus tôt. L'autorité de l'État et la justice royale se sont fait sentir pour tous et dans toute la France.

La cité du pneu

Vers 1830, Aristide Barbier et Édouard Daubrée s'associent et fondent à Clermont une petite usine de machines agricoles auxquelles ils ajoutent des balles, des courroies et des tuyaux de caoutchouc.

En 1886, les frères **André** puis **Édouard Michelin**, petits-fils de Barbier, la prennent en main. Ces deux génies créateurs, sachant découvrir la réalité derrière l'accessoire, appliquent, les premiers, la méthode scientifique à l'industrie. La satisfaction des besoins réels du client, l'observation scrupuleuse de la réalité, la révision incessante des acquis antérieurs leur permettent de créer, en particulier, le pneu vélo démontable en
1891, le pneu pour auto en 1895, le pneu « Confort » à basse pression en 1923. Suivent en 1937 le « Métalic » à carcasse en acier qui fait du poids lourd un véritable outil de transport, en 1946 le radial (commercialisé sous l'appellation « X » en 1949), associant une carcasse radiale réglant le problème de l'échauffement et une ceinture triangulée en acier assurant la tenue de route... inlassablement perfectionné depuis. Ainsi, depuis 1991, le pneu dit « Vert » (gamme Energy) ou « basse résistance au roulement » est devenu une réalité. Ce concept contribue à la protection de l'environnement, en permettant une diminution de la consommation de carburant du véhicule.

★★ **Basilique N.-D.-du-Port** (FV) – *Voir illustration au chapitre de l'Art – Éléments d'architecture.* C'est la plus célèbre et la plus accomplie des grandes églises romanes de la Basse-Auvergne dont la saisissante et simple beauté ne s'oublie pas. Elle fut édifiée vers 1150 sur une crypte du 11e s.

A l'extérieur, son portail Sud se distingue de ceux du Quercy et de la Bourgogne par sa composition où les sujets, très abîmés, se détachent nettement les uns des autres. On reconnaît sur les piédroits Isaïe à gauche et Jean-Baptiste à droite ; sur le linteau pentagonal, propre à l'école auvergnate, le sculpteur a réalisé des

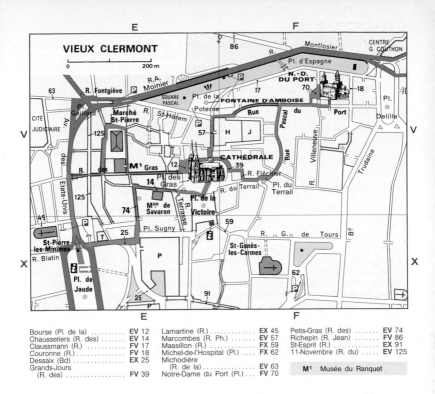

VIEUX CLERMONT

0   200 m

Bourse (Pl. de la)	**EV** 12	Lamartine (R.)	**EX** 45	Petis-Gras (R. des)	**EV** 74
Chaussetiers (R. des)	**EV** 14	Marcombes (R. Ph.)	**EV** 57	Richepin (R. Jean)	**FV** 86
Claussmann (R.)	**FV** 17	Massillon (R.)	**FX** 59	St-Esprit (R.)	**EX** 91
Couronne (R.)	**FV** 18	Michel-de-l'Hospital (Pl.)	**FX** 62	11-Novembre (R. du)	**EV** 125
Dessaix (Bd)	**EX** 25	Michodière			
Grands-Jours		(R. de la)	**EV** 63		
(R. des)	**FV** 39	Notre-Dame du Port (Pl.)	**FV** 70	**M¹** Musée du Ranquet	

prouesses pour disposer, proportionner et hiérarchiser les personnages ; au tympan, le Seigneur trône entre deux séraphins. Le flanc Sud de l'église est caractéristique du style roman auvergnat par ses grands arcs faisant office de contreforts, son arcature supérieure à triples baies, les claveaux polychromes et la mosaïque du pignon du transept. Le chevet a été très restauré au 19ᵉ s.

A l'intérieur, la qualité du matériau et celle de l'architecture permettent de comprendre la robustesse de ces églises. Au transept, de grands arcs, hérités – mais à quelle hauteur et avec quelle ampleur – des maîtres d'œuvre carolingiens, épaulent et portent la croisée, tels des murs de refend lancés au niveau des tribunes pour raidir les parties hautes.

Allégés d'un matériau en petit appareil et d'arcs de décharge, ils soutiennent et parachèvent l'admirable géométrie de la coupole sur trompes qu'il faut observer des marches d'accès au déambulatoire.

Le chœur★★★, surélevé, petit, mais de proportions très heureuses, est délimité par huit colonnes disposées en hémicycle et portant des voûtains surhaussés. Leurs **chapiteaux★★**, ainsi que ceux qui sont adossés au mur du déambulatoire, comptent parmi les plus célèbres d'Auvergne par leur conservation, la rareté de leur thème et l'expression des personnages.

Sous le chœur, la « Souterraine », chère aux Clermontois, conserve un puits très ancien, peut-être de l'époque celto-gauloise, et une petite vierge noire, reproduction d'une icône byzantine, vénérée en ce lieu depuis le 13ᵉ s.

Rue Pascal (FV) – C'est la plus typique du **Vieux Clermont★★** bordée de sévères maisons de lave. Au n° 22 : façade à bossages et balcon de fer forgé, rosace de lave au pavement du hall ; au n° 4 (hôtel de Chazerat) : cour ovale à pilastres ioniques ; place du Terrail : jolie fontaine du 17ᵉ s.

★★ Cathédrale N.-D.-de-l'Assomption (EFV) – Pour le visiteur qui vient de voir N.-D.-du-Port, la révolution qui s'est accomplie en un siècle dans l'art de bâtir saute aux yeux. L'église actuelle, élevée à partir de 1248 par Jean Deschamps, un peu sur le modèle des cathédrales de l'Ile-de-France, relève du gothique rayonnant ; elle manifeste la mainmise des Capétiens sur l'Auvergne. Elle est originale par les terrasses qui, à l'extérieur, couvrent son déambulatoire et par son matériau, la lave de Volvic, dont la résistance a permis d'amincir ses piliers dont le travail fut autorisé par les progrès des aciers au 13ᵉ s. Sa façade, ses flèches et ses deux premières travées sont l'œuvre de Viollet-le-Duc en 1865.

Ses **vitraux★★** à médaillons, imités de ceux de la Ste-Chapelle de Paris, composent un ensemble allant du 12ᵉ au 15ᵉ s. Observer en particulier les tonalités chaudes, rouges et violines, des roses du transept montées sur une galerie ajourée du triforium. **Trésor**★ ⊘ présentant des collections du 12ᵉ au 19ᵉ s. d'orfèvrerie et d'émaux. La chapelle St-Georges (*1ʳᵉ du déambulatoire à gauche*) conserve une fresque représentant une frise d'animaux et le martyre du saint protecteur des croisés. Dans la chapelle axiale, une vierge romane de majesté, contemporaine de celles de Marsat (*voir à Riom*) et d'Orcival, est l'héritière probable de la Vierge d'or d'Étienne II (10ᵉ s.), leur prototype, qui fut détruite à la Révolution.

⊘ ►► Vieux Montferrand★★ – Musée des Beaux-Arts à Montferrand★★ – Église St-Léger★ de Royat.

CLUNY★

4 430 habitants
Cartes Michelin nᵒˢ 69 pli 19 ou 243 pli 39 – Guide Vert Bourgogne

Dans son acte de fondation même, en 910, pour 12 solitaires, dans les immenses forêts de la vallée de la Grosne, l'**ancienne abbaye de Cluny**★★ trouvait réunis tous les facteurs de sa future prospérité.

Elle était créée dans une région frontalière où se neutralisaient les souverainetés du roi de France, le Carolingien Charles III absorbé par les difficultés de la négociation avec les envahisseurs normands, et celle du roi de Germanie Louis IV, adolescent encore inexpérimenté et affaibli par la rivalité entre ses grands vassaux et par les invasions des Hongrois et des Normands (lui aussi) ; son indépendance était absolue à l'égard de toute autre autorité que celle du pape à qui elle était directement rattachée ; à l'époque du morcellement de la propriété féodale et du droit seigneurial, elle ne relevait – mais de façon absolue –, de même que ses futures « filles » et toutes ses dépendances, que de son père-abbé élu ; dans un monde politique et social instable, désorienté, sans scrupule, elle proposait un idéal d'ascétisme et de culture propre à la règle de saint Benoît dont elle représentait la réalisation exemplaire. Cluny devint ainsi un instrument assez puissant pour soutenir la papauté dans ses propres États et affirmer son autorité face aux barons du Latium et pour la seconder dans son ambition de réformer l'Église.

Le développement de Cluny fut rapide, son prestige immense, son influence éminente au moment où se dessinait la culture occidentale. En moins d'un siècle, elle avait acquis une puissance politique et une richesse foncière considérables ; elle comptait déjà 1 184 « filles » et maisons réparties en « provinces » mais organisées de façon hiérarchique (plus de 3 000 dans toute l'Europe, 150 ans plus tard). Durant deux siècles et demi cette capitale monastique sut se donner pour chefs des hommes hors du commun dont plusieurs (saint Mayeul, saint Odilon, saint Hugues, Pierre le Vénérable) eurent pour eux la durée : jusqu'à 60 ans de règne.

Le gouvernement d'un tel empire n'allait pas sans poser des problèmes de conformité à la règle et à son idéal de pauvreté. Il requérait aussi une puissance intellectuelle et une volonté qui sachent le tenir à l'abri de ses propres tentations en regard desquelles les guerres et les dévastations représentaient des risques mineurs. La régression de l'ordre s'amorça au 13ᵉ s., mais sa prospérité survécut jusqu'au 18ᵉ s.

Église abbatiale ⊘ – Commencée en 1088 sous **saint Hugues**, elle fut achevée en 1130 sous Pierre le Vénérable. Sa destruction entreprise dès 1798 se poursuivit jusqu'en 1823. De son narthex ne subsistent que les bases de deux tours, les « Barabans » ; de ses cinq nefs (doubles bas-côtés), rien ; de ses cinq clochers, que celui de l'**Eau bénite**★★ d'une magnifique élévation octogonale et celui de l'Horloge ; de son grand transept, que le croisillon droit à deux chapelles, voûté d'une coupole octogonale portée à 32 m de hauteur ; de son petit transept, que la chapelle extrême, dite de Bourbon (socles sculptés de têtes de prophètes).

Bâtiments abbatiaux – Refaits au 18ᵉ s.

Farinier – Raccourci au 18ᵉ s. ; charpente en carène du 13ᵉ s. et huit chapiteaux du chœur de l'ancienne abbatiale.

⊘ ►► Musée d'art et d'archéologie★.

ENVIRONS

★★ **Château de Cormatin** ⊘ – *13 km au Nord. 4 km au Nord de la hauteur de Taizé* – où s'est installée en 1940 une communauté œcuménique chrétienne (église de la Réconciliation) –, le château de Cormatin est vraisemblablement dû à Jacques II Androuet Du Cerceau ; il représente le style Henri IV par les ordres antiques cantonnés aux portes monumentales, par son haut soubassement de pierres et par ses chaînages garnissant les angles et les encadrements des fenêtres. Le maniérisme issu des salons littéraires des Précieuses, sous Louis XIII, y trouve son accomplissement dans les dorures éclatantes et les bleus de lapis-lazuli du **cabinet Ste-Cécile**★★★.

19 528 habitants
Cartes Michelin n°s 72 pli 12 ou 233 pli 28
Guide Vert Poitou Vendée Charentes

Cognac fut longtemps un port fluvial sur la calme Charente, exportateur de sel, le meilleur du monde au dire des Scandinaves, puis au 11ᵉ s. de vins. Ce fut, en 1570, l'une des quatre places de sûreté reconnues aux protestants par le traité de St-Germain.

Le quartier ancien – Sur le versant Ouest de la Charente, il conserve d'intéressantes maisons anciennes, l'une du 15ᵉ s., à colombage sur la Grande-Rue, d'autres, du 16ᵉ s., avec bossages, portes et encadrements de fenêtres ouvragés sur la rue Saulnier, la maison de l'Échevinage, du 17ᵉ s., avec ses niches d'angles sur la rue de l'Isle-d'Or.

L'ancien château, rebâti en 1450 par Jean le Bon, offre, sur le fleuve, une austère façade égayée en 1515 par le « balcon du roi », grande loggia soutenue par un cul-de-lampe sculpté d'une salamandre. François Iᵉʳ y naquit en 1494.

Les chais ⊙ – Répartis sur les quais, près du port et dans les faubourgs, ces magasins abritent les futailles dans lesquelles s'accomplit la lente alchimie entre l'eau-de-vie et le chêne, donnant au cognac toute sa subtilité.

Hennessy ⊙ – Fondée en 1765 par un capitaine irlandais des armées de Louis XV dont les descendants dirigent encore la maison. Un musée de la Tonnellerie est consacré à la fabrication artisanale des fûts.

Rémy Martin ⊙ – Cette maison, fondée en 1724, élabore exclusivement ses cognacs à partir des crus de Grande et Petite Champagne. La visite des chais s'effectue en petit train.

Martell ⊙ – C'est la plus ancienne des grandes maisons de Cognac, fondée en 1715. Dans la maison du fondateur, trois pièces restaurées restituent l'atmosphère de travail d'un entrepreneur au début du 18ᵉ s.

D'autres chais sont ouverts aux visites : **Camus, Otard, Prince Hubert de Polignac.**

Le cognac

L'alcool était déjà connu dans l'Antiquité. Il fut étudié en 1250 par Arnaud de Villeneuve qui lui attribua des propriétés quasi miraculeuses. Parmi toutes les eaux-de-vie, le cognac a acquis une réputation universelle. Le goût s'en est répandu au début du 17ᵉ s. d'abord aux Pays-Bas, en Scandinavie et en Angleterre lorsque, après 1622, les vignerons, en Aunis, imaginèrent, comme un pis-aller, de distiller leurs vins qui supportaient mal les longues traversées pour en faciliter l'écoulement sous un moindre volume, éviter les droits excessifs qui les frappaient et permettre le stockage de leurs surplus.

Un siècle plus tard ce stock fait l'objet de spéculations... bien plus, on s'aperçoit alors que le vieillissement améliore le produit.

La carte des crus de cognac, dressée en 1887, affinée en 1909, 1938 et 1941, distingue la Grande Champagne, la Petite Champagne, les Borderies, les Fins Bois, les Bons Bois et les Bois Ordinaires. De l'une à l'autre de ces six zones, le sol calcaire perd sa richesse en chaux pour devenir plus argileux et siliceux ; en même temps, les eaux-de-vie voient leur force et leur finesse s'atténuer et laisser place à un goût de terroir plus affirmé et à une aptitude plus rapide au vieillissement.

L'élaboration du cognac s'effectue par la distillation, en deux temps, dans l'alambic charentais, des vins blancs, légers, parfumés, un peu acides produits sur 90 000 ha. Neuf litres de vin donnent un litre d'eau-de-vie. Celle-ci est emmagasinée dans des fûts de chêne du Limousin, pendant au moins deux ans et demi durant lesquels la texture du bois favorise la dissolution de son tanin et de ses résines dans la liqueur qui, elle-même, s'en imprègne et s'oxygène par ses pores mais, ce faisant, perd annuellement 2,5 % de son volume. Cette « part des anges » équivaut à quelque 2 millions de bouteilles par an.

En trois siècles un tel produit a engendré un mode de vie rurale tout imprégné de finesse ironique, de distinction, d'esprit d'indépendance qu'exprimèrent les révoltes contre la gabelle, les Croquants et les troubles des guerres de Religion ; et perceptible dans le chai où prospère la meilleure part de l'épargne familiale.

⊙ ►► Musée municipal (musée du Cognac).

COLLONGES-LA-ROUGE★★

379 habitants
Cartes Michelin nᵒˢ 75 Sud du pli 9 ou 239 Sud du pli 26
Guide Vert Berry Limousin

Collonges-la-Rouge, bâtie en grès pourpre, dresse ses gentilhommières, ses vieux logis et son église romane dans un paysage de garennes parsemées de noyeraies et vignobles. L'humble village d'origine obtient au 13ᵉ s. les franchises et libertés du vicomté de Turenne et devient au 16ᵉ s. le lieu de villégiature privilégié des grands fonctionnaires de la vicomté qui font construire les charmants manoirs et logis, flanqués de tours et de tourelles dont Collonges tire son originalité.

VISITE

Une indéniable harmonie émane de la visite de la cité, sans doute liée à l'utilisation exclusive de matériaux traditionnels et au jeu des proportions entre les différentes catégories d'édifices.

On appréciera tour à tour la **Maison de la sirène** ⊙ à l'élégant porche sculpté, l'**Hôtel des Ramades de Friac**, imposante gentilhommière, le **château de Benge**, et le **Castel de Vassinhac**★, élégante demeure hérissée de grosses tours et de tourelles à poivrière.

Église – Elle date des 11ᵉ et 12ᵉ s., mais elle fut fortifiée au cours des guerres de Religion. Le **tympan**★, sculpté dans le calcaire blanc de Turenne, surprend dans cet ensemble de grès rouge. Le **clocher**★ est un bon exemple de style roman limousin.

COLMAR★★★

Agglomération 83 816 habitants
Cartes Michelin nᵒˢ 62 pli 19 ou 87 pli 17 ou 242 pli 31
Guide Vert Alsace et Lorraine

Dans la plaine, au débouché de la vallée de Munster, Colmar, dès le 13ᵉ s., pratiquait le commerce du vin et, par là, s'assurait une prospérité qui fit d'elle la capitale de la Haute-Alsace, la dota de beaux monuments et permit son développement industriel ultérieur, le long du canal (Logelbach).

En 1834, elle vit naître **Frédéric Bartholdi**, sculpteur académique et patriotique à qui l'on doit en particulier la statue du général Rapp à Colmar, celle de *La Liberté* à New York et le *Lion de Belfort*.

D'autres Colmariens s'illustrèrent par leur fidélité à la France durant les 47 ans d'occupation allemande (1871-1918), comme Jacques Preiss déporté à Munich, Hansi qui s'évada et combattit dans les rangs français, Blumenthal, Halmer, l'abbé Wetterlé.

« **La poche de Colmar** » – Colmar se trouve être, au début de février 1945, l'objectif de l'attaque en tenaille montée par le général **de Lattre de Tassigny**, pour liquider la « poche de Colmar ». Le 1ᵉʳ février, les lignes allemandes sont percées au Nord de Colmar par l'infanterie américaine qui cède le pas, pour l'entrée le lendemain dans Colmar, au général français Schlesser, de la 5ᵉ D.B.

★★★ MUSÉE UNTERLINDEN ⊙

Il occupe un ancien couvent du 13ᵉ s. Le rez-de-chaussée, consacré à l'art religieux, présente de riches collections de peintures et sculptures de la fin du Moyen Age et de la Renaissance.

★★★ **Retable d'Issenheim** – *(dans la chapelle)*. Ce célèbre retable fut peint par **Grünewald**, artiste allemand appelé à Issenheim *(22 km au Sud)* par les Antonites pour décorer, de 1512 à 1516, la chapelle de leur couvent. Il faut le voir non pas comme un assemblage de dix tableaux, qui sont autant de chefs-d'œuvre disposés sur les panneaux fixes ou les volets mobiles du retable, mais comme un ensemble cohérent (ses éléments ont été dissociés par la présentation muséographique) répondant à un programme qui échappe encore à la perspicacité des spécialistes, mais voulu par le supérieur du couvent, probablement dans une vision spirituelle de la souffrance et à laquelle participent le choix et la disposition des scènes, les attitudes et les expressions des personnages, la symbolique des sujets, des animaux et des monstres et même la répartition des couleurs. Observer Marie-Madeleine au pied de la croix dont l'attitude exprime à la fois la tension vers le Christ et la répulsion devant le spectacle de son agonie et, de même, la répartition et le contraste des zones obscures ou sombres des tableaux traversées par des fulgurances de lumière.

Dans la pathétique crucifixion centrale, Grünewald se révèle comme un maître de la peinture religieuse occidentale.

GIRAUDON

Colmar – Le retable d'Issenheim (partie centrale)

★★ VILLE ANCIENNE

La place de l'Ancienne-Douane, la rue des Marchands et la rue Mercière composent le cœur de la ville ancienne. Les vieilles demeures alsaciennes y abondent, pittoresques avec leurs balcons fleuris, leurs tourelles en encorbellement, leurs oriels et leurs colombages.

La **maison Pfister**★★ avec son oriel à toit pyramidal et sa décoration de fresques et de médaillons et l'**Ancienne Douane**★, ornée d'une galerie de bois et d'une tourelle d'escalier à pans coupés, datant de 1480, sont les plus remarquables.

⊙ ►► Église des dominicains (*Vierge au Buisson de roses*★★ et vitraux★) – Ancien Corps de garde★ – « Petite Venise »★ – Maison des Têtes★ – Église St-Matthieu (vitrail de la Crucifixion★).

COLOMBEY-LES-DEUX-ÉGLISES

660 habitants
Cartes Michelin n°s 61 pli 19 ou 241 pli 38 – Guide Vert Champagne

Sur les marches de la Champagne, aux confins de la Bourgogne et de la Lorraine, Colombey doit sa notoriété au **général de Gaulle**, né à Lille en 1890, qui y possédait depuis 1933 la propriété de **la Boisserie** (musée ⊙) où il mourut, retiré des affaires de l'État, le 9 novembre 1970.

Le Mémorial, inauguré le 18 juin 1972, et surtout la tombe du Général, dans le cimetière près de l'église, sont devenus des lieux de pèlerinage.

COMPIÈGNE★★★

Agglomération 67 057 habitants
Carte Michelin n° 196 pli 10 – Guide Vert Flandres Artois Picardie

Durant le haut Moyen Age, Compiègne était appréciée des Mérovingiens et Charles le Chauve s'y fit construire un château au 9e s. Alentour, la ville grandit et se fortifia. En 1429, Philippe le Bon, duc de Bourgogne, qui convoitait la Picardie, voulut la faire entrer dans ses possessions au cours d'une opération montée avec les Anglais. Mais **Jeanne d'Arc**, indignée par l'inertie de la cour alors installée à Sully-sur-Loire, vint à Compiègne pour inspecter et renforcer la ligne de défense de l'Oise. Le 23 mai 1430 au soir, les Bourguignons se saisissent d'elle. Philippe le Bon, jugeant la prise trop compromettante, la vend aux Anglais. Un an plus tard c'est le bûcher de Rouen.

★★★ **Le Palais** ⊙ – Depuis les derniers Capétiens, Compiègne fut toujours une résidence royale. Mais Louis XV ne peut se satisfaire des bâtiments disparates et vétustes hérités de son arrière-grand-père : en 1738, il ordonne la reconstruction du château. Élevé par Ange-Jacques Gabriel, fils de Jacques, c'est une des plus grandes œuvres du style Louis XV. Son grand projet de 1751 réutilise les soubassements anciens par souci d'économie et de solidité dans un terrain truffé d'anciennes carrières. L'architecte opte pour l'emploi généralisé des balustrades en bordure de toitures aplaties et pour une extension des bâtiments à l'horizontale (idée qu'il reprit plus tard à la place de la Concorde et à l'École Militaire, à Paris). Mais les 40 ans que demanda la réalisation, poursuivie après sa retraite par un dessinateur de sa propre agence, manifestent l'évolution générale du goût vers la simplicité. De l'aile gauche de la cour d'honneur (1755) à la grande façade côté parc dessinée en 1775 et élevée 10 ans plus tard (l'escalier voulu par Napoléon en 1801 y coupe l'effet cherché par Gabriel) et au péristyle (1783) fermant la cour d'honneur, on observe ainsi l'abandon des entablements, des consoles de fenêtres, des attiques.

Le château, en plein chantier, fut, en 1770, le théâtre de la première rencontre entre Louis XVI et Marie-Antoinette d'Autriche ; puis, en 1810, celui de la rencontre entre Napoléon Ier et Marie-Louise, petite-nièce de la précédente. Durant le Second Empire, Napoléon III fait de Compiègne sa résidence préférée. La décoration intérieure et l'ameublement du palais présentent un beau mobilier 18e s. et Premier Empire (commodes, appliques, encoignures, tapisseries).

★★ **Musée de la Voiture** ⊘ – Outre de très anciennes berlines des 18e et 19e s., les amateurs de l'automobile y remarquent :
La Mancelle (1898), mail-coach à vapeur d'Amédée Bollée père ;
Panhard no 2 ;
Renault (1899) type A, châssis no 22, à prise directe ;
La Jamais Contente (1899), voiture électrique, montée sur pneus Michelin, qui, la première, atteignit les 100 km/h ;
Renault (1900) type C, l'une des premières du monde à carrosserie fermée de Labourdette ;
Une autochenille Citroën (1924) qui participa à la Croisière Noire.

ENVIRONS

★★ **Clairière de l'Armistice** – *8 km à l'Est.* En pleine forêt de Compiègne, à proximité de l'Aisne, c'est le lieu où le 11 novembre 1918 fut signé à 5 h 1/4, dans un site alors à l'abri d'une futaie, l'acte prenant effet le jour même à 11 h et mettant fin aux hostilités de la Grande Guerre. Une voiture-restaurant, identique au **wagon-bureau** ⊘ du maréchal Foch, présente les objets authentiques ayant servi aux délégués de 1918. **Ferdinand Foch** (1851-1929) vit le jour à Tarbes dans une maison bourgeoise du 18e s. (musée). Professeur de stratégie, puis commandant de l'École de Guerre, il participa à la bataille des Frontières (1914), se distingua au Marais de St-Gond et reçut, après le désastre britannique entre

Château de Pierrefonds

St-Simon et Tergnier, le 21 mars 1918, le commandement unique « des armées de l'Entente ». Désormais chef de la conduite des opérations, promu à la dignité de maréchal, il déclencha le 8 août l'offensive décisive.
Dans le même site, en 1940, une délégation française, reçue par les dignitaires du régime nazi, venait à son tour recevoir les conditions du vainqueur de la bataille.

★★ **Château de Pierrefonds** ⊙ – *14 km au Sud-Est.* Le château fort de Pierrefonds matérialise en quelque sorte la représentation type que l'on se forge d'un château médiéval dominant le village de ses manants et de ses vilains. Pour la plus grande part, c'est une construction du siècle dernier.
Pierrefonds faisait partie du comté, puis duché, de Valois. Son château, carolingien d'origine, rebâti en pleine guerre de Cent Ans par Louis d'Orléans, frère de Charles VI, comme point d'appui d'une ligne de défense entre l'Oise et l'Ourcq, fut démantelé sous Louis XIII. En 1857, Napoléon III, habité de rêveries romantiques, confie la restauration du donjon à **Viollet-le-Duc** (1814-1879). Quatre ans plus tard, il demande à l'architecte une réfection intégrale du château destiné à devenir une résidence impériale et un site de réception pittoresque pour les célébrités invitées à Compiègne.
Du château de Louis d'Orléans, il ne reste guère que les bases des murailles et des tours visibles le long de la route charretière d'accès. L'œuvre de Viollet-le-Duc est une réalisation considérable mais souvent imaginaire autant pour le mobilier que pour l'architecture. Elle offre néanmoins le mérite de mettre en valeur le système défensif antérieur à l'ère du canon (chemin de ronde Nord).

⊙ ►► Hôtel de ville★ – Musée de la Figurine historique★ – Musée Vivenel *(vases grecs★★, archéologie, beaux-arts).*

CONCARNEAU★★

18 630 habitants
Cartes Michelin nᵒˢ 58 pli 15 ou 230 plis 32, 33 – Guide Vert Bretagne

L'activité et l'extension de Concarneau sont nées de son importance comme port de pêche. Elles se manifestent par la flotte de chalutiers et de cargos qui anime son arrière-port dans l'estuaire du Moros, par la criée où se déroule, de bonne heure le matin, la pittoresque vente aux enchères de la marée fraîche, par les conserveries de poissons et de légumes et par l'avant-port où s'amarrent les plaisanciers.

★★ **Ville close** – Sur une petite île au fond de la baie, ce fut une des places de sécurité de la Cornouaille. Comme celles de Dinan et de Guérande, son enceinte montre l'attachement des villes à leur indépendance face aux dangers nés des guerres féodales en particulier lors de la guerre de Succession *(voir à Josselin).* Néanmoins les Anglais s'y introduisirent en 1342 et n'en furent délogés qu'en 1373 par Du Guesclin. Les **remparts** ⊙ de granit, élevés au début du 14ᵉ s., achevés à la fin du 15ᵉ s., présentent les mâchicoulis bretons sur corbeaux ; ils furent remaniés par Vauban, à la fin du 17ᵉ s., lorsque la menace anglaise pesait sur les côtes. Les tours furent alors dérasées et équipées de plates-formes de tir. L'architecture intérieure de la porte de ville, avec ses gros merlons, ses moellons réguliers et ses pignons, date de la même époque. **Musée de la Pêche★** ⊙, proche. Au cœur de la ville close, la fonction des rues Vauban et St-Guénolé illustre la création spontanée des places médiévales par simple élargissement de la voirie.

CONQUES★★★

362 habitants
Cartes Michelin nᵒˢ 80 Nord des plis 1, 2 ou 235 pli 11
Guide Vert Gorges du Tarn

Le **site★★** de Conques, sur un versant bien exposé, doit être admiré du rocher du Bancarel *(3 km au Sud).*

★★ **Église Ste-Foy** – Reconstruite en 15 ans, à partir de 1045, c'est l'une des plus anciennes églises romanes de pèlerinage sur les chemins de St-Jacques-de-Compostelle (l'abbaye possédait une chapelle et un hospice à Roncevaux). Son architecture intérieure, allégée par les hautes arcades de la nef, est éclairée par les fenêtres de la tribune Sud ; elle est remarquable par l'ampleur du transept et son déambulatoire couvert d'une voûte annulaire à pénétrations.

Le **tympan du portail occidental★★★** – où se discernent des traces de la polychromie ancienne – contraste par sa richesse sculpturale avec la nudité générale de la façade. Il jalonne l'évolution du goût entre l'immobilité solennelle appréciée en Languedoc et en Bourgogne et la simplicité des attitudes diffusées par les chapiteaux des églises d'Auvergne. Par ailleurs, le pesage des âmes (sous le Christ) exprime peut-être l'idée toute nouvelle au début du 12e s. de la personnalisation du Jugement dernier.

Il semble que ce tympan ait été avancé d'une travée et placé en façade au 15e s. pour agrandir la nef ; déplacement qui aurait entraîné celui de statues (groupe de l'Annonciation, saint Jean-Baptiste, Isaïe) dans le croisillon gauche.

★★★ **Trésor** ⊙ – Il renferme des pièces précieuses qui constituent la plus complète expression de l'orfèvrerie religieuse en France du 9e au 16e s.

La statue reliquaire, en majesté, de sainte Foy en constitue la pièce maîtresse. Les reliques de la sainte, parvenues à Conques à la fin du 9e s., furent alors vénérées par les prisonniers et les aveugles. La statue ne fut pas réalisée en une fois mais, au contraire, lentement confectionnée et enrichie. Certains de ses éléments datent probablement du Bas-Empire et sont des réemplois de l'Antiquité (masque du visage, intailles de pierres précieuses, camées) ; les cristaux gravés et l'orfèvrerie remontent aux époques mérovingienne et carolingienne (7e-9e s.). A la fin du 10e s., l'ensemble fut rénové à Conques et enrichi d'émaux, de pierreries et de cabochons. Quatre autres pièces sont exceptionnelles : le « A » de Charlemagne (reliquaire de la Ste-Croix enrichi d'intailles et d'argent repoussé et doré au 11e s.), le reliquaire du pape Pascal II (filigranes et bandeaux du début du 12e s.), l'autel portatif de Ste-Foy en albâtre et argent repoussé et celui de Bégon en porphyre et argent niellé (début 12e s.).

Conques
Statue-reliquaire de sainte Foy

J.-D. Sudres/SCOPE

CORDES-SUR-CIEL★★

932 habitants
Cartes Michelin nos 79 pli 20 ou 235 pli 23 – Guide Vert Pyrénées Roussillon

Au sommet du puech de Mordagne, Cordes occupe un **site**★★ admirable, dominant la vallée du Cérou. Le bel ensemble de **maisons gothiques**★★ des 13e et 14e s. témoigne de la richesse passée de la cité, remarquer particulièrement la maison du **Grand Fauconnier**★ et la maison du **Grand Veneur**★. Depuis plus d'un demi-siècle, des artistes et artisans d'art contribuent à la restauration et à la sauvegarde des traditions de cette petite ville.

CORTE★

5 693 habitants
Carte Michelin n° 90 pli 5 – Guide Vert Corse

Corte doit à son **site**★ entouré de gorges et de ravins, et surtout à deux personnalités hors du commun : Gaffori et Paoli, l'importance et le rôle qu'elle joua dans l'histoire militaire et politique de l'île comme foyer du patriotisme corse.

Jean-Pierre Gaffori (1704-1753), né à Corte, fait partie du Triumvirat élu des « Protecteurs de la Nation » qui ont repris les armes contre Gênes. En 1746, soutenu par le courage intraitable de sa femme Faustine, il enlève sa ville aux Génois. Quatre ans plus tard ces derniers réussissent à reprendre la citadelle mais ne viennent pas à bout de la détermination résolue des défenseurs de la vieille ville ; la maison Gaffori porte encore sur sa façade les impacts de balles génoises. En juin 1751 Gaffori, nommé général de la Nation, se voit confier le pouvoir exécutif ; trahi, il succombe dans une embuscade en octobre 1753. Après l'assassinat de Gaffori, **Pascal Paoli** (1725-1807), originaire de Morosaglia dans la Castagniccia, et alors en exil en Italie, est sollicité pour rejoindre sa patrie. Proclamé général en 1764, sous le regard attentif de l'Europe, il fixe sa capitale à Corte, élabore une Constitution, fonde une université, frappe monnaie, réforme la justice, stimule l'industrie, encourage l'agriculture.

La République génoise, qui ne parvient pas à maîtriser la guerre d'Indépendance (1729-1769), demande à la France une mission de conciliation. Louis XVI envoie Marbeuf. Paoli, inapte à évaluer les circonstances en homme d'État, fait traîner les choses. Il faut passer outre et le 15 mai 1768, par le traité de Versailles, Gênes cède provisoirement ses droits sur l'île à la France. Paoli, nonconsulté, proclame une levée en masse mais subit le 8 mai 1769 le revers de **Ponte Nuovo**.

Paoli connaît alors 21 ans d'exil, une réception triomphale à Paris après l'amnistie de tous les proscrits, le retour en Corse, la dénonciation comme contre-révolutionnaire, la déchéance de son commandement, l'échec d'un nouveau soulèvement, l'échec d'un royaume anglo-corse, un nouvel exil. Il meurt à Londres en 1807.

★ **Ville haute** – Dominé par la **citadelle**★ ⊘ juchée sur son rocher, le vieux Corte, avec ses rues pavées de galets et coupées de marches, ses hautes maisons austères, a conservé son caractère de haut lieu historique de la Corse.

Sur la place Paoli, animée, se dresse la statue en bronze du héros. Plus haut, sur la place Gaffori, derrière la statue du chef suprême, s'élève sa maison criblée de balles lors du siège de 1750. Sur la rue de l'Ancien-Collège, au n° 1, une vieille demeure vit naître Joseph Bonaparte, roi de Naples et d'Espagne, puis Jean Thomas Arrighi de Casanova, gouverneur des Invalides ; Napoléon y fut conçu.

Une rampe en face du Palais national mène au **belvédère**★ aménagé sur un piton en avant du promontoire qui porte la citadelle ; il permet d'en apprécier le site, délimité par les gorges du Tavignano.

ENVIRONS

★★ **Gorges de la Restonica**

▶▶ Chapelle Ste-Croix★ – Musée de la Corse★★ ⊘.

COUTANCES★★

9 715 habitants

Cartes Michelin nºs 54 pli 12 ou 231 pli 26 – Guide Vert Normandie Cotentin

Sur un promontoire du Contentin bocager, dominée par sa cathédrale, Coutances est connue comme centre d'élevage des vaches laitières de race normande.

★★★ **Cathédrale** – Le style gothique à son apogée et les traditions normandes y fusionnent : élevée entre 1220 et 1275, elle tire parti des progrès accomplis à l'abbatiale de la Trinité de Fécamp tout juste achevée. A l'extérieur, la façade – dont la partie basse est plaquée sur une ancienne façade romane – est encadrée de deux tours. Leurs lignes ascendantes, très en faveur dans la province, sont soulignées aux angles par des tourelles carrées, les « fillettes ». La grande tour-lanterne octogonale, elle aussi cantonnée de fillettes, surgit au carré de la croisée ; elle frappe par la finesse de ses lancettes et l'étroitesse de ses ouvertures. Au chevet, d'audacieux arcs-boutants enjambent le double déambulatoire et épaulent la voûte du chœur au niveau de la retombée des ogives.

A l'intérieur, la nef (1220-1225) appartient au gothique lancéolé avec ses grandes arcades très moulurées, son triforium à larges baies géminées et

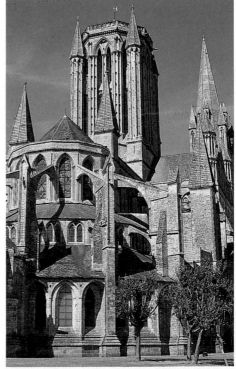

Coutances – La tour-lanterne

J.-P. Clapham/Michelin

ses fenêtres hautes encore étroites mais pourvues, à leur base, du célèbre balcon de circulation normand. Au transept, d'un style plus avancé, les gros piliers renforcés de colonnettes d'une superbe envolée portent les pendentifs sur lesquels repose l'octogone de l'élégante tour-lanterne achevée en 1274 et éclairée, tel un puits de lumière, par 16 fenêtres. Elle révèle une technique d'une rare audace : chaque assise est montée en « tas de charge » (porte-à-faux) sur l'inférieure, si bien que ses poussées s'exercent dans le vide et que la construction tient par le rôle de coin que joue chaque étage (les fillettes extérieures rétablissent, en faisant contrepoids, le point d'application des forces dans la zone d'équilibre). Le tambour à deux étages, deux galeries et seize voûtains porte la clef à 40,85 m du sol. Le chœur porte à sa perfection le gothique rayonnant. L'élévation du vaisseau, celle du premier déambulatoire et les six colonnes jumelées de l'hémicycle en témoignent. La hauteur des grandes arcades a entraîné, par souci d'harmonie, l'allongement des fenêtres hautes et la suppression du triforium (mais pas celle du balcon de circulation) au-dessus de la légère arcature et justifié le dessin des voûtes complexes qui couvrent à la fois le second déambulatoire et les chapelles.

▶▶ Jardin des plantes★.

La COUVERTOIRADE★

148 habitants
Cartes Michelin nᵒˢ 80 pli 15 ou 240 plis 14, 18 – Guide Vert Gorges du Tarn

Sur le causse du Larzac, le vieux bourg fortifié de la Couvertoirade est une ancienne possession des templiers. Il impressionne par la robustesse de ses belles maisons caussenardes avec leur escalier extérieur desservant le logis, leurs citernes et leur bergerie voûtée au rez-de-chaussée. La plupart datent du 17ᵉ s.
Les remparts furent élevés vers 1450 – quelque 140 ans après la dissolution de l'ordre du Temple – par les chevaliers de St-Jean-de-Jérusalem, en raison de l'insécurité régnant dans ces campagnes écartées du Haut-Languedoc alors qu'en Guyenne la guerre de Cent Ans s'apaisait.

Examiner en particulier les **remparts** (tours et chemin de ronde ⊙), l'**église-forteresse** ⊙ (stèles discoïdales à l'entrée du chœur), le château (démantelé) des 12ᵉ et 13ᵉ s., les maisons de la rue Droite, les hôtels de la Scipione et de Grailhe.

DEAUVILLE★★★

4 261 habitants
Cartes Michelin nᵒˢ 54 pli 17 ou 231 pli 19
Guide Vert Normandie, Vallée de la Seine

Face à **Trouville**, petite ville déjà connue et fréquentée vers 1830, Deauville n'est véritablement sortie de terre que dans les années 1860, sous l'impulsion du docteur Oliffe, médecin de l'ambassade d'Angleterre à Paris, et du financier Donon.
Aujourd'hui, Deauville doit sa réputation mondiale autant au luxe et au raffinement de ses diverses installations qu'à l'élégance des manifestations qui tout au long de l'année, mais surtout en saison d'été, ponctuent son calendrier des festivités : courses hippiques dont le Grand Prix, régates, tournois de golf et tennis, galas, marché international du yearling, Festival du film américain.

La station se développe autour de deux pôles : la gare et la place de Morny avec le port des yachts sur la Touques, le bord de mer avec la célèbre **promenade des planches,** le casino et Port-Deauville.

ENVIRONS

★★ **La Corniche Normande :** de Deauville-Trouville à Honfleur par la D 513.
Très agréable itinéraire à travers la campagne normande avec de belles vues sur l'estuaire de la Seine. Dans le vieux quartier de **Honfleur**★★ *(voir à ce nom),* on flânera autour du Vieux Bassin, ensemble unique de quais pittoresques bordés de maisons de bois protégées d'ardoises sur le quai Ste-Catherine.

★★ **La Côte Fleurie :** de Trouville-Deauville à Cabourg par la D 513.
Cette route permet de traverser plusieurs stations aux très belles plages et dotées d'équipements sportifs très complets. **Villers-sur-Mer**★★, **Houlgate**★★ et **Cabourg**★★ sont des lieux de séjour appréciés.

Les Plages du DÉBARQUEMENT★

Cartes Michelin nos 54 plis 3, 4 et 13 à 17 ou 231 plis 15 à 18
Cartes historiques Michelin nos 102 (Bataille de Normandie) et 105 (Voie de la Liberté)
Guide Vert Normandie Cotentin

L'aube du « D-Day » – Une formidable armada, réunissant plus de 4 000 péniches de débarquement et des centaines de navires de guerre, fut mise en route à partir des ports du Sud de l'Angleterre dans la soirée du 5 juin 1944. Dans la nuit du 5 au 6 juin, les troupes aéroportées devancèrent les corps terrestres du débarquement pour paralyser la défense ennemie aux ailes du front, à **Pegasus Bridge** (près de Caen) et à Ste-Mère-Église.

De droite à gauche en faisant face à la mer se déployèrent les Franco-Britanniques à **Sword Beach** (Colleville-Montgomery, Lion-sur-Mer, St-Aubin), les Canadiens à **Juno Beach** (Bernières et Courseulles) et les Britanniques à **Gold Beach** (Ver-sur-Mer et Asnelles) qui firent rapidement leur liaison.

Mais les troupes américaines, débarquées dans des conditions plus difficiles à **Omaha Beach** et à **Utah Beach**, ne se rejoignirent que le 12 juin, après la prise de Carentan au prix de furieux combats.

La **pointe du Hoc**★★, entre Omaha Beach et Utah Beach, fut enlevée dès l'aube du 6 juin par un assaut du 2e bataillon de Rangers, en raison de sa valeur stratégique. De là l'ennemi tenait sous son feu l'ensemble du champ de bataille maritime.

Le jour même du débarquement, des éléments d'un port artificiel (**« Mulberry »**) furent montés à **Arromanches** et à Omaha Beach.

Des cimetières militaires, des monuments commémoratifs, des belvédères, des musées et quelques éléments du Mur de l'Atlantique (**batterie allemande** de Longues-sur-Mer, **Grand Bunker** ⊙ à Ouistreham, etc.) rappellent l'ampleur de ces événements et leur rôle dans l'histoire européenne et mondiale.

PRINCIPAUX CIMETIÈRES MILITAIRES

Banneville-Sannerville (britannique)	carte Michelin nº 54 pli 16
Bayeux (britannique)	carte Michelin nº 54 pli 15
La Cambe (allemand)	carte Michelin nº 54 pli 14
Cintheaux (canadien)	carte Michelin nº 54 pli 16
Colleville-St-Laurent (américain)	carte Michelin nº 54 pli 14
Marigny (allemand)	carte Michelin nº 54 pli 13
Huisnes-sur-Mer (allemand)	carte Michelin nº 59 pli 7
Ranville ((britannique)	carte Michelin nº 54 pli 16
Reviers (canadien)	carte Michelin nº 54 pli 15
St-James (américain)	carte Michelin nº 59 pli 8
St-Manvieu-Norrey (britannique)	carte Michelin nº 54 pli 15

OMAHA BEACH

A l'aube du 6 juin, ce nom n'existait encore que dans le code secret du Grand État-major allié. Il s'applique strictement aux plages de St-Laurent, Colleville-sur-Mer et Vierville-sur-Mer où la 1re Division américaine toucha le sol de France en une dramatique prise de contact, la plus coûteuse du « Jour J », fidèlement reconstituée dans le film de D. Zanuck *Le Jour le plus long*.

Dans le cimetière américain de St-Laurent, le recueillement et l'émotion l'emportent sur la curiosité ; de même la reconnaissance pour ces milliers de jeunes soldats venus de leur lointain pays tomber sur les plages du Calvados pour notre liberté. Aussi Omaha Beach symbolise-t-il dans un même souvenir l'évocation des autres plages du débarquement.

UTAH BEACH

Cette plage au Nord-Est de Carentan est entrée dans l'histoire au même titre que celle d'Omaha et celles de la côte du Calvados, au lendemain des opérations menées par les unités américaines le 6 juin 1944. Soumises à un feu meurtrier de la part des batteries côtières, les troupes de la 4e Division américaine ne purent faire leur jonction avec celles d'Omaha Beach que le 12 juin.

La Madeleine – Là s'élève la borne d'origine (borne 00) de la « Voie de la Liberté », route suivie par les armées américaines de Normandie aux Ardennes (la borne 0 se dresse devant l'hôtel de ville de Ste-Mère-Église). Sur une parcelle de dune devenue terre américaine, une grande stèle a été inaugurée en 1984 lors du 40e anniversaire du Débarquement, en hommage aux victimes des opérations difficiles d'Utah Beach.

⊙ ►► Musée du Débarquement (Utah Beach).

Grotte des DEMOISELLES★★★

Cartes Michelin nᵒˢ 80 plis 16, 17 ou 240 plis 15, 19 – Guide Vert Gorges du Tarn

La grotte des Demoiselles, découverte en 1770, est probablement une grotte marine de l'ère secondaire qui fut soulevée, avec le plateau, par le contrecoup du plissement alpin, au milieu de l'ère tertiaire, et agrandie par l'effondrement de sa voûte par les tremblements de terre qui la secouaient alors, ouvrant ainsi un aven sur le plateau de Thaurac. La calcification de ses parois et la formation de concrétions furent très actives par la suite.

L'abondance, la forme et les dimensions des stalactites de la **grotte** ⊙, de ses stalagmites et de ses draperies translucides, de même que les balcons et belvédères qui dominent sa partie centrale sont impressionnants.

DIEPPE★★

35 894 habitants
Cartes Michelin nᵒˢ 52 pli 4 ou 231 plis 10, 11
Guide Vert Normandie Vallée de la Seine

Ancien village du Pays de Caux, Dieppe doit son développement à sa vocation maritime. Les bassins à flot furent creusés à partir de 1839. Aux quais des bassins de l'avant-port accostent les car-ferries de la ligne de Newhaven.
La pêche au hareng (11ᵉ s.), le commerce des laines anglaises, l'importation des épices d'Orient par des navires italiens ont d'abord fait l'activité dieppoise.

Les découvertes et la course – Dès le 14ᵉ s. des Diepois débarquent sur les côtes de Guinée et Jean Cousin navigue dans l'Atlantique Sud. En 1402, le Cauchois Jean de Béthencourt reconnaît les côtes des Canaries. Jean Ango (1480-1541), dont la flotte de course capture plus de 300 bâtiments portugais, arme des flottes pour des expéditions lointaines. Les frères Parmentier (à ne pas confondre avec l'agronome) poussent jusqu'à Sumatra et dessinent des mappemondes. Giovanni da Verrazano (navigateur florentin au service de la France) découvre, le premier, le site de New York en 1524. Au 16ᵉ s., Samuel de Champlain, armateur dieppois, parti de Honfleur, fonde Québec. Le sucre des Antilles et les ivoires de Guinée arrivent dans le port cauchois.

★ **Les ivoires dieppois** – Dès le début du 16ᵉ s., les navires dieppois rapportaient dans leurs cales des défenses d'éléphants acquises à l'occasion de l'escale inévitable sur les côtes d'Afrique au retour du Brésil, pays avec lequel Dieppe commerçait régulièrement. Des artistes, attirés par Jean Ango, ont fait preuve de l'habileté minutieuse et de la maîtrise qui leur permirent de limer et de polir un matériau aussi fragile auquel s'ajoutèrent l'os de baleine et la dent de cachalot. La production, interrompue lorsque les artisans s'exilèrent à la révocation de l'édit de Nantes, reprit au 18ᵉ s. après la reconstruction de Dieppe. C'est alors que Jean Mauger et Michel Mollart, sous le règne de Louis XVI, et plus tard Pierre Baillou (1807-1872) façonnèrent de ravissants petits objets d'esprit rococo et de nombreuses médailles. Le **musée**★ ⊙, installé dans le château, présente une collection de ces chefs-d'œuvre : modèles de navires, bustes, médaillons, tabatières, sujets religieux ou mythologiques.

Dieppe – Ivoire dieppois

Musée de Dieppe – B. Régant/DIAF

★ **LA CÔTE D'ALBÂTRE**

Cette promenade permet de découvrir le Nord de la Côte d'Albâtre, ses plages, ses falaises blanchâtres au profil rectiligne qu'échancrent les valleuses, ses fermes cauchoises originales, dispersées à l'abri de leurs levées de terres plantées de hêtres.
Quitter Dieppe par la D 75 en prenant la direction de Pourville.

Tour à tour, les stations balnéaires de **Pourville-sur-Mer**, **Ste-Marguerite-sur-Mer**, **Veules-les-Roses** et **St-Valery-en-Caux** étalent leurs plages au creux de vallons verdoyants parsemés de haies et de maisons à colombage.

Les sites les plus intéressants en sont le **manoir d'Ango**, délicieuse résidence campagnarde du célèbre armateur où se mêlent la brique et la craie (imposant **colombier★**), la gorge du Petit-Ailly, la chapelle et le cimetière marin de Varengeville, la valleuse de Vastérival et le **phare d'Ailly★** d'où la vue se développe sur 60 km de côte cauchoise.

Ⓥ ►► Cité de la Mer★ – Église St-Jacques★ – Chapelle N.-D.-de-Bon-Secours (vue★).

DIJON★★★

Agglomération 226 025 habitants
Cartes Michelin nᵒˢ 65 pli 20 ou 66 pli 12 ou 243 pli 16 – Guide Vert Bourgogne

A proximité d'un magnifique vignoble, Dijon, ancienne capitale des ducs de Bourgogne, est une ville d'art au carrefour de grandes voies de communication Nord-Sud et Est-Ouest.

Les « grands ducs d'Occident » – Dès Robert le Pieux, au début du 11ᵉ s., Dijon est la capitale d'un duché qui tombe en déshérence en 1361, à la mort de Philippe de Rouvres. En 1363, le roi de France Jean II le Bon, qui avait donné l'Anjou à son fils Louis et le Berry à Jean (la couronne devant aller à l'aîné Charles V), remet en apanage la Bourgogne à Philippe qui devient ainsi le premier représentant des ducs issus de la maison de Valois, pairs de France, régents du royaume, et dont la dynastie marque la période la plus brillante de la cour de Dijon.

Philippe le Hardi devient duc en 1364, l'année même où son frère Charles V monte sur le trône de France. Charles est « sage » mais en butte à la guerre anglaise ; Philippe, le plus brillant des quatre frères, froid et réfléchi, est hardi. Son mariage en 1369 avec Marguerite de Flandre fait de lui le prince le plus puissant de la chrétienté. Soucieux de s'assurer, ainsi qu'à sa dynastie, une nécropole digne de son rang, il fonde, en 1383, la chartreuse de Champmol et attire de ses provinces flamandes des sculpteurs, des peintres, des orfèvres, des enlumineurs en renom : Jean de Marville chargé des plans de son tombeau, Jean de Baumetz originaire de l'Artois qui travaille cinq ans à la décoration de l'autel de la chartreuse, Claus Sluter, Melchior Broederlam qui succède à Marville comme peintre à la cour, Malouel, originaire de Gueldre, qui donne au style flamand-bourguignon sa personnalité (sa Grande Pietà ronde est au Louvre).

Le poids des hommes fait pencher la balance en faveur de la Bourgogne. Jean de Berry, tuteur de Charles VI, écarté du pouvoir après la guerre entre Armagnacs et Bourguignons, est de nouveau chargé du royaume en 1392 lorsque le roi sombre dans la démence. C'est surtout un mécène qui cherche à contrebalancer le rayonnement de Dijon en rassemblant de son côté des artistes et des enlumineurs à Bourges, à Poitiers et à Riom.

Jean sans Peur, cousin de Charles VI, à l'âge de 33 ans devient duc en 1404. Il maintient à l'ouvrage les artistes choisis par son père. Mais son ambition politique, nourrie de la maladie du roi et de la suspicion d'illégitimité qui fait peser sur le dauphin l'inconduite notoire de sa mère Isabeau de Bavière, en fait un vassal rebelle et le pousse à rechercher un accord qui lui donne la suprématie dans le royaume. L'entrevue a lieu à **Montereau** en 1419. Il y est assassiné.

Philippe le Bon, en 1419, à l'âge de 23 ans, devient donc duc de Bourgogne. Le duché bascule dans l'alliance anglaise : Henri V d'Angleterre devient roi de France par le traité de Troyes. Dès lors, peu à peu, Dijon va voir son influence et son rayonnement concurrencés par les Pays-Bas et les Flandres où la Renaissance brille d'un vif éclat. Durant son règne, long de 48 ans, la vie artistique se poursuit. Travaillent à Dijon Claus de Werve, Henri Bellechose originaire du Brabant (son retable de St-Denis est au Louvre), probablement Robert Campin en qui l'on identifie le maître de Flémalle et Roger Van der Weyden ; et à Bruges, mais toujours au service du duc, Van Eyck, créateur de l'art flamand, à qui l'on doit le perfectionnement technique de la peinture à l'huile (son Annonciation est à la National Gallery de Washington). A la même époque, Nicolas Rolin, chancelier du duc, fonde l'Hôtel-Dieu de Beaune.

Jamais l'État bourguignon ne fut aussi vaste ni sa cour aussi fastueuse : en 1429, le jour de son mariage, Philippe le Bon fonde l'ordre de la Toison d'or. Jamais la cour de France et le roi de Bourges ne furent aussi pitoyables.

Mais l'alliance anglaise devient pesante, embarrassante, voire impopulaire : elle renforce trop l'envahisseur au risque de priver la Bourgogne de sa prééminence au moment même où Jeanne d'Arc éveille le sentiment national ; il convient de nuancer le jeu politique et le duc accepte que Charles VII traverse ses terres pour aller se faire sacrer à Reims. A 33 ans, Philippe, qui avait toujours eu le comportement d'un souverain étranger, venait de se soumettre au droit féodal ; à terme l'inextricable guerre de Cent Ans devait se dénouer.

Charles le Téméraire devient duc en 1467 ; c'est le dernier et peut-être le plus célèbre des Valois de Bourgogne. Il est dévoré par l'ambition, le prestige et le souci de sa gloire, mais il dilapide ses moyens réels. En un siècle le rapport des forces s'est inversé et le duc se trouve en face de Louis XI, souverain, opiniâtre, rusé et d'une redoutable efficacité qui ne songe qu'au royaume. Lorsque Charles le Téméraire tombe devant Nancy en 1477, c'en est fait de la dynastie bourguignonne. Mais pas des difficultés de la monarchie. En effet, Marie de Bourgogne, la fille du Téméraire, épousait la même année Maximilien de Habsbourg, empereur du Saint Empire romain germanique, en dépit de l'opposition militaire, politique et diplomatique de Louis XI qui était son parrain. Elle donna le jour à Philippe le Beau qui engendra à son tour Charles Quint. Pour recouvrer la Bourgogne et les territoires qui avaient constitué sa dot, il fallut à la France plus de deux siècles et demi d'actions militaires et diplomatiques.

La peinture et la sculpture au temps des ducs – L'école artistique dijonnaise était alors un des grands foyers artistiques de l'Europe. Peut-être, un peu trop ostentatoire, manqua-t-elle parfois de grâce ou de délicatesse dans son raffinement, mais elle s'impose, selon les artistes, par sa somptuosité, sa vigueur et sa puissance.

LA VILLE DUCALE

★★ **Palais des ducs et des États de Bourgogne** – Le palais ducal, abandonné depuis Charles le Téméraire, est transformé et aménagé ainsi que ses abords au 17ᵉ s., et ce qui en subsiste se trouve encastré dans de nobles bâtiments de style classique. Dijon se sent en effet alors une âme parlementaire et demande une salle où les États de Bourgogne puissent tenir séance. Les plans, ainsi que ceux de la place de la Libération, en sont donnés par Jules Hardouin-Mansart et les avant-corps de la salle des États évoquent ceux de la cour de Marbre de Versailles. L'aile orientale, en revanche, annonce par son péristyle les ouvrages du 18ᵉ s. La place, en hémicycle, est conçue pour donner de l'ampleur à la cour d'honneur ; ses arcades sont couronnées par une élégante balustrade de pierre.

★★ **Musée des Beaux-Arts** ⊙ – Il est installé dans l'ancien logis des ducs de Bourgogne et dans l'aile orientale du palais des États.

★★★ **Salle des Gardes** – *Au 1ᵉʳ étage.* C'est l'ancienne salle des Festins des Ducs. Deux tombeaux, qui se trouvaient dans le chœur de la chapelle de Champmol avant la Révolution, en composent le centre. Celui de Philippe le Hardi dont Jean de Marville donna le plan et dont la partie décorative fut assurée par Claus Sluter puis par son neveu Claus de Werve qui tempéra quelque peu la rudesse de l'ouvrage ; les fantaisies infinies du style flamboyant font de ses côtés une galerie de cloître où tout un cortège de pleurants (les parents et les officiers du duc) admirables, encapuchonnés dans leur grand manteau de deuil, composent le cortège de ses obsèques. Le **tombeau de Jean sans Peur et Marguerite de Bavière**★★★ reproduit l'ordonnance du tombeau précédent.
Au mur, deux retables éblouissants : celui des **Saints et des Martyrs**★★★ sculpté par Jacques de Baerze, peint et doré par Broederlam ; celui de la Crucifixion dont les fameux revers des volets sont aussi l'œuvre de Broederlam.
Le portrait de Philippe le Bon par Roger Van der Weyden, né à Tournai, élève de Van Eyck et peut-être de Campin et maître de Memling, est admirable de pénétration psychologique. Son triptyque des Sept Sacrements est au Musée royal d'Anvers et son Jugement dernier à Beaune. Dans une salle voisine : admirable Nativité (1425) du maître de Flémalle.

★ **Ancienne chartreuse de Champmol** ⊙ – *Entrée 1, boulevard Chanoine-Kir. Hôpital.* De la chartreuse ne subsistent que le **Puits de Moïse**★★ et le **portail de la chapelle**★, œuvres de Claus Sluter, le plus prestigieux des sculpteurs dijonnais de l'époque, originaire de Hollande, formé dans le Brabant, qui donna ici sa mesure, de 1385 à 1404. Des attitudes très étudiées, le sens du mouvement, un réalisme affirmé, des draperies aux lourds plis cassés caractérisent les hauts-reliefs des six prophètes qui se détachent des faces de l'hexagone formant le piédestal du calvaire qu'était à l'origine ce « puits » (la tête du Christ se trouve au musée archéologique). De même, les statues de Philippe le Hardi et de Marguerite de Flandre qui, au portail de la chapelle, sont considérées comme des portraits.

⊙ ➤➤ Rue des Forges★ – Église Notre-Dame★ – Crypte★ de la cathédrale St-Bénigne – Musée archéologique★ – Église St-Michel★.

Sur les plans de villes de ce guide apparaissent des informations pratiques telles que l'emplacement des parcs de stationnement, de l'Office de tourisme ou du Syndicat d'initiative, du bureau de poste principal...

Toits
de
Bourgogne

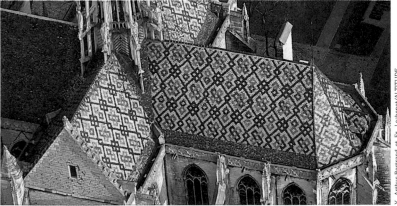

DINAN★★

11 591 habitants
Cartes Michelin nᵒˢ 59 plis 15, 16 ou 230 pli 25 – Guide Vert Bretagne

Dinan a été fixé par le site de « tête de marée » du petit port installé au fond de l'estuaire de la Rance. Mais, par sécurité, la ville s'est bâtie en bordure du plateau 30 m plus haut.

Bertrand du Guesclin (vers 1315-1380) – La ville a élevé une statue à ce soldat qui fut la grande figure de son histoire et un héros de la guerre de Cent Ans. Après son revers de Poitiers, Jean II le Bon, durant sa captivité de quatre ans en Angleterre, prend conscience des limites que le droit seigneurial impose à la couronne et nourrit l'idée d'une chevalerie monarchique. En 1361, il s'attache donc ce chevalier de la quarantaine qui jusqu'alors avait surtout connu les rebuffades et les difficultés liées à la modestie de sa naissance, à sa pauvreté et à sa rare laideur. Trois ans plus tard, Charles V garde, au service de sa politique, ce soldat de valeur, soutenu par l'opinion populaire, brave jusqu'à l'imprudence aventureuse et adversaire convaincu des Anglais au point d'avoir, dans sa jeunesse, soutenu Charles de Blois. En 1366, Du Guesclin, qui a débarrassé la France des Grandes Compagnies, est élevé à la dignité de Connétable ; il délivre le Périgord en 1370, la Normandie en 1378. En 1379, il remet son épée au roi pour ne pas avoir à s'en servir contre son propre pays. En 1380, il meurt sous les murs de Châteauneuf-de-Randon.

★★ LA VIEILLE VILLE

Elle se tasse à l'abri d'un rempart long de 2,5 km construit par les ducs au 14ᵉ s. pour protéger la ville marchande et verrouiller leur domaine face aux menaces anglaise, normande puis française sous Louis XI.

★ **Château** ⊙ – Il fut commencé par Jean IV vers le milieu du 14ᵉ s. Ses tours très saillantes, de la fin du 15ᵉ s., permettaient le tir de flanquement. Remarquer les très beaux mâchicoulis du donjon de la duchesse Anne.

Basilique St-Sauveur – Façade marquée par l'art roman poitevin. Dans le bas-côté gauche, le vitrail des Évangélistes, connu pour la qualité de ses jaunes, est un bel exemple de la vitrerie bretonne à la fin du 15ᵉ s. Dans le croisillon gauche : tombeau renfermant le cœur de Du Guesclin.

Vieilles maisons – L'activité urbaine née d'une certaine liberté de gestion accordée par le duc Jean IV à sa bonne ville y engendra un renouveau architectural où le granit supplanta le bois. Les maisons de Dinan, pittoresques par leurs poteaux corniers, leurs colombages et leurs encorbellements, se distinguent par les socles de pierre de leurs façades, leurs courts poteaux de bois soutenant les avant-soliers et leurs murs latéraux de granit assurant leur solidité et leur bonne verticalité. Les plus intéressantes s'élèvent sur la rue de l'Apport (logis de la Mère Pourcel, du 15ᵉ s.), sur la **place des Merciers★** (pignons triangulaires et porches), sur la **rue du Jerzual★** reliant la ville et son port (boutiques des 15ᵉ et 16ᵉ s. où se maintient l'artisanat depuis six siècles), et sur la place Du Guesclin (hôtels des 17ᵉ et 18ᵉ s.).

DINARD★★★

9 918 habitants
Cartes Michelin nᵒˢ 59 pli 5 ou 230 pli 11 – Guide Vert Bretagne

Située sur la côte d'Émeraude, à l'embouchure de la Rance, Dinard est une station balnéaire renommée, bénéficiant d'installations raffinées, de plages de sable bien abritées et d'une végétation méditerranéenne due à la douceur de son climat.
En 1850, Dinard n'était qu'un petit port de pêcheurs dépendant de St-Énogat, quand un riche Américain, nommé Coppinger, eut l'idée d'y faire construire un château. Deux ans plus tard, une famille anglaise fut à l'origine de la venue de maintes familles britanniques. Dinard était lancée. Sous le Second Empire, la mode des bains de mer contribua largement au développement de la station (l'impératrice Eugénie devait l'inaugurer en 1868), qui connut ses grandes heures de faste à la fin du 19ᵉ s. et au début du 20ᵉ s., où elle devint la rivale de Brighton. Villas somptueuses et hôtels de luxe fleurirent, fréquentés principalement par une clientèle étrangère huppée. Concerts et bals animaient les soirées mondaines. Si aujourd'hui bon nombre de grands hôtels ne sont plus que des souvenirs, des villas cossues témoignent de la splendeur passée.

Le bord de mer – De la **plage de l'Écluse★** (ou **grande plage**) à la plage du Prieuré, les promenades longeant la mer font découvrir de belles vues sur la côte et l'estuaire de la Rance. De la **pointe du Moulinet★★**, la vue s'étend jusqu'au cap Fréhel à gauche et jusqu'aux remparts de St-Malo à droite. Le soir en saison, une musique d'ambiance agrémente la **promenade du Clair de Lune★**, ornée de beaux parterres fleuris et plantée d'essences méridionales.

⊙ ►► Aquarium et musée de la Mer.

DISNEYLAND PARIS★★★

Carte Michelin n° 106 pli 22 – Guides Verts Disneyland Paris et Ile-de-France

Dans la plaine briarde, à une trentaine de kilomètres à l'Est de Paris, un centre de villégiature unique en Europe a vu le jour sur le territoire de **Marne-la-Vallée**. Ce gigantesque ensemble, qui doit se développer jusqu'en 2017, comprend actuellement un parc à thèmes, ainsi qu'une zone d'hébergement et de loisirs. Cette zone inclut 6 hôtels illustrant plusieurs régions américaines, un terrain de camping-caravaning (Davy Crockett Ranch), un parcours de golf de 27 trous (golf Disneyland Paris) et un centre de divertissement (**Disney Village★**) reflétant la vie américaine. On y trouve des restaurants, des boutiques, une discothèque et un spectacle équestre (*Buffalo Bill's Wild West Show★★*), évoquant l'épopée de l'Ouest.

★★★ PARC DISNEYLAND PARIS ⊙

Comme ceux des États-Unis ou du Japon, ce parc à thèmes concrétise le rêve de Walt Disney qui voulait créer « un petit parc enchanté où enfants et adultes pourraient se distraire ensemble ».
Le parc s'étend sur plus de 55 ha et comprend cinq « pays » principaux (**Main Street USA – Frontierland – Adventureland – Fantasyland – Discoveryland**), chacun d'eux illustrant un thème. De spectaculaires attractions mettent en scène d'étonnants automates dans des décors particulièrement soignés.

© Disney

DOMME★★

1 030 habitants
Cartes Michelin n°s 75 pli 17 ou 235 pli 6 – Guide Vert Périgord Quercy

Domme, bastide de fondation française, aux belles maisons de pierre blanc et ocre, a dû adapter son plan aux contraintes du plateau.

★★★ Panorama – Du belvédère de la Barre qui domine la Dordogne de 145 m, mais mieux encore, de la promenade des Falaises *(pas de parapet)* un peu en contrebas du jardin public, on découvre la plaine alluviale de la Dordogne.
La vallée ne présente pas ici des cingles (méandres) aussi bien formés que celui de Trémolat *(48 km en aval)* ou aussi accomplis que celui de Luzech *(49 km au Sud)* que dessine le Lot. Mais les sinuosités de la rivière et leurs tracés successifs, parfois recoupés par le cours actuel, s'inscrivent dans la campagne par les courbures des falaises, les rangées d'arbres (peupliers) et le parcellaire des champs cultivés.

La régularité de l'auge alluviale, l'équilibre atteint entre les forces d'érosion et d'accumulation de la rivière, la fixité actuelle du tracé des méandres font de la Dordogne périgourdine une vallée « calibrée » selon l'expression des géographes. Le touriste, lui, contemple entre les hauteurs où se sont campés des châteaux forts et les versants boisés où se nichent les villages une campagne opulente avec ses prairies, ses noyers, ses champs de tabac et de céréales.

Parmi les créateurs venus chercher ici leur inspiration figure l'écrivain Henry Miller qui qualifia le site de meilleure évocation terrestre du paradis.

DOMRÉMY-LA-PUCELLE*

182 habitants
Cartes Michelin nᵒˢ 62 pli 3 ou 242 pli 25 – Guide Vert Alsace et Lorraine

Dans cet humble village de la vallée de la Meuse, **Jeanne d'Arc** naquit le 6 janvier 1412. Au Bois-Chenu *(1,5 km au Sud)* elle entendit l'appel de sainte Catherine, patronne des jeunes filles, de sainte Marguerite, invoquée contre les cataclysmes, et de saint Michel, chef des milices célestes, qui lui dictaient sa mission. Après avoir convaincu le sire de Baudricourt, elle quitta Vaucouleurs le 23 février 1429 à l'âge de 17 ans. En 15 mois se succèdent alors pour elle le voyage de Chinon, les épreuves de Poitiers, la campagne d'Orléans, le voyage du sacre à Reims, les campagnes de Paris, de la Loire et de l'Oise, le bûcher de Rouen au cours desquels elle cristallise, face aux périls de la guerre de Cent Ans, aux malheurs des territoires occupés et de l'insoumission bourguignonne, la naissance du sentiment national.

★ **Maison natale de Jeanne d'Arc** ⊙ – C'était une maison de paysans aisés, aux murs épais, émouvante par sa simplicité (petit musée).

Église – Contemporaine de Jeanne-d'Arc, elle conserve la cuve baptismale du 12ᵉ s. sur laquelle fut tenue Jeanne.

►► Basilique du Bois-Chenu.

Le DORAT*

2 203 habitants
Cartes Michelin nᵒˢ 72 pli 7 ou 233 pli 22 – Guide Vert Berry Limousin

Dans la Marche herbagère et doucement vallonnée, pays d'élevage des bœufs limousins dont **St-Yrieix-la-Perche** *(41 km au Sud de Limoges)* est le gros marché, le Dorat possède une église impressionnante par ses dimensions et son équilibre.

★★ **Collégiale St-Pierre** – L'édifice, reconstruit en une cinquantaine d'années, à partir de 1112, appartient au Limousin par son site, par son rude et inaltérable granit, par les traits originaux de son architecture romane. Cette appartenance s'observe à sa massive tour de façade carrée flanquée de clochetons et ornée d'un portail à archivoltes festonnées, à sa tour-lanterne ajourée, inspirée, mais avec quelle originalité, de celle de St-Junien *(45 km au Sud)*, élevée un demi-siècle plus tôt, à ses voussures limousines dont le boudin souligne la plupart des arcatures intérieures et extérieures. Ces voussures, simples ou doubles, règnent aux fenêtres des bas-côtés, aux baies de la coupole octogonale, à celle du portail Nord… La **crypte** ⊙, dédiée à Ste-Anne, de la fin du 11ᵉ s., marque, par rapport à celle d'Uzerche qui lui est antérieure d'un demi-siècle, une évolution considérable par l'appareillage de ses moellons de granit dans le berceau courbe, à pénétration, de son déambulatoire et dans les petites voûtes d'arêtes de son sanctuaire.

DOUAI*

42 175 habitants
Cartes Michelin nᵒˢ 53 pli 3 ou 236 pli 16 – Guide Vert Flandres Artois Picardie

Douai, comme Valenciennes, fut un entrepôt d'hivernage pour les négociants qui fréquentaient les routes commerciales de l'Europe du Nord aux 11ᵉ et 12ᵉ s. La ville s'est installée sur les deux berges de la Scarpe : à l'Ouest, les magasins, les ateliers et une chartreuse (musée) dans un site jadis isolé ; à l'Est, la commune bourgeoise, qui obtint ses libertés dès la fin du 12ᵉ s. et dotée du Parlement des Flandres – dont l'actuelle cour d'appel est l'héritière –, avec ses monuments : beffroi, hôtel de ville, église Notre-Dame, et ses demeures du 18ᵉ s.

Douai est la patrie de **Jean Bellegambe** (1470-1534), peintre qui se forma probablement à Valenciennes dans l'atelier de Marmion puis travailla dans la vallée de la Scarpe. Il traita surtout des sujets religieux dans un esprit gothique pour les détails familiers, Renaissance pour les décors (colonnades, coquilles), flamand pour le réalisme. Son **polyptyque d'Anchin**★ *(dans l'ancienne chartreuse)* est célèbre.

Le cortège des Gayants – *Voir illustration dans le chapitre des Principales manifestations en fin de guide.* Le dimanche qui suit le 5 juillet défilent à travers la ville, accompagnés de groupes folkloriques, cinq géants en costume du Moyen Âge : Gayant le père, qui culmine à 7,50 m et pèse 370 kg, son épouse Marie Cagenon, haute de 6,50 m, et leurs enfants Jacquot, Fillon et Binbin. Ces géants se montrent en ville les deux jours suivants. Gayant, le géant le plus ancien du Nord (1530), est aussi le plus populaire. Les Douaisiens se disent plaisamment, eux-mêmes, « enfants de Gayant ».

★ **Beffroi** ⓥ – C'est l'un des plus connus du Nord. Victor Hugo et Corot admirèrent sa tour gothique (1390) à couronnement décoratif. La façade sur cour, de style Renaissance flamande, fut refaite en 1860.

Les houillères – L'hôtel d'Aoust (architecture Louis XV, porte à décor rocaille et sculptures allégoriques) était le siège de la direction des houillères qui exploitèrent le bassin du Nord et du Pas de Calais du 18ᵉ s. à 1990. Douai occupe en effet la bordure du bassin houiller qui constitue l'extrémité de la grande dépression carbonifère jalonnée en Allemagne par le bassin de la Ruhr et en Belgique par celui de Charleroi. Le dernier puits a fermé le 21 décembre 1990. Le bassin, en exploitation depuis le 18ᵉ s., a connu des tragédies comme la catastrophe de Courrières en 1906 où 1100 mineurs trouvèrent la mort dans un coup de grisou.

ⓥ ►► Musée de la chartreuse★.

Saut du DOUBS★★★

Cartes Michelin nᵒˢ 66 Sud du pli 18 ou 243 plis 21, 22 – Guide Vert Jura

Les gorges du Doubs, en aval de Villiers-le-Lac, marquent la frontière entre la Suisse et la France. Dans cette région le Doubs s'est peu à peu enfoncé dans les plissements jurassiens. Mais un seuil de pierres formé par les éboulements de ses rives obstrue son cours et retient, en amont, les eaux du lac de Chaillexon.

Le Saut du Doubs est la cascade haute de 27 m par laquelle la rivière franchit ce barrage et regagne son niveau naturel. Par un sentier sous bois *(3/4 h à pied AR)* gagner le belvédère principal ; au-delà, un sentier en forte pente permet de descendre au niveau même de la vasque aux eaux d'un vert noirâtre d'où la vue de la chute s'abattant dans cet entonnoir est très impressionnante.

Le Saut du Doubs

DUNKERQUE

70 331 habitants
Cartes Michelin n°s 51 plis 3, 4 ou 236 pli 4 – Guide Vert Flandres Artois Picardie

Dunkerque (Église des Dunes), village de pêcheurs, s'agrandit au 14ᵉ s. jusqu'à devenir le port des Flandres où s'entreposent les bois des pays scandinaves, les laines d'Angleterre et les vins de Bordeaux. Au 17ᵉ s., il représente un véritable enjeu que se disputent Espagnols, Anglais, Hollandais et Français. En 1658, après sa victoire des Dunes, Turenne s'en empare, mais la ville est aussitôt remise à l'Angleterre en contrepartie de son soutien contre l'Espagne. Elle ne devint française que par son achat négocié en 1662 et couronnant l'activité diplomatique de Lionne.

Dès lors, Dunkerque devient un repaire de contrebandiers et de corsaires au service du roi : 3 000 navires étrangers sont capturés ou détruits, le commerce hollandais ruiné. Le plus intrépide d'entre eux est **Jean Bart** (1651-1702), honoré d'une statue (1848) due à David d'Angers (place Jean-Bart).

En 1713, la démolition des remparts, prescrite par une clause du traité d'Utrecht, cause le déclin du port, malgré les travaux apportés par Calonne à ses installations. Napoléon lui préfère Anvers. Fin mai-début juin 1940, l'« enfer de Dunkerque » fut le nom donné à la bataille de rembarquement, sous le bombardement ennemi, des troupes alliées coupées de leurs bases continentales par la percée allemande de Sedan vers la Manche. Elle se déploya de Dunkerque à Malo, **Zuydcoote** et **Bray-Dunes**.

Jean Bart, « pirate officiel du roi »

Durant les guerres de Louis XIV, les corsaires dunkerquois détruisent ou capturent 3 000 navires, faisant 30 000 prisonniers et anéantis-sant le commerce hollandais. Le plus intrépide de ces corsaires fut **Jean Bart**.

Aussi célèbre que les corsaires malouins Duguay-Trouin et Surcouf, Jean Bart (1650-1702) fut un virtuose de la guerre de course en mer du Nord. Par opposition au pirate, hors-la-loi attaquant tous les navires et massacrant même l'équipage, le corsaire recevait du roi les « lettres de course » qui lui permettaient de traquer les navires de guerre ou marchands. En 1694, Jean Bart sauva le royaume de la famine en capturant 130 navires chargés de blé. Ses succès durent beaucoup à l'existence d'un arsenal ultra-moderne et à la présence constante d'une flotte royale. De manières simples et rudes, il multiplia les exploits, ce qui lui valut ses lettres de noblesse (1694) puis, trois ans plus tard, le grade de chef d'escadre. On raconte que ce fut Louis XIV lui-même qui lui annonça sa nomination : « Jean Bart, je vous ai fait chef d'escadre » ; à quoi le valeureux marin aurait répondu : « Sire, vous avez bien fait. » L'année suivante (1698), chargé de conduire le prince de Conti en Pologne, il échappe à neuf gros vaisseaux. Le danger passé, le prince lui dit : « Atta-qués, nous étions pris. – Jamais, répond Jean Bart, nous aurions tous sauté, car mon fils était dans la soute à munitions avec ordre de mettre le feu à un tonneau de poudre, au premier signal. »

Jean Bart

B.N., Paris/HARLINGUE-VIOLLET

★★ **Le port** – Dunkerque se classe 3ᵉ port de France, avec, en 1994, plus de 37 millions de tonnes. Son activité dans la ville même et tout le long de la zone industrielle est en expansion : construction navale, sidérurgie (usine sur l'eau de Sollac-Dunkerque), aciers spéciaux, raffinerie, pétrochimie...

Ⓥ ►► Musée d'Art contemporain★ – Musée des Beaux-Arts★ – Musée Portuaire★.

Chaque année,
le guide Rouge Michelin France
révise sa sélection d'hôtels et de restaurants
  – agréables, tranquilles, isolés ;
  – offrant une vue exceptionnelle, intéressante, étendue ;
  – possédant un court de tennis, une piscine,
  une plage aménagée ;
  – un jardin de repos...
Tout compte fait, le guide de l'année, c'est une économie.

Basilique NOTRE-DAME de l'ÉPINE★★

Cartes Michelin n°s 56 pli 18 ou 241 pli 26 – Guide Vert Champagne

Le village champenois de l'Épine, tapi au pied de sa grande église de pèlerinage, dispose ses maisons en retrait de la route et précédées de leur cour ; quelques-unes sont à colombage tant la craie est un piètre matériau de construction.

La basilique Notre-Dame fut entreprise en 1410 par sa partie centrale et les parties intérieures de la nef, poursuivie vers 1450 par la façade et achevée, en 1510, par le chevet. La virtuosité du gothique flamboyant s'y manifeste extérieurement à la façade allégée par un grand gâble concave très exigu, à la flèche de droite (celle de gauche a dû être refaite au siècle dernier) dont l'évidement total des surfaces fait participer l'ossature et les arêtes aux motifs décoratifs, aux **gargouilles**★ qui étonnèrent Victor Hugo.

A l'intérieur, les piliers ronds à colonnes engagées sont une survivance du style gothique lancéolé ; le faux triforium paraît inspiré de celui de la cathédrale de Reims antérieur de plus de deux siècles ; le jubé et sa poutre de gloire sont du 15e s. ; la clôture du chœur, gothique à droite, est Renaissance à gauche, comme le beau vitrail *(dernière travée du bas-côté droit)* de l'Arbre de Jessé, chef-d'œuvre de la Renaissance champenoise par sa composition savante, le modelé des visages et la qualité des verts.

ÉTRETAT★★

1 565 habitants
Cartes Michelin n°s 52 pli 11 ou 54 plis 7, 8 ou 231 pli 8
Guide Vert Normandie Vallée de la Seine

Au débouché d'une vallée sèche du Pays de Caux, Étretat n'était, au milieu du 19e s. encore, qu'un simple village de pêcheurs. Des artistes comme Eugène Isabey, des écrivains comme Alphonse Karr et Guy de Maupassant le mirent alors à la mode.

Deux promenades à pied permettent de bien saisir l'originalité de la « côte d'Albâtre », falaise de craie présentant des couches alternées de silex foncé et de marnes jaunâtres.

★★★ **Falaise d'Aval** – *1 h à pied AR au départ de la digue-promenade ; pousser jusqu'à la crête de la Porte d'Aval.* Ce site profile une arche rocheuse magnifiquement découpée. Vue magnifique sur l'arche de la Manneporte, l'Aiguille, îlot en forme d'obélisque, et l'arête du plateau tronqué au-dessus de la plate-forme d'abrasion marine formant une longue plage de galets. Le jeu des couleurs, variant selon l'heure, l'état du ciel et celui de la mer dans les festons des valleuses, est un véritable enchantement.

★★ **Falaise d'Amont** – *1 h à pied AR au départ de la digue-promenade.* Un monument fut érigé à l'endroit où Nungesser et Coli furent aperçus pour la dernière fois lors de leur tentative de traversée de l'Atlantique Nord en reliant sans escale Le Bourget à New York à bord de *L'Oiseau-Blanc* (8 mai 1927). « Ceux qui, les premiers, ont osé » se seraient perdus en mer ou, peut-être, dans les forêts de Nouvelle-Angleterre. Un sentier puis un escalier taillé dans la falaise crayeuse permettent d'atteindre la mer.

Falaises à Étretat

M. Moes/PIX

ÉVREUX★★

Agglomération 57 968 habitants
Cartes Michelin nᵒˢ 55 plis 16, 17 ou 231 pli 35
Guide Vert Normandie Vallée de la Seine

Depuis 15 siècles, l'histoire d'Évreux n'est qu'une longue succession d'incendies et de destructions exécutés par les Vandales, les Vikings, les Plantagenêts et, plus près de nous, par les aviations allemande en 1940 et alliée en 1944. Mais chaque épreuve terminée, les Ébroïciens ont relevé leur ville de ses ruines et lui ont rendu sa prospérité. La mise en valeur des bords de l'Iton traités en promenade à hauteur de l'ancien rempart gallo-romain et celle de la tour de l'Horloge élevée par Henri V d'Angleterre en 1417, deux ans après la bataille d'Azincourt, en témoignent.

★★ **Cathédrale Notre-Dame** – Sa construction entreprise au 12ᵉ par Henri II d'Angleterre se poursuivit sous les dynasties normande et Plantagenêt (chœur achevé vers 1260), si bien que dans son ensemble la cathédrale est un édifice gothique du 13ᵉ s. Elle n'échappa pas aux malheurs d'Évreux et il fallut en particulier la restaurer après l'incendie de 1356 durant le siège de Jean le Bon et sous le règne de Louis XI. Au 16ᵉ s., on refit ses bas-côtés dans le style flamboyant et après la Seconde Guerre mondiale on dut reconstruire ses parties hautes.

★ **Vitraux** – *Voir illustration au chapitre de l'Art – Éléments d'architecture.* Ils constituent un exceptionnel document sur l'évolution de l'art du vitrail.
Fin du 13ᵉ s. : les fenêtres du bas-côté droit vibrent d'une intense couleur.
14ᵉ s. : dans la 4ᵉ chapelle du déambulatoire, à droite, la verrière se fait plus élégante. Les vitraux du chœur surtout, mis en place vers 1330, par leur limpidité, la légèreté de leurs ors et la transparence de leurs couleurs, faisaient l'admiration d'Émile Mâle : on y suit, de 1330 à la fin du siècle, le remplacement progressif d'un décor translucide par un tableau composé.
15ᵉ s. : la 2ᵉ fenêtre haute à gauche dans la nef vaut par la nuance subtile de ses grisailles à la blancheur nacrée. Les verrières de la chapelle axiale sont d'un grand intérêt documentaire sur le règne de Louis XI.
16ᵉ s. : Jugement dernier à la rose du transept gauche.
17ᵉ s. : 3ᵉ chapelle du déambulatoire, à gauche.

⊙ ►► Ancien évêché *(musée*★★ : *archéologie, art sacré médiéval)* – Église St-Taurin (châsse de saint Taurin★★).

Les EYZIES-DE-TAYAC★★

853 habitants
Cartes Michelin nᵒˢ 75 pli 16 ou 235 pli 1 – Guide Vert Périgord Quercy

Les découvertes d'abris creusés à la base des falaises et de grottes ornées, à proximité des Eyzies, puis leur étude entreprise il y a plus d'un siècle sont à l'origine de la science préhistorique.
Science d'origine essentiellement française, la préhistoire a fait ses premiers pas à l'aube du 19ᵉ s. après les travaux de **Boucher de Perthes** dans la Somme, à St-Acheul et à Abbeville. Puis de nombreux chercheurs, Lartet, Mortillet, les abbés A. et J. Bouyssonie et Lemozi, le Dr Capitan, D. Peyrony, Rivière, Cartailhac, Lantier et l'abbé Breuil ont œuvré dans la vallée de la Vézère, ouvrant la voie à la recherche contemporaine.

L'AUBE DE L'HUMANITÉ

L'ère quaternaire, la plus récente et la plus brève des grandes ères géologiques, débuta il y a quelque 2 000 millénaires. Elle est marquée par le développement des glaciers qui envahirent les hautes montagnes, conséquence d'un refroidissement général de l'atmosphère du globe, mais surtout par un événement capital : l'invasion de l'Asie et de l'Europe par les représentants de l'humanité primitive apparue 1 000 millénaires plus tôt en Afrique orientale.
A la fin de l'ère tertiaire, il y a, semble-t-il, 3 000 000 d'années *(1)*. Les lueurs d'une pensée réfléchie – et non plus simplement instinctive – sont apparues chez les préhominiens, différenciant ainsi les plus anciens ancêtres de l'homme des autres espèces.
Pour l'essentiel, l'ère quaternaire des géologues correspond donc aux « temps préhistoriques » des anthropologues et le paléolithique (âge de la pierre taillée) y est prédominant par sa durée.

---

(1) Nous donnons les évaluations d'ancienneté et de durée en millénaires pour la géologie, en années pour la préhistoire.

168

Le paléolithique inférieur – 2 000 000 à 150 000 ans avant J.-C. Les premiers outils sont imaginés, les espèces se succèdent, de plus en plus évoluées : Australopithèque d'Afrique australe, Pithécanthrope de Java, Sinanthrope de Chine du Nord, Atlanthrope d'Afrique du Nord.
Des traces de campements de chasseurs d'aurochs parcourant la steppe, il y a quelque 350 000 ans, ont été reconnues, en particulier dans les Pyrénées (crâne de la Caune d'Arago, près de **Tautavel**, mâchoire de Montmaurin).
A Nice, une empreinte de pied humain et le foyer de **Terra Amata** aménagé par des chasseurs de grands mammifères dans les vallées du Paillon et du Var, sur une ancienne plage à 26 m au-dessus du niveau actuel de la Méditerranée, ont été étudiés.
A la même période appartiennent des gisements découverts dans la basse Ardèche et dans la région de Carnac, ainsi que les bifaces et les outils exécutés dans des éclats de silex à Gouzeaucourt *(17 km au Sud de Cambrai)*.
Les fragments du crâne de l'homme de Fontechevade *(au Sud-Est de La Rochefoucauld)* ont été associés à la culture Tayacienne (passage du paléolithique inférieur au paléolithique moyen).

Le paléolithique moyen – 150 000 à 35 000 ans avant J.-C. Le rameau de Néandertal (homme de la Chapelle-aux-Saints en Corrèze), apparu il y a environ 150 000 ans, peut-être issu des Atlanthropes, s'éteignit sans descendance il y a 35 000 ans.
Les premières sépultures remontent à cette période.

Le paléolithique supérieur – 35 000 à 10 000 ans avant J.-C. Avec la « race » de Cro-Magnon caractérisée par des hommes grands, fins, habiles de leurs mains, doués d'un esprit inventif, puis, quelque 20 000 ans plus tard, avec celle de Chancelade (Magdalénien) aux individus plus petits mais robustes apparaît l'Homo sapiens (sage, intelligent), conscient de sa connaissance, caractérisé par le fort volume de son crâne et par son langage articulé. C'est l'actuel rameau de l'humanité.

LE PALÉOLITHIQUE SUPÉRIEUR

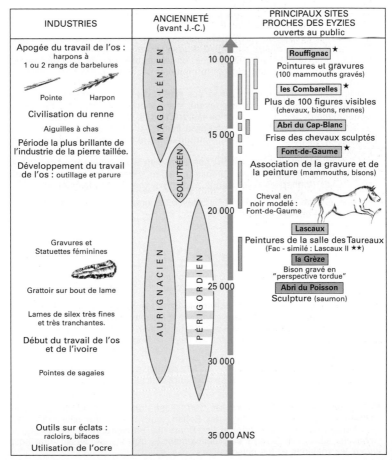

Les industries de l'Aurignacien et du **Périgordien** (cette dernière interrompue par de longs déplacements de populations) sont alors concomitantes, mais elles diffèrent et paraissent sans lien. Les outils, sans cesse perfectionnés, les conditions de vie facilitées par la mise au point de nouveaux procédés de chasse permettent alors à l'homme de consacrer une part de son temps à la création d'œuvres artistiques (gravures et peintures).

A **Aurignac** (*décrit dans le guide Vert Michelin Pyrénées Aquitaine*) a été identifiée l'industrie aurignacienne qui se distingue par la grande dimension de ses lames retouchées, de ses sagaies et de ses burins, par ses grattoirs épais et par ses bâtons de renne perforés ; elle connut son apogée il y a 25 000 ans ; les célèbres gravures des grottes de Pair-non-Pair à **Marcamps** (*décrit dans le guide Vert Michelin Pyrénées Aquitaine)* la révèlent ; celles de la grotte de la Grèze et de l'**abri du Poisson** ⊘ marquent le début de l'occupation humaine de la basse vallée de la Vézère.

L'industrie des javelots et des lances (pointes à crans) a été étudiée près de Mâcon, au pied de la falaise de **Solutré**★★ (*décrit dans le guide Vert Michelin Bourgogne).* Le réchauffement du climat à la fin du Magdalénien a poussé l'homme à vivre en plein air dans des sites bien exposés en Ile-de-France (Pincevent et Étiolles) alors que plus tard, à la période Azilienne, il s'abritait encore dans les grottes des Pyrénées et du Périgord. Au paléolithique succèdent le mésolithique (10 000 à 7 500 ans) où l'art subit une éclipse, puis le néolithique (âge de la pierre polie) ; avec lui et l'apparition de l'écriture sur des supports d'argile cuite s'achève la préhistoire.

Au Mas-d'Azil, il y a une centaine de siècles, de nombreux changements apparaissent (réchauffement de la température, modification de la flore et de la faune) ; l'industrie humaine miniaturise son outillage (nouveaux types de harpons) et bouleverse les modes de vie en Europe où l'agriculture ne tarde guère à apparaître.

La lenteur des progrès réalisés par l'homme confond l'imagination : près de 30 000 siècles lui ont été nécessaires pour apprendre à polir la pierre. En revanche, les 50 siècles qui ont suivi ont vu se développer de brillantes civilisations au Proche-Orient et en Égypte et la découverte des métaux (bronze).

LA CAPITALE DE LA PRÉHISTOIRE

L'étude méthodique des différents gisements de la région des Eyzies a permis aux chercheurs de mieux connaître la préhistoire.

Dans le département de la Dordogne, on dénombre près de 200 gisements ou sites préhistoriques, dont plus de la moitié se situent dans la basse vallée de la Vézère.

Les hommes d'alors ont trouvé là des **abris et des cavernes naturels** ⊘ facilement accessibles et des surplombs pouvant leur servir d'habitat. Ils y ont laissé le témoignage de leur passage et de leurs activités. 20 000 ans avant les vallées du Tigre et du Nil, celle de la **Vézère** était peuplée d'hommes habités par un souci artistique, travaillant l'ivoire de mammouth et le bois de renne et peignant les parois des grottes.

Les Eyzies étaient une capitale de l'humanité bien avant Ninive et la bouleversante stratigraphie de **Laugerie Haute** ⊘, épaisse de 6 m, révèle 7 000 ans de civilisations successives (industries solutréenne, moustérienne et magdalénienne).

⊘ ►► Grotte du Grand-Roc★★ - Musée national de la préhistoire★ - Grotte de Font-de-Gaume★.

Le FAOUËT

2 869 habitants
Cartes Michelin nos 58 pli 17 ou 230 pli 20 - Guide Vert Bretagne

Au cœur d'un pays forestier où domine le hêtre, le gros bourg du Faouët illustre la prospérité que connut la Bretagne après la tourmente de la guerre de Succession. Au 15e s., neuf foires s'y tenaient chaque année, concurremment à celles de Guéméné-sur-Scorff (*27 km à l'Est)* en pays de Rohan, justifiant la construction de la halle.

Halle - Édifiée au début du 16e s., elle se divise en trois nefs de 15 travées. Des colonnes de granit portent sa puissante charpente que protège un grand toit d'ardoise.

★ **Chapelle St-Fiacre** - *2,5 km au Sud.* C'est l'une des nombreuses chapelles rurales de la région. A l'image des Rohan, leurs rivaux, qui achevaient l'église de Kernascléden au son hôpital, les Bouteville entreprenant, en 1450, cette chapelle édifiée en 30 ans et probablement la dotent, elle aussi, d'un hospice pour les malades et les pèlerins.

Grotte de Rouffignac – Mammouth
et bouquetins (peinture au trait)

Abri du Cap-Blanc –
Chevaux (sculpture en bas-relief)

Fond de Gaume –
Bison polychrome (peinture)

Grotte du Pech-Merle – Main négative
(peinture « au pochoir »)

Abri du poisson –
Salmonidé (sculpture en bas-relief)

Grotte de Rouffignac –
Tête de cheval (gravure)

Art pariétal

Grotte de Lascaux –
Bison étripé, homme
renversé et oiseau
(peinture)

Sa façade cantonnée de clochetons est dominée par la haute flèche centrale à balcon surplombant, dans la lignée de celle du Kreisker. Le jubé★★ (1480), de style flamboyant, est une réalisation séduisante de la sculpture sur bois, peinte, en Bretagne.

Les vitraux, du 16e s., divisés seulement en registres horizontaux, jalonnent l'évolution de l'art des verriers passant de médaillons juxtaposés à une composition ordonnée. Remarquer, à la maîtresse-vitre du chœur, les scènes de la Passion ; au croisillon droit, la *Vie de saint Jean-Baptiste* ; au croisillon gauche, un *Arbre de Jessé* et la *Vie de saint Fiacre*.

FÉCAMP★★

20 808 habitants
Cartes Michelin nos 52 pli 12 ou 54 pli 8 ou 231 pli 8
Guide Vert Normandie Vallée de la Seine

Fécamp vit toujours de son port, longtemps « capitale » des terre-neuvas français pour la pêche à la morue. C'est aujourd'hui à la fois un port de commerce actif (matières pondéreuses et transit de bois) et un port de pêche (harengs et maquereaux) à proximité duquel se sont installées des usines de fumage et de surgélation du hareng et du saumon.

Dès le 11e s., Fécamp a connu un développement monastique considérable dû à l'énergie de Guillaume de Volpiano qui avait déjà appliqué à St-Bénigne de Dijon la réforme issue de Cluny et dont la réputation propagea la glorification du Précieux Sang et le renom de la Trinité. Au 19e s., Guy de Maupassant donna à Fécamp une grande place dans son œuvre littéraire.

★ **Abbatiale de la Trinité** – Cette ancienne abbatiale, aux dimensions de cathédrale, marque une étape dans l'évolution de l'art gothique en Normandie. Construite pour l'essentiel entre 1168 et 1219, elle est tributaire des influences de l'Île-de-France. Elle en a reçu dans une première période les églises à tribunes du 12e s. dans la lignée de St-Denis (elles-mêmes inspirées des abbatiales normandes de Jumièges et de Caen) ; technique qu'elle a reconduite en s'en affranchissant progressivement à la partie gauche du chœur, au transept et dans la nef. De même, au 13e s., elle apprit de Chartres le système combiné des arcs-boutants et du triforium rendant désuètes les tribunes elles-mêmes ; elle l'appliqua à la fin du siècle à l'occasion de la réfection de la partie droite du chœur.

En revanche, la Trinité, dans le même temps, affirme son caractère normand : elle maintient la galerie technique de circulation à la base des fenêtres hautes et lance à la croisée du transept une tour-lanterne très lumineuse et d'une magnifique envolée.

Fécamp – Palais Bénédictine

Palais Bénédictine★★ *(collection d'objets d'art, histoire et fabrication de la Bénédictine)* – Musée des Terre-Neuvas et de la Pêche★ – Musée des Arts et de l'Enfance.

FENIOUX★

133 habitants

Cartes Michelin nᵒˢ 71 pli 4 ou 233 pli 16 – Guide Vert Poitou Vendée Charentes

Pour les amateurs d'architecture religieuse romane rurale, Fenioux constitue une étape modeste, mais de choix.

Église – Les architectes qui la reconstruisirent de 1000 à 1050 ont conservé, à l'extérieur sur le flanc Sud, un claustra d'un édifice antérieur carolingien. Elle est très saintongeaise par sa façade Ouest souvent donnée comme exemplaire de cette école. La sculpture y développe le « sermon saintongeais » : le Zodiaque (fuite et renouvellement du temps) et le cycle des mois (tu gagneras ton pain, tout au long de l'année, par ton travail), les Vierges sages et les Vierges folles (veiller pour éviter la réprobation finale), les Vertus et les Vices (triomphe du Bien sur le Mal).

Le petit portail latéral gauche offre un charmant décor de feuilles et de fleurs de clématites qui font la parure de nombreuses maisons saintongeaises. Le clocher, de plan circulaire, malgré une certaine raideur que lui vaut sa reconstruction au 19e s. par des disciples de Viollet-le-Duc, est un chef-d'œuvre de légèreté.

★ **Lanterne des Morts** – De telles lanternes étaient nombreuses aux 11e et 12e s. en Limousin, en Poitou et en Saintonge. Celle-ci est très belle avec son fût creux de 14 colonnes, son entablement mouluré, ses courtes colonnettes laissant filtrer la lumière du fanal et sa petite pyramide en écailles portant une croix.

FIGEAC★★

9 549 habitants

Cartes Michelin nᵒˢ 79 pli 10 ou 235 pli 11 – Guide Vert Périgord Quercy

Étalée sur la rive droite du Célé, Figeac s'est développée au débouché de l'Auvergne et du Haut-Quercy. Ville d'échanges, elle a connu un passé prestigieux dont témoigne aujourd'hui l'architecture de ses hautes maisons de grès.

La grande industrie de Figeac est l'entreprise Ratier spécialisée dans les constructions aéronautiques.

Jean-François Champollion – Le 23 décembre 1790 naquit à Figeac cet orientaliste dont le génie permit à l'égyptologie de faire des pas de géant. Au début du 19e s., la civilisation égyptienne demeurait une énigme, les hiéroglyphes (mot qui signifie « graver sacré ») n'ayant pas été interprétés. Après de brillantes études à Grenoble et à Paris, il est nommé, à 19 ans, professeur d'histoire à la faculté de lettres de Grenoble. Il réussit, à partir de copies, à déchiffrer les inscriptions en trois caractères différents (hiéroglyphiques, démotiques et grecs) de la fameuse « pierre de Rosette ». Après des missions en Égypte où il traduit de nombreux documents, il fonde en 1826, à Paris, le musée égyptien du Louvre, dont il devient le premier conservateur. En 1831, il se voit confier la chaire d'archéologie au Collège de France, mais n'y dispense que trois cours et meurt l'année suivante, épuisé par son énorme labeur.

La pierre de Rosette

Sous le règne des Ptolémée (332 à 80 av. J.C.) les prêtres égyptiens consignèrent les décrets promulgués à l'issue de leurs synodes sur des tablettes de basalte, affichées ensuite dans les principaux temples ; la pierre de Rosette est l'une de ces tablettes, gravée en 196 av. J.C. A cette époque, les membres du clergé étaient devenus les seuls à être initiés aux hiéroglyphes, d'où la nécessité d'une rédaction en trois versions pour être compris de la population qui pratiquait le démotique à Memphis et le grec à Alexandrie. Ces décrets avaient un contenu politique et économique, précisant les pouvoirs respectifs des religieux et du monarque, l'étendue des privilèges fiscaux, la nature des droits et charges, etc. comme le montrent ces quelques extraits de la pierre de Rosette :

« (...) Attendu que le pharaon Ptolémée fils du pharaon Ptolémée et de la pharaonne Arsinoe, ces dieux-qui aiment-leur-père, accomplit de nombreux bienfaits pour les temples d'Égypte et pour tous ceux qui sont sous son autorité de pharaon : il est en effet (...)

quelqu'un qui a déjà donné force argent et beaucoup de grain aux temples d'Égypte ainsi que toutes sortes de choses pour faire qu'advînt la paix en Égypte et que fussent bien fondés les temples, quelqu'un qui a aussi donné des récompenses à l'armée entière qui est sous sa haute autorité. Taxe et impôt qui avaient cours en Égypte, il les a diminués ou supprimés pour faire que l'armée et tous les autres hommes fussent heureux en son temps de pharaon (...) Il ordonna que les revenus fonciers des dieux, les sommes d'argent ou les quantités de grain que l'on doit verser comme taxe aux temples chaque année et les parts qui reviennent aux dieux pour les vignes, les arbres fruitiers et les autres choses qui leur avaient été attribuées par son père fussent confirmés. »

Traduction proposée par Didier Devauchelle/Éd. Le Léopard d'or.

★ LE VIEUX FIGEAC

Le quartier ancien de Figeac a conservé son plan du Moyen Âge avec ses rues étroites et tortueuses. Il est circonscrit par une ligne de boulevards qui occupent l'emplacement des anciens fossés. Figeac conserve de nombreux bâtiments témoins de l'architecture des 13e, 14e et 15e s. construits dans un beau grès beige. La plupart s'ouvrent au rez-de-chaussée par de grandes ogives surmontées au 1er étage d'une galerie ajourée. Sous le toit plat, le « soleilho », grenier ouvert, servait à faire sécher le linge, à ranger le bois, à cultiver les fleurs... Ses ouvertures sont séparées par les colonnes ou piliers en bois, en pierre, parfois en briques, qui supportent la toiture. A cette architecture s'ajoutent les tours en encorbellement, portes, escaliers à vis caractéristiques de cette époque.

Place des Écritures

⊙ ►► Hôtel de la Monnaie★ – Musée Champollion★.

FILITOSA★★

Carte Michelin n° 90 pli 18 – Guide Vert Corse

Le site archéologique de Filitosa, découvert en 1946, offre une synthèse des origines de l'histoire en Corse : périodes néolithique (6000-2000 avant J.-C.), mégalithique (3000-1000), torréenne (1500-800) puis romaine.

Pour le touriste, Filitosa est un pivot autour duquel s'articulent surtout les cultures mégalithique et torréenne.

Les **Mégalithiques** inhumaient leurs morts dans des caveaux ou sous des dolmens. Ce peuple pacifique savait sculpter le granit avec un outillage d'obsidienne importée ; vers 1800 avant J.-C., il représentait ses chefs, sans arme (signification religieuse ?), sur des menhirs, ébauches de statues où déjà la tête se distinguait du corps. Vers 1500 l'anatomie se précise (colonne vertébrale, omoplates) ; les Mégalithiques représentent alors, pour acquérir leur puissance, leurs ennemis, en armes, tués au combat : les Torréens.

Les **Torréens**, probablement débarqués dans le golfe de Porto-Vecchio, étaient un peuple de la mer, guerrier, efficace, techniquement évolué (vêtements de cuir, cuirasses, armes de bronze, voire de fer), qui avait déjà fait trembler les empires du pourtour méditerranéen et inquiété l'Égypte de Ramsès III. Ce peuple essentiellement constructeur se sédentarise peu à peu et noue des relations avec les peuplades italiennes et sardes. En cinq siècles de contacts et d'affrontements, il finit par prendre le dessus sur les Mégalithiques et les refoule progressivement vers le Nord de l'île, avant d'abandonner lui-même la Corse vers 800, probablement pour la Sardaigne à la recherche du cuivre et où il éleva les nuraghi, sortes de forteresses circulaires hautes de 6 à 8 m *(voir le guide Vert Michelin Italie).*

★★ **Station préhistorique** ⊙ – Sur le chemin du site, observer à droite la superbe statue-menhir de Filitosa V portant, de face, une longue épée et un poignard oblique ; de dos apparaissent des détails anatomiques ou vestimentaires.

A l'intérieur de l'enceinte cyclopéenne, œuvre des Mégalithiques cernant le plateau, quatre ensembles retiennent l'attention et témoignent de la suprématie des Torréens : le **monument Est** qu'ils comblèrent ; les vestiges de **cabanes** qu'ils réoccupèrent ; à l'entrée du **monument central**, circulaire, à destination religieuse, des fragments de statues-menhirs. Ces statues, dont Filitosa IX et XIV, relevées, ont été découvertes, débitées par les Torréens eux-mêmes, disposées le visage contre terre et réemployées dans leurs constructions comme pour manifester leur victoire définitive sur les Mégalithiques qui les avaient représentés. Le **monument Ouest**, torréen, prend appui sur les aménagements mégalithiques antérieurs.

Les cinq statues-menhirs redressées près d'un olivier millénaire sur l'autre versant du vallon marquent la fin de l'époque mégalithique dans cette région.

FOIX★

9 660 habitants
Cartes Michelin n⁰ˢ 86 plis 4, 5 ou 235 pli 42 – Guide Vert Pyrénées Roussillon

La capitale du Pays de Foix occupe dans le bassin de l'Ariège une dépression qui sépare la montagne et les collines du Plantaurel, aussi son rôle historique fut-il prédominant au Moyen Age.

Les comtes de Foix durent reconnaître la suzeraineté des rois de France à la fin de la croisade des albigeois ; mais héritiers du Béarn à la fin du 13e s., ils se fixent dans ce pays encore indépendant. Ils restent néanmoins attachés à leur château de Foix comme à une demeure ancestrale sans pour autant lui accorder les travaux d'entretien qu'il requiert ; aussi bien doivent-ils se résigner à admettre le démantèlement de ses parties basses alors très vastes, mais refusent-ils de laisser raser les tours qui manifestaient leur propriété et représentaient leur puissance.

Gaston Fébus, Gaston IV, Catherine de Foix, Gaston de Foix, Henri IV, qui rattacha par sa personne le comté à la couronne, en furent les grands représentants.

★ **Site** – Des terrasses du **château** ⊘ le site de Foix revêt son originalité : vers le Nord-Ouest apparaissent les alignements très verdoyants du Plantaurel et ses plissements remarquablement réguliers ; vers le Sud, la « zone axiale » des Pyrénées, plus confuse, où se reconnaissent le pic des Trois-Seigneurs et sur la gauche le sommet cristallin de St-Barthélemy ; vers l'Est enfin, le plateau de Sault d'où surgissent quelques pointements comparables au « Pog » de Montségur.

ENVIRONS

★★ **Grotte de Niaux** ⊘ – Cartes Michelin n⁰ˢ 86 Sud-Est du pli 4 ou 235 pli 46. Cette grotte de la vallée de Vicdessos est célèbre pour ses dessins préhistoriques remarquablement conservés, en particulier les représentations d'animaux du « Salon noir », exécutés d'un trait d'une pureté étonnante marquant l'apogée de l'art magdalénien.

★★ **Parc pyrénéen de l'art préhistorique** ⊘ **(Tarascon-sur-Ariège)** – *Au lieu-dit Lacombe, sur la route de Banat.* Consacré à l'art pariétal, bien représenté dans le département de l'Ariège qui peut s'enorgueillir de posséder quelque 12 grottes ornées, le parc se compose d'un bâtiment à l'architecture contemporaine abritant le Grand Atelier et d'un espace ouvert aménagé autour des thèmes de l'eau et de la roche. Privilégiant les technologies les plus récentes, la visite audioguidée du **Grand Atelier** propose un panorama complet des connaissances sur les arts rupestres.

FONTAINEBLEAU★★★

15 714 habitants
Cartes Michelin n⁰ 106 plis 45, 46 – Guide Vert Ile-de-France

Au 12e s. déjà, les Capétiens avaient un manoir au cœur de la forêt giboyeuse. La forêt de Fontainebleau est une futaie de chênes rouvres, de pins sylvestres et de hêtres qui couvre 25 000 ha. Elle se développe surtout sur les hauteurs qui forment des rides de direction Est-Ouest constituées par des dunes de sable consolidées en grès ; les chaos correspondant à des tables de grès basculées ou disloquées ; les gorges et les vallonnements sableux se disposant entre les rides. La forêt, parcourue par un réseau de sentiers aménagés, fait l'objet d'une surveillance très attentive depuis Colbert et d'un programme d'exploitation respectant les lois biologiques de sa révolution.

Mais la réputation du lieu date du château que s'y fit édifier François Ier. Le goût de la nature, les traditions militaires et équestres entraînèrent le développement de la ville au siècle dernier.

Château de Fontainebleau – La cour du Cheval-Blanc ou des Adieux

M. Beaugeois/PIX

★★★ **Le Palais** ⊙ – Fait insigne, le château est resté aménagé et habité par les
souverains depuis les derniers Capétiens jusqu'à Napoléon III. Napoléon Ier s'y
plut : il ne rencontrait pas là, comme à Versailles, l'ombre accablante d'un rival
en gloire ; c'est la « maison des siècles », disait-il. Il le garnit de mobilier Empire,
l'aménagea pour lui-même, pour le pape Pie VII, pour Joséphine.
En 1528, François Ier charge Gilles le Breton de remplacer les bâtiments
médiévaux par deux constructions réunies par une galerie.
En Italie, il a pris, comme Charles VIII, goût aux demeures plaisantes ornées
d'œuvres d'art. Il fait donc tout naturellement appel à des artistes italiens
qui, par leur activité féconde, constituent la première **école de Fontainebleau** :
le Rosso (école de Florence), le Primatice (école de Pérouse), Niccolo dell'Abbate
(école de Parme) accompagnés d'architectes, de savants, de menuisiers,
d'orfèvres, de stucateurs... et de chefs-d'œuvre (tableaux de Raphaël,
La Joconde de Léonard de Vinci). Avec eux, la France est pénétrée par le
goût de la Renaissance, et la science des nombres et des proportions puisée
aux monuments antiques ; le plaisir de vivre se répand, les peintres et les
sculpteurs délaissent les sujets religieux pour des divinités aux belles
académies.
De cette époque datent : l'aile gauche et la façade de la **cour du Cheval-Blanc
ou cour des Adieux**★★ ; la partie concave de la **cour Ovale**★, la plus intéressante
du palais ; la **porte dorée**★, avec sa loggia peinte par le Primatice ; à l'intérieur,
la **galerie François Ier**★★★, œuvre du Rosso et premier grand ensemble de la
Renaissance en France où se mêlent fresques et stucs ; la **salle de bal**★★★ (achevée
par Philibert Delorme sous Henri II) peinte par le Primatice et Niccolo dell'Abbate.
Henri II, Catherine de Médicis et Charles IX poursuivent l'œuvre entreprise.

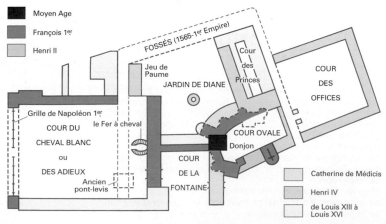

Henri IV agrandit encore le château (jeu de Paume, galerie de Diane, fermeture de la cour Ovale). Mais le style change : la seconde école de Fontainebleau cherche ses modèles en Flandre et ses artistes en Ile-de-France ; la peinture à l'huile prévaut.

Louis XIII achève la cour des Adieux aussi appelée cour du Cheval-Blanc (depuis l'installation par Charles IX d'une statue équestre de Marc Aurèle, en plâtre), où le célèbre escalier du Fer-à-Cheval construit par Du Cerceau fut, le 20 avril 1814, le théâtre des adieux de Napoléon Ier à ses troupes après son abdication.

Ⓥ ►► Ensemble des Grands Appartements★★★ – Petits Appartements★ – Musée Napoléon-Ier★ – Jardins★.

Les châteaux d'Ile-de-France

Proche du pouvoir royal et de son intense rayonnement, l'Ile-de-France a longtemps été un écrin privilégié pour les créations architecturales et artistiques ; la quête du prestige et l'amour de l'art ont incité les souverains et la cour à d'audacieuses et somptueuses constructions. La plupart d'entre elles sont parvenues jusqu'à nous et témoignent fièrement de leur brillant passé.

Valent le voyage★★★

Palais de Versailles
Châteaux de Chantilly, Fontainebleau, Vaux-le-Vicomte.

Méritent un détour★★

Châteaux de Breteuil, Champs, Courances, Dampierre, Écouen, Malmaison, St-Germain-en-Laye, Sceaux, Thoiry.

Intéressants★

Châteaux de Ferrières, Fleury-en-Bière, Grosbois, Guermantes, Maintenon, Maisons-Laffite, Marais, Rambouillet, La Roche-Guyon, Saussay.

A voir également

Châteaux de Bourron, Blandy-les-Tours, Chevreuse, Courson, Malesherbes, St-Jean-de-Beauregard...

La FONTAINE DE VAUCLUSE★★

Cartes Michelin nos 81 pli 13 ou 245 pli 17 ou 246 pli 11 – Guide Vert Provence

La Fontaine de Vaucluse *(1 h à pied AR au départ du village du même nom)* est l'une des plus puissantes résurgences du monde. Elle figure déjà dans la géographie du Grec Strabon écrite il y a près de 2 000 ans.

Sa réputation est telle qu'elle a valu aux résurgences le nom de sources vauclusiennes.

La fontaine est le débouché à l'air libre, au pied d'une falaise du plateau de Vaucluse, d'un vaste et profond système hydrologique souterrain alimenté par l'infiltration des eaux de pluie tombées sur le plateau, le massif du Ventoux, la montagne de Lure et canalisées par plus de 400 avens. Les eaux pénètrent dans cette masse de calcaire secondaire, fissurée par le soulèvement des Alpes ; elles s'accumulent dans un gouffre encore inexploré et ressortent sous pression par un puits empruntant une ligne de faille.

Depuis plus d'un siècle de nombreuses plongées d'étude ont été effectuées. En 1983, Hasenmayer a atteint la cote – 200 ; un engin télécommandé équipé de moyens vidéo la cote – 315 en 1985 sans pour autant permettre de sonder ce puits naturel d'un niveau très inférieur à celui de la mer.

Dans ce gouffre marquant l'extrémité du sentier, le débit de la source, rarement nul, peut atteindre 100 m³ par seconde. En période sèche, le regard contemple les marmites de géants creusées dans les strates du plateau soulignées par des rideaux de végétation.

Mais lors des fortes eaux (généralement en fin d'hiver) la Sorgue tumultueuse jaillit, son énorme flux écume et vaporise sur les rochers. C'est un grandiose spectacle de la nature.

Vous aimez la nature.
Respectez la pureté des sources,
la propreté des rivières, des forêts, des montagnes...
Laissez les emplacements nets de toute trace de passage.

Cartes Michelin nᵒˢ 65 Sud-Ouest du pli 8 ou 243 pli 2 – Guide Vert Bourgogne

L'ancienne abbaye de Fontenay, tapie dans un vallon solitaire, à l'écart de la vallée humide de la Brenne, permet d'imaginer ce qu'était un monastère cistercien, au 12ᵉ s., vivant en autarcie, à l'intérieur de son enceinte.

Saint Bernard (1091-1153) – Alors que le sentiment religieux aspirait à un ascétisme, à une spiritualité et à un renoncement à soi-même, que la richesse et la puissance de Cluny ne satisfaisaient plus, Robert de Molesme avait fondé l'abbaye de Cîteaux *(23 km au Sud de Dijon)*. En 1112, Bernard, de Fontaine-lès-Dijon, frappe à sa porte et fait vite la réputation de l'abbaye ; trois ans plus tard, il reçoit mission de créer **Clairvaux** *(14 km au Sud-Est de Bar-sur-Aube)*. En 1118, à 27 ans, il fonde Fontenay, sa deuxième fille.

Saint Bernard, contemporain de Pierre le Vénérable qui dirige alors Cluny, est l'un des maîtres spirituels du Moyen Age : écrivain, prédicateur, théologien, philosophe, homme d'État. Son corps presque anéanti par le jeûne et la mortification est habité par une énergie et une vigueur incroyables ; en lui douceur, délicatesse et humilité cohabitent avec un tempérament inflexible de domination que seul canalise l'intérêt majeur de l'Église. A sa mort, à Clairvaux, il a vu la fondation de 167 monastères cisterciens (il y en eut 700 à la fin du 13ᵉ s.) ; l'ordre enrichi par les libéralités des fidèles n'avait alors plus guère de remontrances à adresser à Cluny.

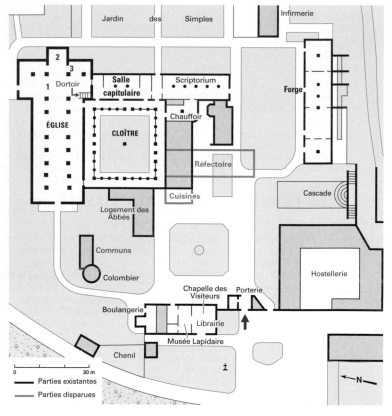

1 Statue de Notre-Dame-de-Fontenay.
2 Chœur.

3 Tombeau du seigneur de Mello d'Époisses et de son épouse.

Ancienne abbaye ⊘ – L'ensemble de Fontenay est la transcription architecturale des idées de saint Bernard, parfaitement adaptée à la vie monastique qu'elle devait abriter et aux dispositions de la règle de saint Benoît. L'égale répartition du temps entre la prière, le travail (intellectuel et manuel, à la différence de Cluny) et le sommeil, dans le cycle des 24 heures de la journée, y trouve son cadre dans une disposition « fonctionnelle » et l'aménagement des locaux : église, cloître, salle capitulaire, salle des copistes (scriptorium), dortoir, forge...

Le saccage par les Anglais, le pillage par les routiers des Grandes Compagnies durant la guerre de Cent Ans, les épreuves des guerres de Religion, les méfaits du régime de la commende, les transformations en papeterie l'ont laissée en piteux état. Depuis 1906 ses propriétaires œuvrent pour lui rendre son aspect initial.

L'**église abbatiale**, bâtie de 1139 à 1147, est la première réalisation du « plan bernardin » par son dépouillement, son ordonnance toute simple, son chœur à chevet plat, ses chapelles de plan carré. La nef en berceau brisé, sur doubleaux, est solidement épaulée par des bas-côtés voûtés en berceaux transversaux. Il faut voir là la leçon de prudence tirée par saint Bernard de l'effondrement de la grande voûte de Cluny en 1125, trop hâtivement ou trop audacieusement construite.

FONTEVRAUD-L'ABBAYE★★

Cartes Michelin n°s 64 Sud-Ouest du pli 13 ou 232 pli 33
Guide Vert Châteaux de la Loire

L'ordre de Fontevraud est né, en 1099, de l'échec, en France, de la réforme de Grégoire VII destinée à revaloriser le clergé par plus de compétence et plus de respectabilité.

Dès leur origine, les Plantagenêts, encore plus angevins qu'anglais, élirent l'abbaye pour nécropole. Aliénor d'Aquitaine y mourut en 1204 alors que son mari Henri II et son fils Richard Cœur de Lion y reposaient déjà.

Cet ordre mixte, de caractère aristocratique, était soumis à la direction générale d'une abbesse (le culte de la Vierge, qui se répandait, auréolait alors la condition féminine). L'abbaye, le plus vaste ensemble monastique de France, comprenait cinq monastères distincts et cloisonnés : Ste-Marie (pour les religieuses), St-Jean-de-l'Habit (pour les moines), St-Benoît (maison hospitalière), St-Lazare (congrégation vouée aux lépreux), Ste-Marie-Madeleine (accueil des pécheresses repenties).

Les bâtiments, saccagés par les huguenots puis au cours de la Révolution, puis transformés en pénitencier, font l'objet d'une importante restauration.

★★ **Église abbatiale** ⊙ – Construite entre 1104 et 1150, elle accuse une grande parenté avec l'art du Sud-Ouest ; l'Anjou étant alors politiquement coupé de l'Ile-de-France. Le chœur compose un ensemble architectural simple, clair et élancé ; le carré du transept présente des pendentifs reçus, selon la mode angevine, sur de courtes colonnettes et une coupole pyramidale décomposée en arcs superposés à la façon des « dubes » de Loches.

Dans la nef, très large, des grands arcs formerets, détachés des murs latéraux, ont permis la création d'une coursive sur les arcatures ; quatre coupoles (refaites en 1906) et les chapiteaux fouillés de palmettes et de rinceaux rappellent, par leur facture, ceux de la Saintonge et de l'Angoumois.

A la croisée du transept, les **gisants des Plantagenêts**★ sont d'intéressants spécimens de la sculpture funéraire gothique. Ceux d'Henri Plantagenêt (mort en 1189), de Richard Cœur de Lion (en 1199), d'Aliénor d'Aquitaine (en 1204) sont en tuffeau peint. Celui d'Isabelle d'Angoulême, femme de Jean sans Terre, morte en 1218, en bois peint.

★★ **Cuisine** – Cette rare cuisine romane, construite vers 1160 et couverte d'une toiture poitevine en écailles, mesure 27 m de hauteur. Elle a été aménagée en 1904. En élévation se succèdent les étages carrés et octogonaux. Elle servait surtout de fumoir pour la conservation des viandes et des poissons (saumons) ; les cheminées de ses absidioles étant allumées deux par deux, selon le sens du vent.

►► Église St-Michel★.

FOUGÈRES★★

Cartes Michelin nᵒˢ 59 pli 18 ou 230 pli 28 – Guide Vert Bretagne

L'industrie de la chaussure, née d'une reconversion des drapiers, fit de Fougères au 19ᵉ s. la plus industrialisée des villes bretonnes. La région fit partie des marches frontières conquises en 850, par Nominoé *(voir à Vannes)*, sur les Francs.

★★ **Château** ⊙ – Le promontoire rocheux, isolé par un méandre facilement inondable constituant un glacis de défense facile jusqu'à la naissance de l'artillerie, fut fortifié dès le 10ᵉ s. par crainte des Vikings installés en Normandie depuis le traité de St-Clair-sur-Epte en 911.

En 1173, Raoul II entreprit sa transformation en château de pierre. Au 13ᵉ s. les grosses tours du château fort gardaient le duché de Bretagne face à la France des Capétiens. Ses tours rondes, carrées, à mâchicoulis et ses chaînages de schiste renforcés de granit jalonnent l'évolution de l'architecture militaire. Devenu l'enjeu des batailles de la guerre de Succession *(voir à Josselin)* au 14ᵉ s., il fut démoli par

Fougères – Le château

Richelieu dans le cadre de sa politique centralisatrice face aux grands féodaux.

► ► Église St-Sulpice★ – Jardin public★.

Cap FRÉHEL★★★

Cartes Michelin nᵒˢ 59 pli 5 ou 230 pli 10 – Guide Vert Bretagne

Le cap Fréhel *(1/2 h à pied AR au départ du phare)*, qui domine la mer de 70 m, compose un **site** ⊙ grandiose sur la côte Nord de la Bretagne.

Le promontoire de grès rouge armoricain a été dégagé des sols environnants moins résistants par l'action des vagues. Dans ce pays humide, la porosité de la roche et la force du vent limitent la végétation de la lande aux plantes adaptées à la sécheresse (joncs, bruyères).

Le **panorama**★★★ se développe jusqu'aux îles anglo-normandes et au Cotentin.

⊙ ► ► Phare – Promenades en vedettes.

Le FUTUROSCOPE★★★

Cartes Michelin nᵒˢ 68 plis 13, 14 et 232 pli 46 (Sud-Est)
Guide Vert Poitou, Vendée, Charentes

Ce vaste complexe (70 ha) qui s'est développé aux portes de Poitiers a pour vocation d'initier le public aux nouvelles réalités technologiques et de le sensibiliser aux mutations d'une civilisation dominée par l'image.

VISITE ⊙

Conçu par l'architecte français Denis Laming, le **Futuroscope** ou **Parc européen de l'image**, sur lequel règne une sphère, monument symbole (surmontant **le Pavillon de la Communication**), plonge le visiteur dans un univers architectural aux formes singulières où dominent le verre et l'acier. De multiples attractions y sont proposées. Différents pavillons présentent de nombreuses innovations en matière de communication. Parmi les attractions les plus spectaculaires noter : le **Lac enchanté** et son **théâtre alphanumérique** qui proposent un spectacle régi par les technologies du futur ; le **Kinémax**, l'**Omnimax**, le **Solido**, le **Showscan** et l'**Imax 3 D** sont de surprenantes salles de projection.

Images-Studio★★★, monumental cube de verre, permet de découvrir l'envers du décor de cinéma.

En dehors du Parc Européen de l'Image, le Futuroscope accueille des centres de formation et d'enseignement sur les hautes technologies et la communication.

Cirque de GAVARNIE★★★

Cartes Michelin nᵒˢ 85 pli 18 ou 234 plis 47, 48 – Guide Vert Pyrénées Aquitaine

La notoriété de Gavarnie, village perdu au fond d'une haute vallée en cul-de-sac des Pyrénées, tient à la splendeur de son cirque glaciaire et à la fascination qu'il a de tout temps exercée sur les imaginations.

Le cirque de Gavarnie *(3 h 1/2 à pied AR au départ du village, location possible de montures : chevaux ou ânes)* est un parfait exemple de relief glaciaire aménagé dans une « oule » pyrénéenne, sorte de bout du monde semblable aux reculées du Jura. Il présente un étagement de trois gigantesques gradins principaux (14 km de développement au gradin supérieur) enneigés et glacés qui correspondent aux assises de plis couchés secondaires et tertiaires soulevés à près de 3 000 m d'altitude.

De ses arêtes s'échappent d'innombrables cascades ; la plus grande, formée par les eaux de fusion des glaces du Marboré et de l'étang gelé du Mont-Perdu, fait un bond de 422 m. Elle constitue la tête du gave de Pau.

En aval du cirque, en contrebas du restaurant, la gorge par laquelle les eaux torrentielles franchissent le verrou de sortie et le chaos morainique portant une forêt de pins sont caractéristiques. Plus bas, l'auge glaciaire descendant vers le village avec ses vallées suspendues, ses replats, ses moraines et ses prairies compose un paysage pastoral d'une remarquable sérénité.

Plus en aval encore, à l'entrée de Luz-St-Sauveur, le gave de Gavarnie a creusé un canyon étroit dans le marbre gris.

Un tel site ne pouvait qu'enflammer les esprits et, six siècles avant les extases de Victor Hugo, le merveilleux populaire désignait l'échancrure de l'arête frontière, élargie par les glaces, comme la **Brèche de Roland** (visible de Gèdre). Touchante transposition du réel qui situait au sommet du cirque le rocher sur lequel Roland mourant tenta en vain de briser son épée Durandal pour qu'elle ne tombât pas aux mains des infidèles. En fait, l'arrière-garde de l'armée de Charlemagne fut écrasée par des Basques (Vascons) 115 km plus à l'Ouest, au port de Ronceveaux, en 778. La **Chanson de Roland,** la première de nos chansons de geste, probablement écrite au 11ᵉ s., est exceptionnelle dans la littérature épique plus encore par l'analyse psychologique du héros à l'approche de l'échec et de la mort que par la glorification de ses faits d'armes ou la description de la résistance désespérée des douze pairs de l'Empire tombés dans un guet-apens.

Dans la collection des guides Verts Michelin, utilisez les guides des grandes métropoles : New York, Londres, Paris, Rome, Bruxelles, Barcelone et la Catalogne.

GORDES★

2 031 habitants
Cartes Michelin nᵒˢ 81 pli 13 ou 245 pli 17 ou 246 pli 11 – Guide Vert Provence

Gordes occupe un **site**★ sur une falaise ensoleillée du plateau du Vaucluse. Ce dernier, qui constitue une des grandes unités géographiques des Alpes du Sud, se présente comme une succession d'affleurements calcaires couverts de garrigue alors que la vigne et les arbres fruitiers prospèrent, en dépit des difficultés d'irrigation, dans les zones déprimées.

Château ⊙ – Réédifié à la Renaissance, il occupe le point culminant du village ; il a été reconstruit par Bertrand de Simiane sur l'emplacement d'une forteresse du 12ᵉ s. La façade Nord, austère, est fermée par deux tours rondes coiffées de mâchicoulis ; au Sud la monumentale façade, flanquée d'échauguettes, est percée de fenêtres à meneaux. Dans la cour remarquer la belle porte au décor Renaissance. Frontons, coquilles, décor floral, pilastres, ornent la splendide **cheminée**★ (1541) de la grande salle du 1ᵉʳ étage.

ENVIRONS

★★ **Abbaye de Sénanque** ⊙ – *4 km au Nord.* Caractéristique abbaye cistercienne fondée en 1148 dans ce **site**★ retiré favorable à la paix intérieure et au renoncement. La simplicité architecturale de l'abbatiale et le tableau montrant la prodigieuse filiation de l'ordre de Cîteaux au 12ᵉ s. retiennent particulièrement l'attention.

★ **Village des Bories** ⊙ – *3,5 km au Sud-Ouest*. Ces constructions de pierres sèches, répandues en Provence depuis près de 4 000 ans, semblent s'être particulièrement multipliées sur le plateau du Vaucluse du 14e au 19e s., à l'écart des villages, comme abris isolés ou en hameaux organisés. Les bories, constructions encore mystérieuses, frappent par l'art consommé de leurs bâtisseurs contrastant avec la pauvreté du matériau et la simplicité des moyens.

Outre quelques habitations, ce village comprend des bâtiments d'usage : aire de battage, four à pain, grange, pressoir, bergerie...

Pour apprécier à leur juste valeur les curiosités très importantes,
qui attirent en grand nombre les touristes,
il faut éviter si possible les moments de la journée
et les périodes de l'année où l'affluence
atteint son maximum.

GRAND COLOMBIER★★★

Cartes Michelin nos 74 pli 5 ou 244 pli 17 – Guide Vert Jura

Séparant le Valromey de la plaine du Rhône en aval de Génissiat, le Grand Colombier est le point culminant du Bugey (1 531 m), l'un des plus beaux belvédères du Jura et le seul accessible par la route. Pour les géologues, c'est un dôme de couches calcaires plissées dont la voûte a été rabotée par l'érosion, laissant à nu des assises convergentes de part et d'autre de la ligne de crête.

De Virieu-le-Petit à Culoz – *29 km.* La route d'abord tracée dans de magnifiques sapinières (rampe à 19 %) dessert, à son sommet, une croix et un point géodésique d'où le panorama d'une magnifique ampleur s'étend sur le Jura, la Dombes, la vallée du Rhône, le Massif Central et les Alpes. Les crêts, les combes, les cluses, les monts, les vals, les plissements, en dôme (anticlinaux) ou en berceau (synclinaux), s'y lisent comme sur une coupe de géologie. Plus loin, le Grand Fenestrez (**observatoire★★**) domine en un abrupt de 900 m la plaine de Culoz que l'on atteint par une route hardiment tracée en lacet.

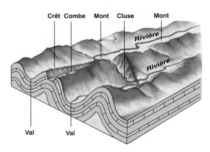

Coupe théorique d'un « plissement » jurassien
Les « **vals** » (synclinaux) parallèles sont séparés par les « **monts** » (anticlinaux).
Une « **cluse** » entaille transversalement un mont et fait communiquer deux vals.
Une « **combe** » creuse le sommet d'un mont ; ses rebords escarpés s'appellent « **crêts** ».

Écomusée de la GRANDE LANDE★

Cartes Michelin nos 78 plis 1 à 5 ou 79 plis 1 à 11 ou 233 plis 6 à 11 ou 234 pli 18
Guide Vert Pyrénées Aquitaine

Composé de trois unités situées au cœur du Parc naturel régional des Landes de Gascogne, cet écomusée évoque la vie traditionnelle aux 18e et 19e s.
Là vivaient trois familles et leur domesticité dans une trentaine de maisons restaurées ou remontées sur leur emplacement cadastral d'origine. Outre la demeure du maître (marquèze), on examine les bâtiments d'exploitation qui l'accompagnaient et leur architecture sans fondations dont toute la robustesse repose sur l'assemblage des pièces de bois. Un troupeau de brebis landaises, un élevage de petites abeilles noires et un domaine arboricole élargissent cette activité muséographique.

Marquèze ⊙ – *Accès par chemin de fer au départ de Sabres, prévoir au moins 2 h 1/2 :* maison de 1824 ; poutres larges, murs de torchis, toit à trois pentes ;

Les Brassiers : maison de domestiques, plus modeste ;

Moulin de Bas : meules pour broyer le gros et le petit grain ;

Les charbonnières : production de charbon de bois par combustion lente.
L'industrie traditionnelle des produits résineux est évoquée à Luxey *(22 km au Nord-Est)*.

Les **Landes** représentent une vaste dépression marine où, après le retrait des eaux, les glaciers quaternaires des Pyrénées ont accumulé leurs alluvions qui ont formé les plaques imperméables et stériles des « alios ». Cette immense nappe sablonneuse, étrangère aux sables littoraux *(voir à Arcachon)* et géologiquement récente, doit sa pauvreté à la stagnation des eaux due à l'inorganisation du drainage naturel.

Les Landes, une conquête de l'homme sur la nature

Sur les sols les moins mouillés, les bois de pins ont progressé ou régressé depuis l'époque gallo-romaine, selon les besoins des hommes et les conditions naturelles. A la fin du 18e s., Brémontier, en perfectionnant la méthode landaise d'Amanieu de Ruat, parvint à fixer les dunes littorales, puis 4 000 ha de dunes intérieures, en procédant à des semis de pins, de genêts et d'ajoncs mélangés et protégés par des fagots de branchages. Le problème du drainage demeurait. Il fut résolu en 1857 par Chambrelent au moyen de fossés et de puits filtrants. On lui doit l'assainissement du pays et sa mise en valeur. Napoléon III acquit, à titre démonstratif, les 8 000 ha du domaine de Solferino. Dès 1890, les pins maritimes, « la fortune », occupent 840 000 ha et, de nos jours, 950 000 ha environ, au détriment des céréales et de l'élevage. Le pin des Landes qui pourrait largement couvrir nos besoins nationaux en résines ne les assure qu'à raison de 6 %, concurrencé par les produits asiatiques ; il alimente les industries de transformation du bois (sciage-tranchage, déroulage, pâte à papier, carbonisation et distillation).

Pour préserver cette magnifique forêt, très vulnérable à l'incendie, un corps de sapeurs-pompiers forestiers a été créé. De nombreux observatoires reliés par téléphone et radio permettent la détection rapide des feux. Un réseau de pare-feu, et surtout de pistes facilitant l'accès en tous temps et dans les moindres délais du matériel de lutte, a été fortement amélioré. Des points d'eau ont été établis. Enfin, pour obtenir des coupures plus larges et en même temps assurer le maintien sur place des populations, l'extension des cultures a été encouragée. Par ailleurs, les exploitations, la circulation et le camping sont strictement réglementés.

GRENOBLE★★

Agglomération 400 141 habitants
Cartes Michelin nos 77 pli 5 ou 244 pli 28 – Guide Vert Alpes du Nord

Grenoble, la capitale des Alpes françaises, est une ville en plein essor, aux larges avenues rectilignes. Bien qu'elle soit située sur les routes de Vienne à Turin par le col de Montgenèvre et à Cannes par celui de la Croix-Haute, son développement fut longtemps freiné par la précarité des voies de communication : rivières sujettes à débordements et parcours très accidentés.

Fort de la Bastille – *(Accès par téléphérique ⊘).* L'ouvrage, créé au 16e s., renforcé au 19e s. (casemates, parements, glacis se couvrant l'un l'autre), était surtout destiné à protéger les accès à Grenoble.

De ses terrasses se révèle le meilleur panorama sur le **site★★★** de la ville encadrée par le Vercors au Sud-Ouest, le Taillefer au Sud-Est, la Chartreuse au Nord. La vue se porte en particulier sur le confluent de l'Isère débouchant, un peu assagie, du Grésivaudan et du Drac plus fougueux qui la repousse au pied de la montagne. A elles deux ces rivières charrient là, en moyenne annuelle, quelque 20 000 tonnes de graviers et cailloux par jour. Leurs eaux mêlées ont ouvert dans les Préalpes calcaires du Nord la cluse de Grenoble séparant la Chartreuse et le Vercors et où se concentrent les voies de communication.

★★★ **Musée de Grenoble** ⊘ – Construit sur les rives de l'Isère au cœur de la vieille ville (la tour de l'Isle, vestige des remparts du Moyen Age, s'insère dans le périmètre de visite), le nouveau musée inauguré en 1994 est le fruit d'une collaboration entre architectes grenoblois : Antoine et Olivier Félix-Faure, et le cabinet « Groupe 6 ». Modèle de sobriété, l'espace intérieur concentre sur un seul niveau l'essentiel du parcours de visite. De part et d'autre d'une galerie de communication aux murs blancs et nus, les travées abritent les œuvres du 16e au 19e s. Le chevet courbe du bâtiment accueille quant à lui l'art moderne et l'art contemporain. L'éclairage naturel, indirect, est modulé en fonction des œuvres exposées.

De grandes ouvertures vitrées ménagent de bonnes perspectives sur la dizaine de sculptures monumentales animant le parvis et le parc Michallon qui jouxte le bâtiment au Nord, ainsi que sur la ville et la montagne.

Intérieur aux aubergines par Matisse

C'est l'un des plus prestigieux musées de province, tant par sa richesse en chefs-d'œuvre des siècles passés que par ses collections d'art moderne. Dans la **section de peinture ancienne**, il ne faut pas y manquer le *Saint Jean-Baptiste au désert* de Philippe de Champaigne, le *Saint Grégoire Pape entouré de saints et saintes* de Rubens et le *Saint Jérôme* de Georges de La Tour ; dans la **section de peinture moderne**, l'*Intérieur aux aubergines* de Matisse ou la *Femme lisant* de Picasso. Toutes les grandes tendances contemporaines, après 1945, sont par ailleurs évoquées : de l'**Abstraction lyrique** au **Nouveau Réalisme** et à **Support-Surface**, en passant par le **Pop-Art** et l'**Art Minimal**.

★★ **Église – musée St-Laurent** ⊙ – L'église romane (11e et 12e s.) et le sanctuaire de la nécropole paléochrétienne, installé sur la rive droite, hors de la ville, auquel elle s'est superposée, composent le monument le plus vénérable de Grenoble.

La **crypte St-Oyand**★ en particulier permet d'en suivre l'histoire de la fin du 2e s. à l'époque carolingienne (9e s.) par son monument à quatre absides, sa colonnade aux fûts de provenance antique et ses chapiteaux épais, sculptés de motifs chrétiens primitifs.

Vieille ville – Dès le règne de Dioclétien (fin du 3e s.), une enceinte protégeait une cité de 9 ha installée sur le cône de déjection du Drac en légère éminence non inondable. Cette ville romaine se situe aux alentours de la place Grenette que célébra Stendhal et de part et d'autre de la Grande-Rue (ancienne voie romaine). Au 13e s., elle s'étendit vers le Nord-Est jusqu'à l'Isère, quartier où subsistent quelques porches et cours du 16e s. (n° 8 rue Brocherie, nos 8 et 10 rue Chenoise).

La prise de la ville par Lesdiguières, lieutenant général des armées de Piémont et Savoie nommé par Henri IV, coïncide avec l'essor de l'industrie (gantière en particulier) ; l'extension urbaine, alors générale en France, détermina la construction d'une nouvelle enceinte, tracée autour du quartier ancien. Le maréchal de Créqui, son gendre, reprit la même opération à l'Ouest. L'enceinte Haxo, doublant la surface de la ville au Sud, la rendit apte à connaître la poussée industrielle à la fin du 19e s. Dans le quartier ancien naquit Vaucanson (1709-1782), mécanicien inventif, créateur d'une pompe à eau, du tour à chariotage et de machines régularisant le moulinage de la soie. Trahi par son succès, il doit sa réputation à ses merveilleux automates.

Cathédrale – Intéressant **ciborium**★ du 14e s., en pierre peinte, adossé au mur droit du chœur.

★ **Palais de justice** – Sa façade présente un porche blasonné et une absidiole en encorbellement sur console d'époque flamboyante. A droite, une façade Renaissance où s'observe encore une certaine variété dans la disposition des ouvertures (discordances entre les étages).

⊙ ►► Musée Dauphinois★ *(arts et traditions populaires)* – Musée de la Résistance et de la Déportation★.

Château de GRIGNAN★★

Cartes Michelin nᵒˢ 81 pli 2 ou 245 pli 3 ou 246 plis 8, 22 – Guide Vert Provence

Ce vieux bourg du Tricastin doit sa célébrité au château qui le domine et fut la résidence du comte François de Grignan, lieutenant général du roi Louis XIV en Provence, qui, à 40 ans, avait épousé, en troisièmes noces, Françoise-Marguerite, fille de **Mme de Sévigné**. La célèbre épistolière y fit plusieurs longs séjours. Les lettres que durant 27 ans elle y adressa à sa fille créent un genre littéraire nouveau ; elles composent un chef-d'œuvre pétillant de spontanéité, de gaillardise et d'esprit, une sorte de gazette du Grand Siècle où les historiens aiment puiser.

VISITE ⊘

La grande façade Renaissance a fait l'objet au début du 20ᵉ s. d'une restauration importante consécutive à un incendie. L'étagement de ses pilastres moulurés et de ses colonnes, ses fenêtres à meneaux, ses niches à coquilles, ses corniches qui rythment les entablements, ses pots à feu qui allègent les rives du toit datent de 1556 et illustrent la pénétration de la Renaissance française en Provence. La cour d'honneur primitive du château, bordée d'un pavillon gothique, se trouve ainsi ramenée au rôle d'une cour intérieure donnant sur la terrasse couvrant l'église St-Sauveur qui offre une **vue**★ sur le Tricastin, le comtat Venaissin et le mont Ventoux. A l'intérieur : **mobilier**★ Louis XIII, Régence, Louis XV.

GUÉRANDE★

11 665 habitants
Cartes Michelin nᵒˢ 63 pli 3 ou 230 pli 51 – Guide Vert Bretagne

A l'abri de ses remparts, Guérande conserve la physionomie d'une châtellenie qui envoyait des députés aux États de Bretagne. Entre les zones déprimées de la Grande Brière et des marais salants, ce fut, jusqu'au 15ᵉ s., un port exportateur vers la mer Baltique d'un sel renommé pour les saumures. Son déclin s'amorça lorsque l'esprit d'entreprise le céda en dynamisme à celui qui se développait à Nantes sur la Loire et au Croisic à l'entrée du golfe.

★ **Remparts** – Entrepris en 1343, ils ne furent achevés que sous le duc François II en 1476 (logis du Gouverneur). Ils permettent de mesurer la menace que les guerres féodales faisaient peser, au 15ᵉ s., sur l'essor et la survivance des villes.

★ **Collégiale St-Aubin** – Elle frappe par sa belle façade de granit à chaire extérieure (contrefort de droite). Au flanc Sud, un portail du 16ᵉ s., en forme de porche, présente les motifs décoratifs de la Renaissance.
La nef, bordée de hautes arcades, fut couverte au 19ᵉ s. d'une voûte de briques ; ses chapiteaux sculptés de grotesques et de motifs floraux jouissent d'une certaine renommée. Dans le chœur : maîtresse-vitre de l'Assomption (très restaurée au 19ᵉ s.) ; petit vitrail du 14ᵉ s. de la Vie de St-Pierre *(fenêtre à gauche)* ; chaire Louis XIV et, à droite, « crypte » où est conservé un sarcophage du 6ᵉ s.

★ PRESQU'ÎLE DE GUÉRANDE

A l'époque romaine, entre l'île rocheuse de Batz et le coteau de Guérande se serait étendu un vaste golfe marin. C'est là qu'aurait eu lieu la bataille navale où César détruisit la flotte vénète. La flèche sableuse de Pen Bron ne rejoint pas tout à fait l'île de Batz et laisse un passage ouvert à la mer devant Le Croisic. Cette vaste étendue est propre à l'élevage des huîtres et des moules et constitue un réservoir naturel pour l'alimentation en eau de mer des marais salants.

Abbaye d'HAMBYE★★

Cartes Michelin nᵒˢ 59 Nord du pli 8 ou 231 pli 27 – Guide Vert Normandie Cotentin

Dans la verdure de la vallée de la Sienne, l'abbaye d'Hambye, fondée au 12ᵉ s., compose un site où s'unissent la sérénité bénédictine et le charme très romantique de ruines où les voûtes disparues ne viennent plus rompre l'élan vertical.

★★ **Église abbatiale** ⊘ – Le chœur, édifié de 1180 à 1200, compose l'élément essentiel de cet ensemble. Elle vaut par le haut clocher carré percé de baies en plein cintre à sa partie supérieure qui, au transept, portait avant 1810 la tour-lanterne, par les fines colonnes et les grandes arcades aiguës qui ceinturent le chœur.
Parmi les bâtiments conventuels qui s'ordonnent autour de l'ancien cloître, la salle capitulaire, un chef-d'œuvre du gothique normand, occupe une place à part. Six piliers centraux divisent la salle en deux nefs, le dernier recevant l'ensemble des arcs de l'abside d'un dessin très réussi.

Château de HAUTEFORT★★

Cartes Michelin nos 75 pli 7 ou 233 pli 44 – Guide Vert Périgord Quercy

Coiffant une colline aux confins du Périgord blanc et du Limousin, commandant un parc de 40 ha et des jardins soignés, le château de Hautefort dresse sa silhouette inattendue dans ce paysage.

Il fut édifié, de 1625 à 1670, par Nicolas Rambourg, architecte alsacien qui transforma un édifice plus ancien, dont témoigne encore la robustesse des tours et des pavillons, selon les canons de l'architecture classique alors en plein essor mais en conservant – peut-être sur le modèle de Valençay – des dômes à plan circulaire du 16e s.

Le château vit naître le troubadour Bertrand de Born et Eugène Le Roy, romancier auteur de « Jacquou le Croquant ».

Marie de Hautefort (1616-1691) illustra son nom : dame d'atours d'Anne d'Autriche, vertueuse, aimée de façon platonique par Louis XIII, mais intrigante, elle régna, après sa disgrâce, sur les salons littéraires du monde des Précieuses.

Ravagé par le feu en 1968, le **château** ⊘ a fait l'objet d'une réfection scrupuleuse.

Sa visite permet d'admirer une verdure de Felletin du 17e s. et quatre tapisseries flamandes sauvées des flammes, de beaux meubles, une **charpente★★** de châtaignier dans une tour et surtout de rares pavages périgourdins.

Hautefort – Le château

Château du HAUT-KŒNIGSBOURG★★

Cartes Michelin nos 62 pli 19 ou 87 pli 16 ou 242 pli 27
Guide Vert Alsace et Lorraine

Le château du Haut-Kœnigsbourg coiffe de sa gigantesque masse de grès rose une colline de la forêt vosgienne qui domine la plaine d'Alsace de près de 600 m (**Panorama★★** depuis le haut bastion).

Du château primitif du 12e s. et de la reconstruction effectuée par les comtes de Thierstein à la fin du 15e s. il reste bien peu de chose, car l'édifice fut assiégé, pillé et démantelé en 1633 par les troupes suédoises qui participaient à la guerre de Trente Ans.

VISITE ⊘

La construction actuelle est une réfection quasi intégrale à l'initiative de l'empereur d'Allemagne Guillaume II entre 1900 et 1908 alors qu'il régnait sur l'Alsace-Lorraine annexée. Réédifié dans le goût néo-féodal alors en vogue outre-Rhin, il provoqua des controverses enflammées où se mêlaient le rejet de réalisations imaginaires ou abusives et le souci archéologique et puriste.

Le HAVRE★

Agglomération 250 000 habitants
Cartes Michelin n°s 52 pli 11 ou 54 pli 7 ou 231 pli 19
Guide Vert Normandie Vallée de la Seine

Le **port★★** du Havre est la façade maritime du grand ensemble d'urbanisme et d'industrie qui a la Seine pour axe et dont les autres métropoles sont Paris et Rouen.

Un choix judicieux – En 1517 le port d'Harfleur envasé ne peut plus remplir sa fonction. François Ier ordonne donc la construction d'un nouveau port baptisé « Havre-de-Grâce ». Bonnivet, grand amiral de France, fixe son choix sur un site de pauvre apparence et marécageux. Mais c'est un trait de génie et le fruit d'une connaissance approfondie du problème : l'étale de la marée haute s'y prolonge plus de deux heures.
Depuis, la zone portuaire a développé ses bassins, ses canaux et ses équipements sur près de 20 km en amont en même temps qu'une importante activité industrielle (chimie, métallurgie, automobile, réparation navale, raffinerie de pétrole) s'installait sur la rive droite surtout.

Célébrités havraises – Parmi les nombreuses personnalités qui travaillèrent au Havre ou y virent le jour, Bernardin de Saint-Pierre (1737-1814) doit à son roman *Paul et Virginie* (1787) une place dans la littérature française par les effluves exotiques qu'il y mêla au courant pastoral. **Claude Monet** a lancé le nom de Ste-Adresse en signant, en 1867, son tableau *Terrasse à Ste-Adresse* (Metropolitan Museum à New York) dont l'impalpable lumière et la clarté du sujet font un chef-d'œuvre de l'école impressionniste. **Ste-Adresse★★** offre toujours la même séduction à qui parcourt le vallon d'Ignauval et à qui, du promontoire de la Hève, laisse son regard plonger des falaises sur l'horizon maritime de la Manche et l'estuaire de la Seine. André Siegfried (1875-1959) a attaché son nom de sociologue et d'économiste à l'étude du monde politique et social des pays anglo-saxons et de la vie politique française. Arthur Honegger (1892-1955) a quant à lui renouvelé l'expression théâtrale et la composition musicale de l'oratorio (*Le Roi David*, 1924).

★ **Quartier moderne** – Le 13 septembre 1944, Le Havre est libéré ; mais la ville vient de subir un désastre total. Elle a été écrasée par un bombardement allié ininterrompu et ses installations ont été détruites par un dynamitage acharné des Allemands.
L'ampleur des destructions est telle qu'il faut étudier une reconstruction intégrale. **Auguste Perret** (1874-1954), dont le rôle fut considérable dans l'élaboration d'architecture moderne comme novateur de l'usage du béton armé et de la standardisation des formes, reçoit, à 70 ans, la tâche de réédifier Le Havre. Il imagine alors une ville distribuée selon un maillage tout à fait nouveau et construite, au premier étage, sur une dalle recouvrant un rez-de-chaussée technique (énergie, fluides, gaz, transports…). L'audace même du projet le fait échouer.
Perret abandonne donc ce que son urbanisme avait d'avance et modèle le quartier nouveau sur les grands axes anciens ; mais il y applique ses principes d'utilisation des matériaux.

Quartier de l'hôtel de ville : square irrégulier et lignes dissymétriques où les volumes opposent leurs verticales et leurs horizontales ;

Avenue Foch★ : les balcons et les rangées d'arbres soulignent une perspective qui trouve son aboutissement dans l'ouverture sur le large de la Porte océane ;

Église St-Joseph★ : la verticalité de la tour-lanterne s'allie à la luminosité des parois percées de jours garnis de verres colorés dans une résille de béton ;

Rue de Paris : ses perspectives s'élargissent transversalement sur le bassin du Commerce et conduisent au front de mer Sud ;

Musée des Beaux-Arts André-Malraux★ ⊘ : construction de verre et de métal. Il abrite les **collections★** d'Eugène Boudin, Havrais d'adoption qui a « décrassé » la palette des peintres de Barbizon et fut sacré « Roi des ciels » par Baudelaire (*Barques jaunes à Étretat, Intérieur d'une église en Bretagne*) et de Raoul Dufy, né au Havre, qui fit partie du groupe des fauves (*Amphitrite, déesse de la mer*).

ENVIRONS

★★ **Pont de Normandie** – Inauguré le 20 janvier 1995, il rapproche sensiblement Le Havre de Honfleur. D'une portée de 856 m entre ses deux pylônes de 215 m que soutiennent 92 paires de haubans, il fait figure de « recordman » du monde dans ce type de pont haubané.

L'estimation de temps indiquée pour un itinéraire de visite correspond au temps global nécessaire pour bien apprécier le paysage et effectuer les visites recommandées.

Cascades du HÉRISSON★★★

Cartes Michelin n°s 70 pli 15 ou 243 pli 31 – Guide Vert Jura

Le Hérisson prend naissance à 805 m d'altitude, comme émissaire du lac de Bonlieu au pied des versants Ouest formant le cirque de la Chaux-du-Dombief. Son cours supérieur, à peine long de 2 km, se déroule sur le plateau du Frasnois. Puis le torrent descend sur le plateau de Champagnole, à 520 m. Il y a là une différence de niveau de 280 m, sur une longueur de 3 km ; le cours d'eau effectue ce trajet dans des gorges boisées célèbres où il multiplie les rapides et les cascades.

Au-dessus d'un sol d'alluvions (lacs, fond plat et verdoyant), le sentier *(départ à 8 km à l'Est de Doucier – puis 3 h à pied AR jusqu'au carrefour d'Ilay)* gravit les strates de calcaire empilés à la fin de la période jurassique (milieu de l'ère secondaire) durant quelque 35 000 millénaires. Leurs effleurements, de plus en plus récents, déterminent des cascades : successivement celles de l'**Éventail**★★★, du **Grand Saut**★★, du Château Garnier, du saut de la Forge★, puis celle du Saut Girard.

HONFLEUR★★

8 272 habitants
Cartes Michelin n°s 54 pli 8 ou 231 pli 20
Guide Vert Normandie Vallée de la Seine

Au pied de la **Côte de Grâce**★★, baignée dans la lumière tamisée de l'estuaire de la Seine, Honfleur dispense la séduction de sa vie maritime. Un tel paysage ne pouvait manquer de susciter la création artistique ; la peinture y est, dit-on, une « maladie endémique » dont furent atteints non seulement Boudin, Lebourg, de pure souche normande, mais aussi des Parisiens tels que Paul Huet, Daubigny, Corot, etc. Les écrivains y comptèrent l'historien Albert Sorel, l'humoriste Alphonse Allais, le poète Henri de Régnier, la poétesse Lucie Delarue-Mardrus. Le musicien Erik Satie y composa.
Honfleur participa à l'épopée maritime normande pour avoir vu s'éloigner de ses quais en 1503 Paulmier de Gouneville qui aborda au Brésil, en 1506 Jean Denis qui explora l'embouchure du St-Laurent, en 1608 Samuel de Champlain qui fonda

Honfleur – Le vieux bassin

D. Bail/DIAF

188

Québec, en 1681 Cavelier de La Salle qui le premier descendit le Mississippi jusqu'à son embouchure, ouvrant ainsi à la France le vaste territoire qu'il nomma Louisiane en l'honneur de Louis XIV.

★★ **Le vieux Honfleur** – Quartier maritime ancien, il compose un ensemble très original. Le **vieux bassin**★★ abrite des embarcations de plaisance et de pêche. Le contraste qu'il offre entre le quai St-Étienne aux riches demeures de pierre mansardées et le quai Ste-Catherine avec ses hautes et étroites façades habillées de fine ardoise, la vieille église St-Étienne, la Lieutenance, le premier plan que composent à cet ensemble les mâtures des yachts et bateaux de pêche font la joie des peintres et des photographes.

Le **clocher isolé**★ ⊙ et l'**église Ste-Catherine**★ construite après la guerre de Cent Ans, toute en bois, par les « maîtres de hache » du chantier naval constituent avec les maisons à colombage qui les entourent un exemple fort rare en Europe occidentale.

La **rue Haute**, ancien chemin de grève où logeaient les armateurs, conserve de belles maisons de pierre, de brique, à colombage.

⊙ ►► Musée Eugène-Boudin *(peinture de l'école de Honfleur)* – Pont de Normandie★★ *(voir Le Havre).*

HUNSPACH★★

615 habitants
Cartes Michelin nᵒˢ 57 plis 19, 20 ou 242 pli 16 – Guide Vert Alsace et Lorraine

De belles maisons blanches à colombage, abondamment fleuries, aux auvents de façade soulignant les étages et dont quelques-unes ont conservé leurs fenêtres à petites vitres bombées – héritage d'une mode baroque ; des cours fermières et des vignes grimpantes ; des fontaines à balancier font le charme de ce village alsacien soigneusement protégé de tout modernisme incongru.

★ **SEEBACH** *5 km au Nord Est par la D 249*

Ce bourg fleuri est resté le village alsacien type avec ses maisons à poutres apparentes et à auvents qu'encadrent souvent des jardins, même si quelques constructions sans style rompent l'harmonie de l'ensemble.

ISSOIRE★★

13 559 habitants
Cartes Michelin n°s 73 plis 14, 15 ou 239 pli 20 – Guide Vert Auvergne

Issoire, au débouché de la Couze de Pavin dans une Limagne du Sud drainée par l'Allier, est une vieille cité auvergnate qui adhéra en 1540 à la doctrine de Luther. La métallurgie (presses de grande puissance et transformation de l'aluminium ou d'alliages légers en produits destinés à l'aéronautique) en fait une ville industrielle.

★★ **Ancienne abbatiale St-Austremoine** ⊘ – C'est la plus vaste des églises romanes d'Auvergne, édifiée vers 1135 mais surabondamment refaite (façade, toitures, clocher, nombreux chapiteaux, coloriage intérieur) au 19e s.
Le **chevet**★★, illustration typique de l'art auvergnat, vaut par son ampleur, son équilibre pyramidal, sa décoration (corniches, modillons à copeaux, mosaïques de pierres, sculpture).
A l'intérieur, la puissance des arcs diaphragmes, au carré du transept, et le déambulatoire annulaire compartimenté de voûtes d'arêtes font la solidité de ces églises. Les **chapiteaux**★ sculptés dans l'arkose vers 1140 dénotent l'influence de l'atelier de Mozac ; autour du chœur ceux du Lavement des pieds et de la Cène sont particulièrement bien composés.
La peinture murale (15e s.) du **Jugement dernier**★ *(à droite, dans le narthex)* amuse par sa truculence, impressionne par le Christ de son arc central, effraye par le redoutable traitement que saint Michel inflige aux damnés.

Château de JOSSELIN★★

Cartes Michelin n°s 63 pli 4 ou 230 pli 37 – Guide Vert Bretagne

Depuis neuf siècles, le château de Josselin surveille le passage de l'Oust.
La **guerre de Succession de Bretagne** oppose, à partir de 1341, deux héritiers qui se disputent le duché : Jeanne de Penthièvre, petite-fille de Jean II, et Jean de Montfort, frère de Jean III, mais issu d'un second mariage. Le conflit, long et confus, qui ébranle la Bretagne s'éclaire à la lumière des débuts de la guerre de Cent Ans qu'il transpose mais occulte dans la province. Jeanne de Penthièvre, épouse de Charles de Blois, dont les droits fondés sur la coutume bretonne sont reconnus, s'appuie sur les Valois. Montfort, évincé, s'engage aux côtés des Plantagenêts victorieux sur mer, l'année précédente, à la bataille de l'Écluse (au large de Sluis en Zélande). Il leur fait envahir puis saccager de façon exemplaire la région de Tréguier les années mêmes de leurs succès à Crécy et à Calais.
En Porhoët, les garnisons de Josselin et de Ploërmel *(12 km à l'Est)* s'affrontent et ravagent le pays sans faire la décision. On convient donc de s'en remettre à l'issue d'une rencontre représentative de 30 chevaliers dans chaque camp. Le **combat des Trente** est organisé en 1351, à la Mi-Voie entre les deux villes. Aux côtés de quatre Bretons, Ploërmel aligne six Allemands et vingt Anglais. Josselin sort vainqueur mais la conclusion est mise en cause.
Huit ans après la bataille de Poitiers, la guerre de Succession se termine en 1364 à la bataille d'Auray par la mort de Charles de Blois. En 1365, le traité de Guérande reconnaît le duché de Bretagne à Montfort, mais dans la suzeraineté capétienne.

VISITE ⊘

Le château actuel présente encore à sa partie inférieure, reconstruite par Olivier de Clisson à la suite de ces événements, la rudesse féodale de sa grande muraille donnant sur la rivière et contrastant avec les parties hautes plaisantes. En effet, le mariage d'Anne de Bretagne, en 1491, apaise la tension entre le duché et la France. Jean de Laval peut donc surélever le bâtiment dans le nouveau goût Renaissance.
En 20 ans la vieille forteresse se transforme en palais ; côté cour surtout où **la façade**★★ ornée d'une **superbe balustrade** régnant entre les pignons à la base des toitures offre une grande variété de motifs décoratifs : pinacles, remplages au dessin tourmenté, cordelières, chiffre d'Anne de Bretagne.
A l'intérieur apparaît alors un escalier très nouveau à rampes droites.
Au 17e s., Richelieu fait abattre le donjon et cinq tours. En 1760 le parc est aménagé ; en 1882 le monument est restauré.

▶▶ Basilique N.-D.-du-Roncier★ (mausolée★ d'Olivier de Clisson).

En fin de volume figurent d'indispensables Renseignements pratiques :
- *Organismes habilités à fournir toutes informations ;*
- *Loisirs sportifs ;*
- *Visites à thème ;*
- *Livres et films sur la région ou le pays ;*
- *Manifestations touristiques ;*
- *Conditions de visite des sites et des monuments...*

Forêt de la JOUX★★

Cartes Michelin nos 70 pli 5 ou 243 pli 31 – Guide Vert Jura

La forêt de la Joux est l'une des plus belles sapinières de France. Avec les forêts de Levier, de Chapois et de la Fresse qui la jouxtent, elle couvre une superficie de 66 761 ha et constitue un massif forestier d'une rare homogénéité.

★★ **Route des Sapins** – *45 km de Levier à Champagnole.* Le sapin Président de la forêt de Levier, l'épicéa géant de Chapeau Paris, le belvédère et le sapin Président de la Roche, le belvédère des Chérards et le sapin Président de la Joux jalonnent le trajet. En parcourant la forêt, il est intéressant d'avoir à l'esprit le principe d'une bonne exploitation forestière selon lequel la coupe annuelle ne doit jamais excéder l'accroissement naturel et de savoir que pour les quatre forêts qui composent cet ensemble, en moyenne annuelle, 10 000 à 12 000 tiges sont coupées qui correspondent à 20 000 m³ de bois d'œuvre. On comprend alors à quel point la vie jurassienne peut être considérée comme une civilisation du bois : bois de charpente, tavaillons, mobilier, jouets, bois de chauffage, utilisation industrielle (écorcés, émincés, agglomérés, pâtes à papier...), sans compter les nombreux usages domestiques parfois désuets mais dont les objets sont de nos jours recherchés pour leur valeur décorative, leur simplicité et leur authenticité.

Sapin Président de la Joux – Il est le plus célèbre des sapins du canton des Chérards. Agé de plus de deux siècles, il a 3,85 m de circonférence à 1,30 m du sol et 45 m de hauteur. Il pourrait fournir 600 « planches » correspondant à 22 m³ de bois d'œuvre.

Abbaye de JUMIÈGES★★★

Cartes Michelin nos 54 pli 10 ou 231 pli 22
Guide Vert Normandie Vallée de la Seine

L'éminent archéologue Robert de Lasteyrie voyait dans Jumièges « une des plus admirables ruines qui soient en France ».
L'abbaye, fondée dès le 7e s. par saint Philibert, comptait, 50 ans plus tard, 700 moines et 1 500 converts. Ses revenus considérables provenaient des largesses des princes mérovingiens et des dîmes dont elle avait reçu le bénéfice sur un vaste terroir des boucles de la Seine.
Les invasions normandes la ruinèrent et il fallut attendre 1020 pour que de grands abbés bâtisseurs la relèvent. Plus tard elle connut les méfaits des guerres de Religion et de la commende. Les quelques moines qui restaient se dispersèrent à la Révolution. En 1793, elle fut adjugée aux enchères publiques et l'un de ses acquéreurs successifs entreprit de l'exploiter comme carrière, il fit sauter le chœur et la tour-lanterne à la mine. En 1852, un nouveau propriétaire la sauva de l'anéantissement, mais elle est en ruine.

VISITE ⊘

Dès l'arrivée dans l'abbaye, l'**église Notre-Dame** frappe par sa façade que cantonnent deux superbes tours en retrait, hautes de 43 m, les plus anciennes des grandes abbayes normandes.
La dimension quasi spirituelle de cette architecture où les lignes ascendantes ne subissent plus l'arrêt des toitures s'empare du visiteur. Quelle émotion en présence de ces tours découronnées, des quatre grandes travées doubles de la nef (1052-1067) dont il faut par la pensée reconstruire les tribunes, le bas-côté droit et la couverture, probablement en charpente, d'un mur de la tour-lanterne avec son grandiose arc d'entrée, des bases du chœur avec son déambulatoire et sa chapelle axiale.
Sur la droite de l'abbatiale, l'**église St-Pierre** présente un porche et des premières travées à ciel ouvert très représentatifs par leurs arcatures jumelées de l'architecture carolingienne en Normandie.

KAYSERSBERG★★

2 755 habitants
Cartes Michelin nos 62 pli 18 ou 87 pli 17 ou 242 pli 31
Guide Vert Alsace et Lorraine

Dans la vallée de la Weiss à son débouché dans la plaine d'Alsace, Kaysersberg, qui commandait, à l'époque gallo-romaine, un important passage entre la Gaule et les Pays rhénans, est une petite cité alsacienne fleurie qui faisait autrefois partie de la décapole.

Elle plaît par les vignes qui couvrent ses coteaux bien exposés et le caractère médiéval de ses rues bordées de maisons souvent du 16e s.
C'est la ville natale d'**Albert Schweitzer** (1875-1965) ; sa **maison natale** se trouve au no 12, rue du Général-de-Gaulle, tout à côté du **musée** ⊘. Organiste très jeune,

devenu spécialiste de Jean-Sébastien Bach, docteur de philosophie (thèse sur Kant) et de théologie, il entreprend à 30 ans l'étude de la médecine pour secourir les malades les plus déshérités du Gabon où, en 1913, il construit un premier hôpital de brousse, face à Lambaréné.

En 1924, il revient en Afrique après son internement en France en 1917 à titre de ressortissant allemand. Là, il fonde deux nouveaux hôpitaux grâce aux recettes que lui apportent ses concerts en Europe et au Colorado (USA) en 1949 et aux ressources que lui vaut l'attribution du prix Nobel de la Paix.

Albert Schweitzer fut à l'avant-garde de la lutte contre la souffrance dans le tiers monde et de l'entente entre l'Allemagne et la France. C'est aussi un écrivain considéré comme un grand classique, surtout étudié au Japon et aux États-Unis.

Albert Schweitzer

►► Église★ (retable★★) – Hôtel de ville★ – Vieilles maisons★ – Pont fortifié★ – Maison Brief★.

KERNASCLÉDEN★★

434 habitants
Cartes Michelin nos 58 pli 18 ou 230 Nord du pli 35 – Guide Vert Bretagne

Au 15e s., Kernascléden constituait un ensemble socio-religieux (hôpital et église du pèlerinage) protégé par les Rohan.

★★ **Église** – Cet édifice gothique, élevé en granit entre 1430 et 1455, est caractéristique du style flamboyant en Bretagne par son clocher à balcon, par sa flèche dont les arêtes sont ornées de motifs floraux sculptés, par ses contreforts à pinacles, par la balustrade qui règne aux rives de sa toiture et par les deux **porches** (celui des Apôtres★ à gauche) qui s'ouvrent sur le côté Sud. Intérieurement, il en possède la maîtresse-vitre qui garnit le chevet plat et illumine le chœur, mais il s'en particularise par sa lourde et basse voûte de granit. Les **fresques**★★ (1470-1485) qui font la réputation de Kernascléden sont probablement l'œuvre d'un atelier local où l'on connaissait l'art des miniaturistes du Val de Loire.

Aux voûtes du chœur sont représentées 24 scènes de la Vie de la Vierge : observer particulièrement la Résurrection du Christ (à l'arc triomphal), les Funérailles de la Vierge (côté droit du chœur) et surtout l'Annonciation et le Mariage de la Vierge (côté gauche du chœur). Par le jeu des damiers et les perspectives des ailes des anges, les artistes ont vaincu les difficultés nées des huit voûtains concaves et de leurs arêtes.

Au croisillon Nord, les anges musiciens de la cour céleste (qualité des drapés) évoquent le raffinement de celle des Rohan.

Au mur du croisillon Sud on reconnaît la Passion, une Danse macabre où les morts entraînent les vifs, sur un fond jaune sulfureux, symbolique à la fin du 15e s. de l'au-delà et de l'éther mystérieux ; au-dessous la vision de l'Enfer image les supplices endurés par les réprouvés.

Château de LANGEAIS★★

Cartes Michelin nos 64 pli 14 ou 232 plis 34, 35
Guide Vert Châteaux de la Loire

Dès le 10e s. le grand seigneur angevin Foulques Nerra fait élever sur la hauteur un donjon (en ruine, dans le parc du château), véritable poste de surveillance du Val de Loire. Achevé en 994, il passe pour le plus ancien de France.

Les mariages d'Anne – En 1488, François II, duc de Bretagne, irréconciliable adversaire de la couronne, meurt en laissant une fille, Anne, âgée de 11 ans. Seule héritière du duché, Anne représente un parti convoité. Elle suit tout d'abord le penchant de son père pour Maximilien de Habsbourg ; le mariage a lieu par procuration, mais l'« empereur sans le sou » n'a pas de quoi se rendre à Nantes. Charles VIII, qui a alors 21 ans, œuvre à la réunion de la Bretagne à la Couronne : il rompt avec son épouse et presse Anne d'en faire autant avec Maximilien. Conseillée par ses tuteurs qui savent ce que fut l'occupation anglaise, au siècle précédent, dans les pays de Tréguier, de Brest, de Concarneau et d'Auray, allant de pair avec les ravages de la guerre de Succession, la duchesse comprend que l'indépendance bretonne ne peut que se dissoudre dans une subordination aux Tudors ou aux Habsbourgs ou dans l'intégration au royaume de France auréolé du prestige de Saint Louis. Le mariage est célébré à Langeais le mardi 16 décembre 1491. Anne a 14 ans. Charles VIII meurt accidentellement en 1498. Pendant qu'il guerroyait en Italie, Anne avait sagement gouverné le royaume et son duché. A 22 ans, sans descendance vivante donc toujours seule héritière de son duché, selon les stipulations du traité de Rennes, et « pas si vilaine » malgré son visage ingrat et sa claudication, elle épouse Louis XII, cousin de Charles VIII, rendu libre par la répudiation de la juvénile Jeanne de Valois estampillée par le tribunal ecclésiastique. Elle lui donna deux enfants dont Claude qui épousa François Ier à qui elle apporta la Bretagne en dot (1514).

Le **château** Ⓥ actuel fut construit en quatre ans, à partir de 1465, à la fin de la guerre de Cent Ans, par Louis XI préoccupé par les menaces bretonnes sur le Val et la Touraine. 22 ans plus tard, il était devenu sans objet.

Vu de l'extérieur, le château est resté la forteresse féodale de Louis XI avec son pont-levis, ses fenêtres peu nombreuses, ses tours et son chemin de ronde crénelé. Mais il a reçu sur cour les agréments d'un manoir de la Renaissance (toits percés de lucarnes, tourelles, sculptures, fenêtres à meneaux).

Tout en conservant la disposition féodale de pièces se commandant l'une l'autre par des portes étroites et disposées selon les diagonales, les **appartements**★★★, bien meublés grâce aux soins de Jacques Siegfried, filateur, armateur et banquier havrais, le rendent plus vivant que la plupart des autres grands châteaux et donc plus évocateur de la vie seigneuriale et de la vie de cour à l'époque de Louis XI et au début de la Renaissance.

Les pièces sont tendues de belles tapisseries des Flandres, pour la plupart, et des mille-fleurs, d'anciennes cordelières des tertiaires de l'ordre de St-François et décorées d'entrelacs de K et de A (initiales de Charles VIII et d'Anne de Bretagne).

Au premier étage : très ancien lit à colonnettes, crédence et bahut gothiques ; dans la chambre de Charles VIII : horloge du 17e s. à une seule aiguille.

LAON★★

26 490 habitants
Cartes Michelin nos 56 pli 5 ou 236 pli 38 – Guide Vert Flandres Artois Picardie

La vieille ville, dominant la plaine, occupe un **site**★★ perché en avant du front de côte de l'Ile-de-France : c'est une « butte-témoin » épargnée par l'érosion. Sa valeur défensive la fit choisir comme capitale par les rois carolingiens qui s'y abritèrent durant 150 ans, de Charles le Chauve (840) à Louis V (987). Il fallut l'arrivée d'Hugues Capet pour que la capitale se transporte en Ile-de-France.

Au 17e s., les trois frères **Le Nain**, peintres originaires de Laon, mais surtout Louis (1599-1648) représentèrent, sans flatterie ni satire, une paysannerie pourvue dès le règne de Louis XIII de l'aisance des denrées que souhaitera Colbert trente ans plus tard.

★★ **Cathédrale Notre-Dame** – La cathédrale actuelle, entreprise en 1160 et achevée vers 1230, appartient au gothique de transition, encore riche de réminiscences romanes (tour-lanterne à la normande). Elle offre une façade singulière par la profondeur de ses porches et la hauteur de ses tours en terrasses, cantonnées de tourelles très ajourées.

Sa **nef**★★★ très longue, étonnante persistance de la tradition carolingienne dont la dynastie s'était effondrée deux siècles plut tôt, offre une magnifique perspective. A l'intérieur règne une superbe élévation à quatre étages (grandes arcades, tribunes vastes et claires, triforium aveugle qui n'est encore que le comble des tribunes, fenêtres hautes). En plan, sous les voûtes sexpartites, la nef, le transept et le chœur développent une alternance de colonnes fortes et faibles, déjà moins marquée qu'à Sens (1140) et qu'à Senlis (1153), où des faisceaux de cinq ou de trois colonnes sont engagés dans les piliers, un léger doubleau tombant au droit des colonnes fortes.

Ⓥ ►► Quartier de la cathédrale★★ – Rempart du Midi★ (vues★) – Musée★ *(archéologie, peinture)* – Chapelle des Templiers★ – Église St-Martin★ – Porte de Soissons★.

Cet ouvrage, périodiquement révisé, tient compte des conditions du tourisme connues au moment de sa rédaction.

Certains renseignements perdent de leur actualité en raison de l'évolution incessante des aménagements et des variations du coût de la vie.

Nos lecteurs sauront le comprendre.

Château de LAPALISSE★★

Cartes Michelin n°s 73 pli 6 ou 239 pli 9 – Guide Vert Auvergne

Lapalisse s'est développée au pied du château qui, depuis le 11ᵉ s., garde le passage de la Besbre. Son seigneur le plus célèbre est Jacques II de Chabannes (1470-1525), maréchal de France, qui s'illustra à la conquête du Milanais et mourut après la bataille de Pavie d'un coup d'arquebuse reçu au combat. La coquille d'un scribe ridiculisant ce vaillant soldat inaugura le succès des « lapalissades ».

VISITE ⊙

L'édifice actuel entrepris au début du 16ᵉ s. est l'œuvre de Florentins que Jacques II avait ramenés d'Italie ; il relève de la première Renaissance, italianisante. Sa façade intérieure est égayée par des losanges et des damiers de briques polychromes, par des chaînages de grès qui soulignent les arêtes des tours et les encadrements des fenêtres selon la mode de l'époque, par des linteaux en accolade, des meneaux aux fenêtres, des médaillons au portail de la tour centrale, des rinceaux, des pilastres et des chapiteaux corinthiens. Le mobilier et la décoration intérieure s'observent en particulier dans le salon de réception meublé Louis XIII, dans le **salon doré**★★ orné de plafonds à caissons et de tapisseries flamandes du 15ᵉ s., dans la chapelle flamboyante et à la charpente en carène des **communs**.

Tourisme-informations sur Minitel :
consulter **3615 Michelin** *(2,23 F/mn).*
Ce service vous aide à préparer
ou décider du meilleur itinéraire à emprunter
en vous communiquant d'utiles informations routières.

Grotte de LASCAUX

Cartes Michelin n°s 75 pli 7 ou 233 pli 44 – Guide Vert Périgord Quercy

Dans un petit bois de chênes qui domine Montignac au Sud fut découverte, le 12 septembre 1940, la grotte de Lascaux par un jeune homme parti à la recherche de son chien disparu dans un trou.
Cette grotte se place au premier rang des sites préhistoriques de l'Europe par le nombre et la qualité de ses peintures qui dateraient pour la plupart de la fin de l'époque aurignacienne et, pour certaines, de l'époque magdalénienne *(p. 166)*. Elles représentent des taureaux, des vaches, des chevaux, des cerfs, des bisons garnissant les parois et les plafonds selon une telle composition que l'abbé Breuil considérait Lascaux comme la « chapelle Sixtine » de la préhistoire.

★★ **Lascaux II** ⊙ – La grotte authentique est interdite au public, mais un **fac-similé**, à 200 m de la grotte originale, en vraie grandeur, reproduit les parois de plusieurs de ses salles et bon nombre de ses peintures.

Les îles de LÉRINS★★

Carte Michelin n° 115 pli 39 – Guide Vert Côte d'Azur

L'excursion aux **îles de Lérins** ⊙ *(services de bateaux au départ du port de Cannes)* est intéressante pour le vaste panorama qui s'y déploie sur la côte du cap Roux au cap d'Antibes, pour la végétation méditerranéenne (pins maritimes, pins parasols, pins d'Alep, cyprès, eucalyptus) qui s'y développe, pour les souvenirs historiques et les sites archéologiques que l'on y rencontre.

★★ **Ile Ste-Marguerite** – Déjà habitée par les Celto-Ligures, elle fut un mouillage pour les navigateurs antiques au large du golfe marécageux de La Napoule. Les pointes du Bataignier, du Dragon et de la Convention, le sentier botanique et l'allée des Eucalyptus géants longue de 500 m constituent de belles promenades en **forêt**. Diverses espèces de pins y protègent un dense sous-bois méditerranéen (arbousiers, lentisques, cistes...).
Le **Fort Royal** ⊙, construit par Richelieu pour la protection des côtes, occupé par les Espagnols de 1635 à 1637 durant la guerre de Trente Ans, remanié en 1712 sur des plans de Vauban, remis en état sous la Convention, servit de prison à des pasteurs huguenots, au Masque de fer (de 1687 à 1698) et au maréchal Bazaine, en 1873, après son coupable et désastreux repli sur Metz. La guérite au pied du fort et sa terrasse sont intéressantes.

Île St-Honorat - Le monastère

★★ **Ile St-Honorat** – Le monastère qu'y fonda saint Honorat au début du 5e s. fut l'un des premiers de la Gaule romaine, à peu près contemporain de ceux de St-Martin à Tours, de St-Victor à Marseille, de St-Loup à Troyes... ; et l'un des plus célèbres de la période mérovingienne, la Provence n'étant pas encore atteinte par les invasions. En 1073, les moines élèvent sur un petit promontoire de la côte Sud un **donjon crénelé**★ où se confine leur vie conventuelle lors des incursions des pirates barbaresques. Plus que par son site, il vaut par son bel appareil à bossages, son cloître à deux étages et sa terrasse.

LESSAY★

1 719 habitants
Cartes Michelin nos 54 pli 12 ou 231 pli 14 – Guide Vert Normandie Cotentin

En bordure de sa lande, dont Barbey d'Aurevilly (1808-1889), fondateur du régionalisme normand, a su dépeindre l'âpre poésie, Lessay, à l'occasion de sa foire séculaire de la Ste-Croix en septembre, offre une extraordinaire animation.

★★ **Église abbatiale** – Cet édifice fondé en 1056 est l'une des expressions les plus parfaites de l'art roman en Normandie. C'est aussi une exemplaire réussite de reconstruction menée, 13 ans durant, par Yves Froidevaux, architecte en chef des Monuments historiques, qui parvint à rééuéfier le monument du tas de décombres qu'il était après les destructions de 1944. Il avait explosé, miné par l'ennemi avant sa retraite. Extérieurement, le chevet dominé par le puissant clocher carré est remarquable. Intérieurement, les tribunes au-dessus des grandes arcades et la galerie normande de surveillance technique qui court à la base des fenêtres hautes sont caractéristiques. Mais, surtout, Lessay jalonne l'évolution de l'architecture par le passage de la voûte d'arêtes, utilisée dans les bas-côtés (11e s.), à la croisée d'ogives d'abord maladroitement appliquée dans le chœur (fin 11e s.) puis, plus habilement, dans la nef (début 12e s.).
Ce progrès bouleversait l'art de bâtir, ouvrait l'ère gothique en permettant de lancer des voûtes à grande hauteur et de remplacer les murs par de vastes verrières.

Centre historique minier de LEWARDE★★

Cartes Michelin nos 53 pli 3 ou 236 pli 16 (8 km au Sud-Est de Douai)
Guide Vert Flandres Artois Picardie

Sur le site de la fosse Delloye, ensemble minier qui fonctionna de 1930 à 1971, les bâtiments ont été conservés pour abriter le Centre historique minier.
L'aménagement et la conception du musée ont été confiés aux Ateliers du Grand Hornu en Belgique. L'architecte Henri Guchez tout en préservant les structures, y a enserré des salles d'expositions, un restaurant, des salles de conférences, de projection, etc.

Après une découverte libre des bureaux, la **visite** ⊙ guidée par d'anciens mineurs permet de suivre les différentes étapes jusqu'à la descente dans le puits : vestiaire, bains-douches – ou « salle de pendus » à cause des crochets où étaient

Centre historique minier de LEWARDE

suspendus vêtements, casques et bottes –, lampisterie, infirmerie... Un petit train mène ensuite au puits n° 2 où la « descente » s'effectue en ascenseur vers les galeries. Là, un parcours de 450 m de galeries permet de comprendre l'évolution du travail du mineur de 1930 à nos jours. La visite se termine par le bâtiment d'exploitation où se trouve la machine d'extraction, l'atelier de triage-criblage, l'écurie de la fosse. Le centre propose aussi une vaste exposition de fossiles.

LILLE★★

Agglomération 950 265 habitants
Cartes Michelin n°s 51 pli 6 ou 236 pli 16 ou 111
Guide Vert Flandres Artois Picardie

Lille est la métropole d'une communauté urbaine de près d'un million d'habitants dont Roubaix et Tourcoing sont les deux autres centres principaux. La ville s'est lentement développée dans un site défavorable, marécageux et coupé de bras d'eau, mais qui marquait, au Moyen Age, le terminus de la Deûle navigable entre la Flandre industrielle au Nord et l'Artois agricole au Sud. Elle devint donc marchande au 13e s., drapante au 14e s. et lainière au 16e s.

Depuis plusieurs années, de considérables efforts de sauvegarde entrepris dans le quartier ancien ont fait de Lille une ville d'art. Parallèlement, la cité s'est modernisée avec la reconstruction de quartiers et la création de la ville nouvelle de Villeneuve-d'Ascq et du centre Euralille.

La bataille de Bouvines – En 1204, aux Andelys, Philippe Auguste avait amorcé la reconquête de son royaume sur les Plantagenêts. Pour lui faire échec, Jean sans Terre noue une alliance avec Othon IV le Germanique lui-même désireux d'affaiblir le Capétien. Leur stratégie est de prendre le roi de France en tenaille. Le Plantagenêt débarque donc à La Rochelle, marche sur Angers mais échoue, le 2 juillet 1214, à La Roche-aux-Moines devant le fils de Philippe Auguste. 25 jours plus tard, Othon et ses mercenaires – arrivant d'Aix-la-Chapelle et passant cette fois encore par la Flandre – se font écraser par le roi dans la plaine de Bouvines *(12 km au Sud-Est)*. C'est la première victoire retentissante des Capétiens ; elle renforce la monarchie et recueille une considérable satisfaction populaire. C'est aussi le terme de 60 ans de batailles entre les maisons d'Anjou et de France. On est encore à 132 ans de la guerre de Cent Ans.

Ville bourguignonne puis espagnole et enfin, française – Au 15e s. la Flandre était bourguignonne et Philippe le Bon se fit édifier à Lille la belle demeure de brique qu'est le palais Rihour (1454). Par son mariage, Marie de Bourgogne apporte le pays à l'Autriche d'abord puis à l'Espagne par le couronnement de Charles Quint. Le 27 août 1667, après 9 jours de siège, Louis XIV pénètre à Lille qui devient la capitale des provinces du Nord. Aussitôt l'activité s'accroît et la ville s'agrandit.

Les guerres du 20e siècle – En octobre 1914, Lille, peu défendue, résista pendant trois jours à six régiments bavarois avant de se rendre. Pendant le siège, près de 900 immeubles furent détruits. Durant la Seconde Guerre mondiale, en mai 1940, les blindés de Rommel et sept divisions d'infanterie allemandes assiégèrent Lille. Les troupes françaises capitulèrent avec les honneurs au matin du 1er juin 1940.

Vauban, ou le génie militaire

Sébastien Le Prestre naquit à St-Léger *(25 km au Sud-Est d'Avallon)* dans le Morvan et devint sous le nom de marquis de **Vauban** une gloire du siècle de Louis XIV. Homme de guerre, il dirigea en personne 53 sièges de 1652 à 1703 ; ingénieur, il créa en fait le corps des ingénieurs de l'armée et étudia l'armement ; architecte et urbaniste, il redessina les ports, creusa des canaux (Languedoc, la Bruche), construisit l'aqueduc de Maintenon, remania 300 places fortes et en édifia 33 nouvelles (beaucoup ont disparu). Commissaire général des Fortifications en 1678, il s'inspira d'abord des ouvrages de ses prédécesseurs qu'il perfectionna : aux bastions se couvrant l'un l'autre qu'il protégea par des demi-lunes et environna d'un profond fossé, il ajouta (Belfort) une seconde enceinte avancée ; enfin, nouveau progrès, il bastionna les courtines intérieures et dota les demi-lunes de réduits défensifs (Neuf-Brisach). Mais, surtout, il sut tirer parti des inventions nouvelles, des changements de tactique, des obstacles naturels et des dispositions du terrain pour dessiner ses polygones intérieurs de base.

Pour couvrir les nouvelles frontières de la France, il déploya son activité dans les Flandres, les Ardennes, en Alsace, en Franche-Comté, dans les Pyrénées, les Alpes et sur le littoral. Certains de ses ouvrages ont, encore en 1940, servi de points d'appui lors de la retraite des armées française et britannique.

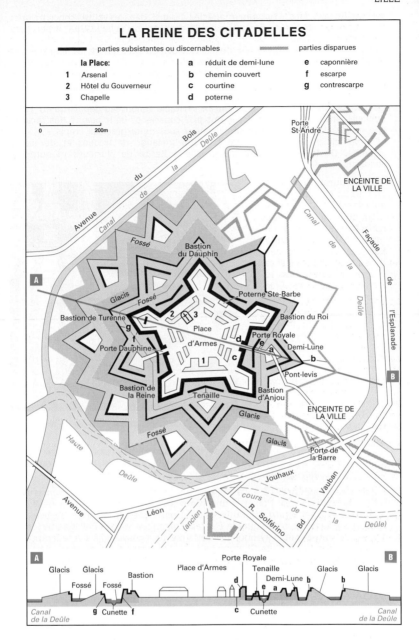

LA REINE DES CITADELLES

▬▬▬ parties subsistantes ou discernables   ▬▬▬ parties disparues

la Place:
1 Arsenal
2 Hôtel du Gouverneur
3 Chapelle

a réduit de demi-lune
b chemin couvert
c courtine
d poterne

e caponnière
f escarpe
g contrescarpe

★ LA CITADELLE ⓥ

Quatre mois après l'entrée de Louis XIV dans Lille, pour protéger la plus grande ville flamande, Vauban entreprend la construction de la citadelle, son chef-d'œuvre, dans un site marécageux de 1 700 ha dont il intègre le caractère inondable au système défensif. L'association du grès et de la brique répartis de la façon la plus économique, la netteté des formes, la logique du plan, la prise en compte des impératifs de l'artillerie dans le dessin de ses fortifications rasantes en font « la reine des citadelles ».

Passé la Porte Royale, à l'intérieur de cette cité militaire, se disposaient autour de la vaste place d'Armes douze casernes, les magasins et l'arsenal. C'était un « bijou d'architecture militaire » *(J. Milot)* si puissant que sa prise, qui demanda 48 jours de siège, après les 62 jours passés devant la ville elle-même, ruina le potentiel militaire hollandais, au point de rendre inéluctable la conclusion de la guerre de Succession d'Espagne, 5 ans plus tard, en 1713. La qualité de la construction apparaît dans les frontons sculptés d'allégories de la Porte Royale, dans le tympan imagé de l'arsenal, dans les voûtes concentriques de la poterne Ste-Barbe. En revanche, la chapelle, de style jésuite, a perdu sa décoration classique.

Le bastion de Turenne fut le lieu d'exécution de patriotes durant les deux guerres mondiales.

★★ LE VIEUX LILLE

Le quartier ancien de Lille a connu un véritable renouveau depuis qu'en 1965 quelques amis des vieilles pierres ont pris conscience de la beauté des façades lilloises des 17e et 18e s. qui se cachaient sous de disgracieux crépis.

Le style lillois est très original par son mélange de briques et de pierre sculptée. De la période espagnole, Lille a hérité de plusieurs monuments remarquables.

★★ Vieille Bourse - Construite en 1650, elle marque la survivance et le rayonnement du style Louis XIII et son adaptation au goût flamand (petit campanile, portes à frontons coupés, cariatides portant les entablements, cartouches rétrécis « auriculaires », colonnes, pilastres et fenêtrages de grès, décorations de fleurs et de grappes de fruits). Cette construction matérialise le poids des manufactures textiles dans la vie économique de la cité, en honorant, sous les arcades, les savants et les applications de leurs découvertes.

Lille – Détail de la façade de la Vieille Bourse

★ Hospice Comtesse ⊙ – Reconstruit en 1650 après un incendie, l'édifice offre par son portail monumental à claveaux saillants, ses murs de briques à chaînages de grès, ses plafonds cloisonnés, la **voûte en carène**★★ de la grande salle des malades, l'exemple type de la demeure lilloise du 17e s.

★★★ Palais des Beaux-Arts ⊙ – Le majestueux Palais des Beaux-Arts, construit à partir de 1885, a fait l'objet d'une rénovation et d'une extension dues aux architectes Ibos et Vitard. Parmi les chefs-d'œuvre de la peinture française qu'il conserve, il ne faut pas manquer la *Fontaine mystique* de Jean Bellegambe (début 16e s.), où transparaît la symbolique gothique du renouveau lié à la rédemption ; la *Nativité* par Philippe de Champaigne (1674), sereine composition classique sur le thème de l'incarnation ; le portrait de *Madame Pélerin* par Quentin de La Tour au modelé très nuancé et celui de *J. Forest* (1746) par Nicolas de Largillière.

⊙ ►► Demeure de Gilles de Boé★ – Rue de la Monnaie★ – Église St-Maurice★ – Porte de Paris★.

LIMOGES★

Agglomération 170 065 habitants
Cartes Michelin nos 72 pli 17 ou 239 pli 13 – Guide Vert Berry Limousin

Limoges est née d'un gué sur la Vienne où se croisaient les voies romaines Lyon-Saintes et Bourges-Bordeaux. Mais son activité commerciale ne s'affirme qu'au début du 19e s. En 1808, la ville compte de nombreuses maisons de gros et de commissions, et ces dernières assurent un roulage considérable avec plus de 5 000 chariots et 20 000 chevaux de trait. Puis l'industrie s'y établit : celle de la porcelaine d'abord car St-Yrieix *(40 km au Sud),* proche des gisements de kaolin, était dépourvue de main-d'œuvre, puis celle de la chaussure née des tanneries.

Les Limougeauds célèbres – Nombreux sont les enfants de Limoges qui ont acquis la célébrité.

Léonard Limosin (1505-1576), émailleur et peintre qui a travaillé avec le Primatice à Fontainebleau et passe pour le chef de file de l'importante école d'émailleurs du 16e s. ;

Pierre Vergniaud (1753-1793), l'une des figures girondines de la Législative puis de la Convention ;

Jean-Baptiste Jourdan (1762-1823), le vainqueur de Fleurus ;

Thomas Bugeaud (1784-1849) qui reçut le grade de caporal à Austerlitz, puis devint le pacificateur et le colonisateur de l'Algérie ; ce fut lui qui, le 16 mai 1843, enleva la smala de l'émir Abd el-Kader ;

Sadi-Carnot (1837-1894) qui devint président de la République ;

Auguste Renoir (1841-1919), l'un des maîtres de l'école impressionniste...

ÉMAUX ET PORCELAINE

★ Musée de l'Évêché ⊙

Installé dans l'ancien palais épiscopal, il conserve dans deux salles du rez-de-chaussée une éblouissante collection de quelque 300 émaux limousins cloisonnés ou champlevés dus aux meilleurs artistes.

Les émaux

L'émail est connu depuis l'Antiquité. Au 12e s., à la faveur de la richesse minéralogique de la région, Limoges acquiert dans sa fabrication une rare maîtrise. Les émaux sont composés de verre au plomb, coloré par des oxydes métalliques ; ils sont broyés et étalés sur une plaque d'or, d'argent ou de cuivre.

Des cuissons successives leur donnent alors l'aspect dur d'un cristal. Au 12e s., Limoges fabrique surtout des émaux compartimentés sur une plaque de cuivre gravée au burin, dits « champlevés » ; au 14e s. apparaissent les émaux peints.

Léonard Limosin, nommé directeur de la manufacture par François Ier, produit des pièces d'un éclat et d'une couleur admirables.

★★ Musée Adrien-Dubouché ⊙

Les chefs-d'œuvre de cet art éminemment décoratif qu'abritent les vitrines de ce musée concernent l'ensemble de l'industrie de la céramique ; les grands centres de production et les diverses époques de sa fabrication. Les collections de Limoges sont dispersées entre les vitrines 61 et 62 (débuts très liés à la manufacture de Sèvres), celles du salon d'honneur (production du 19e s.) et celles de l'aile gauche du rez-de-chaussée (pièces contemporaines).

La porcelaine - Le mot **céramique** recouvre l'ensemble de l'industrie de la terre cuite : brique (poterie), grès, porcelaine, faïence et, dans un certain sens, le verre. La porcelaine se reconnaît à sa blancheur, à sa dureté, à sa translucidité ; elle se vitrifie, comme le grès, à la cuisson.

A la recherche de la perfection obtenue par les artisans chinois, les Européens, partant d'une argile blanche, produisirent d'abord aux 17e et 18e s. une **porcelaine tendre**, diffi-

Musée Adrien-Dubouché
Porcelaine de la Manufacture du comte d'Artois

RMN

cile à façonner, mais qui établit la réputation de Sèvres dès avant 1771. Une première cuisson des argiles donne la « fritte », qu'on écrase et malaxe pour obtenir la pâte dont on fait la pièce sur laquelle sont appliqués la « couverte » puis les « émaux » (oxydes métalliques) avant cuisson au « grand feu » vers 1 400°. A partir du 18e s., à ce stade on sut poser sur la pièce de nouveaux émaux qu'aurait dénaturés cette trop forte chaleur, il fallut donc procéder à une troisième, voire à une quatrième cuisson à des températures dégressives en rapport avec leur degré de fusion : c'est le « petit feu » qui permet une grande variété de couleurs et le seul que supporte l'or.

La **porcelaine dure** ou vraie porcelaine apparaît en France vers 1770. Elle est obtenue à partir d'une pâte à base de kaolin (argile très pure) et de feldspath. Elle est très translucide, d'une sonorité limpide et ne se raye pas à l'acier. La pièce est formée avec la pâte crue, puis séchée aux environs de 500° : c'est le « dégourdi ». Elle reçoit alors une première couche d'émail puis est cuite en « grand feu » ; parfois elle subit une ou plusieurs autres cuissons successives en « petit feu » pour ses émaux les plus fragiles.

Le « biscuit » est cuit au grand feu sans émail coloré.

La porcelaine de Limoges se rattache presque exclusivement à la porcelaine dure. Postérieure de près de 30 ans à celles de Strasbourg et de Niderviller en Lorraine, elle est née en 1771 de la découverte, trois ans plus tôt, d'un gisement de kaolin particulièrement pur à St-Yrieix par Darnet, chirurgien de cette ville.

LA VILLE

De bonne heure deux agglomérations contiguës, mais rivales, se développèrent : la cité et le château.

La cité – Dominant la Vienne, c'est le quartier historique le plus ancien de Limoges. Il s'ordonne autour de la **cathédrale St-Étienne★**, qui s'ouvre par le **portail St-Jean★** et conserve, au revers de la façade, son **jubé★** (1533) ; autour du chœur, d'intéressants **tombeaux★**.

Le château – C'est l'actuel centre-ville aux ruelles commerçantes et animées. L'**église St-Michel-des-Lions★** est une église-halle originale, de plan rectangulaire. Ce quartier englobait la puissante abbaye de St-Martial. Dès la fin du 11e s., l'abbatiale de St-Martial (démolie à la Révolution), érigée sur le tombeau d'un évangélisateur de la Gaule au 3e s., se rangeait parmi les grandes églises romanes de pèlerinage sur les routes allant de St-Remi de Reims à St-Sernin de Toulouse et à St-Jacques-de-Compostelle. Elle s'étendait au Sud-Ouest de l'actuelle place de la République *(plan sur le pavage moderne).*

►► Cour du Temple★.

LISIEUX★★

23 703 habitants
Cartes Michelin nos 54 pli 18 ou 231 pli 32
Guide Vert Normandie Vallée de la Seine

Lisieux est le grand centre économique du Pays d'Auge qui avec ses herbages, ses chaumières et ses manoirs est en quelque sorte un bocage de luxe, symbole de la Normandie « herbagère, éclatante et mouillée » chère à la poétesse Lucie Delarue-Mardrus.

La « Petite Thérèse » – Thérèse Martin (1873-1897) est née à Alençon dans une famille profondément chrétienne, d'un père horloger et d'une mère dentelière. A la mort de la mère, les Martin s'installent à Lisieux, aux Buissonnets. A 15 ans, Thérèse quitte sa maison pour toujours : elle vient d'obtenir du Saint-Père l'autorisation d'entrer au Carmel.

Au Carmel, celle qui voulait être appelée la Petite Thérèse gravit les rudes degrés de la perfection. « Les dispenses ne sont pas faites pour une âme de cette trempe », dit la prieure. Elle s'éteint à l'infirmerie, peu de jours après avoir remis les derniers feuillets du « manuscrit de sa vie » *Histoire d'une âme.* Sœur Thérèse de l'Enfant-Jésus fut canonisée le 17 mai 1925.

Pèlerinage – Les fidèles désireux de se recueillir sur les traces de la sainte se rendront aux **Buissonnets** ⊘, la maison familiale où elle passa ses jeunes années ; à la **chapelle du Carmel** où son effigie est exposée à droite et à la **salle des Souvenirs** ⊘ où des témoignages de sa vie de carmélite peuvent être vénérés. Pour les grands pèlerinages, une vaste basilique a été érigée au Sud-Est de Lisieux.

Les manoirs du Pays d'Auge – Les manoirs et les fermes du **Pays d'Auge**, isolés dans leur « clos » entouré d'une haie et planté de pommiers de variétés tardives, disséminent, autour de la maison d'habitation, leurs bâtiments d'exploitation rurale : pressoir, grenier à pommes, étable, laiterie où le colombage est roi. Ceux de **Coupesarte** ⊘ *(16 km au Sud-Ouest),* entouré de douves, et de **Crèvecœur★** *(18 km à l'Ouest),* avec son musée de la Recherche pétrolière, sont particulièrement caractéristiques.

►► Cathédrale St-Pierre★.

LOCHES★★

7 133 habitants
Cartes Michelin n°s 68 pli 6 ou 238 pli 14 – Guide Vert Châteaux de la Loire

Loches s'étale largement sur la rive gauche de l'Indre. La ville moderne s'est développée au pied de l'éperon fortifié qui domine la vallée et délimite la cité médiévale.

★★ **Cité médiévale** – Elle est close par un rempart long de 1 km et percé de deux portes.
Au Sud, le grand **donjon**★★ ⊙ carré fut édifié par les comtes d'Anjou dès le 11ᵉ s., pour compléter les projections primitives. Au 13ᵉ s., il fut à son tour renforcé par de larges fossés creusés dans le rocher, par des tours en éperon, par le Martelet dont les cachots souterrains sont particulièrement impressionnants, puis doté d'un corps de logis avec ses dépendances.
Au centre, l'**église St-Ours**★ est intéressante par son porche angevin où s'abrite un portail roman et originale par les « dubes », pyramides creuses à huit pans qui coiffent la nef.
Au Nord, le **château**★★ ⊙, entrepris à la fin du 14ᵉ s., est en fait l'extension progressive d'une tour de guet du 13ᵉ s. dite d'Agnès Sorel : logis féodal créé par Charles VI, poursuivi, mais dans un style plus raffiné, par Charles VII, Charles VIII et Louis XI. Dans la grande salle du Vieux Logis, les 3 et 5 juin 1429, Jeanne d'Arc sut convaincre le Dauphin de se rendre à Reims pour s'y faire sacrer. Charles VIII et Louis XII prolongèrent encore la grande façade et en refirent le fenêtrage.

Le minuscule oratoire flamboyant d'Anne de Bretagne, sculpté de l'hermine et de la cordelière de St-François, et le **gisant d'Agnès Sorel**★, en albâtre, retiennent particulièrement l'attention.

➤➤ Porte Royale★ – Remparts★ de la cité et tour extérieur.

Gisant d'Agnès Sorel

H. Gyssels/DIAF

LOCRONAN★★

796 habitants
Cartes Michelin n°s 58 plis 14, 15 ou 230 pli 18 – Guide Vert Bretagne

Locronan est une ville-carrefour, au croisement des routes Châteaulin-Quimper et Crozon-Douarnenez, installée au pied d'un modeste menez (montagne de granit) à l'Ouest de la Montagne Noire. Enrichie par la culture du lin et le tissage de voiles exportées par les navires de Douarnenez, comme le sel, les cuirs, les vins, elle s'est ouverte, en retour, aux influences rapportées des Flandres aux 17ᵉ et 18ᵉ s. Le musée et plusieurs ateliers (expositions) évoquent les anciens métiers régionaux : vannerie, verrerie, saboterie, taille de la pierre et surtout tissage (ourdissage, filage...) pour le travail du lin, de la laine, du coton et de la soie.

★★ **Place de l'Église** – Célèbre petite place bretonne, ornée d'un vieux puits, elle s'est lentement modelée du 15ᵉ au 19ᵉ s. Son unité est plus liée au granit qu'à l'architecture des demeures des tisserands et des marchands de toile. Les maisons, aveugles à l'Ouest, côté où frappent les bourrasques, eurent dès le 17ᵉ s. un premier étage en pierre. Leurs greniers s'éclairent de lucarnes ouvertes dans la toiture.

★★ **Église St-Ronan et chapelle du Penity** – Église de pèlerinage du 15ᵉ s. voûtée de pierre. En lui donnant un chevet plat, selon une façon de faire courante en Bretagne, l'architecte « s'affranchissait des problèmes posés par les chevets complexes et pouvait éclairer l'édifice naturellement sombre » *(R. Mussat)* : derrière l'autel, beau vitrail du 15ᵉ s. représentant les scènes de la Passion. La **chaire**★ (1707) se prête au goût alors répandu de la prédication et à l'illustration de la vie de saint Ronan sur les panneaux de la cuve et de la rampe.
La chapelle du Penity *(bas-côté droit)* conserve un retable du 16ᵉ s. d'inspiration brabançonne (**bas-relief**★ de la Cène) ; un Saint Michel en armure *(au pilier)* portant la balance des âmes et un gisant de Saint Ronan, une des premières œuvres traitées en kerzanton dès le début du 15ᵉ s.

⊙ ➤➤ Conservatoire de l'affiche en Bretagne.

LONS-LE-SAUNIER★

Cartes Michelin nᵒˢ 70 plis 4, 14 ou 243 pli 30 – Guide Vert Jura

Des siècles durant, Lons fut « le Saunier » par son activité liée à l'exploitation de salines tirant parti, comme **Salins** *(52 km au Nord-Est)*, des couches salifères de l'ère secondaire dégagées par l'érosion ; en témoignent le puits salé et les eaux thermales dont sont justiciables les troubles du développement.

Le plus célèbre enfant de Lons est **Claude Rouget de Lisle** (1760-1836), compositeur et peut-être parolier de *La Marseillaise*. Sa statue se dresse à l'Ouest de la promenade de la Chevalerie et l'horloge du théâtre égrène deux mesures de son chef-d'œuvre avant de frapper les heures. Capitaine dans le génie, il est plus artiste que militaire. Son *Chant de guerre de l'armée du Rhin*, l'une de ses nombreuses compositions, doit son titre définitif aux fédérés de Marseille qui le chantèrent à Paris lors de l'insurrection d'août 1792, il devint chant national en juillet 1795, fut interdit sous la Restauration et fut proclamé hymne national le 14 février 1879.

★ **Rue du Commerce** – L'incendie ravagea Lons-le-Saunier du 25 juin au 4 juillet 1636, lors de l'attaque de la ville par Condé sur la directive de Richelieu. Sept ans plus tard, une trêve accordée par Mazarin permet aux habitants de se réinstaller. La rue du Commerce est réédifiée dans la seconde moitié du 17ᵉ s., selon un programme réglementé. Cette rue, tracée en légère courbe, est célèbre par son pittoresque, par la variété de ses commerces et par la présentation des boutiques.

De ce qui aurait pu engendrer la monotonie, les Comtois, par leur indépendance d'esprit et leur goût du beau, ont fait une réussite d'urbanisme. Observer les grands toits éclairés de quelques mansardes et percés de hautes cheminées, les 146 arcades de pierre, dont bon nombre remontent à l'époque romane, ouvrant sur la rue ou portant des avant-soliers (analogues aux couverts du Midi) de toutes dimensions et de toutes formes, les trappes donnant accès aux caves, quelques têtes sculptées, des balcons et des appuis de fenêtres en fer forgé.

Au nᵒ 24 se trouve la maison natale de Rouget de Lisle.

ENVIRONS

★★★ **Cirque de Baume** – *19 km à l'Est.* Parmi les « reculées » qui impriment au rebord Ouest du Jura ses formes à relief les plus caractéristiques, le cirque de Baume est l'une des plus spectaculaires. Ici, le travail des eaux, particulièrement actif, a affouillé le sous-sol de la dalle calcaire jusqu'à provoquer l'effondrement de la voûte.

Le belvédère des Roches de Baume *(à proximité du D 471)* révèle des vues saisissantes sur cet amphithéâtre de bout du monde, sur les assises rocheuses qui le cernent, épaisses de 200 m, et qui marquent le contact spectaculaire entre les hautes tables calcaires du Jura et la plaine de la Bresse.

Source de la LOUE★★★

Cartes Michelin nᵒˢ 70 pli 6 ou 243 Sud du pli 20 – Guide Vert Jura

Au pied d'une reculée entaillant le plateau jurassien, la source de la Loue compose l'un des plus beaux et des plus originaux sites du Jura par le spectacle des eaux vives, par les falaises qui étreignent la vallée naissante et par l'abondance de la végétation.

La rivière apparaît toute formée au pied d'une falaise d'une centaine de mètres de hauteur dans une vaste grotte à l'entrée de laquelle son débit et son importance apparaissent au mieux.

En fait cette source est une résurgence des eaux du Drugeon et surtout du Doubs infiltrées dans la région de Pontarlier en raison de la porosité et de la fissuration du calcaire. Grossies des eaux pluviales, elles se sont organisées en un réseau hydrographique souterrain qui réapparaît, ici, à l'air libre.

La Loue rejoint le cours du Doubs en aval de Dole.

La carte jeune, destinée aux moins de 16 ans (au 1ᵉʳ janvier de l'année en cours), autorise tout mode de pêche réglementaire, en 1ʳᵉ et 2ᵉ catégorie piscicole.
La carte vacances permet de pêcher pendant une période de quinze jours consécutifs comprise entre le 1ᵉʳ juin et le 30 septembre.
Cette carte est valable pour tout mode de pêche réglementaire, en 1ʳᵉ comme en 2ᵉ catégorie piscicole.

LOURDES★★★

16 300 habitants
Cartes Michelin nᵒˢ 85 Nord du pli 18 ou 234 plis 39, 40
Guide Vert Pyrénées Aquitaine

Petite ville-marché, au contact des zones de plaine et de montagne de la Bigorre, Lourdes est devenue au 19e s. une capitale religieuse.

Le site géographique – Du sommet du **Béout** *(téléphérique puis 3/4 h à pied AR)*, où de gros blocs erratiques donnent une idée de la puissance des grands glaciers de l'ère quaternaire, le site de Lourdes, qu'ils ont modelé, apparaît avec une simplicité presque schématique. La **vue★** se développe au débouché des vallées du Lavedan sur les terrasses morainiques, entre lesquelles serpente le gave, sur le rocher (ancien verrou glaciaire) où se dresse le château et sur la grande moraine terminale qui contraint le gave à un coude brusque vers l'Ouest.

La cité religieuse – Le 11 février 1858, **Bernadette Soubirous** (1844-1879) connut à la grotte de Massabielle la première des 18 apparitions dont elle fut favorisée. Lourdes devenait une cité mariale de renommée universelle et bientôt le domaine de la grotte attirait les pèlerins venus des cinq continents, réservant, depuis 1874, une place privilégiée aux malades : premier pèlerinage du monde, Lourdes reçoit près de 70 000 pèlerins sur plus de 5 500 000 visiteurs.

Lourdes en quelques dates

1858 : Premières apparitions.

1862 : Bernadette novice au couvent de St-Gildard (sœurs de la Charité) à Nevers.

1866 : Début de la construction du premier sanctuaire.

1871 : Construction de la basilique supérieure.

1889 : Basilique du Rosaire (style romano-byzantin).

1925 : Béatification de Bernadette (canonisée en 1933).

1958 : Basilique souterraine St-Pie-X.

1988 : Espace Ste-Bernadette.

Lourdes – Basilique du Rosaire

Le domaine de la Grotte – *Tenue correcte requise.* C'est là que, durant les mois d'été, se déroulent les grands pèlerinages (diocésains, national, internationaux). Le climat spirituel s'y manifeste par l'ampleur des cérémonies et le recueillement des processions.

Esplanade : longue de 500 m, processions journalières.

Basilique du Rosaire : style néo-byzantin. Les deux rampes courbes d'accès ont popularisé la physionomie du monument.

Crypte : recueillement et silence.

Basilique supérieure : dédiée à l'Immaculée Conception ; vaste nef de cinq travées.

Basilique souterraine St-Pie-X : 12 000 m² ; ellipse de 201 × 81 m.

Grotte miraculeuse : le site des apparitions ; d'émouvantes manifestations de foi, indifférentes au respect humain, se manifestent sur ce terre-plein.

Fontaines : eau de Lourdes recueillie par les pèlerins.

Piscines : immersion des malades.

Chemin du Calvaire : domine les basiliques et le gave.

⊙ ►► Château fort★ *(musée★ du Folklore pyrénéen)* – musée Grévin de Lourdes★.

---

24 heures de la vie d'un pèlerin

Avant 5 h du matin, seul l'accès au chemin du Calvaire est ouvert (entrée des Lacets). A 9 h a lieu un rassemblement sur l'Esplanade du rosaire pour la célébration de la Vierge couronnée (de Pâques au 31 octobre). On peut alors se rendre à la grotte, où se déroule l'adoration des malades ; des milliers de cierges sont brûlés le long de l'allée et sur le grand candélabre devant la grotte. A quelques pas de la grotte, vingt robinets permettent de puiser l'eau miraculeuse de Lourdes (celle de la source qui a jailli devant Bernadette). Les piscines de marbre bleu sont également là pour les bains des malades. A 16 h 30, la procession du St-Sacrement démarre de la grotte pour se rendre à l'Esplanade du rosaire : les malades et les fidèles sont suivis par le baldaquin abritant le prélat portant l'ostensoir. La procession ayant atteint l'Esplanade, la bénédiction des malades peut débuter. A 20 h 45, toujours près de la grotte, démarre la procession aux flambeaux jusqu'à l'Esplanade et au Parvis du rosaire.

★ GROTTES DE BÉTHARRAM ⊙ *14 km à l'Ouest*

Une des curiosités naturelles la plus visitée des Pyrénées. Elles présentent cinq étages de galeries superposées qui correspondent aux lits successifs de la rivière souterraine. Les plafonds spongieux et de grande portée de la partie supérieure, la célèbre colonne en formation, exemple type de l'évolution des stalactites et des stalagmites, le gouffre d'effondrement profond de 80 m, la diaclase, étroite fissure où la rivière s'est glissée, présentent de remarquables exemples de concrétions et de formes d'érosion souterraines.

★★★ PIC DE PIBESTE

11 km au Sud puis 4 h 30 de marche à pied AR au départ d'Ouzous.

Bien que de modeste altitude (1 349 m), le pic de Pibeste constitue l'un des meilleurs belvédères sur les Pyrénées centrales.

LUNÉVILLE★

20 711 habitants
Cartes Michelin nᵒˢ 62 pli 6 ou 242 pli 22 – Guide Vert Alsace et Lorraine

Comme l'essor intellectuel et artistique de la Lorraine, les transformations de Lunéville s'amorcent dès le 17ᵉ s. à l'initiative des ducs. En 1620, **Georges de La Tour** (1593-1652), né à Vic-sur-Seille *(26 km au Nord)*, reçoit la charge de peintre officiel de la ville ; il devient – en opposition avec son caractère impitoyable – le maître de la sérénité et du mysticisme mesuré, mis en valeur par son art des éclairages nocturnes. Au siècle suivant, le duc Léopold – qui cependant a un faible pour Nancy et l'hôtel de Beauvau-Craon proche de son palais ducal – tient quelques années sa cour à Lunéville où se plaît la duchesse Charlotte. L'architecte Boffrand dessine les larges rues de la ville, le grand parc et le **château**★ ⊙ (1719). En s'inspirant de Versailles, il proclame la dignité de la maison de Lorraine par un haut portique à colonnes et une profusion de statues et de trophées ; il dissimule l'importance des toits par la haute balustrade qui règne à leur base.

Plus tard, Stanislas, qui y réside à plusieurs reprises, fait reprendre la décoration du château de Léopold.

Par la paix de Lunéville, signée le 9 février 1801, la maison des Habsbourg confirme le traité de Campoformio en reconnaissant à la France toute la rive gauche du Rhin : c'est-à-dire les conquêtes de la Révolution. Elle accomplit aussi une démarche encore imprévisible vers la formation de l'unité allemande en consentant à une réduction considérable du nombre des principautés et des États germaniques.

Après 1871, la ville a bénéficié du repli d'industries qui s'étaient installées en Alsace (De Dietrich).

⊙ ►► Parc des Bosquets★ - Boiseries★ de l'église St-Jacques.

LYON★★★

Agglomération 1 262 223 habitants
Carte Michelin n° 246 plis B, C, F, G et plans n° 30 (en une feuille)
ou n° 31 (en feuille avec répertoire)
Guide Vert Vallée du Rhône

Vingt siècles d'histoire, une situation exceptionnelle à la rencontre des grands couloirs de circulation de la Saône et du Rhône, une population dynamique ont fait de Lyon la deuxième agglomération de France. Le commerce et l'industrie nés d'un esprit d'initiative très répandu marquent une activité où prédominent l'imprimerie, la mécanique et la chimie. La richesse historique de la ville se manifeste par son rayonnement aux époques gallo-romaine, Renaissance et contemporaine.

LA COLLINE DE FOURVIÈRE (plan n° 31 J 8, J 9)

Village celte puis gaulois, camp de base de Jules César, Lyon devint sous Auguste la métropole des Trois Gaules impériales (Lyonnaise, Aquitaine, Belgique) par opposition à la Gaule Narbonnaise, sénatoriale et plus ancienne. Agrippa, qui y commanda, en fit l'origine du réseau de voies romaines qu'il décida de construire dans un dessein politique : à celle venant d'Arles s'ajoutèrent ainsi celles de Saintes, d'Orléans et Rouen, de Genève et Aoste et celle de Chalon avec ses prolongements vers Amiens, Trèves et Bâle.

Dès le 1er s., l'industrie de la poterie s'y développa qui déménagea pour la Graufesenque *(p. 220)*. Près de l'amphithéâtre des Trois-Gaules (colline de la Croix-Rousse) s'élevaient alors le temple de Rome et d'Auguste et le sanctuaire fédéral où, annuellement, sous la surveillance romaine, se tenait la bruyante assemblée des chefs des 60 nations gauloises.

Le christianisme qui avait gagné Vienne puis Lyon au milieu du 2e s. y connut en 177, à l'occasion d'une émeute lors de ces fêtes, ses 50 premiers martyrs dont saint Pothin âgé de 90 ans et sainte Blandine. Vingt ans plus tard, saint Irénée, devenu alors chef de l'Église de Lyon, connut le même sort. Selon Grégoire de Tours, l'Évangile, réintroduit à Lyon vers 250 par des missionnaires romains, s'y développa, comme dans la plupart des villes, sous Constantin.

Lyon – Illumination de la colline de Fourvière

C. Favardin/ICONOS

La PRESQU'ÎLE

Ainay (R. Remparts d') .... **EFU** 2
Bât d'Argent (R. du) .... **FST** 4
Carnot (R. du Prés.) .... **FT** 7
Célestins (Q. des) .... **FT** 8
Charité (R. de la) .... **FU** 10
Chenavard (R. Paul) .... **FT** 12
Childebert (R.) .... **FT** 14
Lafayette (Pont) .... **FT** 20
Martinière (R. de la) .... **ES** 22
Morand (Pont) .... **FS** 23
Platière (R. de la) .... **FST** 24
Ste-Hélène (Rue) .... **EU** 28
Serlin (R. J.) .... **FS** 30

H   Hôtel de Ville
M¹ Hôtel de Gadagne
M³ Musée de la Civilisation
        gallo-romaine
M⁴ Musée des Hospices
        civils
M⁵ Musée de l'Imprimerie

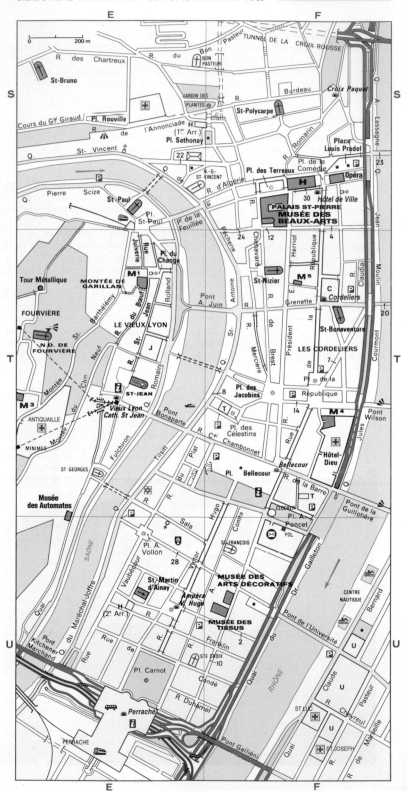

Fourvière (ET) – La colline doit son nom au vieux forum (Forum vetus) qui subsistait encore au 9e s., sous Louis Ier. Il occupait l'emplacement de la chapelle de pèlerinage (Vierge noire) attenante à la basilique (1870) sur son flanc droit. La ville romaine comptait de nombreux bâtiments publics : le palais impérial (capitole) donnant sur le forum, un théâtre et un odéon (reconstitués) sur le versant de la colline, des thermes proches, un cirque, des temples et un amphithéâtre sur la rive gauche de la Saône.

La terrasse, à gauche de la basilique, forme belvédère sur le **site★★★** de Lyon au confluent de la Saône et du Rhône et sur l'agglomération qui s'étend largement sur les hauteurs environnantes et la plaine dauphinoise.

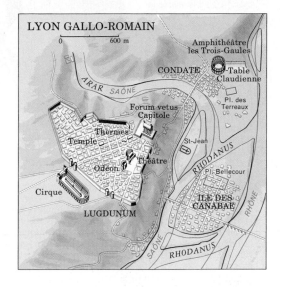

★★ **Musée de la Civilisation gallo-romaine (ET M³)** ⊙ – J 8. La pièce majeure en est peut-être la **table Claudienne★★★**, table de bronze gravée, découverte en 1528. On y lit le discours prononcé au Sénat, à Rome, en 48 par l'empereur Claude. Une notice permet de mesurer la différence entre la lourdeur du discours politique et l'adroite transcription qu'en laissa Tacite pour la postérité, avec son talent d'écrivain.

★★★ LE VIEUX LYON (plan n° 31 H 9, J 9, K 9)

Sur 1 km, en bordure de la Saône, le Vieux Lyon compose un exceptionnel ensemble urbain gothique et Renaissance.

★ **Primatiale St-Jean (ET)** ⊙ – J 9. L'église actuelle, entreprise en 1192, succède à plusieurs sanctuaires dont un baptistère paléochrétien (vestiges, côté Nord). Elle fut agrandie sous Philippe Auguste et Saint Louis en partant d'un chevet roman. Les 280 médaillons qui décorent les piédroits de sa façade, commencés en 1310, s'apparentent par leur richesse et leur variété à ceux de la cathédrale de Rouen (portails des Libraires et la Calende) et à ceux de la chapelle du palais des Papes d'Avignon. Mais ils déconcertent par la disposition apparemment désordonnée des sujets où le sacré, le profane et le grotesque se mêlent.

A l'intérieur, le **chœur★★** constitue avec l'abside la partie la plus ancienne. La décoration de l'abside est typique de l'art roman rhodanien par ses pilastres cannelés portant une arcature aveugle, et sa frise de palmettes. Elle s'éclaire à la fenêtre axiale d'un vitrail du 13e s. (remarquable médaillon de la Rédemption). L'**horloge astronomique★** (14e s.) a conservé ses anches et ses pignons en fer forgé.

★★ **Quartier St-Jean (ET)** – J 9. Lyon, qui fut rattachée au domaine royal au début du 14e s., était au Moyen Age une ville frontière face au Dauphiné, à la Savoie et à l'Empire. Charles VII en fit un entrepôt européen en y fondant, en 1419, deux foires annuelles. Louis XI y introduisit le moulinage de la soie grège importée du Levant et d'Italie faute de sériciculture française ; mais les réticences actives des consuls firent émigrer l'unique atelier à Tours. En doublant le nombre des foires, 44 ans plus tard, il y instaura un commerce lointain, très en avance sur son époque et générateur d'avenir : auberges et hôtelleries de qualité, création de chambres de compensation, évitant le transport des espèces, respectées pour la probité de la bourgeoisie naissante et embryon de la banque lyonnaise au 16e s.

Le développement des échanges au 16e s., donc celui des négociants, des banquiers et des hauts fonctionnaires, valut à Lyon une période faste. Dans cette ville bouillonnante d'idées s'édifièrent des demeures gothiques aux élégantes façades flamboyantes encore percées de fenêtres dissymétriques ; d'étroits couloirs y menaient à des cours intérieures à tourelles (rue St-Jean, n°s 11 et 28). Les maisons Renaissance, les plus nombreuses, s'ornent de motifs venus de l'Italie (tourelles polygonales, galeries superposées, arcs en anse de panier, bustes, enseignes d'angle comme le bœuf – fin 16e s. – de la rue du Bœuf, sculpté par Jean de Bologne – hôtel Paterin, 4, rue de la Juiverie).

Dans l'**hôtel de Gadagne**★ (**ET M¹**) sont installés le **Musée historique de Lyon**★ ⊘ et le **musée international de la Marionnette**★ ⊘ créée par Laurent Mourguet (1769-1844) dont **Guignol** incarne l'esprit populaire lyonnais.

Guignol et ses compères dans le Castelet

Avec la Renaissance française apparaissent les ordres (colonnes superposées) : hôtel Bullioud (8, rue de la Juiverie) et sa galerie sur trompes, œuvre de l'architecte lyonnais **Philibert Delorme**.

Alors Lyon rayonnait aussi d'un humanisme actif. La typographie, inventée en Corée en 1403, puis à Mayence en 1447, arrive en 1485 sur les bords de la Saône. L'art des copistes et des enlumineurs est bouleversé par ce système de graphisme constructif. La diffusion des livres secoue l'Europe par l'élargissement de la connaissance (littérature, découvertes, techniques, récits) ; la Réforme, née de la lecture facilitée de la Bible, apparaît 50 ans après la presse à imprimer.

Alors, **Louise Labé**, la Belle Cordière, règne sur le monde des arts et des lettres, illustré par Maurice Scève, poète de l'école lyonnaise.

En 1548, la ville compte près de 400 imprimeurs comme Sébastien Gryphe, Guillaume Rouillé et Étienne Dolet, l'éditeur de Marot et de Rabelais *(voir à Chinon)*, médecin à l'hôpital de Pont-du-Rhône durant trois ans, correspondant avec Érasme et Du Bellay, qui publie, à l'occasion des foires, son *Pantagruel* en 1532 et son *Gargantua* en 1534.

Le Florentin Angelo Benedetto y fabrique de la porcelaine blanche et plusieurs autres dont Julio Gambiu qui émigra à Nevers vers 1565.

★★ **Musée de l'Imprimerie** (**FT M⁵**) ⊘ – H 10, J 10. Il éclaire le tout début de l'imprimerie à Lyon (et l'évolution de ses techniques), des premières gravures sur bois à la découverte de la typographie et à la photocomposition ; l'art de la mise en pages ; l'essor des banques (Guérin, Crédit Lyonnais) après 1863, ainsi que les créations qu'elles ont permises (soieries, échanges, chemin de fer PLM en 1863).

La caractéristique principale du Vieux Lyon réside dans les nombreuses traboules (du latin « trans ambulare »), passages perpendiculaires aux rues qui relient les immeubles par des couloirs voûtés d'ogives et des cours intérieures.

LA PRESQU'ÎLE (plan n° 31 H 10, J 10, K 9, K 10, L 9)

La Presqu'île est formée par les alluvions du Rhône qui ont repoussé le confluent vers le Sud, de 4 km depuis l'époque romaine. Elle fut d'abord un terrain occupé par des baraquements militaires. La proximité des deux fleuves en fit un entrepôt puis le centre vital de l'agglomération. Elle a servi de cadre au développement de la ville classique et moderne amorcé sous Henri IV et Louis XIII, poursuivi aux 18e et 19e s., et dépassé, depuis, par les quartiers modernes de la proche et de la grande banlieue. Son animation et son attrait se matérialisent par les beaux immeubles (19e s.) et les boutiques élégantes de la rue de la République, par les ombrages et les fontaines de la place de la République (**FT**).

L'ère des novateurs – Cette époque fut, pour Lyon, axée sur les sciences et les techniques. Parmi les hommes qui s'y sont illustrés, il faut citer en particulier :

Les **frères Jussieu** (Antoine, Bernard et Joseph), botanistes au 18e s.

Claude Bourgelat, passionné d'hippisme et créateur de la première école vétérinaire d'Europe.

Jouffroy d'Albans qui, en 1783, fit remonter la Saône à son pyroscaphe, le premier bateau à vapeur à aubes.

Marie-Joseph Jacquard qui, perfectionnant un métier de Vaucanson, fabriqua en 1804 sa mécanique à tisser.

André Ampère, esprit absorbé par la réflexion, mathématicien, inventeur du galvanomètre, de l'électromagnétisme et de l'électrodynamique.

La soie

Découverte en Chine, la soie (bave du « **Bombyx de mûrier** ») s'implante en France par la volonté de Louis XI, en 1466. Elle ne se développe réellement qu'au 16e s. avec le choix de Lyon comme entrepôt de la soie et la plantation massive de mûriers. Cette expansion continue sous Louis XIV, favorisée par d'illustres novateurs comme **Philippe de Lassale**, mais est brutalement stoppée par la Révolution. Dopée par une forte relance sous l'Empire, la soierie lyonnaise va atteindre son apogée vers 1850, avant que la pébrine ne décime les élevages français. La concurrence extérieure, la découverte de fibres artificielles et l'industrialisation massive ont depuis profondément modifié cette industrie ; mais la soierie lyonnaise est restée une référence au service de la mode et du luxe français.

La soie est obtenue par l'éducation du bombyx dans des **magnaneries** : c'est la **sériculture**. Après l'étape de la filature, la **soie grège** n'est pas assez résistante pour être tissée : il faut donc une opération préparatoire, le **moulinage** : assemblage et torsion du fil. Les bobines sont alors disposées sur un cadre, le **cantre**, puis déroulées en faisceau sur un **ourdissoir** ; les **chaînes** ainsi réalisées sont tendues sur le métier (fils parallèles) et sont croisées perpendiculairement par des fils de **trame** placés dans les **canettes**. Pour laisser passer la trame, les fils de chaîne sont soulevés par des cordelettes, les **lisses**, qui sont actionnées par différentes mécaniques dont la plus célèbre est celle de **Jacquard** (cartons perforés). Il existe plusieurs types de croisement possibles que l'on appelle **armures** : les principales sont le taffetas, le sergé et le satin. Mais pour obtenir des tissus **façonnés** (décor avec fils de couleur), il faut avoir recours à un système plus complexe, le **semple**, commandé par des ficelles nommées **lacs**. Le velours nécessite quant à lui la mise en œuvre d'une 2e chaîne dite de **poil**, qui produit le velouté. Ces façonnés peuvent être travaillée après le tissage : impression au **cadre** ou gravure à la **planche**, obtention de différents apprêts comme le **gaufrage** et le **moirage**...

Barthélemy Thimonnier, créateur en 1829 de la machine à coudre.

Jean-Baptiste Guimet qui parvint, en 1834, à fabriquer de l'outremer (substance colorante) artificiel.

Émile Guimet qui fonda à Lyon, en 1879, un musée d'orientalisme.

Claude Bernard, physiologiste qui établit, en 1853, la fonction glycogénique du foie.

Les **frères Lumière** (Auguste et Louis), créateurs de la cinématographie.

Marius Berliet (1866 1949).

Louis Lépine, administrateur qui réglementa la circulation ; institua le concours où exposent les inventeurs et fabricants français.

Hector Guimard, architecte créateur de la décoration curviligne et florale du « modern style » : entrée des bouches du métropolitain à Paris.

Les frères Voisin, aviateurs et constructeurs d'automobiles très soucieux de l'aérodynamique des formes.

Place Bellecour (FT) – K 9, K 10. Le projet en fut lancé dès 1609 par Henri IV ; mais ce n'est que 50 ans plus tard que la ville put disposer des terrains. Elle fut dessinée par Robert de Cotte qui, en jouant avec les dispositions des allées d'arbres sur le côté Sud, parvint à dissimuler l'irrégularité de son plan trapézoïdal et à lui donner une physionomie rectangulaire. Les immeubles qui la bordent, rasés par la Convention (« Lyon n'est plus »), furent refaits au 19e s.

Hôtel-Dieu (FT) – J 10, K 10. Soufflot, âgé de 27 ans, en donna les plans en 1740 ; il éleva là l'un des plus importants édifices du royaume. Le bâtiment fait date dans l'architecture française par sa longue façade sur le quai de Rhône, par son avant-corps central à colonnes ioniques dressées sur un soubassement à refends et couronné par un dôme de plan et de lanternon carrés. Les linges sculptés aux impostes des fenêtres (premier étage des pavillons) évoquent sa fonction hospitalière. Une balustrade allège la longue façade et dissimule les toits aplatis.

Place des Terreaux (FS) – H 10. Elle occupe la zone du confluent antérieurement à l'époque romaine. La place, chère au cœur des vieux Lyonnais, s'orne d'une **fontaine**★ de Bartholdi où quatre chevaux frémissants évoquent les fleuves bondissant vers l'océan.
L'hôtel de ville date de Louis XIII ; mais sa façade, refaite par Robert de Cotte après un incendie, est caractéristique du 18e s. par son dôme et son tympan arrondi porté par des atlantes.

★★★ **Musée des Beaux-Arts** ⊙ – Installé dans le palais St-Pierre (FS), ancienne bénédictine du 17e s., le musée présente un exceptionnel panorama de l'art mondial au travers des époques. Ses collections sont organisées en cinq départements : peinture, sculptures, objets d'art, Antiquité et arts graphiques.

LYON

Parmi les œuvres représentatives de l'art pictural européen, il faut retenir :
l'**Ascension du Christ**★ du Pérugin, un impressionnant *Saint François* par Zurbaràn,
l'*Adoration des Mages* par Rubens. L'évolution de la peinture française est
illustrée depuis le 17ᵉ s. (Philippe de Champaigne) jusqu'aux écoles du 19ᵉ s.
(*Femme au perroquet* de Delacroix) et du 20ᵉ s. (*Corbeille de fruits* de Chagall).
L'Antiquité propose des pièces particulièrement riches : portes du temple de
Médamoud pour la section Égypte, célèbre **korê archaïque** de l'Acropole pour la
partie grecque...

★★★ **Musée des Tissus** (FU) ⊙ – K 10. Outre quelques tissages d'art très anciens,
il présente des soieries lyonnaises surtout créées depuis le 17ᵉ s. par des maîtres
comme Philippe de Lassalle : lampas et satins brodés Louis XV, broderies, velours
ciselés Empire et Restauration. Le musée abrite aussi le Centre international
d'études des textiles anciens.
Sur le versant de la Croix-Rousse, les Traboules (FS) ouvrent des communications abritées, de rue à rue, pour protéger des intempéries les précieuses
pièces de soie. Ces passages ont beaucoup servi durant la Révolution et la
Résistance.

★★ **Musée Guimet d'Histoire naturelle** ⊙ – *Entrée boulevard des Belges.* Créé par
l'industriel Guimet, fondateur du musée du même nom à Paris, il rassemble de
riches collections d'art asiatique, d'Égypte et de remarquables pièces de
paléontologie.

ENVIRONS

★★ **Musée Henri-Malartre** ⊙ – *A Rochetaillée, 10 km au Nord du pont Clemenceau.*
Il présente, dans un château et ses dépendances, une collection rassemblée
pour la plus grande part par Henri Malartre. La vocation de collectionneur
de ce ferrailleur perspicace s'éveilla en 1931, lorsque dans un lot de vieux
métaux il découvrit une Rochet-Schneider de 1898 dont le moteur fonctionnait
encore.
Les premiers engins automobiles construits en France furent, en 1769 (20 ans
avant la Révolution), le fardier de Cugnot ; en 1862, le cycle à 4 temps de Beau
de Rochas ; en 1873, l'Obéissante d'Amédée Bollée ; en 1878, la Jacquot à
vapeur.
Parmi les quelque 100 constructeurs (Rochet, Audibert et Lavirotte, Vermorel...)
que comptait la région au début du siècle, il faut mettre à part **Marius Berliet**. Il
créa son premier chariot profilé en 1896 puis assit sa réputation sur la robustesse
de ses châssis, sur ses moteurs monoblocs (1913), sur la fiabilité de ses camions
CBA (ceux de la Voie Sacrée – *voir à Verdun*). Il lança le diesel en 1931, puis
les gros porteurs de 15 et 20 t en 1932.
Certaines pièces sont uniques comme la Rochet-Schneider (1895), la Gobron-
Brillié (1898), la Luc Court (1901), la Thieulin (1908) ; d'autres ont fait date
dans le développement technologique comme la Fort T (1910), la Peugeot BB
(1913), la berline Voisin (1932). L'omnibus à vapeur Scotte (1892), la voiturette
électrique Mildé (1900), le prototype de la 2 CV Citroën (1936), maquillé en
camionnette pendant l'Occupation, cumulent les deux particularités.
A noter également : un coupé-docteur De Dion Bouton (1900), un taxi de la Marne
(1914), un ensemble de trois voitures Sizaire (1908, 1924, 1927), une
décapotable Bugatti (1930), la Mercedes blindée (1942) d'A. Hitler, saisie en
1945 par la division Leclerc à Berchtesgaden, l'Hispano-Suiza (1936), coupé de
ville utilisé par le général de Gaulle après la Libération de Paris.

⊙ ►► Musée lyonnais des Arts décoratifs★★ FU – Musée des Hospices civils
FT M⁴ (apothicairerie★) – Basilique St-Martin-d'Ainay EU (chapiteaux★)
– Église St-Nizier FT (*Vierge à l'Enfant*★) – Église St-Paul (tour-
lanterne★) – Montée de Garillan★ ET – Parc de la Tête d'Or★ – Place
Rouville ES (vue★).

Participez à notre effort permanent de mise à jour.
Adressez-nous vos remarques et vos suggestions :

Cartes et Guides Michelin
46, avenue de Breteuil
75324 PARIS CEDEX 07

Velours ciselé –
Lyon - 2nd Empire

Broderie au point plat –
France - Époque Régence

Brocatelle, soie et lin –
Lyon - 1867

Lampas broché (jupe) –
France - Début 18e s.

Satin liséré, lancé, brodé –
France - Fin 19e s.

Cannelé façonné, soie –
France - 18e s.

Photos Basset/Remerciements à la Banque d'Images Textiles du Musée des Tissus, Lyon

Le MANS★★

Agglomération 189 107 habitants
Cartes Michelin n° 60 pli 13 et 64 pli 3 ou 232 pli 10
Guide Vert Châteaux de la Loire

Bâtie au confluent de la Sarthe et de l'Huisne, Le Mans est une grande ville moderne, plaque tournante du commerce régional au calendrier jalonné de nombreuses foires : citons celle de Printemps (fin mars ou début avril), la grande foire-exposition dite des Quatre-Jours (mi-septembre), la foire aux Oignons (le premier vendredi de septembre). C'est aussi une ville industrielle, vivant de la construction et de la course automobiles (circuit des 24 Heures du Mans, circuit Bugatti) et l'un des plus importants centres d'assurances de France.

Les Manceaux apprécient la bonne chère : qui ne connaît leurs rillettes, leurs poulardes dodues, leurs chapons qu'on arrose de cidre pétillant avant de terminer le repas par les fameuses reinettes du Mans, pommes à pulpe parfumée sous une peau tachetée.

A l'emplacement d'un ancien oppidum celte, le **Vieux Mans**★★ domine la plaine, fermé dans son enceinte gallo-romaine (4e s.), l'une des rares encore debout dans l'Ouest de la France (**maison de la Reine Bérengère**★ et maison du Pilier Rouge).

La Sarthe au Mans

★★ **Cathédrale St-Julien** ⊙ – Le passage de la nef au chœur manifeste – même pour le touriste le moins averti de l'archéologie – le changement intervenu dans l'art de bâtir en 160 ans.

Nef romane – 1060-1120. Derrière la façade Ouest très archaïque s'étend la nef romane, renforcée et voûtée de pierre en 1158 ; une série d'arcatures y rompt le nu des murs. Le vitrail de l'Ascension *(2e du bas-côté droit)*, daté de 1140, est d'un coloris remarquable. A l'extérieur, le porche Sud présente une belle arcature en dents d'engrenage et, au **portail**★★, des statues-colonnes hiératiques. Les arcs-boutants furent ajoutés en 1419.

Chœur et transept gothiques – 1217-1448. Le regard admiratif embrasse cet ensemble architectural que quelques points en particulier permettent d'examiner.

Le chœur proprement dit, achevé en 1254, ne comporte pas de triforium ; son élévation très simple, à deux étages, est d'une superbe envolée ; à la base des fenêtres hautes règne une galerie de circulation à la normande. Il est entouré d'un double déambulatoire dont la galerie intérieure, à triforium, s'élève à 22 m sous clefs ; la galerie extérieure, d'une géométrie élégante, introduit entre chacune de ses travées une voûte triangulaire qui rattrape l'allongement de l'arc de cercle et le pilier rond qui en marque le sommet est placé au droit de la division en Y des arcs-boutants extérieurs.

Cet ensemble est éclairé par de belles **verrières**★★ du 13e s. disposées sur trois étages : chapelles ouvrant sur le déambulatoire extérieur, fenêtres du déambulatoire intérieur, fenêtres hautes du chœur.

Au croisillon Sud du transept (1385-1392), observer le raccordement entre le chœur gothique et l'ancien transept roman.

Le croisillon gauche fut élevé de 1425 à 1448 dans un style identique. Dans la chapelle des fonts : deux remarquables **tombeaux**★★ Renaissance ; celui de gauche fut élevé pour Charles V d'Anjou, frère du roi René, et témoigne de la mode italienne et du goût pour l'Antiquité ; le second, à la mémoire de Guillaume Du Bellay, cousin du poète, le représente accoudé sur un sarcophage qu'orne une ravissante frise de divinités nautiques.

A l'extérieur, le **chevet**★★★ est d'une ampleur et d'une hardiesse spectaculaires. Il faut le voir de la base de l'escalier donnant sur la place des Jacobins. Son architecte y déploie une science consommée de la distribution des poussées. De bas en haut s'étagent les chapelles rayonnantes avec leurs contreforts et leurs balustrades ; entre elles les murs de refend reçoivent les culées des grands arcs-boutants à double volée et double batterie qui enjambent les déambulatoires au-dessus desquels ils décrivent leur célèbre division en Y ; lestés de pinacles ils contrebutent, à sa base, la haute voûte du chœur.

★★ **Musée de l'Automobile de la Sarthe** ⊘ – *Dans l'enceinte du circuit – 5 km au Sud.* Dès le milieu du 19e s., Le Mans devint une ville industrielle. En 1873, **Amédée Bollée** père (1844-1917), fondeur de cloches, y achève (104 ans après le fardier de Cugnot) sa première automobile, l'*Obéissante*, un break de 12 places qui dépassait les 40 km/h (musée des Techniques à Paris), puis il construit la *Mancelle* (musée de Compiègne), secondé et suivi par ses fils Amédée et Léon. Le 26 juin 1906, sur le circuit de la Sarthe long de 103,180 km, Szisz, sur Renault, remporte le premier Grand Prix grâce aux jantes amovibles Michelin. En 1923 naquirent les « **24 Heures du Mans** » organisées par l'Automobile Club de l'Ouest.

Le musée, reconstruit en 1991, est aménagé comme un sanctuaire au cœur des terrains de l'épreuve des « 24 Heures ». En présentant 115 véhicules dans un décor faisant appel aux techniques modernes, il permet de jalonner les progrès de cette industrie réalisés en France.

Les collections rendent d'abord hommage aux « Bollée » fabriquées au Mans, puis c'est une Krieger électrique de 1908. L'entre-deux-guerres est illustré par des voitures de prestige : un coupé chauffeur décapotable Hispano-Suiza (1929), une Aérodyne Voisin (1935), une Bugatti (1939), l'autochenille Citroën *Scarabée d'or*, de la Croisière Jaune en 1931. Remarquer aussi le prototype unique de la Socema Grégoire à turbine à gaz de 1952.

Pour la partie course et notamment « 24 Heures du Mans », on pourra découvrir plusieurs voitures victorieuses : la Bentley de 1924, la Ferrari de 1949, la Matra de 1974, la Rondeau (1983), la Jaguar de 1988, la Mazda de 1991, la Peugeot de 1992 qui constituent une partie d'une collection exceptionnelle.

⊘ ►► Maison de la Reine Bérengère *(ethnographie)*★ – Musée de Tessé★ *(peintures)* – Église de la Couture★ – Église Ste-Jeanne-d'Arc★ – Abbaye N.-D.-de-l'Épau★ *(4 km à l'Est).*

MARAIS POITEVIN★★

Cartes Michelin nos 71 plis 1, 2, 11, 12 ou 233 plis 3, 4, 5
Guide Vert Poitou Vendée Charentes

Le marais est l'ancien golfe marin du Poitou, fossé d'effondrement bordé par la falaise « morte » du rivage tel qu'il se présentait au début des temps historiques et piqueté d'imperceptibles hauteurs, anciennes îles ③ de roches dures, où se sont installés les villages. Le marais repose sur un lit de vases marines durcies, le « bri », et doit être équipé de digues et de vannes assurant alternativement l'écoulement de ses eaux ou sa protection contre les crues des rivières et les hautes marées. Cette terre sans assises oblige la voie ferrée, entre Luçon et La Rochelle, à effectuer un long détour et à prendre appui sur l'ancien rivage et sur les « îles ».

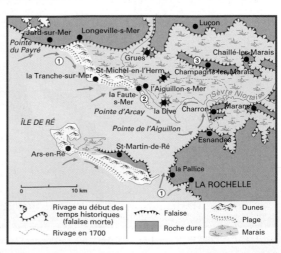

On distingue à travers ses 80 000 ha, près de l'océan un **marais desséché**★ ; sur ses vases molles les éleveurs de moules font glisser leurs embarcations « plates ». Vers l'intérieur, un **marais mouillé**★★, « la Venise verte » (nom donné en raison des lentilles d'eau), s'étend sur 15 000 ha ; ses vases ont été fixées par la végétation et fertilisées par l'humus.

Depuis le creusement des canaux et le compartimentage en îles par les abbayes, dès le 13e s., et leur régénération par Henri IV après les guerres de Religion, les principales ressources du marais sont les bovins, les ovins, les peupliers et la pêche.

A l'embouchure de la Sèvre niortaise, la zone basse du marais poitevin constitue l'**anse de l'Aiguillon**, au fond du Pertuis breton et protégée de la houle de l'océan par la flèche littorale ② de la **pointe d'Arçay** qui se termine par des languettes de sable déposé par le courant côtier et par la digue de l'Aiguillon créée par des ingénieurs hollandais.

L'anse de l'Aiguillon présente actuellement une physionomie de marais. Les digues du Limousin, de 1771, du Maroc... ont accéléré son colmatage naturel et ont déplacé vers le Sud et vers l'Ouest la baie originelle. Elle s'est formée sous l'action des courants côtiers ①, amplifiée par celle des marées qui font glisser le long du rivage les débris de roches arrachés par les vagues ou apportés par la Sèvre. Leur accumulation régularise le tracé du littoral et donne naissance à des polders, à des parcs à huîtres, à des bouchots à moules. La baie, plus pittoresque à marée haute, est plus belle à marée basse ; ces phénomènes acquérant alors une représentation plus visuelle.

⊙ ►► Promenade en barque★★.

Le guide Vert Michelin France.
Une sélection des sites les plus originaux et représentatifs
à proximité des routes de grand tourisme.

MARSEILLE★★★

Agglomération 1 087 370 habitants
Cartes Michelin nos 84 pli 13 ou 245 pli 44 ou 246 plis K, L, M
Guide Vert Provence

Les terrasses de **N.-D.-de-la-Garde** – basilique de pèlerinage élevée dans un style romano-byzantin au 19e s. par Espérandieu – constituent, à 162 m d'altitude, le meilleur belvédère sur Marseille. Le **panorama**★★★ s'y déploie sur l'arrière-pays montagneux au pied duquel s'étend, immense, l'agglomération, le quartier du Vieux-Port, les îles surveillant la baie et les bassins du grand port méditerranéen qui, au 19e s., contribua à l'expansion française et européenne en Orient et en Afrique.

Marseille – Marché, rue Longue-des-Capucins

La ville doit tout à la mer. Elle est née d'un comptoir fondé en 600 avant J.-C. par les Phocéens, marchands et navigateurs d'Asie mineure. A leur tour ses habitants établirent des relais sur leurs lignes maritimes et à l'intérieur : Nice, Antibes, les îles de Lérins, Agde, Glanum (St-Rémy), Arles. Aux 3e et 2e s. avant J.-C., la ville couvre 50 ha au Nord du Vieux-Port. Trois temples grecs s'élèvent au sommet des buttes où elle s'est installée puis étendue. Ville de culture et centre actif de profits, elle excite la convoitise des Celto-Ligures d'Entremont. En 123, elle sollicite contre eux l'alliance de Rome. Le Sénat saisit l'occasion pour rendre plus sûres ses voies de communication avec ses colonies en Espagne et plante ainsi le premier jalon de la pénétration romaine en Gaule.

70 ans plus tard, alors qu'une guerre civile oppose César et Pompée, Marseille, dans l'obligation de prendre parti, fait le mauvais choix. César victorieux l'assiège et la réduit en 49 avant J.-C. Arles, Narbonne et Fréjus s'enrichissent de ses dépouilles ; son déclin se dessine.

★ **Basilique St-Victor (DU)** – Face à la ville gréco-romaine s'est formé le quartier né du rassemblement des chrétiens. Saint Victor y aurait été martyrisé au tout début du 4e s. et, vers 420, on y aurait construit, pour son culte, une abbaye fortifiée.

La basilique, reconstruite en 1040 puis remaniée (crypte et nef) au début de la période gothique, conserve, dans sa **crypte★★**, des sarcophages du 4e s. où les archéologues reconnaissent la tendance à l'individualisme différenciant l'art chrétien de l'art antique : celui du Concile des apôtres et celui des Compagnons de St-Maurice sont célèbres.

Marseille – La passe du Vieux-Port

★★ **Le Vieux-Port et ses abords** – Sur la berge Sud, le buste de Vincent Scotto (1876-1952), compositeur de mélodies très populaires, contemple le spectacle animé du Vieux-Port.

A l'Est débouche la **Canebière**, artère animée de grande métropole, dont les marins marseillais ont répandu le nom dans les cinq continents.

Après sa prise par César, Marseille est néanmoins restée une ville libre. L'activité portuaire s'y poursuivit, avec des hauts et des bas, dans la « corne », bassin du port antique d'origine situé au Nord-Est du Vieux-Port actuel ; ce dernier servant alors de plus en plus d'avant-port. Mais la réduction de la vie urbaine compromet désormais l'entretien des entrepôts (**musée des Docks romains★** ⊙ – **M³**) et du bassin d'origine peu à peu envahi par la vase jusqu'à l'être tout à fait au 11e s.

Avec les Croisades et la concurrence que se livrent en Méditerranée Pise et Gênes, l'activité renaît au 12e s. Elle se développe lors de la réunion de la Provence à la France en 1481 et plus encore – au détriment d'Arles – lorsque Louis XIII y fit construire les quais.

Le **Jardin des Vestiges (K)**, site archéologique relevant du **musée d'Histoire de Marseille★(M¹)** ⊙, est une remarquable mise en valeur de ce passé antique ; la « corne » du bassin primitif y est saisissante de même qu'à l'intérieur le bateau du 3e s. envasé et récemment exhumé.

MARSEILLE

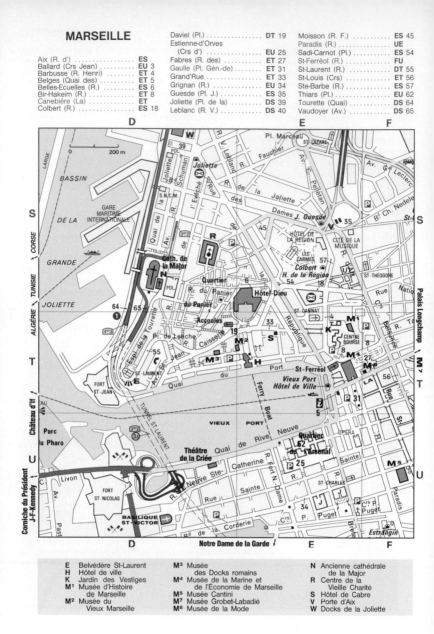

Aix (R. d') . . . . **ES**
Ballard (Crs Jean) . . . . **EU 3**
Barbusse (R. Henri) . . . . **ET 4**
Belges (Quai des) . . . . **ET 5**
Belles-Ecuelles (R.) . . . . **ES 6**
Bir-Hakeim (R.) . . . . **ET 8**
Canebière (La) . . . . **ET**
Colbert (R.) . . . . **ES 18**

Daviel (Pl.) . . . . **DT 19**
Estienne-d'Orves
  (Crs d') . . . . **EU 25**
Fabres (R. des) . . . . **ET 27**
Gaulle (Pl. Gén-de) . . . . **ET 31**
Grand'Rue . . . . **ET 33**
Grignan (R.) . . . . **EU 34**
Guesde (Pl. J.) . . . . **ES 35**
Joliette (Pl. de la) . . . . **DS 39**
Leblanc (R. V.) . . . . **DS 40**

Moisson (R. F.) . . . . **ES 45**
Paradis (R.) . . . . **UE**
Sadi-Carnot (Pl.) . . . . **ES 54**
St-Ferréol (R.) . . . . **FU**
St-Laurent (R.) . . . . **DT 55**
St-Louis (Crs) . . . . **ET 56**
Ste-Barbe (R.) . . . . **ES 57**
Thiars (Pl.) . . . . **EU 62**
Tourette (Quai) . . . . **DS 64**
Vaudoyer (Av.) . . . . **DS 65**

E   Belvédère St-Laurent
H   Hôtel de ville
K   Jardin des Vestiges
M¹ Musée d'Histoire
      de Marseille
M² Musée du
      Vieux Marseille
M³ Musée
      des Docks romains
M⁴ Musée de la Marine et
      de l'Économie de Marseille
M⁵ Musée Cantini
M⁷ Musée Grobet-Labadié
M⁸ Musée de la Mode
N   Ancienne cathédrale
      de la Major
R   Centre de la
      Vieille Charité
S   Hôtel de Cabre
V   Porte d'Aix
W   Docks de la Joliette

★★ **Centre de la Vieille-Charité (DS R)** ⓥ – (1671-1749). Hospice de détention et
de travail pour les miséreux ; remarquablement restauré. La **chapelle**★ est un
chef-d'œuvre de Pierre Puget : un petit déambulatoire et des escaliers encastrés
permettent la desserte des chapelles et des tribunes selon les catégories des
pensionnaires ; la coupole centrale, ovale, montée sur tambour, s'appuie sur des
colonnes et des pilastres ioniques.

De la galerie du deuxième étage de l'hospice : très curieuses perspectives de
guingois sur le dôme oblong de la chapelle, dépourvu de toute décoration
superflue.

La variété et la richesse des collections du **musée d'Archéologie de Marseille**,
rassemblant quelque 900 objets provenant du Proche-Orient, de Grèce,
d'Étrurie et de Rome, en font l'un des rares musées de province à pouvoir
offrir un panorama quasi complet des civilisations antiques méditerranéennes.

ⓥ ►► Musée du Vieux-Marseille★ **M²** – Musée Cantini★ *(art moderne)* **M⁵** –
Corniche du président J.-F.-Kennedy★★ – Musée de la Faïence★ – Musée
Grobet-Labadié★★ *(arts décoratifs, peinture)* **M⁷** – Palais Longchamp★
(musée des Beaux-Arts★) – Port moderne★★ – Château d'If★★.

La Marseillaise

Le 20 avril 1792, la France en révolution déclare la guerre à l'Autriche. A Strasbourg le général Kellerman demande à Claude Joseph Rouget de Lisle, capitaine du génie et auteur-compositeur à ses heures, d'écrire un « morceau inédit à l'occasion du départ des Volontaires » : le *Chant de guerre pour l'armée du Rhin* naît dans la nuit du 25 au 26 avril. Repris aussitôt par un bataillon du Rhône-et-Loire et colporté vers le Midi par des voyageurs de commerce, le *Chant* est entendu à Montpellier le 17 juin. Le 20, un jeune patriote montpelliérain en mission à Marseille, François Mineur, l'interprète au cours d'un banquet offert par le Club des Jacobins de la ville, installé rue Thubaneau. L'engouement est tel que le texte de la chanson est distribué aux 500 gardes nationaux marseillais appelés à participer à la défense de Paris. Rebaptisé *Chant de guerre aux armées des frontières*, l'air est exécuté à chacune des 28 étapes du voyage vers la capitale avec un succès et une virtuosité croissants. Le 30 juillet, les strophes enflammées que ces voix chaudes de Méridionaux lancent à toute volée à travers le faubourg St-Antoine deviennent pour la foule électrisée le *Chant des Marseillais*. Quelques jours plus tard le nouvel hymne, monté à l'assaut des Tuileries, trouve son nom définitif. *La Marseillaise* fut promue chant national le 26 messidor an III (14 juillet 1795) et à nouveau, après une longue éclipse, le 14 février 1879.

Grotte du MAS-D'AZIL★★

Cartes Michelin nᵒˢ 86 pli 4 ou 235 pli 42 – Guide Vert Pyrénées Roussillon

La grotte du Mas-d'Azil compose un site doublement intéressant.

Le regard y découvre d'abord une percée hydrologique très simple, longue de 420 m, forcée par l'Arize sous un chaînon du Plantaurel qui d'abord avait barré son cours et dont elle a peu à peu agrandi le tunnel.

Edouard Piette (1827-1906) fouille le site. C'est lui qui communiqua sa passion de la préhistoire au jeune séminariste qui devint l'abbé Breuil. Il y découvrit dès 1887 un habitat humain intermédiaire entre l'industrie magdalénienne finissante et la civilisation néolithique à son début.

Dans cette **grotte** ⊙ fut étudiée et définie l'industrie azilienne (11000 – 9500) caractérisée par un outillage miniaturisé et des harpons en bois de cerf (les rennes avaient fui vers le Nord lors du réchauffement qui suivit la glaciation de Wurm), et par le façonnage de galets plats, ornés de points souvent assemblés par paires et de traits rouges peints à l'oxyde de fer calciné. Dans ces galets, longtemps énigmatiques, les chercheurs entrevoient des calendriers lunaires ou féminins, et, peut-être, les prémices de la numérotation abstraite. Les 4 étages de galeries fouillées se développent sur 2 km dans un calcaire dont l'homogénéité empêche les infiltrations et la propagation de l'humidité. Des vitrines présentent des pièces remontant aux époques magdalénienne (grattoirs, burins, aiguilles, moulage de la célèbre tête de cheval hennissant) et azilienne (harpons en bois de cerf – les rennes avaient fui vers le Nord à cause du réchauffement du climat –, pointes, galets coloriés, outillage miniaturisé).

Dans la salle Mandement apparaissent, enrobés dans les déblais, des vestiges de faune (mammouth et surtout ours) amoncelés en ossuaire sans doute par des crues souterraines.

MEAUX★

Agglomération 63 006 habitants
Carte Michelin nᵒ 106 plis 22, 23 – Guide Vert Ile-de-France

En 1682, l'éducation du dauphin est terminée, tâche ingrate pour son précepteur **Jacques-Bénigne Bossuet** (1627-1704) qui en reçoit pour piètre récompense l'évêché de Meaux, ville qui s'était signalée, dès 1521, comme un foyer d'asile et d'action du calvinisme. Là, l'Aigle de Meaux s'adonne à la gestion de son diocèse, à la lutte contre le gallicanisme et le quiétisme et prépare cinq de ses grandes oraisons funèbres en particulier celle de Marie-Thérèse, femme de Louis XIV, et celle du Grand Condé où il analyse les qualités de cœur et d'esprit qui font les héros en brossant, en parallèle, les portraits complémentaires et opposés du duc d'Enghien, du Grand Condé et de Turenne. A la fois historien et apôtre, doué d'un solide tempérament bourguignon, c'est l'un de nos grands écrivains classiques : son style parfaitement charpenté vibre du lyrisme poétique de nos meilleurs prosateurs.

★ **Cathédrale St-Étienne** – 12e-16e s. Toutes les grandes étapes qui ont marqué l'évolution du gothique y apparaissent. Extérieurement, les sculptures (14e s.) décapitées de son croisillon Sud et la vaste composition du Jugement dernier, au portail central de la façade Ouest flamboyant, sont intéressantes ; cette dernière, en particulier, exécutée au 15e s. selon une mode répandue au 13e s. L'intérieur frappe par la clarté de son vaisseau qui paraît d'autant plus élevé que les anciennes tribunes furent supprimées au 13e s. (leurs arcades subsistent dans les trois travées droites du chœur).

⊙ ►► Ancien Évêché★ - Musée Bossuet.

Les taxis de la Marne

La capitale comptait, à la veille de la Grande Guerre, 10 000 taxis immatriculés G2, G3 ou G7. Leur intervention fut symbolique, la plupart des troupes de renfort étant arrivées par trains ou en camions. Mais ils permirent aux 4 000 hommes du 103e régiment de la 7e division d'infanterie de se reposer de la marche forcée qu'ils avaient effectuée, dans la journée du 7 septembre 1914, entre Paris et Gagny. C'est principalement parmi les G7, qui ne laissaient qu'une place à côté du conducteur, que Gallieni, gouverneur militaire de la place de Paris, réquisitionna 1 100 chauffeurs. De nombreux conscrits utilisaient pour la première fois ce mode de transport. Constructeur de la plupart des taxis, Louis Renault bénéficia d'une publicité inattendue. En 1917, le ministère de la Défense lui commanda des petits blindés sur chenilles.

Château de MEILLANT★★

Cartes Michelin n°s 69 pli 1 ou 238 pli 31 – Guide Vert Berry Limousin

Le château de Meillant témoigne des transformations accomplies dans l'architecture civile à la fin du 15e s. pour adapter au goût du jour et au souci naissant du confort et du bien-être un château de l'époque féodale. C'est un document sur l'expansion que connut la première Renaissance au Sud du Val de Loire par l'apport de motifs italianisants sur une structure gothique. En cela, il est dans la lignée du palais Jacques-Cœur de Bourges, des châteaux de Chaumont et de Chenonceau.
Parmi les grandes familles qui l'occupèrent, les Amboise, les Béthune-Charost et les Mortemart surtout y ont laissé leur empreinte.

VISITE ⊙

Le caractère féodal de l'ancienne forteresse élevée au début du 14e s. par Étienne de Sancerre n'apparaît plus que sur la façade Sud baignée de douves : privées de leur chemin de ronde, les tours ont conservé d'étroites archères.
La façade orientale, très différente, s'apparente aux châteaux de la Loire par la richesse de sa décoration : deux tourelles d'escalier font saillie sur le corps de logis et semblent concentrer sur elles l'exubérance du « style gothique fleuri » qui jette là ses derniers feux : la balustrade ajourée placée à la base des combles, les lucarnes sculptées, les cheminées ornées de balustrades à décor flamboyant sont éclipsées par la décoration extraordinairement fouillée de la tour du Lion dont l'auteur est Giocondo, un collaborateur de Michel-Ange. L'intérieur abrite un mobilier de valeur : cheminées, tapisseries, tapis, en particulier dans la Grande Salle à manger et dans la « chambre du cardinal d'Amboise ».

ENVIRONS

Bruère-Allichamps – *6 km à l'Ouest*. Une borne milliaire gallo-romaine, découverte dans la commune en 1757, marque le carrefour principal du bourg. Une croyance populaire a fait de cet emplacement le centre géographique de la France.

MENTON★★

29 141 habitants
Cartes Michelin n°s 84 plis 10, 20 ou 115 pli 28 – Guide Vert Côte d'Azur

Menton occupe un **site**★★ ensoleillé, entre la mer et la montagne, sur les pentes inférieures d'un amphithéâtre dominé par le mont Agel, les hauteurs de Gorbio et celles de Ste-Agnès. Le pittoresque de ces crêtes calcaires dissimule la pauvreté naturelle des sols et la force redoutable de l'érosion qui provoque des glissements de terrains dans les ravins. Sur les falaises, les castellaris désignent des sites occupés et fortifiés dès l'époque néolithique.

La ville, achetée à Gênes par les Grimaldi de Monaco dès le 14e s., fut rattachée à la France lors de l'annexion du comté de Nice. Les terrasses plantées d'oliviers, d'orangers et de citronniers et ses nombreux jardins (Biovès, Colombières, botanique exotique, Garavan) composent un plaisant environnement botanique.

Hôtel de ville – C'est une aimable construction avec corps central et pavillon d'angle, dans le goût italien du 17e s. Ses pilastres, ses impostes, ses chapiteaux corinthiens et sa corniche crème tranchent sur le crépi rose des murs. La **salle des Mariages**★ ⊙ a été décorée par Jean Cocteau en 1958.

★★ **Vieille ville** – Elle s'adosse à la montagne en contre-haut de l'axe formé par la rue Longue et la rue St-Michel bordée d'orangers, qui perpétue le tracé de l'ancienne voie romaine Julia Augusta.

★★ **Parvis St-Michel** – Disposé sur deux niveaux, il compose un beau décor de place-salon à l'italienne intégrée au plan d'urbanisation des Grimaldi dont le chiffre apparaît dans la mosaïque de galets gris et blancs de son pavage. Il est fermé par les façades de vieilles demeures mentonnaises, par celle de la chapelle de la Conception au crépi saumon et par celle de l'**église St-Michel**★ ⊙. Cette dernière (1640-1653), bel édifice baroque, fit l'objet d'une réfection importante après le tremblement de terre de 1887.

Rampe St-Michel – Escalier monumental à doubles rampes et pavé de galets.

⊙ ►► Promenade du Soleil★★ – Musée des Beaux-Arts★ (palais Carnolès) – Garavan et ses jardins★.

ENVIRONS

★★ **Roquebrune-Cap-Martin** – *2 km au Sud-Ouest.* Pittoresque **village perché**★★ où il faut, pour en saisir tout le charme, flâner dans les ruelles, jusqu'au **donjon**★ ⊙ au sommet duquel s'offre un **panorama**★★ sur la mer, le cap Martin, la principauté de Monaco et le mont Agel.

METZ★★

Agglomération 193 117 habitants
Cartes Michelin nos 57 plis 13, 14 ou 242 pli 9 – Guide Vert Alsace et Lorraine

Metz est installée sur le plateau lorrain au pied des côtes de Moselle. A l'époque gallo-romaine, c'était déjà un carrefour où se croisaient les routes de la Manche au Rhin et de Trèves à l'Italie par Besançon et la Suisse dont l'actuelle rue Serpenoise, commerçante et animée, conserve le tracé urbain.

Au 4e s., face à la menace des Germains, elle fut dotée d'une enceinte et d'une basilique judiciaire qui devint l'église d'un monastère ; c'est l'ancienne église St-Pierre-aux-Nonnains. Durant le haut Moyen Age, elle fut résidence des rois d'Austrasie puis capitale de la Lotharingie avant d'être rattachée à l'Empire romain germanique puis de devenir une ville libre. L'annexion française, en 1552, lors de l'affaire des Trois Évêchés, en fit une ville frontière qu'il fallut fortifier.

1871-1918-1944 – La capitulation du maréchal Bazaine, le 27 octobre 1870, dont l'incapacité avait laissé échapper le succès à Borny, à Rezonville, à Gravelotte, à St-Privat, livre la ville aux Allemands et sept mois plus tard, au traité de Francfort, la France doit se résoudre à son abandon.

Alors Metz se vide du quart de sa population ; de nombreux artistes et industriels optent pour la France au moment même où se développe la grande industrie et Nancy profite de cet exode.

L'empreinte allemande marque alors la ville. En 1898, la cathédrale reçoit, en façade, son portail néo-gothique où Guillaume II prête ses traits au prophète Daniel (on lui a, depuis, coupé la moustache). Tout un ensemble de forts, achevés ou construits alentour, font de Metz le cœur du plus grand camp fortifié du monde. De 1902 à 1908 on procède à l'aménagement du quartier de la gare : la gare elle-même est bâtie dans une architecture où le néo-roman rhénan se mêle au symbolisme du IIe Reich (l'empereur a dessiné lui-même le clocher) ; à proximité s'élèvent la grande poste et des hôtels pour les officiers. Il s'agissait en effet de répondre aux exigences du plan Schlieffen qui prévoyait de faire de Metz l'articulation de la stratégie d'une attaque contre la France : le secteur Sud de Metz restant sur la défensive tandis que le secteur Nord-Ouest opérerait un vaste mouvement tournant d'invasion, par la Belgique. Le 13 septembre 1914, Joffre en fit échouer l'exécution sur la Marne et sur l'Ourcq *(voir à Meaux)*, à moins de 50 km de Paris.

Après la victoire de 1918, la ceinture des forts autour de Metz devint un élément d'appui de la ligne Maginot tellement puissant qu'en 1944 il fallut deux mois et demi aux forces alliées pour le réduire.

Metz – La cathédrale

★★★ **Cathédrale St-Étienne** ⊙ – Elle correspond à la réunion, vers 1240, puis à la transformation de deux églises antérieures séparées par une ruelle : N.-D.-la-Ronde, d'une orientation transversale pour les trois premières travées (côté Ouest), et St-Étienne.

Le vaisseau, des 13e et 14e s., relève du gothique champenois, son étroitesse relative et surtout la faible hauteur de ses bas-côtés rendent plus saisissante encore la nef, dont les clefs de voûte sont cependant portées à 41,77 m de hauteur.

Dans le chœur et le transept, achevés au début du 16e s., se ressent la décadence du gothique.

Les **verrières**★★★ ont valu à la cathédrale le surnom de « lanterne du Bon Dieu ». Ils couvrent 6 500 m² et témoignent de l'art des verriers du 14e s. à la rose de la façade ; du 15e s. au rang inférieur du fenêtrage du transept gauche (St-Pierre et St-André) ; du 16e s. dans la partie haute de cette même verrière, dans le transept droit et le chœur ; contemporains sous les tours (vitraux abstraits de Bissière) et surtout dans le déambulatoire à gauche et au Sud du transept gauche (*Scènes du Paradis terrestre* de Marc Chagall).

★★ **Musées de la Cour d'or** ⊙ – Ils occupent les bâtiments de l'ancien couvent (17e s.) des Petits Carmes, du Grenier de Chèvremont (15e s.) et plusieurs salles qui relient ou prolongent cet ensemble monumental. Dans les sous-sols sont conservés « in situ » des vestiges de thermes antiques.

Agrandi en 1980, cet ensemble a bénéficié d'une savante muséographie qui fait de la visite une inoubliable promenade dans le passé.

★★★ **Section archéologique** – Les œuvres exposées, pour la plupart découvertes à l'occasion de fouilles pratiquées à Metz et dans la région, témoignent de l'importance de la ville, gauloise par son origine, grand carrefour de routes à l'époque gallo-romaine, foyer de renouveau culturel sous les Carolingiens.

Le **Grenier de Chèvremont**★ est un édifice de 1457 fort bien conservé dans lequel s'engrangeait le produit de la dîme prélevée sur les céréales.

⊙ ▶▶ Porte des Allemands★ – Place St-Louis★ – Église St-Maximin★ – Église St-Pierre-aux-Nonnains★.

Les villes, sites et curiosités décrits dans ce guide sont indiqués en caractères noirs sur les schémas.

Massif du MÉZENC

Cartes Michelin nos 76 pli 18 ou 239 pli 47 – Guide Vert Vallée du Rhône

Au Sud du Velay, le massif volcanique du Mézenc détermine la ligne de partage des eaux entre l'Atlantique et la Méditerranée. C'est le centre d'une traînée éruptive coupant l'axe des Cévennes. Les premiers cratères y surgirent à l'ère tertiaire lorsque le soulèvement alpin, en disloquant le vieux plateau central, facilita la sortie des roches en fusion. Une deuxième phase d'activité volcanique engendra des « planèzes » comme le Devès, une troisième, à la fin de l'ère tertiaire, fit surgir les Sucs du Velay et, plus récemment, les dernières éruptions, en s'épanchant dans les vallées, donnèrent naissance à d'épaisses coulées basaltiques.

Mont Mézenc - *2 h à pied AR au départ de la Croix de Boutières.* Du double sommet, d'où sont descendues deux coulées de lave, se révèle un immense **panorama**★★★ sur le Velay. Le sommet Sud révèle le somptueux paysage des Sucs et la partie centrale de la grande caldeira démantelée par l'érosion glaciaire, le sommet Nord (croix) domine les immenses champs où les laves se sont épanchées et où la nature se prête à la grande propriété avec les trouées profondes des Boutières à l'Est et, tout proche, le village des Estables.

★★ **Gerbier de Jonc** - *1 h 1/2 à pied AR.* Cette aiguille de lave, trop pâteuse pour s'épancher, est un volcan de type « péléen », un Suc caractéristique du Velay dont les éboulis de phonolithe claire résonnent sous les pieds des grimpeurs. Du sommet, **vue**★★. Dans l'étable d'une ferme, au pied du Gerbier, une fontaine passe pour la source de la Loire. Certains géographes la situent plutôt dans les eaux sauvages des prairies humides proches des Estables.

★★ **Cascade du Ray-Pic** - *11 km au Sud du Gerbier de Jonc - 1 h 1/2 à pied AR.* Dans ce site sévère, le torrent de la Bourges succède en fait à plusieurs coulées de lave, très visqueuses (de type hawaiien), descendues de la région de Lachamp, qui se sont superposées et dont les prismes de basalte canalisent le bond de la chute principale. Dans le lit du torrent se côtoient les pierres de granit clair et de basalte sombre.

★ **Lac d'Issarlès** - *20 km à l'Ouest du Gerbier de Jonc.* De forme arrondie, ce joli lac de montagne, d'un bleu intense, dont la surface offre un plan d'eau de 90 ha, occupe un cratère volcanique profond de 138 m. Il fait partie de l'ensemble hydro-électrique de Montpezat, chevauchant la ligne de partage des eaux entre l'Atlantique et la Méditerranée et tirant parti, par un tunnel de 13 km, d'une différence d'altitude de 650 m entre les deux versants *(variations possibles du niveau du lac de septembre à juin).*

Canal du MIDI★

Cartes Michelin nos 82 pli 19 ou 235 pli 35 - Guide Vert Pyrénées Roussillon

Le seuil, ou col, de Naurouze à 194 m d'altitude constitue le point de partage des eaux, en Lauragais, entre les bassins de la Méditerranée et de l'Atlantique. L'idée d'y faire passer un canal qui évite à la navigation le long détour par Gibraltar avait déjà hanté les Romains et de même François Ier, Henri IV et Richelieu, mais l'obstacle était apparu insurmontable à tous ceux qui en avaient fait l'étude.
Dès 1662, **Pierre-Paul Riquet** (1604-1680) intéresse Colbert à son projet, gagne son soutien et obtient les autorisations nécessaires quatre ans plus tard. Mais Riquet se ruine dans l'entreprise des travaux d'aménagement du seuil et de creusement du canal du Midi dont l'exécution resta tout entière à ses frais. Il meurt épuisé six mois avant l'inauguration son ouvrage.
En 1825, ses descendants libérés du passif contracté et rétablis dans leurs droits élèvent entre la N 113 et le canal un obélisque à son créateur. L'État racheta le canal en 1897.
Devenu obsolète au cours du 19e s. par manque de modernisation, le canal demeure un témoignage intact des techniques pré-industrielles.

Sa fréquentation actuelle est essentiellement touristique. Entre Toulouse et l'étang de Thau le canal parcourt 240 km et compte 103 écluses. Depuis 1996, le canal du Midi est inscrit au Patrimoine mondial de l'UNESCO.

Pic du MIDI DE BIGORRE★★★

Cartes Michelin nos 85 pli 18 ou 234 pli 44 – Guide Vert Pyrénées Aquitaine

Au départ du col du Tourmalet (alt. 2 114 m), « le mauvais détour », tellement le brouillard et les nuages y contrarient le passage, une route **privée, à péage** ⊘, l'une des plus élevées d'Europe, mène aux Laquets.
De là, un sentier *(2 h à pied AR)* en rude montée, tracé en lacet dans la pierraille, conduit au sommet du Pic du Midi de Bigorre, arasé à la cote de 2 865 m pour édifier le réémetteur de télévision.

Pic du Midi de Bigorre

★★★ **Panorama** – La situation du Pic du Midi, pyramide de roches primaires isolée en bordure même de la zone axiale en position avancée sur la plaine de la Bigorre, fait de la terrasse un admirable belvédère sur les Pyrénées, de la Rhune à l'Andorre. Au Sud se dressent les sommets du massif de Néouvielle, immense château d'eau et extraordinaire « musée » de relief glaciaire.

Observatoire et l'Institut de physique du globe du Pic du Midi ⊘ – La haute altitude, une situation panoramique dégagée et la pureté de l'atmosphère sont les atouts majeurs de cet observatoire – à l'origine créé par le général Nansouty, destiné à la botanique et à la météorologie –, il est maintenant voué à l'astronomie. Dès 1706, on y observe, pour la première fois, la couronne solaire à l'occasion d'une éclipse totale. Au 19e s., Vaussenat y place une lunette de 20 cm à monture équatoriale ; au début du 20e s., Jules Baillaud et son fils y montent la grande coupole et installent des lunettes à lentilles et des télescopes à miroirs. A l'heure actuelle, l'observatoire et l'Institut de physique du globe constituent l'une des stations scientifiques d'altitude les plus importantes du monde. La recherche y concerne surtout la couronne solaire, la cartographie lunaire, le rayonnement cosmique et la luminescence nocturne.

MILLAU★

21 788 habitants
Cartes Michelin nᵒˢ 80 pli 14 ou 240 Nord-Ouest du pli 14
Guide Vert Gorges du Tarn

Blottie entre le causse du Larzac et le causse Noir, Millau, fixée depuis l'Antiquité par un gué au confluent du Tarn et de la Dourbie, est devenue une ville-pont, donc une ville d'échanges dès le Moyen Age.
La nécessité de sacrifier les jeunes agneaux, apparue dès le 2e s. pour l'exploitation du lait de brebis dans les caves de Roquefort, en a fait un centre de traitement des peaux, puis de ganterie de qualité.
La rigueur du climat caussenard qui s'adoucit au creux de la vallée, les platanes le long des cours, les fontaines, l'animation donnent à la ville une physionomie déjà méridionale. Récemment les effets conjugués de l'orientation très variée des corniches, de la profondeur des vallées et des vents ascendants en ont fait un grand centre de deltaplane.

La Graufesenque – Le site archéologique de 10 ha (**champs de fouilles** ⊘) sur la rive gauche de la Dourbie et la collection de **poteries★** du **musée archéologique** font découvrir l'importance de ce centre industriel (pièces faites en série) du monde antique. L'activité qui s'y exerça durant près de deux siècles, du règne d'Auguste à celui d'Hadrien, connut son apogée au temps de Néron. Quelque 450 potiers y ont produit durant le 1er s. plus de 800 000 pièces dénombrées, dans une centaine de grands fours où la cuisson à 950 ºC durait deux semaines. Malgré les difficultés du transport, leur production fut diffusée en Grande-Bretagne, en Europe centrale et sur le pourtour de la Méditerranée. Ces pièces (vases, coupes, bols, assiettes) moulées ou tournées, probablement imitées de celles d'Arezzo en Toscane, d'une qualité de demi-luxe, valent par leur décoration de sceaux, leur couverte rouge vitrifiée et le soin de leur fabrication. Vers 170, l'épuisement du filon d'argile engendre la décadence puis l'extinction de la Graufesenque. Lezoux, près de Clermont-Ferrand, devint alors un centre de poterie plus important encore.

ENVIRONS

★★★ Chaos de Montpellier-le-Vieux ⊙ _18 km au Nord-Est – 2 h à pied AR_

Ce site, découvert en 1883 sur le rebord du causse Noir, est né du ruissellement des eaux plongeant vers la Dourbie. Le paysage ruiniforme, sculpté dans la dolomie caverneuse et meuble par l'eau et le vent, illustre l'influence des roches sur le modelé du relief : le carbonate de chaux décomposé se réduit en arène tandis que le carbonate de magnésium résiste à la dissolution. Les fissures du sol (diaclases) favorisent et dirigent cette dissolution et le ravinement. Les roches aux formes étranges ont reçu des noms évocateurs : Douminal, Porte-de-Mycènes, Sphinx, Éléphant...
Dans un tel paysage, la flore fait avoisiner les essences propres aux sols calcaires et aux climats secs (lavande, buis) et celles qui se plaisent dans les arènes siliceuses (thym, genévrier).

★ Caves de Roquefort ⊙ _25 km au Sud-Ouest_

Le gros bourg de Roquefort, situé entre Millau et St-Affrique, est célèbre pour son fromage. Toute la vie industrieuse de la cité se trouve concentrée sous terre. Le village, qui s'étage au pied de la falaise, est dominé par un plateau calcaire, le « Combalou », dont la partie Nord-Est s'est effondrée. Cette situation fait bénéficier les anfractuosités, subsistant entre les blocs disloqués, d'une température et d'une humidité constantes qui sont à l'origine de la destination donnée à ces grottes par leurs propriétaires.
Le succulent fromage de Roquefort est fabriqué exclusivement à base du lait de brebis cru, pur et entier, sans homogénéisation ou pasteurisation. Les laiteries transforment d'abord le lait en fromage simplement ensemencé d'une moisissure noble, le _Penicillium roqueforti_, originaire des grottes du Combalou. Les « pains » sont ensuite transportés à Roquefort pour l'affinage dans les caves naturelles aménagées. Pour obtenir un bon roquefort, il faut au minimum 3 mois d'affinage.

MOISSAC★★

11 971 habitants
Cartes Michelin nᵒˢ 79 plis 16, 17 ou 235 Sud-Est du pli 17
Guide Vert Pyrénées Roussillon

Près du confluent du Tarn et de la Garonne, commandant une plaine limoneuse que les crues enrichissent deux fois par an, mais installée sur une imperceptible éminence qui l'en protège, Moissac est connue du monde gourmand pour son chasselas doré, raisin blanc qui mûrit sur les coteaux voisins bien exposés.

★ Église St-Pierre – _Voir illustration au chapitre de l'Art – Éléments d'architecture._ Dans le monde de l'art, Moissac est célèbre pour cette abbatiale fondée au 7ᵉ s. par les bénédictins. L'église fut consacrée en 1063 et son **cloître★★** ⊙ terminé quelque 35 ans plus tard ; par ses chapiteaux historiés il constitua en quelque sorte un modèle imité dans toute l'Europe dès le milieu du 12ᵉ s.
L'église, voûtée initialement en coupoles sur le modèle de celles de Périgueux, fut transformée au 15ᵉ s. en un édifice gothique méridional à nef unique : les parties refaites se reconnaissent à l'extérieur par l'emploi prédominant de la brique.
Son **portail méridional★★★** est une œuvre romane magistrale : elle outrepasse la beauté pour atteindre au mysticisme par la parfaite harmonie qu'elle révèle entre le talent du sculpteur et la connaissance des Écritures du père-abbé Roger au 11ᵉ s. Le sujet du tympan est le retour du Christ à l'accomplissement des temps ; et la lecture du texte de la vision de saint Jean (Apocalypse, livre IV) allant de pair avec la contemplation de l'œuvre sculptée en constitue comme un audiovisuel par anticipation.
Tout y est : le « trône dressé dans le ciel », le juge « vision de jaspe ou de cornaline », les « 24 vieillards aux couronnes d'or », les « quatre Vivants (évangélistes) aux ailes déployées ».

Principauté de MONACO★★★

29 876 habitants
Cartes Michelin nᵒˢ 84 plis 19, 20 ou 115 plis 27, 28 ou 245 pli 38
Guide Vert Côte d'Azur

La principauté de Monaco est un État souverain de 1,92 km². Son importance politique remonte à l'achat de la seigneurie, en 1308, par les Grimaldi, à la République de Gênes. Monaco, la capitale, occupe un site fréquenté depuis l'époque néolithique au 5ᵉ s. avant J.-C. Les Phocéens y fondèrent un comptoir et, au 1ᵉʳ s., les Romains y aménagèrent un port.

Le prince souverain actuel, Rainier III, règne depuis 1949, assisté du Conseil National. La Principauté comprend : le Rocher de Monaco, la vieille ville ; Monte-Carlo, la ville neuve ; la Condamine, quartier du port, qui les relie, et le quartier de Fontvieille.

★★★ MONACO

★★ Le Rocher

C'est le quartier ancien de Monaco, bâti sur un promontoire rocheux qui domine la mer de 60 m.

★★★ **Musée océanographique** (**CY**) ⊘ – Fondé par le prince Albert Iᵉʳ, précurseur de l'océanographie, il présente dans de majestueuses salles des squelettes de grands mammifères marins (baleine, cachalot...) et des animaux naturalisés. Dans son **aquarium**★★, l'un des plus attrayants d'Europe, évoluent des espèces méditerranéennes et tropicales remarquables (dragons de mer). A remarquer, le développement unique, par bouturage, d'un récif corallien vivant de la mer Rouge. Le musée abrite également un institut de recherche scientifique qui expose des maquettes, des moyens d'exploration de la mer et les résultats de travaux d'océanographie.

Cathédrale (**BY**) – De style néo-roman, elle conserve un bel ensemble de **primitifs niçois**★★ parmi lesquels le grand retable de St-Nicolas, dû à Louis Bréa.

★ **Palais du Prince** (**BY**) ⊘ – Il donne sur la **place du Palais**★, ornée de canons et de boulets offerts par Louis XIV. Ses tours crénelées médiévales et son enceinte renforcée par les ingénieurs de Vauban donnent à sa valeur défensive un cachet pittoresque. La cour d'honneur avec ses galeries à arcades, la salle du Trône et les appartements garnis de mobilier et de portraits signés de grands maîtres, retiennent l'attention.

MONACO

Albert-Iᵉʳ (Bd)	**BY**	
Armes (Pl. d')	**BY** 2	
Basse (R.)	**BY** 3	
Castro		
(R. Colonel de)	**BY** 7	
Comte-Félix-Gastaldi (R.)	**BY** 10	
Grimaldi (R.)	**BY**	
Major (Rampe)	**BY** 27	
Palais (Pl. du)	**BY** 35	
Pêcheurs (Chemin des)	**CY** 37	
Princesse-Caroline (R.)	**BY** 48	
Princesse Marie-de-Lorraine (R.)	**BCY** 54	
Ste-Barbe (Promenade)	**BY** 60	
Suffren-Reymond (R.)	**BY** 64	

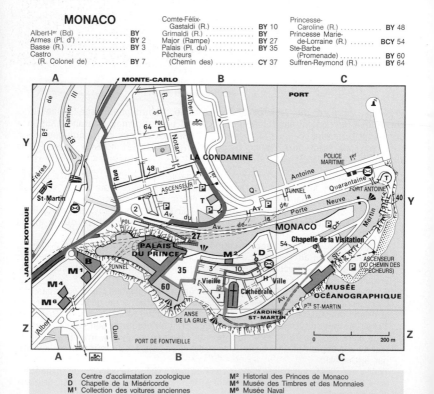

B	Centre d'acclimatation zoologique
D	Chapelle de la Miséricorde
M¹	Collection des voitures anciennes
M²	Historial des Princes de Monaco
M⁴	Musée des Timbres et des Monnaies
M⁶	Musée Naval

★★★ Monte-Carlo

C'est la plus grande ville de jeux d'Europe, lancée par François Blanc, directeur du casino de Bad Homburg en Allemagne. En dépit d'un urbanisme acharné, elle plaît par le luxe de son casino, de ses places, de ses villas somptueuses, de ses commerces raffinés et de ses terrasses fleuries. De la remarquable **terrasse**★★ du casino, la vue s'étend de Monaco à la pointe de Bordighera (Italie).

Autres curiosités

★★ **Jardin exotique (AY)** ⊘ – Sur une haute falaise percée de grottes, il préserve, à la faveur d'un micro-climat exceptionnel, une abondante flore semi-désertique et australe où les cactées, les plantes « succulentes » et arborescentes offrent un intérêt particulier.

★ **Collection des voitures anciennes (M' AY)** ⊘ – Remarquable série de voitures et véhicules hippomobiles appartenant à la collection princière. Prestigieux modèles de l'entre-deux-guerres : Buick, Packard, etc.

⊘ ►► Grotte de l'Observatoire★ – Musée d'Anthropologie préhistorique★ – Jardins St-Martin★ – Musée napoléonien★ – Musée des Poupées et Automates★ – Musée des Timbres et des Monnaies **M'**.

Dragon de mer (ou hippocampe australien)

Musée océanographique, Monaco

MONTAUBAN★

51 224 habitants
Cartes Michelin nᵒˢ 79 plis 17, 18 ou 235 pli 22 – Guide Vert Pyrénées Roussillon

A la limite des collines du Bas-Quercy et des riches plaines alluviales de la Garonne et du Tarn, Montauban, ancienne bastide construite sur plan régulier, est un important carrefour de routes, le point de départ d'excursions dans les gorges de l'Aveyron et une active ville-marché, assurant la vente de la production maraîchère et fruitière de toute la région.

L'emploi presque exclusif de la brique rose donne aux monuments un caractère très particulier qui se retrouve dans la plupart des villes et bourgades du Bas-Quercy ainsi qu'à Toulouse.

★ **Place Nationale** – La place Nationale, anciennement « place Royale », fut conçue dès la fondation de Montauban. C'est pour remplacer des « couverts » en bois, détruits par deux incendies en 1614 et 1649, que les arcades furent, au cours du 17ᵉ s., reconstruites en brique. Voûtées en arcs brisés ou en plein cintre, elles offrent une double galerie de circulation : la galerie intérieure ne constituait qu'une rue couverte alors que la galerie extérieure était réservée aux marchands. Cette fantaisie dans le détail, les tons chauds de la brique atténuent l'impression de rigueur qui pourrait se dégager de l'ensemble, sans pour autant nuire à son homogénéité.

★ **Musée Ingres** ⊘ – Installé dans l'ancien palais épiscopal, il présente, outre quelques admirables compositions du maître : *Roger délivrant Angélique, Le Songe d'Ossian, Jésus parmi les docteurs*, une importante collection de 4 000 **dessins**, exposés par roulement.

►► Vieille ville★.

MONTHERMÉ★

2 866 habitants
Cartes Michelin nᵒˢ 53 pli 18 ou 241 pli 6 – Guide Vert Champagne

Monthermé occupe, en aval du confluent de la Semoy et de la Meuse, un **site**★ de méandre creusé dans les roches du vieux massif primaire surgi lors du plissement hercynien.

Trois belvédères, surtout, permettent d'en saisir l'originalité :
La **Longue Roche**★★ *(1 h à pied AR)*, abrupt de la rive concave d'où la vue plonge sur Monthermé et son méandre ;
La **roche aux 7 Villages**★★ *(1/4 h à pied AR)*, au sommet de ce piton, **vue**★★ sur l'immensité forestière de la pénéplaine ardennaise et la boucle de la Meuse qui baigne le bourg industriel de Château-Regnault dominé par le rocher des Quatre Fils Aymon ;
Le **roc de la Tour**★★ *(1/4 h à pied AR)*, intrusion de quartzite dans les schistes.

★★ LA MEUSE ARDENNAISE

de Charleville-Mézières à Givet – circuit de 72 km

Longue de 950 km, la Meuse prend sa source au pied du plateau de Langres. Elle coule d'abord entre la côte des Bars et la côte de Meuse, sur le revers de cette dernière. A Charleville, elle pénètre dans le haut plateau des Ardennes schisteuses ; elle y conserve le tracé qu'elle avait sur des terrains d'époque tertiaire mais à un niveau supérieur ; elle s'enfonce en méandres. C'est la surimposition, ou antécédence, des géographes.
De Charleville-Mézières à Givet la vallée encaissée déroule la succession de ses méandres simples (Monthermé, Fumay, Chooz), doubles (Revin) ou triples (Charleville). Monthermé fut, au début du siècle, un centre de syndicalisme et de luttes ouvrières. En aval de Monthermé les sites les plus intéressants sont : les **Roches de Laifour**★★ et les **Dames de Meuse**★ qui se font face ; Revin où la ville ancienne et l'industrie occupent chacune leur presqu'île ; Fumay célèbre pour son vieux quartier et naguère capitale de l'ardoise violette ; Chooz et ses centrales nucléaires ; Givet installée au débouché d'une cluse fortifiée par Charles Quint puis par Vauban. C'est la patrie de Méhul (1763-1817), le compositeur du *Chant du départ.*

MONT-LOUIS★

200 habitants
Cartes Michelin nᵒˢ 86 pli 16 ou 235 plis 51, 55 – Guide Vert Pyrénées Roussillon

Mont-Louis occupe un site de seuil d'où divergent trois vallées : au Nord la vallée de l'Aude dont le haut replat supérieur constitue le **Capcir** ; au Sud-Ouest la vallée de la Sègre, affluent de l'Èbre, qui compose la **Cerdagne**, lumineux bassin à quelque 1 200 m d'altitude qui ne laisse pas soupçonner la hauteur réelle des sommets qui le cernent mais dont l'ensoleillement est tel que Mont-Louis fut choisi par le CNRS, dès 1949, pour l'installation du premier **four solaire** ⊙ à miroir parabolique ; à l'Ouest la vallée de la Têt, émissaire du lac des Bouillouses, le **Conflent**, qui est le grand itinéraire desservant la Cerdagne au départ de Perpignan.
Seuil stratégique aussi. Louis XIV, qui venait d'apprendre le poids de la raison d'État par la négociation du **traité des Pyrénées** (1659) concluant à son mariage avec l'infante Marie-Thérèse, voulut donner à ses nouvelles acquisitions territoriales en Roussillon et en Languedoc une protection plus solide qu'une signature. Vauban, chargé de cette mission, accomplit en 1679 une tournée d'étude en Roussillon et en Cerdagne. Dès 1681, il entreprenait l'édification de Mont-Louis.

Ainsi naquit cette austère cité, close de **remparts**★ et protégée par une citadelle.

MONTPELLIER★★

207 996 habitants
Cartes Michelin nᵒˢ 83 pli 7 ou 240 pli 23 – Guide Vert Gorges du Tarn

Dès le 11ᵉ s., Montpellier était un port intérieur desservi par la lagune de Maguelone et le grau de la Camargue. A l'époque des premières croisades, les échanges avec l'Orient méditerranéen permirent aux marchands d'épices de s'instruire sur les plantes tinctoriales ou médicinales qu'ils importaient ; à certains d'entre eux de lire et de faire lire Hippocrate, si bien que la première école de médecine d'Europe y fut fondée en 1137 qui devint, en un siècle, aussi célèbre que celle de Salerne et fut élevée au rang d'Université en 1289.

La ville, qui était passée par mariage au roi d'Aragon, lui fut rachetée par Philippe VI de Valois en 1349. Au 17e s., Louis XIV en fit la capitale administrative du Bas-Languedoc ; c'est alors qu'elle connut son essor architectural.

★★ Promenade du Peyrou – Elle fut dessinée en 1688, au point culminant de Montpellier par Charles d'Aviler (1653-1700). Au 18e s., la construction de l'aqueduc St-Clément, destiné à alimenter les fontaines de la ville en eau, entraîne le réaménagement du site par Jean-Antoine Giral qui tailla la colline, dessina les terrasses et masqua le réservoir par un ravissant petit temple octogonal à colonnes. De ses abords la **vue★** est belle sur la Garrigue et les Cévennes.

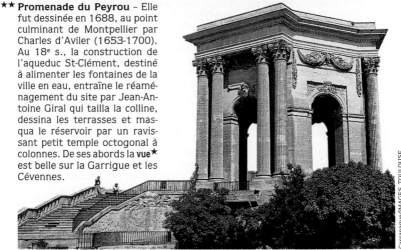

Carcanague/IMAGES TOULOUSE

Montpellier – Le château d'eau du jardin du Peyrou

★★ Le Vieux Montpellier – Aux 17e et 18e s., dans le paysage urbain des vieilles maisons languedociennes à génoises vinrent s'inscrire de beaux hôtels particuliers.

L'**hôtel des Trésoriers de la Bourse★** conserve un bel escalier à rampes droites portées par quatre piliers centraux, survivance de l'époque Louis XIII.

L'**hôtel de Varennes★** compose un ensemble harmonieux intégrant des éléments architecturaux romans et gothiques.

L'**hôtel des Trésoriers de France** dissimule sa solennelle façade sur cour à colonnes jumelées, ordres superposés et son escalier à belle grille de fer forgé où les rampes droites s'associent aux trompes d'angle.

Les hôtels de Manse, de Beaulac, Baudon de Maury, Richer de Belleval, Cambacérès-Murles, de Montcalm, de St-Côme, chacun avec sa physionomie propre relèvent d'un même goût architectural.

⊘ ►► Musée Fabre★★ *(collections de peintures)* – Musée Atger★ *(cabinet de dessins)* – Quartier Antigone★.

ENVIRONS

★★★ La Grande-Motte – La station, créée de toutes pièces en 1967, a été conçue comme un ensemble complet par une équipe d'ingénieurs et d'architectes dirigée par Jean Balladur. Les bâtiments principaux, aux formes résolument modernes, se présentent comme des **pyramides** alvéolées exposées au Midi.

Les **villas** adoptent un style provençal ou s'ordonnent autour de cours intérieures.

Le MONT-ST-MICHEL★★★

72 habitants

Cartes Michelin nos 59 pli 7 ou 231 pli 38 – Guide Vert Normandie Cotentin

Le Mont-St-Michel : « la merveille de l'Occident », peut-être ; « la plus belle des abbayes françaises », assurément, par l'originalité de son site, la richesse de son histoire, la beauté de son architecture et la signification de son rayonnement.

Le rocher de l'Archange – Au début du 8e s., saint Michel apparaît à Aubert évêque d'Avranches et celui-ci fonde sur le mont Tombe un oratoire, bientôt remplacé par une abbaye à laquelle, au 10e s., la règle bénédictine assure la puissance. Deux siècles plus tard, l'abbaye romane atteint son apogée. Au 13e s., le gothique triomphe dans la reconstruction de l'abbaye incendiée : c'est la Merveille.

Mais la guerre de Cent Ans survient. Cette période, l'une des plus critiques de notre histoire, voit la France vaciller. Le roi accuse les coups portés par son vassal : la plus grande partie du royaume (l'Ouest, le Nord et l'Est) lui échappe, il se trouve dépourvu de ressources. Le peuple vit des décennies de misère. Les institutions chancellent au point qu'Henri V d'Angleterre parvient à se faire couronner roi de France, à Paris. Charles VII lui-même, le fils d'un fou, n'est plus un souverain mais la pâle incarnation de l'idée de royauté.

Le MONT-ST-MICHEL

A ce siècle sombre correspond le rayonnement le plus intense du Mont-St-Michel. En effet le célèbre rocher, le seul point de la France de l'Ouest et du Nord qui ne tomba jamais aux mains de l'envahisseur malgré des années de blocus et deux sièges (les Anglais avaient pris pied sur le rocher voisin de Tombelaine), ne cessa pas d'être un but de pèlerinages. L'Archange, « qui veille sur le peuple de Dieu » *(livre de Daniel)*, veillait. Et Jeanne d'Arc le savait bien : elle avait choisi pour cri de ralliement « St-Michel-Montjoie ». De même Louis XI, le « roi-bourgeois », fin renard, attaché à relancer la vie économique mais aussi soucieux d'affirmer le prestige de son aristocratie, qui, tout en faisant pièce à l'ordre de la Jarretière (1348) du Plantagenêt Édouard III et à celui de la Toison d'or (1429), du Bourguignon Philippe le Bon, institua en 1469 l'ordre de chevalerie de St-Michel.

Rien d'étonnant donc que de si nombreux sanctuaires aient été placés sous le vocable de l'Archange et que de nos jours encore 76 de nos communes portent son nom.

★★★ L'ABBAYE ⊙

L'originalité architecturale de l'abbaye a été imposée aux bâtisseurs par l'exiguïté même du rocher. Il leur fallut superposer les bâtiments (barbacane, châtelet, **crypte des Gros Piliers★**, chapelle St-Martin, cellier, salle des Chevaliers...) un peu à la façon d'un gratte-ciel au lieu de les disposer selon le plan bénédictin et couronner le tout par les bâtiments abbatiaux, la Merveille (vers 1225) et l'admirable église.

Plate-forme de l'Ouest – Vue sur la baie, l'îlot de Tombelaine et le mont Dol qui se découpe à contre-jour dans le soleil couchant, le 8 novembre, ancienne date de la St-Michel d'automne.

★★ **Église** – Le contraste y est saisissant entre la sévère nef romane et le lumineux chœur gothique flamboyant. L'axe du sanctuaire coïncide, à l'aube du 8 mai (St-Michel de printemps dans le cycle oriental), avec celui du soleil levant.

★★★ **La Merveille** – C'est l'ensemble des bâtiments gothiques de la face Nord. La **salle des Hôtes★** est un chef-d'œuvre de l'art gothique à son apogée.

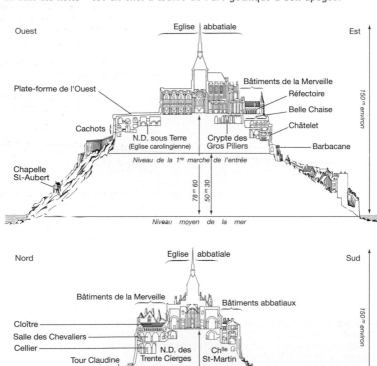

228

Le **cloître**★★★, comme suspendu entre mer et ciel, compose avec ses colonnettes de granit rose disposées en quinconce un féerique jardin d'allégresse intérieure.

Le **réfectoire**★ frappe par la subtile lumière latérale dispensée par ses embrasures ; il représente un tour de force du maître d'œuvre qui réussit à élever cet ensemble à 45 m de hauteur sans l'appui d'arcs-boutants impossibles à lancer sur la vertigineuse face Nord.

La **salle des Chevaliers**★, très vaste, est divisée en quatre vaisseaux. Peut-être évoque-t-elle l'ordre de chevalerie dont l'abbaye était le siège.

★ **Jardins de l'Abbaye** – Ils offrent une vue saisissante sur la face Nord, « le plus beau mur du monde » aux yeux de Victor Hugo.

►► La **ville**★★ (Grande-Rue★ – Remparts★★).

Vous avez apprécié votre séjour dans la région.
Retrouvez le charme de celle-ci, son atmosphère,
ses couleurs, en feuilletant l'album
« Les plus belles images de nos voyages en France »,
ouvrage abondamment illustré, édité par
les Services de Tourisme Michelin.

Château de MONTSÉGUR★

Cartes Michelin n°s 86 pli 5 ou 235 pli 47 – Guide Vert Pyrénées Roussillon

Le « pog » (rocher) de Montségur évoque l'holocauste de l'Église cathare, dernier épisode marquant de la croisade des Albigeois, et l'effacement politique du Midi languedocien devant la puissance capétienne.

Au début du 13e s., les **cathares** élèvent sur le fameux rocher – en remplacement d'un ancien château détruit – une forteresse qui, 40 ans plus tard, abritait quelque 400 parfaits, croyants et soldats, et d'où descendit la troupe qui, le 28 mars 1242, massacra les membres du tribunal de l'Inquisition à Avignonet *(70 km au Nord)*.

En représailles, Blanche de Castille (Saint Louis réprimait alors une révolte féodale en Saintonge) ordonne le siège de Montségur par les croisés. Le 2 mars 1244, les assiégés vaincus doivent se rendre, mais 207 parfaits ou croyants refusent d'abjurer en dépit d'une trêve de deux semaines de réflexion qui leur est accordée. Le 16 mars, ils descendent de la montagne et montent sur le gigantesque bûcher du camp des Crémats.

Leur doctrine, fondée sur la séparation absolue entre le principe du Bien et le principe du Mal et connue des seuls initiés, reposait sur le secret dont les parfaits étaient dépositaires. Leur pureté et leur austérité en assurèrent le succès face au relâchement du clergé. Saint Dominique, l'apôtre qui s'était attaché à extirper cette hérésie, était mort 23 ans plus tôt.

Dès l'année suivante, sur le même **site**★★ est entreprise la reconstruction du **château** ⊘, le troisième de Montségur, celui dont les ruines couronnent de nos jours encore le « pog ». Bientôt, il est incorporé à la ligne de défense française face à l'Aragon. Son superbe donjon et son grand escalier, indiscernable de l'extérieur, témoignent de la maîtrise de ses constructeurs.

⊘ ►► Musée archéologique.

MOULINS★

22 799 habitants
Cartes Michelin n°s 69 pli 14 ou 238 pli 46 – Guide Vert Auvergne

Moulins est la capitale du Bourbonnais. Elle fut fondée par les sires de Bourbon qui voulurent à la fin du 11e s. s'étendre vers l'Autunois et tenir le passage de l'Allier. Avec le temps et par d'habiles alliances avec la monarchie, militaires, politiques et matrimoniales (Béatrice de Bourbon épousa Robert, fils de Saint Louis), les Bourbons devinrent comtes, puis ducs en 1327. Au 15e s., leur cour s'illustrait de musiciens comme Jean Ockeghem, de sculpteurs comme Jacques Morel, Michel Colombe et ses disciples et surtout d'un peintre, le maître de Moulins.

TELARCI-GIRAUDON

Triptyque du Maître de Moulins
Panneau droit

Après le rattachement de la Bourgogne et de la Bretagne à la France, l'indépendance du Bourbonnais, même vassal, devient pesante au roi. Aussi la « trahison » de Charles III, le connétable, permet-elle à François Ier de confisquer ses États. Le duc se tourne alors vers Charles Quint et Henri VIII, il se trouve face aux armées de son suzerain à Pavie, à Milan puis à Rome où il meurt en donnant l'assaut en 1527. Le Bourbonnais est rattaché à la Couronne en 1531.

★★★ **Triptyque du Maître de Moulins** ⓥ – C'est l'œuvre majeure de la cathédrale et l'un des derniers chefs-d'œuvre de la peinture gothique en France, probablement achevé en 1498. Son auteur n'est pas encore identifié avec certitude : après avoir pensé à Jean Bourdichon, à Jean Perréal puis à Jean Prévost, les critiques d'art penchent maintenant pour Jean Hey. L'œuvre paraît se rattacher à l'école flamande par les attitudes, à la florentine par le dessin des visages et des fronts. Le réalisme très humain de la représentation des donateurs contraste avec la composition du panneau central, quasi immatérielle, transparente et idéalisée. Le tableau semble aussi tout rempli de symboles, en particulier ceux des nombres 7 et 12 représentatifs de la perfection gothique.

ⓥ ►► Cathédrale Notre-Dame★ (vitraux★★) – Jacquemart★ – Mausolée du duc de Montmorency★ – Musée Anne de Beaujeu★★.

MULHOUSE★★

Agglomération 223 856 habitants
Cartes Michelin nᵒˢ 66 plis 9, 10 ou 242 pli 39 – Guide Vert Alsace et Lorraine

Même avant la dernière guerre, Mulhouse ne possédait pas de ces demeures qui font l'attrait d'autres villes d'Alsace. Aux 16e et 17e s., les ressources de cette cité commerçante et industrielle, suspectée par les Habsbourg, ne trouvaient pas à se dégager et la religion réformée incitait plus à la sévérité qu'au faste. La ville faisait, au 16e s., partie de la décapole, confédération des dix villes impériales d'Alsace ; éprise d'indépendance, elle s'associa aux cantons suisses de 1466 à 1586.
En 1746, trois de ses citoyens, J.-J. Schmaltzer, le peintre J.-H. Dollfus et le négociant S. Kœchlin, fondèrent dans la ville, déjà orientée vers le textile, la première manufacture d'étoffes imprimées « comme aux Indes ». Par l'investissement de capitaux, l'installation d'outillage, la division du travail et l'organisation des ventes, elle appartenait déjà au monde futur de la grande industrie. Treize ans plus tard, la liberté de gestion lui était accordée : les « indiennes » connurent une progression de 738 % en 17 ans. En 1812, la filature Dolfus et Mieg, la première, équipa ses ateliers de machines à vapeur.

★★ **Hôtel de ville** – C'est, depuis 1558, le symbole des libertés civiles et politiques de Mulhouse qui s'est donnée à la France en 1798. Construit en 1552 dans le style de la Renaissance rhénane par un architecte bâlois, décoré extérieurement par des peintres originaires de Constance, cet édifice unique en France séduisit en son temps Montaigne, qui le qualifia de « Palais magnifique et tout doré ». En 1698 le Mulhousien Jean Gabriel réalisa un nouveau décor, ajoutant en particulier les figures allégoriques. C'est ce programme pictural, restitué dans toute sa splendeur, qu'on admire aujourd'hui. Les écus aux armes des Cantons suisses, peints sur la façade principale de part et d'autre du double perron couvert, rappellent le lien historique de Mulhouse avec la Confédération helvétique.

Mulhouse – Hôtel de ville

A. Philippon/EXPLORER

*** **Musée national de l'Automobile – collection Schlumpf** ⊘ – Cette fabuleuse
collection de 500 voitures anciennes (réserve comprise) a été passionnément
constituée pendant une trentaine d'années par les frères Schlumpf, propriétaires
d'une filature de laine peignée dans la vallée de la Thur, en amont de Thann.
Crise du textile, troubles sociaux, acquisitions imprudentes de nombreuses
voitures coûteuses, faillite, jugement : le musée est acquis par une association
et ouvert au public en 1982.
La collection évoque plus de cent ans de l'histoire de l'automobile, de la Jacquot
à vapeur de 1878 à la Xénia Citroën « an 2000 », et présente 98 marques
européennes dont certains spécimens fort rares, voire uniques. Les modèles sont
pour la plupart en état de marche et plusieurs ont appartenu à des célébrités
tels le président Poincaré (Panhard X26), le roi Léopold de Belgique (Dugatti
43 roadster sport) ou Charlie Chaplin (Rolls-Royce Phantom III limousine).
Les voitures sont parfaitement présentées le long d'allées bordées de lampa-
daires 1900, réplique de ceux ornant le pont Alexandre-III à Paris. Beaucoup
peuvent être admirées comme d'authentiques œuvres d'art pour le raffinement
de leur carrosserie (Peugeot 174 coach, 1927), l'aérodynamisme de leurs lignes
(Bugatti Type 46, coach surprofilé, 1933), la finition de leurs roues, moyeux
et articulations (Gardner-Serpollet), pour le dessin de leurs calandres (coach Alfa
Romeo & C, 1936), bouchons de radiateur (la cigogne d'Hispano-Suiza) ou griffes
aux noms prestigieux (Isotta-Fraschini), pour la qualité et le matériau de leurs
garnitures (Renault NM landaulet, 1924), selleries (De Dion-Bouton BG tonneau,
1908), et commandes (Delage F biplace course, 1908).
Le quartier qui magnifie les Bugatti est un peu une collection dans la collection.
Les exigences d'Ettore Bugatti (qui s'installe en 1909 à Molsheim) en matière
de qualité, de fiabilité et de fini, dont témoignèrent 340 brevets et 3 000 victoires
sur les circuits, se manifestent dans les 120 voitures de course, de sport ou de
grand luxe rassemblées.
Le joyau de cette série incomparable est constitué par deux Royale : une limousine
et le « coupé Napoléon », voiture personnelle d'Ettore Bugatti considérée parfois
comme la plus prestigieuse de tous les temps.
Parmi les autres marques rivalisent les Panhard et Levassor (celle de 1893 fut
la première à être présentée sur un catalogue avec options), les Mercedes (la
300 SL et ses portes « papillon », exceptionnelle voiture de grand tourisme), les
Alfa Romeo (la disco volante légère de 1953, produite à trois exemplaires
seulement), les Rolls-Royce (les légendaires Silver Ghost, dont une série

possédait des accessoires recouverts d'une couche d'argent), les Porsche, les Ferrari, les Gordini... On suivra aussi l'évolution des grandes firmes françaises : Peugeot, Renault, Citroën avant la Seconde Guerre mondiale, et on détaillera le cortège des marques nationales trop tôt disparues, englouties dans le mouvement de concentration de l'industrie automobile : Ravel, de Besançon, Zedel, de Pontarlier, Vermorel, de Villefranche-sur-Saône, Clément-Bayard, de Mézières, Pilain, de Lyon.

★★★ **Musée français du Chemin de fer** ⊙ – Superbement présentée, la collection constituée par la SNCF retrace l'évolution du chemin de fer de ses origines à nos jours. Aux côtés du matériel moteur et roulant, une place importante est faite aux équipements périphériques : signaux, rails, systèmes d'attelage automatique, aiguillages, guérite de garde-barrière, pont tournant, etc. Dans l'immense hall principal, tout invite à une visite dynamique : images vidéo, écorchés et présentations en animation, passerelles permettant de voir l'intérieur de wagons, fosses pour passer sous les locomotives, possibilité de grimper dans certaines cabines de conduite...

Le panorama de plus d'un siècle de traction à vapeur devra prendre pour repères essentiels la locomotive Saint-Pierre au corps en bois de teck, affectée à la ligne Paris-Rouen à partir de 1844, la machine à grande vitesse Crampton (1852) qui roulait déjà à 120 km/h et la 232 Ua (1949), dernière des locomotives à vapeur. La locomotion électrique est notamment illustrée par la première locomotive électrique (1900), dite « boîte à sel », conçue pour le remorquage des trains entre les gares d'Orsay et Austerlitz à Paris, et la fameuse BB 9004, détentrice du record du monde de vitesse sur rails en 1955.

Remarquer également le célèbre autorail Bugatti « Présidentiel » qu'inaugura Albert Lebrun, et la **Micheline** XM 5005 montée sur pneus, solution particulière adaptée aux lignes où l'adhérence, les démarrages et les arrêts étaient d'une grande importance.

⊙ ►► Musée de l'Impression sur étoffes★ – Musée historique★★ – Électropolis★ musée de l'énergie électrique – Parc zoologique et botanique★★ – Musée du Papier peint★ (à Rixheim – *6 km à l'Est*).

ENVIRONS

★★ **Collégiale St-Thibaut de Thann** – *Voir illustration au chapitre de l'Art – Éléments d'architecture. 22 km à l'Ouest.* Son architecture gothique (14e-début du 16e s.) montre une évolution continue vers le style flamboyant.

La façade Ouest est percée d'un remarquable **portail**★★, haut de 15 m, qui présente la particularité de posséder un tympan très élancé surmontant deux portes munies chacune d'un petit tympan.

Intérieur – On est frappé par l'élévation de la nef et du chœur. Celui-ci, très profond, est orné des statues (15e s.) des douze apôtres en pierre polychrome. Sa principale richesse consiste en un superbe ensemble de 51 **stalles**★★ ⊙, en chêne, du 15e s. Toute la fantaisie du Moyen Age s'y donne libre cours : feuillage, gnomes, personnages comiques *(cette curiosité est également décrite parmi les Éléments d'architecture, dans l'Introduction de ce guide).* L'ensemble est inondé de lumière par huit belles **verrières**★ du 15e s.

★★ **Église de Murbach** – *21 km au Nord-Ouest.* Cette église, édifiée vers 1145, est l'un des monuments romans les plus importants de l'Alsace. Depuis la démolition de sa nef en 1738, en vue d'une reconstruction, il n'en reste que le chevet et les bras du transept qu'encadrent admirablement les versants boisés d'un vallon affluent de la Lauch (vallée de Guebwiller).

Le chevet plat, dominé par les hautes tours du transept, s'équilibre de façon magistrale : charpenté par un ensemble de contreforts peu saillants, allégé par de nombreuses ouvertures et par tout un jeu d'arcatures dont quelques-unes, au 3e étage, reposent sur des colonnettes simplement simulées, en creux ou en damiers. On y ressent la proximité des grandes basiliques de Rhénanie et, dans le parement des claveaux de grès rose ou blanc alternés, un sens décoratif inauguré 80 ans auparavant par les maîtres de Pise et de Lucques en Italie du Nord.

Ottmarsheim – *7,5 km à l'Est.* L'**église**★ est un édifice, restauré, mais remontant aux années 1040 et présentant un très rare plan inspiré de celui de la chapelle édifiée par Charlemagne à Aix-la-Chapelle. Ce plan (dit carolingien ou ottonien) présente sur deux étages, autour d'une haute coupole axiale à huit pans, deux octogones concentriques, le second servant en quelque sorte de déambulatoire à l'édifice central. Les chapelles orientales du rez-de-chaussée et de l'étage conservent des fresques du 15e s.

La **centrale hydro-électrique**★ ⊙, avec son bief de dérivation et ses écluses longues de 185 m, constitue l'une des pièces maîtresses du Grand Canal d'Alsace et de l'aménagement du Rhin, intéressant la facilité et la continuité de la navigation sur ce fleuve et la création d'énergie. L'ensemble est connu des touristes férus de génie civil.

NANCY★★★

Agglomération 310 628 habitants
Cartes Michelin nos 62 pli 5 ou 242 plis 17, 18 – Guide Vert Alsace et Lorraine

Ville de plaine entre la Meurthe et les côtes de Moselle, capitale du bassin industriel de Lorraine, Nancy ne remonte qu'au 11e s.

Elle est entrée dans l'histoire le 5 janvier 1477. Ce jour-là, le duc de Bourgogne Charles le Téméraire meurt dans les boues glacées de l'étang de St-Jean. Alors qu'il avait gaspillé ses moyens dans des entreprises de prestige, il entreprenait la conquête de la Lorraine pour réunir ses possessions flamandes et bourguignonnes afin de Résister au blocus financier organisé contre lui par les banquiers florentins soutenant la politique de Louis XI.

45 ans plus tard, les ducs de Lorraine introduisent une galerie et des ornements Renaissance dans leur palais ducal flamboyant. Au Nord de l'Arc de Triomphe, le Vieux Nancy prend sa physionomie.

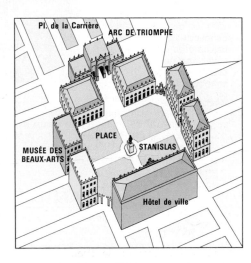

Le 17e siècle – Sous l'impulsion de Charles III se développe au Sud des rues Ste-Catherine et Stanislas une ville « neuve », de plan régulier qu'illustre Claude Gellée, dit « le Lorrain » (1600-1682), peintre répugnant aux excès du baroque et dont l'œuvre, lumineuse, est d'une rare loyauté à l'égard de la nature. Le musée des Beaux-Arts conserve l'un de ses tableaux, *Le Paysage pastoral*. En 1699, le duc Léopold, de retour de sa mission à Vienne, accompagné de sa femme Charlotte, nièce de Louis XIV, se rend à Versailles pour prêter au roi l'hommage du Barrois mouvant. Ils visitent le palais, guidés par Jules Hardouin-Mansart, et ressentent alors toute la vétusté de leur château nancéen. Les services rendus par Léopold à l'État, en Autriche, certainement plus que l'affection que le roi porte à sa nièce, décident le souverain à leur accorder les services de son architecte qui dessine le **palais du Gouvernement★**, au fond de l'hémicycle, achevé seulement en 1753 mais dont la balustrade, la **colonnade ionique★** et l'entablement horizontal marquent l'époque.

LA VILLE DU 18e SIÈCLE

Depuis le traité de Münster, en 1648, le duché de Lorraine occupait une situation politique précaire : enclavé dans des terres françaises, il relevait cependant de l'Empire. Sa population, de langue et d'habitudes sociales françaises, était très attachée à ses princes, eux-mêmes jaloux de leur indépendance.

En 1738, François Ier, duc de Lorraine, fils de Léopold, époux de Marie-Thérèse d'Autriche, se voit contraint, à la suite de la guerre de Succession de Pologne, de céder son duché en échange de la Toscane. Louis XV installe alors à sa place, et à titre viager, son beau-père Stanislas Leszczynski. Si bien qu'en 1766 la Lorraine se trouve tout naturellement réunie à la France ; c'est la réussite de la politique extérieure du cardinal de Fleury. Ironie de l'histoire ou habileté de la diplomatie nuptiale de Vienne : quatre ans plus tard, en 1770, Marie-Antoinette, la fille de François Ier et de Marie-Thérèse qui avait perdu de la sorte, et 17 ans avant sa naissance, ses droits putatifs sur la Lorraine, épouse Louis XVI et règne à Versailles. L'« Autrichienne » par sa mère était tout autant lorraine et française par son père. Stanislas Leszczynski, homme paisible, aime la bonne chère, sa fille, la reine de France, et les jolies femmes ; il est dévoré par le goût de bâtir. Il entreprend donc de réunir le Vieux Nancy et la ville neuve par un nouvel ensemble d'urbanisme élevé à la gloire de son gendre. L'entreprise est menée à bien en trois ans, de 1752 à 1755.

★★★ **Place Stanislas** – Emmanuel Héré (1705-1763), architecte, et Jean **Lamour**, ferronnier de génie, en sont les maîtres d'œuvre.

Au premier, l'on doit l'hôtel de ville et les pavillons qui dessinent cette vaste place dont la distinction des façades est admirable.

L'hôtel de ville présente au rez-de-chaussée un avant-corps central à arcades et pilastres colossaux compartimentent les fenêtres ; à l'étage, des balcons et des banquettes de fer forgé aux fenêtres.

Les quatre hôtels latéraux sont d'une architecture semblable mais sans avant-corps ; au Nord, les deux ailes offrent une même conception, à un seul étage avec attique et balustrade (séparées par une mansarde postérieure).

L'ensemble de la place compose un élégant espace de clarté, allégé par les vases, les pots à feu, les trophées et les balustrades masquant les toitures.

Au droit des rues et aux pans coupés de la place, les grilles de Jean Lamour, parfaitement intégrées dans cet ensemble architectural, séduisent par l'élégance et la légèreté inimitables de leurs barreaux de fer forgé et doré timbrés de cartouches et de fleurons. Les banquettes des fenêtres, le balcon et la rampe de l'escalier intérieur à double courbure de l'hôtel de ville sont aussi son œuvre.

E. Baret

Nancy – Place Stanislas

⊙ ►► Palais ducal★★ (Musée historique lorrain★★★) – Musée des Beaux-Arts★★ – Arc de Triomphe★ – Place de la Carrière★ – Église★ et couvent des Cordeliers (chapelle★) – Porte de la Craffe★ – Musée de l'École de Nancy★★ – Église N.-D.-de-Bon-Secours★.

NANTES★★★

Agglomération 492 255 habitants
Cartes Michelin nᵒˢ 67 pli 3 ou 232 pli 28 – Guide Vert Bretagne

Nantes est la plus grande ville de Bretagne, installée au point où de fluviale la Loire devient maritime, atteinte par le flux de marée haute. De tout temps, des îles, peuplées depuis le 17ᵉ s., y ont facilité la création de ponts canalisant le trafic entre la Basse-Bretagne et le Poitou.

Elle fut, au 9ᵉ s., l'enjeu des luttes entre Nominoé et les Francs, et c'est elle que choisit en 939 Alain Barbe-Torte, descendant des anciens chefs bretons, quand il voulut donner une capitale à son duché. Dès le 14ᵉ s., avec un armement de 1 300 barques à voiles, elle s'ouvre au commerce maritime ; mais elle ne prend vraiment son rang qu'avec le duc François II, au 15ᵉ s.

En 1720, elle s'enrichit comme dépôt de sucre (canne importée des Antilles, distribuée en France ou réexportée vers l'Angleterre et la Scandinavie). Parallèlement le commerce triangulaire du « bois d'ébène » (bimbeloterie et tissus – esclaves – canne à sucre) lui assure de substantiels profits et en fait le premier port de France. Mais la perte de nos terres lointaines sous Louis XV, l'abolition de la traite des Noirs, la fabrication du sucre de betterave (conséquence du blocus de Napoléon) et l'accroissement du tonnage des navires lui portent les coups les plus durs.

Aux 19ᵉ et 20ᵉ s., les travaux effectués sur la basse Loire (Chantenay – Donges) conditionnent et assurent son renouveau.

★★ **Château des Ducs de Bretagne (HY)** ⊙ – « Ventre Saint-Gris, les ducs de Bretagne n'étaient pas de petits compagnons », s'écria Henri IV en le voyant. Il fut en effet

NANTES

Albert (R. du Roi) .... GY 3
Barillerie (R. de la) .... GY 9
Bossuet (R.) .... GY 16
Boucherie (R. de la) .... GY 18
Bourse (Pl. de la) .... GZ 24
Bretagne (Pl. de) .... GY 27
Boileau (R.) .... GZ 15
Budapest (R. de) .... GY 31
Calvaire (R. du) .... FY 33
Change (Pl. du) .... GY 37
Château (R. du) .... GY 40
Clemenceau (R. G.) .... HY 46
Clisson (Cours Olivier de) .... GZ 48

B Maison de « la Duchesse de Berry »
D La Psalette

considérablement remanié et renforcé à partir de 1466 par le duc François II qui y voyait la garantie de son indépendance face à Louis XI. Il fut poursuivi et achevé par sa fille Anne de Bretagne.

Extérieurement, c'est une redoutable forteresse protégée par des douves inondables profondes et larges et défendue par six tours où apparaissent les mâchicoulis bretons, pyramidaux.

Intérieurement c'est un palais gouvernemental où les fêtes et les tournois se donnaient nombreux.

La gracieuse **tour de la Couronne d'or**★★, le Grand-Logis aux monumentales lucarnes construit par le duc François II et rehaussé par Anne de Bretagne, le Grand Gouvernement (reconstruit à la fin du 17ᵉ s.) et le **puits**★★, dont l'armature de fer forgé figure la couronne ducale, sont d'un grand intérêt.

Il abrite le musée d'**Art populaire**★ où peuvent s'étudier les costumes, les coiffes et le mobilier bretons ; les collections du musée Salorges (actuellement en travaux) peuvent être vues lors d'expositions temporaires dans la tour du Fer-à-Cheval.

Cathédrale St-Pierre-et-St-Paul (HY) – Sa construction s'est étendue sur plus de 450 ans. Elle présente néanmoins une unité de style et, à l'**intérieur**★★ – qui frappe par la blancheur de son parement en tuffeau –, une hardiesse et une pureté de lignes remarquables. Les moulures de ses piliers montent, sans solution de continuité, jusqu'aux clefs de voûte. On la doit à Jean V qui voulut, pour abriter la dépouille de son père, édifier la cathédrale de la Bretagne surpassant, par ses dimensions, tous les autres sanctuaires de son duché.

Le 13 avril 1598, Henri IV signa dans la cathédrale l'édit de Nantes par lequel il accordait l'égalité aux catholiques et aux protestants et reconnaissait, explicitement, aux seconds des privilèges tels que des places de sûreté et une organisation politique. L'édit, en 92 articles dont plusieurs secrets et non numérotés, était dans la lignée de ceux de Catherine de Médicis, les premiers en Europe sur la tolérance, mais cette fois l'efficacité en était garantie par un souverain en mesure de museler les récalcitrants. Sa révocation en 1685 par Louis XIV, trompé par des rapports sur les très nombreuses conversions, en rendit simplement « l'exécution... inutile » et engendra l'exode vers l'Angleterre, la Hollande et l'Allemagne de la richesse humaine et du savoir de quelque 200 000 émigrés.

Commerce (Pl. du)	GZ 49	J.-J.-Rousseau (R.)	FGZ 99	Ricordeau (Pl. A.)	GZ 157
Contrescarpe (R. de la)	GY 52	Juiverie (R. de la)	GY 104	Roosevelt (Crs F.)	GZ 165
Copernic (R.)	FZ 54	Kennedy (Cours J.-F.-)	HY 105	Rosière-d'Artois (R. de la)	FZ 166
Crébillon (R.)	FGZ 60	Kervégan (R.)	GZ 106	Royale (Pl.)	GZ
Delorme (Pl.)	FY 63	Lattre-de-Tassigny (R. Ma.-de)	FGZ 109	St-André (Cours)	HY 168
Duchesse-Anne (Pl.)	HY 72	Leclerc (R. Mar.-)	GY 114	St-Pierre (Cours)	HY 174
Duguay-Trouin (Allée)	GZ 73	Marne (R. de la)	GY 120	St-Pierre (Pl.)	GY 175
Estienne-d'Orves (Cours d')	HZ 76	Mathelin-Rodier (R.)	HY 122	Salengro (Pl. R.)	GY 180
Favre (Quai F.)	HYZ 78	Mercœur (R.)	FGY 122	Santeuil (R.)	GZ 183
Feltre (R. de)	GY 79	Orléans (R. d')	GZ 135	Scribe (R.)	FZ 187
Fosse (R. de la)	GZ 81	Paix (R. de la)	GZ 138	Sibille (R. M.)	FZ 188
Hélie (R. F.)	FY 91	Petite-Hollande (Pl.)	GZ 142	Turenne (Allée de)	GY 198
Henri-IV (R.)	HY 93	Pilori (Pl. du)	GY 144	Verdun (R. de)	GY 199
Herriot (R. E.)	GY 95	Porte-Neuve (R.)	FGY 151	Voltaire (R.)	FZ 205
Hôtel de Ville (R. de l')	GY 96	Racine (R.)	FZ	50-Otages (Cours des)	GYZ 208

F	Église St-Nicolas	M¹	Musée des Beaux-Arts
L	Manoir de la Touche	M²	Muséum d'Histoire naturelle
		M³	Musée archéologique
		M⁴	Musée de l'Imprimerie

Dans le bras droit du transept, le **tombeau de François II★★** (1502) fut commandé par la duchesse Anne pour son père et sa mère Marguerite de Foix. Michel Colombe et probablement Jean Perréal accomplirent là une œuvre encore médiévale par ses gisants et leur cortège mais déjà Renaissance par l'emploi de marbre blanc et noir italien, le dessin des arabesques et les figures des Vertus.

Ⓥ ►► Musée des Beaux-Arts★★ **M¹** – Muséum d'Histoire naturelle★★ **M²** – Ville du 19ᵉ s.★ – Palais Dobrée★ *(arts décoratifs)* – Musée Jules-Verne★ – Musée archéologique★ **M³** – Jardin des Plantes★ – Ancienne île Feydeau★.

ENVIRONS

★★ Planète sauvage Ⓥ – *20 km au Sud-Ouest, sur la D 758.* Ce parc animalier, au cœur du pays de Retz, accueille sur 140 ha plus de 1 500 animaux en liberté. Il se visite en deux étapes : un itinéraire en voiture et un parcours pédestre.

Piste Safari – Sur un circuit de 10 km, l'automobiliste découvre, dans un environnement de brousse et de savane, une succession de 13 parcs en enfilade. On y découvre les jeux d'eau des hippopotames et éléphants, les sauts prodigieux des impalas et springboks, la lutte des tigres, etc.

Village du Safari – La visite à pied de ce village de brousse peut débuter par l'**Arche des reptiles** (vivarium où serpents et crocodiles cohabitent dans une lumière feutrée) et la ferme des animaux miniatures (20 espèces), et se poursuivre par le **Lac des otaries** (poste d'observation au milieu du plan d'eau) avant de longer l'**Ile des siamangs** où les singes hurleurs apostrophent les colonies de flamants roses, marabouts et pélicans bordant la rive. Enfin, le jardin exotique précède la **Forêt des singes** peuplée de macaques rhésus.

Les guides Rouges, les guides Verts et les cartes Michelin composent un tout.

Ils vont bien ensemble, ne les séparez pas.

NARBONNE★

45 849 habitants
Cartes Michelin nᵒˢ 83 pli 14 ou 240 plis 29, 30 ou 235 pli 40
Guide Vert Pyrénées Roussillon

Narbonne est une très ancienne cité méditerranéenne, probablement l'entrepôt maritime d'un oppidum gaulois installé, sept siècles avant J.-C., sur la colline de Montaurès, au Nord.
En 118 avant J.-C., un siècle après sa victoire sur Hannibal (2ᵉ guerre punique) et sa conquête de la Catalogne, de la Manche et de l'Andalousie, et 4 ans après son intervention à Marseille contre les Celto-Ligures, Rome sent le besoin d'assurer la sécurité de sa voie terrestre vers l'Espagne toujours incertaine. Narbonne est donc érigée en colonie sénatoriale (et non gouvernementale) ; elle devient le grand marché de la province Celtique – les ingénieurs y créent un port en dérivant un bras de l'Aude – et bientôt la capitale de la Narbonnaise, active jusqu'à la fin de l'Empire et l'installation de la monarchie wisigothique.
Un certain renouveau économique s'y dessine lorsque Blanche de Castille marie Alphonse de Poitiers (frère de Saint Louis) à Jeanne de Toulouse ; le transit maritime s'effectuait alors par les chenaux et les étangs littoraux. Mais, au 14ᵉ s., une crue reporte l'Aude dans son lit d'origine et la ville s'étiole dans les alluvions qui emplissent sa baie.
Elle ne retrouve son activité qu'avec l'ouverture du canal du Midi à la fin du 17ᵉ s. et l'arrivée du chemin de fer au 19ᵉ s.

★★ Cathédrale St-Just – L'édifice actuel fut entrepris en 1272. Pour ne pas démolir le rempart, on interrompit les travaux 82 ans plus tard. Le chœur rayonnant était alors achevé avec sa voûte portée à 41 m de hauteur et le dessin très réussi de son triforium dont les colonnettes se prolongent par les lancettes des fenêtres hautes et son chevet fortifié dont les grands arcs sont surmontés de merlons à meurtrières.
Le cloître (1349-1417) occupe l'emplacement d'une ancienne église carolingienne ; ses galeries très élancées ont malheureusement été élevées avec un calcaire trop friable.
Le **trésor** Ⓥ abrite en particulier l'admirable **tapisserie★★** représentant la **Création** (fin 15ᵉ s.) tissée en Flandres de soie et de fils d'or, une plaque d'évangéliaire en ivoire sculpté de la fin du 10ᵉ s. et un rare coffret de mariage en cristal de roche orné d'intailles antiques.

Carcanague/IMAGES TOULOUSE

Narbonne – Palais des Archevêques et cathédrale St-Just

Palais des archevêques ⊙ – Il témoigne de l'évolution de l'art de bâtir au 12ᵉ s. (Palais Vieux), au 13ᵉ s. (donjon de la Madeleine et **donjon Gilles-Aycelin★** ⊙), au 14ᵉ s. (tour St-Martial et Palais Neuf), au 17ᵉ s. (résidence des archevêques avec son escalier Louis XIII à rampes droites) et au 19ᵉ s. (façade de l'hôtel de ville).

⊙ ►► Musée archéologique★ – Musée d'Art et d'Histoire★ – Basilique St-Paul-St-Serge (chœur★) – Musée lapidaire★.

ENVIRONS

★★ **Abbaye de Fontfroide** ⊙ – 15 km au Sud-Ouest. Cette **ancienne abbaye cistercienne** occupe un site calme et reposant, peuplé de cyprès, digne d'un paysage toscan. Les belles tonalités flammées, ocre et rose du grès des Corbières dont l'édifice est construit, contribuent à créer, au soleil couchant, une atmosphère de sérénité. L'essentiel des bâtiments a été édifié aux 12ᵉ et 13ᵉ s.

Cirque de NAVACELLES★★★

Cartes Michelin nᵒˢ 80 pli 16 ou 240 Nord du pli 18 – Guide Vert Gorges du Tarn

Le cirque de Navacelles, profond de près de 300 m, est un site de deux canyons emboîtés et creusés entre les causses du Larzac et de Blandas par les méandres que dessine la Vis.

Les falaises, zébrées de talus d'éboulis dans les zones concaves, sont formées, dans leur partie supérieure, de bancs de roche très épais, plus minces aux altitudes moyennes ou basses ; là apparaissent sur des affleurements de marnes ou d'argile des vestiges d'habitations et d'anciennes cultures en terrasses.
Au fond de la vallée, un pont submersible donne accès à l'éminence où s'est enroché le village (ancien prieuré) afin de préserver la totalité du potentiel cultivable représenté par l'ancien cours humide de la Vis lové autour du promontoire avant le recoupement du méandre.
La clémence du climat (figuiers) contraste ici avec la rigueur qui règne en hiver sur le plateau.

Massif de NÉOUVIELLE★★

Cartes Michelin nᵒˢ 85 pli 19 ou 234 plis 44, 48 – Guide Vert Pyrénées Aquitaine

St-Lary-Soulan★, petite capitale du bassin supérieur de la Neste d'Aure, est devenue en 1976 une étape transpyrénéenne par l'ouverture du tunnel de Bielsa qui met en relation Lérida en Espagne et Lannemezan.

Jusqu'au barrage de **Cap de Long★**, au **lac d'Orédon★** et au **lac d'Aumar★**, la route *(46 km AR au départ de St-Lary)* s'élève de 1 362 m. Elle est admirable par son tracé, les vues qu'elle offre, les sombres sapinières qu'elle traverse, les gradins morainiques et les verrous rocheux qu'elle escalade en lacet.
Le massif granitique, qui appartient à la zone axiale des Pyrénées, est un véritable « musée » du relief glaciaire avec ses parois rocheuses bien nettoyées par les

Massif de NÉOUVIELLE

glaces, ses cirques séparés par des crêtes étroites, ses replats, ses épaulements, ses lacs morainiques, ses vallées suspendues et ses blocs erratiques aux roches striées.

Le barrage de Cap de Long est la pièce maîtresse des aménagements hydro-électriques de Pragnères qui par des kilomètres de galeries captent les eaux de bassins différents afin de les « turbiner » intégralement dans des centrales en escalier ou dans une centrale unique.

NEVERS★

Agglomération 58 915 habitants
Cartes Michelin n°ˢ 69 plis 3, 4 ou 238 pli 33 – Guide Vert Bourgogne

Du pont en grès rouge qui enjambe la Loire, le regard porte sur le noyau urbain occupant un versant calcaire bien exposé, le long vaisseau de la cathédrale, le palais ducal et les hautes maisons où se mêlent les grands toits d'ardoises et de tuiles. Nevers doit son essor à son site de confluent, à la fois port important sur la Loire dont les eaux sont devenues presque inutiles au siècle dernier et ville industrieuse sur la Nièvre dont le cours abondant, rapide et régulier, attira dès le 16e s. les faïenceries et la métallurgie... du moins jusqu'à l'ouverture du canal latéral à la Loire en 1856.

Comme toujours sur la Loire, la ville ancienne s'est installée sur la rive la plus élevée sans souci déterminant d'orientation.

La région de Nevers produisait déjà des poteries usuelles au Moyen Age. La faïence semble s'y être introduite vers 1565, par des artisans venus de Lyon mais italiens d'origine, tel Julio Gambiu ; car alors le secret de l'émail était jalousement gardé et les techniques découvertes 45 ans plus tôt à Rouen par Abaquesne ne se répandaient pas. A Nevers les faïenceries reçurent l'appui du duc Louis de Gonzague, humaniste attiré par la recherche du progrès artistique et technique. Sous les règnes de Louis XIII et de Louis XIV, la ville était l'un des grands centres français de cette production ; on y compta 12 fabriques et 1 800 ouvriers. Ses bleus surtout étaient célèbres mais aussi ses décors à la persane, à la bougie et ses scènes marines ou historiées (collection★ au musée municipal ⊙).

En 1866, Bernadette Soubirous, la petite sainte des apparitions de Lourdes, entra au couvent de St-Gildard ⊙ et y prit le voile l'année suivante. Son corps, exhumé intact à trois reprises, repose dans une châsse vitrée de la chapelle du couvent ; il fait l'objet de pèlerinages et de la vénération des fidèles.

★ **Palais ducal** – Ce beau spécimen d'architecture civile Renaissance est l'ancienne demeure des ducs de Nevers. En façade, l'escalier d'honneur, partiellement hors œuvre, compose le motif décoratif central, élégant avec ses pans coupés, ses fenêtres étagées et son campanile.

★ **Église St-Étienne** – C'est une église romane au chevet bien étagé et au beau fenêtrage clunisien.
Elle présente un faux triforium bourguignon mais surtout une hauteur de berceau audacieuse dans un édifice élevé entre 1063 et 1097, mais nécessitée par l'étage des fenêtres surmontant les tribunes.

⊙ ►► Cathédrale St-Cyr-et-Ste-Julitte★★ – Porte du Croux★.

NICE★★★

Agglomération 475 507 habitants
Cartes Michelin n°ˢ 84 plis 9, 10, 19 ou 115 pli 26 ou 245 pli 38
Guide Vert Côte d'Azur

Il y a 400 000 ans, des chasseurs d'éléphants campaient sur une plage dominant de 26 m le niveau actuel de la mer (gisement de Terra Amata). Au 5e s. avant J.-C., des Celto-Ligures s'installent sur la colline du château ; un peu plus tard, des navigateurs et des commerçants de Marseille s'établissent dans le quartier du port, puis des Romains dans celui de Cimiez. En 1388, Amédée VII, comte de Savoie, avec la complicité des Grimaldi, se fixe en Provence et fait une entrée triomphale dans Nice.

En remerciement des perspectives d'avenir qu'ouvrait à l'Italie l'entrevue de Plombières (21 juillet 1858) entre Napoléon III et Cavour, par l'apport des territoires alors autrichiens de Vénétie et de Lombardie, la maison de Savoie abandonnait à la France ses domaines d'origine à l'Ouest des Alpes et la région de Nice. Une fois le traité de Turin ratifié par un plébiscite triomphal (25 743 oui – 260 non), la cérémonie de l'annexion se déroula le 14 juin 1860.

★ **Le Vieux Nice** – Il constitue une ville très méridionale par sa physionomie et son animation, blottie au pied de la colline du château.

Château (LR) – Aménagée en parc-promenade, ombragée de pins parasol, la colline culmine à 92 m d'altitude. Elle fut, à la chute de l'Empire romain, le refuge des habitants de Cimiez. Au 12ᵉ s., les comtes de Provence y édifièrent un château que renforcèrent les princes angevins puis les ducs de Savoie mais dont Louis XIV ordonna la démolition en 1706. Du sommet, la **vue**★★ s'étend sur le rebord des Préalpes de Nice, la ville et la baie des Anges.

Place Garibaldi (LQ) – Elle honore ce Niçois d'origine, héros de l'unité italienne. Ses arcades et son crépi ocre caractérisent l'urbanisme piémontais du 18ᵉ s.

Cathédrale Ste-Réparate (KR) – Elle appartient au style baroque niçois, à l'extérieur par sa façade aux crépis vert et jaune, décorée de niches et de médaillons, cloisonnée par un important entablement et par des piliers-contreforts à chapiteaux composites ; à l'**intérieur**★ par l'exubérance décorative de sa corniche et de la frise aux rechampis blanc et or, ornée d'angelots, qui règne autour du chœur.

★ **Église St-Jacques (LR)** – Derrière une façade peinte, de style jésuite, se déploie une nef solennelle, ornée de sculptures ; à l'étage, entre les chapelles latérales s'ouvrent des loggias où prenait place la noblesse niçoise.

Place Masséna (KR) – La large trouée de verdure aménagée sur le lit du Paillon est traversée par cette place construite à partir de 1815 dans le style turinois avec ses immeubles à arcades crépis d'ocre rouge.

★★ **Cimiez** – Ce quartier est né d'une ville de colonisation romaine qui éclipsa, par sa richesse, la bourgade du port.

Le **site archéologique gallo-romain**★ ⊘ comprend des arènes de proportions modestes et le quartier des thermes.

Dans le **monastère**★ l'église abrite *(à droite en entrant)* une pietà (1475), œuvre de jeunesse, mais des plus parfaites, de Louis Bréa, encore gothique, où il faut observer le visage émacié de la Vierge ; *(dans le chœur à gauche)*, une crucifixion du même artiste, de 1512 et déjà Renaissance.

Dans la villa des Arènes, le **musée Matisse**★★ ⊘ retrace l'itinéraire du peintre, de *La Nature morte aux livres* (1890) au *Fauteuil de rocaille* (1947) et au *Nu bleu* (1952).

Le **musée national Message biblique Marc-Chagall**★★ ⊘ présente les 17 grandes toiles (1954-1967) du Message biblique.

Nice – Le Carnaval, place Masséna

NICE

Collet (R. du)	LQ 16	Lesage (Montée)	LR 34	Providence (R. de la) ...... LQ 62
Droite (R.)	LQ 20	Loge (R. de la) .... KLQ 36		République
Félix-Faure	KQ	Mari (R. Alexandre-) ... KR 40		(Av. de la) .... LQ 64
Gautier		Masséna (Espace, Pl.) ... KR		Robbins (R.) .... KR 66
(Pl. Pierre-) .... KR 25		Médecin (Av. J.) .... KQ 44		St-Augustin (R.) .... LQ 68
Gioffredo (R.) .... KQ		Neuve (R.) .... LQ 49		St-François (Pl.) .... LQ 69
Hôtel-des-Postes (R. de l') KQ		Opéra (R. de l') .... LQ 53		St-François (R.) .... LQ 70
Jésus (R. du) .... KR 33		Pairolière (R.) .... LQ 54		St-François-de-P. (R.) .... KR 72
		Pastorelli (R.) .... KQ		Ste-Réparate (R) .... KR 81
		Phocéens (Av. des) ...... KR 59		Saleya (Cours) .... KR 82
		Poissonnerie (R. de la) ... KLR 60		Vieille (R. de la Pl.) ...... KR 90

B	Ancien Palais du Gouvernement	G	Galerie-Musée Alexis et
D	Chapelle de la Miséricorde		Gustave-Adolf Mossa
E	Chapelle de l'Annonciation	K	Galerie-Musée
F	Chapelle du Saint Sépulcre		Raoul Dufy

M²	Musée d'Art moderne et d'Art contemporain
N	Monument de Catherine Ségurane
V	Palais Lascaris

⊙ ►► Front de mer★★ – Musée Jules-Chéret des Beaux-Arts★★ – Musée d'Art moderne et d'Art contemporain★★ (M²) – Musée Masséna★ *(peinture, arts décoratifs, histoire de la ville)* – Musée d'Art naïf Jakovsky★ – Palais des Arts, du Tourisme et des Congrès (Acropolis)★ – Chapelle de la Miséricorde★ D – Église St-Martin – St-Augustin (intérieur★) – Église orthodoxe St-Nicolas★.

ENVIRONS

★★★ **Corniches de la Riviera** – *Circuit de 41 km à l'Est – Compter 3 h.* En contournant la presqu'île abrupte du Mont-Boron se découvre le contact entre la montagne et la mer et les indentations du littoral nées de dislocations récentes et de l'ennoyage de la base des plis calcaires des Préalpes de Nice. La vue se dégage sur Villefranche-sur-Mer et sa baie.
Le **cap Ferrat**★★ et la pointe St-Hospice font découvrir les corniches de la Riviera, Beaulieu, Èze-Bord-de-Mer, Cap-d'Ail et, au loin, le cap Martin.
Le village d'**Èze**★★, perché sur un piton isolé en avant de la falaise marmoréenne grisâtre qui constitue le flanc d'un pli pendant vers la mer, occupe un site de vigie rendu presque inhumain par ses difficultés d'accès. Il fut occupé par les Ligures, les Phéniciens, fortifié pour résister aux incursions barbaresques. Il fut démoli, ainsi que son château, en 1706, sur ordre de Louis XIV ; puis rebâti après 1760.

Vous souhaitez mettre votre voiture en sécurité.
Le guide Rouge Michelin France vous signale les hôtels possédant un garage ou un parking clos.

NÎMES ★★★

Agglomération 138 527 habitants
Cartes Michelin nᵒˢ 80 pli 19 ou 83 pli 9 ou 240 pli 20
ou 245 pli 27 ou 246 plis 25, 26
Guide Vert Provence

Au contact de la Garrigue au Nord et de la Costière du Gard au Sud, Nîmes est une cité méridionale animée aux grands boulevards ombragés de micocouliers. Elle doit à l'Antiquité gallo-romaine son exceptionnel intérêt architectural.

L'empereur Auguste combla de largesses la cité et lui accorda le privilège de s'entourer d'une puissante enceinte. Traversée par la Voie Domitienne, Nîmes se couvrit de splendides édifices : Maison Carrée bordant au Sud le forum, amphithéâtre d'une capacité de 24 000 spectateurs, cirque, thermes alimentés par un monumental aqueduc : le pont du Gard. Au 2ᵉ s., la ville bénéficia de la faveur des empereurs Hadrien et Antonin le Pieux (la belle-famille de ce dernier était originaire de Nîmes) et continua à s'embellir, atteignant son apogée.

★★★ **Arènes** ⊙ – Un peu antérieures à l'ère chrétienne, elles datent du règne d'Auguste et semblent précéder celles d'Arles de quelque 80 ans, mais leurs galeries voûtées en berceau sont de tradition romaine.
Ce sont les mieux conservées du monde romain. La division des gradins en quatre zones matérialise leur affectation en fonction du statut social des spectateurs.
Pour mesurer la puissance de conception des architectes romains et l'énormité de leur entreprise il faut parcourir la galerie couverte de l'ellipse supérieure (vues sur l'intérieur du monument et sur la ville), la galerie du premier étage (observer la dimension des linteaux qui portent la voûte) et partiellement la double galerie voûtée en berceau du rez-de-chaussée. On reste confondu devant l'envergure du monument, les moyens mis en œuvre pour dessiner, tailler, transporter et mettre en place des pierres de pareilles dimensions et parfaitement ajustées.
Si les arènes méritent d'être visitées en toutes circonstances, c'est au cours des grandes corridas qui l'emplissent jusqu'à son faîte d'une foule colorée qu'elles ressemblent sans doute le plus à ce qu'elles furent autrefois. Le goût des Nîmois pour les corridas ne s'est pas démenti depuis un siècle et demi et les grands cycles tauromachiques, celui de la Pentecôte et celui des vendanges (les Ferias), réunissant les plus prestigieux matadors, connaissent d'amples succès.

★★★ **Maison Carrée** ⊙ – C'est le plus pur et le mieux conservé de tous les temples romains. Il fut construit sous Auguste (fin du 1ᵉʳ s. av. J.-C.), probablement par un architecte de Narbonnaise qui reprit, en l'adaptant, le plan du temple d'Apollon à Rome. Consacré au culte impérial, il était entouré d'un gracieux portique. Les sculptures des chapiteaux de sa corniche sont célèbres. En jouant avec le nombre des consoles et l'écartement des colonnes, le concepteur a su éviter toute monotonie dans sa composition.

★★ **Jardin de la Fontaine** – Le quai ombragé de la Fontaine manifeste l'amour de l'eau dans le Languedoc. Le jardin occupe l'emplacement d'un quartier d'agrément de la ville gallo-romaine. Il illustre le goût des jardins et des antiquités du 18ᵉ s. (nettoyage des canaux et des adductions d'eau, aménagements des balustrades, portiques, bassins).

⊙ ►► Musée d'archéologie★ – Musée des Beaux-Arts★ – Musée du Vieux-Nîmes★ – Carré d'Art★.

Nîmes – La Maison Carrée

NOHANT

Cartes Michelin nos 68 pli 19 ou 238 pli 41 – 6 km au Nord de La Châtre
Guide Vert Berry Limousin

Le hameau de Nohant, dont la place s'orne de beaux ormes, fut tiré de son effacement par **George Sand** (1804-1876), descendante de Frédéric de Saxe, roi de Pologne, par Aurore, fille illégitime du maréchal de Saxe qui avait acquis en 1793 le bien foncier de Nohant fort amputé de nos jours.

Château ⊙ – Cette demeure du 18e s., remaniée et modernisée, attira les regards de toute l'Europe par l'œuvre littéraire – 80 titres et quelque 12 000 lettres – de George Sand qui dans ses romans berrichons décrit la Vallée noire et le Boischaut, pays de bocage morcelé, fermé sur lui-même, dont l'habitat se disperse dans un léger moutonnement de verdure sombre. Et tout autant par les déboires, les insatisfactions et le tumulte de sa vie. Elle reçut à Nohant des célébrités de son époque comme Chopin, Liszt, Delacroix...

Les pièces du château les plus attachantes sont le grand théâtre créé par Chopin, la salle des marionnettes en bois de tilleul, taillées pour son fils Maurice et habillées par elle-même, et la chambre bleue, chambre mortuaire de l'écrivain.

Église de Vic – *2 km au Nord-Ouest.* L'église St-Martin abrite un ensemble rare de **fresques**★ datant des premières années du 12e s. et dont le sujet principal est la Rédemption. Elles valent par l'heureuse disposition de leur ensemble et par l'emplacement, devenu traditionnel, des personnages. Certaines similitudes dans la technique picturale ou l'évocation du mouvement les rattachent à l'art aquitain, voire catalan. George Sand s'y intéressa dès 1849.

Abbaye de NOIRLAC★★

Cartes Michelin nos 69 Sud du pli 1 ou 238 pli 31 – Guide Vert Berry Limousin

Noirlac, fondation cistercienne de 1136, présente le plan type d'une abbaye voulu par saint Bernard. C'est la plus complète des 12 abbayes bénédictines subsistant en France sur les 345 d'origine. Mais elle connut des malheurs et des avatars : guerre de Cent Ans, guerres de Religion, régime de la commende, réfections architecturales au 18e s., transformation en manufacture de porcelaine en 1822, aménagement en asile pour les réfugiés de la Grande Guerre, de la guerre d'Espagne, pour personnes âgées avant sa remise en état en 1975.

L'**église abbatiale** ⊙ date des années 1150-1160. Avec son chevet plat, son grand transept, ses vastes collatéraux, elle reprend, tout comme celle de Fontenay en Bourgogne, le plan de Clairvaux. Datant de la fin de la période romane (dessin des piliers) et du début du gothique (pas encore de formerets), elle manifeste la précocité architecturale du Berry ; sa construction s'est achevée par les deux dernières travées au début du 13e s. Ses vitraux modernes, en grisaille, de Jean-Pierre Raynaud, assisté de maîtres verriers de Chartres et de Bourges, apportent une certaine subtilité de lumière à la simplicité parfaite de l'architecture.

Les bâtiments conventuels furent élevés au 12e s. pour la salle capitulaire et au 13e s. pour le réfectoire puis le cloître gothique polylobé.

OBERNAI★★

9 610 habitants
Cartes Michelin nos 62 pli 9 ou 87 plis 4, 5 ou 242 pli 23
Guide Vert Alsace et Lorraine

Dans l'attrait d'Obernai se concentre, en quelque sorte, celui de toute l'Alsace : petite ville de plaine au pied du mont Ste-Odile, pentes couvertes de vignes, vestiges de remparts témoignant d'une très ancienne indépendance politique (membre de la décapole au 14e s.), petites rues tortueuses hérissées de pignons aigus, essor considérable au 16e s., annexion par Louis XIV en 1679.

★★ **Place du Marché** – Très pittoresque, toute teintée d'une nuance dorée allant quelquefois jusqu'au carmin, elle forme le centre urbain d'Obernai. Au centre, une fontaine de 1904 porte une statue de sainte Odile. La place est entourée de maisons anciennes à pignons, à pans de bois, aux beaux crépis :

l'**hôtel de ville**★ (15e et 16e s.) avec sa façade à oriel et son beau balcon sculpté ;

l'**ancienne halle aux blés**★ (16e s., très restaurée) dont le toit porte encore un nid de cigognes ;

la **tour de la Chapelle**★ (beffroi du 13e s.) accolée à une chapelle dont il reste le chœur et la flèche.

ENVIRONS

★★ **Mont Ste-Odile** – *12 km au Sud-Ouest*. Le mont Ste-Odile est probablement le sommet le plus fréquenté de toute l'Alsace. Il le doit à l'originalité de son site et à la sainteté du lieu. Le piton de grès, isolé, s'élève à 764 m d'altitude ; il domine la plaine d'Alsace affaissée durant la seconde moitié de l'ère tertiaire et sur laquelle sa terrasse, aménagée en belvédère, offre un **panorama★★**.

Un tel site a, de tout temps, appelé l'attention des hommes et déjà les Celtes l'avaient fortifié ; le **mur païen**, long de plus de 10 km, est la plus connue et la plus importante de leurs enceintes. Ses blocs cyclopéens furent redisposés et parfois scellés entre eux par les Romains.

Au cœur de la magnifique sapinière, le sommet est occupé par un **couvent** édifié en l'honneur de la patronne de l'Alsace et souvent remanié. La concentration de ses oratoires témoigne de son rôle de pèlerinage.

►► Maisons anciennes★.

L'OISANS★★★

Cartes Michelin nᵒˢ 77 pli 6 ou 244 pli 29 – Guide Vert Alpes du Nord

Dans ce pays drainé par la Romanche descendue du col du Lautaret et par ses affluents, la population, contrastant par là avec la dispersion de l'habitat en Savoie, se groupe en villages qui occupent des sites de terrasses et sont desservis par d'impressionnantes petites routes en corniche. Le cloisonnement de la vallée, propre à la morphologie glaciaire, y maintient la complémentarité agricole de l'agriculture et de l'élevage ; sa partie inférieure qui débouche, au Sud de Grenoble, dans le Sillon alpin, est un couloir industriel type des vallées alpines.

Les Écrins – Le massif des Écrins, limité par les vallées de la Romanche, du Drac et de la Durance, relève des massifs centraux des Alpes du Sud ; il compte plus de 100 km² de glaciers blottis entre ses sommets chauves. De la route des Grandes Alpes (col du Galibier, oratoire du Chazelet, la Grave) on peut avoir de bons aperçus de ses faces Nord et Est. Le massif n'est pénétré que par quelques vallées rayonnantes constituant autant d'unités humaines presque cloisonnées et desservies par des routes en cul-de-sac ; la plus fameuse est celle de la Bérarde (vallée du Vénéon).

★ **Bassin du Bourg d'Oisans** – Il occupe un site bien cultivé qui était encore au 13ᵉ s. un lac glaciaire et que les alluvions de la Romanche et du Vénéon ont comblé. C'est le centre économique de l'Oisans.

★★★ **Vallée du Vénéon** – *31 km de Bourg-d'Oisans à la Bérarde*. La route de la Bérarde offre un fabuleux spectacle de morphologie glaciaire rehaussé par l'ampleur de l'auge et la rudesse du granit. Se succèdent ainsi l'impressionnant verrou de Bourg-d'Arud encombré de blocs erratiques, les replats de Plan-du-Lac, les terrasses du Clapier-de-St-Christophe (lacets), de Pré-Clot et de Champhorent, les moraines plantées de bouleaux (arbre de l'époque glaciaire) et de résineux, les cascades tombant des vallées latérales « suspendues » et quelques villages bien groupés avant la Bérarde, centre d'escalade et naguère encore hameau de bergers.

►► Cascade de la Sarennes★ – Gorges de la Lignarre★.

ORADOUR-SUR-GLANE

1 998 habitants
Cartes Michelin nᵒˢ 72 plis 6, 7 ou 233 pli 22 – Guide Vert Berry Limousin

Des pans de murs calcinés, un mémorial, un cimetière où ont été rassemblées les dépouilles de 642 victimes du nazisme composent le « village martyr » ⓥ, anéanti par 160 « S.S. » de la division d'élite « Das Reich ».

Ils appellent au recueillement devant une tragédie de la Seconde Guerre mondiale, d'autant plus atterrante qu'elle représentait le massacre gratuit et délibéré d'un village choisi pour son innocence et par là plus apte, pensait l'ennemi, à paralyser de terreur l'ensemble du pays.

Cet événement fut perpétré le 10 juin 1944, soit 4 jours après l'annonce du débarquement allié en Normandie, par des troupes montant vers le front.

Sachez tirer parti de votre guide Michelin.
Consultez la légende en début de volume.

ORANGE★★

26 964 habitants
Cartes Michelin nᵒˢ 81 plis 11, 12 ou 245 pli 16 ou 246 pli 24
Guide Vert Provence

Orange connut la prospérité avec la paix romaine et devint, sur la via Agrippa, une ville d'étape entre Arles et Lyon. Au 16ᵉ s. elle se trouve léguée, ainsi que sa principauté, par René de Châlon à son cousin Guillaume. Celui-ci, dit le Taciturne, fut donc à la fois stathouder des Pays-Bas et prince d'Orange ; c'est le fondateur de la branche des Orange-Nassau. François de Grignan, au cours de la guerre de Hollande, agissant au nom du roi, s'empara de la ville qui fut reconnue française par la paix de Nimègue en 1678.

Théâtre antique - Représentation lors des Chorégies

★★★ **Théâtre antique** ⊙ - C'est le plus beau et le mieux conservé du monde romain. De peu antérieur à l'ère chrétienne, il date du règne d'Auguste.
Son mur de scène (103 x 36 m), « la plus belle muraille du royaume », disait Louis XIV, fait de granit et de brèche d'Afrique, frappe par la simplicité de son parement extérieur, rompu seulement par les corbeaux de support des mâts sur lesquels on tendait les toiles protégeant le public du soleil.
Côté scène, le mur a perdu ses revêtements de marbre, ses mosaïques, ses colonnes et ses statues. La statue impériale, remise en place dans la grande niche centrale, et quelques moellons de granit martelés donnent une idée de sa finition décorative originale.

★★ **Arc de triomphe** - Il fut élevé de 21 à 26. Sur ses faces Nord et Est les reliefs sculptés célèbrent les exploits de la 2ᵉ légion en Gaule (armes gauloises, armes imaginaires des Amazones), la domination de Rome (captifs gaulois vaincus et enchaînés) et sa maîtrise des mers depuis la victoire navale d'Actium remportée par les fantassins d'Agrippa et d'Octave sur la flotte grecque prise à l'abordage (ancres, avirons, navires).

ORCIVAL★★

381 habitants
Cartes Michelin nᵒˢ 73 pli 13 ou 239 pli 18 - Guide Vert Auvergne

De nombreuses maisons de ce bourg montagnard de l'Auvergne volcanique sont encore couvertes de dalles de lave phonolithique provenant de la roche Tuilière proche.

★★ **Basilique Notre-Dame** - *Voir illustration au chapitre de l'Art - Éléments d'architecture.* Cette église romane, construite vers 1130, presque adossée à la montagne, présente le chevet étagé et les flancs renforcés de puissants contreforts et de grands arcs distinctifs de l'école auvergnate. Sur le côté droit, allégé à l'étage supérieur par une série d'arcatures, s'ouvre la porte St-Jean garnie de ses pentures de fer forgé.

ORCIVAL

A l'intérieur, le carré du transept, éclairé par 14 fenêtres et soutenu par de puissants arcs diaphragmes, est un chef-d'œuvre, ainsi que le chœur et la crypte vaste et claire dont le déambulatoire est très développé.

Parmi les chapiteaux, celui de l'avare ou de l'usurier, du 12ᵉ s., ne personnifie plus les vices par des personnages redoutables mais par leurs conséquences. Dans le chœur une **vierge**★ de majesté a conservé sa parure d'orfèvrerie ; son visage, à la fois de paysanne auvergnate *(côté gauche)* et de dame de société *(côté droit)*, affirme l'universalité du rôle de « Trône de la sagesse » qu'elle incarne dans cette représentation.

Aven d'ORGNAC★★★

Cartes Michelin nᵒˢ 80 pli 9 ou 246 pli 23 – Guide Vert Provence

Cet aven s'ouvre dans les bois qui couvrent le plateau ardéchois. Il fut exploré le 19 août 1935 par Robert de Joly (1887-1968). Cet ingénieur de l'École d'électricité de Paris, passionné par l'aviation et l'automobile mais surtout par la spéléologie, est l'organisateur de l'exploration et de l'étude du monde souterrain en France et le créateur du matériel technique approprié. En 13 ans de campagnes dans les Causses, les Garrigues languedociennes, le plateau ardéchois et les Barres de Haute-Provence, il accomplit de nombreuses « premières ».

VISITE ⊙

Seules trois salles d'Orgnac I sont ouvertes au public ; les immensités d'Orgnac II-III-IV n'étant pas aménagées. L'aven d'Orgnac doit son origine à un torrent souterrain qui, à l'ère tertiaire, empruntait une ligne de faille et établissait une relation entre la Cèze et l'Ardèche. Après des milliers de siècles d'érosion et de corrosion, la lente édification des concrétions s'est accomplie dans l'obscurité silencieuse. Elle fut affectée, à la fin de l'ère tertiaire, par des séismes – eux-mêmes liés au soulèvement des Alpes - qui ont brisé des stalactites et renversé des stalagmites et, durant l'ère quaternaire, par les variations climatiques (alternance de périodes chaudes et glaciaires). Ainsi on observe que les deux salles supérieures, d'effondrement, sont séparées par un chaos de la salle inférieure, d'érosion. Dans celle-ci, les stalagmites prennent des formes « en baïonnette » marquant une reprise de l'activité après l'obstruction d'un canal d'alimentation ou en « assiettes empilées », la hauteur de la voûte provoquant alors un éclatement de la goutte d'eau chargée de calcite à son arrivée, voire en « pommes de pin » révélant une croissance irrégulière. Un **musée** ⊙ consacré aux ensembles préhistoriques régionaux (Orgnac III était habité par les hommes il y a quelque 3 000 siècles) présente les civilisations qui se sont succédé entre le Rhône et les Cévennes du paléolithique ancien à l'âge des métaux.

D'autres grottes du Midi de la France, ouvertes aux visites, sont décrites dans ce guide :

l'Aven Armand,
l'Aven Marzal,
la grotte de Clamouse,
la grotte des Demoiselles,
la grotte du Mas-d'Azil,
la grotte de Niaux,
le gouffre de Padirac.

ORLÉANS★

Agglomération 243 153 habitants
Cartes Michelin nᵒˢ 64 pli 9 ou 237 pli 40 ou 238 pli 5
Guide Vert Châteaux de la Loire

Orléans, de tout temps centre commercial actif, s'est développé sur les bords de la Loire entre les riches plaines à blé de la Beauce au Nord et les landes et forêts de Sologne au Sud. Capitale de la région Centre, Orléans joue un rôle important dans la vie administrative et universitaire.

Aux 10ᵉ et 11ᵉ s., Orléans représente, avec Paris et Chartres, le centre de la monarchie capétienne (le fils d'**Hugues Capet, Robert II « le Pieux »**, fut sacré roi en 996 en la cathédrale). Le centre historique de la ville se situe place du Martroi au centre de laquelle se dresse la statue de Jeanne d'Arc.

ORLÉANS

Le siège de 1428-1429 – Ce siège mémorable est l'un des grands épisodes de l'histoire de France, il symbolise le point de départ de la renaissance d'un pays et d'un peuple qui allaient sombrer dans le désespoir. Il dura du 12 octobre 1428 au 7 mai 1429. Le dimanche 8 mai 1429, les Anglais se retirent des dernières bastilles et lèvent le siège : **Jeanne**, victorieuse, reçoit un triomphe à Orléans.

★★ **Musée des Beaux-Arts** ⊘ – Ce musée, dont les collections figurent parmi les plus riches de France, est installé depuis 1984 dans une construction nouvelle de style classique. La peinture en constitue la partie la plus abondante, notamment l'école française du 16e au 20e s. jusqu'à des artistes tout à fait contemporains. Les plus grands noms sont présents : Le Nain, Ph. de Champaigne, Courbet, Boudin, Gauguin, Vigée-Lebrun, Rouault, Gromaire, Soutine, Zao Wou-ki et même Max Jacob (plus connu comme écrivain, mais qui a laissé cependant quelques aquarelles et gouaches).

★ **Cathédrale Ste-Croix** – La cathédrale, dont la construction fut commencée au 13e s. et poursuivie jusqu'au début du 16e s., fut en partie détruite par les protestants en 1568. **Henri IV**, reconnaissant à la ville de s'être ralliée à lui, en entreprit la reconstruction dans un style gothique composite. De splendides **boiseries**★★ de 1706 (sculptures des médaillons et des panneaux qui ornent les hauts dossiers des stalles) décorent le chœur. Dans la **crypte** ⊘, on pourra voir des vestiges de trois édifices qui ont précédé la cathédrale actuelle et deux sarcophages, dont celui de l'évêque Robert de Courtenay (13e s.) qui a fourni les éléments les plus précieux du **trésor** ⊘.

⊘ ►► Musée historique★ – Museum des sciences naturelles★ – Parc floral de la Source à Olivet★★.

Respect de la nature : la beauté des itinéraires dans les sites classés dépend aussi de leur propreté.
N'abandonnez surtout pas de détritus (bouteilles ou sacs de plastique, boîtes de conserve, papiers, etc.), remportez les avec vous.

Ile d'OUESSANT★★

1 062 habitants
Cartes Michelin nos 58 pli 2 ou 230 pli 1 – Guide Vert Bretagne

A 25 km au large de la côte du Finistère, l'**île d'Ouessant** ⊘, lambeau extrême du plateau du Léon, présente, entre deux bombements granitiques orientés du Nord-Est au Sud-Ouest, une dépression de micaschistes rongés par la mer dans laquelle se creusent la baie du Stiff et celle de Lampaul.
Plus marins de l'État ou de commerce que pêcheurs (quelques langoustes), les hommes y vivent dans des hameaux très dispersés dont le bourg principal est Lampaul, attachant par l'exiguïté de son port et par le petit monument des croix de Proëlla *(au centre du cimetière)* où sont déposées les petites croix de cire représentant les disparus en mer.

Île d'Ouessant

Les poissons de la Loire

Poisson-chat

Anguille

Truite arc-en-ciel

Sandre

Perche

Silure Glane

Brochet

Ile d'OUESSANT

A l'abri du vent poussent des camélias, des aloès et des agaves ; mais l'ensemble de l'île est couvert d'ajoncs nains et de bruyère cendrée. Son herbe rase nourrit un cheptel de moutons errant en vaine pâture. Dans les abris de ses falaises et des îlots voisins, des colonies d'oiseaux de mer font étape lors de leurs migrations et viennent nidifier au printemps.

★★★ **Côte Sauvage** – *4 h à pied AR au départ de Lampaul.* Déserte, déchiquetée par les vagues, elle occupe le rivage Nord-Ouest de l'île. Ses pointes, ses anses, ses rochers composent d'extraordinaires paysages marins. Quand le mauvais temps se met de la partie et que le vent règne en maître, des lames déferlent sur ses récifs dans un fracas de tonnerre et roulent d'énormes galets sur ses falaises. La pointe de Pern, l'île de Keller, le Penn-ar-Ru-Meur et l'îlot de Cadoran en sont les sites les plus spectaculaires.

Cinq grands phares surveillent et guident, tout autour de l'île, les quelque 300 navires qui empruntent chaque jour le rail d'Ouessant. Celui de **Créac'h** ⊙ où est installé le **Centre d'interprétation des Phares et Balises**, le plus puissant du monde, détermine, avec son homologue anglais de Lands End, la limite de la Manche ; celui du **Stiff** (tours construites par Vauban en 1695) offre un **panorama**★★ sur cet immense horizon marin. Pareille protection n'est pas superflue : les parages d'Ouessant avec leurs brumes, leurs récifs et leurs courants sont en effet célèbres dans les annales maritimes. Le service hydrographique de la marine y a dénombré 54 naufrages en un siècle.

Gouffre de PADIRAC★★

Cartes Michelin n⁰ˢ 75 pli 19 ou 235 pli 7 ou 239 pli 39
Guide Vert Périgord Quercy

Le gouffre de Padirac, qui s'ouvre dans le causse de Gramat, est l'une des grandes curiosités naturelles du Massif Central.

Le **gouffre** ⊙ proprement dit constitue un gigantesque puits (aven ou igue) aux dimensions saisissantes : 99 m de circonférence et 75 m de profondeur jusqu'au cône d'éboulis formé par l'effondrement de la voûte primitive. Ses parois, couvertes de coulées stalagmitiques et de végétation, retiennent une atmosphère vaporeuse.

Guy de Lavaur (1903-1986), disciple de Robert de Joly *(voir à Aven d'Orgnac),* d'abord explorateur de grottes sèches, puis innovateur en techniques de plongée dans les réseaux noyés et les puits des sources vauclusiennes, poursuivit l'exploration en 1938 et réussit à forcer des siphons devant lesquels Édouard-Alfred Martel, le précurseur, avait dû renoncer. Le réseau des galeries de Padirac allait bientôt passer de 2 à 15 km.

La rivière souterraine, qui réapparaît à l'air libre à 11 km de là au cirque de Montvalent près de la Dordogne, coule à 103 m au-dessous de la surface du Causse. Son cours principal et ses affluents ont été explorés sur plus de 5 km de galeries.

Le Grand Pilier, la Grande Pendeloque du lac de la Pluie et la salle du Grand Dôme comptent parmi les chefs-d'œuvre naturels du monde souterrain.

PARAY-LE-MONIAL★★

9 859 habitants (les Parodiens)
Cartes Michelin n⁰ˢ 69 pli 17 ou 243 pli 37 – Schéma p. 94 – Guide Vert Bourgogne

Paray-le-Monial est situé aux confins du Charolais et du Brionnais, sa basilique est un magnifique exemple d'architecture romane clunisienne.

★★ **Basilique du Sacré-Cœur** – Construite d'un jet entre 1090 et 1109, sous la direction de saint Hugues, abbé de Cluny, l'église, restaurée au 19ᵉ et 20ᵉ s., peut être considérée comme un modèle réduit de la célèbre abbaye bénédictine. Elle n'en conserve cependant que la structure architecturale, délaissant la magnificence décorative et le gigantisme, conçus à la gloire de Dieu, au profit d'une beauté abstraite favorable au recueillement. La façade est d'une admirable simplicité : deux tours carrées, épaulées à leurs angles par de puissants contreforts, présentent quatre étages de fenêtres. La tour de droite, construite au début du 11ᵉ s., a une décoration très sobre ; celle de gauche, qui lui est postérieure, présente une décoration plus riche. Entrer dans la basilique par le croisillon gauche dont la belle porte romane est décorée de motifs floraux et géométriques. A l'intérieur, on est frappé à la fois par la hauteur de l'édifice (22 m dans la nef principale) et par la sobriété du décor.

⊙ ►► Hôtel de ville★ – Musée de la Faïence charollaise – Tour St-Nicolas.

La Tour Eiffel

PARIS★★★

2 152 333 habitants
Carte Michelin n° 101 et plan n° 10 (en une feuille)
ou n° 11 (en atlas avec répertoire) Guide Vert Paris

La prépondérance intellectuelle, artistique, scientifique et politique de Paris (1) et la prééminence de son rayonnement se sont dessinées, à partir du 12e s., lorsque les rois capétiens en eurent fait leur capitale.

UNE PROMENADE DANS LE PASSÉ

La chute de l'Empire romain, en 476, marque pour les historiens la fin de l'Antiquité et le début du Moyen Age.

Paris n'est alors qu'une bourgade fondée sept siècles plus tôt par des pêcheurs gaulois. Elle a vécu l'occupation par les légions romaines de Labienus, une extension

au Sud du fleuve dont témoignent les vestiges des thermes de Cluny et d'un petit amphithéâtre du 2e s., les « arènes », le martyre de saint Denis son

Moyen Age (476-1492)

évangélisateur et premier évêque, la destruction au 3e s. par des envahisseurs barbares, suivie du repli dans l'île de la Cité à l'approche des hordes d'Attila dont l'a protégée l'intervention de sainte Geneviève.
Clovis, roi des Francs, s'installe à Paris en 508. Deux ans plus tard, il fonde, au Sud de la Seine, une abbaye en l'honneur de sainte Geneviève, tout comme 35 ans plus tôt une première basilique avait été édifiée sur le tombeau de saint Denis. En 885, pour la 5e fois en 40 ans, les Normands remontent la Seine et assiègent Paris ; le comte Eudes, chef de la résistance, est élu roi de « France » en 888. La ville devient, par intermittence, siège de la résidence royale.

Les Capétiens directs (987-1328)

Autour de l'an mille, l'abbaye de St-Germain-des-Prés, dévastée par les Normands, est reconstruite dans un style roman, bien altéré depuis.
Pierre Abélard dispense son enseignement, puis Suger, en 1136, reconstruit l'abbatiale de St-Denis dans le tout nouveau style gothique, bientôt suivi par Maurice de Sully qui entreprend Notre-Dame. De 1180 à 1210, Philippe Auguste entoure Paris qui se développe d'une enceinte continue appuyée sur le château fort du Louvre. En 1215, l'Université de Paris, la première de France, est fondée sur la montagne Ste-Geneviève.

Saint Louis, équitable défenseur des droits de chacun et de la couronne, élève, en 1246, la Ste-Chapelle (profanée en 1791) destinée à recevoir les reliques de la Passion ; puis il installe le collège de Sorbon et fonde, pour 300 aveugles pauvres, l'hospice des Quinze-Vingts (15 x 20 = 300).
Dans les premières années du 14e s., Philippe le Bel construit la Conciergerie ; le 30 octobre 1307, il ordonne l'arrestation de tous les templiers de France, puis, ayant obtenu en 1314 la dissolution de leur ordre par le pape, il fait brûler vifs Jacques de Molay leur grand-maître et 54 de ses compagnons.

Sceau de la
« Marchandise de l'Eau » (1210)

Les Valois (1328-1589)

A proximité d'un manoir de Philippe Auguste et d'une chapelle de Saint Louis, Philippe VI entreprend à Vincennes la construction d'un château dont le donjon répond aux normes alors les plus avancées de l'architecture militaire. Et, avant d'être retenu captif en Angleterre, son fils Jean II en poursuit les travaux.
Le 22 février 1358, le prévôt des marchands, Étienne Marcel, qui a réussi à enflammer les bourgeois révoltés, pénètre à la tête des émeutiers au palais de Justice, gagne la chambre du dauphin et, sous ses yeux, égorge deux de ses conseillers. Devenu roi, Charles V quitte le palais qui lui rappelle de trop mauvais souvenirs et s'installe d'abord dans le vaste hôtel St-Paul (détruit), puis à Vincennes ; il rend le Louvre habitable et le dote d'une bibliothèque. En 1370, pour se ménager un refuge fortifié à l'Est de Paris, il élève la forteresse de la Bastille sur laquelle vient prendre appui une nouvelle enceinte de la ville.
A partir de Charles VII, la monarchie séjourne souvent dans les châteaux du Val de Loire et transporte à chaque déplacement vaisselle et mobilier ; cette façon de vivre sur le pays a pu être assimilée à un art de lever l'impôt. L'assassinat de Louis d'Orléans, frère du roi, rue Vieille-du-Temple en 1407 par les hommes de Jean sans Peur déclenche la guerre civile entre Armagnacs et Bourguignons ; Paris est livrée aux Anglais en 1418, et Jeanne d'Arc est blessée devant la porte St-Honoré qui

---

(1) *Nous donnons aux monuments et à la voirie leurs noms actuels.*

s'ouvrait dans l'enceinte de Charles V en essayant de reprendre la ville en 1429. Paris ne redevient française que huit ans plus tard, reconquise par Charles VII. Le style gothique flamboyant se manifeste à Paris au déambulatoire de l'église St-Séverin, au transept de St-Étienne-du-Mont, au porche de St-Germain-l'Auxerrois qui devint la paroisse des rois lorsque les Valois s'installèrent au Louvre. Alors, François Villon, voleur et débauché, se fait le poète des chemineaux avec un talent en avance sur son temps mais desservi par une langue déjà bien archaïque ; Louis XI installe à la Sorbonne des imprimeurs venus de Mayence.

En 1475 s'élève l'hôtel de Sens qui représente avec celui de Cluny une des rares demeures privées de la fin du Moyen Age à Paris ; encore que s'y ressentent, dans le fenêtrage moulaire, les accolades et les lucarnes, les influences d'artistes italiens appelés à la cour.

En 1492, la découverte de l'Amérique marque le *Temps modernes (1492-1789)* début des temps modernes. C'est l'époque où des artistes napolitains, ramenés par Charles VIII de ses guerres d'Italie, introduisent un renouveau dans les goûts et les façons de penser.

Cette « Renaissance » se manifeste dans les arcs en plein cintre de St-Eustache, dans la décoration du jubé de St-Étienne-du-Mont, de même, dans les instances de Guillaume Budé poussant François Ier à fonder le Collège de France.

Au milieu du 16e s. s'élèvent l'hôtel Carnavalet, puis l'aile de Pierre Lescot, qui amorce la Cour Carrée du Louvre et dont l'architecte a confié l'œuvre sculptée à Jean Goujon. En 1549, Joachim Du Bellay publie sa « Défense et illustration de la langue française » qui devient le manifeste de la Pléiade.

En 1559, la cour est endeuillée par la mort de Henri II, blessé rue St-Antoine lors d'un tournoi donné à l'occasion du mariage de sa fille. Sa veuve, Catherine de Médicis, confie alors à Philibert Delorme la tâche d'édifier le palais des Tuileries. Quelques années plus tard, Germain Pilon, dans le goût idéalisé du siècle précédent, sculpte les Trois Grâces destinées au mausolée de Henri II. Les frères Androuet Du Cerceau donnent les plans du pavillon de Flore cantonnant à l'Ouest le palais du Louvre, puis entreprennent, en 1578, la construction du Pont Neuf, aujourd'hui le plus ancien de Paris. A la même époque, Ambroise Paré, chirurgien à l'Hôtel-Dieu, fait accomplir des progrès considérables à l'orthopédie.

Mais les sonneries de matines à St-Germain-l'Auxerrois, le 24 août 1572, donnent le signal du massacre des protestants : c'est la St-Barthélemy. Henri de Navarre (le futur Henri IV, tout jeune marié avec Marguerite de Valois) échappe de peu à la mort. En 1588, la Ligue, réaction contre la tendance centralisatrice de la monarchie, paralysante face à la naissante hégémonie espagnole, se retourne contre Henri III qui doit fuir Paris, chassé par la journée des Barricades. Aidé par Henri de Navarre, le roi se décide à assiéger sa capitale ; il est assassiné à St-Cloud, en 1589, par le moine Jacques Clément. C'est l'extinction de la branche des Valois.

Les Bourbons (1589-1789)

En 1594, Paris ouvre ses portes au nouveau roi qui a pacifié le pays et vient d'abjurer le protestantisme. Henri IV fait alors reprendre les travaux dans sa capitale. Philibert Delorme dessine l'Arsenal, Louis Métezeau la place des Vosges. Mais le 14 mai 1610, le roi tombe sous le couteau de Ravaillac, rue de la Ferronnerie.

Le règne de Louis XIII – 1610-1643. Sous Louis XIII, Métezeau ordonne la façade de St-Gervais, la première de style classique à Paris ; Salomon de Brosse édifie pour Marie de Médicis le palais du Luxembourg ; Jean Androuet Du Cerceau dessine les cours et les jardins de l'hôtel de Béthune-Sully ; Lemercier élève l'église de la Sorbonne avec ses colonnes corinthiennes en façade sur cour et, pour Richelieu, le Palais Royal. En 1636, Pierre Corneille, avocat sans causes à Rouen, fait représenter *Le Cid* au théâtre de l'hôtel de Bourgogne, dans le Marais. Six ans plus tard, l'année de *Polyeucte*, Lemercier élève le pavillon de l'Horloge au Louvre. L'année suivante, le cardinal de La Rochefoucauld fonde l'hospice des Incurables dont l'hôpital Laennec conserve deux ailes de la vieille cour intérieure carrée.

A la mort du roi, en 1643, Anne d'Autriche, régente, gouverne avec Mazarin, qui poursuit la politique de Richelieu. Guillaume Coustou sculpte alors les Chevaux de Marly. Pendant que François Mansart élève l'hôtel Guénégaud et Le Vau les pavillons du Roi et de la Reine à Vincennes, la Fronde agite Paris ; ses désordres font comprendre au jeune souverain la nécessité d'en éloigner la cour.

Le Siècle de Louis XIV – En 1661, à 23 ans, le roi, que tout le monde s'accorde à trouver beau, inaugure son règne personnel. Le style classique, mûri pendant la Régence, trouve alors son plein développement. Plus que l'éclat des fêtes données à la cour, le rayonnement des arts et des lettres contribue au renom de la France, soutenu par un monarque qui sait accorder aux artistes et aux écrivains de talent – cependant malaisés à conduire – les moyens, la protection confiante et une estime ménageant leur indépendance d'esprit et garants de la sincérité de leur reconnaissance. En une vingtaine d'années, Le Nôtre, singulier génie de l'art paysagiste, jardinier des Tuileries, comme son père ou son grand-père, en redessine les parterres ; Claude Perrault entreprend au Louvre sa fameuse colonnade et l'Observatoire ; Le Vau achève le gros œuvre du Louvre et l'Institut, « Collège des quatre nations », fondation posthume de Mazarin. Libéral Bruant édifie la chapelle de la Salpêtrière puis, après que Louis XIV eut fondé les Invalides pour abriter ses vieux soldats, il donne les plans de cette caserne, construite comme un palais.

Colbert, soucieux d'enrichir la France par l'accomplissement du travail bien fait, fonde la manufacture des Gobelins. Jean-Baptiste Lulli crée la forme classique de l'opéra et collabore avec Molière à ses comédies-ballets ; ses récitatifs accompagnés au clavecin sont d'une mesure et d'une expression parfaites. Il fonde l'Académie royale de musique.

Bossuet prononce ses *Oraisons funèbres* ; La Fontaine écrit ses *Contes et nouvelles*, délices des libertins, puis ses recueils de fables, rares chefs-d'œuvre où se confondent l'enchantement littéraire et la pénétration psychologique. Jean Racine, à 28 ans, produit *Andromaque*, la première de ses grandes œuvres tragiques, suivie de *Britannicus, Bérénice, Phèdre* et *Athalie* où la pureté du langage transfigure un déchaînement des passions tel qu'il plonge leur auteur dans la pénitence du jansénisme. Molière, revenu à Paris après de fécondes années d'apprentissage, en Languedoc surtout, qui avait donné *L'École des Femmes* en 1662 puis *Don Juan, Le Misanthrope, Amphitryon, L'Avare, Le Tartuffe, Les Femmes savantes*, des comédies d'une

« ... mâle gaieté si triste et si profonde
« Que lorsqu'on vient d'en rire on devrait en pleurer » *(Alfred de Musset)*
meurt, le 17 février 1673, au n° 40 de la rue de Richelieu, après avoir été saisi de malaise sur la scène du Théâtre-Français dans le rôle du malade imaginaire.

Portrait de Jean de La Fontaine

Durant cette même décennie, l'affaire des poisons brûle la proximité même du trône, pervertit une cour encore jeune et avide de plaisirs : Mme de Montespan en reçoit sa silencieuse et irrévocable disgrâce.

André Boulle associe alors son nom au mobilier de bois précieux à incrustations ; François Couperin, maître de la musique instrumentale, est célèbre pour ses pièces de clavecin et ses « ordres » (suite) d'une exquise élégance ; La Bruyère, un orfèvre de la prose, obtient un succès de scandale avec ses *Caractères* ; Charles Perrault, frère de Claude, fascine par les merveilleuses histoires de *Cendrillon* et de *La Belle au bois dormant* ; Coysevox sculpte les *Chevaux ailés* des Tuileries et, dix ans plus tard, le tombeau de Colbert à St-Eustache ; Hardouin-Mansart aménage la place Vendôme ; Delamair dessine le palais Soubise et l'hôtel de Rohan dans le Marais. Le « Grand Siècle » s'achève en 1715 avec la mort de Louis XIV.

Le Siècle des Lumières – A la mort de son arrière-grand-père, pour la deuxième fois en France, le roi n'a que cinq ans. Le gouvernement du royaume est donc remis à un régent, Philippe d'Orléans. Aussitôt la cour quitte Versailles où l'on se mourait d'ennui et revient à Paris. Cette période de corruption correspond cependant à une époque de rare sécurité : durant 77 ans, la France ne devait pas connaître le malheur d'une invasion étrangère. Elle fut marquée, tout à la fois, par le projet de réforme administrative du chancelier d'Aguesseau poursuivant l'œuvre de Colbert et par la banqueroute de Law qui dut s'enfuir devant la faillite de son système basé sur la commodité des assignats, monnaie papier couverte par un insuffisant répondant d'or et sur une conception des valeurs faisant prévaloir l'aspect comptable des choses sur la valeur réelle des entreprises et des exploitations ; la rue Quincampoix et les abords de l'église St-Merri virent alors le triomphe des agioteurs.

A la même époque s'ouvrent les salons, en particulier ceux de la marquise de Lambert, de Mme Du Deffand et de Mme Geoffrin où prennent naissance les idées nouvelles, tandis que s'édifie le palais Bourbon.

Robert de Cotte aménage l'esplanade des Invalides. Nicolas Cressent, ébéniste, séduit par le travail de ses bronzes ; il préfigure ce siècle où l'art du meuble émerveille le monde et nourrit l'activité d'ateliers et de boutiques rue St-Eustache et faubourg St-Antoine. En 1723, Jean-Philippe Rameau, théoricien par son *Traité de l'harmonie*, novateur dans la composition d'opéras et d'opéras-ballets *(Les Indes galantes)*, est un précurseur dans l'invention mélodieuse de ses suites pour clavecin. Marivaux donne, en 1730, *Le Jeu de l'amour et du hasard*. En 1739, Georges Buffon, naturaliste, aménage le Jardin des Plantes et, l'année suivante, Bouchardon sculpte la fontaine des Quatre-Saisons.

Le règne de Louis XV – Le règne personnel (1743-1774) de Louis XV, déconsidéré par les favorites, est en revanche illustré par des personnalités telles que Charles de La Condamine, naturaliste et géodésien qui remet, en 1751, un mémoire à l'Académie concernant sa découverte du caoutchouc ; par Jussieu, titulaire de la chaire de botanique du Jardin des Plantes, qui établit, en 1759, une classification rationnelle des végétaux et fait progresser la pharmacologie ; par Diderot qui publie, en collaboration avec d'Alembert, son *Encyclopédie*, véritable somme de la technologie de l'époque ; par Chardin, bénéficiaire d'un logement au Louvre, qui s'adonne au pastel ; par Robert Pothier qui compose son *Traité des obligations* ; par Ange-Jacques Gabriel, le plus célèbre et le dernier d'une dynastie d'architectes liée aux Mansart et à Robert de Cotte, qui a valu à la France un siècle d'unité architecturale : il dessine les superbes façades déployées de la place de la Concorde, celle de l'église St-Roch puis réalise l'École militaire ; par Soufflot, auteur de la coupole du Panthéon.

Dans le même temps se distinguent les ébénistes : Lardin par ses bahuts et ses commodes plaqués de bois de rose, Boudin, marqueteur virtuose et spécialiste des meubles à secret ; ils annoncent les maîtres du règne suivant.

Le règne de Louis XVI – Lacroix, après avoir fabriqué des tables et des secrétaires, donne sa mesure dans des commodes et des bonheurs-du-jour d'un galbe parfait ; Georges Jacob, installé près de la porte St-Martin, règne sur l'art du mobilier par l'éclat incomparable de ses sièges et crée les célèbres fauteuils « à la reine ». Jean Riesener surtout, qui tient atelier et boutique rue St-Honoré, est l'un des créateurs du style Louis XVI ; ses commodes et ses bureaux d'acajou décorés de bronzes triomphent par la sobriété de leur distinction.

Chalgrin dessine le buffet d'orgue de l'église St-Sulpice ; Gluck écrit *Orphée* et marque Méhul de son influence ; Antoine élève l'hôtel des Monnaies ; Baudelocque crée l'obstétrique ; Pilâtre de Rosier s'élève du faubourg St-Antoine dans une montgolfière en papier et traverse Paris ; Beaumarchais, après *Le Barbier de Séville*, achève à l'hôtel Amelot de Bisseuil *Le Mariage de Figaro* représenté au Théâtre-Français le 27 avril 1784, comédie qui fait de lui le « défenseur des opprimés » ; Claude-Nicolas Ledoux, 9 ans après Arc-et-Senans, édifie les 57 « barrières » de l'octroi qui font murmurer les Parisiens ; Élisabeth Vigée-Lebrun, la portraitiste de Marie-Antoinette et de ses enfants, séduit par sa grâce et sa tendresse.

Révolution et Empire (1789-1814)

En 1788, le roi s'est résolu à convoquer les États Généraux qui s'ouvrent à Versailles le 5 mai 1789.

Époque contemporaine (Depuis 1789)

La Constituante – Le 17 juin, les États se transforment en une Assemblée nationale qui se déclare Constituante le 9 juillet : la monarchie est condamnée, à terme, à devenir constitutionnelle.

Le 14 juillet, en moins d'une heure, le peuple de Paris s'empare de la Bastille dans l'espoir d'y trouver des armes ; le plan de la forteresse démolie apparaît encore, matérialisé dans le pavage et sur le trottoir à l'Ouest de la place (ce jour devint fête nationale en 1879). Le 17 juillet, à l'Hôtel de Ville, Louis XVI baise la cocarde tricolore qui vient d'être adoptée. L'abolition de la féodalité, dans la nuit du 4 août, et la Déclaration des droits de l'homme et du citoyen, le 26, précèdent l'installation de la Constituante au manège du palais des Tuileries le 5 octobre et celle de la famille royale, qui vient de quitter Versailles, au palais lui-même.

Le 22 décembre, l'Assemblée divise le territoire français en 83 départements, faisant ainsi droit à un projet élaboré par d'Argenson en 1764.

Le 12 juillet 1790, l'Église est régie par la Constitution civile du clergé ; le surlendemain, jour anniversaire de la prise de la Bastille, la fête de la Fédération rassemble en signe d'unité nationale une foule considérable sur le Champ-de-Mars ; dans l'enthousiasme général, Talleyrand célèbre, comme il le peut, une messe sur l'autel de la patrie et Louis XVI reprend le serment de fidélité à la nation.

Le 25 juin 1791, le roi, qui avait fui pour rejoindre à Metz l'armée de Bouillé, mais avait été reconnu cinq jours plus tôt à Varennes-en-Argonne, est ramené à Paris. Le 30 septembre, il doit bien accepter la Constitution adoptée par l'Assemblée qui se sépare.

La Législative – Les nouveaux députés se réunissent le lendemain dans la salle du Manège. Le 20 juin 1792, les émeutiers lancés par les Girondins envahissent les Tuileries et coiffent Louis XVI du bonnet rouge « de la liberté ». Le 11 juillet,

Louis XVI coiffé du bonnet « de la liberté »

l'Assemblée déclare « la patrie en danger » et, dans la nuit du 9 août, les sans-culottes imposent une « commune insurrectionnelle » qui devient un organe de gouvernement ; le lendemain, les fédérés donnent l'assaut au palais des Tuileries, le pillent et massacrent 600 de ses gardes suisses. Cette action détermine l'Assemblée à prononcer la suspension du roi, aussitôt enfermé, avec sa famille, dans la tour du Temple. Le 2 septembre, le carrefour de Buci est le théâtre de massacres qui, perpétrés quatre jours durant, voient 1 200 détenus exécutés « pour se faire justice de ses ennemis » avec une participation active de la commune insurrectionnelle. C'est le début de la Terreur.

Le 21 septembre, au lendemain de Valmy, dans l'ancien Manège des Tuileries situé à l'emplacement de la rue de Rivoli, la Législative fait place à la Convention.

La Convention – Dès sa première séance, le 21 septembre 1792, la nouvelle assemblée, aux mains des Girondins, abolit la royauté. La proclamation de la République, le jour même, détermine le premier jour de l'An I (le calendrier révolutionnaire resta en vigueur jusqu'au 31 décembre 1805). Le 11 décembre s'ouvre au manège le procès de Louis Capet. Le souverain est décapité le 21 janvier 1793, place de la Concorde. Fin mai, les Girondins, rendus responsables des difficultés extérieures et intérieures nées des excès du brigandage, coupés du soutien populaire, tombent, remplacés par les Montagnards.

La Convention montagnarde procède, le 10 août 1793, à l'inauguration du musée du Louvre. Le 17 septembre, par la loi des Suspects, elle légalise la Terreur contre ceux qui désapprouvent sa politique. Les tribunaux révolutionnaires exécutent d'abord les Girondins, en octobre 1793. Le 8 juin 1794, sous la présidence de Maximilien Robespierre, dit l'« Incorruptible », la fête de l'Être suprême, mise en scène par le peintre David, auteur du *Serment du jeu de paume*, se déroule dans le parc des Tuileries. Le cortège gagne ensuite le Champ-de-Mars.

Le 10 juin (9 prairial) commencent les exécutions de la Grande Terreur. La guillotine, « le rasoir national », coupe, en deux mois, 2 561 têtes dont celle de Lavoisier, fermier général et, durant ses loisirs, savant qui avait fait de la chimie une science par l'élimination de ses « impondérables » et établi la loi de la conservation des masses ; puis celle d'André Chénier, poète lyrique qui dans les cent vers des *Iambes* avait réprouvé les excès du régime. Le 27 juillet (9 thermidor), la chute de Robespierre, à l'Hôtel de Ville, marque la fin de cette période.

La Convention thermidorienne, devant la « nausée de l'échafaud », vise alors à la stabilisation et à l'accalmie des esprits. Elle accomplit une œuvre considérable par le souci qui l'habite de donner à la France les outils du savoir. Ainsi fonda-t-elle, en 1794, l'École polytechnique à l'initiative de Monge qui étudiait la géométrie descriptive et l'électromagnétisme ; le Conservatoire des Arts et Métiers à celle de l'abbé Grégoire ; l'École normale à celle de Lakanal ; en 1795, elle adopta le système métrique, institua le bureau des Longitudes et, à la veille de sa séparation, le 25 octobre, l'Instruction publique et l'Institut de France, « l'une des créations les plus glorieuses de la Révolution » selon Renan.

Le Directoire et le Consulat – Le Directoire, marqué par la première exposition universelle, en 1798, prend fin par le coup d'État du 9 novembre (18 brumaire) 1799 lorsque le Conseil des Anciens envoie le corps législatif siéger à St-Cloud par mesure de précaution devant les menées jacobines. Le lendemain, Bonaparte, conspué à son arrivée dans la salle, est sauvé par la présence d'esprit de son frère Lucien qui fait appel à la garde pour disperser les députés. Le soir même, le pouvoir est aux mains de trois consuls. C'est la fin de la Révolution.

En moins de cinq ans, le Consulat permet à Napoléon de centraliser les pouvoirs au profit de son ambition et jalonne son ascension vers l'Empire. Cette période, marquée par le redressement de la situation, vaut par une reconnaissance des valeurs que manifeste la création de l'ordre de la Légion d'honneur et par l'apaisement des esprits qu'explicite le concordat signé avec l'Église.

Alors que Babeuf imagine son « système socialiste » quelque trois quarts de siècle avant la révolution industrielle, le mathématicien Lagrange étudie les fonctions puis les équations de la dynamique ; Lebon, avec sa thermolampe, inaugure l'éclairage au gaz ; Bichat crée la physiologie et définit la notion capitale de tissu. En 1803, le pont des Arts, premier pont en fer, est lancé et réservé aux piétons.

Bonaparte, comme parade aux complots (affaires Cadoudal et Pichegru) que l'Angleterre et les émigrés ourdissaient contre lui, ordonne l'exécution du duc d'Enghien ; elle a lieu au petit matin du 21 mars 1804 dans les fossés du château de Vincennes et indigne l'Europe.

L'Empire – Proclamé par le Sénat empereur des Français le 18 mai 1804, Napoléon Ier est sacré le 2 décembre à Notre-Dame par le pape Pie VII et se couronne lui-même ; cérémonie immortalisée par David. Son règne fut marqué, dans le domaine juridique, par la promulgation du **Code civil**, dès 1804, auquel, Premier consul, il avait participé et dont l'expansion s'est ressentie universellement.

Pour faire de Paris sa capitale impériale, Napoléon ordonne, en 1806, l'érection, place Vendôme, d'une colonne à la gloire de la Grande Armée fondue avec le bronze des canons pris à Austerlitz ; il passe commande à Vignon d'un temple qui faillit

P. WILL/EXPLORER

Le Sacre par J.-Louis David

être une gare avant de devenir l'église de la Madeleine ; il demande à Chalgrin les plans de l'Arc de triomphe. Brongniart construit la Bourse ; Percier et Fontaine, les promoteurs du style Empire, l'aile Nord du Louvre et l'arc du Carrousel ; Gros peint les batailles et Géricault les cavaliers de la Grande Armée et leurs montures. Le 31 mars 1814, les alliés occupent Paris malgré la résistance de Daumesnil à Vincennes. Le 11 avril, l'empereur Napoléon, « le seul obstacle au rétablissement de la paix en Europe », signe son abdication au palais de Fontainebleau.

La Restauration (mai 1814-février 1848)

Le règne de Louis XVIII – 1814-1824. Le règne du frère de Louis XVI fut interrompu par les Cent-Jours que dura le retour de Napoléon entre son séjour à l'île d'Elbe et son exil à Ste-Hélène. Durant ces dix années Laënnec découvre et décrit l'auscultation médiate, invente le stéthoscope et fonde, avec Bayle et Dupuytren, l'école anatomoclinique ; Pinel étudie à la Salpêtrière les maladies mentales ; Cuvier jette les bases de la biologie, formule les principes de la subordination des organes à leur fonction et établit une classification zoologique ; Berthollet étudie la composition des acides ; Sadi Carnot, la thermodynamique et l'équilibre des températures ; Arago, l'électromagnétisme et la lumière polarisée ; Daguerre assure sa notoriété par les dioramas ; Lamartine bouleverse la société littéraire par ses *Méditations poétiques* dont le rythme élégiaque berce les insomnies de Talleyrand alors que tout Paris se récite les vers du *Lac* et du *Vallon*.

Le règne de Charles X – 1824-1830. La peinture brille des œuvres d'Eugène Delacroix dont les *Massacres de Chio* précèdent les grandes compositions et de celles du paysagiste Corot. A la même époque, Laplace trouve les lois essentielles de l'analyse mathématique et jette les bases de la mécanique céleste, Berlioz écrit sa *Symphonie fantastique* qui devient le fer de lance de l'école romantique de musique. Le 21 février 1830, au Théâtre-Français, se livre la bataille d'*Hernani*, drame de Victor Hugo, dans laquelle s'affrontent les Anciens et les Modernes du monde théâtral. Les ordonnances sur la presse provoquent les Trois Glorieuses ; le frère de Louis XVI doit se retirer. La couronne passe à la branche cadette des Bourbons.

Le règne de Louis-Philippe – 1830-1848. Dans les années 30, le mathématicien Évariste Galois fonde la théorie des groupes dont Cauchy poursuit l'investigation ; Victor Hugo écrit *Notre-Dame de Paris* et Alfred de Musset rédige *Les Caprices de Marianne.* Frédéric Chopin, adopté par la société parisienne, compose ses valses, ses scherzos et ses *Polonaises.* En 1838, en congé à Paris, Stendhal écrit en 7 semaines *La Chartreuse de Parme* qui vaut par sa psychologie sans défaut et les divers degrés de lecture qu'elle autorise. Charles Havas fonde à Paris la première agence d'information ; en 1839, la première ligne de chemin de fer ouverte au public relie l'embarcadère de Paris à celui de St-Germain. La caricature des travers de la monarchie de Juillet par les dessins de Daumier, la publication des *Mystères de Paris* par Eugène Sue, la parution du *Comte de Monte-Cristo* et des *Trois Mousquetaires* d'Alexandre Dumas, l'organisation de la prodigieuse œuvre romanesque (mœurs, philosophie, analyse) d'Honoré de Balzac sous le titre général de *La Comédie humaine*, le traité de parasitologie de Raspail marquent les années 40.

A 79 ans, Chateaubriand parachève ses *Mémoires d'outre-tombe*, son œuvre la plus durable, ciselée avec un art consommé de l'écriture. L'année suivante, le 23 février 1848, « un coup de main qui a réussi », boulevard des Capucines, emporte la monarchie et le surlendemain, à l'Hôtel de Ville, dans une apostrophe célèbre, Lamartine fait acclamer le drapeau tricolore « qui a fait le tour du monde avec le nom, la gloire et la liberté de la patrie ».

Deuxième République et Second Empire (1848-1870)

La IIe République – La suppression des ateliers nationaux en juin 1848 engendre des émeutes au faubourg St-Antoine ; Mgr Affre, archevêque de Paris, y trouve la mort. En 1849, Léon Foucault, par son expérience du pendule oscillant, établit la preuve de la rotation et de la sphéricité de la Terre (expérience renouvelée en 1855 au Panthéon). Le 2 décembre 1851, un coup d'État étouffe la IIe République.

Le Second Empire – 1852-1870. Durant le règne de **Napoléon III**, neveu de Bonaparte, deux expositions universelles (1855 et 1867) manifestent la vitalité économique du régime. La capitale, sous l'impulsion du **baron Haussmann** préfet de la Seine, fait l'objet de travaux auxquels elle doit encore les grands traits de sa physionomie comme l'aménagement des bois de Vincennes et de Boulogne, le percement de l'avenue Foch, la création des gares, l'achèvement (aile Nord) du Louvre, le dégagement des grands axes (Grands boulevards, place de l'Opéra...), facilitant à la fois la circulation et la dislocation des émeutes.

Baron Haussmann

Dès 1852, alors qu'Alexandre Dumas fils écrit *La Dame aux camélias*, Rude travaille à la statue de Ney, élevée près de l'Observatoire, sur le lieu même de l'exécution du maréchal en 1815 et que Rodin considérait comme la plus belle statue de Paris. L'année suivante, Claude Bernard, titulaire de la chaire de physiologie au Collège de France, analyse la fonction glycogénique du foie et rédige son *Introduction à l'étude de la médecine expérimentale*. En 1857, Baudelaire publie *Les Fleurs du mal* d'où se dégagent des effluves subtilement envoûtants. En 1858, Camille Saint-Saëns, improvisateur d'exception, organiste de la Madeleine, compose ses Oratorios et ses Cantates et, l'année suivante, Charles Gounod donne la première de *Faust* à l'Opéra lyrique. En 1860, Étienne Lenoir dépose le premier brevet de moteur à explosion que Fernand Forest mettra au point 28 ans plus tard.

1863 : Édouard Manet scandalise le salon des Refusés avec son *Déjeuner sur l'herbe*, puis indigne le public avec son *Olympia*. Baltard, l'architecte du fer, dissimule, à St-Augustin – édifice religieux oblige – l'ossature métallique sous un parement de pierre. Labrouste combine, en 1866, l'usage du fer et de la fonte pour alléger les supports de la salle de lecture de la Bibliothèque nationale ; Hittorff donne aux pavillons de l'Étoile leurs formes néo-classiques. En 1869, Pierre de Coubertin crée le Comité olympique international.

La continuité républicaine (Depuis 1870)

Le 4 septembre 1870, la foule envahit l'Assemblée nationale ; Gambetta l'entraîne à l'Hôtel de Ville où la République est proclamée. Le nouveau gouvernement prépare la défense de Paris alors que le château de St-Cloud est incendié et que l'on se bat au Bourget dans l'espoir de contenir l'armée prussienne.

Un hiver tragiquement froid et la famine éprouvent les Parisiens assiégés et la capitale investie doit capituler le 28 janvier 1871. Après les premiers épisodes de l'insurrection de la Commune jouant le rôle de gouvernement révolutionnaire, les fédérés, au cours de la semaine du 21 au 28 mai 1871, incendient l'Hôtel de Ville, le palais de la Légion d'honneur, le palais des Tuileries, la Cour des Comptes (à l'emplacement du musée d'Orsay) ; ils renversent la colonne Vendôme et fusillent leurs détenus devant le mur des Otages (rue Haxo) avant de succomber eux-mêmes à la répression conduite par les Versaillais, devant le mur des Fédérés (Père-Lachaise). Avec la mise en place des institutions, l'activité reprend. La République devient le régime politique de la France, seulement interrompu par l'occupation nazie durant la Seconde Guerre mondiale et le gouvernement provisoire qui suit.

La IIIe République – Carpeaux sculpte les *Quatre Parties du monde* à la fontaine de l'Observatoire et Émile Littré achève la publication de son fameux *Dictionnaire de la langue française*. Bizet écrit *L'Arlésienne* représentée à l'Odéon puis *Carmen*, drame lyrique dont l'argument est tiré d'une nouvelle de Mérimée.
En 1874, Degas peint *La Classe de danse* et Monet *Impression, soleil levant* qui, exposé chez Nadar, inspire le terme alors péjoratif d'impressionnisme. Puis Renoir travaille au Moulin de la Galette, Puvis de Chavannes décore les murs du Panthéon. La société parisienne applaudit *Coppélia* et *Sylvia* où Léo Delibes rajeunit l'art chorégraphique. Rodin sculpte *Le Penseur*, puis Balzac et Victor Hugo.
Seulecq, en 1879, énonce le principe de la transmission séquentielle des images sur lequel se fonde la technique de la télévision. Pasteur accomplit une œuvre scientifique considérable. *Un dimanche d'été à la Grande Jatte* de Georges Seurat marque le mouvement pointilliste. L'année suivante, en 1887, Antoine fonde le Théâtre libre où se manifeste le goût de la spontanéité. L'ingénieur Gustave Eiffel achève, en 1889, sa tour pour l'inauguration de l'Exposition universelle. La dernière décennie du siècle, Toulouse-Lautrec peint des scènes de cabaret, Pissarro les rues de Paris et le Pont-Neuf, Forain acquiert sa célébrité de caricaturiste. Dans l'ancien couvent des Carmes devenu l'Institut catholique, Édouard Branly découvre les radioconducteurs à limaille. René Panhard construit en 1891 la première automobile à essence, lui fait traverser Paris et, deux ans plus tard, parcourir Paris-Nice.
1894 : alors que l'affaire Dreyfus ébranle le monde politique et réveille les passions religieuses, Vincent d'Indy fonde (1896) la Schola cantorum et Debussy compose son *Prélude à l'après-midi d'un faune*. Le physicien Henri Becquerel découvre la radioactivité après ses études de la fluorescence dans la lignée des travaux de son père qui avait analysé le spectre solaire et les phénomènes de luminescence, et de son grand-père qui avait travaillé sur les piles et l'électrochimie.
Louis Renault, âgé de 21 ans, construit, en 1898, sa première voiturette puis fonde son usine à Billancourt et, dès 1902, dépose un brevet de suralimentation (turbo). Il produit des automobiles, des camions, des avions et, en 1917, des chars d'assaut légers qui contribuèrent à la victoire de 1918.
En octobre 1898, dans un appentis (disparu mais matérialisé par un pavage dans la cour de l'école, au n° 10, rue Vauquelin), Pierre et Marie Curie isolent le radium et établissent le caractère atomique de la radioactivité. A la même époque Langevin poursuit ses recherches sur les gaz ionisés (en 1915, il appliqua les ultrasons à la détection des sous-marins) ; Girault associe la pierre, l'acier et les verrières pour édifier le Grand et le Petit Palais, pavillons de l'Exposition universelle de 1900, à l'occasion de laquelle est lancée sur la Seine l'arche métallique surbaissée du pont Alexandre III ; Henri Bergson enseigne la philosophie au Collège de France.
En 1900, Gustave Charpentier donne *Louise*, roman musical qui plaît par son réalisme lyrique et sa poésie populaire. En 1902, Claude Debussy fait représenter *Pelléas et Mélisande* à la salle Favart (Opéra-Comique). En 1906, Santos-Dumont réalise à Bagatelle le premier vol en aéroplane : l'exploit dure 21 secondes et l'appareil couvre une distance de 220 m. Les arts se manifestent alors place de la Nation

Marie Curie

dans le Triomphe de la République de Dalou ; à Montparnasse où la Ruche fournit logis et atelier à Soutine, Zadkine, Chagall, Modigliani, Fernand Léger ; dans les statues de Maillol ; dans les toiles de Maurice Utrillo ; dans les sculptures de Brancusi qui se détache du cubisme pour évoluer vers l'abstraction *(La Muse endormie)* ; dans les huit panneaux en haut-relief de Bourdelle sculptés à la façade du théâtre des Champs-Élysées que les frères Perret viennent d'édifier en béton armé. *Le Sacre du printemps* (1913) de Stravinski, qui y fut donné le jour de son inauguration, scandalisa, par ses audaces musicales et chorégraphiques, un public non préparé à le recevoir.
En 1914, la basilique du Sacré-Cœur, entreprise en 1878 sur les plans d'Abadie, est achevée au sommet de la butte Montmartre. Jean Jaurès est assassiné au café-restaurant du Croissant au soir du 31 juillet, la veille de la mobilisation générale.
1914-1918, c'est la Grande Guerre : Clemenceau, placé à la tête du gouvernement en 1917, sait rendre à la population civile et aux militaires, soldats et état-major, la confiance dissipée par trois années d'épreuves, méritant ainsi le titre de « Père la Victoire ».
1920, l'inhumation d'un soldat inconnu sous la dalle sacrée de l'Étoile exprime la reconnaissance de la patrie au patriotisme de ses « poilus ».

PARIS

Durant les années 20, Le Corbusier donne la villa la Roche ; Bourdelle sculpte *La France* au palais de Tokyo ; Georges Rouault, connu pour ses dessins bibliques, achève son *Miserere* ; Landowsky sculpte la *Ste-Geneviève* du pont de la Tournelle ; Maurice Ravel écrit, en deux semaines, pour la danseuse Ida Rubinstein, son *Boléro* dont l'instrumentation subtile et la précision rythmique popularisent le nom de ce compositeur aristocratique ; Poulbot crée le type du gamin de Montmartre ; Cocteau écrit *Les Enfants terribles* ; le Cartel des Quatre – qui réunit à partir de 1926 Charles

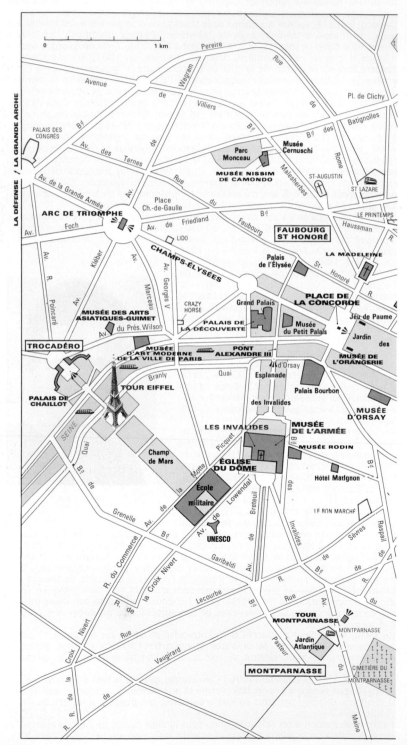

Dullin (théâtre Sarah-Bernhardt), Gaston Baty (théâtre Montparnasse), Louis Jouvet (comédie des Champs-Élysées puis théâtre de l'Athénée) et Georges Pitoëff (théâtre des Mathurins) – marque de nombreux comédiens et metteurs en scène et donne à la vie théâtrale de Paris son rayonnement.

Émile Roux, qui à la fin du 19e s. avait étudié les toxines de la diphtérie et décrit sa prophylaxie, animateur et administrateur de l'Institut Pasteur, appelle à Paris ses chercheurs de Lille Calmette puis Guérin qui, dès

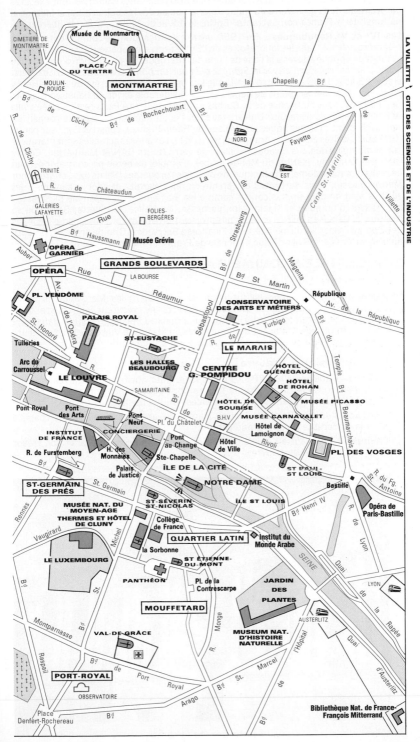

1915, avaient expérimenté la vaccination préventive (BCG) contre la tuberculose. En 1934, André Citroën sort sa Traction avant qui étonne le monde de l'automobile par ses audaces, cela 15 ans après sa Type A qui avait été la première de grande série en Europe, et 21 ans avant la novatrice DS 19.

1er septembre 1939-2 septembre 1945 : la Seconde Guerre mondiale. Paris est bombardée puis occupée par l'armée allemande. Les 16 et 17 juillet 1942, la grande rafle concentre au Vélodrome d'hiver, avant leur déportation, les victimes de la mystique du racisme du IIIe Reich allemand. 4 500 résistants identifiés sont exécutés par les nazis dans la clairière du mont Valérien où se dresse aujourd'hui le Mémorial national de la France combattante. Enfin, le 19 août 1944, Paris est libérée.

Les IVe et Ve Républiques – En 1950, Alfred Kastler, dont le cours d'optique fait référence, vérifie, dans les laboratoires de l'École normale supérieure, son principe de « pompage optique » devenu la base de l'une des méthodes de production d'un faisceau laser. L'art se transforme avec la *Symphonie pour un homme seul* de Maurice Béjart, créée le 3 août 1955 au théâtre de l'Étoile sur une musique concrète de Pierre Henry et de Pierre Schaeffer, point de départ d'un considérable essor du ballet en Europe. Depuis 1945, sous l'influence de Le Corbusier (dont l'œuvre à Paris reste limitée : villa la Roche, pavillons de la Cité Universitaire...), l'esthétique architecturale connaît un renouvellement : formes nouvelles (Maison de Radio-France), constructions sur pilotis (UNESCO), voûtes en voile de grande portée (CNIT). Les années actuelles sont marquées par la multiplication des façades habillées de verre (tours GAN et Manhattan, Centre Georges-Pompidou, Institut du Monde Arabe). L'emploi du béton précontraint permet de réaliser, dans le domaine technique, de véritables prouesses (Palais des Congrès, tour Montparnasse). Mais surtout, l'art architectural s'élargit, devient urbanisme ; les édifices sont de plus en plus conçus comme les éléments d'un ensemble plus vaste : remodelage d'un quartier (Maine-Montparnasse, les Halles, la Villette, Bercy) ou sa création (la Défense). En outre, de grands projets d'urbanisme ont vu le jour, c'est le cas de l'Opéra à la Bastille, du ministère des Finances à Bercy, de la Grande Arche à la Défense ou bien encore de la Bibliothèque nationale de France François-Mitterrand à Tolbiac.

LA CAPITALE MONUMENTALE

Architecture civile

★★★ **Palais du Louvre** – Plan no 11 page 31 - H 13. Ni les Mérovingiens ni les Carolingiens, ni même les Capétiens directs ne vécurent au Louvre dont l'emplacement était alors extérieur à Paris ; mais au Palais de Justice, dans leurs hôtels (démolis) de St-Paul et des Tournelles au Marais, à Vincennes et dans leurs châteaux ou ceux de leurs grands vassaux en Val de Loire.

Les souverains à l'œuvre

Philippe Auguste – Vit au Palais de Justice. Pour abriter ses archives, il édifie sur la rive droite la forteresse du Louvre dont subsistent les fossés *(accès par le musée)*. Elle occupait le quart Sud-Ouest de l'actuelle Cour Carrée.

Saint Louis – Vit au Palais de Justice. Il aménage une grande salle et une chapelle dans la forteresse de son grand-père.

Philippe le Bel – Vit au Palais de Justice. Il enferme son arsenal et son trésor dans la forteresse du Louvre.

Le Louvre – La Colonnade

J.-P. Claphany/Michelin

LE PALAIS DU LOUVRE – Etapes de construction

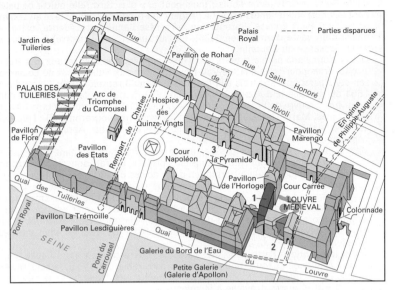

Charles V – Vit dans ses hôtels du Marais.
Le Louvre est pour lui un lieu de détente où il installe sa bibliothèque de 973 livres (à l'emplacement du pavillon de l'Horloge) et qu'il protège par une enceinte. Une miniature des *Très Riches Heures du duc de Berry* représente son « joli Louvre ».
Charles VI occupe l'hôtel St-Paul. Charles VII, Louis XI, Charles VIII et Louis XII résident dans les châteaux de la Loire et, à Paris, à l'hôtel des Tournelles.

François Ier – Vit surtout dans le Val de Loire et dans le Marais. Il fait raser le vieux Louvre et, en 1546, charge Pierre Lescot d'édifier un palais qui va devenir celui des rois de France. L'œuvre de Lescot, partie 1 la plus prestigieuse du Louvre, introduit à Paris le style Renaissance italienne, déjà apprécié sur les bords de la Loire, avec sa façade agrémentée d'un avant-corps souligné de frontons courbes, les sculptures sont de Jean Goujon (l'auteur des nymphes de la fontaine des Innocents), lui-même très marqué par les formes hellénistiques.

Henri II – Vit au Louvre. Il confirme Lescot dans sa tâche si bien que la façade est timbrée de l'entrelacs CHD (Catherine de Médicis, Henri, Diane de Poitiers).

Charles IX – A la mort de son frère François II, le nouveau souverain n'a que 10 ans ; **Catherine de Médicis** est nommée régente. Auvergnate par sa mère, cette Florentine, nièce de deux papes, mariée en France à 14 ans, est douée de qualités de tolérance politique qu'elle sait mettre en œuvre lors des négociations préparant avec les huguenots la paix de St-Germain. Elle vit au Louvre, au rez-de-chaussée appelé depuis logis des Reines 2, mais elle ne se plaît guère au milieu du chantier de Lescot. Elle ordonne donc à Philibert Delorme (à qui succéda Jean Bullant) de lui construire, au-delà de l'enceinte de Charles V, mais à proximité, le palais des Tuileries. Pour raccorder ce futur édifice à peine entrepris au Louvre elle décide, en 1566, de créer une grande galerie sur une courtine, puis, à l'équerre, une petite galerie.
Charles IX achève le corps Sud-Ouest de la Cour Carrée et le timbre de son monogramme K (Carolus).

Henri III – Vit au Louvre. Il élève le corps Sud-Est de la Cour Carrée (monogramme H au rez-de-chaussée).

Henri IV – Vit au Louvre. Dès 1595, il fait poursuivre les travaux de la Grande Galerie par Louis Métezeau (les chiffres H et G – Henri et Gabrielle d'Estrées – ont été enlevés, sauf un, par Marie de Médicis). Il fait aussi construire le pavillon de Flore par Jacques II Androuet Du Cerceau, achever la Petite Galerie (Marie de Médicis puis Anne d'Autriche en occupèrent le premier étage – chiffre AA), achever l'étage de l'aile Henri III dans la Cour Carrée, timbrée de son monogramme.

Louis XIII – Vit au Louvre. Poussé par Richelieu, il poursuit la construction de la Cour Carrée : Lemercier élève (en même temps que la Sorbonne et le Palais-Royal) le pavillon de l'Horloge et l'angle Nord-Ouest de la cour, réplique « classique » de l'œuvre de Lescot (timbré LA : Louis et Anne, au rez-de-chaussée). Anne d'Autriche habite le logis des Reines : sa salle de bains (par Lemercier) est l'actuelle salle de la *Vénus de Milo*.
En 1638, le rempart de Charles V est rasé et son fossé comblé.

Louis XIV – A la mort de Louis XIII, la régente Anne d'Autriche s'installe au Palais-Royal avec le jeune Louis ; mais neuf ans plus tard, elle quitte ce palais dont la vulnérabilité lui est apparue pendant la Fronde et se réinstalle au Louvre. Le roi, qui avait épousé l'infante Marie-Thérèse l'année précédente, offre, au milieu d'un vaste chantier, en 1662, un carrousel (fête équestre) à l'occasion de la naissance du Dauphin.

La fête donna son nom à la place. En 1664, pour faciliter les travaux, il s'établit aux Tuileries pour trois ans. Le Vau travaille alors aux Tuileries et au Louvre où son style personnel apparaît à la Petite Galerie qu'il reprend après l'incendie de 1661 et à la galerie d'Apollon ; il poursuit la fermeture de la Cour Carrée dans la ligne de l'œuvre de Lescot en élevant à l'Ouest de l'aile Nord un étage (chiffre LMT : Louis, Marie-Thérèse) et le pavillon Marengo (monogramme LB : Louis XIV de Bourbon). Cela alors qu'il travaille déjà au Grand Appartement et à l'Appartement de la Reine à Versailles.

Mais le palais n'a toujours pas de façade monumentale donnant sur Paris et Colbert vient encore d'en refuser plusieurs projets. On fait donc appel au grand maître du baroque, l'Italien Bernin, en dépit de ses 67 ans ; ses projets ne sont pas agréés non plus : ils auraient supprimé ou insulté la façade de Lescot. Avec Le Brun et Le Vau, Claude Perrault dessine alors une imposante façade à colonnade. Commencée en 1667, achevée en 1811, elle est un placage devant le corps Est de Le Vau ; de même que l'élargissement solennel qu'elle nécessita devant l'aile Sud et qui fit du mur de Le Vau un mur intérieur de refend.

1682, le roi quitte Paris pour Versailles. Le Louvre connaît alors l'abandon, il abrite l'Académie et toute une population indésirable. En 1715, la cour revient à Paris, pour sept ans : le jeune Louis XV habite aux Tuileries et le régent au Palais-Royal, Coustou travaille à la colonnade.

Louis XVI réside à Versailles jusqu'à ce qu'il en soit ramené le 6 octobre 1789 ; il loge alors aux Tuileries avant son incarcération à la prison du Temple.

Révolution – La Convention occupe le théâtre et le Comité de salut public les appartements du palais des Tuileries que s'adjuge Bonaparte, Premier consul.

Napoléon Ier – Vit aux Tuileries. Percier et Fontaine achèvent la Cour Carrée en donnant un second étage aux corps Nord et Sud. Ils édifient l'aile qui raccorde les pavillons de Rohan et de Marsan en y reproduisant la façade de la Grande Galerie de Du Cerceau ; ils agrandissent la place du Carrousel où Napoléon passait ses légions en revue et y élèvent, en 1806, un pastiche de l'arc romain de Septime Sévère pour célébrer les victoires impériales.

Louis XVIII – Vit aux Tuileries. Percier et Fontaine édifient le pavillon de Rohan.

Charles X – Vit aux Tuileries. Le château est pillé après la révolution de 1830.

Louis-Philippe – Vit aux Tuileries. En 1848, le palais est de nouveau mis à sac.

Napoléon III – Vit aux Tuileries. Il décide la fermeture Nord de la grande cour et confie cette tâche à Visconti puis à Lefuel qui élèvent les bâtiments intérieurs de façon à masquer la divergence des deux ailes ; ils rasent l'hôtel de Rambouillet **3** (salon des Précieuses sous Louis XIII) et érigent les pavillons ; ils restaurent le pavillon de Rohan (chiffre LN : Louis Napoléon). Lefuel refait le pavillon de Flore et l'aile qui le prolonge à l'Est en pastichant sans talent l'aile de Métezeau et timbre cette galerie du monogramme NE (Napoléon, Eugénie).

La République – Les présidents de la République résident à l'Élysée. Dans la nuit du 23 mai 1871, les fédérés incendient le palais des Tuileries, la moitié de l'aile Nord de Napoléon Ier proche du pavillon de Marsan, les pavillons Richelieu et Turgot et l'aile Est attachée au pavillon de Flore.

En 1875, sous la présidence de Mac-Mahon, Hector Lefuel, en modifiant des plans de Visconti, restaure donc l'aile Nord qu'il élargit et le pavillon de Marsan qu'il timbre du monogramme RF (République française) ; il refait la galerie du Bord de l'Eau, les pavillons de La Trémoille et de Flore.

En 1883, sous la présidence de Jules Grévy, la démolition du palais des Tuileries, où avaient été créés plusieurs chefs-d'œuvre de Rameau, fait disparaître un monument capital de notre histoire architecturale.

En 1984, le président Mitterrand adopte le projet Grand Louvre et **Pyramide**★★. Il désigne M. Ieoh Ming Pei comme architecte pour accroître les surfaces d'accueil et de services. Sous la cour Napoléon, un vaste espace d'information et documentation est éclairé par la Pyramide de verre qui marque l'entrée principale du musée.

★★★ **Les Invalides** ◔ – Plan n° 11 page 29 - J 10. De 1671 à 1676, Libéral Bruant dresse les plans de l'hôtel royal des Invalides dont Louvois dirige la construction. La façade, longue de près de 200 m, majestueuse sans monotonie, est dominée par un attique orné de masques, de pots à feu et de lucarnes en forme de trophées. Dans la cour d'honneur où Napoléon aimait passer ses vétérans en revue, le pavillon du Midi constitue la façade de l'église St-Louis, nécropole de grands soldats, tendue de drapeaux pris à l'ennemi (*en cours de restauration*). Berlioz y donna son *Requiem*, en 1837.

1) Tombeau de Joseph Bonaparte.
2) Monument de Vauban.
3) Tombeau de Foch.
4) Maître-autel à colonnes torses et à baldaquin. Voûte décorée par Coypel.
5) Tombeau du général Duroc.
6) Tombeau du général Bertrand.
7) Au fond, cœur de La Tour d'Auvergne, au centre, tombeau du maréchal Lyauthey.
8) Tombeau de Turenne.
9) Chapelle St-Jérôme. Contre la muraille, tombeau de Jérôme Bonaparte.
10) Tombeau de l'Empereur.

L'église du Dôme★★★ ⊙, dessinée par Jules Hardouin-Mansart avec sa science prodigieuse des proportions, fut entreprise en 1677. Chef-d'œuvre du style Louis XIV, elle porte à sa perfection le style classique déjà introduit à l'église de la Sorbonne et à celle du Val-de-Grâce : l'architecture religieuse répond ici à l'architecture civile de Versailles. Sa façade (place Vauban) présente un rez-de-chaussée dorique et un étage corinthien ; elle se termine par un fronton de Coysevox. Le dôme élancé est porté par un ample tambour dont les contreforts à colonnes soutiennent le balcon et les petites volutes ; il s'achève par un léger lanternon qui jaillit à 107 m de hauteur. En 1735, Robert de Cotte acheva l'édifice en remplaçant la colonnade et le portique prévus au Sud par la perspective d'arbres de l'avenue de Breteuil. Sur l'autre face, il aménagea l'esplanade ; la « batterie triomphale » qui défend les jardins et qui tonnait aux grandes heures françaises est composée de canons pris à Vienne, en 1805, par Napoléon.

L'église est devenue une nécropole militaire depuis qu'en 1800 le Premier consul y fit inhumer le corps de Turenne **8** (monument de Vauban **2** ; tombeau de Foch **3**). Dans la crypte creusée par Visconti, sur un soubassement de granit vert des Vosges, repose le mausolée de porphyre rouge, « manteau de gloire », dépourvu de toute identification, taillé pour devenir, 20 ans après le « retour des Cendres », le **tombeau de Napoléon 10**. Le roi de Rome, duc de Reichstadt, mort au château de Schönbrunn en 1832, fut transféré dans cette crypte en 1940.

★★★ **Arc de triomphe** ⊙ – Plan n° 11 page 16 - F 8. Le monument, la **place Charles-de-Gaulle**★★★ dont il occupe le centre et les 12 avenues qui en rayonnent composent le prestigieux site urbain de l'**Étoile**. Voulu par Napoléon, dès 1806, comme symbole de sa capitale impériale, il fut dessiné par Chalgrin. Mais la mort de son architecte, en 1811, alors qu'il ne dépassait pas 5 m de hauteur, et les revers militaires refrénèrent l'activité des constructeurs si bien qu'il ne fut achevé qu'en 1836 sous Louis-Philippe.

En 1854, Hittorff dessine, à la demande d'Haussmann, les façades homogènes des hôtels qui délimitent la place.

L'arc vit, le 14 juillet 1919, le grand défilé de la victoire, le 11 novembre 1920, l'inhumation d'un soldat inconnu tombé sur les champs de bataille de la Grande Guerre et, trois ans plus tard, le jaillissement de la flamme du souvenir devant la dalle sacrée. L'œuvre sculptée est considérable : les noms de 128 batailles et de 558 généraux en occupent les surfaces planes ; de hauts-reliefs, des cariatides, la grande frise de la corniche supérieure et les groupes... pâlissent

Jacques-Ange Gabriel : aménagement de la place Louis XV, aujourd'hui de la Concorde

devant le chef-d'œuvre de Rude sculpté en 1836, représentant le Départ des volontaires de 1792, enrôlés par la Législative pour faire face à l'invasion des Prussiens en Lorraine et communément appelé *La Marseillaise* ; il y passe le souffle du génie.

★★★ **Place de la Concorde** – Plan n° 11 page 30. C'est l'œuvre d'Ange-Jacques Gabriel, menée à bien en 20 ans à partir de 1755 et une parfaite expression du style Louis XV. Le dimanche 21 janvier 1793 s'y dressait, près de l'actuelle statue de Brest, la guillotine pour l'exécution de Louis XVI suivie de celle d'autres victimes de la Terreur.
Les deux hôtels qui ferment la place au Nord avec leurs colonnades, son plan octogonal, les socles disposés pour recevoir les statues allégoriques des villes lui donnent son caractère monumental. Deux **perspectives**★★★ s'y croisent : l'une de la Madeleine au Palais-Bourbon, l'autre des *Chevaux ailés* de Coysevox marquant l'entrée des Tuileries à ceux de Marly (copie), magnifiques groupes de marbre dus à Nicolas et Guillaume Coustou ouvrant les Champs-Élysées. A leur intersection se dresse l'obélisque de Louksor, en granit rose, vieux de 33 siècles (Nouvel Empire), couvert de hiéroglyphes, rapporté d'Égypte et érigé ici en 1836. Belles fontaines.

★★★ **Tour Eiffel** ⊙ – Plan n° 11 page 28 - J 7, J 8. C'est le monument parisien le plus universellement connu. La tour, dont le premier projet remonte à 1884 et dont la construction fut menée à bien en 26 mois, fut inaugurée en mars 1889, lors de l'Exposition universelle. Sa construction révèle chez l'ingénieur Eiffel une rare hardiesse d'imagination : en dépit d'une charpente de 7 000 tonnes, d'une hauteur de 320,75 m, de 2 500 000 rivets... c'est un chef-d'œuvre de légèreté. On reste confondu quand on sait que la tour est plus légère que le cylindre d'air qui la circonscrit et que la pression qu'elle exerce au sol est celle d'un homme assis sur une chaise.

★★ **Palais de Justice et Conciergerie** ⊙ – Plan n° 11 page 31 - J 14. Le « Palais », siège séculaire de l'autorité civile et judiciaire, fut la résidence des gouverneurs romains, des rois mérovingiens, des enfants de Clovis, l'atelier monétaire de Dagobert, la forteresse du comte Eudes côté aval de la Seine sur la route des invasions. Il devint ensuite le palais royal du Moyen Age, résidence des premiers Capétiens (leur chapelle et leur donjon). Saint Louis y avait son appartement dans l'actuelle première chambre civile ; Philippe le Bel chargea Enguerrand de Marigny de construire la Conciergerie, d'agrandir et d'embellir le palais dont les salles gothiques inaugurées en 1313 firent la réputation. Plus tard Charles V y éleva la tour de l'Horloge qui porta la première horloge publique de Paris ; il y installa le parlement, cour suprême de Justice du royaume auquel Charles VII abandonna les locaux. De cette période subsistent la salle des gens d'armes et ses beaux chapiteaux, la salle des gardes aux magnifiques piliers et les cuisines aux monumentales cheminées d'angle.
La grande salle du premier étage, restaurée par Salomon de Brosse après l'incendie de 1618, le fut à nouveau en 1840 et après l'incendie de 1871.
La première chambre du tribunal civil est l'ancienne Grand'chambre du parlement : celle des lits de Justice, celle en particulier où Louis XIV, âgé de 16 ans, vint dicter ses ordres au parlement, celle où en 1788 le parlement demanda la convocation des États Généraux, celle où siégea le tribunal révolutionnaire.

Les deux tours jumelles, au centre de la façade Nord, partie la plus ancienne du palais (mais façade néo-gothique), refaites au 19e s., commandaient jadis l'entrée du Palais-Royal.

La Conciergerie devint, sous la Terreur, l'antichambre de la guillotine, et abrita jusqu'à 1 200 détenus à la fois. Les pièces les plus émouvantes en sont la galerie des Prisonniers, le cachot de Marie-Antoinette et la chapelle des Girondins.

★★ **Palais-Royal** – Plan n° 11 page 31 - H 13. En 1632, Richelieu demandait à Lemercier de lui élever un hôtel qui devint le palais Cardinal, remarquable par son corps central aux ordres superposés et son fronton courbe, lorsqu'il l'agrandit en 1639, puis le Palais-Royal en 1642 lorsque, mourant, il le légua à Louis XIII. A la mort du roi qui suivit de près celle de son ministre Anne d'Autriche s'y installa avec le jeune Louis XIV de préférence au Louvre un peu démodé et toujours en chantier.

Là se tinrent les premières séances de l'Académie française fondée par Richelieu en 1635. Victor Louis, en 1783, aménagea le charmant ensemble des jardins intérieurs et des galeries bordées de boutiques ; il éleva, en 1787, la salle voisine du Théâtre-Français, modifiant ainsi la physionomie de l'œuvre de Lemercier qui témoignait de la montée vers le classicisme.

Daniel Buren a dessiné les 260 colonnes modernes courtes et inégales disposées (1986) en quinconce dans la première cour intérieure.

Palais-Royal – Les colonnes de Buren

★ **École Militaire** – Plan n° 11 page 29 - K 9. Cette caserne, dessinée par Jacques-Ange Gabriel, est une des œuvres architecturales les plus nobles du 18e s. bien que les plans durent en être considérablement réduits pour des motifs financiers. Elle fut entreprise en 1752 pour partie sur les fonds de Mme de Pompadour et l'ensemble de l'ouvrage fut achevé en 1773. Sous le Second Empire, elle reçut ses pavillons de la cavalerie et de l'artillerie d'une exécution médiocre et ses bâtiments latéraux. Fidèle à sa destination initiale, elle abrite l'École supérieure de Guerre.

En façade elle présente un pavillon central formant avant-corps à pilastres, couvert d'un dôme de plan carré et décoré de deux étages de colonnes corinthiennes et d'un fronton sculpté d'allégories et de trophées.

Sa **cour d'honneur★**, superbe, se déploie, côté place de Fontenoy, en arrière d'une avant-cour de service et d'exercice, entre deux colonnades droites à portiques. Une juste proportion s'y établit entre le grand pavillon central et les ailes.

★★ **Panthéon** ⊘ – Plan n° 11 page 43 - L 14. Au point le plus élevé de la rive gauche, Soufflot entreprend, en 1758, la construction d'une nouvelle église Ste-Geneviève pour honorer un vœu de Louis XV fait à Metz, 14 ans plus tôt. L'édifice présente des dimensions telles que de beaux esprits prédisent son effondrement et vilipendent son architecte. Le monument actuel ne ressemble que de loin à celui de Soufflot : tours rasées, frontons refaits, fenêtres obturées. En avril 1791, la Constituante ferme l'église au culte et en fait le réceptacle des « cendres des grands hommes de l'époque de la liberté française ». Successivement église, nécropole, quartier général de la Commune, temple laïque, elle marque l'époque où les églises perdirent leur caractère de monument prépondérant dans une ville.

Le Panthéon vaut par son plan en croix grecque, son élévation sur colonnes, sa coupole de Soufflot, son péristyle corinthien, son fronton de David d'Angers (1831), et sa crypte où reposent les dépouilles des grands hommes.

★★ **Opéra Garnier** ⊙ – Plan n° 11 page 18 - F 12. Académie nationale de Musique, première scène lyrique française, l'Opéra est l'œuvre de Garnier, inauguré le 5 janvier 1875, sous la présidence de Mac-Mahon. Ironie du destin pour son architecte qui avait rêvé, en 1869, de créer, là, un style Napoléon III surpassant les pastiches du Second Empire et dont c'était néanmoins la réussite architecturale, ajoutant l'ampleur aux dispositions que Victor Louis avait imaginées à Bordeaux. Avec leurs marbres de couleur provenant de toutes les carrières de France, le magnifique escalier d'honneur, la salle et le somptueux foyer équilibrent l'aspect composite de la décoration.

Quelques talents inoubliables

Dans le florilège des maîtres qui ont marqué de leur empreinte la scène du palais Garnier et ont comblé leur auditoire de souvenirs impérissables, ont peut citer – et à titre d'exemples seulement – :

1888 Jean de Reszké dans *Roméo et Juliette*
1895 Rose Caron qui participe à la réhabilitation parisienne de *Tannhäuser*
1928 Georges Thill dans *Rigoletto*
1929 Ida Rubinstein dans le *Boléro* de Ravel
1930 Serge Lifar, novateur, voire provocateur, qui, dirigeant le corps du ballet, interprète *Icare* en 1935 puis *Les Noces fantastiques*
1947 Yvette Chauviré dans *Mirages* puis *Giselle*
1964-1965 Maria Callas dans *La Tosca* et *La Norma*
1972-1980 Rolf Liebermann introduit, en sa qualité d'administrateur général, la danse contemporaine et modernise à tous les niveaux l'institution.
1979 Création de Patrice Chéreau du *Lulu* d'Alban Berg
1983 Création de *Saint-François d'Assise* d'Olivier Messiaen
1985 Mise en scène de Ruth Berghaus pour *le Wozzeck* d'Alban Berg
1988 Mise en scène de Götz Friedrich du *Katia Kabánova* de Janácek.

★★ **Palais de Chaillot** – Plan n° 11 page 26 - H 7. C'est une réalisation marquante de la première moitié du 20e s. avec ses deux pavillons prolongés par des ailes courbes enserrant des jardins, son esplanade bordée de huit statues de bronze doré. De la terrasse se découvre une **magnifique vue**★★★ avec les fontaines au premier plan, la courbure de la Seine, la tour Eiffel, le Champ-de-Mars, et l'École militaire en arrière-plan.
Les inscriptions qui figurent aux frontons des pavillons ont été rédigées, en 1937, par Paul Valéry : « Il dépend de celui qui passe que je sois tombe ou trésor, que je parle ou me taise ; ceci ne tient qu'à toi. Ami, n'entre pas sans désir. »
Le palais abrite le théâtre de Chaillot, les musées de l'**Homme**★★, de la **Marine**★★, des **Monuments français**★★ (moulages) et du **Cinéma Henri-Langlois**★.

Architecture religieuse

★★★ **Cathédrale Notre-Dame** – Plan n° 11 page 32 - K 15. L'église métropolitaine de Paris est un des sommets de l'architecture française et, en quelque sorte, la cathédrale de la France car il y a vingt siècles que l'on prie à cet emplacement et l'édifice actuel fut le témoin de grands événements de notre histoire.
Lorsque, en 1163, Maurice de Sully en entreprend les travaux, il connaît bien le gothique primitif de St-Denis et les grandes églises – dites « de transition » en raison des réminiscences romanes que les archéologues y relèvent – de Sens, Noyon, Senlis, Laon déjà très avancées et le nouveau chœur de St-Germain-des-Prés à 1 100 m de son chantier vient tout juste d'être consacré. Notre-Dame est la dernière des grandes églises à tribunes et l'une des premières à arcs-boutants. Ses architectes successifs ont respecté, dans ses grandes lignes, le plan d'origine tout en lui apportant des progrès dont certains ont fait école.
Le chœur, élevé sous Louis VII, fut consacré en 1182 sous Philippe Auguste. Son hémicycle est encore fermé de robustes colonnes rondes aussi proches du roman que du gothique primitif ; mais déjà son double déambulatoire, les nervures de pierre qu'il fallut concevoir pour raidir ses larges fenêtres seront imités. Il s'équilibre encore par des tribunes auxquelles on adjoignit, à titre de sécurité, un étage d'arcs-boutants imaginés quelques années plus tôt à St-Germer-de-Fly ; idée neuve, on les prolonge par un col destiné à rejeter les eaux pluviales loin des fondations : ce sont les premières gargouilles.
En 1210, sont en place les premières travées de la nef et les assises de la façade, dix ans plus tard l'ensemble de la nef et la galerie des Rois, en 1225, l'étage de la rose. En 1245, le gros œuvre achevé, Saint Louis peut y déposer la sainte

couronne d'épines en attendant la consécration de la Ste-Chapelle et y armer son fils chevalier. En 1250, les deux tours sont terminées et la nef élargie de chapelles latérales qui consolident l'ensemble.

En 1455 se déroule dans la cathédrale la révision du procès de Jeanne d'Arc et sa réhabilitation ; en 1572, le mariage du huguenot Henri de Navarre (futur Henri IV) et de la papiste Marguerite de Valois l'avant-veille de la St-Barthélemy. Le 22 mars 1594 y résonne le Te Deum fêtant l'abjuration solennelle du Béarnais.

Mais l'époque des mutilations survient : démolition du jubé sous prétexte de modernisation, en 1699 ; dépose des vitraux originaux pour donner au vaisseau plus de clarté et destruction du portail central pour faciliter le passage des processions au 18e s. Durant la Révolution les statues sont brisées et la ci-devant église devient temple de la Raison. C'est dans une cathédrale bien délabrée que se déroulent les cérémonies du sacre de Napoléon et du baptême du Roi de Rome.

En 1831, le roman de Victor Hugo, *Notre-Dame de Paris,* appelle l'attention de l'opinion sur le monument et, en 1841, Louis-Philippe en confie la restauration à Viollet-le-Duc. En 23 ans, le grand architecte-archéologue la refait presque entièrement, statuaire comprise, selon sa vision d'un gothique idéal : œuvre critiquable certes mais salutaire qui va de pair avec la démolition du quartier médiéval de la cité et la construction de bâtiments administratifs dans l'île.

Extérieur – Sur le parvis – le « km 0 » de nos grandes routes nationales – fut représenté, en 1452, le *Vray Mistère de la Passion* d'Arnoul Gréban, œuvre littéraire considérable, en 35 000 vers dont le jeu, devant la façade servant de décor, durait quatre jours complets.

La tour de droite porte Emmanuel, le fameux bourdon qui pèse 13 tonnes et dont la pureté du timbre (il donne l'actuel *fa* dièse) serait due aux bijoux que les Parisiennes jetèrent dans le bronze en fusion. Au-dessus de la galerie des Rois, la grande rose est la plus vaste qu'on ait osé percer à l'époque. Elle conserve ses vitraux d'origine et le compartimentage de ses lancettes et de ses chapiteaux fut souvent imité ; elle n'a pris aucun jeu depuis sept siècles.

Le portail de droite, de sainte-Anne, porte, aux étages supérieurs, d'anciennes statues de la cathédrale. A la pointe du tympan, rigide Vierge en majesté de tradition romane ; les vantaux sont garnis d'admirables pentures.

Le portail central, du Jugement Dernier, présente un Christ dominant la cour céleste disposée sur les six cordons des voussures.

Le portail de gauche, de la Vierge, inspiré de celui de Senlis, ordonné en registres horizontaux, a servi de modèle à de nombreux imagiers du Moyen Age.

Au portail du cloître (transept gauche), postérieur de 30 ans à ceux de la façade, la richesse des gâbles et la souriante Vierge – seule survivante de la grande statuaire d'origine – permettent de mesurer l'évolution de la sculpture durant cette période. Plus loin, à la Porte Rouge, la Vierge est couronnée par son fils.

Le chevet reçut, au début du 14e s., la prodigieuse parure de ses grands arcs-boutants de 15 m de volée qui, enjambant le double déambulatoire et les tribunes, viennent épauler le vaisseau au point même de la poussée des voûtes.

Notre-Dame – Le Chevet

Le portail du transept droit, de St-Étienne, commencé en 1258 par Jean de Chelles, représente la lapidation du premier martyr ; jamais encore scène sculptée n'avait été aussi évocatrice.

Intérieur – L'ordonnance et l'élévation du vaisseau central expliquent la prééminence de l'école française au début du 13e s. par son élancement et sa hardiesse plus assurés encore que dans le chœur. Il relève du gothique de transition.

Les chapelles des corporations ajoutées, pour la première fois, aux 13e et 14e s., ont conduit à élargir l'édifice donc à allonger les bras du transept. Jean de Chelles tira alors profit de la Ste-Chapelle, achevée en 1248, pour éclairer les croisillons par des roses exceptionnellement larges, calculées avec une telle maîtrise qu'il s'est permis de les placer au-dessus d'un triforium à claire-voie et a poussé à l'extrême la ténuité de leurs lancettes. La rose Nord surtout vaut par la splendeur douce et profonde de ses bleu-mauve. Enfin, à l'entrée du chœur, à droite, N.-D. de Paris est une Vierge à l'Enfant du 14e s., plus idéalisée et plus noble encore que celle du portail du cloître : nouvelle évolution de l'art de la sculpture en un siècle.

★★★ **Ste-Chapelle** ⊙ – Plan n° 11 page 31 – J 14. Pour qui vient de visiter Notre-Dame, église de transition, l'évolution architecturale est saisissante. 80 ans seulement séparent ces deux monuments et, déjà, le style lancéolé lui-même, de Chartres et d'Amiens, est ici dépassé : la chapelle, par sa légèreté et sa clarté, est le chef-d'œuvre du gothique rayonnant. L'architecte a poussé là jusque dans ses applications les plus hardies la logique du style gothique et, servi par les dimensions restreintes de l'édifice, il a réussi à en assurer l'équilibre par de simples contreforts lestés de pinacles.

La chapelle fut élevée par Pierre de Montreuil, en moins de trois ans, à la demande de Saint Louis et dans son palais même, pour abriter les insignes reliques de la Passion qu'il venait d'acquérir ; elle fut consacrée le 25 avril 1248. Comme d'autres chapelles palatines antérieures (Laon, Meaux), elle comprend deux étages ; celui du souverain et, au rez-de-chaussée, celui du personnel du palais.

Vitraux – La chapelle haute se présente comme une châsse dont les parois ont fait place à un ensemble éblouissant de vitraux garnissant tout l'intervalle entre les contreforts. Ils couvrent 618 m², comptent 1 134 scènes dont 720 sont encore d'origine et s'élèvent sur 15 m de hauteur. En 1240, les vitraux de Chartres sont achevés ; le roi fait donc appel aux maîtres verriers devenus disponibles pour garnir le fenestrage de sa chapelle. Ainsi s'explique la parenté des deux réalisations : scènes qui garnissent les médaillons, lumineuse coloration qui éclipse la simplicité du dessin et de la composition.

Les sujets ont pour thème l'exaltation de la Passion, son annonce par les grands prophètes et Jean-Baptiste et les scènes bibliques qui la préfigurent. Nous ne connaissons la rose rayonnante d'origine que par une miniature des *Très Riches Heures du duc de Berry*. La rose actuelle, commandée par Charles VII à l'époque flamboyante, illustre l'Apocalypse de saint Jean ; elle marque son époque par le dessin de ses lancettes et par la peinture nuancée du verre qui a remplacé le procédé ancien de juxtaposition de petits carreaux colorés dans leur masse. Les vitraux de la Ste-Chapelle ont souvent été pris pour modèles, même lorsque les contraintes architecturales ne le justifiaient pas.

★★ **Abbaye de St-Germain-des-Prés** – Plan n° 11 page 31 – J 13. L'importance de ce monument, privilégié dans son rôle et dans ses épreuves, se dissimulerait à qui ne chercherait dans ses vieilles pierres qu'un plaisir esthétique. A l'exception de Clovis, les Mérovingiens en firent leur panthéon. L'église, détruite par les Normands, fut reconstruite aux 10e et 11e s. De cette époque elle conserve sa tour de façade à l'allure bien compréhensible de donjon. Vers 1160, sa nef fut agrandie et son chœur refait dans le tout nouveau style gothique. Puis elle fut « embellie » en 1646 (triforium et fenestrage du chœur)... et fâcheusement restaurée en 1822.

Mais surtout, de 1631 à 1789, les Mauristes firent de l'abbaye un foyer de spiritualité et de culture : on y étudiait les inscriptions antiques (épigraphie), les textes anciens (paléographie), les Pères de l'Église (patristique), les monuments anciens (archéologie), les chartes... Sa bibliothèque fut confisquée à la Révolution.

★★ **St-Séverin-St-Nicolas** – Plan n° 11 page 43 – K 14. Cette église, chère aux amateurs du Paris médiéval et du Quartier latin, juxtapose des réalisations du gothique rayonnant (partie inférieure du portail, trois premières travées de la nef), du gothique flamboyant (étages supérieurs de la tour, suite de la nef, second bas-côté, voûte très compartimentée de l'hémicycle du chœur, célèbre pilier central en spirale du déambulatoire) et de l'époque classique (gaines de marbre et de bois aux piliers du chœur).

★★ **St-Eustache** – Plan n° 11 page 31 – H 14. Ce fut l'église la plus riche de Paris, la paroisse des quartiers du Palais-Royal et des Halles ; aussi, lorsqu'elle fut mise en chantier, en 1532, lui donna-t-on le plan de Notre-Dame pour modèle. Mais durant les 105 ans de sa construction le goût changea et, sur son ossature gothique, l'édifice porte une décoration et une finition Renaissance.

Le gothique flamboyant se reconnaît à l'élévation intérieure à trois étages, aux voûtes du chœur, du transept et de la nef, à la hauteur des collatéraux et aux arcs-boutants extérieurs. Le goût Renaissance se manifeste dans les pilastres et les chapiteaux de style corinthien, dans le retour aux arcs en plein cintre.

Le classicisme marque les vitraux du chœur dessinés par Philippe de Champaigne et le tombeau de Colbert, dû à Le Brun, auquel travaillèrent Coysevox et Tuby.

★★ **N.-D.-du-Val-de-Grâce** – Plan nº 11 page 43 – M 14. En 1645, Anne d'Autriche en confia la construction à François Mansart. Lemercier puis Le Muet poursuivirent et achevèrent les travaux. Sa façade, amortie par des consoles, est originale par ses pilastres disposés aux angles, par son double fronton triangulaire et par les jeux de lumière qu'engendrent les creux des niches et les saillants des statues. Le dôme, dans le goût italianisant du milieu du 17e s., est très chargé de statues, de médaillons et de chapiteaux composites. A l'intérieur, le baroque règne dans le pavage polychrome, dans le puissant entablement qui sépare les grandes arcades de la voûte à pénétrations et à caissons, dans les massifs piliers du transept et dans le baldaquin à colonnes torses du chœur. La **coupole**★★ a été peinte par Mignard d'une fresque où l'on compte 200 figures trois fois plus grandes que nature.

Urbanisme

Depuis la disparition du Paris médiéval au 19e s., trois quartiers en particulier illustrent l'évolution de l'urbanisme dans la capitale.

★★★ **Le Marais** – Plan nº 11 pages 32 - H 16, J 16 et 33 - H 17, J 17. Renaissance, époques Louis XIII et Louis XIV. Au 14e s., Charles V, en s'installant à l'hôtel St-Paul, manifeste l'appartenance à Paris de cette zone encore suburbaine. Bien vite, ce quartier devient le centre de la vie élégante et la rue St-Antoine est, sous les Bourbons, la plus belle de Paris.

Les meilleurs artistes élèvent et décorent des demeures qui donnent à l'hôtel particulier à la française sa physionomie propre ; les précieuses, puis les libertins et les philosophes fréquentent leurs salons.

Le style Henri III s'observe à l'**hôtel Lamoignon**★ (1584) où Jean-Baptiste Androuet Du Cerceau donne le premier exemple, à Paris, de l'ordre colossal avec ses pilastres plats, ses chapiteaux corinthiens et son bandeau sculpté.

Le style Henri IV apparaît à la **place des Vosges**★★★ dessinée par Louis Métezeau et achevée en 1612. Elle conserve son ordonnance originelle avec ses pavillons à parements de briques (fausses par endroits), élevés de deux étages sur un rez-de-chaussée à arcades et leurs grands toits d'ardoise. Les pavillons du Roi au Sud et de la Reine au Nord (côté ensoleillé) y occupent les places d'honneur.

Place des Vosges

Avec Louis XIII, la montée vers le classicisme s'affirme. En 1624, Jean Androuet Du Cerceau élève l'**hôtel de Sully**★ avec son portail encadré de pavillons, sa **cour d'honneur**★★ où les frontons triangulaires et arrondis composent un rythme horizontal en accord avec les lucarnes à volutes et sa ravissante **cour** intérieure. Le premier style Louis XIV se manifeste à l'**hôtel Guénégaud**★★ (1648) de François Mansart où apparaissent la majesté des lignes et les proportions étudiées en fonction du site ; à l'**hôtel de Beauvais**★ dû à Le Pautre, remarqué pour son balcon cintré sur consoles et sa disposition intérieure ingénieuse ; à l'**hôtel Carnavalet**★, demeure Renaissance transformée par François Mansart en 1655 ; à l'**hôtel Amelot-de-Bisseuil**★ de Cottard, d'une architecture un peu théâtrale avec sa corniche et son portail à fronton courbe sculpté d'allégories.

Le second style Louis XIV se remarque aux deux hôtels contigus élevés par Delamair en 1705 ; l'**hôtel de Rohan**★★ (*Chevaux frémissants d'Apollon à l'abreuvoir* par Robert Le Lorrain) et le **palais Soubise**★★ (cour d'honneur en fer à cheval à colonnade double). On le reconnaît à ses rez-de-chaussée élevés, à l'importance des fenêtres, à ses balustrades en rive de toiture, aux sculptures des avant-corps.

★★★ **La Voie Triomphale** – Plan n° 11 pages 31, 30, 29, 17 – H 13, H 12, G 10, G 11, F 9, F 8. Louis XVI, Second Empire, IIIᵉ République. De la cour du Louvre à l'Étoile, la Voie Triomphale représente presque la première lieue de la grande sortie de Paris que Colbert, déjà, avait envisagée, rectiligne, jusqu'en forêt de St-Germain.

★ **Arc de Triomphe du Carrousel** – Ce pastiche de l'Antique s'orne de statues des soldats de l'Empire en grand uniforme. Un touriste installé place du Carrousel dans l'axe du Louvre réalise une ligne de mire géante dont l'arcade de l'arc forme l'œilleton, l'obélisque de la Concorde le guidon et l'arche de la Défense le but.

★ **Jardin des Tuileries** – A l'origine ce fut un jardin incliné dans le goût italien de la Renaissance, imaginé par Catherine de Médicis. Un siècle plus tard, Le Nôtre en fit le premier cadre de nature donné à la vie élégante et le type du jardin français. La terrasse du Bord de l'Eau servit de terrain de jeux aux dauphins, au Roi de Rome, au prince impérial puis aux enfants de Paris.

★★★ **Place de la Concorde** – *Page 262.*

★★★ **Champs-Élysées** – En 1667, Le Nôtre prolonge la perspective des Tuileries jusqu'au Rond-Point qu'il dessine. L'allée n'est encore que la desserte des communs des hôtels particuliers de la rue du Faubourg-St-Honoré ; bientôt les limonadiers s'y installent et l'animation vient. En 1724, le duc d'Antin y plante des ormes et prolonge l'avenue jusqu'à l'Étoile ; en 1729, des lanternes l'éclairent le soir. 48 ans plus tard, elle atteint la Seine au pont de Neuilly, quelques cabarets la bordent ; Robespierre y recevait ses amis ; Louis-Philippe achève l'**Arc de Triomphe**★★★. La grande vogue de l'avenue date du Second Empire. Des restaurants (Ledoyen), des salles de spectacle (Folies Marigny, Bouffes d'été, où furent données les opérettes d'Offenbach), des hôtels particuliers comme celui de la Païva (n° 25 – actuellement Traveller's Club) avec ses portes de bronze sculptées et son escalier en onyx y manifestent la faveur de la haute société.

Les changements intervenus depuis 1914 ne permettraient guère à Marcel Proust de reconnaître les lieux des rencontres et des émois de son adolescence. Des commerces de luxe, des grands cafés, des vitrines de constructeurs d'automobiles, des galeries considérées comme les allées du « chic » parisien, des manifestations d'émotion nationale font la célébrité des « Champs ».

★★ **La Défense** – Plan n° 11 pages 65, 66. – Réalisation exemplaire, la Défense n'évoque en rien les traditionnels quartiers d'affaires du centre des villes.

La grande Arche de la Défense

M. Renaudeau/HOA-QUI

Le long d'une « dalle » de 1 200 m, agrémentée de jardins, de fontaines, de sculptures et de frais ombrages, les tours gigantesques (Tour Fiat, 178 m) accompagnent, dans un incessant jeux de lumière, la montée depuis la Seine jusqu'à la Grande Arche.

★★ **La Grande Arche** ⊙ – A l'extrémité du parvis, cet immense cube évidé, de 110 m de côté, conçu par l'architecte danois Johan Otto von Spreckelsen, abrite, outre des bureaux, plusieurs ministères. La cathédrale Notre-Dame pourrait tenir avec sa flèche entre les parois de l'Arche. A 100 m au-dessus du Parvis, le toit-terrasse de 1 ha, dont une partie est aménagée en belvédère d'où le visiteur découvre une vue sur Paris et la banlieue, est occupé par des salles d'expositions temporaires. Au pied de l'Arche, le Palais de la Défense (**CNIT**), doyen (1958) des constructions du quartier, vient d'être « rajeuni ». C'est maintenant un lieu où les hommes d'entreprise peuvent trouver rassemblés en trois pôles : la technologie, la communication d'entreprise et le commerce international. A proximité se dressent le **Musée de l'Automobile de la Colline de la Défense**★★ ⊙, et la sphère de verre du **Dôme Imax**, salle de cinéma au gigantesque écran hémisphérique.

La décoration – Elle compose un musée de sculptures en plein air, du cubisme à l'abstraction et aux environnements : les *Deux personnages* de Miró, le *Stabile rouge* de Calder, *Dame lune* de Julio Silva, *Fontaine* d'Agam, *Monstre* de Moretti, *Sculpteur de nuages* d'Attila, *Corolles du jour* de Leygues, *Oiseau mécanique* de Philoloas, *Terre* de Derbré... La statue de la Défense de Paris en 1870, d'une tout autre époque, a retrouvé son emplacement d'origine.

Bercy – Plan n° 11 page 45 – N 18, N 19. Dans le cadre de la rénovation de l'Est parisien, un programme d'urbanisme a modifié le quartier de Bercy : **Palais Omnisports** (architectes Andrault, Parat et Guvan), imposants bâtiments du **ministère des Finances** dont une partie semble plonger dans la Seine (concepteurs Chemetov et Huidobro), **Jardins de la mémoire** (parc composé de trois ensembles végétaux) et, sur la berge opposée, la toute nouvelle **Bibliothèque nationale de France-François-Mitterrand**★ (architecte Dominique Perrault) illustrant avec ses quatre tours la symbolique de livres ouverts. C'est le dernier des grands travaux d'urbanisme entrepris à Paris sous les septennats de F. Mitterrand.

LA CAPITALE POLITIQUE

Palais de l'Élysée – Plan n° 11 page 17 – F 10. Depuis 1873, il est la résidence parisienne du Président de la République qui « veille au respect de la Constitution, assure par son arbitrage le fonctionnement régulier des pouvoirs publics ainsi que la continuité de l'État ». D'ordinaire, le mercredi s'y tient le conseil des ministres.
Le palais, construit en 1718 par Henri de La Tour d'Auvergne, appartint à la marquise de Pompadour. Pendant la Révolution, il abrita un bal public, une maison de jeux et une galerie de peinture. Napoléon installa, dans le pavillon donnant sur la rue de l'Élysée, le boudoir de Marie-Louise et l'appartement du Roi de Rome. Le 22 juin 1815, l'empereur dut y signer sa seconde abdication. L'aménagement architectural du palais témoigne, par le souci du confort, du renouveau de la manière de vivre et des goûts durant la Régence.

Hôtel Matignon – Plan n° 11 page 30 – J 11. Depuis 1958, c'est la résidence du Premier ministre « qui détermine et conduit la politique de la nation... y dirige l'action du gouvernement... et assure l'exécution des lois ».
Comme l'Élysée, l'hôtel Matignon (1721) manifeste la recherche architecturale du raffinement au début du 18e s. Les réceptions hebdomadaires qu'y donna Talleyrand, après 1808, étaient retentissantes par leur luxe.
Les colonnes ioniques qui flanquent sa porte cochère et les trophées des balcons de son avant-corps central sont intéressants.

★ **Palais Bourbon** – Plan n° 11 page 30 – H 11. Depuis plus de 150 ans, le palais Bourbon est affecté au corps législatif. L'Assemblée nationale – qui constitue l'une des deux chambres du Parlement, celle des députés élus au suffrage direct – a pour rôle l'examen, la discussion, l'amendement de tout projet ou proposition de loi avant son adoption par un vote. Le vote doit être prononcé sur un texte identique établi successivement dans les deux chambres ; l'autre étant le Sénat. Le palais, édifié en 1722, abrita le conseil des Cinq-Cents sous la Révolution. Il présente au Nord (côté Concorde) une façade de 1807, placage décoratif décidé par Napoléon. La façade Sud (derrière le portique), sur cour, garnie d'avant-corps, offre un fronton à l'Antique sur colonnes, des balcons et des terrasses de toitures.

★★ **Palais du Luxembourg** – Plan n° 11 page 43 – K 13. C'est le siège du Sénat ; chambre élue au suffrage indirect. Ses membres, élus pour neuf ans, sont renouvelables par tiers, tous les 3 ans. Son président, le deuxième personnage de l'État, assure, en cas de vacance, l'intérim du Président de la République.

Palais et jardin du Luxembourg

En 1615, le palais des Tuileries, entrepris un demi-siècle plus tôt par Catherine de Médicis, n'était pas encore achevé et Marie de Médicis, régente, qui se déplaisait au Louvre depuis la mort du roi, voulut, comme sa cousine Catherine, un palais neuf qui lui fût propre et lui rappelât le palais Pitti de Florence. Elle en confia la charge à Salomon de Brosse. Celui-ci sut agrémenter son ouvrage de colonnes annelées et de bossages très florentins. Dans la superbe cour d'honneur – où le rez-de-chaussée dorique, avec ses ouvertures en plein cintre, affirme la robustesse de l'ensemble – il disposa le répertoire de l'architecture classique en formation : colonnes et frontons courbes au corps central, portails à colonnes, balcons soulignant l'étage et balustrades en rive de toit aux ailes. La façade Sud vaut par son pavillon central à dôme de plan carré, son grand fronton et ses terrasses.

En 1625, Marie de Médicis décora sa galerie de grands tableaux (exposés au Louvre) commandés trois ans plus tôt à Rubens pour la glorification de sa personne et de son règne ; avec eux, cet artiste flamand introduisait en France l'expression de la couleur fugitive et du mouvement.

★ **Hôtel de Ville** – Plan n° 11 page 32 – J 15. Là se gère la ville de Paris. La première municipalité s'y installa au 13e s. lorsque Saint Louis fit des dirigeants de la hanse des marchands de l'eau les responsables de l'autorité municipale subordonnée au prévôt des marchands dont l'un, Étienne Marcel, « champion de l'unité française », entra en lutte ouverte contre le pouvoir.

« Palais de toutes les révolutions, lieu de ralliement des émotions nationales », l'Hôtel de Ville fut le siège de la Commune insurrectionnelle pendant la Révolution, du gouvernement provisoire en 1848, le théâtre de la proclamation de la République en 1870. Il fut incendié par les fédérés le 24 mars 1871 (reconstruit après 1874). La partie centrale de sa façade reproduit celle qu'avait dessinée le Boccador pour François Ier ; son escalier d'honneur reprend un projet de Philibert Delorme ; sa décoration illustre l'art officiel de la IIIe République.

Être Parisien, ce n'est pas être né à Paris, c'est y renaître. Et ce n'est pas non plus y être, mais en être. Et ce n'est pas non plus y vivre, c'est en vivre. Car on en vit, et l'on en meurt (S. Guitry).

LA CAPITALE INTELLECTUELLE ET ARTISTIQUE

La vie intellectuelle

★★★ **Quartier latin** – La vie intellectuelle s'étend à toute l'agglomération parisienne. Mais elle acquiert une densité toute particulière sur la rive gauche, dans les 5e et 6e arrondissements. La « montagne » Ste-Geneviève – dont les escarpements sont surtout ceux que gravit l'esprit – et ses alentours concentrent les institutions les plus vénérables et les manifestations de vitalité d'une jeunesse sortie de ses bibliothèques, de ses laboratoires et de ses amphithéâtres. Depuis sept siècles, ce quartier, « latin » par la langue officielle de l'enseignement jusqu'en 1789, est celui de l'Université, de grandes écoles et de prestigieux collèges où furent secouées la tutelle de l'Église, celle du dogmatisme scolastique et malmenée celle du pouvoir.

L'activité du quartier témoigne de cette vie de l'esprit par le nombre des maisons d'édition dont certaines hautement spécialisées (arts, sciences, langues, philoso-phie...), des librairies, des boutiques d'équipement scientifique, voire de terrasses de cafés qui tout autant que des buts de sortie sont devenus des rendez-vous littéraires et des lieux privilégiés pour l'échange des idées et la réfection du monde (Flore, Deux-Magots, Procope tout comme, à Montparnasse, le Dôme, la Coupole, la Closerie des lilas...).

★★ **Institut de France** – Plan nº 11 page 31 – J 13. Il doit son origine au collège des Quatre-Nations fondé par Mazarin. Le palais qui l'abrite, élevé à l'emplace-ment de l'ancienne tour de Nesle, est l'œuvre de Le Vau (1662), face au Louvre, sur la rive gauche de la Seine. Sa coupole, ses ailes en hémicycle et, dans le vestibule, le tombeau de Mazarin par Coysevox sont célèbres. L'Institut se compose de cinq académies considérées comme les institutions du savoir.

L'**Académie française**, la plus célèbre, fondée en 1635 par Richelieu, aréopage littéraire de 40 membres, tient ses séances sous la coupole ovale de l'ancienne chapelle. La compagnie des « Immortels » se consacre à la rédaction et à la mise à jour du *Dictionnaire de la langue française* et à la qualité du langage.

L'**Académie des Beaux-Arts** date de 1816. Ses 50 membres se répartissent en sections de peinture, sculpture, architecture, gravure et musique.

L'**Académie des Inscriptions et Belles-Lettres**, fondée par Colbert en 1663, se consacre à l'histoire littéraire et aux recueils de documents originaux.

L'**Académie des Sciences**, fondée, elle aussi, par Colbert, en 1666, réunit 66 membres dont les travaux concernent l'astronomie, les mathématiques, la médecine, les sciences naturelles et expérimentales.

L'**Académie des Sciences morales et politiques**, fondée par la Convention en 1795, compte 40 titulaires et s'attache à l'étude des questions de philosophie, de morale, de droit, de géographie et d'histoire.

Collège de France – Plan nº 11 page 43 – K 14. Issu des six lecteurs royaux, il fut fondé en 1529 sous le nom de Collège des trois langues (latin, grec, hébreu) par François Ier sur les instances de Guillaume Budé et, déjà, libéré des arbitraires de la scolastique universitaire. Ses bâtiments, élevés sous Louis XIII qui en fit le Collège Royal de France, en même temps que les disciplines enseignées augmen-taient en nombre, furent remaniés par Chalgrin en 1778. L'âge de la recherche scientifique spontanée et individuelle y vit Gassendi, Picard, Roberval ; Claude Bernard travailla 30 ans dans ses laboratoires. En 1948, Frédéric Joliot-Curie y formula les lois qui régissent le mécanisme de la fission nucléaire et en fournit la preuve expérimentale en réalisant celle d'un noyau d'uranium dans un cyclotron. Le collège est à l'abri des contraintes administratives et des nécessités liées aux programmes ; il ne délivre aucun diplôme. Les cours, publics et gratuits depuis sa fondation, dispensés par des sommités, s'adressent à un auditoire lui-même de très haut niveau.

Sorbonne – Plan nº 11 page 43 – K 14. C'est la plus illustre des Universités de France. Elle est l'héritière de la fondation par Robert de Sorbon, en 1253, d'un collège de théologie pour 16 étudiants pauvres. La première imprimerie de France y fut installée par Louis XI en 1469. Son tribunal représenta longtemps la plus haute autorité religieuse après la papauté. Richelieu, qui en fut proviseur, fit reconstruire de 1624 à 1642 ses bâtiments et son église qui menaçaient ruine. Rebâtie et ragrandie à la fin du 19e s., elle est le siège des Universités Paris-III et Paris-IV.

L'**église**★, élevée par Lemercier à partir de 1635, est un bel exemple de style jésuite ; sa grande façade latérale sur cour est remarquable par ses colonnes corinthiennes et son dôme (à l'intérieur, **tombeau de Richelieu**★ par Girardon – 1694).

L'enseignement supérieur et la recherche – L'Université française doit sa réputation à l'effort de rénovation entrepris par la République. Elle a été récompensée par 17 prix Nobel de sciences entre 1901 et 1939. Paris compte 13 universités (dont cinq sont installées en banlieue, de même que les cinq Instituts Universitaires de Technologie) et des Centres Hospitaliers Universitaires rattachés au fonctionnement d'un grand hôpital.

Parallèlement, de grandes écoles dont l'accès, sur concours, suscite une compétition sévère, préparent à un enseignement très spécialisé, ou le dispensent (École normale supérieure, École polytechnique, École des Ponts et Chaussées, École des Mines, Hautes Études Commerciales, École de guerre...). La plupart d'entre elles se sont récemment installées à la périphérie de Paris, ou se « délocalisent » en province.

Le Centre national de Recherche scientifique, créé en 1941, est destiné à faciliter le progrès de la science par l'assistance et les moyens accordés aux chercheurs.

Les bibliothèques – Paris compte plusieurs centaines de bibliothèques d'études et 62 bibliothèques municipales. Outre la Nationale, la Mazarine, Ste-Geneviève, les plus fréquentées sont celles de l'Arsenal, du Centre Georges-Pompidou (la B.P.I.), du Muséum, des Arts décoratifs, du conservatoire des Arts et Métiers... La dernière en date, la Bibliothèque nationale de France-François-Mitterrand illustre l'ouverture aux nouvelles techniques de communication.

La vie artistique et le tourisme

Les manifestations artistiques et les spectacles font l'attrait de Paris. Leur diversité même, tout autant que celle du public et le renouvellement des programmes, nous déterminent à distinguer quelques genres pour orienter les recherches. Certains programmes tiennent l'affiche plusieurs saisons ; mais la plupart sont renouvelés chaque semaine, voire de jour en jour. Ils sont publiés chaque mercredi dans quelques hebdomadaires spécialisés comme *L'Officiel des spectacles*, *Pariscope* et dans la presse quotidienne. Le dépliant mensuel *« Paris Selection »* édité par l'Office du tourisme et des congrès de Paris donne par ailleurs un aperçu des principales manifestations.

Colonne Morris

Les spectacles – Paris est l'une des grandes capitales mondiales du spectacle « vivant » par le nombre de salles, puisque l'on compte 100 **théâtres** et salles consacrés à l'art dramatique, proposant chaque soir plus de 56 000 fauteuils. Beaucoup se situent dans les quartiers de l'Opéra et de la Madeleine, mais de Montmartre à Montparnasse, de la Bastille au Quartier latin et des grands boulevards à la porte Maillot, les théâtres nationaux (Opéra Garnier, Opéra-Bastille, Comédie-Française, Odéon, Chaillot, La Colline) côtoient les théâtres municipaux, les théâtres privés, les théâtres de chansonniers et les cafés-théâtres. Les **cinémas** (plus de 400 salles) se pressent dans les mêmes quartiers, sur les Champs-Élysées et se disséminent en outre dans chaque arrondissement ; ainsi que les salles de **music-hall** et de **variétés** : l'Alcazar de Paris, Bobino-Eldorado, le Crazy Horse, l'Élysée-Montmartre, le Lido-Normandie, le Moulin-Rouge, l'Olympia, le Paradis Latin et le Zénith. Les **revues** du Lido et du Casino de Paris sont célèbres dans le monde entier. Les chapiteaux de cirques, les salles de chansonniers, les cafés-théâtres où de jeunes talents affrontent le public, les studios de la télévision, voire les grandes salles où se réalisent, en public, certaines émissions, élargissent encore l'éventail et le renouvellement de l'expression artistique.

Les concerts – Outre l'Opéra Garnier, l'Opéra-Bastille et l'Opéra-Comique, les salles où se produisent de grands orchestres sont nombreuses : Orchestre de Paris domicilié salle Pleyel, Ensemble orchestral de Paris salle Gaveau, Orchestres de Radio-France à la Maison de Radio-France. D'autres salles, nombreuses, reçoivent les plus grandes formations : théâtre des Champs-Élysées, Châtelet, Salle Cortot, Espace Wagram, Maison de la Chimie, Palais de la Mutualité, Palais des Sports, Palais Omnisports de Paris-Bercy, Palais de Chaillot, Palais des Congrès, Théâtre de la Ville, Concerts Pasdeloup, Zénith, Université d'Assas... Des concerts spirituels instrumentaux et vocaux et des récitals d'orgue sont donnés en particulier à Notre-Dame, St-Germain-des-Prés, St-Séverin, St-Roch, St-Louis-des-Invalides et St-Eustache.

La môme et le p'tit gars

C'est le 19 décembre 1915 que Giovanna Gassion naquit dans la plus abjecte pauvreté au 72, rue de Belleville. Enfant du pavé, elle commença par chanter dans la rue. Bientôt connue par la radio, le disque et le music-hall sous le nom d'**Édith Piaf**, elle allait dès 1935 incarner l'esprit de la France et en être l'enfant chérie grâce au pouvoir d'envoûtement d'une voix aux inflexions bouleversantes.

Né dans le même quartier en 1888, **Maurice Chevalier** fut un autre grand personnage de l'époque. Acteur, artiste-fantaisiste et chansonnier, il devint le partenaire de Mistinguett aux Folies-Bergère (1909) et chanta au Casino de Paris entre les deux guerres. Sa carrière connut son apogée à Broadway où il imposa sa célèbre silhouette (smoking et canotier). Le public l'aimait pour ses chansons comme : *Ma pomme, Prosper et Marche de Ménilmontant*, qui étaient tout droit issues de Belleville.

Les expositions – 87 musées, plus d'une centaine de galeries d'art, une trentaine d'expositions temporaires, des salles de peinture dans les quartiers de la rue St-Honoré, de l'avenue Matignon et de la rue de Seine surtout, de nombreuses bibliothèques, des instituts proposent un choix toujours renouvelé de documents concernant un thème particulier, la recherche contemporaine, des rétrospectives, voire l'expression personnelle d'un artiste. Les salles les plus connues sont les Galeries nationales du Grand-Palais, le Palais de Tokyo, le pavillon des Arts, le Petit-Palais, le Centre Georges-Pompidou, la grande halle et le pavillon Tusquets à la Villette.

Les pôles de forte attraction – Quelques quartiers et monuments exercent sur le grand tourisme international une fascination telle qu'ils en arrivent à s'identifier avec l'idée même de Paris.

Les visiteurs s'y pressent au point que leur cohorte, qui pose des problèmes de sécurité aux responsables, doit parfois être canalisée par des cordons. C'est la contrepartie de leur réputation.

★★★ **Avenue des Champs-Élysées** – *Page 268.*

★★★ **Tour Eiffel** – *Page 262.*

★★★ **Musée du Louvre** – L'un des plus riches et des plus visités du monde. *Voir ci-après.*

★★★ **Cathédrale Notre-Dame** – *Page 264.*

★★★ **Le Marais** – *Page 267.*

★★★ **Quartier latin** – C'est celui de la montagne Ste-Geneviève prolongé au Nord par les quartiers St-Séverin et Maubert et au Sud par celui de la rue Mouffetard, à l'Est, par celui du Jardin des Plantes. Implanté à proximité, l'**Institut du Monde Arabe**★ constitue un centre de rayonnement de la civilisation arabe.

★★ **Quartier de St-Germain-des-Prés** – Connu pour ses antiquaires, l'animation nocturne de ses ruelles (rues de Furstemberg, Bonaparte, Jacob...) et ses cafés littéraires.

Les Deux Magots – Terrasse du café

★★★ **Centre Georges-Pompidou** ⊙ – Le Centre constitue un capital culturel doté de possibilités de vulgarisation étonnantes et équipé pour faciliter la pénétration réciproque des activités artistiques ou tributaires de la vie quotidienne ; son activité s'ordonne autour de quatre départements :
La **Bibliothèque Publique d'Information** (BPI) – Le **Musée National d'Art Moderne-Centre de Création Industrielle** (MNAM-CCI) – L'**Institut de Recherche et Coordination Acoustique/Musique** (IRCAM).

★★★ **Butte Montmartre** – Fière de sa commune libre, elle offre une physionomie très contrastée. Des boulevards anonymes y avoisinent des coins pittoresques du village campagnard d'antan avec leurs ruelles escarpées et leurs escaliers abrupts.
Depuis 150 ans, de nombreux artistes et hommes de lettres en ont fait leur résidence d'élection (Hector Berlioz, Gérard de Nerval, Aristide Bruant, Jehan Rictus, Alphonse Allais, Caran d'Ache...) ; la **place du Tertre**★★, communale le matin (ancienne mairie au n° 3), perpétue l'après-midi et le soir l'atmosphère détendue de la vie artistique bon enfant et du tourisme associés.
A quelque 500 m des quartiers de « la fête », la **basilique du Sacré-Cœur**★★ est un lieu de pèlerinage perpétuel ; sa terrasse et surtout son dôme offrent un **panorama**★★★ sur Paris et sa région.

★★ **La Défense** – *Page 268.*

★★ **Palais de Chaillot** – *Page 264.*

★★ **La Villette** – Le **parc**★ de la Villette est le plus grand parc intra-muros de Paris. Le site de 55 ha accueille un ensemble urbain très complet : La Cité des Sciences et de l'Industrie avec la Géode, la Cité de la Musique, la Grande Halle, le Zénith et le théâtre Paris-Villette.

★★★ **La Cité des Sciences et de l'Industrie** ⊙ – Conçue par l'architecte Adrien Fainsilber, la cité répond à un besoin croissant de compréhension de l'environnement scientifique et industriel ; ainsi le visiteur peut, à travers les mises en scène des sciences et des industries, s'amuser, découvrir, apprendre.

★★★ **La Géode** ⊙ – Cette sphère d'acier poli de 36 m de diamètre, posée sur un miroir d'eau, est une exceptionnelle salle de cinéma dont l'audace et la perfection sont dues au talent de l'ingénieur Chamayou.

QUELQUES TRÉSORS DES GRANDS MUSÉES

★★★ Le Louvre ⊙

Depuis l'ouverture du « Grand Louvre » en 1994, les collections sont réparties en trois grandes sections : **SULLY**, **DENON** et **RICHELIEU** qui correspondent aux deux ailes et à la Cour Carrée.

SULLY :
Salles d'histoire du Louvre *Entresol.*
Louvre médiéval *Entresol.*
Antiquités égyptiennes *Rez-de-chaussée et 1er étage.*
Antiquités grecques *Rez-de-chaussée (salle des Caryatides, époque hellénistique).*
Antiquités orientales *Rez-de-Chaussée (art du Levant).*
Antiquités grecques *1er étage (salle des bronzes).*
Objets d'art *1er étage (Restauration et 18e s.).*
Peintures françaises *2e étage (17e et 19e s.).*
Collection Beistegui *2e étage.*

DENON :
Antiquités grecques *Rez-de-chaussée et 1er étage.*
Antiquités étrusques *Rez-de-Chaussée.*
Antiquités romaines et paléochrétiennes *Rez-de-chaussée.*
Sculptures italiennes *Entresol et rez-de-chaussée.*
Sculptures nordiques *Entresol et rez-de-chaussée.*
Objets d'art (Galerie d'Apollon, bijoux de la Couronne) *1er étage.*
Peintures italiennes *1er étage.*
Grands formats de la peinture française du 19e s. *1er étage.*
Peintures espagnoles *1er étage.*

RICHELIEU :
Expositions-dossiers *Entresol.*
Arts de l'Islam *Entresol.*
Sculptures françaises *Rez-de-chaussée, cours Marly et Puget.*
Antiquités orientales *Rez-de-Chaussée.*
Objets d'art *1er étage.*
Peintures françaises (14e-17e s.) *2e étage.*
Les écoles du Nord *2e étage.*

Trésors du Louvre

Pierre Puget, Milon de Crotone (1682)

Tête de Gabies,
vers 425-400 av. J.-C.

Pectoral au nom de Ramsès II, 19e dynastie

Le Caravage, *La diseuse de bonne aventure* (vers 1590)

Plat au paon, art ottoman,
2e quart du 16e s.

Aquamanile,
Nuremberg,
vers 1400

Antiquités orientales :

Statues de Gudéa et de Ur-Ningirsu (son fils) – Mésopotamie : fin du 3e millénaire.
Code (législatif) d'Hammourabi – Babylone : début du 2e millénaire.
Bas-reliefs colossaux de Khorsabad et de Ninive – Assyrie : 7e s.
Frise de la garde des archers et chapiteau du palais de Darius – Suse : 6e s.
Vasque monolithe d'Amathonte – Chypre : début du 5e s.

Antiquités égyptiennes :

Poignard de Gebel-el-Arak – fin de la préhistoire.
Grand sphinx de la crypte : début de l'Ancien Empire.
Bijoux de Ramsès II : milieu du 2e millénaire.
Scribe accroupi de Sakkara (calcaire peint) – 5e dynastie.
Mastaba (chapelle funéraire) de Alkhetep – 5e dynastie.
Fragments du monastère copte de Baouit : 6e s.

Antiquités grecques et étrusques :

Coré du sanctuaire de Héra à Samos – Grèce : époque archaïque.
La Dame d'Auxerre – Grèce : époque archaïque.
Apollon de Piombino – Grèce : époque archaïque.
Vénus de Milo – Grèce : époque hellénistique.
Panathénées (métopes du Parthénon) – Grèce : époque classique.
Sarcophage des époux (terre cuite étrusque) de Cerveteri – Italie : 6e s.
Victoire de Samothrace – Grèce : époque hellénistique.

Sculptures :

Vierge d'Issenheim (église des Antonites) en tilleul – fin du 15e s.
La Diane chasseresse (fontaine du château d'Anet) – Renaissance française.
Les Trois Grâces (monument funéraire d'Henri II) par Germain Pilon.
Les Quatre Évangélistes (marbre) par Jean Goujon.
La Vierge et l'Enfant (terre cuite) par Donatello – Florence : vers 1450.
Tête de Voltaire (marbre) par Houdon : « *Le Hideux Sourire* » – 1778.
Les Esclaves (marbre) par Michel-Ange – Florence : début du 16e s.

Peintures :

Grande Pietà ronde par Malouel – École de Dijon : début du 15e s.
Retable de St-Denis par Henri Bellechose – École de Dijon : 15e s.
Pietà de Villeneuve-lès-Avignon par Enguerrand Quarton – vers 1440.
François Ier par Jean Clouet – École du Val de Loire.
Saint Thomas par Georges de La Tour – École française du 17e s.
Gilles par Watteau – École française des Flandres au 18e s.
Mme de Récamier et *Sacre de Napoléon Ier* par Jacques-Louis David.
La Baigneuse de Valpinçon et *La Grande Odalisque* par Jean Ingres.
Scènes des massacres de Chio par Eugène Delacroix – 1824.
Le Radeau de la Méduse par Théodore Géricault – 1819.
Vierge aux anges par Cimabue – École de Florence : 13e s.
Saint François d'Assise recevant les stigmates, par Giotto – École de Florence : début du 14e s.
Couronnement de la Vierge Marie par Fra Angelico – Florence : 15e s.
La Joconde (Mona Lisa) par Léonard de Vinci – Florence : début du 16e s.
Les Noces de Cana par Véronèse – École de Venise : 16e s.
La Mort de la Vierge par Caravage – École de Naples : début du 17e s.
Jeune mendiant par Murillo – École de Séville : milieu du 17e s.
Vierge d'Autun du chancelier Rolin par Jean Van Eyck – Dijon : 15e s.
Charles Ier roi d'Angleterre à la chasse par Van Dyck – École anglaise.
Vie et règne de Marie de Médicis (grandes allégories) par Rubens.
Les Pèlerins d'Emmaüs par Rembrandt – École hollandaise : 17e s.

Objets d'art :

Le Régent (diamant) et les joyaux de la couronne de France.
Vierge en ivoire de la Ste-Chapelle – Paris : milieu du 13e s.
Les Chasses de Maximilien (tapisseries) – Bruxelles : milieu du 16e s.
Bureau de l'électeur de Bavière par Boulle – Début du 18e s.
Pendule (marqueterie d'ébène et d'écaille) par Boulle – Début du 18e s.
Commode aux singes (bronzes dorés) par Charles Cressent – 1740.
Les Amours des dieux (tapisseries) – Gobelins : milieu du 18e s.
Bureau, table et commode de la salle Œben – milieu du 18e s.
Grand vase Médicis (porcelaine de Sèvres, biscuits, bronze de Thomire).

★★★ Musée d'Orsay ⊙

La Source par Ingres.
Un enterrement à Ornans par Courbet – 1849.
Les Glaneuses et *l'Angélus du soir* par Jean-François Millet.
Le Déjeuner sur l'herbe et *Olympia* par Édouard Manet.
Groupe de la danse (sculpture) par Jean-Baptiste Carpeaux – 1869.

L'Estaque (vue du port et du golfe de Marseille) par Paul Cézanne – 1878.
Les Danseuses bleues par Edgar Degas.
L'Église d'Auvers-sur-Oise et *Autoportrait* par Vincent Van Gogh.
Le Cirque par Georges Seurat.
Aréaréa joyeusetés (femmes de Tahiti) par Paul Gauguin - 1892.
Jane Avril dansant par Henri de Toulouse-Lautrec.
Balzac (sculpture) par Auguste Rodin - 1897.
La Méditerranée (sculpture) par Aristide Maillol - 1902.
Pendant de cou et chaînes (bijoux) par René Lalique - 1903.
Héraclès archer (bronze) par Antoine Bourdelle - 1909.
Les Baigneuses par Auguste Renoir - 1918.

★★★ Musée national d'Art moderne (Centre Georges-Pompidou) ⊘

La Rue pavoisée par Raoul Dufy – fauvisme : début du 20e s.
Le Guéridon par Georges Braque – cubisme : 1911.
Nus de dos par Henri Matisse – évolution vers l'abstraction : 1916.
Arlequin par Pablo Picasso – affirmation du cubisme : 1923.
La Vache spectrale par Salvador Dali – vers l'hyperréalisme : 1928.
Le Phoque (sculpture) par Constantin Brancusi – surréalisme en sculpture : 1935.
Sur le parvis, reconstitution de l'atelier du sculpteur Constantin Brancusi.

★★ Hôtel de Cluny
(Musée du Moyen Âge) ⊘

Coffret en ivoire – Constantinople : début du 11e s.
Devant d'autel (en or) de l'empereur Henri II – Cathédrale de Bâle : 11e s.
Vitraux (29 médaillons originaux) de la Ste-Chapelle – Paris : 13e s.
Châsses reliquaires limousines (émail champlevé) – 13e s.
Rose d'or (filigranes) de Bâle offerte par la papauté d'Avignon : début du 14e s.
Aigle de Saint-Jean (lutrin de laiton) – cathédrale de Tournai : 1383.
Vie de saint-Étienne (tapisserie) - ateliers d'Arras : milieu du 15e s.
Retable de la Passion du Limbourg (bois peint et doré) – fin du 15e s.
La Dame à la Licorne (tapisserie) – Bruxelles : fin du 15e s.
Sainte Marie-Madeleine (traits probables de Marie de Bourgogne) – Flandres.

La Dame à la Licorne – La Vue (détail)

★★ Musée de l'Orangerie ⊘

Portrait de Mme Paul Cézanne par Cézanne.
Baigneuse aux cheveux longs et *Femme à la lettre* par Auguste Renoir.
Nu sur fond rouge par Pablo Picasso - 1906.
La Carriole du père Junier par le Douanier Rousseau - 1908.
Maison de Berlioz et *Église de Clignancourt* par Maurice Utrillo.
Antonia par Amadeo Modigliani.
Nymphéas (inspirées du jardin de Giverny) par Claude Monet.
Les Trois Sœurs par Henri Matisse.
Le Petit Pâtissier et le *Garçon d'étage* par Chaïm Soutine - 1922.
Arlequin à la guitare et *Le Modèle blond* par André Derain.

★★★ Musée de l'Armée (Hôtel des Invalides) ⊘

Armure de François Ier par Seussenhofer – 1539.
Plan-relief de Perpignan, de la série commandée par Vauban en 1696.
Drapeau des Adieux de Napoléon : Fontainebleau, le 20 avril 1814.
Salon mortuaire (reconstitué) de Napoléon dans l'île de Ste-Hélène.
Le clairon de l'Armistice (qui sonna le cessez-le-feu le 7 novembre 1918, à 21 h).

★★★ La Cité des Sciences et de l'Industrie (La Villette) ⊙

L'Argonaute (authentique submersible de la Marine nationale).
Le Nautile (maquette grandeur nature d'un sous-marin scientifique).
La sonde spatiale Voyager 2.
Maquette au 1/5 de la fusée Ariane 5.
Le Robot-mouche (préfigure l'avenir de la bionique).

★★ Palais de la Découverte ⊙

Lunakhod (véhicule soviétique d'étude lunaire) – 12 novembre 1970.
Fragment de pierre lunaire – Mission US Apollo XVII : 1972.
Le nombre Pi et les 703 premières des 16 000 000 de décimales calculées.
L'École des rats.

★★ Conservatoire des Arts et Métiers (Musée National des Techniques) ⊙

Microscope du duc de Chaulnes – Milieu du 18e s.
Fardier de Cugnot (engin automoteur) – 1771.
La Joueuse de tympanon (automate) ayant appartenu à Marie-Antoinette – 1784.
Mécanique à tisser de Jacquard.
Machine à coudre de Thimonnier – 1825.
Pendule de Foucault (démontrant la rotation de la Terre). Une démonstration identique a lieu au Panthéon.
L'Obéissante, automobile d'Amédée Bollée père – 1873.
Cinématographe des frères Lumière - 1895.
Émetteur radio à étincelles soufflées de la tour Eiffel.
L'avion n° IX de Blériot (celui de la traversée de la Manche en 1909).

LA CAPITALE COMMERCIALE

Les boutiques et leurs quartiers

Elles se concentrent essentiellement dans certains quartiers dont le nom à lui seul évoque tout l'univers du luxe parisien.

Champs-Élysées : la mode, l'esthétique, l'automobile, les galeries marchandes (galerie Élysée Rond-Point, galerie Point-Show, arcades du Lido...) rivalisent d'ingéniosité pour présenter leurs vitrines, tout au long de la voie triomphale, ainsi que dans les rues avoisinantes (avenue Montaigne).

Rue du Faubourg-St-Honoré : les boutiques de grands couturiers et de prêt-à-porter (Courrèges, Hermès, Lagerfeld, Lanvin) côtoient les parfumeries, les selleries, les maroquineries et les fourreurs.

Place Vendôme : les joailleries et bijouteries les plus connues (Cartier, Van Cleef & Arpels, Boucheron, Chaumet) font face au ministère de la Justice et à l'hôtel Ritz.

Place de la Madeleine et rue Tronchet : la maroquinerie, la chaussure et les sacs, le prêt-à-porter et les arts de la table sont dignement représentés.

Le quartier général de « Coco » Chanel

Fin 1910, **Gabrielle Chanel** (1883-1971), descendante de camelots cévenols, initiée au monde de l'argent et du cheval, s'installe comme modiste dans un entresol, au n° 21 de la rue Cambon. Elle se transporte 10 ans plus tard au n° 31. Femme d'affaires qui lança, en 1920, son « Numéro 5 », parfum à la fois stable et indéfinissable où se mêlent les senteurs de la flore, de la faune et d'essences de synthèse, elle fut surtout une coloriste et une coupeuse insurpassable, sachant utiliser les matériaux pauvres (jersey, tweed, plaids) et renoncer à l'ornement au profit d'une ligne qu'elle fit descendre dans la rue. La réputation de cette indépendante, *L'Irrégulière* d'Edmonde Charles-Roux, admise dans les milieux de la poésie, de la peinture et de la chorégraphie, s'est surtout fondée sur ses tailleurs. Quelle femme ne rêvait d'en posséder un ? L'un d'eux, rose, fut maculé du sang du président des États-Unis John Fitzgerald Kennedy lorsqu'il s'effondra, assassiné, sur les genoux de sa femme Jacqueline à Dallas, le 22 novembre 1963.

Les grands magasins

Pour le touriste ne disposant que de peu de temps, c'est certainement une très bonne solution, car la plupart des grandes marques y sont présentes. Ces établissements sont en général ouverts sans discontinuer de 9 h 30 à 19 h du lundi au samedi : **Bazar de l'Hôtel de Ville** (4e) - **Galeries Lafayette** (9e) - **Magasins du Printemps** (9e) - **Samaritaine** (1er) - **Au Bon Marché** (7e).
Voir le plan Michelin Paris n° 11.

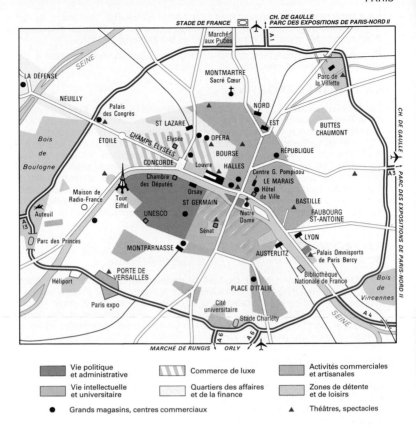

Vie politique et administrative

Commerce de luxe

Activités commerciales et artisanales

Vie intellectuelle et universitaire

Quartiers des affaires et de la finance

Zones de détente et de loisirs

● Grands magasins, centres commerciaux

▲ Théâtres, spectacles

Les bouquinistes

On les identifie à leurs boîtes vert wagon. Leur emplacement a varié : d'abord sur les quais, colporteurs vendant des grimoires, ils s'installent ensuite sur le Pont-Neuf où se multiplient les échoppes démontables. Au 18e s., chassés du pont, ils reviennent sur les quais. Une promenade le long de la Seine s'accompagne toujours d'un coup d'œil dans les boîtes des bouquinistes ; ils font partie du paysage parisien. Mais le temps paraît loin où un érudit pouvait, comme Montval, bibliothécaire de la Comédie-Française à la fin du siècle dernier, découvrir le manuscrit autographe du *Neveu de Rameau* de Diderot, ou Parison, le « roi des bouquineurs », un *Jules César* de Plantin accompagné d'un portrait du dictateur tracé par la main de Montaigne.

Les antiquaires et les antiquités

Le Louvre des Antiquaires (1er), le Village suisse (15e), les rues Bonaparte et La Boétie, l'hôtel des ventes de Richelieu-Drouot sont spécialisés dans le commerce des meubles et objets anciens. Le « chineur » trouvera, sans doute, son bonheur aux puces de St-Ouen aussi bien qu'à celles de Montreuil (le samedi, dimanche et lundi).

LES SALONS

Le calendrier des foires, salons et expositions est extrêmement riche, parmi les grandes manifestations internationales organisées à Paris il faut mettre à part :

Paris – Expo (porte de Versailles) : en mars, le Salon international de l'agriculture ; le Salon mondial du tourisme fin mars, le Salon du livre ; en avril, la Foire internationale de Paris ; fin septembre, le Salon international photo-vidéo-son ; début octobre (les années paires), le Salon « mondial » de l'automobile et du transport ; mi-décembre, le Salon nautique international.

Parc international d'Expositions (Paris-Nord Villepinte) : en mars, le Salon international de la machine agricole (SIMA) ; en octobre, le Salon international d'informatique, organisation du bureau et bureautique (SICOB).

Parc des Expositions (aérodrome du Bourget) : (les années impaires) le Salon international de l'aéronautique et de l'espace.

LA CAPITALE SPORTIVE

Les Internationaux de France de tennis de Roland-Garros, le Prix du Président de la République à Auteuil, le Prix d'Amérique à Vincennes, le Prix de l'Arc de Triomphe à Longchamp, le Marathon international de Paris ainsi bien sûr que l'arrivée triomphale du Tour de France sur les Champs-Élysées sont les manifestations sportives les plus suivies. Au **parc des Princes**, les grandes finales de football et de rugby font vibrer un public enthousiaste, tandis qu'au **Palais omnisport de Paris-Bercy (POPB)** les compétitions sportives « en salle » les plus inattendues sont présentées à un public très au fait : planches à voile indoor, rodéos nord-américains, masters de la glace, open de tennis de la Ville de Paris, super-cross tracers, Festival des arts martiaux, Six jours cyclistes de Paris ainsi que des concerts géants de vedettes internationales...

LA PROXIMITÉ DE PARIS

50 km autour de Notre-Dame – Guide Vert Ile-de-France.

★★ **Barbizon** – Carte n° 106 pli 45. Lieu de prédilection des peintres paysagistes, dans les années 1830-1860, travaillant « sur le motif ». Leur école s'inspira des paysages forestiers de Fontainebleau et de la plaine de Bière. Avec Théodore Rousseau (1812-1867), leur chef de groupe, ces précurseurs de l'impressionnisme affectionnent les teintes sombres, les lumières tamisées et les ciels orageux. Ancienne **auberge du Père Ganne**★ ⊘ où les artistes prenaient pension (**musée de l'École de Barbizon** ⊘).

★★ **Château de Champs** ⊘ – Carte n° 101 Sud du pli 19. Ensemble architectural et paysager du 18e s. Le **parc**★★ est un beau jardin français. Le **château** retient l'attention par la nouveauté de ses aménagements : les pièces cessant de se commander l'une l'autre, chaque chambre disposant d'un cabinet et d'une garde-robe ; la salle à manger faisant son apparition. **Boiseries**★ rocaille et **salon chinois**★★.

★★★ **Château de Chantilly** – *Voir à ce nom.*

★★ **Château d'Écouen** ⊘ – Carte n° 101 pli 6. Le château illustre l'évolution architecturale accomplie de la première à la seconde Renaissance. Il abrite le **musée de la Renaissance**★★ (mobilier, boiseries, tapisseries, broderies, céramiques, émaux...).

★ **Enghien** – *Page 61.*

★ **Château de Grosbois** ⊘ – Carte n° 101 pli 28. Le château (début 17e s.) abrite un admirable **mobilier**★★ de style classique et Empire : lit d'acajou à bronzes dorés, torchères en porphyre et bronzes de Thomire, crédence Retour d'Égypte de Jacob.

★ **Château de Maisons-Laffitte** ⊘ – Carte n° 101 pli 13. Édifié de 1642 à 1651 par François Mansart, il illustre le premier style Louis XIV. La recherche de la grandeur y prend le pas sur le goût de l'amabilité de la Renaissance par la majesté des lignes, le souci des proportions étudiées en fonction du site, l'alternance des colonnes et des pilastres, la hauteur des frontons.

★ **Meaux** – *Voir à ce nom.*

★ **Port-Royal-des-Champs** – *Voir à ce nom.*

★ **Rambouillet** ⊘ – Carte n° 106 pli 28. Le château (**boiseries**★ rocaille) et plus encore le **parc**★ (parterre à la française, jardin d'eau, **laiterie de la Reine**★, **chaumière des Coquillages**★) et la forêt en font un centre de tourisme.

★★ **Abbaye de Royaumont** ⊘ – Carte n° 106 pli 7. Elle fut fondée par Saint Louis en 1228. L'ancienne église évoquée dans son plan par des bases de colonnes, le beau réfectoire gothique, la Vierge de Royaumont (14e s.) y témoignent de l'art médiéval.

★★ **Rueil-Malmaison** ⊘ – Carte n° 101 pli 13. Malmaison est un lieu de pèlerinage pour les fervents d'histoire napoléonienne. En 1799, Joséphine qui avait épousé, trois ans plus tôt, le général Bonaparte en secondes noces, achète le château et son parc au tragédien Talma. Le Premier consul se plaît à y passer ses fins de décades ; c'est la période la plus heureuse de leur vie conjugale. En 1809, Joséphine s'y retire après son divorce. En juin 1815, à la fin des Cent-Jours (Joséphine est morte depuis plus d'un an), Napoléon s'y réfugie auprès d'Hortense, avant de devoir quitter la France.

Le château, auquel avait travaillé Lemercier vers 1625, abrite des **collections**★★ : décor de Percier et Fontaine, bustes de la famille impériale, mobilier de Jacob, parures...

Le château de **Bois-Préau**★ conserve surtout d'émouvantes reliques de Napoléon à Ste-Hélène et des souvenirs du « retour des Cendres ».

★★★ **Basilique St-Denis** - *Voir à ce nom.*

★★ **St-Germain-en-Laye** - *Voir à ce nom.*

★★ **Senlis** - *Voir à ce nom.*

★★ **Sèvres** - Carte n° 101 pli 24. Sèvres doit sa notoriété à sa manufacture de porcelaine. Celle-ci, primitivement installée à Vincennes, fut transférée à Sèvres, sur la route de Paris à Versailles, en 1756, par Louis XV. Le gouvernement voyait là l'occasion de créer une activité apte à balayer les inquiétudes nées du développement industriel. Naturellement, la porcelaine de Sèvres est présente au **musée national de Céramique**★★ ⊙ de même que les productions des plus grandes manufactures mondiales. Au rez-de-chaussée un « vase étrusque » et le « secrétaire des muses » exécutés au 19e s. et, au premier étage, des assiettes, des tasses, des services, de petits objets décoratifs permettent de différencier les porcelaines tendres et les porcelaines dures fabriquées à partir des années 1770.

★★★ **Château de Vaux-le-Vicomte** - *Voir à ce nom.*

★★★ **Château de Versailles** - *Voir à ce nom.*

★★ **Château de Vincennes** ⊙ - Carte n° 101 Sud du pli 17 - *Guide Vert Paris.* Le « Versailles du Moyen Age » est né d'un manoir, édifié par Philippe Auguste, auquel Saint Louis - qui rendait la justice sous l'ombrage d'un chêne de la forêt - ajouta une chapelle. Un château fort entrepris par Philippe VI de Valois y fut achevé par Charles V qui y était né.

Au 17e s., Mazarin fait édifier par Le Vau les pavillons du Roi et de la Reine et le portique qui les relie. Le château servit ensuite de prison d'État.

Le **donjon**★★ *(fermé à la visite jusqu'en 1999)*, élevé en 1337, est un chef-d'œuvre de l'art militaire du 14e s. La **chapelle**★ achevée par Henri II conserve, dans le chœur, de beaux **vitraux**★ exécutés en 1556 par un atelier parisien.

Ph. Gajic/MICHELIN

Château de Vincennes - Le donjon

PAU★★

85 766 habitants
Cartes Michelin n°s 85 plis 6, 7 ou 234 pli 35 – Guide Vert Pyrénées Aquitaine

Sur une terrasse qui domine son gave, au contact du Béarn de plaine et du Béarn de montagne, Pau surveille depuis l'époque romaine les routes vers l'Espagne par le col du Somport. Elle devint en 1450 la capitale du Béarn.

Béarn et Béarnais - Le Béarn est une belle région de labours, de vignes (Jurançon, Madiran, rosé) et d'arbres fruitiers sur les hauteurs qui séparent les gaves ; en montagne on y élève des brebis dont le lait est en partie dirigé sur Roquefort. Les Béarnais, qui vivent dans de grandes maisons au toit d'ardoise très incliné, pratiquaient depuis le 11e s. une démocratie pastorale (fors) quasi indépendante. Ils aiment à se reconnaître dans quelques personnalités. **Gaston IV Fébus** (1331-1391), chasseur habile, mais souverain autoritaire entouré de lettrés, fut le premier à fortifier Pau. **Jean II d'Albret** acquit le pays de Foix par son mariage (1484) avec

PAU

Catherine de Foix, mais dut abandonner la Navarre du Sud au roi d'Espagne ; son fils Henri II épousa en 1527 Marguerite d'Angoulême, sœur de François Ier, qui introduisit l'art de la Renaissance au château et, acquise aux idées de la Réforme, fit de sa capitale un des centres intellectuels de l'Europe. Leur fille, **Jeanne d'Albret**, épousa Antoine de Bourbon, descendant de Saint Louis, ce qui permit à son fils Henri de Navarre (Henri IV) de recueillir l'héritage des Valois à leur extinction, si bien que « c'est par le Béarn que le royaume de France fut annexé à la Gascogne » *(Henri IV).*

★★ **Boulevard des Pyrénées** – Tracé en terrasse, il offre, par-delà le gave de Pau, une **vue** rapprochée sur les premiers coteaux béarnais. Par temps bien dégagé, le **panorama**★★★ s'y développe du pic du Midi de Bigorre au pic d'Anie.

⊙ ►► Château★★ (collection de tapisseries★★★) – Musée des Beaux-Arts★.

*La **carte Michelin** au 1/200 000 (1 cm pour 2 km) permet de bien suivre la route choisie.*
La couverture de la France est disponible sous plusieurs présentations :
- *série de base en 37 feuilles n°s 51 à 90 ;*
- *série de 17 cartes régionales n°s 230 à 246 ;*
- *atlas routier (édition reliée, couverture bleue) avec index de 38 000 localités et 54 plans de villes ;*
- *atlas routier (édition à spirale, couverture jaune) avec index de 6 000 localités et 10 plans d'agglomérations.*

Grotte du PECH-MERLE★★★

Cartes Michelin n°s 79 pli 9 ou 235 plis 10, 14 – Guide Vert Périgord Quercy

La grotte du Pech-Merle, qui domine de près de 150 m le cours du Célé peu avant son confluent avec le Lot, offre au passionné de préhistoire et à l'amateur de spéléologie un intérêt majeur.

Au niveau inférieur de la **grotte** ⊙, le premier observe, souvent disposés dans des sortes d'enfeus et sur des formes rocheuses qui se combinent avec leurs lignes comme une troisième dimension, des chevaux tachetés de ponctuations colorées, un grand poisson et des mains « négatives » datant de la fin du périgordien ; des bisons associés à des chevaux, des mammouths et surtout des empreintes de pieds humains pétrifiées dans l'argile, plus récents, remontant au début du magdalénien (environ 150 siècles). Au niveau supérieur, le curieux des sciences de la terre remarque de rares concrétions en disques, des perles des cavernes et des excentriques dont la formation relève de la cristallographie.

Pointe de PENHIR★★★

Cartes Michelin n°s 58 pli 3 ou 230 pli 16 – Guide Vert Bretagne

Entre la rade de Brest et la baie de Douarnenez, la presqu'île de Crozon se distingue par la hauteur de ses falaises et par les profondes découpures de la côte, dessinées par des fractures survenues dans cette zone du plateau armoricain.

La pointe de Penhir est le site marin le plus impressionnant de la presqu'île de Crozon. L'érosion littorale a dégagé les filons de quartzite de leur gaine de grès. La violence des lames brisant sur les récifs et la coloration des roches composent un grandiose spectacle de la nature.
Les Tas de Pois, formidables récifs, témoignent d'une ligne ancienne du rivage, déchiquetée ; la Chambre Verte, terre-plein gazonné, en offre une vue très originale.

★★★ **Autres sites marins de la presqu'île de Crozon** – Ils comptent parmi les plus typés de Bretagne.

★★ **Pointe des Espagnols** – Panorama sur Brest, son port, son goulet et sa rade.

★★ **Pointe de Dinan** – Panorama sur la côte. Le « Château de Dinan » est une énorme masse rocheuse ruiniforme reliée à la côte par une arche naturelle et dont l'écroulement fera une île. Au Nord, l'anse de Dinan est bordée d'une vaste plage de sable bien exposée.

★ **Grottes de Morgat** – Elles s'ouvrent dans des falaises que des algues tapissent et protègent contre l'action des vagues. La plus belle, la **grotte de l'Autel** (80 m de profondeur et 15 m de haut), offre de multiples colorations.

★ **Cap de la Chèvre** – Vue sur les pointes avancées du Finistère, de celle du Raz à celle de Pen-hir ; à l'horizon, l'île de Sein.

PÉRIGUEUX★★

Agglomération 51 450 habitants
Cartes Michelin nᵒˢ 75 pli 5 ou 233 pli 42 – Guide Vert Périgord Quercy
Plan dans le guide Rouge Michelin France

L'histoire de l'urbanisme à Périgueux fait apparaître cinq périodes, cinq villes qui, peu à peu, se sont fondues en une même agglomération. Tout d'abord la Vésone gauloise puis romaine occupe le quartier des arènes et de St-Étienne, c'est la Cité. Au Moyen Age le « Puy St-Front » s'établit un peu au Nord sur une hauteur, c'est le quartier de la cathédrale (dont le pavage et quelques demeures font l'objet d'une remise en valeur), cœur de la ville qui, en 1251, absorbe la Cité. Au 18ᵉ s., les intendants développent la ville vers le Nord et réunissent ses deux quartiers par de larges voies bien tracées où s'élèvent des édifices publics. A la fin du 19ᵉ s., le quartier de la gare se développe et plus récemment de vastes faubourgs donnent à l'agglomération une nouvelle extension.

Périgueux – Cathédrale St-Front

LES ÉGLISES À COUPOLES

L'utilisation des coupoles sur pendentifs très fréquente en Périgord connaît ici deux réalisations particulièrement significatives.

★ **Église St-Étienne-de-la-Cité** ⊘ – L'église conserve deux travées, deux coupoles, du sanctuaire primitif. La première, très archaïque, probablement le prototype des coupoles d'Aquitaine, remonterait à 1117 ; elle est édifiée directement sur deux gros doubleaux et sur deux grands arcs latéraux jouant le rôle de formerets ; de petites fenêtres s'ouvrent directement dans sa partie concave.
Dans la seconde, élevée un demi-siècle plus tard, les formerets se détachent des murs, la coursive latérale est plus élevée.

★ **Cathédrale St-Front** ⊘ – De l'église romane primitive ne subsistent, au fond de la nef, que deux petites coupoles très élevées, montées sur de hauts tambours. Dans cette église, les pèlerines de St-Jacques-de-Compostelle s'attardaient pour vénérer les reliques de saint Front, dont le tombeau avait été sculpté en 1077.
Mais, pour l'essentiel, l'édifice actuel, reconstruit par Abadie à partir de 1852, tout à fait dans le goût des pastiches du Second Empire, vaut surtout par l'ampleur de ses dimensions et par la simplicité de son ordonnance.

⊘ ►► Quartier du Puy-St-Front★ – Rue Limogeanne★ – Musée du Périgord★
(préhistoire, archéologie, ethnographie et peinture).

Pour tout ce qui fait l'objet d'un texte dans ce guide
(villes, sites, curiosités isolées, rubriques d'histoire ou de géographie, etc.),
reportez-vous à l'index.

PÉROUGES★★

851 habitants
Cartes Michelin nᵒˢ 74 plis 2, 3 ou 88 plis 8, 9 ou 244 pli 15 ou 246 pli A
Guide Vert Vallée du Rhône

Coiffant une colline qui domine la plaine de l'Ain, Pérouges fut fondée, bien avant la conquête de la Gaule par Jules César, par une colonie venue de Pérouse en Ombrie.
Elle eut pour baron **Claude Vaugelas** (1585-1650), originaire de Meximieux *(1,5 km à l'Est)*, grammairien appliqué à fonder ses observations linguistiques sur la réflexion logique, le bon goût, la clarté et l'usage.

★★ **Cité ancienne** – Fermée dans ses remparts, Pérouges, aux rues pavées et tortueuses, offre une évocation des vieilles cités françaises telle que le cinéma en a fait le cadre de plusieurs films historiques.
Elle fut presque complètement relevée de ses ruines après la guerre de 1468 contre la Savoie. Ses maisons les plus anciennes sont encore à colombage et en encorbellement ; celles des artisans et des commerçants sont simples, mais celles de la bourgeoisie et des familles seigneuriales offrent le caractère de transition bressan entre le gothique et la Renaissance avec leurs meneaux, leurs auvents et leurs arcs en anse de panier.
Le **porte d'En-Haut★** et la **place de la Halle★★★**, avec son hostellerie, son **musée du Vieux-Pérouges** ⊙, son tilleul (arbre de la Liberté planté en 1792), sont particulièrement pittoresques.

► ► Promenade des Terreaux★ – Rue des Rondes★.

PERPIGNAN★★

Agglomération 138 735 habitants
Cartes Michelin nᵒˢ 86 pli 19 ou 235 pli 52 ou 240 pli 41
Guide Vert Pyrénées Roussillon – Plan dans le guide Rouge Michelin France

L'atmosphère aimable et séduisante de Perpignan, seconde ville de Catalogne (après Barcelone), capitale du Roussillon, se ressent particulièrement dans quelques sites où s'évoque la mémoire des personnalités de la ville et de la région.
La statue de **Hyacinthe Rigaud** (1659-1743), sur la place qui porte son nom, et plus encore quelques toiles *(au 1ᵉʳ étage du musée)*, dont l'*Autoportrait au turban* et le *Cardinal de Fleury*, évoquent ce Catalan, très attaché à ses origines régionales et familiales, qui devint le portraitiste de Louis XIV et de toute la haute société masculine de son époque ; maître dans l'art des draperies et dans l'analyse réservée, mais fidèle, d'un tempérament.
Sur la place **François-Arago**, ombragée de palmiers et de magnolias, bordée de cafés fréquentés, se dresse la statue de cet homme de science (1786-1853) né à Estagel *(23 km à l'Ouest)* dont les recherches portèrent en particulier sur la polarisation de la lumière, la chromosphère solaire et l'aimantation.
La place de la Loge fut témoin de l'activité commerciale qui s'exerçait à la Loge de Mer, des processions de la Semaine Sainte descendues de l'église St-Jacques, des querelles politiques, de l'éclat donné par Louis XIV à la célébration de sa reconquête du Roussillon, des Sardanes que l'on y danse encore en été. La *Vénus* d'**Aristide Maillol** (1861-1944) et sa *Méditerranée* dans la cour voisine de l'hôtel de ville témoignent de la sensualité vigoureuse que cet artiste donna à ses nus féminins, dans la tradition méditerranéenne.
La gare de Perpignan, quant à elle, fut admirée par **Salvador Dali** (1904-1989), Catalan du Sud, zélateur extravagant et provocant d'un hyper-réalisme métaphysique, peintre des phénomènes délirants et créateur imaginaire des Montres molles, expression paranoïaque de son concept matière-espace-temps.

LA VILLE CATALANE

★ **Palais des rois de Majorque** ⊙ – Au 13ᵉ s., Jacques Iᵉʳ d'Aragon veut faire de Perpignan la capitale continentale du « royaume de Majorque » qu'il s'apprête à remettre à son fils cadet, Jacques II. Il édifie donc ce château de type majorquin sur un « Puig » d'où l'on pourra tenir la ville rurale installée sur les bords de la Basse et de la Têt. Les 68 ans que dura cette éphémère dynastie suffirent pour élever cette demeure noble autour d'une cour d'honneur très simple, romane au rez-de-chaussée, gothique aux ogives catalanes surhaussées à l'étage et dans laquelle l'appareillage est admirablement disposé avec ses rognons de silex et ses galets de marbre cloisonnés par endroits de lits de brique.
La salle Majorque aux hautes baies, la chapelle basse « de la reine » avec ses restes de peinture sur les trompes d'angle, la chapelle haute « de Ste-Croix » avec son beau Christ catalan, l'appartement princier à l'étage à gauche sont très représentatifs de cette école d'architecture.

★ **Ensemble monumental civique** – Il s'ordonne le long de la rue de la Loge. La **Loge de Mer**★, ancien tribunal arbitrant les contestations relatives au négoce maritime, offre des murs appareillés avec le plus grand soin dans lesquels s'ouvrent, au rez-de-chaussée, de grandes baies gothiques et, à l'étage, des fenêtres aménagées en 1540 en même temps que la balustrade ajourée qui règne au niveau du toit. L'**hôtel de ville**★, souvent remanié, présente, au-dessus du rez-de-chaussée, un étage de cailloux roulés disposés entre des assises de brique. En façade les trois bras de bronze qui passent pour symboliser les « mains » où États représentent la population seraient en fait d'anciennes torchères. Cour Renaissance à arcades et grilles de fer forgé du 18ᵉ s.
La **Députation** où siégeaient autrefois les représentants des « corts » catalans est un très beau palais aragonais caractérisé par la dimension des claveaux de son portail et par la finesse des colonnettes de ses baies, en marbre de Montjuich.

★ **Castillet** – C'est un reste du rempart aménagé par Vauban, qui a échappé à la démolition de 1904. L'ouvrage en briques roses date de Pierre IV d'Aragon alors que la porte Notre-Dame voisine a été ouverte durant l'occupation de la ville par Louis XI. La **Casa Pairal** ⊙ présente des objets d'art populaire catalan.

★ **Cathédrale St-Jean** – L'édifice, commencé en 1324 par don Sanche d'Aragon, ne fut achevé qu'en 1509. Le campanile de fer forgé (18ᵉ s.) de son clocher abrite un bourdon du 15ᵉ s. Intérieurement le magnifique vaisseau languedocien, les retables des chapelles, les reliquaires de la chapelle N.-D.-del-Correchs et le **Dévôt Christ**★ dans une chapelle hors œuvre, à droite, retiennent l'attention. Cette dernière œuvre, datée de 1329, illustre le culte de la Passion et le réalisme dans la représentation de l'agonie du Christ qui se sont répandus en Europe après l'acquisition par Saint Louis des reliques de la Passion et de la sainte Couronne d'épines.

ENVIRONS

★★ **Musée de Tautavel** (**Centre européen de préhistoire**) ⊙ – *25 km au Nord-Ouest de Perpignan, à 9 km du village d'Estagel.* Ce petit village des Corbières est devenu un haut lieu de la préhistoire depuis la découverte en 1971 puis 1979, de restes de crânes humains ayant permis la reconstitution de l'« **Homme de Tautavel** », chasseur préhistorique parcourant la plaine du Roussillon, il y a 450 000 ans. Le vaste complexe muséographique utilise les techniques et une scénographie d'avant-garde pour proposer au visiteur un passionnant parcours dans le temps à la recherche de ses origines. Parmi les reconstitutions très réalistes, noter le fac-similé de la grotte de la Caune de l'Arago et celle du squelette de l'Homme de Tautavel.

★★ LA CÔTE VERMEILLE

Au sud de Perpignan, entre Argelès-Plage et la frontière espagnole, de nombreuses stations, installées au fond de baies étroites, restent marquées par leur vocation antique de petites cités maritimes.

★★ **Collioure** – Cette jolie petite ville de la Côte Vermeille, enchâssée entre le Château Royal et l'Église Notre-Dame-des-Anges, attira très tôt les peintres. Dès le début du siècle, les premiers « fauves » : Derain, Braque, Matisse… s'y réunissaient. Plus tard, Picasso et Foujita y séjournèrent. Aujourd'hui encore, la plage Boramar est un sujet très apprécié des artistes.

Banyuls-sur-Mer – Cette station balnéaire la plus méridionale de France est également réputée pour son vignoble. Le **Banyuls** a sa place sur les meilleures tables à l'apéritif comme au dessert et aussi en accompagnement de certains mets. La D86, belle route de corniche, conduit à la tour **Madeloc** (652 m d'altitude). **Panorama**★★ sur les Albères, la Côte Vermeille et le Roussillon.

Château de PEYREPERTUSE★★★

Cartes Michelin nᵒˢ 86 pli 8 ou 235 pli 48 ou 240 pli 37
Guide Vert Pyrénées Roussillon

Les ruines du château de Peyrepertuse représentent l'une des places fortes essentielles des Corbières au Moyen Âge. Elles occupent une échine panoramique longue de 300 m et se composent en réalité de deux châteaux voisins mais distincts.

Visite ⊙ – Le château féodal inférieur, à l'Est (château Bas), fut d'abord placé en 1162 sous la suzeraineté aragonaise, ce qui le tint, au début du moins, quelque peu à l'écart des troubles de la période cathare. Il se rendit en 1240 presque sans résistance au sénéchal de Carcassonne agissant au nom du roi. Saint Louis y fit alors construire un escalier d'accès. Par le traité de Corbeil en 1258, le château devint une place forte française face au Roussillon.
Sa spectaculaire courtine Nord formant éperon, les ruines de son logis, de son donjon et de sa chapelle montrent des travaux de modernisation, d'extension ou de défense successivement accomplis.

Peyrepertuse

Au-delà d'une esplanade en pente s'élève un escalier monumental taillé en plein roc *(chaîne de fer servant de main courante)*.

Le château St-Georges, la forteresse royale, plus élevé, à l'Ouest, fut réalisé en une seule campagne, probablement par Philippe le Hardi pour affirmer sa présence. Les vestiges d'une citerne et d'une chapelle en subsistent. De l'extrémité Ouest de son promontoire, la vue se développe sur les crêtes voisines fortifiées. Le traité des Pyrénées, en 1659, enleva à Peyrepertuse son importance stratégique à l'époque où les progrès de l'artillerie le privaient de sa signification militaire.

Nous ne saurions assez recommander la plus grande prudence lors de la visite de cette « citadelle du vertige ».

Haras du PIN★

Cartes Michelin n°s 60 pli 3 ou 231 pli 43 – Guide Vert Normandie Cotentin

L'ouverture de l'hippodrome de Deauville en 1864 répand en Normandie la mode « anglaise » de posséder une écurie, symbole de réussite financière. Retour des choses : huit siècles plus tôt, les Anglais eux-mêmes étaient venus à cet élevage, gagnés par la prestance des barons qui composaient la cavalerie de Guillaume le Conquérant. Le pays d'Argentan aux vastes prairies riches d'une flore parfaitement équilibrée a donc vu alors se développer sur ses « paddocks » l'élevage du pur-sang qui s'y pratiquait depuis le début du 18e s.

Dans un paysage de parc composé avec raffinement, le **haras du Pin** ⊘ est l'un des centres les plus renommés de l'élevage du cheval en France. Le domaine fut acheté par Louis XIV, en 1660, sur lequel, peu après, Colbert créait des haras publics et Jules Hardouin-Mansart édifiait un château. La noblesse des constructions, l'élégance des haies vives et des cloisonnements blancs confèrent sa distinction à l'économie de l'élevage du pur-sang.

POITIERS★★

Agglomération 105 268 habitants
Cartes Michelin nᵒˢ 68 plis 13, 14 ou 233 pli 8
Guide Vert Poitou Vendée Charentes

Poitiers fut fondée à l'époque gallo-romaine sur une hauteur qui domine un coude du Clain ; non pas au cœur des terroirs les plus fertiles de la région mais dans un site qui commande le seuil du Poitou, col presque imperceptible qui, à quelque 30 km au Sud de la ville, sépare le Bassin parisien du golfe d'Aquitaine.

Durant 13 siècles, la ville a joué un rôle politique et religieux plus décisif ou exposé aux heures critiques de notre histoire que prépondérant dans sa continuité. Ses monuments les plus marquants reflètent les événements survenus dans un rayon de 30 km autour de N.-D.-la-Grande.

DES SITES D'HISTOIRE : UN CENTRE MONUMENTAL

Antiquité

Rare témoin de l'architecture religieuse en France pendant l'Antiquité, le **baptistère St-Jean**★ ⊙ est particulièrement vénérable. Ses deux salles primitives : narthex et salle baptismale, sont représentatives de l'art de bâtir en Gaule au milieu du 4e s. L'ancien narthex, restauré au 10e s., a reçu une forme polygonale ; sous ses fenêtres subsistent des traces d'un petit appareil romain cubique et, sous les pignons, de curieux pilastres à chapiteaux sculptés en faible relief.

A l'intérieur (musée lapidaire), la salle baptismale présente un décor de colonnes de marbre et de colonnettes à chapiteaux ouvragés à la mode antique. Les degrés de la cuve où se donna le baptême par immersion puis par affusion (eau versée sur la tête) furent, avant le 17e s., les seuls fonts baptismaux de la ville.

Son origine remonte à l'époque où saint Hilaire, 27 ans après l'édit de Constantin, fut élu évêque de Poitiers. Ce pionnier de l'évangélisation de la Gaule, véhément défenseur, contre l'arianisme au concile de Milan en 355, de l'indivisibilité consubstantielle de la Trinité, reçut en 361 saint Martin à **Ligugé**, en fit son disciple et le créateur de la vie monastique en Gaule.

De la pénétration primitive du christianisme dans la région serait justiciable la célèbre **nécropole mérovingienne**★ de **Civaux** où l'on dénombre encore plus de 500 sarcophages ou couvercles exhumés.

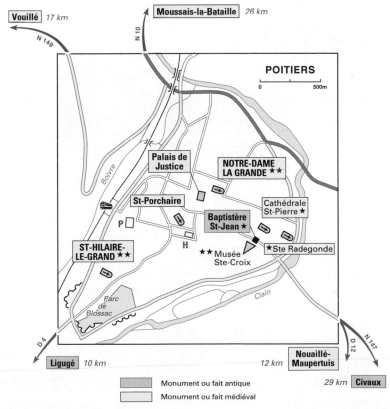

Haut Moyen Âge

Un monument dans le vieux village de **Vouillé** rappelle qu'en ces lieux, en 507, le roi des Francs, **Clovis**, remporta une victoire sur Alaric II ; « alors commença la France ». En effet, cette victoire mettait un terme à la mainmise wisigothique en Aquitaine et au rayonnement de cette culture qui avait régné de part et d'autre des Pyrénées de Tolède au Lauragais et au Toulousain.

52 ans plus tard, en 559, sainte Radegonde, reine de France, épouse du Mérovingien Clotaire Ier, fonde le monastère Ste-Croix *(à l'emplacement du musée de ce nom)* au voisinage du baptistère St-Jean et s'y retire.

Un samedi d'octobre 732, sur la rive droite du Clain, à **Moussais-la-Bataille**, Charles Martel (688-741), après une semaine d'observation, amène la cavalerie sarrasine à venir se briser sur les lances de ses soldats. Victoire qui arrête la progression arabe en Europe et inverse le mouvement des combattants de l'Islam.

Époque romane

Au monde roman, Poitiers doit ses monuments majeurs.

Église St-Porchaire – Admirable clocher-porche du 11e s.

★★ **Église St-Hilaire-le-Grand** – Cette grande église romane de pèlerinage édifiée en 1049 et jalonnant la route de St-Jacques-de-Compostelle est considérée par les archéologues comme la plus intéressante de Poitiers. En 1100, ses voûtes furent refaites et achevées après l'incendie qui avait ravagé son ancienne couverture de bois. L'architecte fut alors amené à réduire la largeur des nefs, donc à les multiplier pour pouvoir les voûter en pierre. Il en vint à dédoubler les bas-côtés et à rétrécir la nef principale en créant sur les côtés une double rangée de colonnes qui se raccordent de façon très ingénieuse aux murs d'origine et portent la série des coupoles sur pendentifs ; l'ensemble amenant ainsi à sept nefs l'édifice qui en comptait trois. Le chœur, surélevé au-dessus du tombeau de saint Hilaire, portait le sanctuaire au-dessus des nefs où s'abritait la foule des pèlerins. Son hémicycle de huit colonnes est fermé, à la base, par des grilles de ferronnerie du 12e s.

★★ **Église N.-D.-la-Grande** – Église romane poitevine type des années 1140. Elle doit son équilibre à la hauteur de ses collatéraux voûtés d'arêtes. Sa **façade**★★★, du 12e s., compose une admirable page sculptée axée sur l'Incarnation : on y voit Adam et Ève, les prophètes, l'Annonciation et même la toilette de l'Enfant. Autour du chœur, six colonnes rondes portent la voûte en cul-de-four peinte, au 12e s., d'une fresque représentant la Vierge en majesté et le Christ en gloire.

Poitiers – Église N.-D.-la-Grande

Période gothique

Longtemps Poitiers releva des possessions anglaises de Guyenne, héritage de la dot d'Aliénor d'Aquitaine. Résidence intermittente des rois, du 13e au 16e s., elle se trouve, durant la guerre de Cent Ans, sur la ligne d'Aquitaine, face aux troupes du Prince Noir *(voir à Bordeaux)*.

Le 19 septembre 1356 à **Nouaillé-Maupertuis** se déroule l'un des affrontements les plus douloureux de cette période sombre. Sur les rives accidentées du Miosson le roi Jean II le Bon, gêné par les œillères de son armure, se démène avec ardeur et se protège selon les indications de son fils Philippe : « Père, gardez-vous à droite... père, gardez-vous à gauche. » Le sort de cette bataille, dite « de Poitiers », s'explique par la conception encore chevaleresque d'un combat, face à l'efficacité adverse : le tir des archers anglais était trois fois plus rapide que celui des arbalétriers génois au service de la France, moins bruyant et moins fumant mais autrement redoutable que celui de nos bombardes. L'affaire s'acheva par un mouvement tournant et la reddition, au Prince Noir, du roi Jean épuisé et blessé mais satisfait de s'être bien battu.

Cette défaite créa en France une situation révolutionnaire par le déchaînement populaire qui s'ensuivit contre la corruption de la noblesse qui n'avait pas, cette fois encore, assumé sa tâche sociale. Les conséquences en furent le traité de Brétigny signé en 1360, après quatre ans de négociations, qui livrait Poitiers aux Anglais.

Douze ans plus tard, du Guesclin rend la ville à la Couronne en la personne du duc Jean de Berry, frère de Charles V. En 1418, Charles VII fugitif y installe sa cour et y transporte son parlement ; il y est proclamé roi quatre ans plus tard. En mars 1429, dans la **grande salle**★ gothique du **palais de justice** ⓥ refait, Jeanne d'Arc venant de Chinon subit, pendant près de trois semaines, devant une commission du parlement, un interrogatoire conduit par de grands docteurs. Elle en sort reconnue investie d'une mission providentielle.

Cette immense nef, réservée aux audiences solennelles, aux grands procès et aux séances des États provinciaux, édifiée sous les Plantagenêts, fut restaurée sous Jean de Berry (grand mur pignon à cheminées, balcon et fenêtrage flamboyant).

La Renaissance

Avec le 16e s., la France s'est agrandie ; les problèmes frontaliers se posent ailleurs. La troisième ville de France reçoit alors Rabelais, puis Calvin et des écrivains de la Pléiade. Elle subit, en 1569, un siège de sept semaines mené par Coligny à la tête de l'armée protestante. Au 18e s., ses intendants en font une calme capitale provinciale.

ⓥ ►► Cathédrale St-Pierre★ – Musée Ste-Croix★★ *(archéologie, ethnologie, beaux-arts)* – Église Ste-Radegonde★.

PONTARLIER

18 104 habitants
Cartes Michelin nos 70 pli 6 ou 243 pli 32 – Guide Vert Jura

« On a beau tourner et retourner
On ne voit rien tel que Pontarlier. »

Ce distique concerne moins la richesse monumentale ou artistique de la ville que la fierté et le bien-être de s'y sentir indépendants sous la protection de libertés communales étendues. En effet Pontarlier fut, du 13e au 17e s., la capitale du Baroichage, régime d'esprit républicain qu'elle partageait avec 18 villages des environs. La conquête de la Franche-Comté par Louis XIV, en 1674, mit fin au Baroichage.

Au contact du plateau et de la montagne, la ville est toujours une étape sur l'itinéraire Besançon-Lausanne. Elle est jurassienne par sa physionomie, son activité et les paysages qui l'environnent.

ENVIRONS

★★ **Cluse de Joux** – *5 km au Sud.* Le site compose une cluse jurassienne type aux couches géologiques plissées et vigoureusement redressées ; elle entaille transversalement la montagne de Larmont, « mont » entre les deux « rivières » de la Morte et du Doubs. Cette cluse très étroite, où se faufilent la route et la voie ferrée, commande le passage vers la Suisse que surveillent sur un « crêt » les forts de Joux et de Larmont.

★ **Lac de St-Point** – *8 km au Sud.* Long de 6,3 km, couvrant 398 ha, c'est le plus vaste des 70 lacs jurassiens. Il occupe une haute combe pastorale agrémentée de sapinières et irriguée par les eaux du Doubs.

Le PONT DU GARD★★★

Cartes Michelin nᵒˢ 80 pli 19 ou 240 pli 16 ou 245 pli 15 ou 246 pli 25
Guide Vert Provence

Le pont du Gard, une des merveilles de l'Antiquité, fut édifié entre l'an 40 et l'an 60, sous le règne de l'empereur Claude. Il est la partie la plus spectaculaire d'un aqueduc long de 49 km (source captée près d'Uzès) comportant des tranchées, des remblais, des ponts, des tunnels, construit alors pour satisfaire au surcroît d'eau rendu nécessaire par le développement de Nîmes.

Visite ⊘ – Le 3ᵉ étage du pont permettait à la gouttière, d'un débit journalier de 20 000 m³, de franchir à 49 m de hauteur la vallée du Gardon.

L'ouvrage dut émerveiller les paysans gaulois et les faire rêver de la vie urbaine des villes romaines. Il fait encore notre admiration par son art, sa beauté et sa technicité. Une légère incurvation amont lui permet de bien résister à la violence des crues d'automne ; la division de ses travées en anneaux indépendants lui donne une certaine élasticité ; l'ajustage de ses énormes moellons (certains de plus de six tonnes) a permis de les poser à sec sans mortier ; sa partie supérieure dallée (regards de place en place) assurait la salubrité de l'eau et la chaussée d'une voie romaine.

Mais le défaut d'entretien à partir du 4ᵉ s. et l'épaisseur des dépôts calcaires le rendirent inutilisable au 9ᵉ s.

Le Pont du Gard

Golfe de PORTO★★★

Carte Michelin nᵒ 90 pli 15 – Guide Vert Corse

Par son ampleur, ses couleurs et la variété de ses curiosités naturelles, le golfe de Porto compose l'un des ensembles touristiques les plus prestigieux de la Corse. Le golfe doit sa splendeur aux falaises de granite rouge qui l'entourent et contrastent avec le bleu intense de la mer. Cet ensemble fait partie du **Parc naturel régional de Corse** qui assure la protection intégrale de la flore et la faune. Le site est inscrit au Patrimoine mondial de l'UNESCO.

★★★CALANCHE DE PIANA

Dominant le golfe de Porto, les calanche constituent un ensemble de curiosités particulièrement remarquable. Les formes d'érosion propres au granite sont à l'origine de ce paysage chaotique où s'additionnent reliefs ruiniformes et cavités sphériques appelées « taffoni ». La D 81 traverse les calanche sur 2 km, ménageant d'excellents points de vue sur les amas rocheux et la mer. Pour apprécier pleinement cet univers minéral, il convient de parcourir la route dans les deux sens. De la terrasse du **Chalet des Roches bleues**, plusieurs promenades à pied d'1 h environ permettent d'approcher la silhouette évocatrice de certains rochers : la Tortue, l'Évêque, la Tête de Poincaré, le Château fort...

★★★ RÉSERVE NATURELLE DE SCANDOLA

La presqu'île de Scandola se dresse jusqu'à 560 m d'altitude entre la Punta Rossa au Sud et la Punta Nera au Nord. Première réserve naturelle française à double vocation marine et terrestre, elle constitue la façade maritime du Parc régional. A terre, c'est un impressionnant massif d'origine volcanique caractérisé par une grande diversité géologique. Il abrite les derniers couples de balbuzards ; c'est la seule région de France où nichent ces splendides aigles pêcheurs.

La visite s'effectue exclusivement par bateau au départ de **Porto** ou de **Calvi** ☉.

Les taffoni

Les taffoni (gros trous en Corse) contribuent pleinement au pittoresque du paysage insulaire. Ces cavités hautes parfois de plusieurs mètres, éventrant des rochers dénudés sur le littoral comme à l'intérieur des terres, intriguent le visiteur, fasciné tout à la fois par l'équilibre instable de leurs ciels en baldaquin, la subtilité de leurs jeux d'ombres et de lumières et les figures extraordinaires nées de leur recoupement. Choisis durant la préhistoire pour lieu de repos des morts, et toujours disposés à servir de gîte sommaire, ils font partie intégrante de la culture corse.

Les roches grenues sont leur terre d'élection. La désolidarisation d'un seul cristal suffit à livrer la pierre à un processus de gigantesque carie, sous l'action combinée des variations de température et d'humidité, renforcée au bord de la mer par le rôle corrosif des embruns. Certains granites à gros cristaux : granite beige de Sant'Ambroggio, granite gris de Calvi, granite rouge de Porto au sein duquel s'inscrivent les calanche de Piana, se prêtent particulièrement au façonnement des taffoni. Certains taffoni, séniles, n'évoluent plus ; d'autres, toujours soumis à la désagrégation, sont dits « vivants »; des écailles se détachent de leurs voûtes et leurs parois rugueuses se délestent de grains de sable lorsqu'on les frotte avec la paume de la main.

Abbaye de PORT-ROYAL-DES-CHAMPS*

Carte Michelin n° 101 pli 21 – Guide Vert Ile-de-France

La réinsertion de la religion dans la vie quotidienne d'un monde presque paganisé par les modes de la Renaissance fut le grand problème socio-moral du 17e s. L'ouverture aux humbles d'un humanisme illuminé par la spiritualité de saint François de Sales eut pour pendant, dans la classe intellectuelle, un mouvement de réforme né de l'antagonisme entre les dons de Dieu et les faiblesses des hommes. Les aspirations à la perfection se fixèrent en quelque sorte dans le vallon de Port-Royal-des-Champs.

Les religieuses de l'abbaye féminine de Port-Royal, qui relevait de Cîteaux, reçoivent en 1602 une supérieure âgée de onze ans, mère Angélique Arnauld, qui parvient en sept ans, par l'exemple surtout, à ramener ses filles dans le strict respect de la règle. Seize ans plus tard, la supérieure est envoyée à Maubuisson pour y accomplir une réforme semblable. Elle est remplacée, à Port-Royal, par sa sœur cadette Agnès.

Les Solitaires et le jansénisme – En 1625, le couvent, à l'étroit dans la vallée de Chevreuse, se transporte dans sa nouvelle maison de Paris, puis reçoit, en 1633, l'abbé de Saint-Cyran comme directeur spirituel. Le jansénisme, proche du calvinisme, pénètre alors dans l'abbaye ; il doit son nom à Jansen, qui, dans son livre, l'*Augustinus*, avait réfuté les thèses d'un jésuite espagnol sur le libre arbitre de l'homme et repris la doctrine de saint Augustin sur la force de la grâce et la prédestination.

1648 : une partie de la communauté doit quitter la maison parisienne devenue à son tour trop petite. Elle retourne dans la vallée de Chevreuse et retrouve mère Angélique. Le couvent réformé connaît alors un rayonnement et une influence morale considérables. Les Solitaires, « Messieurs » qui comptent au nombre des grands esprits d'alors (Arnauld, Le Maître de Sacy, Jean Hamon...), s'installent dans la dépendance des Granges, où ils fondent les Petites Écoles (**Jean Racine** fut leur élève). Le succès de leur institution, cependant modeste, attire les brimades de Richelieu et les jalousies des jésuites qui dénoncent leurs idées proches de celles de Jansen : Les Solitaires doivent alors faire face aux polémiques et aux persécutions : condamnation de l'*Augustinus* en Sorbonne en 1641 ; condamnation des « cinq propositions » résumant l'ouvrage prononcée par Rome en 1653 ; fermeture en 1656 des Petites Écoles où le pouvoir subodore des relents de fronde.

La gravité de la question et la sincérité des convictions interdisent toute compromission. Port-Royal étudie donc à son tour les « cinq propositions » et les dénonce comme hérétiques... mais ne les trouve pas dans le livre incriminé. Cette distinction entre le droit et le fait divise la France. Pascal *(voir à Clermont-Ferrand)*, un « ami du dehors », porte alors l'attaque sur le terrain adverse par 18 lettres, les « Provinciales » (1656-1657), vraie campagne de presse où il fustige, avec un talent consommé, l'art des bons pères pour triturer un texte et fonder une argumentation sur l'insignifiance. Il triomphe par son accent de vérité. En 1668, le pape Clément IX, sensible à la droiture de ces Solitaires, obstinés depuis 40 ans, accepte une formulation que chacun peut admettre.

La paix des esprits retrouvée, Port-Royal connaît son « bel automne ». Mais elle est toujours considérée par la couronne comme hostile à l'absolutisme. Arnauld doit s'exiler dans les Flandres, les religieuses renoncer à recevoir des novices (1679). Encore 30 ans, le couvent est aboli et ses bâtiments rasés.

Le jansénisme a connu l'échec sur le terrain dogmatique, mais par le courage moral de ses adeptes il a justifié son attrait sur presque toute l'élite intellectuelle de son temps (La Fontaine, Boileau, Perrault, Saint-Simon, Mme de Sévigné...). Le 17e s. lui est, pour une grande part, redevable de sa grandeur. Il s'est survécu jusqu'à la Révolution par la politique du gallicanisme et les hystéries collectives des convulsionnaires de St-Médard.

> **Musée des Granges** ⊙ – L'âme du jansénisme apparaît dans un magnifique tableau de Philippe de Champaigne, l'*Ecce Homo*, qui vaut par sa retenue et par l'intériorité de la souffrance acceptée par avance.
> Dans le musée est aussi exposé un exemplaire de l'*Augustinus*. En contrebas des Granges, les vestiges de la célèbre abbaye subsistent dans le vallon.

PROVINS**

11 608 habitants
Cartes Michelin n°s 61 pli 4 ou 237 pli 33 – Guide Vert Champagne

Pratiquement à mi-chemin entre Troyes et Paris, en bordure de la N 19, Provins, ancienne ville forte, perchée sur une arête de la Côte de l'Île-de-France dominant la vallée de la Seine et la Champagne crayeuse, retient l'attention par la silhouette de sa tour de César et le dôme de son église St-Quiriace.

La vocation commerciale de la ville se précisa lorsqu'elle devint, à la fin du 12e s., l'une des deux capitales du comté de Champagne. Les foires qui s'y tenaient tous les ans appartenaient au cycle permanent des foires de Champagne qui s'installaient aussi à Lagny, Bar-sur-Aube et Troyes.

★★ **Ville haute** – Encore bordée de **remparts**★★ des 12ᵉ et 13ᵉ s. à l'Ouest et au Nord, elle abrite en particulier la **tour de César**★★ ⊘, superbe donjon du 12ᵉ s. dont la chemise fut ajoutée par les Anglais, durant la guerre de Cent Ans, comme plate-forme d'artillerie. La **grange aux Dîmes**★ ⊘ est un robuste entrepôt élevé au 13ᵉ s. qui appartint aux chanoines de St-Quiriace.

ENVIRONS

★ **Église de St-Loup-de-Naud** – *11 km au Sud-Ouest.* L'église appartenait à un prieuré bénédictin relevant de l'archevêché de Sens. Ce fut l'une des toutes premières de la région qui furent voûtées et non charpentées. Bâtie aux 11ᵉ et 12ᵉ s., elle jalonne la lente progression du roman vers le gothique primitif (en 1874 son voûtement fut refait lors d'une très importante restauration). Du 11ᵉ s. datent le chœur en cul-de-four et la travée en berceau d'un roman primitif qui le précède. Au début du 12ᵉ s. furent élevés le transept à peine saillant, la coupole sur trompes de sa croisée et les deux premières travées de la nef portées par de gros doubleaux. Vers 1160 enfin, on édifia les deux dernières travées de la nef, de plan carré, où l'alternance des piles fortes et faibles dérive de la cathédrale de Sens et le portail. Ce **portail**★★, sous le porche, admirablement conservé, présente par sa disposition une grande analogie avec le Portail royal de Chartres : Christ en majesté entouré des symboles des Évangélistes au tympan, apôtres abrités sous des arcatures au linteau, statues-colonnes dans les ébrasements, personnages dans les voussures. Les sculptures de St-Loup marquent le début d'une transition qui aboutira au réalisme gothique.

► ► Église St-Ayoul (**groupe de statues**★★).

PUY DE DÔME★★★

Cartes Michelin nᵒˢ 73 plis 13, 14 ou 239 pli 19 – Guide Vert Auvergne

A 1 465 m d'altitude, le Puy de Dôme est le volcan le plus ancien, le plus élevé et le plus célèbre de la **chaîne des Puys**.
Dans l'Antiquité, les Gaulois y élevèrent un sanctuaire à leur dieu Lug puis les Romains un temple à Mercure. En 1648, Blaise Pascal, pour vérifier expérimentale-ment une idée de Torricelli, charge son beau-frère Florin Périer de mesurer la hauteur

Le Puy de Pariou et le Puy de Dôme

d'une colonne de mercure, au même moment, au sommet du Puy de Dôme et à Clermont : l'écart est de 8,4 cm. La pesanteur de l'air est établie. Le 7 mars 1911, trois ans seulement après que Henri Farman eut bouclé le premier kilomètre aérien en circuit fermé, l'aviateur Eugène Renaux et son passager, partis de Paris 5 h 11 mn plus tôt, se posaient au sommet du Puy de Dôme, remportant ainsi le grand prix Michelin de 100 000 francs.

★★★ **Panorama** – Du sommet le panorama est exceptionnel sur Clermont-Ferrand, la plaine de la grande Limagne, les monts Dore et les monts Dômes ou chaîne des Puys. Longue de 30 km et large de 5, cette chaîne compte 112 volcans éteints, anciens tout au plus de 50 000 ans, indépendants les uns des autres et alignés le long de l'escarpement de faille qui borde la Limagne à l'Ouest. Ils composent un « véritable musée des formes volcaniques simples » *(Mac Derruau)*. Les volcans de type péléen (du nom de la montagne Pelée, dans l'île de la Martinique) se situent au Nord : ils se présentent comme de grosses taupinières sans cratère, comme le Puy de Dôme lui-même, énorme extrusion complexe de domite, le Clerziou, le Puy Chopine et le Grand Sarcoui formés de trachyte. Les volcans de type strombolien (du nom de l'île de Stromboli, au Nord de la Sicile), à cratère, ont projeté des matériaux qui, accumulés autour de leur cheminée, ont constitué un cône de débris. Les uns présentent un cratère simple (Gravenoire, la Nugère, les Goules), d'autres des cratères égueulés, une explosion latérale d'où s'est échappée une coulée de lave les ayant éventrés (la Vache, Lassolas, Louchadière), d'autres enfin des cratères emboîtés (Pariou, Puy de Côme, Nid-de-la-Poule d'où est sorti le Petit Puy de Dôme).
D'autres appareils volcaniques se sont injectés et consolidés dans une masse sédimentaire actuellement déblayée. Il n'en reste que des pitons, « necks » (Puy de Monton, Montrognon), ou des murailles, « dykes » (Montaudoux).
Ailleurs, les coulées de lave (Gergovie, montagne de la Serre, plateau de Chanturgue) ont engendré le phénomène d'« inversion de relief ».

PUY DE SANCY★★★

Cartes Michelin n⁰ˢ 73 pli 13 ou 239 pli 18 – Guide Vert Auvergne

A 1 885 m d'altitude dans le massif des monts Dore, le Puy de Sancy est le point culminant de la France centrale.

★★★ **Panorama** – Du sommet *(1 h 1/2 à pied AR par un rude sentier au départ de la station supérieure du téléphérique)* ⊙, le panorama se développe au Nord-Est sur la chaîne des Dômes, au Sud sur le massif de Cantal, aux premiers plans sur les monts Dore.
Le Puy de Sancy, la Banne d'Ordanche et le Puy de l'Aiguiller forment le centre du massif volcanique des monts Dore. Ils composent un ensemble trois fois plus vaste que le Vésuve et plus de 100 bouches éruptives ont craché de leurs flancs ; les coulées de lave s'y sont empilées sur plus de 1 000 m d'épaisseur. Leur période d'activité remonte à la fin de l'ère tertiaire, il y a plus de 2 000 millénaires, mais les glaciations, durant l'ère quaternaire, ont taraudé leurs versants de vallées rayonnantes. Le Sancy lui-même est un culot de trachyte dont la gaine a été dégagée par l'érosion. Des lacs de volcans agrémentent le paysage, garni, entre 1 100 et 1 400 m, de forêts (sapins, épicéas, hêtres) et, plus bas, de vallées bocagères.

★ **Besse-en-Chandesse** – *A l'Est de la chaîne.* Village de montagne et village de lave. Ses **rues** et ses maisons pittoresques, sa porte fortifiée, sa rude **église**★ (grosses colonnes, frustes chapiteaux, clôture du chœur et stalles ornées de grotesques à l'italienne du 16ᵉ s.) lui donnent beaucoup de cachet.
Alentour, les lacs de volcans, au creux de versants portant de belles sapinières, offrent leur physionomie particulière : **lac Pavin**★★ qui garnit un cratère né de l'éclatement d'une poche gazeuse sur le flanc du **Puy de Montchal**★★ ; lac Chauvet emplissant un effondrement du sol à la suite d'une implosion ; lac de Montcineyre et lac **Chambon**★★ retenus par un barrage formé par le volcan Tartaret surgi dans l'ancienne vallée de la Couze.

Le PUY DU FOU★★

Cartes Michelin n⁰ˢ 67 pli 15 ou 232 pli 42 – Guide Vert Poitou Vendée Charentes

Le château du Puy du Fou brille la nuit sous les feux d'un célèbre Son et Lumière. Le jour, l'**écomusée de la Vendée**★ ⊙ y évoque le passé de la Vendée tandis que le site s'anime des attractions du « **Grand Parc** »★★ ⊙.
Le nom du domaine dérive du latin : le « puy » (de « podium ») désigne une éminence où croissait un hêtre ou « fou » (de « fagus »).

Château – Édifié aux 15ᵉ et 16ᵉ s., il ne fut probablement jamais achevé et brûla partiellement durant les guerres de Vendée. Il en subsiste cependant, au fond de la cour, un beau pavillon, du style de la Renaissance finissante, que précède un péristyle à colonnes engagées ioniques, constituant l'entrée de l'écomusée de la Vendée. L'aile gauche est construite sur une longue galerie.

★★★ **Cinéscénie** ⊙ – La terrasse de la façade postérieure du château offre une agréable perspective sur une pièce d'eau et compose le décor et l'aire scénique (12 ha) de l'éblouissante cinéscénie du Puy du Fou. « Jacques Maupillier, paysan vendéen » met en scène 700 acteurs venant des 14 communes environnantes et 50 cavaliers qui font revivre l'histoire de la Vendée avec des moyens impressionnants : jets d'eau, effets spéciaux, éclairages et pyrotechnie informatisés, structure sous-marine autotractée, laser, etc.

ENVIRONS

★ **Le logis de La Chabotterie** ⊙ – *53 km à l'Ouest des Herbiers par la D 23 puis la N 137 jusqu'à St-Sulpice-le-Verdon.* A partir de 1560 apparaît une nouvelle forme de construction en Vendée : le logis clos. Cette forme d'habitat a pour originalité de regrouper, autour de sa cour fermée et fortifiée, à la fois la demeure seigneuriale et les communs. Cette architecture vendéenne durera jusqu'au 18ᵉ s. Directement lié aux événements de guerre de Vendée, le logis où fut emmené le chef royaliste Charette après sa capture (1796) a retrouvé, grâce à une restauration soignée, l'atmosphère raffinée de la fin du 18ᵉ s. : mélange de rusticité et de délicatesse propre à la société rurale du Bas-Poitou de l'époque. **Les salles historiques**★★ sont composées d'un ameublement et d'objets authentiques.

Prendre à gauche la D 18 jusqu'à St-Sulpice-le-Verdon, et une nouvelle fois à gauche jusqu'à l'entrée du village Les Lucs-sur-Boulogne. Parking.

Les Lucs-sur-Boulogne – Le 28 février 1794, une des « colonnes infernales » du général Cordelier massacre un grand nombre d'habitants du Grand-Luc, et le 5 mars les paroissiens du Petit-Luc, réfugiés dans l'église. Les représailles des colonnes infernales républicaines ne sévirent pas seulement aux Lucs, et c'est à la mémoire de toutes ces victimes qu'un monument a été édifié en mai 1993.

★ **Le Chemin de la Mémoire des Lucs** ⊙ – Parcours historique et spirituel, ce lieu d'évocation et de recueillement, dédié à tous les martyrs et victimes de la Terreur, est une création contemporaine, ensemble végétal et architectural conduisant des berges de la Boulogne jusqu'à la chapelle au sommet de la colline.
L'allée de l'Histoire, jalonnée de repères historiques, remet en mémoire les grands événements de la guerre de mars à décembre 1793.

Le PUY-EN-VELAY★★★

21 743 habitants
Cartes Michelin nᵒˢ 76 pli 7 ou 239 pli 34 – Guide Vert Vallée du Rhône
Plan dans le guide Rouge Michelin France

La ville occupe le centre d'un bassin d'effondrement drainé par la Loire, remblayé par des alluvions, d'une riante fertilité au sein du rude plateau vellave et devenu, à la fin de l'ère tertiaire, le théâtre d'une activité volcanique considérable dont témoignent les pitons les plus résistants et des coulées de basalte.
La notoriété du Puy, capitale du Velay, tient à l'attrait qu'elle exerce sur les amateurs de beaux paysages par son **site**★★★, d'architecture par ses monuments, de manifestations religieuses par ses pèlerinages et d'art domestique raffiné par ses dentelles réputées.

Le **musée Crozatier (AZ)** ⊙ présente *(au 1ᵉʳ étage)*, dans une abondante collection de **dentelles**★, un magnifique carreau de 500 fuseaux, orné de sulfures, encore équipé de ses épingles, prêt pour la poursuite de l'ouvrage commencé au fil d'or ; un grand châle de dentelle noire de laine d'une finesse presque soyeuse, une ombrelle de dentelle blanche au fuseau, rehaussée de points à l'aiguille, dont le manche est ouvragé dans un sabot de cheval et les premiers carnets (18ᵉ s.) d'échantillons précisant la technique de vente et l'identification des points.

La dentelle

Dès le 17ᵉ s., la dentelle se vulgarise et sa fabrication s'organise peu à peu, à façon, dans les bourgs et les villages des environs. Son âge d'or, entre 1785 et 1900, fait du Puy « la plus ancienne cité industrielle du Velay ». Théodore Falcon (1804-1856) assure l'essor de ce métier d'art par le renouvellement des motifs et la qualité de l'exécution. Le fuseau, d'abord utilisé concurremment avec l'aiguille, prédomine à partir de 1919 ; les fils de lin, de soie, de laine, assemblés en points jetés, lancés, noués, piqués, de Venise, y composent des blondes, des guipures, des entre-deux pour la parure ou l'ameublement.

D. Pignol

St-Michel-d'Aiguilhe et le rocher Corneille

Rocher Corneille (BY) ⊘ – C'est un lambeau du volcan dont le rocher St-Michel constitue la cheminée. Il porte une statue de N.-D.-de-France, haute de 16 m, en fonte coulée avec 213 canons prélevés sur les trophées de la prise de Sébastopol. La terrasse, au pied de la statue, offre le meilleur belvédère sur le site★★★ extraordinaire du Puy.

★★★ **La cité épiscopale** – La ville grandit dès le 11e s., par le transfert de la fonction urbaine de St-Paulien et par son succès comme tête d'un « chemin » de St-Jacques-de-Compostelle. Mais ses évêques durent disputer aux seigneurs voisins (les Polignac, Montlaur, Mercœur) le pouvoir temporel de leur cité et des revenus fiscaux nés de l'abondance des pèlerins ; ils firent fortifier leur cathédrale.

Au cœur de la ville ancienne, sur son piton de basalte, le quartier de la cathédrale frappe par sa sévérité : grands murs en moellons de granit et de lave, portails étroits à arcades, fenêtres à meneaux, ouvertures fortement grillagées, pavage de gros galets.

★★★ **Cathédrale Notre-Dame (BY)** ⊘ – A l'emplacement d'un temple romain fut élevé là, vers 430, un sanctuaire à la Vierge, contemporain de la fondation de Ste-Marie-Majeure à Rome. Il fut refait et agrandi à partir du 10e s. et restauré au 19e s.

La façade, de très grande hauteur, domine la rue des Taules de son escalier monumental. Au 3e étage, ses fenêtres marquent la prolongation de la nef (fin 12e s.) lancée sur de puissantes arcades. Elle est très décorative par ses arcs romans à jour ou aveugles, l'appareillage géométrique de leurs claveaux de granit et de basalte à couleurs alternées, les mosaïques de ses pignons et ses colonnettes à chapiteaux de lave sculptés.

Le trajet sous la cathédrale permet d'admirer les vantaux, autrefois peints, de la porte Dorée (Nativité à gauche, Passion à droite). Il mène à l'intérieur. Aux 10e et 11e s., on refit l'abside et on éleva le transept et les deux premières travées ; au début du 12e s., les deux suivantes, voûtées de magnifiques coupoles, dans lesquelles se font face un Christ en bois maroufié du 14e s. et une chaire du 17e s. A la fin du 12e s. furent ajoutées les deux dernières travées.

★★ **Cloître (BY)** ⊘ – 11e et 12e s. Il vaut par ses mosaïques polychromes, la frise allégorique romane qui règne à la base du toit, une belle **grille★** de fer forgé du 12e s. et, dans la chapelle des Reliques, la célèbre fresque Renaissance des Arts libéraux.

★★ **Chapelle St-Michel-d'Aiguilhe (AY)** ⊘ – Le rocher St-Michel est une impressionnante aiguille de lave (neck), haute de 82 m. Un escalier (268 marches) conduit à la chapelle. Celle-ci s'ouvre par un portail d'inspiration byzantine à décor d'arabesques et de mosaïques de pierres polychromes. A l'intérieur, la complexité des voûtes révèle les difficultés qu'a dû surmonter l'architecte lorsqu'il transforma, au 11e s., le sanctuaire primitif carolingien et aménagea une tribune sur le narthex. Observer deux chapiteaux réutilisés dans la petite tribune, la peinture murale (10e s.) qui, à l'abside et à la retombée de sa voûte, représente la cour céleste et un Christ-reliquaire roman.

⊘ ►► Trésor★★ de la cathédrale – Trésor d'art religieux★★ *(cloître)*.

LE PUY-EN-VELAY

Aiguières (R. Porte-) . . **AZ** 2
Becdelièvre (R.) . . . . . **AY** 3
Bouillon (R. du) . . . . . **BY** 5
Card.-de-Polignac (R.) . **BY** 8
Chamarlenc (R. du) . . **AY** 10
Chaussade (R.) . . . . **BZ**
Chênebouterie (R.) . . . . **AY** 13
Collège (R. du) . . . . . . **BZ** 17
Consulat (R. du) . . . . . **AY** 19
Courrerie (R.) . . . . **AZ** 20
Crozatier (R.) . . . . **BZ** 23

Dr-Chantemesse (Av.) . **AY** 24
Fayolle (Bd Mar.) . . . . . **BZ**
Foch (Av. Mar.) . . . . . . **BZ**
For (Pl. du) . . . . **BY** 27
Gambetta (Bd) . . . . . . **AY** 29
Gouteyron (R.) . . . . . . **AY** 31
Grangevieille (R.) . . . . **AY** 32
Martouret (Pl. du) . . . **ABZ** 34
Monteil
  (R. A. de) . . . . **AY** 35
Pannessac (R.) . . . . . . **AY**
Philibert (R.) . . . . **AY** 36
Pierret (R.) . . . . **BZ** 37
Plot (Pl. du) . . . . **AZ** 38
Raphaël (R.) . . . . **AY** 39

République
  (Bd. de la) . . . . **BY** 40
Roche-Taillade (R.) . . . **AY** 42
St-François-Régis (R.) . **BY** 43
St-Georges (R.) . . . . . . **BY** 45
St-Gilles (R.) . . . . **AZ**
St-Jean (R. du Fg) . . . **BY** 46
St-Louis (Bd) . . . . **AZ**
St-Maurice (Pl.) . . . . . **AY** 47
Séguret (R.) . . . . **AY** 48
Tables (Pl. des) . . . . . . **AY** 49
Tables (R. des) . . . . . . **AY** 52
Vallès (R. J.) . . . . **BY** 54
Vaneau (R.) . . . . **AY** 55
Verdun (Bd) . . . . **BY** 58

B Chapelle des Pénitents
D Hôtel de Polignac
E Atelier Chaleyé
F Hôtel des Laval d'Arlempdes
K Tour Pannessac
L Hôtel du Lac de Fugères

ENVIRONS

★ **Château de Polignac** ⊙ – *5 km au Nord-Ouest.* La N 102 offre une vue saisissante sur cette forteresse médiévale d'une puissance défensive telle que ses seigneurs devinrent les maîtres du pays, « rois de la montagne ». Du 17e au 19e s., leurs descendants occupèrent des postes de responsabilité dans la vie politique et diplomatique.

Les ruines du château (donjon et murs d'enceinte) s'élèvent sur une table de basalte qui est le fragment d'une coulée volcanique issue du Mont-Denise. Cette coulée, répandue dans le fond d'une ancienne vallée, s'est solidifiée et a protégé de l'érosion les terrains sous-jacents alors que le sol alentour était déblayé par les eaux de la Loire, de la Borne et de leurs affluents. La table qu'elle forme se trouve maintenant en saillie de près de 100 m sur la plaine environnante. C'est une « inversion de relief ».

★ **Lac du Bouchet** – *21 km au Sud-Ouest.* La limpidité des eaux, les bois de sapins, de pins et d'épicéas qui l'enserrent, le calme du site à 1 205 m d'altitude font l'agrément de ce lac. D'une superficie de 43 ha, il occupe la vasque presque circulaire du cratère d'explosion d'un volcan du Devès. Ce long massif éruptif du Velay a compté 150 bouches dont les laves se sont mêlées et épanchées sur le socle granitique ancien en formant une « planèze ».

Pour trouver la description d'une curiosité,
l'évocation d'un souvenir historique,
le plan d'un monument,
consultez l'index à la fin du volume.

PUY MARY★★★

Cartes Michelin n°s 76 Sud-Ouest du pli 3 ou 239 Sud du pli 30
Guide Vert Auvergne

A 1 787 m d'altitude, le Puy Mary est un des pitons centraux de l'immense volcan cantalien, véritable Etna auvergnat (60 km de tour, 3 000 m d'altitude) surgi à l'ère tertiaire au-dessus du vieux socle granitique et superposant les coulées issues de ses bouches éruptives.

★★★ **Panorama** – Du sommet *(rude montée – 1 h 1/2 à pied AR au départ du Pas de Peyrol)*, raboté et décapé par les glaciers, le regard embrasse, beaucoup mieux que du **Pas de Peyrol**★★, un paysage où pointent encore les restes de cheminées volcaniques (Griou, Violent, Élancère, Chavaroche) dont la lave semble tout juste refroidie. L'humanisation de ce paysage géologique est fascinante. Dans la campagne découpée en étoile par de profonds amphithéâtres, la vie rurale étage ses activités. Ainsi, dans les fonds de vallées, proches des villages, se rencontrent les cultures et les prés ; dans les zones les moins bien exposées, des bois de bouleaux (bois de chauffage) ; à mi-pente, des hêtres (bois d'œuvre) et des résineux de plantation récente ; en altitude, l'alpage piqueté de burons (naguère encore habitations estivales des bergers et fabriques de fromage) entourés de frênes (véritables prairies aériennes de secours en cas de sécheresse).
La nature basaltique de la lave, plus favorable aux herbages de qualité que les trachytes des monts Dore, fait du Cantal une montagne à lait où la race bovine de Salers, à robe feu, est parfaitement adaptée.

QUIMPER★★

Agglomération 59 437 habitants
Cartes Michelin n°s 58 pli 15 ou 230 pli 18 – Guide Vert Bretagne

Quimper occupe, à 16 km du littoral, un site de tête de marée au fond de l'estuaire de l'Odet. Les Gaulois s'installèrent d'abord, rive gauche, sur le rebord du plateau du Frugy ; vers la fin du 5ᵉ s., ils en furent chassés par des Celtes venus de Grande-Bretagne auxquels la région doit son nom de Cornouaille. C'est alors qu'aurait vécu le légendaire roi Gradlon et que la merveilleuse **ville d'Ys** se serait engloutie dans la baie de Douarnenez. Certains savants voient dans ce mythe l'expression d'une sorte de mémoire sociale héréditaire liée aux toutes dernières transgressions marines (montées post-glaciaires du niveau des océans) qui ont eu les hommes pour témoins.

Jean-Yves Uuguet

Plat à décor de personnages bretons, manufacture HB (fin 19 s.).

★★ **Cathédrale St-Corentin** – Elle frappe, dès l'entrée, par la déviation, née d'édifices antérieurs dont les fondations furent conservées, qu'accusent les axes de la nef et du chœur. Ce dernier est intéressant par son triforium très important, par les piliers de son hémicycle profondément creusés de moulures et par le dessin de la voûte qui couvre à la fois une travée du déambulatoire et la chapelle rayonnante correspondante.

★ **Le Vieux Quimper** – Il s'étend en avant de la cathédrale entre l'Odet et le Steyr. C'est la ville médiévale. Les plus belles de ses maisons anciennes élèvent leurs étages à colombage et en encorbellement sur un rez-de-chaussée de granit, **rue Kéréon**★.

⊘ ►► Musée des Beaux-Arts★★ – Musée départemental breton★ *(histoire régionale)* – Musée de la Faïence★.

★★ LA CORNOUAILLE

Bien que de nos jours elle se limite au littoral à l'Ouest de Quimper, la Cornouaille historique, royaume puis duché de la Bretagne du Moyen Age, s'étendait loin au Nord et à l'Est de Quimper, sa capitale, atteignant Landerneau, les abords de Morlaix et Quimperlé. Cette côte très étendue est caractérisée par deux presqu'îles rocheuses, le **cap Sizun**★★ (au bout duquel est la **Pointe du Raz**★★★) et la **presqu'île de Penmarch**★, qui en sont le principal attrait touristique.

Pointe du RAZ★★★

Cartes Michelin nᵒˢ 58 pli 13 ou 230 pli 16 – Guide Vert Bretagne

La pointe du Raz, échine de granulite très dure à l'extrémité de la Cornouaille, est l'un des sites marins les plus célèbres de France. Son promontoire qui domine l'océan de 72 m est creusé de grottes et accidenté de saillants sur lesquels s'acharnent les vagues.

Le **panorama**★★ s'y déploie sur le redoutable Raz (chaussée) de Sein, semé de récifs et d'îlots rocheux (le dernier porte le phare de la Vieille), que la montée des eaux après la fonte des grands glaciers quaternaires a submergé. A l'horizon se profile l'île de Sein. Un sentier *(difficile par endroits, 1 h 1/2 à pied AR – à ne pas emprunter par mauvais temps ou grand vent)* contourne le promontoire ; le paysage vertigineux de l'Enfer de Plogoff *(câble de sécurité)*, où gronde l'océan, est particulièrement impressionnant. Au Nord du cap, la **baie des Trépassés**, ouverte dans les schistes, passe pour être le lieu d'où l'on emmenait à l'île de Sein les corps des druides trépassés.

REIMS★★★

Agglomération 206 362 habitants
Cartes Michelin nᵒˢ 56 plis 6, 16 ou 241 pli 17 – Guide Vert Champagne

Comme Troyes, Reims est une capitale de la Champagne, mais tournée vers les Ardennes ; ce fut, à l'époque gallo-romaine, la métropole de la province Belgique. En 496, saint Remi y célèbre le baptême de **Clovis**. Acte politique qui fait de ce guerrier franc, ambitieux, âgé de 35 ans, le seul chef d'État chrétien et, fort de l'appui du clergé, le symbole de l'ordre dans le désarroi de l'Empire romain qui s'effondre.

P. Viard/PIX

Alors, en quelques années, Clovis rassemble en un peuple ses populations éparses, arrête les Wisigoths à Poitiers puis les repousse sur Toulouse et Tolède. Avec lui, l'autorité politique en Gaule passe de la Provence à la vallée de la Seine. Sous les Carolingiens, le goût du beau se répand à Reims avec des copistes de textes anciens, des enlumineurs, des ivoiriers, des orfèvres... qui nous ont laissé le talisman de Charlemagne (au palais du Tau) et l'évangéliaire d'Épernay. En 816, Louis Ier le Pieux s'y fait sacrer. Dès lors, la dynastie acquiert une sorte de caractère religieux. Mais il fallut encore quatre siècles pour que Reims devienne la ville des sacres, en 1223 avec celui de Louis VIII. Le cérémonial de cette solennité se précisa et se symbolisa peu à peu. 25 rois, jusqu'à Charles X, reçurent le sacre à Reims le plus émouvant fut celui de Charles VII, le 17 juillet 1429, en pleine guerre de Cent Ans, en présence de Jeanne d'Arc. Le 7 mai 1945, dans un collège proche de la gare, fut signé l'acte de capitulation allemande, confirmé le lendemain à Berlin, mettant fin aux hostilités de la Seconde Guerre mondiale en Europe.

Le champagne

Le vignoble champenois ne représente, en superficie, que 2 % du vignoble français ; mais c'est peut-être le plus prestigieux. Cultivé de préférence sur les talus de craie de la côte de l'Ile-de-France, il marque la limite Nord de la vigne en France. Ce vin, connu depuis l'Antiquité, fut tranquille jusqu'à ce que Dom Pérignon (1638-1715), procureur et cellérier de l'abbaye de Hautvillers, eût l'idée de le faire mousser en dirigeant le phénomène de la double fermentation (obtenue de nos jours par apport de sucre de canne et de levures). Actuellement le vignoble couvre environ 30 000 ha. Ses terroirs les plus estimés sont la Montagne de Reims (pour ses vins robustes et corsés), la vallée de la Marne (bouquetés et fruités) et la Côte

M. Rock-Cephas/TOP

des blancs (frais et élégants). Leur mariage subtil, par des maîtres de chais, assure les cuvées propres aux grandes marques.
En année moyenne récente, l'expédition a porté sur 215 millions de bouteilles dont plus de 75 millions à l'exportation.

★★★ **Cathédrale Notre-Dame** – *Voir illustration au chapitre de l'Art – Éléments d'architecture.* L'édifice actuel fut commencé en 1211. C'est l'une de nos grandes cathédrales ; elle appartient au style gothique lancéolé dont Chartres avait donné le modèle. Quatre architectes ont œuvré à sa construction. Jean d'Orbay (chœur et transept) jusqu'en 1228, Jean Le Loup (dessin de la façade surpassant celle d'Amiens) jusqu'en 1244, Gaucher de Reims (revers de la façade) jusqu'en 1252, Bernard de Soissons jusqu'en 1287. La façade Ouest est admirable par son extraordinaire élancement vertical et par sa statuaire (13e s.) à laquelle ont travaillé quatre ateliers. L'ange au Sourire *(ébrasement du portail gauche),* mondialement connu, en est le chef-d'œuvre.
A l'intérieur, il faut s'attarder en particulier devant le revers de la façade, réalisation unique dans l'art gothique, et devant les verrières qu'illumine le soleil en fin d'après-midi (les deux roses du grand portail et son triforium ajouré).
La cathédrale martyre – Reims fut occupée du 3 au 12 septembre 1914 par les Allemands et resta pendant quatre ans sur la ligne de feu. A la fin de la guerre, 60 maisons habitables seulement étaient encore debout sur 14 130. La cathédrale, une des plus précieuses richesses artistiques de la France et un des plus anciens témoins de son histoire, était en ruine ; sa mutilation par des obus de 305, 340 et 380 eut surtout lieu le 19 septembre 1914 et les 15, 19, 24 avril 1917.
La restauration a été financée en grande partie par la donation Rockefeller.

★★ **Palais du Tau** ⊘ – Cet ancien palais épiscopal fut construit par Jules Hardouin-Mansart et Robert de Cotte en 1690. Il abrite une partie de la statuaire originale de la cathédrale : le Couronnement de la Vierge provenant du gâble du portail central, les moquettes d'Abbeville tissées pour le sacre de Charles X en 1825, le Pèlerin d'Emmaüs et les statues monumentales de saint Paul, de Goliath et de la Synagogue surtout retiennent l'attention.
Le trésor compte, au nombre de ses pièces exceptionnelles, le talisman de Charlemagne du 9e s., le calice du sacre (12e s.), le reliquaire de la Ste-Épine (11e s.) taillé dans un cristal, le reliquaire de sainte Ursule (vaisseau de cornaline), le reliquaire de la Ste-Ampoule et un collier de l'ordre du St-Esprit.

★★ **Basilique St-Remi** ⊙ – C'est le plus vénérable sanctuaire rémois. Dans l'édifice actuel, construit à partir de 1007, souvent remanié, en particulier en 1170, et relevé après 1919, il reste peu de roman et moins encore de carolingien.

A l'extérieur, il faut surtout remarquer la tour romane (droite) de la façade Ouest et le portail Sud du transept refait aux 14e et 15e s.

A l'**intérieur**★★★, les parties les plus anciennes sont les bras du transept (11e s.). Au 12e s. on réédifia le chœur dans un style gothique primitif (observer le triforium aveugle qui n'est que le comble des tribunes) ; autour du chœur, deux colonnes séparent les voûtes des chapelles de celles du déambulatoire, disposition élégante qui fit école en Champagne. A la même époque on refit les deux travées les plus proches de la façade, les voûtes d'ogives de la nef primitivement romane et on éleva de vastes tribunes sur les bas-côtés primitifs que l'on couvrit alors de voûtes d'arêtes.

Dans le chœur : tombeau de saint Remi (refait en 1847) avec les douze pairs de France, religieux à droite, laïcs à gauche.

⊙ ►► Musée St-Remi★★ *(art rémois, armes, tapisseries)* – Caves de Champagne★★ – Musée des Beaux-Arts★ *(peinture)* – Place Royale★ – Porte Mars★ – Musée-Hôtel le Vergeur★ *(peintures, sculptures, gravures de Dürer)* – Hôtel de La Salle★ – Chapelle Foujita★ – Centre historique de l'automobile française★.

RENNES★★

Agglomération 245 065 habitants
Cartes Michelin nos 59 pli 17 ou 230 pli 26 – Guide Vert Bretagne

Rennes, d'abord bourg gaulois, a grandi au croisement des routes de St-Malo-Nantes et Le Mans-Brest, dans un bassin intérieur fertile.

Lorsque au 12e s. le duché de Bretagne gagna son indépendance, Rennes devint la capitale de sa marche de l'Est, puis, la Bretagne devenue française, le chef-lieu de la province.

★★ **Palais de Justice** (BY) ⊙ – *Cet ancien hôtel du parlement de Bretagne créé dès 1552 a été gravement endommagé par l'incendie de février 1994.* Sa façade Sud, dessinée en 1618 par Salomon de Brosse, est déjà classique par sa sévérité : sur une base de moellons de granit chanfreinés et martelés se dresse un étage rythmé de pilastres plats portant une corniche sculptée et une balustrade en rive du toit d'ardoises très incliné. Aux angles, deux pavillons font saillie. Cette façade comprenait alors une petite terrasse centrale desservie par un double escalier extérieur à volées droites que Jacques-Jules Gabriel fit disparaître en 1726 lorsqu'il donna à la place son plan monumental d'ensemble.

★★ **Le Vieux Rennes** (AY) – L'incendie de 1720, qui dura huit jours et détruisit presque 1 000 maisons, n'a épargné que bien peu du Vieux Rennes. Mais les maisons qui subsistent, encore nombreuses, donnent à ce quartier son intérêt architectural.

Les maisons de bois médiévales, d'un équerrage pittoresque et quelque peu de guingois, et Renaissance (antérieures à 1580), se reconnaissent à leur colombage, à l'encorbellement de leurs étages et à la décoration de leurs poutres et de leurs poteaux. La plus représentative est celle de **Du Guesclin** (no 3, rue St-Guillaume), bien que postérieure à la période du connétable, avec sa porte sculptée en plis de serviette et les statues de saint Sébastien et de l'archer qui le martyrise.

Au 17e s., même après la construction du Palais de Justice, les Rennais restèrent fidèles à l'architecture de bois. Ils abandonnèrent les encorbellements d'étages et les motifs décoratifs mais veillèrent à l'aplomb, à la régularité des croix de St-André et des poutres obliques servant d'allèges sous des fenêtres plus grandes et adoptèrent parfois un rez-de-chaussée de granit. De hauts fonctionnaires se firent alors construire des demeures de pierre où le rez-de-chaussée en granit porte un ou deux étages en tuffeau ou en calcaire des Charentes. L'**hôtel de Brie** (8, rue du Chapitre) en est un si bon exemple, avec sa porte d'entrée et ses étages soulignés par un entablement, qu'il fut attribué à François Mansart.

Entre-temps, les plus belles demeures s'étaient enrichies d'une spécialité rennaise : un escalier intérieur, sans noyau central, à volées tournantes ou droites, suspendu à des consoles ou à des trompes d'angle ou traité comme une œuvre de charpente (les plus intéressants d'entre eux sont signalés dans la sélection ci-dessous par la lettre E accolée au numéro de la maison).

Borderie (R. de la) .... **BY** 2
Bretagne (Pl. de) ..... **AY** 4
Cavell (R. Édith) ..... **BY** 7
Champ-Jacquet
  (R. du) .... **AY** 8
Chapitre (R. du) ...... **AY** 9
Châteaubriant (Quai) .. **BY** 10
Dames (R. des) .... **AY** 14
Duguay-Trouin (Quai) .. **AY** 16
Du Guesclin (R.) ...... **AY** 17
Estrées (R. d') .... **AY** 19

Hôtel-de-Ville
  (Pl. de l') .... **AY** 24
Ille-et-Rance (Quai) .... **AY** 27
Jaurès
  (R. Jean) .... **BY** 28
La-Fayette (R.) .... **AY** 32
Lamartine (Quai) ...... **ABY** 33
Lamennais (Q.) .... **AY** 34
Le-Bastard (R.) .... **AY** 35
Martenot (R.) .... **AY** 42
Mitterrand (Mail F.) .... **AY** 43
Monnaie (R. de la) .... **AY** 44
Motte (Cont. de la) .... **BY** 44
Motte-Fablet (R.) ..... **AY** 46

Nationale (R.) .... **ABY** 47
Orléans (R. d') .... **AY** 52
Palais (Pl. du) .... **BY** 53
Pont-aux-Foulons (R.) .. **AY** 56
Psalette (R. de la) ..... **AY** 60
Rallier-du-Baty (R.) .... **AY** 61
République (Pl. de la) .. **AY** 62
Richemont (Q. de) ..... **BY** 63
St-Cast (Quai) .... **AY** 66
St-Georges (R.) .... **BY** 67
St-Guillaume (R.) ..... **AY** 68
St-Michel (R.) .... **AY** 74
St-Sauveur (R.) .... **AY** 75
St-Yves (R.) .... **AY** 77

D Palais St-Georges
E Palais du Commerce
H Hôtel de Ville

M Musée de Bretagne
  et des Beaux-Arts
T Théâtre

Au 18ᵉ s., après le grand incendie, Rennes est reconstruite sur un plan d'ensemble donné par Jacques-Jules Gabriel. Les rues redressées et élargies sont bordées d'immeubles où un rez-de-chaussée de granit, souvent en arcades, porte des étages de pierre. Avec le 19ᵉ s., l'urbanisme prend un rôle de démonstration administrative : les quais de la Vilaine canalisée deviennent un axe urbain et les monuments publics affichent leur fonction et le centralisme de l'État (lycée, hôtel de ville, églises...). Les plus belles maisons du Vieux Rennes se rencontrent :

Rue St-Georges : nᵒˢ 2 (E), 3, 6, 7, 8, 10, 12, 18, 22 (E), 23, 26 (E), 30, 32, 34 (E) ;

Rue du Chapitre : nᵒˢ 3, 6 (**hôtel du Blossac**) – 8 (**hôtel de Brie**), 11, 18, 22 (E) ;

Rue de la Psalette : nᵒˢ 4, 6, 12 ;

Rue du Champ-Jacquet : nᵒˢ 5, 11, 13, 15 (E), 19 ;

Rue St-Guillaume : nᵒ 3 (**Maison de Du Guesclin★**) ;

Rue St-Sauveur : maisons du 18ᵉ s. aux nᵒˢ 6, 7, 9.

★★ **Musée des Beaux-Arts** (BY M) ⊙ – Dans cette importante galerie de peinture du 14ᵉ s. à nos jours, il ne faut pas manquer *Le Nouveau-Né* (vers 1630), de Georges de La Tour, dont la chaude coloration, l'éclairage, l'atmosphère silencieuse et feutrée font un chef-d'œuvre.

  ⊙ ►► Musée de Bretagne★★ *(histoire régionale)* **M** – Cathédrale St-Pierre (intérieur★, retable★★) – Écomusée du pays de Rennes★ *(8 km au sud)* – Jardin du Thabor★★.

RIOM★★

18 793 habitants
Cartes Michelin nᵒˢ 73 pli 4 ou 239 Nord du pli 19 – Guide Vert Auvergne

Au pied de l'escarpement de faille où s'alignent les volcans des Dômes, Riom est la capitale de la grande Limagne, plaine d'effondrement de l'ère tertiaire qui porte de riches cultures. Elle fut rebâtie à partir du 14ᵉ s. en moellons de basalte issus du Puy de la Nugère ou provenant de **Volvic**, la ville de la lave. Ce matériau, ingrat pour le décorateur, rebelle au sculpteur, est apprécié par l'architecte pour sa dureté, sa résistance et son inaltérabilité.

QUARTIER ANCIEN

A l'intérieur de l'ancienne enceinte (boulevards), les deux principaux axes urbains se coupent à angle droit au carrefour des Taules (étals). La cité, qui fut capitale du duché d'Auvergne au Moyen Age, siège de la juridiction royale au 16ᵉ s., puis chef-lieu de la généralité d'Auvergne, doit ses belles demeures des 16ᵉ, 17ᵉ et 18ᵉ s. à la bourgeoisie de robe et à la magistrature.

★ **Église N.-D.-du-Marthuret** – 1583. A l'intérieur, la **Vierge à l'Oiseau**★★★ (fin du 14e s.) est un chef-d'œuvre de proportions et de modelé du visage sorti des ateliers de sculpture de Jean de Berry qui rivalisait avec ceux de la cour des ducs à Dijon.

Rue du Commerce – Les sculptures modernes de lave y contrastent avec les œuvres anciennes (au n° 36, cariatides du 17e s.) traitées dans le même matériau.

Rue de l'Hôtel-de-Ville – La **maison des Consuls**★ (n° 5), du début du 16e s., présente une tourelle d'angle sur corbeau et, de part et d'autre de la porte, des bustes en saillie à la mode transalpine. L'hôtel de ville conserve, du 16e s., ses arcades Renaissance et ses statuettes d'Hercule et de Cupidon perchées sur de petits pilastres engagés.

Rue de l'Horloge – La **tour de l'Horloge**★ succède, depuis la Renaissance, à l'ancien beffroi. Elle est couronnée d'un petit temple en dôme du 18e s. Dans l'**hôtel Guimoneau**★ (début du 16e s.), une tourelle dans un angle de la cour abrite un célèbre escalier. L'Annonciation et les statuettes des Vertus rappellent l'art du Val de Loire et sont attribuées à Michel Colombe ; des médaillons à l'italienne ornent la balustrade et le chant des murs.

ENVIRONS

★ **Église de Mozac** ⊙ – *2 km à l'Ouest.* Très ancienne abbaye mérovingienne (fin du 7e s.) fondée par saint Calmin et entrée dans l'obédience de Cluny en 1095. L'église fut, jusqu'à son effondrement en 1460, l'une des plus belles d'Auvergne. De l'édifice d'origine, élevé en 1095, il ne reste que les piliers, les grandes arcades et le bas-côté gauche. Les 47 **chapiteaux**★★ qui subsistent sont les plus anciens et peut-être les plus beaux d'Auvergne ; ils représentent la production d'un atelier qui œuvra de la fin du 11e au milieu du 12e s. et dont le rayonnement fut considérable. Celui de Jonas (1re travée de la nef), celui de l'Apocalypse (au sol dans le chœur) et celui du Centaure (3e pilier à gauche) sont célèbres. Mais surtout celui de la Résurrection (au sol au fond de la nef), illustrant, à la lettre, le texte de saint Marc ; il représente un des sommets de la sculpture : la sobriété des gestes et des attitudes, la gravité et la tension des visages (ange, saintes femmes) outrepassent l'illustration du récit pour atteindre à l'intériorité.
La **châsse de saint Calmin**★★, en émail champlevé, est un trésor de l'orfèvrerie limousine (figures d'appliques ciselées et dorées).

Église de Marsat – *3 km au Sud-Ouest.* L'église abrite un joyau de la statuaire religieuse médiévale en Auvergne : une **Vierge noire**★★ en majesté *(chœur de la chapelle de gauche).* Cette œuvre, du 12e s., frappe par l'attitude hiératique de la Vierge, par la dignité maternelle avec laquelle elle présente l'Enfant Jésus, par la vérité de son visage de paysanne et par le symbolisme de ses longues mains protectrices.

★★ **Château de Tournoël** ⊙ – *8 km à l'Ouest.* C'est l'un des plus célèbres châteaux d'Auvergne. Il domine **Volvic**, ville de lave (extraction, scierie, taille) et ville de l'eau.
Le château, juché sur un éperon, en avant de la ligne de faille qui domine la grande Limagne, comprend deux donjons, un circulaire et un carré, réunis par d'anciens corps de logis. Sur la cour intérieure donnent des fenêtres à meneaux Renaissance.

★ **Gour de Tazenat** – *22 km au Nord-Est.* Très beau lac de montagne (32 ha, 60 m de profondeur) marquant la limite Nord de la chaîne des Puys. Pour les géographes c'est un lac de cratère volcanique, enchâssé au creux de versants boisés.

⊙ ►► Ste-Chapelle★ – Musée régional d'Auvergne★ *(arts et traditions populaires)* – Musée Mandet★ *(peintures et arts décoratifs).*

RIQUEWIHR★★★

1 075 habitants
Cartes Michelin n°s 62 plis 18, 19 ou 87 pli 17 ou 242 pli 31
Guide Vert Alsace et Lorraine

Les vins d'Alsace offrent cette particularité de ne pas être désignés par des noms de crus ou de châteaux, mais par le cépage dont ils sont issus et auquel ils doivent leur bouquet, d'autant plus subtil que les vendanges tardives assurent aux raisins le doux ensoleillement de septembre et que le vignoble bénéficie de soins jaloux, d'une exposition favorable au soleil levant et de la protection de la chaîne des Vosges contre les vents humides et froids de l'Ouest.

E. Baret

Le village – Le village alsacien de Riquewihr passe pour la perle du vignoble, et son riesling fait l'objet des soins séculaires de sa population. Ses maisons, plus conçues pour le vin, son travail et son élaboration que pour les vignerons eux-mêmes, composent un ensemble séduisant où s'accomplit la rare alliance du grès rouge, de la brique, des colombages, des façades peintes, des encorbellements et des balcons fleuris. Plusieurs d'entre elles datent de la fin du 15e s. (de Hugel, 1494) ; de la Renaissance (à la Cour de Strasbourg, 1597). Pour la plupart, elles remontent au 17e s. (règnes de Henri IV, Louis XIII, Louis XIV), mais toutes ont conservé les motifs ornementaux de la Renaissance rhénane dont le goût a longtemps survécu en Alsace.

⊙ ►► Dolder★ *(musée d'histoire locale)* (1291) – Maisons★ Liebrich (1535), Kiener (1574), Dissler (1610) et Preiss-Zimmer (1686).

Vous avez apprécié votre séjour dans la région.
Retrouvez le charme de celle-ci, son atmosphère,
ses couleurs, en feuilletant l'album
« Les plus belles images de nos voyages en France »,
ouvrage abondamment illustré, édité par
les Services de Tourisme Michelin.

ROCAMADOUR★★★

627 habitants
Cartes Michelin nos 75 plis 18, 19 ou 235 pli 6 ou 239 pli 38
Guide Vert Périgord Quercy

Rocamadour, l'un des grands centres touristiques du Quercy, entasse ses logis, ses sanctuaires, ses tourelles, les vestiges des portes fortifiées de son ancienne enceinte sur d'étroites terrasses, parfois à l'abri de surplombs sur la paroi d'une falaise du canyon de l'Alzou. Celui-ci entaille le **causse de Gramat★**, grandiose et monotone plateau pierreux, constitué par une énorme dalle de calcaire, qui est le domaine du mouton et... des pâtés de foie gras !

★★★ **Le site** – Il faut voir Rocamadour de la terrasse de l'Hospitalet *(2 km au Nord-Est)* et de la route de Couzou. Le château, qui domine de 125 m le lit de l'Alzou, la falaise, la cité religieuse plaquée au rocher, les rues en escalier, les placettes étagées, les maisons blotties sur une étroite terrasse composent un paysage vertical.

La cité religieuse – Ce site fut d'abord choisi comme lieu de retraite par un ermite, saint Amadour, en qui la piété populaire a voulu voir Zachée qui serait devenu l'époux de sainte Véronique. Dès le 12e s., mais au 13e s. surtout, Rocamadour devint l'un des buts de pèlerinage les plus fréquentés de la chrétienté et déjà, comme de nos jours, les magasins de souvenirs bordaient les ruelles. Roland le preux y aurait laissé son épée Durandal en ex-voto et, nombreux, les souverains y déposèrent leurs dons.

Le grand escalier de 216 marches conduit au **parvis des églises** qu'entourent sept sanctuaires, dont la chapelle miraculeuse, le Saint des Saints de la cité.

L'importance des restaurations, exécutées au 19e s., n'étonne pas si l'on sait qu'en 1476 un écroulement de rochers a pratiquement détruit les églises et qu'en 1562 les huguenots pillèrent et dévastèrent ce qui en subsistait, si bien que plusieurs siècles durant les pèlerins désertèrent Rocamadour.

Les peintures murales exécutées à même la paroi rocheuse sur le parvis, en particulier celles qui marquent l'accès à la chapelle St-Michel, représentent la valeur artistique de l'ensemble.

⊘ ►► Hôtel de ville★ *(tapisseries)* – Musée-trésor Francis-Poulenc★ *(art sacré).*

Rocamadour

ROCHEFORT★

25 561 habitants
Cartes Michelin nos 71 pli 13 ou 233 plis 14, 15
Guide Vert Poitou Vendée Charentes

En 1664, Colbert, secrétaire à la Marine, prend conscience de la vulnérabilité aux incursions anglaises du littoral atlantique, pratiquement sans défense de Lorient aux Pyrénées : La Rochelle ne dispose que d'une baie mal abritée et Brouage s'envase. En 1665, il retient le site d'un petit château, sur la Charente, à 22 km de la mer par le fleuve, défavorable à un port mais facile à défendre, d'autant plus que ses abords sont protégés par des îles et des promontoires pouvant jouer le rôle de bastions avancés. Il en confie l'aménagement à Vauban.

En sept ans la ville est construite et fortifiée et le port militaire en service. Dès 1690 un arsenal aussi puissant que ceux de Toulon et de Brest est achevé. Mais le tonnage des navires modernes exigeant de grandes profondeurs décide du déclin de Rochefort et de l'abandon de son arsenal le 31 décembre 1926.

La richesse de cette histoire apparaît dans le soin apporté à de nombreuses demeures de Rochefort (entablements, appuis de fenêtres, balustrades, balcons...) ; dans l'église St-Louis tout empreinte de la majesté classique ; dans l'ancienne **corderie★★** dont les 374 m de longueur permettaient la confection des cordages nécessaires à la marine à voiles ; dans la bourse du commerce (palais des Congrès et marché couvert), jadis halle en bois édifiée par les charpentiers du port ; dans la porte du Soleil qui constituait l'entrée du vieil arsenal de Colbert.

Pierre Loti (1850-1923) – Julien Viaud, natif de Rochefort, en connut toute l'activité portuaire liée au commerce international, en particulier à l'exportation du cognac. Devenu officier de marine il parcourut le monde, sensible à l'exotisme des terres lointaines qu'il se plut à décrire sous le pseudonyme de Pierre Loti et à rappeler dans la décoration et l'ameublement de sa **maison★** ⊙ (musée).

⊙ ►► Musée de la Marine★ – Musée d'Art et d'Histoire de la ville★.

ENVIRONS

Moëze – *11 km au Sud-Ouest.* Dans le cimetière la **croix hosannière★**, dite aussi « Temple du Moëze », est l'une des plus célèbres du Sud-Ouest. Elle surmonte un petit temple corinthien élevé au début du 16e s. dont le plan carré et les faces traitées en portique témoignent de la faveur naissante prise alors par les modèles antiques. Une inscription règne sur son architecture et la décore ; elle célèbre l'entrée du Christ dans Jérusalem décorée de rameaux d'olivier, accompagnée par les chants des enfants des Hébreux.

Château de La ROCHEFOUCAULD★

Cartes Michelin n⁰ˢ 72 pli 14 ou 233 pli 30 – Guide Vert Poitou Vendée Charentes

La terre de La Rochefoucauld est le fief d'une noble lignée qui s'est distinguée en donnant à tous ses premiers-nés le prénom de François et, à la France, des soldats, des artistes, des hommes d'État et d'Église. François Ier de La Rochefoucauld fut en 1494 le parrain de François Ier roi de France.

François XII (1747-1827) fonda une école d'arts et métiers, créa la première caisse d'épargne en France et devint l'un des ardents propagandistes de la « vaccine ».

François VI (1613-1680), duc de La Rochefoucauld, plus d'un siècle auparavant, brave soldat mais malheureux intrigant politique, frondeur contre Richelieu, déçu par Mazarin, amant dépité, reçut à 39 ans, au faubourg St-Antoine à Paris, un coup d'arquebuse qui le laissa à demi aveugle. Il se replia sur ses terres. Dans la tour Ouest du château, sa clairvoyance d'esprit, son pessimisme naturel et bien explicable, son tempérament quelque peu janséniste se donnèrent libre cours. Là, il rédigea une partie de ses *Maximes.* En courtes phrases incisives, voire sarcastiques, il y analyse le tréfonds de l'âme humaine, prenant surtout à partie l'amour-propre, et se hausse au rang de nos grands moralistes.

« Il est plus facile de paraître digne des emplois qu'on n'a pas que de ceux que l'on exerce. »

« L'hypocrisie est un hommage que le vice rend à la vertu. »

Visite ⊙ – C'est François Ier de la Rochefoucauld qui, à l'instigation de sa femme Anne de Polignac, fit transformer en moins de 15 ans son château fort en demeure Renaissance avec ses tours encore médiévales, sa chapelle, sa terrasse et ses façades du 16e s. aux belles lucarnes à candélabres.

La ROCHELLE★★★

Agglomération 100 264 habitants
Cartes Michelin n⁰ˢ 71 pli 12 ou 233 pli 14 – Guide Vert Poitou Vendée Charentes

La capitale de l'Aunis, animée, aimée des peintres, présente à ses visiteurs la physionomie traditionnelle, un peu secrète, des villes françaises de l'époque classique. Elle doit son origine à un château élevé au 11e s. pour protéger l'entrée de l'anse de l'Aiguillon.

Dès le 12e s., organisée en communauté marchande sous l'autorité presque ininterrompue des souverains anglais, elle vivait surtout de l'expédition du sel de l'Aunis, des vins de Saintonge et du transit des denrées du pourtour méditerranéen arrivées sur des navires génois.

Une place de sûreté protestante ; le siège – La confession de La Rochelle, rédigée en 1558 et adressée par Calvin au synode de ses coreligionnaires français, montre l'adhésion précoce de la ville aux idées de la Réforme. En 1570, au terme de la 3e guerre de Religion, La Rochelle fut la première des quatre places de sûreté que le traité de St-Germain reconnaissait aux protestants. Après la St-Barthélemy, la résistance s'organise à La Rochelle ; le duc d'Anjou doit investir la cité huguenote qui obtient en 1573 une capitulation honorable après qu'une flotte anglaise commandée par Gabriel de Montgomery n'eut pu la secourir et se fut emparée de Belle-Île.

LA ROCHELLE

Admirault (R. G.)	....	**YZ** 2
Aufrédy (R.)	....	**Y** 4
Augustins (R. des)	....	**Y** 6
Ballangerie		
(R. de la)	....	**Z** 7
Bancs (Pl. des Petits)	....	**Z** 8
Barentin (Pl.)	....	**Z** 10
Bletterie (R.)	....	**Z** 12
Carmes (R. des)	....	**Z** 14
Chaîne (R. de la)	....	**Z** 16
Chaudrier (R.)	....	**Y** 19
Chef-de-Ville (R.)	....	**Z** 21
Commanderie		
(Cour de la)	....	**Z** 27

Dames (Cours des)	....	**Z** 31
Dupaty (R.)	....	**Y** 35
Duperré (Quai)	....	**Z** 37
Escale (R. de l')	....	**Z** 39
Fabrique (R. de la)	....	**Z** 41
Fagots (R. des)	....	**Z** 43
Ferté (R. de la)	....	**Z** 45
Fonderies (R. des)	....	**YZ** 49
Fromentin (R. E.)	....	**YZ** 51
Gargoulleau (R.)	....	**Y** 53
Gentilshommes		
(R. des)	....	**Z** 55
Grille (R. de la)	....	**YZ** 57
Hôtel-de-Ville (R. de l')	....	**Z** 60
Marché (Pl. du)	....	**Y**
Maubec (Quai)	....	**Z** 66
Merciers (Gde Rue des)	....	**Y** 70

Minage (R. du)	....	**Y**
Monnaie (Av. de la)	....	**Z** 73
Noue (R. de la)	....	**Y** 75
Palais (R. du)	....	**Z** 77
Pas-du-Minage (R. du)	.....	**Y** 79
Pernelle (R.)	....	**Y** 81
Port (Petite Rue du)	....	**Z** 83
Port (R. du)	....	**Z** 85
St-Côme (R.)	....	**Y** 94
St-François (R.)	....	**Y** 96
St-Jean-du-Pérot (R.)	......	**Z** 98
St-Nicolas (R.)	....	**Z** 99
St-Sauveur (R.)	....	**Z** 100
St-Yon (R.)	....	**Y**
Sur-les-Murs (R.)	....	**Z** 110
Temple (Cour du)	....	**Z** 112
Temple (R. du)	....	**Z** 115

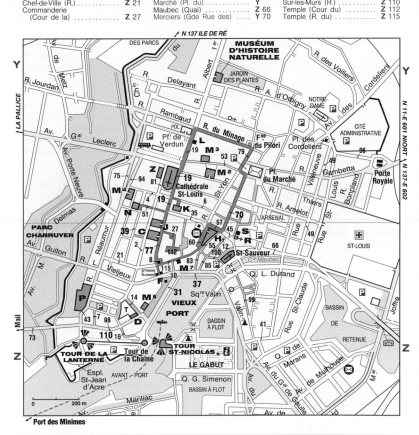

C	Hôtel de la Bourse	**K**	Maison Henri II
	(Chambre de commerce)	**L**	Café de la Paix
D	La Coursive	**M²**	Musée du Nouveau Monde
F	Porte de la Grosse Horloge	**M³**	Musée des Beaux-Arts
H	Hôtel de Ville	**M⁴**	Musée d'Orbigny-Bernon
J	Palais de Justice	**M⁵**	Musée Grévin

M⁷	Musée du Flacon à parfum
N	Maison Venette
P	Préfecture
R	Temple protestant
S	Cloître des Dames Blanches
Z	Ancien hôtel de l'Intendance

Les stipulations de l'édit de Nantes y furent mises en œuvre avec loyauté. Mais pour Richelieu, en 1627, l'important était l'application des lois du royaume au port quelque peu indépendant et surtout l'existence d'un parti protestant au sein de l'État, avec ses chefs et ses troupes, soutenu par de puissantes communautés étrangères et leur gouvernement : Buckingham venait même de débarquer sur l'île de Ré et les Anglais reprenaient pied en Aunis.

Le siège de La Rochelle, dirigé par le cardinal en personne, s'appuyait sur une ligne de fortifications longue de 12 km, prolongée en mer par une digue, due à Clément Métezeau, qui bloquait le port. Il dura 15 mois et la ville ne se rendit que contrainte par la famine. Richelieu y pénétra le 30 octobre 1628 et Louis XIII le surlendemain. Le pardon fut accordé aux Rochelais mais plusieurs chefs dont le maire Jean Guiton, âme de la résistance, furent éloignés pendant quelques mois.

★★ Le vieux port ; le Nouveau Monde

Au fond d'une anse étroite creusée par la mer, le vieux port, créé sous Aliénor d'Aquitaine, est fermé par deux tours qui témoignent probablement de l'architecture militaire anglaise du 14ᵉ s. et faisaient partie de l'enceinte bastionnée qui protégeait la ville. La **tour St-Nicolas**★ **(Z)** ⟳, à l'Est, repose depuis six siècles sur un soubassement de pieux en cœur de chêne : ses escaliers pratiqués dans l'épaisseur des murs et coupés de chicanes relèvent sa valeur défensive.

La ROCHELLE

Là s'embarquèrent au 15ᵉ s. les premiers colons français pour le Canada et Jean de Béthencourt qui découvrit les Canaries ; au 16ᵉ s. les pêcheurs qui fréquentaient les « bancs » de Terre-Neuve ; au 17ᵉ s. Cavelier de La Salle, organisateur de la traite des fourrures dans la région des Grands Lacs d'Amérique ; au 19ᵉ s. René Caillié qui fut le premier Européen à revenir vivant de Tombouctou.

A cette époque, les armateurs s'enrichirent avec le Canada, la Louisiane et surtout les Antilles où ils possédaient de vastes domaines produisant des épices, du sucre, du cacao, du café, de la vanille : ils prospéraient aussi par le commerce du « bois d'ébène » ou commerce triangulaire : vente de tissus et achat d'esclaves sur les côtes d'Afrique, vente de ces esclaves et achat de produits coloniaux aux Amériques, ventes de ces produits coloniaux en Europe.

En 1890 fut créé le port de La Pallice, avancé en mer de 6 km sur une côte rocheuse mais surtout en eau profonde, permettant de recevoir les navires à toute marée.

★★ **La ville des 17ᵉ et 18ᵉ s.** – La **porte de la Grosse-Horloge**★, du 18ᵉ s. (**Z F**), donne accès à la ville ancienne. Des maisons moyenâgeuses aux colombages bardés d'ardoises les protégeant contre l'humidité, des demeures Renaissance, et surtout de nombreux hôtels du 18ᵉ s., en pierre, aux étonnantes gargouilles sculptées, des rues bordées d'arcades aux formes et aux dimensions très diverses composent un ensemble qui atteint le sommet de son raffinement à l'**hôtel de ville**★ (**H**). Sa **façade**★ principale, sur cour avec galerie à arcades de 1606, fut construite sous Henri IV à la mode toscane ; elle montre le goût pour les formes venues d'Italie et le renouveau de prospérité qui suivit les guerres de Religion. Probablement est-elle une œuvre de l'architecte huguenot Du Cerceau.

Ⓥ ►► Rues★ du quartier ancien – Muséum d'**Histoire naturelle**★★ – Musée du Nouveau-Monde★ **M²** – Musée des Beaux-Arts★ **M³** – Musée d'Orbigny-Bernon★ *(histoire rochelaise, collection de céramiques)* **M⁴** – Tour de la Lanterne★ – Musée des Automates★ – Parc Charruyer★.

ROCROI

2 555 habitants
Cartes Michelin nᵒˢ 53 pli 18 ou 241 pli 6 – Guide Vert Champagne

Dans une clairière du plateau ardennais, Rocroi était, déjà au 16ᵉ s., une place forte dessinée par les ingénieurs militaires.

Après le rattachement de la principauté de Sedan à la France, en 1642, la mort de Richelieu et la maladie de Louis XIII, qui laissait prévoir l'imminence d'une période longue et vulnérable de régence, aiguisent les ambitions de Philippe IV d'Espagne qui projette d'enlever Rocroi pour ouvrir à son armée la route de Paris par les vallées de l'Aisne et de la Marne.

Le 19 mai 1643, cinq jours après la mort de Louis XIII, le duc d'Enghien – le futur **Grand Condé** –, âgé de 21 ans, réussit par une manœuvre hardie à mettre en déroute la redoutable infanterie espagnole qui jamais ne parvint à se reconstituer. Cette première victoire française sur l'ennemi, depuis un siècle, connut un immense retentissement (stèle sur le site décisif – *3 km au Sud* – dans un paysage de prairies bocagères). La situation de la monarchie se trouvait redressée et Mazarin en mesure de poursuivre la politique européenne de Richelieu qui avait su former une nouvelle génération d'officiers et attendre son heure.

Plus tard, Condé qui avait pris part à la fronde des Princes passait dans l'armée espagnole à la tête de laquelle il s'empara de Rocroi en 1658. L'année suivante, le traité des Pyrénées rendait Rocroi à la France et Condé à son souverain.

Les **remparts,** remaniés par **Vauban**, avec leurs glacis, leurs fossés, leurs bastions et leurs demi-lunes, sont un bel exemple de son système défensif complexe.

RODEZ★

24 701 habitants
Cartes Michelin nᵒˢ 80 pli 2 ou 235 pli 16 – Guide Vert Gorges du Tarn

Sur un éperon cristallin qui domine de 120 m un méandre de l'Aveyron, Rodez fut d'abord un oppidum gaulois.

Par son ordonnance, la vieille ville reflète la rivalité séculaire de ses deux quartiers, chacun longtemps pourvu de sa propre enceinte : la cité, épiscopale, autour de la cathédrale qui fut longtemps la plus puissante, et le bourg, féodal, autour de la place du Bourg.

★★ **Cathédrale Notre-Dame** – L'édifice actuel fut élevé, en grès rouge, à partir de 1277, sur des plans probablement dus à Jean Deschamps qui s'était attaché à faire essaimer le gothique de l'Ile-de-France dans le Centre et le Languedoc à mesure qu'y progressait la pénétration de la monarchie capétienne.

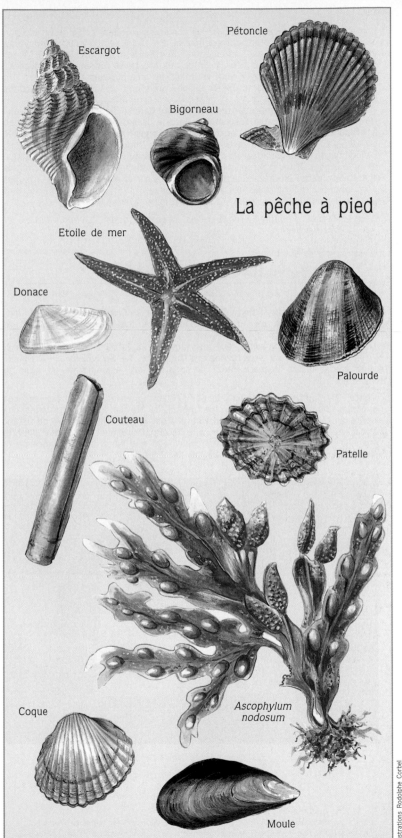

Escargot

Pétoncle

Bigorneau

La pêche à pied

Etoile de mer

Donace

Palourde

Couteau

Patelle

Coque

Ascophylum nodosum

Moule

L'impressionnante façade, à l'allure de forteresse, était à l'origine un bastion élevé en avant du mur d'enceinte de la cité. En 1510, les portails flamboyants étant achevés depuis 35 ans, on entreprit d'édifier le magnifique **clocher**★★★ sur une tour massive du 14e s. : le 3e étage aux arcatures fortement moulurées ; le 4e garni de niches ; le 5e aux tourelles et aux pinacles flamboyants. Un campanile Renaissance, d'un dessin un peu grêle pour cet ensemble, couronne la terrasse à balustrade.

Quatre œuvres y sont marquantes : au mur de gauche de la chapelle axiale, une rare table d'autel romane, festonnée ; dans le bras droit du transept, l'ancien **jubé**★ du 15e s. ; dans le bras gauche, le **buffet d'orgue**★, superbe boiserie sculptée du 17e s. L'intérieur ne fut achevé qu'au 16e s., mais dans le style du 13e s. L'élégance du gothique apparaît dans la verticalité du chœur aux fines lancettes, dans la légèreté des piliers de la nef à peine moulurés à l'emplacement des chapiteaux, dans l'élévation des grandes arcades surmontées d'un triforium dont l'ordonnance reprend celles des fenêtres hautes.

Le chœur est meublé de **stalles**★ d'André Sulpice (15e s.).

⊘ ►► Musée Fenaille★ *(collections préhistoriques, archéologiques et médiévales).*

Chapelle de RONCHAMP★★

Cartes Michelin nos 66 pli 7 ou 242 pli 38 ou 243 pli 9 – Guide Vert Jura

La chapelle N.-D.-du-Haut, construite en 1955 par **Le Corbusier** (Charles-Édouard Jeanneret, 1887-1965), est une des réalisations majeures de l'architecture religieuse contemporaine.

Le célèbre architecte, qui avait, 32 ans plus tôt, à la villa La Roche à Paris, « la clef de son œuvre » – actuellement fondation Le Corbusier –, fait pénétrer de toutes parts l'espace dans la construction, a poursuivi ici dans la même voie.

Visite ⊘ – L'apparente simplicité de l'édifice aux lignes infléchies et aux surfaces gauchies déroute l'observateur ; de même, la subtile lumière tombant des « périscopes » dans les chapelles, filtrant à la base de la voûte convexe ou fusant à travers les hublots, qui exerce un rôle décoratif prépondérant. Aussi bien, la chapelle, extérieur et intérieur, ne révèle-t-elle que lentement l'alliance de la sensibilité et de la technique qui en fait l'étoffe.

F. Jalain/EXPLORER

Chapelle Notre-Dame-du-Haut

*Sur les **cartes routières Michelin** au 1/200 000, le nom des localités dotées d'un hôtel ou d'un restaurant sélectionné dans le guide Rouge Michelin France est souligné en rouge.*

Château de ROQUETAILLADE★★

Cartes Michelin nᵒˢ 79 pli 2 ou 234 pli 11 – 7 km au sud de Langon
Guide Vert Pyrénées Aquitaine

Cet imposant château féodal a été construit en 1306 par le cardinal Gaillard de la Mothe, neveu du pape Clément V, et fait partie d'un ensemble composé de deux forteresses des 12ᵉ et 14ᵉ s. situées à l'intérieur d'une même enceinte.

Visite ⓥ – Six énormes tours rondes, percées d'archères crénelées, encadrent un corps rectangulaire ; deux d'entre elles flanquent l'entrée. Dans la cour se dressent le puissant donjon carré et sa tourelle. Les baies géminées et tréflées rappellent les dispositions des châteaux clémentins de la région. Immenses salles voûtées et cheminées monumentales.

Les bretèches bien alignées le long des courtines et, à l'intérieur, les peintures décoratives, dont celles de la chapelle, et le mobilier représentent un excellent spécimen de la restauration des édifices médiévaux comme la concevait Viollet-le-Duc, sous le Second Empire, qu'a secondé, à Roquetaillade, l'architecte E. Duthoit. A l'intérieur, on admirera la richesse décorative du mobilier, notamment dans la **chambre rose★**.

ROUEN★★★

Agglomération 380 161 habitants
Cartes Michelin nᵒˢ 55 pli 6 ou 231 plis 22, 23
Guide Vert Normandie Vallée de la Seine

Hérissé de flèches et de clochers, le Vieux Rouen, capitale de la Haute-Normandie, s'est développé depuis l'époque romaine comme ville de premier pont sur l'estuaire de la Seine ; la rue du Gros-Horloge et la rue des Carmes impriment encore dans son urbanisme le tracé des deux grands axes qui la desservaient alors.

La parure architecturale de la Normandie est aussi caractéristique que ses pommiers ou ses herbages, et Rouen, ville du gothique normand, ville musée, offre à l'amateur d'art des plaisirs raffinés.

Les lettres et les arts – La ville a donné naissance à quelques hommes de science comme Lecat, Nicolle, mais elle occupe une place de choix dans notre histoire littéraire et artistique.

Pierre Corneille y naquit en 1606. Avocat de formation, il est le premier en date de nos grands poètes tragiques. Ses quatre œuvres majeures chantent l'amour, le courage, la clémence, la foi *(Le Cid, Horace, Cinna, Polyeucte)* ; écrites entre 1636 et 1641, elles mettent en scène des héros qui subordonnent leurs sentiments, leur conduite, leur détermination morale à leur volonté. C'est l'un des traits de la noblesse classique.

Gustave Flaubert (1821-1880), retiré pour des raisons de santé à Croisset *(à l'Ouest de Rouen)*, écrivit comme écartelé entre la recherche d'une peinture scrupuleuse de l'âme humaine et le goût de l'expression éclatante. *Madame Bovary* (1857), où il décrit sous le nom de Yonville le village de Ry *(20 km à l'Est)*, *Salammbô*, *L'Éducation sentimentale* comptent parmi ses œuvres essentielles.

Théodore Géricault (1791-1824), par son sens du mouvement et du théâtral, apparaît dans *Le Radeau de la Méduse (au musée du Louvre à Paris)* comme le maître de l'école picturale romantique.

★★★ **Cathédrale Notre-Dame** (BZ) ⓥ – *Voir illustration au chapitre de l'Art – Éléments d'architecture.* La cathédrale de Rouen compte parmi les plus belles réalisations du gothique français. L'édifice que les visiteurs ont devant les yeux appartient au gothique lancéolé tout comme les grandes églises qui l'ont précédé à la fin du 12ᵉ s. ; et cependant il a dû être reconstruit après un terrible incendie en 1200. Reconstruction rapide grâce aux dons versés par Jean sans Terre, duc de Normandie et roi d'Angleterre, et audacieuse par l'extension considérable de l'édifice : élargissement du transept, agrandissement du chœur en tirant parti des connaissances nouvelles.

Ainsi les tribunes prévues au-dessus des grandes arcades pour raidir l'édifice n'ont-elles pas été édifiées, rendues inutiles par le développement des arcs-boutants au 13ᵉ s. expérimentés à Chartres.

L'ampleur de l'édifice est saisissante avec sa nef de onze travées couverte d'une superbe voûte sexpartite, sa tour-lanterne dont la hardiesse atteint une sorte de perfection, son chœur dont la juste mesure tient à l'équilibre des proportions, à l'élancement des 14 piliers ronds, à la légèreté du triforium.

Cathédrale en perpétuel chantier de reconstruction : suite à l'incendie de 1200, à la guerre de Cent Ans, au nouvel incendie de 1514, aux méfaits des calvinistes, à l'ouragan de 1683, aux désordres de la Révolution, à l'incendie de la flèche

ROUEN

en 1822, à la nuit du 19 avril 1944 lorsque le monument atteint par sept torpilles fut menacé dans son gros œuvre même (restauration encore en cours au pignon Sud et en façade).

★★★ **Le Vieux Rouen** – Plus de 800 maisons à pans de bois bordent ses rues étroites et pittoresques dont beaucoup sont traitées en promenade.
Les vieilles demeures rouennaises illustrent l'architecture à colombage du Moyen Age à la Révolution. Hautes ou trapues, élégantes ou modestes, parfois inclinées, elles se composent d'une ossature de poteaux verticaux et de poutres horizontales de façade (sablières).
Des lambourdes plus petites (le colombage) soutiennent les sablières et assurent leur rigidité ; des « écharpes » obliques ou en croix de St-André raidissent l'ensemble ; les intervalles sont garnis de plâtre ou de hourdis. Jusqu'en 1520 à Rouen, les étages supérieurs avançaient en encorbellement par souci d'économie et de gain de place.

★★ **Rue St-Romain** (BZ) – C'est une des plus intéressantes du Vieux Rouen. Elle doit sa célébrité à ses maisons à colombage du 15ᵉ au 18ᵉ s. (au nᵒ 74, maison gothique à fenêtrage continu du 15ᵉ s.) et à la flèche de l'église St-Maclou qui se profile dans l'axe de la chaussée.

★★ **Église St-Maclou** (CZ) – Pour le touriste qui vient de visiter la cathédrale, l'évolution du style gothique entre les deux monuments est frappante. St-Maclou, bâtie à partir de 1437, relève du gothique flamboyant le plus pur. Mais sa décoration est déjà Renaissance : vantaux de son porche, escalier, tribune et buffet d'orgue. A l'angle gauche de la façade, une fontaine Renaissance montre deux bambins accomplissant le même geste – avec un peu moins de grâce – que leur confrère bruxellois.

★★ **Aître St-Maclou** (CZ) – La cour (en latin atrium) est entourée de bâtiments à pans de bois sculptés d'attributs funéraires (danse macabre, crânes, tibias, outils de fossoyeurs...). C'est l'un des derniers témoins des charniers de pestiférés au Moyen Age.

★★ **Église St-Ouen** (CY) ⊘ – Cette ancienne église abbatiale, édifiée au 14ᵉ s., marque l'aboutissement du gothique rayonnant lorsque l'architecte, parfaitement maître des poussées de son église, les dirige à son gré par des arcs ogifs, les reçoit sur des arcs-boutants, en dévie l'axe par des pinacles influant sur le rapport des masses et pourrait s'en tenir à élever la carcasse de l'édifice. Les murs ne jouent plus alors dans la construction qu'un rôle de fermeture et peuvent laisser place à des vitraux moins coûteux et qui font de l'église une immense cage de verre où la lumière pénètre, permettant aux fidèles qui commencent à savoir lire de suivre l'office dans les premiers missels.
Quelques années encore et le gothique, ne pouvant plus connaître d'évolution architecturale, s'orientera vers la virtuosité décorative poussée à l'excès du flamboyant.

Rouen – Terrasse devant le portail de la Calende

ROUEN

Albane (Cours d') .... **BZ** 3
Alsace-Lorraine (R. d') .... **CZ** 6
Aubert (Pl. du Lieutenant) .. **CZ** 9
Barthélemy (Pl.) .... **BZ** 12
Belfroy (R.) .... **BY** 13
Boildieu (Pont) .... **BZ** 16
Bons-Enfants (R. des) ..... **ABY** 19
Boucheries-Saint-Ouen
  (R. des) .... **CZ** 22
Boudin (R. E.) .... **BY** 24
Bourg-l'Abbé (R.) .... **CY** 27
Bourse (Quai de la) .... **BZ** 28
Bouvreuil (R.) .... **BY** 30
Carmes (R. des) .... **BYZ**
Carrel (R. A.) .... **CZ** 42
Cartier (Av. Jacques) ...... **AZ** 43
Cathédrale (Pl. de la) ..... **BZ** 45
Cauchoise (R.) .... **AY** 46

Champ-des-Oiseaux (R. du) . **BY** 48
Cordier (R. du) .... **BY** 56
Corneille (Quai Pierre) ..... **BZ** 57
Croix de Fer (R.) .... **BYZ** 59
Crosne (R. de) .... **AY** 61
Damiette (R.) .... **CZ** 63
Delacroix (Allée Eugène) ... **BY** 66
Donjon (R. du) .... **BY** 67
Duchamp (Espl. M) .... **BY** 68
Eau-de-Robec (R.) .... **CZ** 70
Écureuil (R. de l') .... **BY** 72
Émemont (R. d') .... **CY** 76
Faulx (R. des) .... **CZ** 81
Foch (Pl.) .... **BY** 84
Ganterie (R.) .... **BY**
Gaulle (Pl. Général-de) .... **CY** 89
Giraud (R. Général) .... **AZ** 90
Grand-Pont (R.) .... **BZ**
Gros-Horloge (R. du) .... **ABYZ**
Hauts-Mariages
  (impasse des) .... **CZ** 94

Hôpital (R. de l') .... **BY** 96
Jeanne-d'Arc (Pont) ...... **AZ** 100
Jeanne-d'Arc (R.) .... **BYZ**
Juifs (R. aux) .... **BYZ** 102
Leclerc (R. du Gén.) ...... **BZ**
Libraires (Cour des) ...... **BZ** 108
Neufchatel (Route de) .... **CY** 115
Ours (R. aux) .... **ABZ** 116
Paris (Quai de) .... **BZ** 117
Pie (R. de la) .... **AY** 119
Poterne (R. de la) .... **BY** 120
Pucelle-d'Orléans (Pl. de la) **AZ** 121
République (R. de la) ..... **BZ**
Rollon (R.) .... **BY** 129
Saint-Godard (Pl.) .... **BY** 137
St-Marie (R.) .... **CY** 138
Socrate (R.) .... **BY** 143
Thouret (R.) .... **BYZ** 147
Vieux-Marché (Pl. du) ..... **AY**
Vieux-Palais (R. du) ...... **AY** 152
19-Avril-1944 .... **BY** 155

D	Archevêché
E	Hôtel d'Étancourt
K	Église Ste-Jeanne-d'Arc
M²	Musée de la Céramique
M³	Musée Le Secq des Tournelles
M⁴	Musée Jeanne-d'Arc
M⁵	Musée Corneille
M⁷	Musée des Antiquités de la Seine-Maritime
M⁸	Museum d'Histoire naturelle, d'Ethnographie et de Préhistoire
M⁹	Musée de l'Éducation
N	Le Gros-Horloge
R	Hôtel de Bourgtheroulde
S	Tour Jeanne-d'Arc
X	Fontaine Ste-Marie
Z	Fierte St-Romain

★★ **Rue du Gros-Horloge** – C'est la plus évocatrice du Vieux Rouen. Elle est enjambée par l'arcade du Gros-Horloge (**BZ N**) à aiguille unique, bordée par le beffroi. Elle demeure le centre de l'animation de la ville.

★ **Place du Vieux-Marché (AY)** – Traitée en ensemble moderne, cette place fut le 30 mai 1431 le théâtre du supplice de **Jeanne d'Arc** brûlée vive, à 19 ans, à la suite d'un procès qui la condamnait comme relapse. Sa réhabilitation fut prononcée 25 ans

plus tard. Au centre de la place se dressent la croix de la Réhabilitation à l'emplacement du bûcher où Jeanne fut brûlée, un marché et une église moderne dans laquelle a été incorporée une belle **verrière**★★ du 16ᵉ s.
De belles façades des 17ᵉ et 18ᵉ s. entourent la place.

★★★ **Musée des Beaux-Arts** (BY) ⊙ – Rénové en 1992, le musée ne présente que les collections des 16ᵉ et 17ᵉ s. en attendant la fin des travaux. Outre l'huile sur bois *La Vierge entre les vierges*, l'un des sommets de la peinture primitive flamande, due à Gérard David, il faut voir au moins quelques œuvres essentielles de la peinture française : *Le Bain de Diane* de François Clouet, *Le Concert des Anges* de Philippe de Champaigne, *Vénus montrant ses armes à Énée* de Nicolas Poussin. Parmi les chefs-d'œuvre venus d'autres pays : *Saint Barnabé guérissant les malades* de Véronèse, *L'Adoration des bergers* de Rubens, *La Flagellation du Christ* du Caravage, et surtout *Démocrite* de Vélasquez.

★★ **Musée de la Céramique** (BY M²) ⊙ – En 1530, le Rouennais **Masséot Abaquesne** est le premier faïencier français à avoir percé le secret de la terre émaillée en honneur à Faenza en Italie (d'où le nom donné à la faïence) dès le 14ᵉ s. Mais la gloire de Rouen, dans cet art aristocratique, coûteux et fragile, brilla surtout après les troubles économiques et politiques du début du 17ᵉ s. par le renom de la dynastie des Poterat.

Le goût des chinoiseries et du lambrequin, l'obligation royale de remplacer la vaisselle de métal fin par de la céramique *(p. 197)* firent alors le succès de Rouen (aiguières, fontaines, boîtes à épices, plats à barbe, vaisselle...). Le sompteux décor de l'or niellé, l'ambition de rivaliser avec la Compagnie des Indes trouvent là leur expression la plus raffinée. L'admirable buste d'Apollon (vers 1740) sorti de chez Fouquay permet d'en observer à la fois la technique et le goût.

⊙ ►► Palais de Justice★★ – Musée Le Secq des Tournelles★★ *(ferronnerie)* **M³** – Musée des Antiquités de la Seine-Maritime★★ **M⁷** – Église St-Godard★ – Panorama★★★ de la Côte-Ste-Catherine – Jardin des Plantes★.

ROUTE DES CRÊTES★★★

Cartes Michelin nᵒˢ 62 pli 18 et 66 pli 9 ou 87 plis 17, 18, 19 ou 242 plis 31, 35
Guide Vert Alsace et Lorraine

Cette route stratégique, du col du Bonhomme à Thann *(63 km)* dont la création fut décidée pendant la guerre 1914-1918, tracée constamment au voisinage de la ligne de crêtes, constitue un long belvédère sur les Vosges, les ballons, les lacs, les Hautes-Chaumes et les grandes vallées de la Fisch et de la Thur.

Col du Bonhomme – Alt. 949 m. Il fait communiquer l'Alsace et la Lorraine.

Col de la Schlucht – Alt. 1 139 m. C'est le passage le plus accidenté et l'un des plus fréquentés des Vosges. La vigueur de l'érosion sur le versant alsacien s'y explique par la force torrentielle des rivières : à 9 km du col, à vol d'oiseaux, **Munster**★ est déjà 877 m plus bas et, à 26 km, Colmar, 1 065 m.

★★★ **Hohneck** – Alt. 1 362 m. Le sommet qui occupe dans la chaîne une position centrale appartient aux Vosges cristallines. Là passait la frontière franco-allemande entre 1871 et 1914. Le **panorama**★★★ se développe sur la plaine d'Alsace où plonge à l'Est la **vallée de Munster**★★ et sur le plateau lorrain où se creuse la Vologne à l'Ouest.

★★★ **Grand Ballon** – Alt. 1 424 m. Le Grand Ballon, ou ballon de Guebwiller, est le point culminant des Vosges. Du sommet *(1/2 h à pied AR)* le **panorama**★★★ embrasse surtout les Vosges méridionales ou Vosges cristallines les plus élevées. La géographie de la chaîne y apparaît avec facilité. Ses versants Est ou Ouest sont dissymétriques : l'un tombe brusquement sur la plaine d'Alsace, l'autre s'incline doucement vers le plateau lorrain. La physionomie du massif aux hautes croupes arrondies, aux vallées évasées et coupées d'étranglements rocheux ou encombrées de moraines qui retiennent les eaux des lacs a été remodelée par les glaciers à l'époque quaternaire. Au-dessus de l'étage forestier se développe l'herbe rase des Hautes-Chaumes.

★★ **Vieil-Armand** – Un des champs de bataille les plus meurtriers du front d'Alsace en 1915 : monument national ⊙.

ROUTE DES GRANDES ALPES★★★

Cartes Michelin nᵒˢ 70, 74, 77, 81, 89, 115 ou 244, 245 – Schéma p. 226
Guides Verts Alpes du Nord, Alpes du Sud, Côte d'Azur

La route des Grandes Alpes est le plus prestigieux des grands itinéraires des Alpes françaises. Elle relie le lac Léman à la Côte d'Azur selon un tracé proche de la ligne des crêtes et souvent voisin de la frontière. Elle n'est praticable de bout en bout qu'au cœur de la belle saison.

Les Alpes sont apparues à l'ère tertiaire, lorsque les deux grandes « plaques » géologiques italo-africaine et eurasiatique, en se heurtant de front, ont contracté la zone qui les séparait ; ce qui a déterminé le grand arc de cercle que décrit la chaîne entre Nice et Vienne. Les Grandes Alpes comprennent les Massifs centraux et la zone axiale (encore appelée zone intra-alpine ou axe alpin). Les premiers appartiennent à une très ancienne chaîne hercynienne usée par l'érosion, recouverte de sédiments à l'ère secondaire, portée à de hautes altitudes voire redressée à l'ère tertiaire ; c'est le domaine des grands sommets arrondis ou profilés en aiguilles, d'un ciel très pur, des paysages bien ensoleillés, des forêts de mélèzes ; ils sont peu peuplés. La zone axiale est l'axe du soulèvement de la chaîne ; ses roches sédimentaires, souvent cristallisées sous leur propre pression et leur échauffement, ont donné naissance à de grandes vallées ensoleillées, au climat clément. Durant l'ère quaternaire les Grandes Alpes ont vu leurs reliefs puissamment façonnés par l'érosion des grands fleuves et de quatre glaciations successives.

Au pied des Grandes Alpes une large dépression reçoit les eaux de leurs vallées drainées par l'Isère et le Drac et facilite les communications : c'est le Sillon alpin. La dépression de la Durance joue un rôle comparable dans les Alpes du Sud. Les Préalpes, vaste contrefort de la chaîne, s'épanouissent surtout au Sud ; elles frappent par la rudesse de leurs surfaces calcaires, tubulaires ou plissées.

Programme de 2 jours

Il est possible de relier Thonon à Menton en 2 jours, avec étape de nuit à Briançon ; mais au prix de quelle fatigue et de quels sacrifices ! Pour ce faire, il faut en effet renoncer à la plupart des excursions qui, par elles-mêmes, « valent le voyage » comme Chamonix avec l'Aiguille du Midi et la Vallée Blanche, la Grave avec le belvédère du Chazelet, St-Véran... et ne s'accorder que des arrêts parcimonieusement mesurés.

Programme en 5 jours

- Thonon-Beaufort : *144 km – prévoir 5 h 1/2 (visites comprises)*.
- Beaufort-Val-d'Isère : *71 km – prévoir 3 h (visites comprises)*.
- Val-d'Isère-Briançon : *180 km – prévoir 7 h 1/2 (visites comprises)*.
- Briançon-Barcelonnette : *133 km – prévoir 6 h 1/2 (visites comprises)*.
- Barcelonnette-Menton : *206 km – prévoir 6 h (visites comprises)*.

DE THONON A MENTON *734 km*

★★ **Thonon** – De la terrasse de la place du Château, la vue découvre le vaste croissant dessiné par le **lac Léman**★★★ « où picorent les focs » et, au-delà, en territoire suisse, la côte et les Alpes vaudoises, Lausanne et le Jura suisse. L'église St-Hippolyte, illustrée par les prédications de saint François de Sales, conserve à la **voûte**★ ses stucs et ses 18 médaillons peints et les garnitures de stucs de ses faux piliers (visibles de la basilique attenante) ; c'est là l'œuvre d'artistes italiens qui, au 18ᵉ s., ont repris sa décoration intérieure dans le style rocaille.

Les gorges humides et boisées de hêtres de la Dranse de Morzine, s'élevant de terrasse en terrasse, font passer des collines de l'avant-pays savoyard au **Chablais**★★, pays pastoral où règne la race bovine d'Abondance. Ses reliefs relèvent des Préalpes du Nord mais n'en présentent ni l'ordonnance ni la vigueur habituelles. Les **gorges du Pont du Diable**★★, taillées par la Dranse dans le marbre argovien et les éboulements de leurs parois aux allures fantastiques, marquent ce parcours.

★★ **Morzine** – Observer les hameaux disséminés dans les combes pastorales, les forêts d'épicéas et les chalets remarquables par les dentelures de leurs balcons.

A Tanninges, après le seuil pastoral des Gets, apparaît le **Faucigny**★★. Ce pays, drainé par la vallée du Giffre, présente un paysage façonné par les moraines glaciaires, dans des plis calcaires venus se coucher ici, loin de leur racine. Les épicéas et les herbages en sont les ressources dominantes.

Cluses – La ville commande la cluse la plus importante des Alpes et lui doit son nom : celle par laquelle l'Arve, en s'enfonçant sur place, a tranché les plissements en dôme des Aravis. Horlogerie, mécanique de précision, décolletage des métaux.

ROUTE DES GRANDES ALPES

En amont de Cluses, la large vallée glaciaire de l'Arve sépare le Chablais et le **Giffre** (à gauche) et la chaîne des **Aravis** (à droite) désignée aussi sous le nom de **Genevois**. La plaine montagnarde du bassin de Sallanches est dominée, au Nord, par les étonnantes architectures rocheuses et les abrupts de calcaire fissuré du « désert de Platé » ; elle offre des vues sur le « Géant des Alpes » et son cortège.

★★ **La Clusaz** – La plus importante station du massif des Aravis doit son nom à la gorge profonde, ou cluse, qui, en aval de la localité, livre passage au torrent du Nom. Le village se présente étroitement massé autour de sa grande église au clocher à bulbe, dans un cadre séduisant de forêts de sapins et d'alpages doucement vallonnés. A l'horizon, la rude barrière des Aravis dresse vigoureusement ses écailles imbriquées.

La Clusaz est, en été, un excellent centre de promenades à pied. Pour tous les sports de neige, elle constitue une station bien équipée.

En traversant le val d'Arly, la route de N.-D.-de-Bellecombe offre de larges échappées sur le massif des Aravis puis sur la trouée des gorges de l'Arly.

Grandes Alpes — Massifs centraux / Zone axiale
Préalpes
Sillon alpin
Principaux massifs

Limite entre les Alpes du Nord et les Alpes du Sud
Limite des pays
Route des Grandes Alpes, variante
Route Napoléon

Col des Saisies – L'itinéraire quitte, ici, le Sillon alpin pour pénétrer dans les Massifs centraux ; il n'abandonnera les Grandes Alpes qu'à St-Martin-d'Entraunes, au Sud du col de la Cayolle. A 1 633 m d'altitude, le col des Saisies est une vaste dépression, qui compose l'un des sites pastoraux les plus typiques des Alpes, animé par de petites vaches rouge-brun à large encolure, les Tarines d'un brun foncé exclusif et les Abondances tachetées de blanc. Observer la dispersion incroyable des chalets.

Beaufort – La localité, très savoyarde (église ornée de boiseries et de sculptures intéressantes), a donné son nom au **Beaufortain★★**. Ce pays, dont le socle cristallin porte de grands plis calcaires, exploite un massif forestier d'une exceptionnelle continuité et présente d'amples paysages pastoraux où se pratique au-dessus de 1 450 m une vie sociale rythmée par les « remues » saisonnières des troupeaux (pittoresque village de **Boudin★** – 7 km au Sud).

★ **Cormet de Roselend** – Cette longue dépression fait communiquer, à plus de 1 900 m d'altitude, les vallées de Roselend et des Chapieux. Elle frappe par son immensité pastorale, solitaire, sans arbres, semée de rocs et de quelques abris de bergers.

Le torrent des Glaciers **(vallée des Chapieux★)** descend en paliers vers **Bourg-St-Maurice.** Ce « bourg » occupe une position stratégique au débouché des routes descendant du Beaufortin, du col du Petit-St-Bernard et du col de l'Iseran. Alentour, la moyenne **Tarentaise★★** (vallée de l'Isère) connaît, au-dessus des villages, une « transhumance familiale de vallée » (Ph. Arbos) dont les « remues » d'été font monter à l'Alpe les troupeaux de Tarines. A Ste-Foy, le paysage devient plus montagnard : on pénètre en haute Tarentaise. Le val de Tignes frappe par sa succession de gorges et de verrous glaciaires, le nombre et l'importance des ouvrages de génie civil protégeant la route des avalanches et franchissant des seuils. Le **barrage de Tignes★★** constitue l'une des réalisations maîtresses de la technologie française des années 50.

★★★ **Val-d'Isère** – Au creux d'un vallon supérieur de l'Isère, à 1 000 m au-dessus de Bourg-St-Maurice, c'est le bourg le plus important de la haute Tarentaise. Il commande un splendide paysage de haute montagne réputé pour son ensoleillement et dominé par le massif schisteux de la Vanoise qui compte 88 km² de glaciers (Parc National apprécié pour ses sentiers), peu pénétré par les grandes vallées et peu dominé par de très hauts sommets (Grande Casse : 3 852 m).

La route qui s'élève dans les schistes offre, à gauche, des vues sur les sommets du Grand-Paradis (en Italie) et, à droite, sur la Vanoise (sommet de la Grande Motte).

★ **Col de l'Iseran** – Alt. 2 770 m. Ce col du massif de la Vanoise, d'une impressionnante sévérité, a été ouvert à la circulation automobile en 1936. Il sépare la Tarentaise au Nord de la Maurienne au Sud ; il est la seule liaison entre ces deux pays.

La **Maurienne,** pays drainé par l'Arc et ses affluents, se présente comme un vaste bassin intérieur de la zone axiale, ouvert à l'Est de la grande barrière hercynienne de la chaîne de Belledonne que l'Arc contourne au Nord par la Cluse de St-Jean. A l'opposé de la Tarentaise, l'activité industrielle et commerciale prévaut ici sur l'agricole. Les souffleries, l'électro-métallurgie et l'électo-chimie marquent Bonneval, Lanslevillard, Modane, St-Michel-de-Maurienne et St-Jean-de-Maurienne ; les ruptures de pente (verrous glaciaires) ont déterminé la position des agglomérations.

Modane – Ville frontalière transalpine. Le tunnel ferroviaire du Fréjus, décidé en 1857, à l'initiative de la monarchie Sarde soucieuse d'ouvrir une voie de communication directe praticable même en hiver entre ses États séparés par une haute ligne de crêtes, fut ouvert en 1872 (la Savoie était française depuis 12 ans). Sa galerie est longue de 13 657 m. Le tunnel routier (12 870 m) fut mis en service en 1980.

A Valloire, l'itinéraire pénètre à nouveau dans les Massifs centraux. Là commence l'ascension proprement dite du col du Galibier.

★★★ **Col du Galibier** – Alt. 2 642 m. De la table d'orientation, le regard embrasse un magnifique panorama au Nord sur la Maurienne, au Sud sur la région du Pelvoux (à droite) que l'arête du massif des Écrins sépare du Briançonnais (à gauche). Le col marque aussi un point de contact entre les Alpes du Nord (vers le Nord et le Sud-Ouest) et celles du Sud (bassin de la Durance) au Sud Est.
Au **col du Lautaret★★** (panorama sur le massif de la Meije), l'itinéraire pénètre dans les Alpes du Sud, prendre à droite vers la Grave, la vallée de la Romanche, puis, à gauche, à l'entrée du 2e tunnel.

★★★ **Oratoire du Chazelet** – De la table d'orientation, la vue porte sur les sommets des Écrins du col des Ruillans à droite aux brèches et aux arêtes de la Meije (au centre, le Doigt de Dieu, 3 974 m). La partie haute du glacier, non ternie par les alluvions et dont le névé est alimenté par des chutes de neige fréquentes, est d'une blancheur splendide.

★ **La Grave** – Au pied de la Meije, le village occupe un **site**★★ célèbre de la vallée de la Romanche. La double télécabine des Ruillans permet de gagner le col (alt. 3 200 m) sur le flanc Ouest du Râteau, sommet glaciaire de granit gris. De là, vue de chant sur l'arête de la Meije.

De retour au col du Lautaret, l'itinéraire pénètre dans les Alpes du Sud. Au Monêtier, dans la vallée de la Guisanne, apparaissent les chênes, les frênes et les hêtres, le paysage se fait plus lumineux, les versants plus épanouis. La zone axiale succède aux Massifs centraux.

★★ **Briançon** – *Voir à ce nom.*

★★ **Col d'Izoard** – Alt. 2 361 m. Dans un paysage dénudé aux arêtes vives, le panorama se développe sur le Briançonnais au Nord et le Queyras au Sud.

Dans la descente du col, la route traverse en corniche la **Casse Déserte**★★. Ce site désolé, étrange par ses pentes ravinées et couvertes d'éboulis, montre comment s'opère, à cette altitude, la désagrégation des roches sous l'effet de la succession de leur réchauffement (dilatation) le jour et de leur refroidissement (contraction) la nuit. A terme, c'est la ruine du relief.

La Meije, vue de l'oratoire du Chazelet

D. Hée/MICHELIN

Le **Queyras**★★, bassin du Guil et de ses affluents, est un pays d'altitude élevée, aux belles maisons rurales, à l'écart des grands axes de communication, cloisonné à l'aval par des gorges étroites. En amont de Château-Queyras, le haut pays schisteux, épanoui, offre un contraste saisissant entre ses versants exposés au midi (adret) garnis de prairies aux pentes douces, bien irriguées, presque méridionales et ses versants exposés au Nord (ubac), domaine des mélèzes et des pins arolles.

★★ **St-Véran** – C'est la plus haute commune d'Europe (1 990-2 040 m). Ses chalets de bois, élevés sur un soubassement de schistes, offrent un modèle unique en Europe par leur adaptation aux rigueurs de la vie en haute montagne, à la fois agricole, pastorale (moutons), forestière et artisanale (longueur des hivers) ; ils sont bien groupés, exposés au midi, dotés de greniers à fourrage et de balcons de maturation des céréales. Curieuse croix des Outrages de la Passion.
Guillestre, dont l'église s'orne d'un beau porche (ou **réal**★), marque le débouché de la **combe du Queyras**★★, canyon parcouru par le Guil abondant et limpide.

★ **Embrun** – *24 km au Sud-Ouest de Guillestre.* La ville occupe un intéressant site de terrasse au-dessus de la Durance, débouchant de la montagne. Le « Roc » domine la rivière à 80 m et offre un excellent belvédère sur les terrasses cailllouteuses, bien cultivées, où se disséminent des habitations, sur les cônes de déjection des torrents affluents qui contraignent les routes à des parcours accidentés, sur les terres noires ravinées et les lourdes crêtes gréseuses décharnées. L'église **Notre-Dame-du-Réal** ⊙, la plus belle des Alpes du Dauphiné, date de la fin du 12e s. ; elle vaut surtout par l'alternance de ses claveaux polychromes et par son **porche★** « le réal » Nord de style lombard à colonnettes de marbre rose.

Col de Vars – Alt. 2 111 m. Dans un paysage désolé de schistes très feuilletés et métamorphisés s'étendent de vastes pâturages à moutons parsemés de blocs de grès et de mares : c'est l'entrée dans la vallée de l'Ubaye.

Au Sud du col, les hameaux disséminés sur les versants bien exposés consacrent leur activité exclusive à l'élevage. La haute vallée de l'Ubaye, creusée dans les schistes noirs, est encombrée de cônes de déjection où s'accumulent les alluvions des torrents. A hauteur de la Condamine, le fort de Tournoux, incrusté en plein rocher, garde l'accès à la vallée.
A Jausiers s'ouvre le bassin de Barcelonnette (basse Ubaye), plus riant avec ses pâturages et plus boisé.

★ **Barcelonnette** – La capitale de l'Ubaye doit la régularité de son plan à sa fondation comme bastide en 1231 par Raimond Béranger, comte de Barcelone. A sa périphérie s'élèvent les demeures des « Barcelonnettes », émigrants enrichis au Mexique au début du 19e s. par le commerce des tissus, et revenus au pays. Le **musée de la Vallée** ⊙ retrace l'histoire de ces migrations.

En ce point du parcours, les touristes qui connaissent déjà le col de la Cayolle peuvent gagner la moyenne vallée du Var par le col de Restefond et la cime de la Bonette (535 m d'altitude supplémentaire) et la vallée de la Tinée, ou par le col d'Allos et le haut Verdon (allongement de parcours de 36 km).

Au cours de la montée, la route contourne le massif du mont Pelat (3 053 m), principal sommet des Alpes de Provence.

★★ **Col de la Cayolle** – Alt. 2 327 m. Ce col sépare les pays de l'Ubaye au Nord-Ouest, du haut Verdon au Sud-Ouest et du haut Var à l'Est et au Sud. Panorama étendu sur la trouée du haut Var et, au-delà, sur les barres et les plans de haute Provence.

★★ **La haute vallée du Var** – Au début de la descente la route laisse, à gauche, la source du Var dont elle va suivre le cours supérieur fermé par de lourdes montagnes de schistes. A St-Martin-d'Entraunes, elle se dégage des Grandes Alpes et pénètre dans les Préalpes du Sud. En aval de Villeneuve, la couleur claire des rigoles de ruissellement où se concentrent les eaux pluviales appelle l'attention sur la modification du paysage dans la région de Guillaume.

★★ **Gorges de Daluis** – Creusées par le Var, qui recoupe là des bancs épais de porphyre rouge et de calcaire urgonien, elles sont saisissantes par leur profondeur, leur âpreté et leur coloration.
La route de Guillaume à Beuil permet de joindre le cours supérieur du Var aux **gorges du Cians.**
La montée régulière au **col de Valberg** offre des vues très variées sur les versants contrastés de la vallée : le versant Nord boisé et le versant méridional couvert de vignes et d'arbres fruitiers. La descente sur **Roubion** à partir du **col de la Couillole** (1 678 m) permet de découvrir les vallées de la Vionène et de la Tinée.
Après le **site★** impressionnant de Roubion (village perché à 1 300 m sur une arête rocheuse), la route parcourt un paysage de schistes rouges égayé de cascades.

Gorges du Cians

O. Faure/SCOPE

★ **Roure** – Ce village frappe par sa belle unité architecturale : maisons aux soubassements en schiste rouge et toits de lauzes.

La route épouse les sinuosités de la Vionène jusqu'au confluent avec la Tinée à St-Sauveur-sur-Tinée. A la sortie du village, sur la gauche, une petite route en montée conduit au village de **Rimplas** au **site**★ étonnant sur une arête rocheuse.

La Bolline – Agréable station estivale au cœur d'une vaste châtaigneraie.

La Colmiane – Cette station de sports d'hiver disperse ses chalets et hôtels au milieu d'une belle forêt de mélèzes.

Du col St-Martin, possibilité d'accéder par télésiège au **pic de Colmiane**★★ : remarquable **panorama**★★ du sommet.

★ **St-Martin-Vésubie** – De ce grand centre d'alpinisme, possibilité de randonnées au **vallon du Boréon**★★ et à celui de la **Madone de Fenestre**★.

Roquebillière – Bourg important, reconstruit six fois depuis le 6e s.

La Bollène-Vésubie – Au cœur d'une belle forêt de châtaigniers, les rues concentriques de cet agréable village montent vers l'église qui couronne la colline. A cheval sur les vallées de la Vésubie et de la Bévéra, la **forêt de Turini**★★ marque la limite méridionale du **Parc national du Mercantour**.

★★ **Le massif de l'Authion**, au Nord du **col de Turini**, constitue une formidable forteresse naturelle qui commande les accès entre la Vésubie et la Roya. Cet intérêt stratégique lui a valu d'être, au cours des siècles, le cadre de nombreux combats. En avril 1945, ce fut, en France, l'un des derniers secteurs libérés. Une stèle rappelle l'âpreté des combats.

A la sortie de la forêt de Turini, la Bévéra se fraye un passage jusque dans les **gorges du Piaon**★★ où la route en corniche domine le lit du torrent. Avant d'atteindre les gorges, l'itinéraire traverse **Moulinet**, charmant village installé dans un bassin verdoyant, puis longe la **chapelle de N.-D.-la-Menour** dont on aperçoit sur la gauche la façade Renaissance.

★ **Sospel** – Cette fraîche station alpestre fut autrefois évêché, au temps du Grand Schisme ; sur la route de Nice à 1 km du centre du village, le **Fort St-Roch** ⊙ est un vestige de ce qui fut la *« ligne Maginot des Alpes »* dans les années 30.

La route suit le tracé de l'ancienne ligne de tramway qui reliait Sospel à Menton en remontant le Merlanson, affluent de la Bévéra. Sur le versant opposé, au milieu des oliveraies, serpente la route conduisant à Nice par le **col de Braus**.

★★ **Menton** – *Voir à ce nom.*

ROUTE NAPOLÉON★

Cartes Michelin nos 84, 81, 77 ou 245, 244
Guides Verts Alpes du Sud, Alpes du Nord, Côte d'Azur

La Route Napoléon (N 85), reconstitution du trajet suivi par l'Empereur à son retour de l'île d'Elbe, depuis son débarquement à Golfe-Juan jusqu'à son arrivée à Grenoble, a été inaugurée en 1932. Les aigles aux ailes déployées qui la jalonnent évoquent la phrase de Napoléon : « L'aigle volera de clocher en clocher jusqu'aux tours de Notre-Dame » ; elles reproduisent la figure d'un bas-relief de la Prairie de la Rencontre.

LE VOL DE L'AIGLE

Napoléon, évadé de l'île le 26 février, débarque sur la plage de Golfe-Juan le 1er mars 1815.

2 mars : bivouac à Cannes. Halte à l'écart de Grasse. Napoléon abandonne la route carrossable et s'engage dans les chemins muletiers. Nuit à Séranon.

3 mars : déjeuner à Castellane. Nuit à Barrême.

4 mars : déjeuner à Digne où la colonne retrouve la route carrossable. Nuit au château de Malijai.

5 mars : déjeuner à Sisteron, qui n'était pas gardée, dans une atmosphère de sympathie naissante. Nuit à Gap.

6 mars : aux Barraques, Napoléon décline l'offre des paysans du Champsaur de se joindre à l'armée. Nuit à Corps.

7 mars : à 3 h de l'après-midi a lieu la rencontre dans la prairie de Laffrey. A 7 h du soir, l'escorte grossie du 7e régiment de ligne atteint Grenoble où la ville lui fait une entrée triomphale. « Jusqu'à Grenoble j'étais aventurier, à Grenoble j'étais prince. »

DE GOLFE-JUAN A GRENOBLE *336 km - compter une journée*

Cet itinéraire, praticable en toute saison, peut être considéré comme la route des Préalpes du Sud et du Sillon alpin.

Golfe-Juan - *Quitter Golfe-Juan par la N 7.*

★★ **Antibes** - Un comptoir fut fondé, là, par les Grecs de Marseille au 4e s. avant J.-C. Le château, reconstruit au 16e s., avait été édifié au 12e s. comme protection contre les razzias des pirates barbaresques ; il occupe l'emplacement d'un camp romain. A l'intérieur, le **musée Picasso★** ⊘ conserve des dessins, estampes, tapisseries et peintures du maître *(Le Homard, Les Deux Nus au miroir, La Nature morte à la pastèque...)*. Henri IV acheta la ville aux Grimaldi en raison de sa situation face aux domaines de la maison de Savoie. François Ier puis Vauban la fortifièrent.

A l'Ouest du **cap d'Antibes★★** s'étend la plage de Golfe-Juan.

★★ **Grasse** - La **vieille ville★**, accrochée à un versant des Préalpes de Grasse, est très pittoresque avec ses rues étroites bordées de hautes maisons provençales. Son enfant le plus célèbre est **Jean-Honoré Fragonard** (1732-1806). Avant d'exercer son talent dans de spirituelles scènes libertines - l'amateurisme n'était pas de mise -, il dut connaître, dans les ateliers de Chardin puis de Boucher, le long apprentissage de 14 ans voulu par Colbert. Dans la **salle Fragonard★** ⊘ de la villa-musée Fragonard, on peut voir deux de ses autoportraits, son *Paysage aux Lavandières*, ses *Trois Grâces*. Depuis trois siècles, Grasse doit sa renommée aux parfums : fascinantes compositions obtenues dans le secret des laboratoires grâce à la subtilité de quelques « nez ». Il faut 1 t de fleurs de jasmin pour produire 3 g de « concrète », soit 1,2 g d'« absolue de concrète ». **Musée international de la Parfumerie★** ⊘ et **Musée d'Art et d'Histoire de Provence** ⊘.

C.J. Muzzin/Musée international de la parfumerie, Grasse

Grasse – Musée de la Parfumerie

Au Nord du **Pas de la Faye** (vue★★ sur la côte méditerranéenne, les Préalpes de Grasse, les Plans de Canjuers et de Caussols), la route pénètre bientôt en haute Provence dans la région des Barres et des Plans ; elle en franchit une serre décharnée à la cluse de Séranon.

★ **Castellane** - Dans un site de cluse, impressionnant par l'épaisseur de ses « barres » de calcaire plissé, elle vit surtout de l'élevage du mouton.

Les Préalpes de Castellane présentent sur une grande épaisseur leurs serres calcaires dans lesquelles l'Asse a scié des cluses. Au Nord de **Senez**, très ancienne cité épiscopale, apparaissent les Préalpes de Digne, les plus élevées et les plus déshéritées des Alpes du Sud. Elles composent un âpre paysage de garrigue parcouru par des torrents. Leur extraordinaire complexité géologique apparaît dans les plis serrés traversés par des cluses (comme celle de Barles), dans leurs longues arêtes blanchâtres à l'Est et leurs cuvettes bien dessinées et cultivées au Nord.

★ **Digne-les-Bains** - Digne se développe sur la rive gauche de la Bléone, au pied de la butte qui porte son quartier ancien, dans un **site★** de cluse sur laquelle le village perché de **Courbons★** *(6 km au Nord)* offre une **vue★** plongeante. La ville honore (place Général-de-Gaulle) **Pierre Gassendi** (1592-1655), originaire de Champtercier *(9 km à l'Ouest)*, prévôt du chapitre, mais surtout mathématicien, professeur au Collège de France, astronome et physicien qui étudia en particulier les vibrations et la propagation des sons.

A **Malijai**, la route gagne la **dépression de la Durance**, plaine alluviale, large par endroits de 6 km, ouverte entre les plateaux de Valensole à l'Est et du Vaucluse à l'Ouest. La grande rivière des Alpes du Sud y love ses méandres sur des terrasses de cailloux ; l'activité agricole s'y déploie, favorisée par la douceur du climat et par l'irrigation sur les sols les mieux drainés ; les bois occupant les zones plus humides.

★★ **Sisteron** - *Voir à ce nom.*

★ **Gap** – Gap doit son importance à la largeur et à la fertilité de sa dépression, l'une des mieux partagées des Alpes du Sud, modelée par le glacier de la Durance. Ce fut d'abord une ville gauloise dont les Romains firent une ville d'étape sur la voie reliant Turin à Valence, puis un évêché et une cité fortifiée.

Le **col Bayard** (alt. 1 246 m) sépare les Alpes du Sud et celles du Nord. De la table d'orientation de Chauvet *(versant Sud)*, la vue se dégage sur le bassin de Gap. Au Nord s'ouvre le Sillon alpin ; la route y emprunte la vallée du Drac (Champsaur) évidée dans les schistes par les glaciers quaternaires. Ce très ancien itinéraire commercial (foires de St-Bonnet), jalonné de villages en terrasses aux toits de tuiles brunes plates, laisse à gauche les escarpements du « terrible » Dévoluy et, à droite, le Valgaudemar qui s'enfonce dans le massif des Écrins.

Corps – C'est la ville du Sillon alpin. Le Drac draine ici une dépression bien cultivée sur ses terrasses mais jalonnée de verrous glaciaires. Le **barrage du Sautet**★★ *(5 km à l'Ouest)* occupe sur l'un d'eux un site saisissant par son encaissement et sa profondeur. Le lac qu'il retient noie le confluent du Drac et de la Souloise.

A hauteur de la Mure, le Trièves, l'« Olympe dauphinois », ancien fond lacustre déprimé, encombré de moraines, est drainé par le Drac inférieur.

★ **Prairie de la Rencontre** – *Au Sud de Laffrey.* Le 7 mai 1815, à 3 h de l'après-midi, l'escorte de Napoléon rencontre, là, un bataillon qui lui barre la route. « Feu », commande un lieutenant devant Napoléon impassible, la redingote ouverte. L'ordre réitéré n'est pas exécuté. Quelques secondes de silence... l'émotion grandit, puis les soldats courent à lui aux cris de « vive l'Empereur ».

Laffrey★ précède la descente sur **Vizille**★ et Grenoble.

Abbaye de ST-BENOÎT-SUR-LOIRE★★

Cartes Michelin n°⁵ 64 pli 10 ou 238 pli 6 – Guide Vert Châteaux de la Loire

L'abbaye de Fleury, fondée sur une berge insubmersible, au Nord de la Loire, reçoit en 675 les dépouilles de saint Benoît et de sa sœur sainte Scholastique apportées du mont Cassin en Italie. Elle se place alors sous le vocable du fondateur du monachisme bénédictin, devenu tout récemment le patron spirituel de l'Europe.

Au début du 9e s., son rayonnement s'accroît encore lorsque Théodulfe, distingué par Charlemagne, en devient abbé et introduit dans ses écoles le renouveau voulu par l'empereur : étude du droit romain, des Écritures, conservation des textes anciens.

Basilique de St-Benoît-sur-Loire – Le porche

★★ **Basilique** ⊙ – Édifice roman, élevé de 1067 à 1108, remarquable par sa **crypte**★ à double déambulatoire et à gros pilier axial enfermant les reliques de saint Benoît, par son **chœur**★★ revêtu d'un pavement antique et orné, à l'étage, d'une élégante arcature rompant le nu du mur et par son transept dont le carré est couvert d'une coupole montée sur doubles trompes.

A l'extérieur, le **clocher porche**★★ est l'un des plus beaux que nous ait légués l'art roman. Avant d'être soudé à la basilique par le prolongement de la nef au milieu du 12e s., il matérialisait dans la pierre la description de la porte du paradis selon l'Apocalypse de saint Jean : trois portes toujours ouvertes

3 BIS/MICHELIN

(absence de nuit) sur chacun des quatre côtés (Orient, Nord, Occident, Midi) accueillant les élus venus de tous les horizons. Seize gros piliers (quatre sont partiellement noyés dans le mur Ouest de l'église), flanqués de colonnes engagées, sont décorés de 53 chapiteaux (vers 1120) illustrant la même vision.

ENVIRONS

Germigny-des-Prés – *5,5 km au Nord-Ouest*. L'église (restaurée) est l'**oratoire**★ privé que se fit édifier Théodulfe. Elle relève de l'art carolingien du début du 9ᵉ s., par son plan original, par ses vitraux d'albâtre tamisant la lumière et surtout par sa **mosaïque**★★. Celle-ci, conforme à la symbolique iconographique d'alors, qui rejetait toute représentation personnalisée de la divinité, ordonne sa composition autour de l'Arche d'alliance, figurant le Christ, présentée par des chérubins et vénérée par des anges.

ST-BERTRAND-DE-COMMINGES★★

217 habitants
Cartes Michelin nᵒˢ 85 pli 20 ou 235 pli 41 – Guide Vert Pyrénées Aquitaine

La ville antique fondée ici en 72 avant J.-C. par Pompée et qui s'étendit largement dans la plaine, donnée comme le lieu d'exil d'Hérode, fut rasée par les Burgondes en 585 puis désertée. En 1073, saint Bertrand y ramenait la vie en élevant une cathédrale, un cloître et une cité épiscopale et en y appliquant les règles de la réforme religieuse de Grégoire VII. Il faisait ainsi de la cité le centre spirituel du Comminges dont le rayonnement devait éclipser le rôle historique du comté encombré d'enclaves et pris entre les domaines de la maison de Foix-Béarn.

La sculpture qui, dans la région, s'est surtout développée dans les sanctuaires riches d'éminentes reliques se manifeste avec éclat à St-Bertrand. Le portail roman de la cathédrale illustre au tympan (composé de panneaux juxtaposés sculptés un à un) l'Adoration des mages et une effigie de saint Bertrand dépourvue de nimbe, donc antérieure à sa canonisation (1218), qui se ressent de l'art toulousain de St-Sernin. Le **cloître**★★ bâti sur le rempart du 12ᵉ au 15ᵉ s. vaut par son célèbre pilier des Évangélistes traité à l'antique dans une colonne elle-même antique et par le paysage sur la Garonne supérieure qui se découvre de sa galerie Sud.

★ **Cathédrale Ste-Marie-de-Comminges** ⊘ – Les **boiseries**★★ du chœur, achevées en 1535, présentent un ensemble de stalles d'inspiration Renaissance italienne où le trône épiscopal, l'arbre de Jessé et une Vierge à l'Enfant méritent une observation toute particulière.

★ **Basilique St-Just de Valcabrère** ⊘ – *2 km au Nord-Ouest*. Cet édifice fut élevé aux 11ᵉ et 12ᵉ s. avec des matériaux d'origine antique. Il occupe un site isolé dans l'enclos d'un cimetière planté de cyprès et doit son originalité aux quatre statues–colonnes de son portail Nord et à son chevet à « relief en creux » : niches triangulaires formées de deux trompes d'angle en quart de sphère encadrant un réduit central dont la fenêtre s'ouvre dans un enfeu.

ST-CLAUDE★

12 704 habitants
Cartes Michelin nᵒˢ 70 pli 15 ou 243 pli 43 – Guide Vert Jura

Le noyau urbain de St-Claude occupe un **site**★★ sur un promontoire en terrasse qui domine le confluent du Tacon et de la Bienne.
Au cœur du Jura forestier, la ville est traditionnellement orientée vers le travail du bois : tournage et tabletterie surtout ; depuis deux siècles elle s'est fait une spécialité de la fabrication de pipes en racine de bruyère (exposition).

Chapeau de Gendarme – *8 km au Sud-Est*. Cette curiosité géologique doit son nom à la forme que dessinent ses couches de terrains. Leurs strates épaisses, de calcaire secondaire, ont été comprimées et soulevées à l'ère tertiaire, lors du soulèvement des Alpes. Elles se sont alors tordues sans se rompre et disposées verticalement en plis en dôme, aux flancs symétriques, de même pente, convexes qui en font un « anticlinal » souvent donné par les géographes à titre exemplaire.

►► Cathédrale★ (stalles★★ – retable★) – Place Louis-XI (vue★).

Basilique ST-DENIS★★★

Carte Michelin n° 101 pli 16 – Guide Vert Ile-de-France

St-Denis est l'une des métropoles manufacturières de la proche banlieue Nord de Paris. Elle porte le nom de l'évangélisateur et premier évêque de Lutèce qui fut décapité (vers 250) à Montmartre et, selon la légende, vint tomber ici en portant lui-même sa tête dans les mains.

La cathédrale occupe une place déterminante dans l'évolution du gothique primitif, postérieure de huit ans au début des travaux de la cathédrale de Sens, mais antérieure à celle de Noyon, de Senlis, de Laon et d'un quart de siècle à Notre-Dame de Paris. Elle est l'œuvre de deux grands maîtres : Suger au 12e s. et Pierre de Montreuil au 13e s.

Le premier entreprit en 1136 et acheva en 1140 l'avant-nef de deux travées où les dispositions romanes (arcs en plein cintre, tribunes) s'accompagnent de voûtes d'ogives et en 1143 le chœur et son déambulatoire (seule en subsiste la partie inférieure) qui passa alors pour l'affirmation du nouveau style gothique. Un siècle plus tard, à la demande de Saint Louis, Pierre de Montreuil reconstruisit d'abord les parties hautes du chœur et le transept traité en avant-chœur avec l'ampleur nécessaire pour recevoir les tombeaux des rois, puis la nef dont la simplicité architecturale fait un chef-d'œuvre du gothique rayonnant.

Les **tombeaux**★★★ ⊙ disposés dans le chœur et l'avant-chœur font de la cathédrale un véritable musée de la sculpture funéraire française au Moyen Age et à la Renaissance (79 gisants). **Crypte**★★.

Depuis la Révolution, les monuments sont vides ; ils permettent néanmoins de suivre l'évolution de cet art.

A l'origine, le gisant (Clovis) repose simplement sur une dalle funéraire. En 1260, St-Louis commande des effigies symboliques mais imaginaires pour les rois qui depuis le 7e s. se sont succédé avant lui sur le trône.

Les premières recherches de ressemblance apparaissent en 1285 avec la statue de Philippe le Hardi. Au milieu du 14e s., les portraits, authentiques (Charles V – 1350), sont souvent exécutés du vivant des grands personnages.

A la Renaissance les gisants font place à des mausolées parfois somptueux ou à des statues tenant des attitudes de pose bien étudiées. Le tombeau de Henri II et de Catherine de Médicis, dessiné par le Primatice en forme de petit temple, doit ses sculptures à Germain Pilon (Vertus et personnages de bronze en prière).

ST-ÉMILION★★

2 799 habitants
Cartes Michelin n°s 75 pli 12 ou 234 pli 3 – Guide Vert Pyrénées Aquitaine

Comme bon nombre de cités de vignoble, St-Émilion, chère aux ducs d'Aquitaine et aux rois d'Angleterre, dispense à l'amateur d'art et au gourmet des plaisirs recherchés et non exclusifs. Elle occupe sur le versant d'un plateau calcaire un **site**★★ d'amphithéâtre. Ses maisons aux toits de tuiles creuses, brûlées de soleil, sont bâties dans une pierre parfois bien friable.

Pour les visiteurs, St-Émilion vaut surtout par l'originalité de son **église monolithe**★ ⊙ (d'une seule pierre), souterraine, excavée dans les strates calcaires du 8e au 12e s. et dont l'ensemble des trois nefs mesure 38 m sur 20 m sous une hauteur à la voûte de 11 m.

ST-FLOUR★★

7 417 habitants
Cartes Michelin n°s 76 plis 4, 14 ou 239 Sud du pli 31 – Guide Vert Auvergne

A 881 m d'altitude, St-Flour, la capitale historique de la Haute-Auvergne, occupe, à l'extrémité d'une coulée descendue du volcan cantalien, un **site**★★ perché au-dessus de la vallée du Lander.

Jadis fortifiée, pratiquement inexpugnable, elle garda durant la guerre de Cent Ans l'Auvergne française face à la Guyenne anglaise.

A l'extrémité de la ville haute aux vieilles maisons de lave et à la **cathédrale**★ élevée au 15e s. dans un style méridional, la terrasse des Roches offre une vue étendue sur la planèze, vaste et riche plateau d'herbages où les coulées de basalte très fluides et minéralogiquement très diverses se sont empilées les unes sur les autres et réciproquement colmatées.

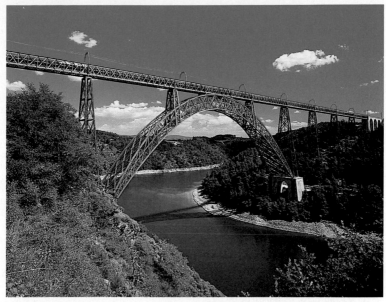

J. Damase

Viaduc de Garabit

ENVIRONS

★★ **Viaduc de Garabit** – *12 km au Sud*. Il permet à la voie ferrée Clermont-Ferrand-Millau de franchir la vallée de la **Truyère** dont les **gorges**★★, creusées dans des plateaux granitiques, sont coupées de barrages alimentant des usines hydroélectriques. Il fut élevé de 1882 à 1884 par Gustave Eiffel sur les plans de l'ingénieur Boyer. Son arc central mesure 116 m d'ouverture.
La Truyère fait à cet endroit un coude remarquable. Jadis elle poursuivait vers le Nord, et, par l'Alagnon, était tributaire de l'Allier ; mais, à l'ère tertiaire, un contrecoup du plissement pyrénéen et l'obstruction de sa vallée par une coulée de lave ont détourné son cours vers le Sud-Ouest et le Lot. Des promenades en bateau ⊙ sont organisées sur le lac de retenue de Grandval.

★★ **Site du château d'Alleuze** *(26 km à l'Ouest au départ de Garabit, par le belvédère de Mallet et le barrage de Grandval)*. Le château en ruine, occupe un site saisissant. Son plan carré à tourelles d'angles est très cantalien. Froissart raconte, en se trompant d'identité, la prise du château en pleine période de paix. Bernard de Garlan s'en empara en y entrant tout simplement alors que le châtelain s'était rendu à Clermont et que le gardien sommeillait en prenant le frais devant la porte. Huit ans plus tard, en 1405, des troupes venues de St-Flour en chassèrent le « méchant baron d'Alleuze » et démantelèrent le château.

ST-GERMAIN-EN-LAYE★★

39 926 habitants
Carte Michelin n° 101 pli 12 – Guide Vert Ile-de-France

St-Germain est une agréable ville résidentielle de l'Ouest parisien. Les souvenirs qu'elle conserve et ceux qu'elle rassemble y attirent, nombreux, les visiteurs intéressés par les siècles et même les millénaires de notre histoire.
La proximité de Paris et un site escarpé qui domine de 60 m une boucle de la Seine y motivent, dès le 12e s., la construction par Louis VI le Gros d'un château fort qui fut restauré en pleine guerre de Cent Ans par Charles V.
Plusieurs souverains (Charles IX, Henri II, Louis XIV), des princes, des écrivains, des historiens, des compositeurs naquirent à St-Germain. Louis XIII y mourut. La ville fut le théâtre de la négociation fameuse entre Gaspard de Coligny et les représentants de Catherine de Médicis qui aboutit, le 8 août 1570, à la paix de St-Germain, mettant fin à la 3e guerre de Religion.
En 1641, Richelieu y promulgua l'édit limitant les droits du parlement.
Le 28 août 1837 on y célébrait la grande première des chemins de fer en France : l'inauguration de la toute première ligne de voyageurs ; elle reliait l'embarcadère de Paris au débarcadère de St-Germain (Le Pecq).
Le 10 septembre 1919, le traité de St-Germain y restreignait les frontières de l'Autriche et limitait sa puissance militaire.

★ **Château** ⊙ – Il se présente à peu près comme il était lorsque François Ier l'eut fait rebâtir dans le goût du 16e s. par Pierre de Chambiges, sur les soubassements du château féodal. Ses chaînages de brique aux étages supérieurs et son toit en terrasse avec sa balustrade ornée de vases firent alors sensation. La cour y logea souvent de Henri IV à Louis XIV qui confia à Jules Hardouin-Mansart le soin de remplacer les anciennes tourelles par cinq pavillons et à Le Nôtre celui de dessiner le parc, de lancer la célèbre **terrasse**★★ longue de 2 400 m et de replanter la forêt.

Le château abrite le **musée des Antiquités nationales**★★ ⊙ qui jalonne par des cartes et des tableaux explicatifs, dans l'espace (grand nombre de gisements et d'abris) et dans le temps, le lointain et saisissant passé de la France.

Des pièces, le plus souvent originales, illustrent les progrès lentement accomplis par l'humanité de la Pebble culture (40 000 siècles peut-être) au paléolithique, période à la fin de laquelle se développent les industries aurignacienne, périgordienne, solutréenne et magdalénienne avec les premières manifestations de l'art que sont les statuettes féminines (Dame de Brassempouy, haute de 36 mm). Bien plus tard apparurent les civilisations du mésolithique puis du néolithique (âge des métaux : bronze puis fer avec les trois périodes de Halstatt et celles de la Tène). La Gaule, romaine puis mérovingienne, développa un art industriel (armes, outils, ustensiles...) décisif dans l'histoire du progrès.

⊙ ►► Ste-Chapelle★ *(au château)* – Musée du Prieuré★ *(peintures, école de Pont-Aven, Nabis).*

La France au 1/1 000 000 en cinq versions **chez Michelin :**
   – *en atlas, mini-atlas de France (no 915)*
   – *recto verso, moitié Nord moitié Sud (no 916)*
   – *moitié Nord (no 918)*
   – *moitié Sud (no 919)*
   – *en une feuille (no 989)*

ST-GUILHEM-LE-DÉSERT★

190 habitants
Cartes Michelin nos 83 pli 6 ou 240 pli 18 – Guide Vert Gorges du Tarn

Dans un **site**★ de bout du monde (val de l'Infernet) débouchant sur la vallée de l'Hérault, St-Guilhem est un **village**★ né au 9e s., près d'une abbaye fondée par Guillaume d'Aquitaine, collaborateur très estimé de Charlemagne, qui s'y retira.

★ **Église abbatiale** – Construite vers 1060, elle frappe par sa simplicité romane. Depuis onze siècles, elle doit sa notoriété au fragment de la Vraie Croix qu'elle abrite *(au mur du transept droit)*. Son portail s'orne d'une frise en dents d'engrenage, à la voussure extérieure, et son **chevet**★, soutenu par de puissants contreforts, porte une élégante galerie de petites arcatures. A l'intérieur, l'ampleur de l'abside et du transept témoigne d'un agrandissement de l'édifice entrepris au 11e s.

Du cloître (11e-12e s.) ne subsistent que le rez-de-chaussée des galeries Nord et, partiellement, Ouest. Les chapiteaux du 13e s., célèbres pour la vigueur de leur facture, sont l'un des trésors du musée des Cloîtres, sur les rives de l'Hudson à New York.

★★ **Grotte de Clamouse** ⊙ – *3 km au Sud.* La grotte s'ouvre en bordure du causse du Larzac.

Elle est née des fissures créées par le contrecoup du plissement alpin et empruntées par un réseau hydrologique souterrain.

Elle frappe par la puissance de ses concrétions mais surtout par la splendeur de ses cristallisations (fleurs de calcite, buissons d'aragonite givrés en grappes, fistuleuses, excentriques...).

R. Deloy/Castelet

Grotte de Clamouse – Un buisson d'aragonite

13 031 habitants

Cartes Michelin nᵒˢ 85 pli 2 ou 234 pli 29 – Guide Vert Pyrénées Aquitaine

St-Jean-de-Luz (des Marais) est à la fois un port à l'embouchure de la Nivelle et la grande ville basque française.

Le port et le quartier de la Barre – Dès le 11ᵉ s., les pêcheurs luziens traquaient la baleine au large du Labrador et, dès le 15ᵉ s., la morue sur les bancs de Terre-Neuve. Lorsqu'en 1713 le traité d'Utrecht leur eut interdit ces campagnes, ils devinrent corsaires et leur port passa pour un nid de vipères. Ils pêchèrent ensuite la sardine sur les côtes du Portugal et du Maroc et le thon sur celles du Sénégal et de la Mauritanie.

Le quartier de la Barre, celui des armateurs, se développa au rythme de ces activités, aux 16ᵉ et 17ᵉ s. surtout ; mais il fut incendié par les Espagnols en 1558 puis ravagé par des raz de marée en 1749 et 1785. Parmi ses belles maisons, la plus ancienne, en pierre, celle de Carquiou Kaïlu, est la seule qui ait survécu à l'incendie en 1558.

Le mariage de Louis XIV – Le mariage de Louis XIV avec l'infante Marie-Thérèse, arrêté par une des clauses du traité des Pyrénées, retardé par la passion du roi pour Marie Mancini, fut célébré à St-Jean-de-Luz le 9 juin 1660.

Depuis le 8 mai, le souverain logeait dans la maison Lohobiague appelée depuis **maison Louis-XIV**★ ◷, remarquable plus encore par son escalier de châtaignier aux poutres à crémaillère, par les meubles de son grand salon et par les boiseries (18ᵉ s.) de sa salle à manger que par son architecture.

L'infante logeait dans une maison proche, à chaînage de brique.

St-Jean-de-Luz était alors la capitale de la France et le siège de son gouvernement en même temps que la résidence de la cour transportée du Louvre. Fêtes fastueuses, bals, spectacles et divertissements s'y succédaient.

★★ **Église St-Jean-Baptiste** – Agrandie 11 ans plus tôt, mais encore en travaux, elle fut le théâtre de la cérémonie. Son intérieur somptueux avec son **retable**★ (18ᵉ s.) resplendissant d'or, fait à Bidache, sa voûte en carène lambrissée, ses galeries de chêne, son maître-autel surélevé au-dessus de la sacristie selon une disposition courante en Labourd et en Guipuzcoa en font la plus célèbre des églises basques.

★★ **Corniche basque** – *14 km au Sud jusqu'à Hendaye*. La **falaise de Socoa**★, particulièrement intéressante à observer à marée basse, représente un phénomène très rare de relief littoral : une plate-forme récente d'abrasion marine. Après que l'ancien rivage, plus au large, eut été recouvert par les eaux lors de la fonte des glaciers quaternaires, l'attaque des vagues s'exerça à la base des schistes feuilletés, inclinés et altérés par les embruns, qui se détachent par plaques au-dessus de la « plage » (la fameuse plate-forme) où leurs arêtes arasées subissent le brassage des marées.

★★ LA RHUNE *14 km au Sud-Est jusqu'à Sare*

Les Basques, probablement refoulés au Nord par les Wisigoths, fondèrent le royaume de Vasconie. Les Vascons de plaine fusionnant avec les peuples d'Aquitaine devinrent les Gascons : les montagnards, jaloux de leur indépendance, conservèrent leur langue énigmatique derrière laquelle s'abrite leur identité.

La Rhune, le « bon pâturage », compose un massif primaire dont le **sommet** *(chemin de fer à crémaillère)* ◷ offre un immense **panorama**★★★ sur le golfe de Gascogne, les Landes et les provinces basques du Labourd, de Navarre et de Guipuzcoa. Les villages d'**Ascain**★ et de **Sare**★ au pied de la Rhune sont caractéristiques de l'architecture et de l'urbanisme en Pays Basque. Ils séduisent par leurs belles maisons, « etche », dont les pans de bois, le plus souvent traités en rouge-brun, sont très décoratifs sur le crépi blanc, par leurs églises dont le cimetière attenant conserve de célèbres croix discoïdales sculptées dans un cercle, par leurs frontons et, à l'occasion, par le spectacle de leur fandango, danse chaste et passionnée, ou par celui de leurs chasses à la palombe.

Actualisée en permanence,
la carte **Michelin au 1/200 000** *souligne*
les localités citées au **guide Rouge Michelin** *France*
(hôtels et restaurants)
et montre l'extension de ses plans de villes.

Au moment de choisir une étape ou de pénétrer
dans une ville, quelle facilité !

Équipez votre voiture de cartes Michelin à jour.

ST-JEAN-PIED-DE-PORT★

1 432 habitants
Cartes Michelin nos 85 pli 3 ou 234 pli 38 – Guide Vert Pyrénées Aquitaine

Au pied du port de Roncevaux (alto Ibaneta) et au débouché du défilé de Valcarlos, St-Jean-Pied-de-Port constituait, au temps du pèlerinage de St-Jacques-de-Compostelle, la dernière étape avant la rude ascension vers le col frontière qui se pratiquait généralement par la route des Ports de Cize (GR 65 – col de Bentarte). La rue d'Espagne, commerçante et animée, évoque encore cette période.

La ville fut fortifiée, sur son front Nord, dès le 15e s. sous la domination navarraise. Elle devint en 1512 la capitale de la Basse-Navarre que conservèrent les Albret dépossédés de leurs territoires espagnols par Ferdinand le Catholique. De cette époque datent les premières maisons de grès rouge, dont la construction se poursuivit aux 16e et 17e s. et dont les portails arrondis et les linteaux sculptés bordent la rue de la Citadelle.

La citadelle et, sur la rive gauche, les fortifications défendant la route d'Espagne, postérieures au traité des Pyrénées, appartiennent au système de Vauban.

ST-MALO★★★

48 057 habitants
Cartes Michelin nos 59 pli 6 ou 230 pli 11 – Guide Vert Bretagne

A l'abri de ses remparts, le quartier ancien de St-Malo compose un exceptionnel **site**★★★ marin, insulaire, sur la rive droite de la Rance.

Son essor économique se dessine au 16e s., alors que le commerce des fourrures (puis des toiles) est alimenté par les coureurs des bois au Canada et que se développe la pêche à la morue sur les bancs de Terre-Neuve (qui, d'autre part, fait régresser l'exportation du poisson séché par les ports bretons). L'argent afflue.

Dès la fin du 16e s., ses armateurs se font bâtir aux alentours des malouinières (manoirs) et, en ville, des maisons de bois en hauteur. Vers 1665, leurs cap-horniers fréquentent les côtes de l'océan Pacifique et leur commerce florissant les pousse

Y. Arthus-Bertrand/ALTITUDE

St-Malo

Broussais (R.)	DZ	5
Cartier (R. J.)	DZ	5
Chartres (R. de)	DZ	6
Chateaubriand (Pl.)	DZ	8
Cordiers (R. des)	DZ	13
Dinan (R. de)	DZ	
Forgeurs (R. du)	DZ	18
Fosse (R. de la)	DZ	19
Herbes (Pl. aux)	DZ	25
Lamennais (Pl. Fr.)	DZ	28
Mettrie (R. de la)	DZ	35
Pilori (Pl. du)	DZ	38
Poids-du-Roi (Pl. du)	DZ	39
Poissonnerie (Pl. de la)	DZ	42
Porcon-de-la-Barbinais (R.)	DZ	43
St-Benoist (R.)	DZ	56
St-Vincent (R.)	DZ	57
Vauban (Pl.)	DZ	70

E Quic-en-Groigne
M¹ Musée de
      la Poupée
      et du Jouet ancien
M² Musée
      d'Histoire de la ville
      et d'Ethnographie
      du pays malouin

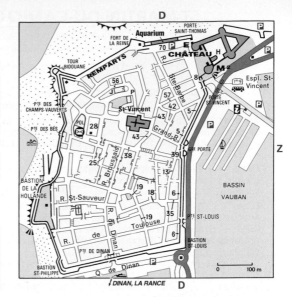

à bâtir en granit. La mode architecturale de Paris et les tendances centralisatrices de la monarchie prévalent alors sur les traditions malouines. Mais la vulnérabilité de la côte Ouest face aux incursions anglaises devient le grand souci de Colbert qui pressent la prochaine rivalité maritime ; en 1689, Vauban reçoit mandat de renforcer les défenses de St-Malo, en particulier à l'Est et au Sud en protégeant ses accès terrestres.

Sur toutes les mers Dugay-Trouin, La Bourdonnais, Surcouf affrontent les navires anglais.

Au 19e s., l'invention des bassins à flot par le génie maritime prive la ville de l'avantage que ses chantiers navals tiraient de l'amplitude des grandes marées.

★★★ **Remparts** – Le tour de la ville ancienne par le chemin de ronde *(1 h à pied AR)* permet de découvrir la vallée de la Rance, Dinard et le rocher du Grand Bé, isolé à marée haute, où Chateaubriand repose, face au large ; mais surtout d'admirer le vieux St-Malo (restauré en 1945) fermé dans ses remparts. La sécheresse rigoureuse du décor urbain, la qualité du granit (même sur les demeures anciennes), la taille des moellons et leur appareillage, la netteté du bandeau qui souligne les étages, les grands toits mansardés où de hautes cheminées assurent un bon tirage même par grand vent d'Ouest font son cachet. L'alignement des maisons de la rue de Dinan et, alentour, les maisons parallèles au rempart sont célèbres.

★★ **Château** – Il présente les anciennes façades des casernes des 17e et 18e s.

Cathédrale St-Vincent – La nef est couverte d'une des plus anciennes voûtes de pierre de Bretagne (vers 1160, mais refaite après la dernière guerre). Elle est montée à la façon des voûtes angevines, la Bretagne étant alors dans la mouvance des Plantagenêts. Mais le poids du granit y contrecarre l'impression de légèreté obtenue en Anjou par l'adoption d'un matériau moins lourd (voûte d'origine dans le bas-côté gauche). Noter les **vitraux**★ de Jean Le Moal.

★★ **Le Grand Aquarium** ⊘ – Conçu pour offrir un spectacle vivant aux visiteurs, tout en présentant des collections d'un grand intérêt scientifique, il propose un parcours qui suit les traces des grands navigateurs malouins. Parmi les nombreux aquariums et bacs d'acclimatation, deux attractions-phares retiennent l'attention : l'**Anneau**, remarquable prouesse technique, est un aquarium circulaire de 600 000 litres d'eau dans lequel des bancs de plusieurs centaines de poissons pélagiques poursuivent une ronde sans fin ; le **Vaisseau englouti** est la reconstitution grandeur nature d'une épave entourée de requins.

⊘ ►► Musée d'Histoire de la ville et d'Ethnographie du pays malouin★ **M²** – Quic-en-Groigne★ – Fort national★.

★★★ LA CÔTE D'ÉMERAUDE

On donne ce nom à la partie de la côte qui s'étend depuis Cancale (pointe du **Grouin**★★) jusqu'au **Val-André**★★. La route qui permet de visiter cette côte est l'une des plus touristiques de la partie septentrionale de la Bretagne. Elle passe par des plages célèbres : Dinard, St-Lunaire, Paramé, St-Malo. Rocheuse et très découpée, la Côte d'Émeraude offre un choix remarquable d'excursions permettant la visite de sites côtiers grandioses : **Fort la Latte**★★, **Cap Fréhel**★★★, **Cap d'Erquy**★.

ST-MARTIN-DU-CANIGOU★★

Cartes Michelin n° 86 pli 17 ou 235 pli 52 – 2,5 km au Sud de Vernet-les-Bains
Guide Vert Pyrénées Roussillon

Ce nid d'aigle, à 1 055 m d'altitude, constitue la promenade classique de Vernet-les-Bains.

Accès – *A partir de Casteil, où laisser la voiture, un peu plus d'1 h à pied AR par une route en très forte montée. Accès également possible en Jeep* ⊙.

Abbaye ⊙ – L'abbaye, construite sur un rocher à pic, à 1 094 m d'altitude, se développe à partir du 11e s., comme fondation monastique. Abandonnée à la Révolution, elle fut restaurée de 1902 à 1932 et agrandie de 1952 à 1972.

Cloître – Au début du siècle, il ne subsistait plus que trois galeries aux frustes arcades en plein cintre. La restauration a reconstitué une galerie Sud, ouvrant sur le ravin.

Églises – L'église inférieure (10e s.), dédiée à « N.-D.-sous-Terre » suivant une antique tradition chrétienne, forme crypte par rapport à l'église haute (11e s.). Celle-ci, juxtaposant trois nefs voûtées de berceaux parallèles, laisse encore une profonde impression d'archaïsme avec ses chapiteaux grossiers, sculptés en simple méplat.
Sur le côté Nord du chœur s'élève un clocher terminé par une plate-forme crénelée. A proximité de l'église, deux tombes sont creusées dans le roc : celle du fondateur, le comte Guifred de Cerdagne, creusée de sa propre main, et celle de l'une de ses femmes.

★★ **Site** – *Pour bien saisir l'originalité du site de St-Martin prendre à gauche, en arrivant à l'abbaye (1/2 h à pied AR), un escalier (itinéraire n° 9) qui s'élève dans les bois. Après la prise d'eau tourner à droite.*
De là, la vue sur l'abbaye, sur laquelle l'ombre du Canigou se projette tard dans la matinée et qui domine le vallon de Casteil et du Vernet d'une façon abrupte, apparaît dans toute son originalité.

Église de ST-NECTAIRE★★

664 habitants
Cartes Michelin n°s 73 pli 14 ou 239 pli 19 – Guide Vert Auvergne

Cette église, de petites dimensions, construite vers 1160 pour desservir un prieuré de La Chaise-Dieu, occupe dans la vallée de la couze de Chambon une situation spectaculaire sur le versant Est des monts Dore. Les dégâts qu'elle subit pendant la Convention nécessitèrent une réfection très importante (clocher, tours, façade Ouest) en 1875.

VISITE ⊙

A l'intérieur, outre sa coupole sur trompes, il faut remarquer sa nef centrale voûtée reposant, fait original, sur des colonnes (et non sur des piliers), le massif architectural Ouest que constitue la tribune de son narthex et les arcs en mitre, très auvergnats, dans ses croisillons.
Ses 103 **chapiteaux**★★, pour la plupart du 12e s., sculptés dans le trachyte et l'andésite (roches éruptives), sont célèbres par la qualité de leur décoration de feuillages, d'animaux ou de sujets historiés.
Les plus admirés, autour du chœur, probablement inspirés par ceux de l'atelier de Mozac *(voir à Riom)*, rassemblent 87 personnages et illustrent, de gauche à droite, des scènes de la Passion (baiser de Judas, Flagellation), de la vie publique de Jésus, de la Résurrection (Saintes Femmes au tombeau, Incrédulité de saint Thomas).
Dans le bas gauche du transept, le **trésor**★★ abrite une statue de N.-D.-du-Mont-Cornadore (Vierge de majesté du 12e s.), le **buste reliquaire de saint-Baudime**★★, chef-d'œuvre de l'orfèvrerie limousine du 12e s., admirable par la beauté des mains et la pénétration du regard (pupille de corne), le bras reliquaire de saint Nectaire en argent repoussé et de beaux plats de reliure limousins (vers 1170).

ENVIRONS

★★ **Château de Murol** ⊙ – *6 km à l'Ouest.* Ce château s'élève sur une table de basalte formée par une coulée de lave issue du volcan du Tartaret. Le site fut fortifié (donjon polygonal) dès le 12e s. en raison de sa valeur sur l'itinéraire entre le comté d'Auvergne et le Cantal. A la fin du 14e s., il devint l'une des principales demeures seigneuriales d'Auvergne lorsque Guillaume de Murol, qui avait passé sa jeunesse à la cour pontificale d'Avignon, lui donna les grands traits de sa physionomie actuelle (haute cour intérieure, grande tour, façades Nord et Est), très évocatrice de l'insécurité médiévale et de l'indépendance farouche de la noblesse auvergnate.

Un siècle plus tard, le château reçut quelques aménagements et ornementations liés au goût de la Renaissance (lice de tournois avec tribune d'honneur, tympan armorié, manteaux de cheminées sculptés). Mais à la fin du 16e s., les troubles de la Ligue et les guerres de Religion justifièrent la modernisation (bastions, échauguettes, enceinte extérieure dressée à l'abrupt du rocher, protection contre l'escalade) de son système défensif naturellement protégé par son site contre l'artillerie et par son socle naturel contre la mine ou la sape. La forteresse rendue inexpugnable fut épargnée par Richelieu mais tomba en ruine au 19e s.

Basilique ST-NICOLAS-DE-PORT★★

Cartes Michelin nos 62 pli 5 ou 242 pli 22 – Guide Vert Alsace et Lorraine

Dans le paysage industriel de la vallée de la Meurthe et du canal de la Marne au Rhin, où depuis 1872 la soudière de la Société Solvay, la plus ancienne de France, exploite par dissolution un gisement de sel de roche de 1 500 m^2 et épais de 70 m par endroits, se dresse, inattendue, la basilique St-Nicolas Ⓥ.

Superbe exemple en Lorraine du style gothique flamboyant, elle a été construite de 1481 à 1560, à une époque où ce style parvenait à son achèvement et se dissipait en fioritures. On le reconnaît à la façade surchargée, à l'absence de triforium, aux fines arcatures élancées qui garnissent le nu de certains murs, aux deux colonnes isolées, les plus hautes de France avec leurs 28 m disposées à l'alignement des grandes arcades et portant la voûte à liernes et tiercerons d'un faux transept éclairé par une verrière au fenêtrage complexe.

L'influence proche de la Champagne se manifeste dans la coursive qui règne à la base des grandes fenêtres des collatéraux et celle de la Renaissance dans les chapelles latérales exécutées postérieurement au gros œuvre.

ST-OMER★★

14 434 habitants
Cartes Michelin nos 51 pli 3 ou 236 pli 4 – Guide Vert Flandres Artois Picardie

St-Omer, grande cité commerçante et bourgeoise, conserve de belles demeures de l'époque classique. Elle est située au contact de la Flandre intérieure (la « Fosse » flamande) humide où se plaisent les peupliers, les ormes et les saules et de la Flandre maritime gagnée sur les eaux à partir du Moyen Age, plus céréalière et plus industrielle. Au soir du 25 octobre 1415, la bataille d'**Azincourt** *(38 km au Sud)* se soldait par la plus grave défaite française de la guerre de Cent Ans. La noblesse, sans commandement centralisé, avait déployé son courage en ordre dispersé face à une armée anglaise moins nombreuse mais plus mobile. Les chevaux, accablés par le poids des cuirasses, embourbés dans un sol détrempé, étaient une cible facile pour les archers anglais ; les chevaliers, une fois à terre, immobilisés par leur propre armure, étaient sans défense devant les épées et les massues de la piétaille ennemie. Ce désastre laissait exsangue la noblesse française, qui avait perdu 10 000 des siens, la Normandie ouverte à l'invasion, l'accès de Paris libre à Jean sans Peur et la couronne de France à la prétention d'Henri V d'Angleterre. Charles d'Orléans vaincu devint le prisonnier poète de la tour de Londres. Calvaire et plaque commémorative déposée sur un menhir.

St-Omer, ville frontière, fut impériale, flamande, bourguignonne et espagnole avant de devenir française en 1677.

La métallurgie, la chimie et surtout la cristallerie, installées dans son faubourg d'Arques, comptent parmi ses activités essentielles.

★★ **Cathédrale Notre-Dame** – Achevée à la fin de la guerre de Cent Ans, elle manifeste la présence anglaise et l'influence du gothique « perpendiculaire » à l'extérieur par sa haute tour carrée à plate-forme dont les tourelles et les murs s'allègent de tout un réseau de lancettes et, à l'intérieur, par les longues et fines colonnettes de son triforium, au transept et autour du chœur.

La cathédrale est connue pour ses **œuvres d'art**★★ : boiseries du 18e s. (cuve de la chaire dont les panneaux sont sculptés de scènes de la vie de saint Dominique ancien patron de l'église, élégants lambris des stalles, buffet d'orgue) et très rare pavement de dalles gravées et incrustées, taillées en losange, qui recouvrait le chœur et le déambulatoire dès les années 1250. Les deux chapelles rayonnantes et la première travée du collatéral droit conservent plusieurs de ses motifs (ensevelissement de la Vierge, chevaliers, Arts libéraux, signes du zodiaque...).

Ⓥ ► Hôtel Sandelin★ musée *(Arts décoratifs)* – Ancienne chapelle des Jésuites★ – Jardin public★.

ST-POL-DE-LÉON★

7 261 habitants
Cartes Michelin nᵒˢ 58 pli 6 ou 230 pli 5 – Guide Vert Bretagne

St-Pol est l'une des capitales maraîchères de la ceinture dorée. Cette région, en bordure du plateau, à proximité de la côte, de St-Malo à St-Nazaire, mais bien abritée des vents, jouissant d'un climat très doux et d'un sol limoneux, fait la richesse de l'agriculture bretonne (primeurs, choux-fleurs, artichauts, oignons, pommes de terre...). La pression de la motoculture y détermine un remembrement du parcellaire naguère cloisonné en lopins exigus.

Avec l'occupation de la région par les Anglais en 1375, dix ans après le règlement de la guerre de Succession, l'influence architecturale anglo-normande pénètre en Léon.

★ **Chapelle du Kreisker** ⊙ – La chapelle, reconstruite après 1375, servit de lieu de réunion au conseil municipal lors de la croissance des villes littorales grâce au commerce maritime, au 15e s. Vers 1430, le duc Jean V, qui avait grandi à la cour de Bourgogne puis épousé Jeanne de France, favorise l'introduction du style gothique en Bretagne pour rehausser le prestige de sa cour. Mais les architectes bretons donnèrent au style flamboyant une physionomie propre en renonçant aux grandes façades bien composées, décorées avec une profusion que le granit ne permettait guère et en adoptant un chevet plat (influence anglaise combinée à celle des ordres mendiants). Ils éliminaient ainsi les problèmes posés par les voûtes de plan circulaire ou polygonal et facilitaient l'éclairage de l'édifice par une maîtresse-vitre.

En couvrant l'église d'une charpente lambrissée sous un léger toit d'ardoise, ils se libéraient de la contrainte des arcs-boutants.

La chapelle fut reprise, agrandie et dotée, de 1436 à 1439, de son **clocher**★★. Ce dernier, le plus beau de Bretagne, a connu un surcroît de célébrité lors de la disparition de celui de N.-D.-du-Mur, à Morlaix, qui lui aurait servi de modèle. Il relève du style normand par sa verticalité, par sa flèche très aiguë dont les clochetons d'angle sont si légers qu'il fallut les relier au corps principal par des entretoises pour leur permettre de résister au vent, et par ses fines baies verticales. De même, il relève du « perpendiculaire » anglais par le quadrillage de ses meneaux, par la balustrade de son balcon en surplomb et par les entablements matérialisant ses étages.

★ **Ancienne cathédrale** – Ce beau monument breton où prédomine le granit fut restauré, après 1431, grâce à la générosité des ducs. La nef, dont sept travées sont encore voûtées d'origine, doit au rayonnement de l'architecture normande la pierre de Caen. Sur le côté gauche du chœur, au-dessus des enfeus, quelques reliquaires de bois abritent des crânes exhumés d'un cimetière voisin ; dans le sanctuaire, rare « suspense » (1770) soutenue par un palmier.

ENVIRONS

★ **Roscoff** – *5 km au Nord.* Roscoff est un port actif entre la Bretagne, l'Angleterre et l'Irlande (passagers, pêche à la langouste et au homard, exportation de légumes). C'est par ailleurs une station balnéaire et un centre de cure (selon les méthodes de la thalassothérapie) très fréquenté. L'église N.D.-de-Kroaz-Batz possède un remarquable **clocher**★ Renaissance à lanternons, l'un des plus beaux du Finistère, et à l'intérieur quatre **albâtres**★, représentant des scènes de la Passion, placés dans le retable d'un autel du bas-côté droit.

ST-QUENTIN

Agglomération 69 188 habitants
Cartes Michelin nᵒˢ 53 pli 14 ou 236 pli 27 – Guide Vert Flandres Artois Picardie

St-Quentin, sur sa colline dominant la Somme, est une ville picarde qui, dès 1080, jouissait d'une charte de libertés communales.

Le désastre de St-Quentin et ses suites – En analysant les causes de la défaite subie par le connétable de Montmorency en août 1557, sous les murs de St-Quentin devant l'armée espagnole, Henri II mesura le danger que faisait encourir au royaume l'infiltration de prédicants protestants. Il ne trouva pas dans le succès de Guise à Calais et à Thionville l'année suivante les assurances escomptées et se sentait vulnérable lors des ultimes entretiens du **traité du Cateau-Cambrésis** signé le 2 avril 1559 avec l'Angleterre et le lendemain avec l'Espagne.

Sur ce dernier, l'appréciation des historiens est fort partagée. Tous, certes, s'accordent à y voir la réunion de Calais à la France, la reconnaissance, implicite, de nos droits sur Metz, Toul et Verdun et la fin des guerres d'Italie. Mais pour les uns, la France ne sut pas faire valoir ses conditions et Henri II, à bout de ressources, dupé par Philippe II d'Espagne, dut céder aux exigences espagnoles et restituer

189 places fortes, le comté de Nice, la Bresse, la Savoie, livrer à la maison d'Autriche nos territoires italiens qui relevaient de Florence et de Sienne, la Corse à Gênes... bref, perdre « en un jour ce que n'ôteraient pas 30 ans de revers » *(Montluc)*. Selon d'autres, l'enjeu était plus profond. Il convenait pour le roi, quel qu'en soit le prix, de se réconcilier avec les monarchies catholiques face aux pays de l'hérésie en remettant le recouvrement de nos frontières naturelles à un avenir moins critique. Peut-être cette politique eût-elle pu réussir et nous épargner les guerres de Religion, mais trois mois plus tard Henri II succombait à un coup de lance reçu dans un tournoi. François II, enfant de 15 ans, lui succédait ; la crise politique s'aggravait d'une carence d'autorité.

Musée Antoine-Lécuyer ⊙ – Né et mort dans la ville, **Maurice Quentin de La Tour** (1704-1788) fut l'un de nos plus fameux pastellistes. Ce musée expose **78 portraits★★** de sa main dont chacun possède sa propre personnalité : primesautier, malicieux, ironique, railleur, bienveillant, désabusé, « incomparables planches d'anatomie morale ». Son autoportrait est d'une admirable pénétration introspective.

★ **Basilique** – Elle appartient au gothique lancéolé dont elle présente l'élévation caractéristique. On y observe en outre un double collatéral, un double transept original, le déambulatoire champenois au droit duquel deux colonnes supportent les chapelles selon une disposition élégante empruntée à St-Remi de Reims, et, au fond de la nef, un des rares labyrinthes qui nous soient conservés.

★ **Hôtel de ville** – Joyau de l'art gothique tardif (début du 16e s.), sa façade vigoureusement dessinée comporte des arcs en ogive surmontés de pinacles, des fenêtres à meneaux et une galerie ajourée surmontée de trois pignons. Elle s'orne de sculptures pittoresques apparentées au registre flamboyant.

Hôtel de ville

ENVIRONS

★ **Château fort des ducs de Guise** ⊙ – *28 km au Nord-Est par la N 29-E 44.* Construit dès le 11e s. en grès des Ardennes, en briques et en pierres calcaires, le château fort de Guise (nom d'une illustre famille, branche cadette de la maison de Lorraine) fut l'une des premières forteresses bastionnées de France. L'ensemble couvre une superficie de 17 ha. Depuis 1952, une association de bénévoles s'attache à sauver ce château qui fut, pendant la Grande Guerre, la cible de l'artillerie.

Quelques faits historiques.
Sous ce chapitre en introduction, le tableau évoque
les principaux événements de l'histoire du pays.

ST-RÉMY-DE-PROVENCE★

9 340 habitants
Cartes Michelin nᵒˢ 84 pli 1 ou 245 pli 29 ou 246 pli 26 – Guide Vert Provence

Au Nord des Alpilles, St-Rémy donne en quelque sorte l'image type de la Provence intérieure avec son ciel lumineux, ses paysages d'un relief mesuré, sa place de la République animée et composant un bel ensemble Renaissance.

★★ **Les Antiques** – *1 km au Sud.* Intéressant ensemble archéologique.
Le **mausolée**★★ (1ᵉʳ s.), le plus beau conservé du monde romain, est une lanterne des morts érigée à la mémoire des petits-fils d'Auguste qu'une mort prématurée a privés de l'héritage impérial.
L'**arc municipal**★, très dégradé, datant du début du règne d'Auguste, est l'un des plus anciens de la Narbonnaise. Ses sculptures (guirlandes de fleurs, victoires, captifs) manifestent la survivance de l'art grec en Provence.
Dans les ruines de **Glanum**★ ⊙ les archéologues lisent l'histoire de cette cité antique. Fondation par les Celtes près d'une source ; extension par des commerçants phocéens au 6ᵉ avant J.-C. ; construction, quelque 300 ans plus tard, de maisons de style grec ; destruction par les Teutons probablement peu avant que Marius ne les écrase dans les plaines d'Aix ; restauration par César, colonisateur de la Gaule, puis, de nouveau, ravage par les Germains au 3ᵉ s. Alors Glanum, pratiquement à l'abandon, s'éteignit sous les alluvions descendues des Alpilles qui peu à peu obstruèrent ses canaux et les recouvrirent.

ST-RIQUIER★

1 166 habitants
Cartes Michelin nᵒˢ 52 pli 7 ou 236 plis 22, 23 – Guide Vert Flandres Artois Picardie

St-Riquier fut le siège d'une abbaye bénédictine qui était déjà réputée lorsque Angilbert, le gendre de Charlemagne, en devint abbé laïc et fit reconstruire l'église vers l'an 800. Mais sa richesse même lui attira les convoitises des Normands. En 1131, l'ensemble architectural carolingien et roman disparaissait dans un incendie ; il fallut le restaurer au 13ᵉ s.
Comme toute la Picardie, St-Riquier pâtit des affrontements de la guerre de Cent Ans (la bataille de Crécy se déroula à 15 km au Nord-Ouest, en 1356) et des démêlés entre Louis XI et Charles le Téméraire puis entre Louis XII et Philippe II d'Espagne.

★ **Église** – Néanmoins en 1511, à l'époque où le gothique flamboyant se pénétrait des goûts de la Renaissance, on reprenait les travaux en conservant les parties basses du chœur et du transept ; la rivalité d'Abbeville poussait à reconstruire la façade dominée par une tour à plate-forme d'influence anglaise et abondamment sculptée.
L'**intérieur**★★ est admirable par la simplicité de son ordonnance et par la douce luminosité blonde que diffuse le calcaire de la Somme. Une corniche du 16ᵉ s. et une balustrade du 17ᵉ s. matérialisent l'élévation de la nef à deux étages. Les deux dernières travées du bas-côté droit couvertes de voûtes complexes à liernes et tiercerons annoncent les voûtes Renaissance à caissons. Le chœur, véritable salon du 17ᵉ s., est fermé par une **grille**★ de 1685 au superbe barreaudage.

⊙ ►► Trésorerie – Musée départemental.

ST-SAVIN★★

1 089 habitants
Cartes Michelin nᵒˢ 68 pli 15 ou 233 pli 10 – Guide Vert Poitou Vendée Charentes

Dans le pays des Brandes poitevines, l'ancienne église abbatiale de St-Savin attire et retient les visiteurs en dépit des mutilations qu'elle subit au cours des siècles. L'imagination est cependant impuissante à restituer ce monument, à l'époque de sa splendeur, avant la guerre de Cent Ans, dans la somptuosité d'une architecture intégralement peinte par un maître roman, riche d'un mobilier non dispersé et encore intact d'aménagements ou de retouches abusives.

★★ L'ABBATIALE ⊙

La qualité de son architecture romane dont la construction s'est ramassée sur 50 ans, de 1040 à 1090, apparaît, en particulier, à l'extérieur dans son clocher carré où, sur un socle du 11ᵉ s., furent élevés deux étages à baies au 12ᵉ s. et une flèche aiguë au 14ᵉ s. (reconstruite au milieu du siècle dernier) ; à l'intérieur, dans les hautes colonnes qui séparent le vaisseau central des collatéraux et dans les tables d'autel romanes portant encore leurs inscriptions dédicatoires gravées sur la tranche, qui occupent six chapelles autour du chœur et du transept.

Mais la grande notoriété de St-Savin tient à l'éblouissant ensemble de **peintures murales★★★** de la période romane, le plus important de France. Elles paraissent avoir été réalisées vers 1100, en 3 ou 4 ans seulement, par les artistes d'un seul atelier. Les couleurs, peu nombreuses (ocre-jaune et rouge, vert, blanc, noir) sont appliquées largement en aplats, sans dégradés. Parmi celles qui ont le mieux échappé aux ravages du temps et des hommes, il faut admirer dans le narthex les scènes de l'Apocalypse traitées dans un style monumental ; à la voûte du grand berceau de la nef, la Création, le Livre d'Abraham (aux trois premières travées) puis les cycles de Moïse, d'Abel, de Noé et de Joseph dans les six travées suivantes ; dans les cryptes, le Christ en majesté, les Évangélistes et des saints d'une facture plus narrative.

Enclos paroissial de ST-THÉGONNEC★★

Cartes Michelin n°s 58 pli 6 ou 230 pli 5 – Guide Vert Bretagne

St-Thégonnec possède l'un des enclos paroissiaux les plus célèbres et les plus typiques qui se rencontrent dans les bourgs de Bretagne, surtout dans le bassin de l'Elorn, sur les pentes des monts d'Arrée et en pays de Léon.

Ces ensembles architecturaux sont apparus dans la seconde moitié du 16e s., à l'époque où se développait en France le mouvement de la Contre-Réforme et où se dessinait le renouveau religieux qui suivit la Renaissance. Ils ont puissamment contribué à l'évangélisation des campagnes en permettant à l'Église d'affirmer ses dogmes et de répandre le culte des apôtres et des saints de préférence à celui de personnages spontanément intégrés dans l'expression populaire de la foi. Le pouvoir qu'ils exerçaient sur les imaginations se trouvait renforcé, un peu à la manière d'une bande dessinée, par l'exagération de certaines proportions (visages), par l'attitude quelque peu théâtrale des personnages et par des gestes excessifs dans les scènes relatant les récits des évangiles. L'enclos avait pour centre le cimetière, assez petit, aux dalles uniformes. Autour du champ de repos, qui s'ouvre très souvent par une porte triomphale, se groupent l'église avec son placître, le calvaire et l'ossuaire. Ainsi la vie spirituelle de la paroisse était très étroitement rattachée à la communauté des morts. La pensée de la mort, l'« ankou », est d'ailleurs familière aux Bretons, qui l'ont souvent représentée. L'enclos abritait l'ensemble de la vie religieuse collective ; le cérémonial liturgique s'y déployait avec une solennité où se manifestait l'union spirituelle des morts (ossuaire et cimetière) et des vivants (processions, prédications, catéchisme...).

St-Thégonnec – Calvaire : la scène des Outrages

Ph. Beuzen/SCOPE

L'enclos s'ouvre par une solennelle **porte triomphale★** de 1587 encore très Renaissance mais surchargée de boules, de coquilles, de pilastres et de lanternons.

Le **calvaire★★** (1610), œuvre de Rolland Doré, est le dernier des grands calvaires en kerzanton. Sur la traverse inférieure de la croix, des anges recueillent le saint sang ; sur la plateforme sont disposées les scènes de la Passion et la Résurrection (observer la dérision des bourreaux dans la scène des Outrages et le symbolisme vestimentaire : le Christ et les siens vêtus selon la tradition chrétienne, des représentants de l'État habillés à la mode Henri IV).

La **chapelle funéraire★** ⊘ (1676) illustre la survivance des motifs décoratifs en Bretagne (retable à colonnes torses et Saint-Sépulcre en chêne polychrome). La décoration, sculptée de motifs funéraires, reprend les thèmes de la prédication. L'**église★** du 15e s. a été remaniée et meublée à plusieurs reprises au 17e s. et au début du 18e s., avec une harmonieuse unité de style. Sa **chaire★★** est remarquable par sa cuve polygonale (1683) où l'art des sculpteurs de la marine du port de Brest participe au programme d'enseignement religieux, par son dorsal et par son abat-voix Louis XV.

A la fin du 17e s., la rivalité maritime franco-anglaise, contrecarrant le commerce et l'activité portuaire qui, depuis deux siècles, faisaient la richesse du Léon, amenuise les ressources des mécènes alors que se sclérose l'imagination des décorateurs. St-Thégonnec est le dernier grand enclos paroissial breton.

ENVIRONS

★★ **Enclos paroissial de Guimiliau** – *8 km au Sud-Ouest.* L'enclos paroissial est antérieur d'une trentaine d'années à celui de St-Thégonnec.
Le **calvaire**★★ (1581) vaut par la naïveté, le sens du mouvement qui anime ses 200 personnages et la rudesse de sa facture qui n'eussent pas détonné à l'époque romane (épisodes de la vie de Jésus et scènes de la Passion représentés sur la frise). Observer l'effrayante sculpture de l'Enfer à l'entrée duquel se débat Catell-Gollet, la servante qui avait caché des péchés en confession.
A la façade de l'ossuaire (1642), qui constitue une chapelle mortuaire quelque peu théâtrale, la chaire extérieure est une survivance du 15e s.
L'**église**★ ⊙ s'ouvre par un **porche**★★ de 1606 où la Renaissance étale la richesse et la variété de ses motifs décoratifs ; les voussures proposent une intéressante imagerie de l'Ancien et du Nouveau Testament. A l'intérieur (voûtes lambrissées), le **baptistère**★★ à baldaquin et colonnes torses ornées de pampres et de feuillages et la **chaire**★ aux grands panneaux sculptés vers 1675 sont de style baroque.

ST-TROPEZ★★

5 754 habitants
Cartes Michelin nᵒˢ 84 pli 17 ou 114 pli 37 ou 245 pli 49
Guide Vert Côte d'Azur

Situé sur le golfe du même nom, St-Tropez adosse ses ruelles étroites aux collines prolongeant les Maures.

Le village s'ouvre sur la mer par un petit port très animé où l'on admire de magnifiques yachts. Découvert par **Paul Signac** puis fréquenté par tous les post-impressionnistes (comme en témoignent les collections du **musée de l'Annonciade**★★ ⊙), l'ancien village de pêcheurs a depuis accueilli de nombreuses personnalités des arts, des lettres, du cinéma et du monde du spectacle. Deux « Bravades » ont lieu chaque année, l'une ayant pour but d'honorer saint Tropez, l'autre commémorant une page d'histoire locale remontant à l'année 1637.

★★★MASSIF DES MAURES

Les larges ondulations débonnaires du massif s'étendent de Fréjus à Hyères. Des incendies importants ont gravement endommagé l'épaisse forêt de feuillus qui le recouvrait à l'origine, mais de petits villages, des chapelles et des couvents continuent d'en agrémenter les hauteurs, tandis qu'une succession de golfes et de baies échancrent harmonieusement son littoral.

SAINTES★★

25 874 habitants
Cartes Michelin nᵒˢ 71 pli 4 ou 233 pli 27
Guide Vert Poitou, Vendée, Charentes

Saintes était déjà à l'époque gallo-romaine une capitale régionale. Elle s'élève sur la rive gauche de la Charente qu'enjambait un pont dans l'axe de l'actuelle rue Victor-Hugo. Au Moyen Age la ville voit défiler les pèlerins de St-Jacques-de-Compostelle. Dans ses faubourgs se développent deux établissements ecclésiastiques : rive gauche celui de St-Eutrope, rive droite celui des Dames.
A la Renaissance **Bernard Palissy** (1510-1590), originaire du Périgord Noir, auteur d'ouvrages techniques et philosophiques mais surtout connu comme verrier et potier, œuvre dans un atelier près d'une tour des remparts. Au prix d'un labeur acharné et de sacrifices considérables – il en vint, dit-on, à brûler ses meubles pour entretenir le feu de ses fours –, il parvint à découvrir à son tour le secret de l'émail que Masséot Abaquesne gardait jalousement, à Rouen, depuis plus de 20 ans.
Le quartier ancien, rénové, s'étend à l'emplacement de la cité gallo-romaine.

Saintes romaine – L'**arc de Germanicus**★, dressé en 19 de notre ère, sur la rive droite de la Charente, à l'extrémité du pont, marquait le terme des voies romaines venant de Poitiers et de Limoges.
Le musée archéologique voisin présente les découvertes faites lors de la démolition des ruines de la ville antique.
A l'Ouest, sur les pentes de la rive gauche, un amphithéâtre (**arènes**★), du 1ᵉʳ s., compte parmi les plus anciens du monde romain.

Saintes romane – Rive gauche, la **crypte** de l'église St-Eutrope représente, en fait, l'**église inférieure**★, paroissiale, d'un sanctuaire de pèlerinage. L'église haute, monacale à l'origine, conserve deux très beaux chapiteaux aux piliers de l'ancien transept *(à voir de l'actuelle tribune)*. Sur la rive droite, l'**église**★ de l'abbaye aux Dames ⊙ est une œuvre essentielle de l'école romane de la Saintonge où les sculpteurs ont bénéficié d'une pierre se prêtant admirablement à leur virtuosité inspirée à l'origine par l'art poitevin d'Aulnay. L'ordonnance de sa **façade** dont les voussures sont admirablement travaillées (anges, symboles des évangélistes, martyrs, vieillards de l'Apocalypse) et l'équilibre de son clocher au toit conique en écailles, au tambour à baies géminées, aux arcatures traitées en mosaïque décorative, sont particulièrement intéressants.

⊘ ►► Musée des Beaux-Arts★.

ENVIRONS

Église de Rioux – *15 km au Sud*. Parmi les églises rurales de Saintonge, celle de Rioux est connue pour sa façade et surtout pour son **chevet**★ dont les contreforts-colonnes séparent les pans et dont la variété des motifs géométriques souligne l'encadrement des fenêtres, les arcatures et l'appareillage même des murs. Une telle perfection décorative marque en quelque sorte l'aboutissement du roman saintongeais n'évoluant plus que par la virtuosité de ses sculpteurs.

SALERS★★

439 habitants
Cartes Michelin nos 76 pli 2 ou 239 pli 29 – Guide Vert Auvergne

Salers est une très ancienne cité, ville d'étape et ville marché, à 951 m d'altitude sur une planèze dans le vaste pâturage cantalien. La ville semble ordonnée selon un plan défensif, la disposition en chicane de ses ruelles et de ses maisons à angles chanfreinés permettant une surveillance de la Grande-Place.

Salers – Grande-Place

La **Grande-Place**★★ compose, avec sa fontaine et ses vieux logis, un véritable décor d'urbanisme. La taille et l'appareillage des pierres y manifestent la richesse des propriétaires ; les tourelles rondes sur cul-de-lampe, les tourelles à pans, les toits en poivrière, leur rang social.
De nombreuses maisons des 15e et 16e s. séduisent par des escaliers extérieurs, des portes en arcs ogifs ou brisés. Des toitures en lauzes de schiste (celles de Riom-ès-Montagne sont en dalles de phonolithe moins brillantes) sont percées de lucarnes à pignons.
Les encadrements de fenêtres à moulures droites, très auvergnates, et les deux tourelles d'angle de l'ancien bailliage ; les fenêtres fortement grillagées à l'étage et les pans coupés de la maison de Flojeac ; la tourelle gothique à cinq étages de l'hôtel de la Ronade offrent un intérêt particulier.
L'**église**★ vaut par son porche du 12e s. au portail très simple, par son clocher (refait au 19e s.) où est conservée la tradition auvergnate des arcs en mitre et par sa **Mise au tombeau**★ de 1495.

Fort de SALSES★★

Cartes Michelin n°s 86 pli 9 ou 235 pli 48 ou 240 pli 37
Guide Vert Pyrénées Roussillon

Dès l'Antiquité, Salses gardait la principale route d'accès vers l'Espagne, coincée entre la mer et les Corbières et qui, plus au Sud, empruntait le col du Perthus. Pour Ferdinand d'Aragon, l'unificateur de l'Espagne, c'était, à la fin du 15e s., une position stratégique au Nord de ses États comme le souligne, de nos jours encore, le fait qu'elle marque la limite extrême de la langue catalane.

Visite ⊘ – Le fort occupe dans l'architecture militaire la position très particulière d'une construction espagnole du 15e s., remaniée par Vauban au 17e s.
Pour consolider la place, en tenant compte des besoins nouveaux créés par l'artillerie naissante, Ferdinand d'Aragon confie en 1497 à l'un de ses ingénieurs artilleurs la mission d'accomplir les transformations nécessaires.
Place forte disputée, Salses oscille alors, pendant deux siècles, selon les aléas de la guerre ; mais fin septembre 1642 – Perpignan vient de tomber devant Louis XIII – sa garnison reprend la route de l'Espagne.
Dix-sept ans plus tard le traité des Pyrénées règle le problème de la frontière par le rattachement du Roussillon à la France. Mais Vauban qui, en 1679, juge l'ouvrage bien dépassé dans l'art de la fortification réduit en 1691 la hauteur de son donjon et protège ses courtines et ses bastions par des muralles bombées, destinées à faire ricocher les obus rasants.

Les sites les plus importants sélectionnés dans ce guide sont mis en évidence
– sur la carte des Principales curiosités ;
– dans le chapitre Grandes stations ;
– par le descriptif des villes et curiosités.
Mais l'examen des cartes, plans et schémas, le dépouillement du chapitre Manifestations touristiques, la consultation de l'index et la lecture de l'Introduction au voyage donneront un surcroît d'intérêt à votre voyage.

Église SAN MICHELE DE MURATO★★

Carte Michelin n° 90 pli 3 – Guide Vert Corse

A 1 km au Nord de Murato, l'église San Michele, séduisante image du tourisme et de l'archéologie en Corse, se dresse, isolée, sur un petit plateau à 475 m d'altitude dominant le bassin du Bevinco.

Visite ⊘ – Construite aux alentours de 1280, elle appartient à la fin de la seconde période du roman pisan en Corse, caractérisée souvent par la polychromie de son appareil et par un certain développement de l'œuvre sculptée. Bâtie en serpentine vert sombre et en calcaire blanchâtre, elle plaît par l'agencement de ses moellons bien équarris mais de dimensions fort diverses qui bannit toute monotonie de son parement.
Sa sculpture parfois gauche, souvent naïve, présente à la façade des animaux et des personnages grossièrement ébauchés, aux encadrements des étroites fenêtres latérales des rinceaux et des bandeaux d'entrelacs, et au chevet des consoles et des modillons ouvragés.

SAORGE★★

362 habitants
Cartes Michelin n°s 84 pli 20 ou 115 pli 18 ou 245 pli 26 – Guide Vert Côte d'Azur

Saorge occupe un **site**★★, particulièrement bien exposé au Midi, de village perché en balcon dominant de près de 150 m les **gorges de Saorge**★★ qui bordent la **Roya**, vallée alpestre qui se creuse entre les schistes du Mercantour et les calcaires des Préalpes du Sud.

Le village compose un tableau pittoresque avec l'étagement de ses balcons et de ses terrasses, ses étroites maisons du 15e s. à soleiro ou soleilloir et toits de lauzes que dominent les clochers de ses églises et de ses monastères.

ENVIRONS

★★ Chapelle N.-D.-des-Fontaines ○ – *17 km au Nord-Est par St-Dalmas-de-Tende
et la Brigue où prendre la clef.*
La chapelle, isolée dans le vallon du mont Noir creusé au flanc du mont Saccarel,
succède à cet emplacement à un temple païen dédié aux divinités aquatiques.
Le chœur édifié dès le 12e s. fut doté d'une nef au 15e s., elle-même surélevée
et plafonnée au 18e s.
Les **fresques★★★**, pour la plupart réalisées par le Piémontais Jean Canavesio de
1472 à 1492 dans le goût gothique tardif, disposent près de 500 personnages
avec un art très habile du geste et des attitudes. Les scènes de la Passion du
Christ composent une véritable histoire sainte en images ; elles couvrent les murs
de la nef (admirer, sur le mur gauche, l'extraordinaire Pendaison de Judas) ;
celles du Jugement dernier couvrent le revers de la façade. A son compatriote
et contemporain Jean Baleisoni, on doit l'arc triomphal à l'entrée du chœur ; la
vie de la Vierge et l'enfance du Christ y sont traitées d'une manière plus délicate.

D. Faure/SCOPE

Chapelle N.-D.-des-Fontaines – *Jésus devant Pilate* par J. Canavesio

SARLAT-LA-CANÉDA★★★

9 909 habitants
Cartes Michelin nos 75 pli 17 ou 235 pli 6 – Guide Vert Périgord Quercy

Sarlat est la capitale du Périgord Noir, pays de chênes, de noyers et de châtaigniers,
limité par la Dordogne et la Vézère à l'Ouest de Salignac. Elle a grandi autour d'une
abbaye bénédictine fondée au milieu du 9e s., et dont ses consuls ont réussi à
s'affranchir en 1299.
Des siècles d'aisance foncière et aristocratique en ont fait une cité de commerçants,
de bourgeois et de magistrats, illustrée surtout par Étienne de La Boétie
(1530-1563), précoce traducteur des auteurs grecs et écrivain philosophique qu'une
rare amitié unit à Montaigne.
Les 13e et 14e s. marquèrent l'apogée de Sarlat, mais un grand nombre de ses
maisons, négligées durant la guerre de Cent Ans, durent être restaurées une fois
la paix revenue et firent l'objet d'exhaussements au cours des siècles si bien que
nombre d'entre elles présentent un rez-de-chaussée médiéval, un étage Renaissance,
des faîtages ou des lanternons classiques.
Sarlat fut de tout temps une ville de foires et de marchés. De nos jours encore, elle revêt,
le samedi, sa physionomie la plus traditionnelle : selon les saisons on y négocie les
volailles, les grains, les chevaux, les noix fraîches, les oies, les foies gras ou les truffes.

★★★ Le Vieux Sarlat – Une opération de restauration engagée en 1964 a sauvegardé
la physionomie du Vieux Sarlat. Les vieilles demeures composent de part et
d'autre de la Traverse ouverte au 19e s. (rue de la République) un ensemble
séduisant, plus populaire à l'Ouest, plus raffiné à l'Est. Elles frappent par leur
architecture, leurs cours intérieures, l'appareillage et la qualité de leurs pierres
de taille choisies dans un beau calcaire ocre blond et leurs couvertures
traditionnelles de lauzes. Les lauzes périgourdines ne sont pas des ardoises ou
des schistes feuilletés, mais des petites dalles de calcaire assez épaisses

maçonnées et très lourdes ; elles exigent de puissantes charpentes qui à leur tour contraignent le couvreur à gauchir parfois le profil de son toit mais qui, en revanche, facilitent la création de petites ouvertures améliorant l'aération des combles.

Les demeures les plus représentatives sont : la **maison de La Boétie**★ (1525), Renaissance ; l'**hôtel de Maleville**★ agencé au milieu du 16e s. par rassemblement de trois maisons gothiques ; l'**hôtel Plamon**★ dont chaque étage marque une étape de la construction ; le Présidial, palais de justice sous l'Ancien Régime.

La lanterne des Morts (12e s.) fut probablement une chapelle funéraire.

►► Place des Oies★ – Rue des Consuls★.

Sarlat - Maison typique, rue Montaigne

S. Sauvignier/MICHELIN

SARTÈNE★★

3 525 habitants
Carte Michelin n° 90 pli 18 – Guide Vert Corse

« La plus corse des villes corses », selon Prosper Mérimée, domine à 305 m d'altitude la plaine du Rizzanèse et le golfe de Valinco.

La région de Sartène, occupée par l'homme depuis plus de 50 siècles, conserve un grand nombre de vestiges et de monuments de l'époque mégalithique (menhirs et dolmens) comme ceux de Cauria et de Palaggiu. De même, des témoignages de la civilisation guerrière torréenne, comme ceux d'Alo Bisucce, de Cucuruzzu et surtout de Filitosa *(voir à ce nom).*

L'histoire médiévale de la Corse se fonde pour une large part sur les récits de Giovanni della Grossa (1388-1464). Né et mort à Grossa *(12 km à l'Ouest de Sartène),* d'abord adversaire des Génois puis soutenant leur cause, il participa dans le Cap au Nord de l'île, dans la plaine de Biguglia, dans la Cinarca, aux grands événements de son temps ; puis, devenu notaire, il s'attacha à les consigner dans des chroniques précieuses.

Du 16e au 18e s., Sartène connut des raids des pirates barbaresques d'Alger, fréquents et meurtriers au point qu'elle fut en partie abandonnée par sa population.

Place de la Libération – Ombragée de palmiers et d'ormes qui ont échappé à la graphiose, elle est le cœur de la vie locale.

Dans l'**église Ste-Marie** qui la domine au Nord, construite en gros appareil de granit, il faut voir à gauche de l'entrée principale la croix de chêne (31,5 kg) et la chaîne (14 kg) que porte le Catenacciu, Grand Pénitent anonyme vêtu d'une longue robe rouge, au cours de la longue procession nocturne du Vendredi saint ; cérémonie religieuse considérée comme l'expression sauvage et austère de la piété corse qui s'identifie au Christ montant au calvaire et l'adore dans son tombeau. La **procession du Catenacciu**★★ est sans doute la cérémonie la plus ancienne de l'île.

★★ **Vieille ville** – Passer sous la voûte de l'hôtel de ville et prendre, en face, la rue des Frères-Bartoli. Les venelles dallées, coupées d'escaliers, ombragées de voûtes, bordées de maisons de granit hautes et sévères comme des forteresses du **quartier de Santa Anna**★, offrent de pittoresques échappées.
En contrebas de l'hôtel de ville, observer la charmante impasse Carababa.

Ⓥ ►► Musée de préhistoire corse.

SAUMUR★★

30 131 habitants
Cartes Michelin nᵒˢ 64 pli 12 ou 232 pli 33
Guide Vert Châteaux de la Loire

Saumur, connue pour son vignoble, compose un site urbain pittoresque dominé par le château qui coiffe un éperon de craie au confluent du Thouet et de la Loire.

La ville doit sa prospérité à un vieux pont de bois construit à la faveur des îles d'Offrand et Millocheau, actuellement soudées entre elles, le seul qui franchissait la Loire entre Tours et les Ponts-de-Cé à l'époque des grands pèlerinages vers St-Jacques-de-Compostelle. Au 13ᵉ s., les moines de St-Florent ajoutèrent à cette ressource en s'engageant à le remplacer par un pont de pierre édifié à raison d'une arche par an. Il fut à plusieurs reprises emporté par le fleuve et rebâti.

Comme toutes les villes de la Loire (Decize, Nevers, La Charité, Cosne, Gien, Orléans, Blois...), Saumur s'est installée, sans souci d'orientation, sur la rive la plus élevée. Ses maisons de tuffeau blanc, à toits d'ardoise hauts et pentus, présentent un bel ensemble de façades sur le quai dominant la Loire.

L'image équestre de la ville est née de la décision prise en 1763 d'y baser le régiment de cavalerie des carabiniers de Monsieur, frère du roi, et au goût de l'équitation académique – développée à la suite des idées de M. de Pluvinel, maître d'équitation de Louis XIII, tendant à faire évoluer les exercices équestres vers un sport aristocratique – qui y était en faveur. L'École nationale d'équitation dont fait partie le célèbre **Cadre Noir**, qui ne comptait à l'origine que des instructeurs militaires, fut créée en 1972 à St-Florent. Cette identité saumuroise peut être évoquée en particulier au musée du château, au **musée de l'École de Cavalerie★** ⊙ (histoire militaire et équestre depuis le 18ᵉ s.) et au **musée des Blindés★** ⊙ (cavalerie mécanique, chars d'assaut et de combat français et étrangers depuis 1918).

★★ **Château** ⊙ – Au 14ᵉ s., le château fut réédifié sur les bases, donc sur le plan, d'une ancienne forteresse de Philippe Auguste puis de Saint Louis. Au 15ᵉ s., lorsque s'apaisent les troubles de la guerre de Cent Ans, le roi René orne son « castel d'amour » d'une décoration recherchée dans le goût du style gothique finissant. Il est représenté, avec son architecture soignée dans un paysage quelque peu idéalisé, par une miniature des *Très Riches Heures du duc de Berry*. Mais lors des guerres de Religion, à la fin du 16ᵉ s., il fut à nouveau fortifié pour servir de point d'appui au protestantisme dont Saumur était un foyer.

Le **musée du Cheval★** (de selle et d'équitation) vaut par sa richesse et sa variété.

Le **musée des Arts décoratifs★★** aménagé dans l'appartement du duc d'Anjou abrite en particulier une remarquable collection de porcelaines tendres françaises des 17ᵉ et 18ᵉ s.

Lors du « Carrousel », en juillet, le musée des Blindés présente un certain nombre des véhicules restaurés par ses soins et pilotés par les stagiaires de l'EAABC.

ENVIRONS

★★ **Zoo de Doué** ⊙

Situé à la sortie de Doué-la-Fontaine sur la route de Cholet, le zoo occupe un site troglodytique remarquable. Les acacias et les bambous, les cascades et les aplombs rocheux fournissent de très belles mises en scène pour présenter avec naturel une sélection de plus de 500 animaux vivant en semi-liberté. La « fosse aux charognards » invite les visiteurs les plus hardis à pénétrer dans l'immense volière où vivent en liberté une vingtaine de vautours. Le « canyon aux léopards », vaste carrière spécialement aménagée, permet l'observation de trois familles de félins : panthères des neiges, léopards de Perse et jaguars. La « crique aux manchots » présente une colonie de 35 manchots. La « galerie des faluns » montre enfin la faune telle qu'elle devait être il y a 10 millions d'années sur le site même du parc.

Dans ce guide,
les plans de villes indiquent essentiellement
les rues principales et les accès aux curiosités.
Les schémas mettent en évidence les grandes routes et l'itinéraire de visite.

SAVERNE★

10 278 habitants
Cartes Michelin nᵒˢ 57 pli 18 ou 87 pli 14 ou 242 pli 19
Guide Vert Alsace et Lorraine

Saverne a donné son nom à un seuil, « col » des Vosges, remarquable par la dissymétrie de ses versants : à l'Ouest s'y achève le plateau lorrain, à l'Est l'abrupt gréseux et boisé plonge sur la plaine d'Alsace.

★ **Château** – Ce bel édifice de grès rouge a remplacé le vieux château des princes-évêques de Strasbourg incendié en 1779. Reconstruit aussitôt après par le célèbre et fastueux cardinal Louis de Rohan, il présente, côté parc, une monumentale **façade**★★ caractéristique du style Louis XVI. De part et d'autre d'un péristyle central de huit colonnes corinthiennes se développent les ailes dont les pilastres cannelés supportent un attique et une balustrade faîtière et que cantonnent deux avant-corps formant pavillons d'angle.

►► Maisons anciennes★.

ENVIRONS

★★ **Église de Marmoutier** – *6 km au Sud*. L'église de Marmoutier est une ancienne abbatiale construite vers 1150-1160. De cette époque, elle conserve une **façade Ouest**★★ romane, de tradition carolingienne et rhénane, qui doit sa chaude tonalité au grès rouge des Vosges et constitue la partie la plus intéressante de l'édifice.

Les bandeaux portés par de petites arcatures et qui divisent cette façade en registres horizontaux, le grand clocher carré légèrement en retrait encadré de deux tours octogonales, les contreforts peu saillants qui soulignent son compartimentage vertical lui donnent une robustesse qui semble inaltérable. Les rinceaux sculptés dans les chapiteaux cubiques du porche et quelques motifs qui rompent, çà ou là, le nu des murs sont ses seuls éléments décoratifs.

La France au 1/1 000 000 en cinq versions chez Michelin :
- *en atlas, mini-atlas de France (nᵒ 915)*
- *recto verso, moitié Nord moitié Sud (nᵒ 916)*
- *moitié Nord (nᵒ 918)*
- *moitié Sud (nᵒ 919)*
- *en une feuille (nᵒ 989)*

SEDAN

21 667 habitants
Cartes Michelin nᵒˢ 53 pli 19 ou 241 pli 10 – Guide Vert Champagne

Le comte de La Marck, comte de Sedan, construit en 1424 une forteresse sur un rocher. Ses successeurs servent tour à tour l'évêque de Liège, l'empereur d'Allemagne et le roi de France ; mais toujours l'intérêt de leur ville.
Au 16ᵉ s., Sedan passe à la Réforme ; une académie militaire y est fondée où **Turenne** (Henri de La Tour d'Auvergne) s'est formé. Ce grand soldat, né au château en 1611, réfléchi, scrupuleux, acquiert de l'audace avec l'expérience ; à l'époque des guerres de siège, il préconise les batailles et la stratégie de mouvement. Il bat l'impétueux Condé à Bléneau dans l'Yonne et ouvre à Louis XIV les portes de Paris en 1652. Ses victoires d'Arras et des Dunes amènent l'Espagne à la signature du traité des Pyrénées. En 1675, il fut « emporté d'un coup soudain » par un boulet de canon. Bossuet fit son éloge dans un parallèle célèbre de l'oraison funèbre du Grand Condé.

Les prémices du Quatre Septembre – Le 1ᵉʳ septembre 1870, les troupes françaises exécutent une charge éblouissante destinée à dégager Bazaine replié dans Metz ; il leur faut néanmoins refluer vers le glacis de Sedan. Le 2 au matin, Napoléon III rencontre le chancelier Bismarck qui le fait conduire, malade, au château de Bellevue. Là, son plénipotentiaire ne peut que signer l'humiliante capitulation avec le futur Guillaume 1ᵉʳ. Napoléon III, prisonnier, est conduit à Cassel. C'est la chute du Second Empire.

★ **Château fort** ⊙ – Avec une superficie de 35 000 m², c'est le plus étendu des châteaux du 15ᵉ s. en Europe. Il est édifié sur un éperon rocheux et ses remparts, hauts de 30 m, ont été renforcés de bastions au 16ᵉ s. Il fut réaménagé, surélevé et agrandi au début du 17ᵉ s. par le père de Turenne. Dans la grosse tour, remarquable charpente rayonnante. Ses pièces se distribuent sur sept étages ; l'une d'elles passe pour être la chambre natale de Turenne.

14 439 habitants
Cartes Michelin n⁰ˢ 56 pli 11 ou 106 plis 8, 9 – Guide Vert Ile-de-France

Au cœur d'un territoire agricole particulièrement fertile, Senlis était déjà florissante dans l'Antiquité. De bonne heure les Mérovingiens puis les Carolingiens en firent leur résidence ; si bien que, ville puis domaine royal, elle devint le noyau de l'Ile-de-France.

Son quartier ancien, au Sud de la cathédrale, conserve de vieilles demeures du Valois en calcaire tendre et briques et des rues encore garnies de gros pavés ; il couvre à peu près l'emplacement de la cité gallo-romaine.

★★ **Cathédrale Notre-Dame** – *Voir illustration au chapitre de l'Art – Éléments d'architecture.* Entreprise en 1153 avec l'aide de Louis VII, c'est l'une des premières églises gothiques de l'Ile-de-France dites « de transition ». Le chœur

Cathédrale de Senlis - Portail Sud

en fut achevé en 1180 et la façade Ouest en 1190. Mais de cette cathédrale primitive ne subsistent guère que le chevet, la façade Ouest altérée par d'abusives restaurations et, de part et d'autre du transept, trois travées de plan carré, couvertes de voûtes sexpartites, où règne l'alternance des piles fortes et des colonnes et dont l'élévation comporte un étage de tribunes dérivant de celles de l'école normande. Dès le 13ᵉ s. en effet, en 1240, pour élever un faux transept on supprima quatre colonnes et on déplaça deux piliers au centre de la nef en rompant la continuité de l'alternance. A l'extérieur, on édifia la flèche de la tour Sud.

La cathédrale doit sa physionomie flamboyante à la restauration (1513-1560) qui suivit l'incendie de 1504. On reconstruisit alors le transept, ses croisillons et toutes les parties hautes en élevant la voûte et en lançant des arcs-boutants pour les étayer. A cette occasion, pour élargir l'assise de l'église, on édifia les seconds bas-côtés à voûtes complexes et clefs pendantes. Pierre Chambiges, le fils de Martin qui avait travaillé à Sens, à Beauvais et à Troyes, fut le maître d'œuvre du portail Sud. Respect de la tradition ou hommage à son père, il donna à son ouvrage une physionomie flamboyante (surcharge décorative sculptée, moulures, galeries et balustrades dessinées « en flammes ») nuancée cependant par des arcs en anse de panier, des torsades et des gâbles auriculaires déjà Renaissance.

La **flèche**★★ de la tour Sud est admirable par l'élancement de ses baies et le rythme que ses pignons donnent à ses lignes verticales. Ils permettent le passage du plan carré à l'octogonal et assurent l'équilibre de l'ensemble par la répartition de leur masse. La rigoureuse géométrie de la pyramide s'atténue par les crochets disposés le long des arêtes et par les lucarnes et les gâbles qui ont fait école dans tout le Valois jusqu'au 16ᵉ s.

⊙ ►► Musée d'Art et d'Archéologie★ – Vieilles rues★ – Chapelle royale St-Frambourg★ *(Fondation Cziffra)*.

Pour organiser vous-même votre voyage
vous trouverez, au début de ce guide,
la carte des principales curiosités et un choix d'itinéraires de visite.

SENS★★

27 082 habitants
Cartes Michelin nᵒˢ 61 pli 14 ou 237 pli 45 – Guide Vert Bourgogne

Alors que Paris n'était encore qu'une bourgade, Sens, capitale de la IVᵉ Lyonnaise dans l'Antiquité, connaissait une extension que dessinent de nos jours ses boulevards circulaires. Son importance administrative aux confins de la Bourgogne, de la Champagne et de l'Ile-de-France, et religieuse se maintint durant des siècles : longtemps ce fut l'évêque de Sens qui sacra les souverains et, jusqu'en 1627, l'évêché de Paris, entre autres, relevait de l'archevêché de Sens.

★★ **Cathédrale St-Étienne** – Par le dessin de son plan général et la construction de ses assises (1128-1130), elle est la toute première de nos cathédrales gothiques. Mais son chantier s'étendit effectivement de 1140 à 1168.

Le style roman s'y discerne encore à la légère brisure « bourguignonne » de ses grandes arcades, à l'étage des baies jumelées qui n'ont déjà plus qu'une fausse tribune mais pas encore un triforium et à l'association d'arcs en plein cintre (chapelles latérales) et d'arcs brisés.

Le gothique s'y présente par l'application généralisée de la croisée d'ogives, par ses voûtes sexpartites de plan carré reposant sur une alternance de forts piliers et de colonnes dédoublées se poursuivant autour du chœur, par les arcs ogifs dissymétriques et encore maladroits du déambulatoire.

Après l'effondrement de la tour Sud de la façade, en 1268, l'édifice dut être restauré et remanié. Probablement fut-il alors consolidé par des arcs-boutants ; les fenêtres hautes du chœur proches de la nef furent rehaussées aux 13ᵉ et 14ᵉ s. ; les bras du transept édifiés aux 15ᵉ et 16ᵉ s. dans le style flamboyant. A l'extérieur, l'œuvre décorative se signale surtout, au trumeau du portail central (façade Ouest), par la célèbre statue de saint Étienne qui s'intercale entre la statuaire gothique de Chartres et celle d'Amiens ; au portail Nord par les découpures flamboyantes du pignon et des rampants qui sont l'œuvre de Martin Chambiges.

A l'intérieur, l'attention se porte sur les **vitraux**★★ du 12ᵉ s. (déambulatoire, côté gauche du chœur) ; sur ceux, Renaissance, issus d'ateliers troyens (arbre de Jessé et légende de saint Nicolas au croisillon droit – le Paradis, à la rose du croisillon gauche) ; et sur les très belles grilles de ferronnerie dorée (18ᵉ s.) qui ferment le déambulatoire, ses chapelles et le chœur.

Ⓥ ►► Musée, trésor et palais synodal.

Prieuré de SERRABONE★★

Cartes Michelin nᵒˢ 86 pli 18 ou 235 pli 52 ou 240 pli 41
Guide Vert Pyrénées Roussillon

Dans le paysage caillouteux et accidenté des Aspres, l'ancien prieuré de Serrabone abrite des œuvres sculptées qui se classent parmi les meilleures de l'époque romane en Roussillon, la première des trois grandes périodes artistiques de cette province. A la séduction du monument, isolé dans la sévérité du paysage, correspond celle du marbre rose dans une architecture en schiste.

Visite Ⓥ – La **tribune**★★ de la chapelle (vers 1080), destinée à la chorale des chanoines, a été avancée vers le milieu de la nef au début du 19ᵉ s. Elle retient les amateurs d'art à la fois par sa survivance, par la rareté et l'originalité de son décor sculpté en méplat sur les archivoltes et par la richesse ornementale de ses chapiteaux. Sur ces derniers, on a pu reconnaître des influences orientales et lombardes dans le traitement symbolique et monotone des lions par exemple et dans l'intégration de la sculpture animalière à la composition décorative de l'ensemble.

A droite de l'église, la **Galerie Sud**★ (promenoir des chanoines), bien exposée au Midi, s'ouvre sur le ravin et compose un lieu de repos et de méditation privilégié.

SISTERON★★

6 594 habitants
Cartes Michelin nᵒˢ 81 plis 5, 6 ou 245 pli 20 – Guide Vert Alpes du Sud

Entre le bassin de Laragne au Nord et la dépression de la moyenne Durance au Sud, Sisteron, où la grande route passe le rocher en tunnel, marque la frontière historique entre la Provence et le Dauphiné et, pour les agronomes, la limite Nord de la culture de l'olivier.

★ **Citadelle** Ⓥ – Importante restauration consécutive au bombardement du 15 août 1944. De la citadelle du 12ᵉ s. ne subsistent que le donjon et le chemin de ronde car les fortifications furent reprises au 16ᵉ s. par Jean Évrard, ingénieur de

Henri IV et précurseur de Vauban. La guérite du Diable constitue un impressionnant belvédère sur le **site**★★ stratégique de Sisteron, ville de cluse dont les plis calcaires couchés, empilés, redressés à la verticale, forment le rocher de la Baume façonné en verrou par les glaciers de l'ère quaternaire.

Ⓥ ►► Église Notre-Dame★.

ENVIRONS

★★ **Signal de Lure** Alt. 1 826 m - *27 km au Sud-Ouest*. La chaîne calcaire de la montagne de Lure présente une physionomie rude, quasi désertique, analogue à celle du mont Ventoux : mêmes strates inclinées de calcaire friable qui se désagrègent en cailloutis blanchâtres, même végétation de chênes verts, de garrigue et de lavande sur le versant Sud, de pacages, de hêtres, de sapins et de mélèzes sur le versant Nord.

SOLIGNAC★

1 345 habitants
Cartes Michelin nᵒˢ 72 pli 17 ou 239 pli 13 - Guide Vert Berry Limousin

Dans la vallée de la Briance, le long de l'ancienne voie romaine reliant Limoges à Périgueux, saint Éloi, orfèvre de Clotaire II puis conseiller de Dagobert, fonda ici une abbaye en 632.

★★ **Église abbatiale** - Refaite vers 1175, elle est limousine par son granit et par quelques moulures caractéristiques, mais, par ses coupoles, elle manifeste le rayonnement de l'église quercynoise de Souillac, édifiée 35 ans plus tôt.
A l'extérieur, elle frappe par la robustesse et l'étagement parfaitement structuré de son flanc Nord et de son chevet.
L'**intérieur** séduit, subjugue, par sa nef unique, admirable du haut des douze marches du porche. La pureté de ce volume, obtenue par la qualité du matériau et la simplicité rigoureuse du plan, révèle la maîtrise de son architecte. Ses coupoles soutenues par des arcs brisés énormes et des pendentifs sont parmi les plus tardives et les mieux dessinées de l'Aquitaine.
On observe en outre les chapiteaux archaïques de la première travée portant les coursives latérales, l'étonnante coupole déformée du chœur, celle ovoïde du croisillon Nord et le grand St-Christophe peint sur un pilier du carré du transept.

SOUILLAC★

3 459 habitants
Cartes Michelin nᵒˢ 75 pli 18 ou 235 pli 6 ou 239 pli 38
Guide Vert Périgord Quercy

Le développement de Souillac est lié à l'activité qu'elle connut comme port amont de la Dordogne navigable et dont témoigne encore son rôle de ville-marché. La ville a grandi dans la plaine alluviale d'un ancien méandre autour d'une abbaye bénédictine qui connut son apogée au début du 12ᵉ s., avant que la guerre de Cent Ans puis les guerres de Religion n'amorcent son déclin.

Ancienne église abbatiale - Elle fut édifiée sur le modèle de la cathédrale de Cahors auquel son architecte apporta des améliorations dans la légèreté des piles et dans l'élévation des grandes arcades. Ces dernières, tenant lieu de formerets, sont adroitement agencées avec les arcs doubleaux pour former le plan carré sur lequel quatre pendentifs portent, par l'intermédiaire d'une corniche de corbeaux, les minces claveaux des coupoles.
L'hémicycle du chœur répond, par l'heureuse disposition de ses baies, à l'élégance discrète que laisse attendre le chevet, vu de l'extérieur.
Au revers de la façade, saccagée par les huguenots en 1573, ont été disposés des fragments de l'**ancien portail**★. Le trumeau dépeint, sur le côté droit, la concupiscence aux âges successifs de la vie ; sur la face frontale, ses effets (monstres qui s'entre-dévorent) et, sur le côté gauche, l'annonce de la rémission par le sacrifice d'Isaac où la main d'Abraham est retenue par l'envoyé de Dieu.
A gauche de ce trumeau : **Isaïe**★★ est une œuvre dont les affinités avec le Jérémie de Moissac sont manifestes : saisissante d'expression et de virtuosité mais aussi bien évoluée par rapport au hiératisme de son modèle.

Ⓥ ►► Musée national de l'automate et de la robotique★.

La HAUTE SOULE★★

Cartes Michelin nos 85, plis 4, 5, 14, 15 ou 234 plis 34, 38, 39, 42
Guide Vert Pyrénées Aquitaine

Le Saison ou gave de Mauléon forme l'axe du Pays de Soule, l'une des sept provinces basques. Influencée par le Béarn, comme en témoignent les types de maisons, cette province garde les danses et les traditions théâtrales les plus caractéristiques du Pays Basque.

La Haute Soule est séparée du bassin de Saint-Jean-Pied-de-Port par les massifs d'Iraty et des Arbailles formant écran par leur relief difficile et la densité de leur couverture forestière. Cette région est propice aux randonnées en forêt, à la pêche et en hiver, au ski de fond.

Ahusquy – De ce lieu de rassemblement de bergers basques, établi dans un **site★★** panoramique, subsiste une auberge rénovée.

Col d'Aphanize – Dans les pacages autour du col errent librement les chevaux. Les pâturages servent de lieux d'estive pour de nombreux troupeaux. 1 km à l'Est du col, la **vue★★** devient immense, du pic des Escaliers, au Sud, au pic de Ger à l'horizon au Sud-Est.

★★ **Forêt des Arbailles** – Cette hêtraie s'étend sur les hautes surfaces d'un bastion calcaire bien détaché.

★ **Crevasses d'Holçarté** – *Accès par le sentier balisé GR 10 s'amorçant après le pont de Laugibar.* Après une rude montée, on aperçoit l'entrée des crevasses, gorges taillées dans le calcaire sur près de 200 m de hauteur. Le sentier s'élève au-dessus de la gorge affluente d'Olhadubi, qu'il franchit sur une impressionnante passerelle.

★ **Forêt d'Iraty** – A cheval sur la frontière, cette hêtraie, qui fournissait dès le 18e s. des mâts de navires, constitue l'un des plus vastes massifs feuillus d'Europe.

★★ **Gorges de Kakouetta** ⊙ – *Cette excursion, assez fatigante, est à faire de préférence en période de basses eaux (juin à fin octobre). Accès par la D 113, route de Ste-Engrâce. Traverser l'Uhaïtxa sur une passerelle, escalader l'autre rive et descendre dans les gorges.* L'entrée du « Grand Étroit » est le passage le plus grandiose de Kakouetta. C'est un splendide canyon, large seulement de 3 à 10 m et profond de plus de 200 m. Le sentier, souvent difficile, s'approche du torrent que l'on franchit sur des passerelles. Il aboutit en vue d'une cascade haute de 20 m formée par une résurgence. Une grotte ornée de stalactites et de stalagmites géantes marque le terme de ce parcours sportif.

Gorges de Kakouetta

La location des postes de chasse à la palombe est devenue pour les divers syndicats du Pays Basque un complément appréciable de ressources, car les trois grands axes de migration de ces oiseaux convergent du Poitou, du Massif Central et de la bordure Nord des Pyrénées vers les passages de la Haute Soule.

STRASBOURG★★★

Agglomération 388 483 habitants
Cartes Michelin nᵒˢ 62 pli 10 ou 87 plis 4, 5 ou 242 plis 20, 24
Guide Vert Alsace et Lorraine

Strasbourg, la métropole de l'Alsace, est, en conformité avec la signification de son nom (« ville des routes »), une grande étape routière, fluviale et ferroviaire et une ville de traversée du Rhin sur les grands itinéraires qui relient la Méditerranée, la Rhénanie, l'Europe centrale, la mer du Nord et la Baltique par la trouée de Belfort et le bassin souabe.

Depuis 1949, elle est le siège du Conseil de l'Europe.

Le 14 février 842, par le **serment de Strasbourg**, deux des fils de Louis le Débonnaire (lui-même fils de Charlemagne), Charles et Louis, se juraient fidélité et s'entendaient pour contrecarrer les ambitions de leur frère aîné Lothaire, un an avant le traité de Verdun. Exigence du protocole et de la communication, chacun jura dans une langue que pouvait comprendre l'entourage de l'autre ; si bien que le texte de Louis le Germanique est considéré par les philologues comme le plus ancien de langue romane connu, donc comme le premier balbutiement de notre langue française... et réciproquement pour la langue germanique.

Quelques personnalités strasbourgeoises – Strasbourg, ville libre, qui avait été exclue des terres reconnues à la France par le traité de Westphalie en 1648, est devenue française le 30 septembre 1681 par soumission au roi.

Parmi les nombreuses personnalités qui y ont vu le jour, on peut citer :

François Kellermann (1735-1820), le héros de Valmy, sous les ordres de Dumouriez, puis le chef qui commanda la répression du soulèvement de Lyon en 1793 et, sous la Restauration, rallié aux Bourbons et parlementaire ;

Frédéric de Dietrich (1748-1793) ; *Voir ci-dessous : La Marseillaise* ;

Sébastien Érard (1752-1831), facteur de pianos à queue et de harpes à fourchettes ;

Jean-Baptiste Kléber : *(voir place Kléber)* ;

Jean-Pierre Clause (1757-1800), cuisinier, le « grand chef » du maréchal de Contades et le prodigieux vulgarisateur du foie gras ;

Gustave Doré (1832-1883), caricaturiste et illustrateur de journaux et de livres ;

Charles de Foucauld (1858-1916), officier, puis missionnaire dans le Sud-Oranais, auteur de la *Reconnaissance au Maroc*, pays alors inconnu (1883), puis bénédictin, ermite dans le Hoggar où il recueille des poésies touareg et écrit le premier dictionnaire français-tamahag, assassiné à Tamanrasset dans le Hoggar ;

Jean Arp (1887-1966), un des artistes de la grande génération de l'après-guerre ; du surréalisme à l'abstraction et à l'éclatement de l'art contemporain.

La Marseillaise – Le 24 avril 1792, Frédéric de Dietrich, le premier maire constitutionnel de Strasbourg, offre un dîner d'adieu à des volontaires de l'armée du Rhin. Au cours des conversations, qui portent sur la nécessité pour les troupes d'être entraînées par un chant digne de leur enthousiasme, il invite **Rouget de L'Isle** *(voir à Lons-le-Saunier)* qui était présent à composer « quelque chose qui mérite d'être chanté ». Toute la nuit, le poète et compositeur écrit des strophes et joue du violon. Le lendemain, chez de Dietrich, dont la nièce se met au piano pour accompagner l'œuvre, il chante son « Chant de guerre pour l'armée du Rhin ». Peu après, les fédérés de Marseille adoptent et lancent l'hymne qui devient *La Marseillaise*.

★★★ **Cathédrale Notre-Dame (KZ)** ⊙ – Elle fut rebâtie, en grès rose des Vosges, à partir de 1176, sur un emplacement hors crues mais néanmoins sur des fascines de piliers en cœur de chêne (tout récemment injectés de ciment). Extérieurement, elle relève encore de l'art roman rhénan par son chœur, son transept et sa tour-lanterne.

Strasbourg – Vitrail de la cathédrale

E. Baret

Sa célèbre **flèche**★★★ gothique, haute de 142 m, magnifique point de mire dans la plaine d'Alsace, est un tour de force architectural saisissant par son élancement dont l'effet – vue du parvis – est rehaussé par sa position en façade. L'octogone à jour qui la porte, composé de fines colonnes, fut élevé de 1399 à 1419 par un architecte souabe et rehaussé de sept mètres en cours de construction pour motif de prestige.

La pyramide terminale proprement dite fut dessinée et élevée de 1420 à 1439, mais selon les techniques du 14e s., par un architecte de Cologne ; les ressauts hors œuvre de ses escaliers extérieurs font son originalité.

La **façade**★★★ rayonnante d'Erwin de Steinbach est particulièrement décorée (statues et bas-reliefs d'époques très diverses) au **portail central** surmonté d'un double gâble ; ses fines lancettes verticales masquent les ouvertures de la rose. L'œuvre sculptée du 13e s. est surtout remarquable aux trois registres inférieurs du tympan : entrée de Jésus à Jérusalem, scènes de la Passion, la Résurrection, la pendaison de Judas ; aux voussures on reconnaît la Création du monde, l'histoire d'Abraham, les apôtres, les évangélistes, des martyrs.

Au **portail de droite,** la scène du séducteur faisant succomber la plus hardie des Vierges Folles (elle dégrafe sa robe) est particulièrement célèbre. De même que les statues (copies) de l'Église et de la Synagogue au croisillon du transept Sud. Intérieurement la nef présente une élévation très simple de style rayonnant français (14e s.) avec ses larges bas-côtés éclairés par un élégant fenêtrage et son triforium ajouré.

Dans le croisillon droit, le **pilier des Anges**★★ ou du **Jugement dernier** (13e s.) porte, sur trois étages, un ensemble de statues où la sculpture gothique s'élève à sa plus délicate perfection. Les **vitraux**★★★ des 12e, 13e et 14e s. sont remarquables. L'**horloge astronomique**★ ⊘ voisine, édifiée en 1838, est la grande curiosité populaire de la cathédrale. Les sept jours de la semaine, les automates qui martèlent les quarts d'heure (la Mort se réservant de sonner les heures), la sonnerie de midi (à 12 h 30) qui met en branle un grand nombre de personnages sont un véritable spectacle.

★★ **Musée de l'Œuvre Notre-Dame (KZ M¹)** ⊘ – Il est installé au Sud de la cathédrale dans un ensemble de maisons anciennes. Il abrite la célèbre **Tête de Christ**★★ de Wissembourg, le plus ancien vitrail figuratif (vers 1070) connu et surtout la

STRASBOURG

Abreuvoir (R. de l')	**LZ** 3	
Arc-en-Ciel (R. de l')	**KLY** 7	
Austerlitz (R. d')	**KZ** 10	
Bateliers (R. des)	**LZ** 14	
Boudier (R. du)	**JZ** 20	
Cathédrale (Pl. de la)	**KZ** 26	
Chaudron (R. du)	**KY** 28	
Cheveux (R. des)	**JZ** 29	
Corbeau (Pl. du)	**KZ** 31	

Courtine (R. de la)	**LY** 34	
Dentelles (R. des)	**JZ** 36	
Division Leclerc (R. de la)	**JKZ**	
Écarlate (R. de l')	**JZ** 43	
Escarpée (R.)	**JZ** 45	
Etudiants (R. et Pl. des)	**KY** 46	
Faisan (Pont du)	**JZ** 47	
Fossé-des-Tanneurs (R. de la)	**JZ** 57	
Francs-Bourgeois (R. des)	**JZ** 60	
Frères-Matthis (R. des)	**HZ** 61	

Frey (Quai Ch.)	**JZ** 63	
Grandes Arcades (R. des)	**JKY**	
Grande-Boucherie (Pl. de la)	**KZ** 76	
Gutenberg (R.)	**JKZ** 78	
Homme-de-Fer (Pl. de l')	**JY** 90	
Hôpital-Militaire (R. de l')	**LZ** 91	
Humann (Rue)	**HZ** 94	
III (Quai de l')	**HZ** 95	
Kléber (Place)	**JY**	
Krutenau (Rue de la)	**LZ** 106	
Kuss (Pont)	**HY** 108	

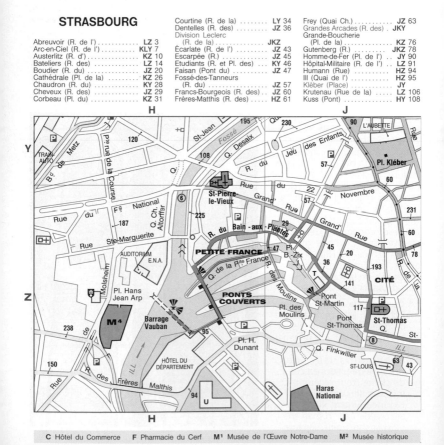

plupart des statues originales de la cathédrale : l'Église, la Synagogue, les Vierges Folles, les Vierges Sages ainsi que les dessins d'architecture primitifs de la flèche et de la façade. C'est le complément indispensable de la visite de la cathédrale.

★ **Palais Rohan (KZ)** ⊙ – C'est le palais des princes-évêques de Strasbourg : Armand de Rohan-Soubise qui le fit construire, Constantin et Louis, le cardinal de l'affaire du collier de la Reine.

Le palais construit de 1732 à 1742 sur les plans de Robert de Cotte, postérieur d'un quart de siècle à l'hôtel parisien de Rohan, manifeste dans son architecture l'assouplissement apporté par le style Louis XV.

C'est une belle œuvre de style classique français avec son entrée courbe ornée de colonnes, de trophées et de statues ; sa cour d'honneur limitée par des galeries à balustrades ; sa façade intérieure aux parements de grès blanc, au bel entablement horizontal et aux mansardes éclairées d'œils-de-bœuf. Sa majestueuse façade sur l'Ill, de pur style classique, est la plus élégante avec ses hautes colonnes corinthiennes, son dôme et sa terrasse bordée de balustres.

Les **grands appartements** des princes-évêques comptent parmi les plus beaux intérieurs français du 18e s., particulièrement la salle du Synode et la chambre du roi.

★★ **Musées** ⊙ – A l'intérieur du palais, plusieurs musées abritent de riches collections.

Le **musée des Arts décoratifs**★★ comprend les **grands Appartements** et un secteur consacré à l'artisanat strasbourgeois. Il abrite une des plus importantes **collections de céramiques**★★ de France (en particulier faïences et porcelaines de Strasbourg et de Niderwiller).

Le **musée des Beaux-Arts**★ est connu pour sa peinture italienne (primitifs et peintres de la Renaissance), pour ses œuvres de l'école espagnole (Zurbaran, Murillo, Goya), pour les peintures hollandaises du 15e au 17e s. On retiendra plus particulièrement *La Belle Strasbourgeoise* (1703), de Nicolas de Largillière, qui vaut à la fois par la richesse du costume noir et par l'élégance aimable et solennelle du portrait.

Luther (Rue Martin)	JZ 117	Outre (R. de l') ... KY 153	Temple Neuf (R. du) ... KY 214
Maire Kuss (R. du) ... HY 120	St-Gothard (R. du) ... LZ 181	Tonneliers (Rue des) ... KZ 220
Marché-aux-Cochons-de-Lait (Pl. du) ... KZ 124	St-Étienne (Quai) ... LY 183	Turckheim (Quai) ... HZ 225
Marché-aux-Poissons (Pl. du) ... KZ 125	St-Michel (Rue) ... HZ 187	Vieil Hôpital (R. du) ... KZ 228
Marché-Gayot (Pl. du) ... KYZ 126	St-Nicolas (Pont) ... KZ 180	Vieux-Marché-aux-Poissons (R. du) ... KZ 229
Marché-Neuf (Pl. du) ... KYZ 127	Ste-Madeleine (Pont et R.) ... KLZ 192	Vieux-Marché-aux-Vins (R. et Pl. du) ... JY 230
Maroquin (R. du) ... KZ 129	Salzmann (R.) ... JZ 193	Vieux-Seigle (R. du) ... JZ 231
Mercière (Rue) ... KZ 135	Sanglier (R. du) ... KY 194	Wasselonne (R. de) ... HZ 237
Monnaie (R. de la) ... JZ 141	Saverne (Pont de) ... HY 195	22 Novembre (R. du) ... HJY
Munch (Rue) ... LZ 142	Serruriers (R. des) ... JKZ 205	
Obernai (Rue d') ... HZ 150	Temple Neuf (Pl. du) ... KY 213	

M³ Musée Alsacien   M⁴ Musée d'Art Moderne   Q Maison Kammerzell   Y Maison de Pasteur

Le **musée archéologique**★★ couvre l'immense période du début de l'ère quaternaire (environ 600 000 avant J.-C.) jusqu'à la fin du 8e siècle après J.-C. (préhistoire, faune disparue, céramique...). Il compte surtout par sa section romaine et sa collection mérovingienne.

★★★ **La cité ancienne** (**JKZ**) – Deux quartiers offrent le ravissant spectacle de l'Alsace traditionnelle avec leurs maisons à colombage, à pignons, à galeries de bois, à loggias sur consoles, à fenêtres garnies de petits vitraux teintés, à encorbellements tolérés en Alsace après 1681 bien qu'ils fussent interdits en France. Elles plaisent par le détail de chacune d'elles et par l'ensemble qu'elles composent.

★★★ **Quartier de la cathédrale** (**KZ**) – Sur la **place de la Cathédrale**★, deux demeures sont particulièrement séduisantes : à l'angle de la rue Mercière, la pharmacie du Cerf (**F**), de 1268, qui serait la plus ancienne pharmacie de France, et, à l'angle Nord, la **maison Kammerzell**★ de 1589 (fresques et sculptures sur bois). En outre, la place du Marché-aux-Cochons-de-Lait, la rue Mercière et la rue des Cordiers forment un quartier où il fait bon flâner.

★★ **Petite France** (**HZ**) – C'est le noyau historique de la ville ⊘. Il doit son nom à un hôpital français disparu.
Ce quartier, l'un des plus curieux et des mieux conservés du vieux Strasbourg, était autrefois celui des pêcheurs, des tanneurs et des meuniers.
Les bras de l'Ill, cloisonnés par des écluses, permettaient à la batellerie rhénane de remonter jusqu'aux portes des arrière-boutiques. Les demeures Renaissance alsacienne (16e et 17e s.) à encorbellements, pignons et pans de bois, qui se reflètent dans les eaux vertes de l'Ill ou qui bordent, en particulier, la rue du **Bain-aux-Plantes**★★, font son charme.

★★ **Musée d'Art moderne et contemporain** (**HZ M⁴**) – Élevé au bord de l'Ill, ce bâtiment aux formes géométriques revêtu de granit rose et de panneaux blancs en béton de résine fut réalisé par Adrien Fainsilber.
Une nef centrale vitrée, de plus de 100 m de long et 25 m de haut, dessert les salles d'exposition, vaste panorama de l'art moderne et contemporain. Plusieurs salles sont consacrées à l'artiste strasbourgeois **Arp**.

Place Kléber (**JY**) – C'est la plus célèbre de Strasbourg. Au centre de la place s'élève la statue de Jean-Baptiste Kléber (1753-1800) sous laquelle reposent les cendres du héros qui s'illustra à la défense de Mayence (1793), à Fleurus et à Maëstricht, participa à la campagne d'Égypte conduite par Bonaparte et mourut assassiné par un musulman au Caire.

⊘ ►► Cour du Corbeau★ – Ponts couverts★ – Barrage Vauban (panorama★★) – Musée alsacien★★ **M³** – Musée historique★ **M²** – Église St-Thomas (mausolée du maréchal de Saxe★★) – Orangerie★ – Palais de l'Europe★ – Promenades en vedette.

Gorges du TARN★★★

Cartes Michelin n°s 80 plis 4, 5, 6, 14 ou 240 plis 6, 10
Guide Vert Gorges du Tarn

Les gorges du Tarn constituent la grande curiosité naturelle du rebord Sud du Massif central et un ensemble de sites d'un intérêt très soutenu et très varié.
Le Tarn prend sa source au mont Lozère, à 1 575 m d'altitude. Il descend les pentes des Cévennes d'un cours rapide et torrentueux. A Florac, il pénètre dans la région des Causses, partie la plus spectaculaire de son cours, où, jusqu'à Millau, il s'abaisse de 190 m.

DE FLORAC A MILLAU *83 km – environ 4 h*

A parcourir ce trajet caussenard ou les vallées affluentes (Jonte, Dourbie) ; à gravir les versants par les routes qui en divergent, étroites, en lacet, tirant parti de toutes les possibilités d'escalade (Ste-Énimie, la Malène, les Vignes) ; à travers la surface mal dégauchie du causse Méjean percée de grottes, l'esprit reste confondu devant le spectacle de la nature et l'opiniâtreté des hommes. Le paysage, généralement apprécié sous le soleil estival, doit aussi être vu dans l'humidité des saisons intermédiaires où les vapeurs et les brumes permettent à la végétation de reprendre ses droits et à la vie rurale d'assurer sa survivance ; voire dans les frimas de l'hiver.
Alors qu'au fond des gorges la rivière coule sur un lit de cailloux, les falaises de calcaire, dont certains bancs compacts atteignent 50 m d'épaisseur, révèlent le gigantisme de la sédimentation au cours des durées, inconcevables par l'imagination, de l'ère secondaire. Les débris de roches arrachés par les pluies aux montagnes environnantes, les algues, les polypiers, les éponges, les coraux, les crustacés, les squelettes de poissons s'accumulaient et s'agrégeaient, au fond des mers chaudes et peu profondes, sous leur propre poids, au Sud du Massif central mais surtout dans cette zone. En subissant la chaleur de leur propre pression, ils ont constitué cette carapace épaisse de 600 m. Cette dernière révèle

la puissance du soulèvement alpin qui a porté cette dalle rocheuse à près de 1 000 m d'altitude, l'a fracturée par endroits (discordance des couches de part et d'autre de la vallée), ouvrant ainsi, au Sud de Ste-Énimie et du cirque des Baumes au Rozier, la voie aux gorges actuelles.

Le monde souterrain (**aven Armand★★★**) offre à ceux qui le découvrent le spectacle, insoupçonné à la surface, de la dissolution des roches, de leur effondrement, de leur érosion interne, de son hydrologie et de son concrétionnement.

Alors que les gorges du Verdon sont désertes et celles de l'Ardèche bien abandonnées, ici les hommes se sont acharnés à vivre et au cours des siècles ont valorisé cette nature hostile. En témoignent les villages installés près des terres arables au fond des gorges et sur les replats (Ste-Énimie, la Malène, les Vignes...), les châteaux (brigandage et sécurité) postés sur des sites défensifs ; les fermes isolées sur le plateau cultivant le fond meuble des dolines, épierrant les champs (délimitation des propriétés et clôtures pour l'élevage), œuvrant au reboisement du causse en sapins noirs d'Autriche après les coupes inconsidérées du 19e s.

★★ **Les Détroits** – Les surplombs de ces rochers colorés marquent la partie la plus resserrée du canyon.

★★ **Cirque des Baumes** – Entre les Détroits et le Pas de Souci, sur la rive droite, la concavité du canyon dessine ce cirque d'une magnifique ampleur.

Rocher de Cinglegros – *Sur la rive gauche, à hauteur du mas de Lafont.* Formidable rocher détaché en avant de la paroi.

★★★ **Le Point Sublime** – *Rive droite – allongement de 26 km entre la Malène et les Vignes.* Magnifique belvédère sur le causse et le canyon dominant l'ensemble du cirque des Baumes.

★★ **Roc des Hourtous** – *Rive gauche – allongement de 25 km entre la Malène et les Vignes.* Spectacle du plateau du causse Méjean et vue plongeante sur les Détroits et le cirque des Baumes.

Les gorges du Tarn vues depuis le roc des Hourtous

Abbaye du THORONET★★

Cartes Michelin nos 84 pli 6 ou 114 pli 21 ou 245 pli 34
Guide Vert Côte d'Azur

L'abbaye du Thoronet, fondée en 1136, du vivant de saint Bernard (11 ans avant celle de Silvacane et 12 avant celle de Sénanque, ses deux sœurs provençales), constitue l'un des ensembles cisterciens le plus représentatifs des premiers temps de l'ordre et des plus austères.

L'architecture de l'**abbaye** ⊘, exempte de toute décoration distrayante et coûteuse, est d'un dépouillement tel que les deux chapiteaux gothiques bien frustes de la **salle capitulaire★** y détonnent.

L'**église★**, d'une beauté sans artifice, a été construite à partir de 1160 en moellons remarquablement taillés et disposés (observer le cul-de-four de l'abside).

Le **cloître★** (vers 1175) conserve ses quatre galeries voûtées en berceau. La déclivité du terrain y est plus apparente que dans l'église ; mais, non encore stabilisée, elle exige des travaux importants de réfection.

TOUL*

17 281 habitants

Cartes Michelin nos 62 pli 4 ou 242 pli 17 – Guide Vert Alsace et Lorraine

A dater du 11ᵉ s., Toul fut gouvernée par ses évêques, bien souvent en lutte contre les citains (bourgeois). Avec Metz et Verdun, elle composa l'ensemble des Trois Évêchés qu'annexa Henri II en 1552 et qui furent reconnus à la couronne en 1648 par le traité de Münster.

Ses anciennes fortifications furent remaniées, à la fin du 17ᵉ s., par Vauban qui redessina en particulier la porte de Metz. En 1871, Toul fit partie du système défensif de Séré de Rivières (fort de Villey-le-Sec – 7 km à l'Est), organisé et appuyé sur de grands ouvrages polygonaux semi-enterrés par lequel la IIIᵉ République voulut garantir la « trouée de Lorraine ».

★★ Cathédrale St-Étienne – (1221-1496). La proximité de la Champagne et de son gothique primitif (église N.-D.-en-Vaux et cathédrale de Châlons-en-Champagne) s'y manifeste par une élévation très simple, à deux étages (grandes arcades et fenêtres hautes), par un chevet réduit à une abside que garnissent des verrières hautes et étroites du 13ᵉ s. et par la galerie de circulation qui règne dans les bas-côtés, à la base des fenêtres. Les arcs gothiques très aigus des cinq premières travées de la nef dénotent le style rayonnant du 14ᵉ s.

La **façade★★** flamboyante, surchargée de motifs d'architecture, fut amputée, à la Révolution, des statues qui garnissaient ses niches et ses piédroits. Elle est représentative de la fin du 15ᵉ s. par ses tympans ajourés garnis de vitraux et par son grand gâble triangulaire un peu antérieur. Les gâbles en accolade, aux rampants concaves du registre inférieur, plus tardifs, trahissent déjà la Renaissance tout comme les parties hautes et le petit lanternon central.

Le **cloître★**, l'un des plus vastes de France, est orné d'une belle série de gargouilles.

⊘ ►► Église St-Gengoult (cloître★★) – Musée municipal★.

TOULON**

Agglomération 437 553 habitants

Cartes Michelin nos 84 pli 15 ou 114 pli 45 ou 245 pli 46 – Guide Vert Côte d'Azur

Au pied d'un amphithéâtre de collines couronnées de forts, Toulon est le deuxième port de guerre français.

Le siège de 1793 – En 1793, en Corse, une insurrection antirévolutionnaire gagne toute l'île. Elle oppose Bonaparte, acquis aux idées républicaines, et Paoli (voir à Corte), tenant de la monarchie. Ce dernier jouit du soutien de l'Angleterre dont les navires cinglent entre le golfe d'Ajaccio, celui de St-Florent et la grande rade de Toulon, ville restée fidèle au roi et livrée par ses dirigeants à une flotte anglo-espagnole.

Dans la lutte qu'elle mène contre les ennemis de l'étranger et les opposants de l'intérieur, la Convention se doit d'intervenir. Le 15 décembre, les Anglais sont installés dans des redoutes sur la presqu'île de St-Mandrier et entre la Seyne et le fort Balaguier, « le Petit Gibraltar ». L'armée de la Convention bloque la ville à l'Est par son infanterie et la menace au Nord-Ouest par son artillerie. Un jeune capitaine d'artillerie, du nom obscur de Bonaparte (il avait quitté la Corse début juin), comprend la situation : il fait redéployer et réorienter ses canons pour qu'ils tiennent sous leur feu les redoutes anglaises elles-mêmes. Devant ce danger et après la perte du Petit Gibraltar, les Anglais rembarquent dans la nuit du 18, abandonnant les Toulonnais à leur sort.

La répression, adoucie par le capitaine, fait de nombreuses victimes dans la population mais épargne la ville. Le talent manifesté par Bonaparte lui vaut le grade de général et lui fait un nom dans l'armée et la classe politique.

★★ La rade – L'aménagement portuaire de Toulon, entrepris sous Henri IV par la création des digues de la vieille darse, se poursuivit sous Louis XIII lorsque Richelieu, discernant la valeur de la rade, créa les premiers ateliers de l'arsenal militaire. Sous Louis XIV, Colbert confie à Vauban l'agrandissement de l'arsenal et le creusement, de 1680 à 1700, d'une darse neuve à l'Ouest. Au 19ᵉ s., l'annexe du Mourillon et la darse de Castigneau complètent cet ensemble devenu le port d'attache de l'escadre de la Méditerranée.

La grande rade, de la presqu'île de St-Mandrier au cap Carqueiranne, sert de plan d'eau avancé à l'ensemble portuaire. La petite rade, fermée au Nord par la tour Royale et la grande jetée, au Sud par la pointe de la Vieille, abrite les installations du port et des chantiers navals. C'est là que, le 27 novembre 1942, l'escadre française se saborda (60 navires sombrèrent) pour ne pas tomber aux mains des nazis qui venaient d'étendre leur occupation à la France entière. Tous ces navires se trouvaient rassemblés là, rappelés par l'amirauté, après que le 3 juillet 1940, désarmés et au mouillage à Mers el-Kébir (8 km à l'Ouest d'Oran), ils eurent subi le feu de la flotte britannique.

Santons de Provence

Gaspard

Le berger et ses moutons

Le meunier et son âne

Les bohémiens

Bartoumieu

Grasset et Grasseto

Le tambourinaire

Le ravi

Santons traditionnels des Ateliers Marcel Carbonel, Marseille

★ **Le port** ⊙ – Longé par le quai Cronstadt ; embarcadère pour les promenades en vedettes ⊙. A l'Ouest, la porte du musée de la Marine est l'ancienne porte de l'arsenal. La qualité de ses sculptures, Mars à gauche et Bellone à droite, colonnes de marbre à chapiteaux doriques encadrant des tableaux ornés de symboles et d'animaux marins, en fait un chef-d'œuvre (1738) du style Louis XV.

Le balcon d'honneur de l'ancien hôtel de ville est soutenu par deux **Atlantes**★ de Pierre Puget d'une musculature puissante.

★★★ **Mont Faron** – C'est le plus oriental des chaînons provençaux de calcaire blanc tributaires du soulèvement des Pyrénées à l'ère tertiaire.

★ **Musée-Mémorial du Débarquement en Provence** ⊙ – De la terrasse de la tour Beaumont, à 507 m d'altitude, **panorama**★★★ sur l'arrière-pays, les îles d'Hyères, l'ensemble de la rade et la côte de Sanary à Bandol. Diorama des opérations de débarquement, dans la nuit du 14 au 15 août 1944, et de la libération du territoire d'Anthéor à Marseille. Le deuxième front ainsi ouvert cède par la libération de Marseille ; l'ennemi en retraite est pris en tenaille et contraint à reculer très vite de crainte d'être coupé de ses arrières.

⊙ ►► Corniche du mont Faron★★ – Musée de la Marine★ – Vieille ville★ – Navire de débarquement la « Dives »★.

TOULOUSE★★★

Agglomération 608 430 habitants
Cartes Michelin nᵒˢ 82 pli 8 ou 235 pli 30 – Guide Vert Pyrénées Roussillon

Toulouse, la sixième agglomération urbaine de France à l'heure actuelle, se trouve située au point de convergence des influences méditerranéenne par le seuil du Lauragais, atlantique par la vallée de la Garonne, espagnole par les grandes vallées descendant des Pyrénées centrales et ariégeoises ; aussi est-elle, depuis l'époque gallo-romaine, une étape sur les routes fréquentées par les peuples.

Elle fut la capitale du royaume wisigothique et connut la prospérité commerciale du 9e au 13e s. alors que les « capitouls » administraient la cité sous le patronage des comtes Raymond dont la dynastie constituait alors « la cour la plus aimable d'Europe ». Malheureusement la crise albigeoise, au 13e s., ruine leur puissance politique et fournit aux rois capétiens l'opportunité d'étendre leur autorité sur le Languedoc. L'académie des Jeux floraux, au 14e s. la doyenne des académies, le boom du pastel (teinture de qualité extraite d'une sorte de très grosse salade aux feuilles bleu-vert) au 16e s. maintiennent malgré tout son rayonnement.

UNE CAPITALE DE L'AÉRONAUTIQUE

Dès 1917, le Sud-Ouest accueillait des industries stratégiques, comme l'aéronautique, que l'on désirait éloigner des frontières menacées. Entre les deux guerres, Toulouse est ainsi devenue la base de la première ligne aérienne régulière exploitée au départ de la France.

Clément Ader (1841-1925) – Né à Muret. Ce précurseur expérimente vers 1870, au polygone de Toulouse, un « ballon », puis imagine un dirigeable. Le 9 octobre 1890, il réalise le premier vol humain sur une distance de 50 m.

Pierre Latécoère (1883-1943) – Construit des avions pour l'armée pendant la Première Guerre mondiale. Le 25 décembre 1918, avec Cornemont, il réalise le vol expérimental d'études vers Barcelone par Perpignan. C'est le concepteur et l'animateur de la « Ligne » vers Dakar et le Brésil.

Didier Daurat (1891-1969) – Un meneur d'hommes, directeur des services d'exploitation de Latécoère, de l'Aéropostale puis d'Air France. Il crée le 10 mars 1919 la première liaison postale entre Toulouse et Casablanca réalisée par Henri Lemaître (inauguration officielle le 1er septembre).

La violette

On raconte que c'est au 19e s. que la violette, originaire de Parme, arriva à Toulouse. Elle aurait été rapportée par des soldats français lors des guerres napoléoniennes en Italie. Aussitôt adoptée par les Toulousains, elle fit la gloire des fleuristes, des parfumeurs et des confiseurs (avec leurs fameuses violettes cristallisées) : au début du siècle, on expédiait quelque 600 000 bouquets par an vers la capitale, l'Europe du Nord et même le Canada. Malheureusement, les virus et les champignons eurent bientôt raison de cette délicate fleur hivernale. A partir de 1985 cependant, des chercheurs se sont mobilisés afin de sauver la petite fleur mauve. Dix ans plus tard, ils ont réussi à la cultiver *in vitro*. Les serres de Lalande, au Nord de Toulouse, sont désormais emplies du parfum si caractéristique de la violette et Toulouse a retrouvé son emblème.

TOULOUSE

Alsace-Lorraine (R. d') .... **EXY**
Astorg (R. d') .... **FY** 5
Baour-Lormian (R.) .... **EY** 7
Baronie (R.) .... **EY** 9
Boulbonne (R.) .... **FY** 18
Bouquières (R.) .... **EY** 19
Bourse (Pl. de la) .... **EY** 20
Cantegril (R.) .... **FY** 23
Capitole (Pl. du) .... **EY**
Cartailhac (R. E.) .... **EX** 26
Chaîne (R. de la) .... **EX** 31
Cujas (R.) .... **EY** 36
Daurade (Quai de la) ..... **EY** 38

Esquirol (Pl.) .... **EY** 54
Frères Lion (R. des) ...... **FY** 62
Henry-de-Gorsse (R.) ..... **EZ** 76
Jules-Chalande (R.) ...... **EY** 79
La Fayette (R.) .... **EY**
Lapeyrouse (R.) .... **EY** 85
Magre (R. Genty) .... **EY** 91
Malcousinat (R.) .... **EY** 92
Marchands (R. des) ...... **EY** 95
Mercié (R. A.) .... **EY** 103
Metz (R. de) .... **EFY**
Pélissier (R. Lieut.-Col.) .. **FY** 112
Peyras (R.) .... **EY** 113
Pleau (R. de la) .... **FZ** 114
Poids-de-l'Huile (R.) ..... **EY** 115

Polinaires (R. des) .... **EZ** 116
Pomme (R. de la) .... **EFY** 117
Rémusat (R. de) .... **EX**
Riguepels (R.) .... **FY** 127
Romiguières (R.) .... **EY** 127
Roosevelt (Allées) .... **FX** 130
St-Antoine du T. (R.) ..... **FY**
Ste-Ursule (R.) .... **EY** 137
St-Rome (R.) .... **EY**
Suau (R. J.) .... **EY** 146
Temponières (R.) .... **EY** 147
Trinité (R. de la) .... **EY** 149
Vélane (R.) .... **FZ** 158
Wilson (Pl. Prés.) .... **FY**
3-Journées (R. des) ...... **FY** 162

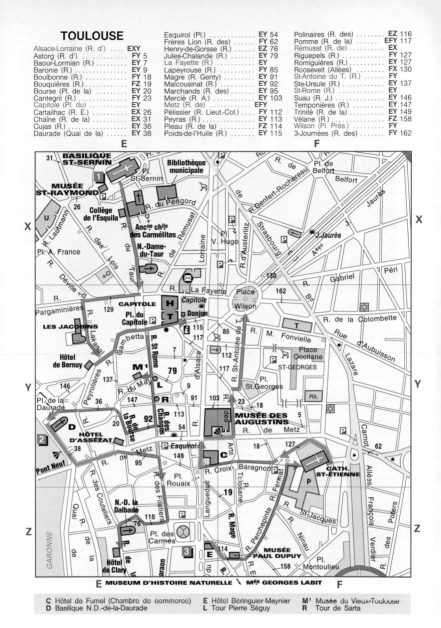

C Hôtel de Fumel (Chambre de commerce)   E Hôtel Béringuier-Maynier   M¹ Musée du Vieux-Toulouse
D Basilique N.D.-de-la-Daurade   L Tour Pierre Séguy   R Tour de Sarta

Émile Dewoitine (1892-1979) – Fondateur de l'industrie qui devint l'Aérospatiale. Créateur du chasseur Dewoitine 520.

Antoine de Saint-Exupéry (1900-1944) – Pilote sur la ligne Toulouse-Casablanca, il prospecte, le 3 mai 1923, son prolongement sur Dakar (inauguré le 1er juin 1925) ; puis ouvre les lignes de Patagonie. Il est aussi l'auteur de *Courrier Sud, Vol de nuit, Terre des hommes, Le Petit Prince.*

Jean Mermoz (1901-1935) – Pionnier de la ligne Rio de Janeiro-Santiago du Chili par le survol des Andes. Il établit, le 12 mai 1930, la première liaison postale avec l'Amérique du Sud. Il disparaît en mer à bord de son hydravion la « Croix-du-Sud ».

Henri Guillaumet (1902-1940) – Organise chez Latécoère la ligne des Andes et accomplit 393 traversées de la Cordillère.

21 avril 1949 – Jean Gonord accomplit le premier vol d'essai du Leduc 010. Cet avion à tuyère thermo-propulsive de René Leduc, inventeur du statoréacteur, est considéré comme le prototype des appareils à très haute vitesse des prochaines décennies.

27 mai 1955 – Premier vol de Caravelle piloté par P. Nadot. Le premier avion de transport français à réaction.

2 mars 1969 – Le Concorde, à l'admirable fuselage effilé dessiné par Servanty, rendu possible par les progrès techniques réalisés depuis 12 ans, est essayé par André Turcat. C'est le premier supersonique de transport commercial.

1992 – 1er vol Airbus A330 conçu et réalisé pour transporter 335 passagers.

Toulouse et le Pont Neuf

LA VILLE DE BRIQUES

Depuis le haut Moyen Age, Toulouse compte au nombre des grands centres artistiques de France. De cette période reculée, seules témoignent encore la basilique St-Sernin et les sculptures romanes du musée des Augustins.

L'essor économique et l'extension urbaine que connut alors Toulouse posèrent aux maîtres d'œuvre le problème du matériau, les carrières les plus proches étant distantes de 80 km. C'est donc le limon de la Garonne qui fournit les briques nécessaires. Ce matériau robuste, bon marché, facile d'emploi mais ingrat pour le décorateur, apportait un surcroît naturel d'austérité à la pauvreté voulue par les ordres mendiants dont l'influence s'exerçait sur la ville.

★★★ **Basilique St-Sernin** (EX) ⊙ – L'édifice, qui honore la mémoire de saint Sernin (ou Saturnin), l'un des martyrs de la Gaule, fut commencé vers 1080. D'une première campagne de construction qui prit fin en 1118, et où la brique et la pierre se mêlent, se distingue la seconde où la brique est exclusive.

St-Sernin est un magnifique exemple de ces grandes abbatiales romanes de pèlerinage. Par leurs vastes vaisseaux à trois ou à cinq nefs, elles composaient un ensemble (Cluny, St-Martin de Tours, St-Martial de Limoges, St-Hilaire-le-Grand de Poitiers, St-Remi de Reims... St-Jacques-de-Compostelle) sur lequel la papauté pouvait s'appuyer pour asseoir la réorganisation territoriale de l'Église, la reconquête sur les musulmans, la réduction de l'hérésie cathare... et la monarchie, sa mainmise sur le Languedoc.

St-Sernin est toulousaine surtout par son clocher dont les étages supérieurs s'éclairent d'arcs de brique en mitres doubles dont l'intervalle est percé d'un losange.

★★ **Les Jacobins** (EY) ⊙ – Les Jacobins furent la première « maison » des Frères Prêcheurs. Cet ordre avait été fondé à **Fanjeaux** *(20 km au Sud de Castelnaudary),* en 1215, par **saint Dominique** (1170-1221) pour seconder les légats d'Innocent III dans leur lutte contre l'hérésie cathare en Lauragais. A la pauvreté mendiante que saint François d'Assise venait d'assigner à ses fils spirituels, il ajouta pour ses disciples l'exigence d'une solide formation théologique qui leur permette de l'emporter dans les « disputes » avec les propagandistes cathares, par la connaissance de la vérité et par la maîtrise de la parole nécessaire à l'enseignement de la doctrine.

Les Jacobins représentent le monument déterminant dans la naissance et le développement, à partir de 1230, du gothique méridional sous l'influence des ordres mendiants.

L'église primitive, rectangulaire, édifiée de 1230 à 1235, fut agrandie au milieu du siècle, puis, de nouveau, de 1275 à 1292, pour faire face aux besoins nés de l'extension de la communauté. Elle subit alors une transformation radicale par la réfection de son abside et l'élévation de sa nef. La largeur de l'édifice et l'impossibilité de l'étayer de l'extérieur pour des raisons de voirie et de cadastre interdisant le lancement d'une nef unique, on dut conserver sa division intérieure originale en deux vaisseaux. Son voûtement fut décidé en raison de l'incendie qui venait de ravager l'église charpentée de l'ordre, à Bayonne. L'admirable voûte à nervures et le somptueux pilier du chœur, le « palmier★★ », d'où rayonnent 22 ogives, sont l'expédient imaginé par l'architecte, en 1292, pour couvrir le **vaisseau**★★ qui précède de quelque 170 ans les voûtes en réseau du gothique tardif. Le clocher, de 1298, postérieur à la surélévation de celui de St-Sernin, devint

le modèle de ceux des grandes et riches églises du Midi (tout comme le mur-pignon de l'église voisine de N.-D.-du-Taur le fut pour les églises rurales) par son plan octogonal, sa grande hauteur, ses arcs en mitre, ses ouvertures en losange.
La nef fut rebâtie au 14e s. après l'achèvement du cloître.
Sous un maître-autel en marbre gris provenant de Prouille reposent les reliques de saint Thomas d'Aquin, dominicain auteur de la *Somme*, ouvrage capital par lequel il tenta d'intégrer la philosophie d'Aristote à la théologie chrétienne.

★ **Capitole** (EY) – C'est l'hôtel de ville de Toulouse. Il doit son nom à l'assemblée des « Capitouls ». Sa façade, ornée de pilastres ioniques, est un bel exemple de l'architecture urbaine du 18e s. où alternent les moellons de pierre et les chaînages de brique.

★ **Cathédrale St-Étienne** (FY) – Elle est intéressante par le contraste qu'elle offre entre sa nef ancienne, de Raymond VI, voûtée dès 1212, grande salle d'assemblée dans la tradition méditerranéenne, et le chœur entrepris 60 ans plus tard sur le modèle des églises gothiques du Nord par l'architecte Jean Deschamps qui s'en était fait le propagandiste une fois le Languedoc réuni à la Couronne. La nef et le chœur ne sont pas dans le même axe et donnent l'impression de n'être pas faits l'un pour l'autre. Contrairement au plan de réfection prévoyant une reconstruction totale, on dut en effet conserver la nef primitive et se contenter entre eux d'un raccordement de fortune exigeant des prouesses architecturales dans ce qui aurait dû devenir le bras gauche du transept.

★★ **Musée des Augustins** (EFY) ◷ – Installé dans l'ancien couvent. Dans la salle capitulaire, célèbre pietà des Récollets.
Les admirables **sculptures romanes**★★★, colonnes et chapiteaux surtout, souvent taillées dans le marbre gris des Pyrénées, proviennent, pour la plupart, des cloîtres démolis au 19e s. de St-Sernin, de la Daurade et de St-Étienne. Cette œuvre sculptée, principalement du 12e s., manifeste l'influence de Moissac dont la Daurade était un prieuré, voire de Chartres ou de St-Denis où probablement Gilbertus, le sculpteur du cloître de St-Étienne, travailla quelque temps.

◷ ►◄ Hôtel d'Assézat★★ (Fondation Bemberg★★) (EY) – Musée St-Raymond★★ *(archéologie)* – Muséum d'Histoire naturelle★★ – Musée Paul Dupuy★ *(arts appliqués, du Moyen Age à nos jours)* (FZ) – Musée Georges-Labit★ *(art asiatique)*.

Le TOUQUET★★★

5 596 habitants
Cartes Michelin nos 51 pli 11 ou 236 pli 11 – Guide Vert Flandres Artois Picardie

Situé à l'embouchure de la Canche, Le Touquet n'était qu'un lieu-dit formé de dunes sauvages quand il fut acheté en 1837 par un particulier qui le boisa en pins maritimes et le lotit en partie en 1876. Au début du 20e s. une société britannique, le « Touquet Syndicate », s'y intéresse et y édifie de nombreuses demeures. Le développement est tel qu'en 1912 Paris-Plage devient une commune sous le nom du **Touquet Paris-Plage** fréquentée alors par la « gentry » et la haute bourgeoisie parisienne.

Aujourd'hui, la plage élégante des grandes familles du Nord, surnommée la « perle de la Côte d'Opale », a pris la dimension d'une station européenne grâce à son importante structure d'accueil, à son centre de thalassothérapie, à ses casinos et à sa richesse en équipements sportifs comprenant golfs, tennis, centre hippique, char à voile, etc. La ville se partage entre une zone résidentielle aux luxueuses villas de style anglo-normand ou modernes, disséminées dans la forêt de 800 ha, et la station balnéaire qui s'allonge au bord de la magnifique plage de sable fin.
Le centre-ville présente un plan en damier dont les grands axes sont les rues commerçantes de St-Jean et de Paris.

TOURNUS★

6 568 habitants
Cartes Michelin nos 69 pli 20 ou 243 plis 39, 40 – Guide Vert Bourgogne

Tournus fut d'abord une vieille cité des Éduens, puis un castrum gallo-romain installé sur une terrasse de la rive droite de la Saône, puis une étape fréquentée par la batellerie fluviale. Dès l'époque mérovingienne, des sanctuaires élevés sur le tombeau de saint Valérien en font l'un des plus anciens centres monastiques de France qui se développa jusqu'à recevoir, au 9e s., des moines venant de l'île de Noirmoutier et fuyant devant les invasions normandes en transportant avec eux les reliques de saint Philibert. Sa richesse lui valut la convoitise des hordes hongroises qui le saccagèrent en 937.

★★ **Église St-Philibert** – 25 ans plus tard la réfection de l'église était entreprise. De la fin du 10e s. datent la **crypte**★ où d'archaïques traditions carolingiennes subsistent dans le plan des chapelles et dans la voûte annulaire du déambulatoire en berceau continu, ainsi que le narthex dont les formidables piliers à tailloir circulaire sont une des réussites de l'art roman à son début. Aux 10e et 11e s., on élève la façade, percée d'archères et traitée comme un vrai donjon (mâchicoulis postiches du 19e s.).

Au début du 11e s., après l'incendie de 1006, on lance le programme de la nef. L'élévation de ses admirables piliers ronds est exceptionnelle dans toute l'architecture médiévale, de même qu'est originale sa couverture (début 12e s.) par cinq berceaux transversaux. Les avantages de cette solution apportée au problème de la grande voûte sont incontestables : suppression des poussées latérales donc des risques de déversement à la naissance de la voûte ; annulation mutuelle des poussées longitudinales ; appuis extrêmes pris sur le narthex et le transept. Aussi est-il étonnant qu'elle n'ait pas fait école.

Le transept et le chœur, du 12e s., avec son berceau annulaire sur doubleaux divergents, montrent la rapidité de l'évolution du style roman.

TOURS★★

Agglomération 271 927 habitants
Cartes Michelin nos 64 pli 15 ou 232 plis 35, 36 ou 238 pli 13
Guide Vert Châteaux de la Loire

Tours, bâtie en tuffeau et couverte d'ardoise, occupe, entre la Loire et le Cher, un isthme à l'abri des crues. Ce fut d'abord un village gaulois qui, à l'époque gallo-romaine, devint un centre commercial et administratif actif. L'atmosphère lumineuse du Val y a exercé son attrait sur de nombreuses personnalités.

HOMMES ILLUSTRES A TOURS

Saint Gatien : 3e s. Évangélisateur de la Gaule et premier évêque de Tours.

Saint Martin : 316-397. Sa renommée auprès des petites gens fait de la « ville de St-Martin » un but de pèlerinage et un carrefour de routes.

Grégoire de Tours : 6e s. Le chroniqueur des temps mérovingiens.

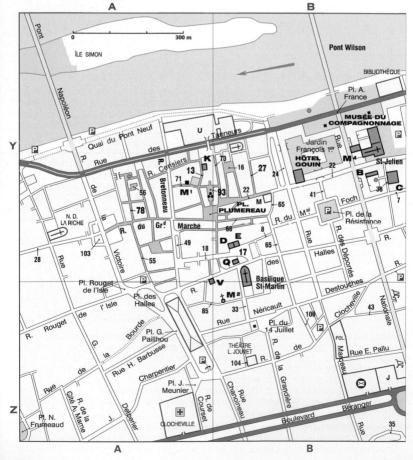

Alcuin : fin du 8e s. Met en œuvre le renouveau intellectuel voulu par Charlemagne et fonde une école de copistes connue pour l'élégance de sa calligraphie et de ses enluminures.

Jean Fouquet : 1420-1481. Le portraitiste de Charles VII.

Louis XI : 1423-1483. Introduit dans la ville le tissage de la soie et du velours. Ce roi, de tempérament inquiet, d'esprit plus politique que militaire, sut imposer son autorité au pays, achever la guerre de Cent Ans et régénérer la vie économique. Il rattacha au domaine royal le duché de Bourgogne, les villes de la Somme, l'Artois et la Franche-Comté en 1477 ; le Maine et l'Anjou en 1481 ; la Provence en 1486. Durant les dernières semaines de son règne, entouré de quelques familiers, il dissimula, au château de Plessis-lès-Tours, les atteintes de la maladie pour ne pas altérer le prestige de la monarchie.

Jean Bourdichon : 1457-1521. Miniaturiste, peintre de Charles VIII. Décorateur, pour François Ier, du camp du Drap d'or.

Jean Clouet : 1485-1541. Peintre de François Ier.

Pierre de Ronsard : 1524-1585. Poète individualiste, retiré au prieuré de St-Cosme.

Anatole France : 1844-1924. Humaniste quelque peu sceptique et cependant confiant (*Crainquebille* : 1901). Se plaît à la Béchellerie et St-Cyr-sur-Loire.

Henri Bergson : 1859-1941. Philosophe de l'avant-guerre qui étudia les domaines de la conscience, de l'intuition, de la matière. Séjour à la Gaudinière.

★★ LE VIEUX TOURS (ABY)

Le compagnonnage (de « cum panis » : avec qui on partage le pain) fut au long des siècles en honneur à Tours où trois sociétés étaient encore présentes à la fin du 19e s., conservant leurs traditions du Devoir et de vie familiale autour d'une Mère. Un **musée du Compagnonnage**★★ ⊙ permet d'admirer des chefs-d'œuvre de charpentiers, couvreurs, ardoisiers, forgerons, serruriers, selliers...

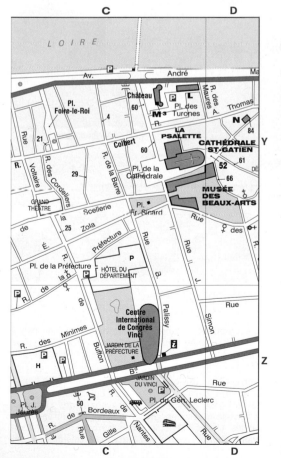

TOURS

Amandiers (R. des)	**CY** 4
Bordeaux (R. de)	**CZ**
Berthelot (R.)	**BCY** 7
Bons Enfants (R. des)	**BY** 8
Briçonnet (R.)	**AY** 13
Carmes (Pl. des)	**BY** 16
Châteauneuf (Pl. de)	**BY** 17
Châteauneuf (R. de)	**AY** 18
Cœur-Navré (Passage du)	**CY** 21
Commerce (R. du)	**BY** 22
Constantine (R. de)	**BY** 24
Corneille (R.)	**CY** 25
Courier (Rue Paul-Louis)	**BY** 27
Courteline (R. G.)	**AY** 28
Cygne (R. du)	**CY** 29
Descartes (R.)	**BZ** 33
Dolve (R. de la)	**BZ** 35
Favre (R. Jules)	**BY** 38
Fusillés (R. des)	**BY** 41
Gambetta (R.)	**BZ** 43
Grammont (Av. de)	**CZ**
Grand-Marché (Pl. du)	**AY** 49
Grand Passage	**CZ** 50
Grégoire-de-Tours (Pl.)	**DY** 52
Grosse-Tour (R. de la)	**AY** 55
Halles (Pl. des)	**AZ**
Halles (R. des)	**RY**
Herbes (Carroi aux)	**AY** 56
Lavoisier (R.)	**CY** 60
Marceau (R.)	**BYZ**
Marceau (R.)	**DY** 61
Merville (R. du Prés.)	**BY** 65
Meusnier (R. Gén.)	**DY** 66
Monnaie (R. de la)	**BY** 68
Mûrier (R. du)	**AY** 71
Nationale (R.)	**BYZ**
Paix (R. de la)	**BY** 73
Petit-St-Martin (R. du)	**AY** 78
Racine (R.)	**DY** 84
Rapin (R.)	**AZ** 85
St-Pierre-le-Puellier (Pl.)	**ABY** 93
Scellerie (R. de la)	**BCY**
Victoire (Pl. de la)	**AY** 103
Vinci (R. Léonard de)	**BZ** 104

B	Jardin de Beaune-Semblançay
C	Palais du Commerce
D	Ancienne église St-Denis
E	Logis des ducs de Touraine
K	Maison de Tristan
L	Logis des Gouverneurs
M¹	Musée du Gemmail
M²	Musée St-Martin
M³	Historial de Touraine
M⁴	Musée des vins de Touraine
N	Centre de Création contemporaine
Q	Tour Charlemagne
V	Tour de l'Horloge

Château (CY) – Dans cet ensemble archéologique se distinguent à l'Ouest les bases du rempart gallo-romain du 4e s. et de la résidence des comtes d'Anjou au 11e s. ; la tour de Guise (13e-15e s.) à toit en poivrière et mâchicoulis ; la poterne ; le logis du Gouverneur (15e s.) surmonté de lucarnes à gâbles et le logis des 18e et 19e s.

** **Cathédrale St-Gatien** (CY) – Sa reconstruction, à la suite d'un incendie, entreprise vers 1235, dura près de deux siècles et demi : chœur au temps de Saint Louis ; nef au temps de Charles VII et du duc Jean V de Bretagne qui, probablement, fit exécuter un grand vitrail par un maître verrier rennais ; façade au temps de Louis XI et de Charles VIII, flamboyante avec son tympan ajouré et son gâble triangulaire et déjà Renaissance par les lanternons qui couronnent ses tours.

Ses verrières vont du 13e s. (fenêtres hautes du chœur) au 14e s. (roses des croisillons) et au 15e s. (grande rose de la façade). Le tombeau des enfants de Charles VIII *(chapelle du croisillon droit)* est une œuvre de l'école de Michel Colombe (16e s.) disposée sur un socle ouvragé par Jérôme de Fiesole. Le lustre du chœur (« Râteau » de lumière) est une œuvre fort rare du 18e s.

* **La Psalette** (CY) ⊙ – La Psalette est l'ensemble architectural du cloître St-Gatien, attenant à la cathédrale au Nord, et destiné aux chanoines et à la maîtrise. La transition du gothique à la Renaissance s'y observe entre l'architecture et la décoration de l'escalier à vis qui dessert l'étage où subsistent la « librairie », belle salle voûtée d'ogives, et la petite salle des Archives construite en 1520.

Tours – Place Plumereau

* **Place Plumereau** (ABY) – C'est l'ancien « carroi » (carrefour) bordé de belles demeures du 15e s. en pierre et à pans de bois. A l'angle de la rue du Change et de la rue de la Monnaie, un poteau cornier sculpté représente, quelque peu mutilée, la circoncision de Jésus.

** **Musée des Beaux-Arts** (CDY) ⊙ – Aménagé dans l'ancien évêché des 17e et 18e s., dont les salons sont garnis de boiseries Louis XVI ou tendus de soieries de Tours. Il présente des œuvres d'art provenant des châteaux disparus de Richelieu, de Chanteloup et des grandes abbayes tourangelles. La peinture concerne surtout les 19e et 20e s. français outre la Résurrection et le Christ au jardin des Oliviers, chefs-d'œuvre de Mantegna (école de Padoue, fin du 15e s.).

ENVIRONS

★ **Prieuré de St-Cosme** ⊘ – *3 km à l'Ouest du pont Wilson, au Sud de la Loire.* Ce prieuré, en ruine, fut celui où se retira Ronsard. Il vécut et mourut dans le logis du prieur, charmante petite maison du 15e s., puis fut inhumé dans l'église (vestiges).

⊘ ►► Rue Briçonnet★ – Place Grégoire-de-Tours★ – Hôtel Gouin★ *(musée de la Société archéologique de Touraine)* – Historial de Touraine★ *(au château)* **M³** – Jardin de Beaune-Semblançay★ **B** – Musée des Équipages militaires et du Train★.

TRÉGUIER★★

2 799 habitants
Cartes Michelin nᵒˢ 59 pli 2 ou 230 pli 7 – Guide Vert Bretagne

Tréguier est une ville bretonne du Moyen Age, commandant un aber long de 9 km, dessiné par une dislocation de l'ancien socle granitique bombé et usé du plateau du Trégor.

La cité, évangélisée au 6e s. par saint Tugdual, moine d'origine galloise, devint de bonne heure une ville épiscopale. Monsieur **Saint-Yves** (1253-1303), le saint breton le plus populaire, y fut juge ecclésiastique ; il est souvent représenté rendant entre le pauvre et le riche une justice non vénale et, à ce titre, il est devenu le patron des avocats attentifs à lire le droit.

A plusieurs reprises, la ville et le Trégor connurent la dévastation. Ils furent saccagés de 1345 à 1347 par les Anglais venus, à la demande de Jean de Montfort, les châtier en représailles du soutien qu'ils avaient apporté à Jeanne de Penthièvre dans la guerre de Succession de Bretagne (*voir à Josselin*) ; pillés en 1592 par les Ligueurs pour avoir soutenu Henri IV par attachement à une décision du parlement de Rennes ; ravagés en 1789 pour leur opposition à la Révolution, engendrée par le poids des impôts et la Constitution civile du clergé.

Place du Martray, la ville honore **Renan** (1823-1892) dont elle conserve la **maison natale** (musée) ⊘.

★★ **Cathédrale St-Tugdual** ⊘ – C'est une des plus belles cathédrales de Bretagne. Commencée en 1339, elle relève, en dépit du granit, du style anglo-normand. A l'extérieur, observer la tour d'Hastings, romane, à laquelle s'appuie le croisillon gauche ; les rampants et les toits d'ardoise allégés par des balustrades ; deux porches au flanc droit, celui du Peuple très breton par son importance et ses statues des apôtres, et celui des Cloches dont les sculptures sont rongées par le temps.

A l'intérieur, le style gothique lancéolé survit dans son élévation à trois étages. Il faut surtout remarquer la frise de tuffeau sculpté qui règne sous le triforium aveugle ; la **Grande Verrière**★ de la *vigne mystique (croisillon droit)* qui garnit une **fenêtre**★ aux fines lancettes flamboyantes ; le Christ de Trémel, du 13e s., en bois *(déambulatoire)* ; et *(dans la nef)* la copie du mausolée de St-Yves qu'avait élevé Jean V. Le **cloître**★ ⊘ (1458) est l'un des rares qui subsistent en Bretagne. Ses galeries lambrissées à charpente apparente et sablières sculptées s'ouvrent par 48 belles arcades ; observer ses contreforts épaulés par de petits arcs-boutants et les gisants (du 15e au 17e s.) La cour du cloître est fleurie d'hortensias.

Forêt de TRONÇAIS★★★

Cartes Michelin nᵒˢ 69 pli 12 ou 238 plis 32, 43, 44 – Guide Vert Auvergne

Au Nord du bocage bourbonnais, autrefois très forestier dans son ensemble, la forêt de Tronçais couvre 10 954 ha.

Cette forêt fut confisquée au bénéfice de la monarchie lorsque François Iᵉʳ mit fin à l'indépendance du duché du Bourbonnais en 1527. Elle connut une dégradation lente mais grave qui appela, en 1670, l'attention de Colbert ; très préoccupé d'assurer l'avenir de la marine royale en bois de carénage et de mâture, le grand ministre la fit protéger et réensemencer. Mais, en 1788, l'ouverture de forges à Tronçais entraîna une nouvelle destruction du capital forestier et le retour à l'état de taillis sous futaie des deux tiers de sa surface pour satisfaire aux besoins en charbon de bois.

Heureusement des mesures conservatrices furent prises en 1832. Depuis 1928, six séries de vieux bois, couvrant 650 ha, ont vu leur révolution (cycle d'exploitation) portée à 225 ans.

Les chênaies les plus belles, les **Hauts-Massifs**★★★, où se rencontrent des sujets exceptionnels, tricentenaires pour certains, se situent à l'Est du rond Gardien (chênes Carré, Émile-Guillaumin et Charles-Louis-Philippe) et à l'Ouest du rond de Buffévent dans la série de Richebout (chênes Jacques-Chevalier, de la Sentinelle et des Jumeaux). Pour les géographes, la région de Tronçais marque aussi le contact entre les pays de la France du Nord et du Sud : langue d'oïl – langue oc ; anciens chars ruraux à quatre roues – à deux roues ; toits d'ardoises ou de tuiles plates (Cérilly) – toits de tuiles creusées disposées en faible pente (bassin de Vichy).

⊘ ►► Séries de l'Ouest★ – Futaie Colbert★ – Étangs de St-Bonnet★, de Pirot★, de Saloup★.

TROYES★★

Agglomération 122 763 habitants
Cartes Michelin n°s 61 plis 16, 17 ou 241 pli 37 Guide Vert Champagne

Comme Reims, Troyes est une capitale de la Champagne, mais tournée vers le plateau de Langres et la Bourgogne. La ville s'est installée dans la plaine de la Seine, le long des itinéraires commerciaux entre la Flandre et l'Italie. Elle se développe, à partir du 12e s., lorsque deux foires annuelles de trois mois y attirent artisans et négociants de toute l'Europe. A la fin du 14e s., le déplacement des courants commerciaux marque le déclin de ces échanges.

Plusieurs personnalités travaillèrent ou virent le jour à Troyes :

TROYES

Boucherat (R.)	**CY** 4
Champeaux (R.)	**BZ** 12
Charbonnet (R.)	**BZ** 13
Clemenceau (R. G.)	**BCY** 15
Comtes de Champagne (Q. des)	**CY** 16
Dampierre (Quai)	**BCY** 17
Delestraint (Bd Gén.-Ch.)	**BZ** 18
Driant (R. Col)	**BZ** 20
Girardon (R.)	**CY** 22
Huez (R. Claude)	**BYZ** 27
Israël (Pl. Alexandre)	**BZ** 28
Jaillant-Deschaînets (R.)	**BZ** 29
Jaurès (Pl. Jean)	**BZ** 31
Joffre (Av. Mar.)	**BZ** 33
Langevin (Pl. du Prof.)	**BZ** 35
Michelet (R.)	**CY** 39
Molé (R.)	**BZ** 44
Monnaie (R. de la)	**BZ** 45
Paillot de Montabert (R.)	**BZ** 47
Palais-de-Justice	**BZ** 48
Préfecture (Pl. de la)	**CZ** 49
République (Pl. de la)	**BZ** 51
St-Pierre (Pl.)	**CY** 52
St-Rémy (Pl.)	**BY** 53
Tour-Boileau (R. de la)	**BZ** 59
Trinité (R. de la)	**BZ** 60
Turenne (R. de)	**BZ** 61
Voltaire (R.)	**BZ** 64
Zola (R. Emile)	**BCZ**
1er-R.A.M. (Bd du)	**BZ** 69

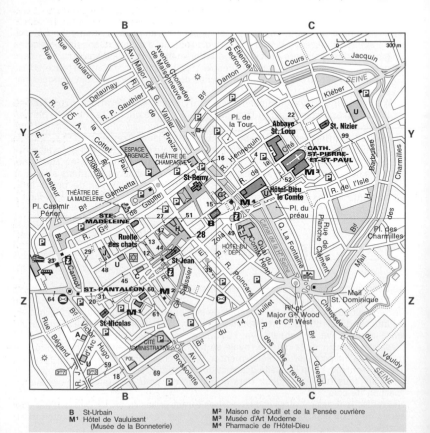

B	St-Urbain
M¹	Hôtel de Vauluisant (Musée de la Bonneterie)
M²	Maison de l'Outil et de la Pensée ouvrière
M³	Musée d'Art Moderne
M⁴	Pharmacie de l'Hôtel-Dieu

Saint Loup : 383-478. Né à Toul ; compagnon de saint Germain d'Auxerre ; fondateur d'une abbaye, évêque de Troyes, préserve sa ville des fureurs d'Attila.

Chrestien de Troyes : 1135-1183. Auteur de romans courtois de chevalerie et de chansons de geste.

Jean Juvénal des Ursins : 1350-1431. Magistrat qui conduisit pour Charles VI la négociation du traité d'Arras (1414), face à Jean sans Peur, qui aurait dû mettre un terme à la guerre entre Armagnacs et Bourguignons.

Pierre Mignard : 1612-1695. Peintre, séduisant coloriste, portraitiste de Mazarin, Mme de Sévigné, Turenne, Colbert et auteur de la gigantesque fresque sous la coupole de l'église N.-D.-du-Val-de-Grâce à Paris.

François Girardon: 1628-1715. Sculpteur ; œuvre à la statuaire des jardins de Versailles et au tombeau de Richelieu dans l'église de la Sorbonne à Paris.

Le traité de Troyes, signé le 21 mai 1420 entre Charles VI le roi dément et Henri V d'Angleterre, remettait le royaume au souverain anglais : l'inconduite notoire d'Isabeau de Bavière excluant de la succession le « soi-disant dauphin » Charles VII.

Au tout début du 16e s., la bonneterie s'installe à Troyes ; avec elle, la draperie, la teinturerie, la papeterie... et l'aisance. Si bien qu'après l'incendie de la ville en 1524, on put relever rapidement les demeures particulières et les églises dans un style où se perçoit l'italianisme d'artistes venus de Fontainebleau vers 1540 mais où persistent les traditions médiévales champenoises.

La sculpture – dans ce pays d'où la pierre est absente – s'illustre par Jean Gailde et Jacques Julyot ; elle reflète tout d'abord les malheurs du temps (la Sainte Marthe du maître de Chaource dans l'église Sainte Madeleine), puis l'amabilité d'un art plus suave (la Vierge au raisin de l'église St-Urbain) et enfin la grâce italianisante apportée par Le Florentin.

En même temps l'art du vitrail s'épanouit. Le verrier est désormais un peintre sur verre ; dans ses ateliers il réutilise ses cartons pour plusieurs sanctuaires éloignés les uns des autres (rentabilité). Le graphisme évolue, des belles compositions (arbre de Jessé) divisées en registres, aux scènes accolées les unes aux autres et commentées dans des phylactères (une sorte de bande dessinée avec ses « bulles ») et aux grisailles de St-Pantaléon. Les verts champenois sont célèbres.

La bonneterie – Dès 1505, les bonnetiers troyens fabriquent des bonnets et des bas tricotés à la main ; ils reçoivent leurs premiers statuts en 1554. En 1746, les administrateurs des hôpitaux de la ville installent, à l'hôpital de la Trinité, des métiers à fabriquer les bas afin de procurer du travail aux enfants pauvres qu'ils hébergent. La bonneterie troyenne groupe quelque 300 entreprises à l'heure actuelle.

L'**hôtel de Vauluisant**★ ⊘, du 16e s. (**M¹**), abrite un musée de la Bonneterie où l'on peut suivre l'évolution des procédés et des techniques de fabrication et expose des collections d'articles dont certains remontent au 18e s., des machines et des métiers anciens.

★★ **Le Vieux Troyes** – Le plan du quartier ancien évoque curieusement la forme d'un bouchon de champagne : la cité occupant la tête, le bourg constituant le corps. Les maisons sont pour la plupart à colombage soutenu par des piliers verticaux soudés par des traverses plus que par des « écharpes » (obliques) ou des croix de St-André.

La garniture la plus élégante en est le damier champenois, assemblage de briques, d'ardoises ou de moellons de craie bien disposés, plutôt que le torchis.

La rue Champeaux, la ruelle des Chats, la rue de Vauluisant, la cour du Mortier-d'Or en proposent de très belles.

La **maison de l'Outil et de la Pensée ouvrière**★★ ⊘ (hôtel de Mauroy) (**M²**) vaut par son architecture et par ses collections.

B. Brillion/MICHELIN

La maison du Boulanger
et la tourelle de l'Orfèvre

La noblesse du travail s'y concrétise par la diversité parfois subtile mais jamais gratuite des formes, la personnalisation et la fonction hautement spécialisée d'un outil. Plus que la beauté de quelques-uns (varlopes) artistement décorés, le lent façonnage de la plupart (marteaux) par le contact avec la main et avec le matériau est attachant.

L'**église Ste-Madeleine**★ ⊘, la plus ancienne de Troyes, très remaniée au 16e s., est célèbre pour son **jubé**★★ de Jean Gailde aux arcs ogifs festonnés, sans support intermédiaire, ses **verrières**★ (Passion, Création du monde, arbre de Jessé) et la **statue de Sainte Marthe**★, frappante par sa gravité.

★★ **Cathédrale St-Pierre-et-St-Paul** – Entreprise en 1208, c'est par sa magnifique ampleur un chef-d'œuvre du gothique champenois du 13e au 16e s. Le chœur en fut achevé en 1228, remarquable par son élévation à trois étages totalement ajourés (la première réalisation de cette nature et d'une telle ampleur), les bras du transept en 1300, les voûtes de la nef en 1497.

En 1506 arrive Martin Chambiges qui avait déjà travaillé à Sens. Il dessine dans le style flamboyant, avec festons et gâbles ouvragés, la belle façade Ouest que son fils Pierre, son gendre et son petit-fils Jean Bailly poursuivirent jusqu'en 1556.

Les **vitraux**★★ qui couvrent 1500 m² font de la cathédrale une immense cage de verre et l'un des plus grands monuments où cet art s'est déployé. Du 13e s. : les grandes figures du chœur, la *Passion* du vitrail axial ; du 14e s. : les fenêtres hautes du transept ; de la fin du 15e s. : l'arbre de Jessé (fenêtrage supérieur de la 6e travée à droite) dont les personnages et les rinceaux sont admirables ; du 16e s. : la grande rose occidentale où Jean Soudain a peint la cour céleste en 1546 ; du 17e s. : le *Pressoir mystique* de Linard Gontier (1626) où l'Église affirme ses dogmes lors de la Contre-Réforme.

★★ **Musée d'Art moderne** ⊘ (**M³**) – La collection, rassemblée depuis 1939 par Pierre et Denise Levy, industriels de la bonneterie troyenne, compte des milliers de pièces datées de 1850 à 1950, en grande partie données à l'État et exposées dans l'ancien évêché.

Le collectionneur a connu les artistes, fréquenté leurs ateliers et s'est lié d'amitié avec les plus grands. Dans l'ensemble exposé, les œuvres des Fauves qui, avec Braque, Dufy, Matisse, Van Dongen, font « rugir la couleur » sont particulièrement bien représentées ; de même que Derain, l'un des premiers à avoir apprécié l'art africain, et Maurice Marinot, verrier troyen et peintre. Le mouvement des Fauves s'est dissipé vers 1910, lorsque les peintres se façonnèrent les uns les autres et allèrent vers le cubisme et l'abstraction.

⊘ ►► Basilique St-Urbain★ **B** – Église St-Pantaléon★ – Musée St-Loup *(beaux-arts et archéologie*★*)* – Pharmacie★ de l'Hôtel-Dieu **M⁴**.

VAISON-LA-ROMAINE★★

5 663 habitants
Cartes Michelin nᵒˢ 81 plis 2 ou 245 pli 17 ou 246 pli 9 – Guide Vert Provence

Vaison permet d'imaginer l'urbanisme et la vie privée dans une cité gallo-romaine, il y a 18 ou 20 siècles.

La ville était une capitale celte lorsque les Romains s'en emparèrent 60 ans avant la conquête de la Gaule par Jules César. Ils en firent une cité de grands propriétaires terriens, probablement aussi peuplée qu'Arles ou Fréjus, et l'un des centres de la Gaule Transalpine puis de la Narbonnaise. Elle fut ruinée par les invasions barbares.

★★ **Ruines romaines** ⊘ – Elles occupent surtout deux quartiers dont la ville moderne a permis le dégagement de part et d'autre de l'avenue du Général-de-Gaulle. Le **quartier de la Villasse**, à l'Ouest, présente les vestiges d'un ensemble urbain organisé de chaque côté d'une grande rue centrale dallée, bordée de boutiques, de maisons particulières et d'une basilique. La maison du Dauphin (30 avant J.-C.) et celle au Buste-d'Argent sont intéressantes à observer.

Le **quartier de Puymin**, à l'Est, conserve surtout les vestiges de la maison des Messii avec son atrium, son péristyle et ses thermes. Le théâtre *(accès par un tunnel)*, adossé à une colline, date de la période d'Auguste ; seules les fondations de la scène, creusées dans le roc, ont été conservées. Les gradins furent reconstitués par Jules Formigé en 1932 et un mur de scène cachant le paysage doit être imaginé, un peu comme celui d'Orange.

⊘ ►► Musée archéologique Théo-Desplans★ – Ancienne cathédrale Notre-Dame (maître-autel★ – cloître★) – Chapelle de St-Quenin★.

Les plans de villes sont toujours orientés le Nord en haut.

Château de VALENÇAY★★

Cartes Michelin n°s 64 pli 18 ou 238 pli 16 – Guide Vert Châteaux de la Loire

A partir de 1540, Jacques d'Étampes reconstruit le château médiéval de Valençay. Plus encore qu'à Azay-le-Rideau, cependant entrepris 22 ans plus tôt, les souvenirs de l'architecture féodale jouent ici un rôle affirmé d'ornement pittoresque : tourelles, faux donjon dans le rôle du pavillon d'entrée, faux mâchicoulis, faux chemin de ronde monté sur consoles (et non plus sur corbeaux). La première Renaissance, italianisante, prévaut dans les très hautes toitures percées de lucarnes et dont les cheminées sont traitées à la façon de petits temples antiques à pilastres, dans les balustrades des entablements, dans les fenêtres séparées par des pilastres et des tableaux de pierre, et surtout dans la superposition des ordres répondant aux canons de Vitruve selon leur interprétation publiée en 1521.

L'aile Ouest fut ajoutée au 17e s. et remaniée au 18e s.

En 1803, le domaine est acquis par **Charles-Maurice de Talleyrand-Périgord** (1754-1838) aux frais presque exclusifs de Bonaparte encore Premier Consul. Pendant près d'un quart de siècle ses appartements, ses salons et les terrains de chasse proches du Boischaut du Nord servirent la diplomatie française où excella le prince qui tint les plus hauts emplois de l'État, de Louis XVI à la Restauration.

Visite ⊙ – Les appartements abritent un mobilier de qualité des époques Régence, Empire, Retour d'Égypte. Des tapis de la Savonnerie (18e s.), la table ronde « du Congrès de Vienne » (en fait celle du salon du palais Kaunitz, ambassade de France à l'époque du Congrès), un portrait de la princesse de Bénévent (épouse de Talleyrand), dû au talent de Mme Vigée-Lebrun, méritent une attention particulière.

VANNES★★

45 644 habitants
Cartes Michelin n°s 63 pli 3 ou 230 plis 36, 37 – Guide Vert Bretagne

Vannes occupe un site de tête de marée au fond du golfe du Morbihan.

Dans l'Antiquité, ce fut la capitale de l'un des peuples les plus puissants de la Gaule, les **Vénètes**, issu d'Europe centrale et dont un autre rameau s'était fixé en Vénétie (Italie du Nord). Ces hardis navigateurs entretenaient des relations commerciales avec les îles anglaises.

En 56 avant J.-C., durant la guerre des Gaules, en une journée, ils perdirent 200 navires de haute mer, dépourvus d'armes à longue portée, immobilisés par un calme plat, harponnés, désarticulés par les béliers, découpés par les haches dont les Romains avaient équipé leurs bateaux à rames, et envahis, à l'abordage, par les

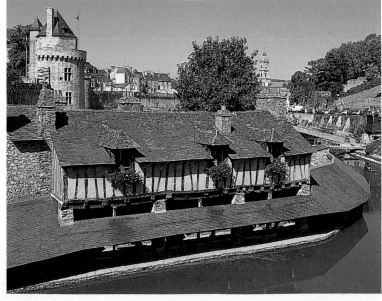

Vannes : les remparts et les lavoirs

Morcime/CAMPAGNE CAMPAGNE

fantassins de César. La journée fut décisive pour établir la popularité du proconsul au Capitole et sur le forum romains et pour lui valoir l'adhésion de ses légionnaires. Mais aussi pour plonger la Bretagne dans une longue somnolence.

C'est à Vannes qu'est née l'unité bretonne au 9e s. **Nominoé**, distingué par Charlemagne qui l'avait fait comte, est élevé en 826 à la dignité de duc par Louis le Pieux qui, pour la paix intérieure de l'Austrasie, avait choisi de confier l'Armorique à un Breton plutôt qu'à un Franc.

Dix ans plus tard, Nominoé fait de Vannes sa capitale ; il secoue en 850 la tutelle de Charles le Chauve en enlevant aux Francs les marches bretonnes de l'Est et du Sud puis repousse les Normands et réduit, à son profit, le rôle du haut clergé.

★★ VIEILLE VILLE

Enfermé dans ses **remparts**★, le quartier de la cathédrale conserve sa physionomie de vieille ville-marché remarquable par ses maisons de bois à colombage sur un rez-de-chaussée de granit avec piliers, arcades et linteaux.

La **Cohue**★ est une halle du 14e s. encastrée dans les autres demeures, au cœur des rues les plus fréquentées de l'enclos religieux primitif. Le premier étage a conservé jusqu'en 1796 sa fonction de palais où se rendait la justice ducale et le rez-de-chaussée son rôle de marché jusqu'en 1840.

Autour de la **place Henri-IV**★ et à sa proximité, les vieilles demeures à colombage sont belles avec leurs longues « écharpes » (pièces de bois obliques raidissant l'ossature), leurs encorbellements, leurs pilastres de granit et leurs pignons du 16e s. bardés d'ardoises.

★ **Cathédrale St-Pierre** ⊙ – C'est un robuste monument de granit. Extérieurement, observer son bas-côté gauche couvert d'une terrasse à balustrade et les pignons aigus de style flamboyant breton qui séparent les chapelles. A l'intérieur, une lourde voûte d'arêtes du 18e s. couvre la nef du 15e s. et masque une charpente lambrissée.

⊙ ►► Remparts★ – Musée archéologique★ – Aquarium océanographique et tropical★.

ENVIRONS

★★ **Golfe du Morbihan** ⊙ – Cette petite mer de 20 km sur 15 a été formée par un affaissement récent du sol et une montée du niveau de l'océan dans les rivières de Vannes et d'Auray à la suite de la fonte des grands glaciers quaternaires. Les découpures du littoral, la multitude des îles et le jeu des marées qui modifient sa physionomie font l'originalité de ce paysage.

★ **Château de Suscinio** ⊙ – Ce fut la résidence d'été des ducs de Bretagne. Un rare pavement du 13e s. témoigne de la recherche décorative dont il fit l'objet (accès au logis par un escalier à vis de 94 marches). Les grands bâtiments qui bordaient la cour sont en partie ruinés. Une plate-forme de tir, à la base de la tour Nord-Ouest, témoigne d'aménagements militaires, probablement à l'époque de la guerre de Succession.

★ **Port-Navalo** – Il ferme le golfe du Morbihan. Vue.

★★ **Ensemble mégalithique de Locmariaquer** ⊙ – Dans le cadre d'un programme de sauvegarde et de mise en valeur des sites mégalithiques, cet ensemble regroupe le **Grand Menhir brisé** (sans doute volontairement abattu et cassé en quatre morceaux, après avoir longtemps servi d'amer) ; la **table des Marchand**, dolmen récemment restauré et dont le cairn a été intégralement refait ; le **tumulus d'Er-Grah** en cours de fouilles.

★ **Presqu'île de Quiberon** – Autrefois une île, Quiberon a progressivement été rattachée au continent par une langue de sable au Nord du Fort de Penthièvre. A la côte Ouest, rocheuse, découpée et ventée appelée Côte Sauvage, s'oppose la côte Est, bordée de plages de sable fin et abritée.

C'est de Quiberon que partent les bateaux pour **Belle-Île**★★.

⊙ ►► Cairn de Gavrinis★★ – Golfe du Morbihan en bateau★★★.

Massif de la VANOISE★★★

Cartes Michelin nos 74 plis 17, 18, 19 et nos 77 plis 7, 8, 9
ou 244 plis 20, 21, 31, 32 et 33 – Guide Vert Alpes du Nord

Le célèbre massif de la Vanoise s'étend entre les vallées de l'Arc et de l'Isère. Classé parc national depuis 1963, il est composé de deux zones concentriques. La zone périphérique (1 450 km²) regroupe les plus grands domaines skiables du monde, notamment les **3 Vallées** (Courchevel, Méribel, Les Ménuires-Val Thorens) et l'**Espace Killy** (Tignes et Val d'Isère). La zone centrale (530 km²), accessible aux randonneurs, constitue un milieu naturel exceptionnel protégé par une réglementation stricte.

Le lac Blanc et le col de Soufre

Renfermant des villages pittoresques et de belles forêts, la Vanoise est surtout un secteur de haute montagne : 107 sommets dépassent 3 000 m et les glaciers occupent 88 km². La faune (chamois, bouquetins, marmottes) et la flore (environ 2 000 espèces) sont d'une rare richesse. Nous indiquons ci-dessous quelques sites particulièrement remarquables. Se munir de bonnes chaussures de marche.

★★★ **Val-d'Isère** – Prestigieuse et sportive, cette station commande un paysage grandiose dominé par de hauts sommets (Grande Sassière, Grande Motte).

★★★ **Rocher de Bellevarde** – *Par téléphérique.* Panorama sur la Tarentaise, le Mont-Blanc.

★★ **Refuge de Prariond** – *2 h à pied AR.* Belle promenade variée (gorges, escalades...).

★★ **Réserve naturelle de la Grande Sassière** – Ce cadre splendide de lacs et de glaciers s'étend au-dessus du barrage de Tignes. La faune et la flore sont riches et faciles d'approche. Du parking du Saut, on accède au **lac de la Sassière**★★ *(1 h à pied)* et au **glacier de Rhême-Golette**★★ *(2 h 30)* de 3 000 m d'altitude.

★★★ **Tignes** – Alt. 2 100 m. La station s'ordonne autour du lac de Tignes dans un **site**★★ dominé par la silhouette resplendissante du glacier de la Grande Motte (3 656 m). Nous conseillons vivement aux personnes que ne rebutent pas 5 à 6 h de marche la randonnée suivante : **col du Palet**★★, **pointe du Chardonnet**★★★ (montée vertigineuse) ou **col de la Croix des Frêtes**★★, **lac du Grattaleu**★, **col de Tourne**★.

★ **Peisey-Nancroix** – Ce village, situé dans la chatoyante **vallée du Ponturin**★, est une porte d'accès classique au parc et est relié au domaine skiable des Arcs.

★★ **Lac de la Plagne** – *4 h à pied AR.* Magnifique parcours dans un cadre riant et fleuri, au pied du sommet de Bellecôte (3 417 m) et du Mont Pourri (3 779 m).

★ **Pralognan** – Alt. 1 400 m. C'est la principale base de randonnées dans la Vanoise.

★★ **Col de la Vanoise** – Alt. 2 517 m. *4 h AR.* Vues sur la Grande Casse (3 855 m).

★★★ **Col d'Aussois** – Alt. 3 015 m. *5 h de montée.* Tour d'horizon magnifique.
On peut aussi accéder à ces deux cols à partir de Termignon et Aussois en Maurienne.

★★ **La Saulire** – Alt. 2 738 m. *Par télécabine.* Panorama sur la Vanoise et l'Oisans.

★ **Réserve naturelle de Tuéda** – Belle forêt de pins Cembro au bord du lac de Tuéda.

★★★ **Cime de Caron** – Alt. 3 198 m. *2 h 30 AR par télécabine et téléphérique.* Panorama inoubliable sur les Écrins, la Tarentaise et le Mont-Blanc.

Les parcs naturels régionaux diffèrent des parcs nationaux par leur conception et leur destination.
Ce sont des zones habitées choisies pour être l'objet d'aménagements et le terrain d'activités propres à développer l'économie (création de coopératives, promotion de l'artisanat), à protéger le patrimoine naturel et culturel (musées, architectures...), à initier les visiteurs à la nature.

Château de VAUX-LE-VICOMTE★★★

Carte Michelin n° 106 plis 33, 34 – Guide Vert Ile-de-France

Au cœur de la Brie française, le château de Vaux-le-Vicomte est l'œuvre de **Nicolas Fouquet**, surintendant des Finances depuis Mazarin, qui a édifié sa fortune en avançant de l'argent au roi et en se remboursant – intérêts compris – sur les entrées du trésor public. Si bien que « l'épargne se fit chez lui ».

En 1656, il décide de bâtir Vaux, concrétisation de sa réussite. Il choisit pour architecte Louis Le Vau qui connaît Maisons-Laffitte ; pour décorateur Charles Lebrun, aidé de Girardon et de Legendre pour les stucs ; pour jardinier André Le Nôtre ; pour majordome Vatel, et il s'attache La Fontaine comme poète appointé.

En 1661, Vaux présente sa physionomie actuelle. Fouquet – qui avait escompté la succession de Mazarin jusqu'à la décision du roi de gouverner lui-même – s'est aliéné Colbert. Plus grave encore, il a osé chercher les grâces bienveillantes de Mlle de La Vallière. A 46 ans, Fouquet a sous-estimé la force de dissimulation du jeune roi de 23 ans aux prises en outre avec des difficultés financières considérables. Il se croit invulnérable et la fête donnée à Vaux, le 17 août, à la demande du souverain, trop somptueuse, acheva de blesser ce dernier dans son amour-propre. Durant la soirée, Louis XIV ronge son frein ; il est néanmoins subjugué par l'apparition du baroque. Le 10 septembre, Fouquet est arrêté à Nantes et mis sous les verrous, ses biens séquestrés, son chantier stoppé et ses artistes retenus pour Versailles. En 1875, un industriel, M. Sommier, acquiert le domaine et entreprend sa restauration.

VISITE ⊙

En édifiant le château, Le Vau réalise le chef-d'œuvre du premier style Louis XIV annonciateur du souci primordial de la grandeur. Le monument devient le motif central d'une ample composition paysagère ; la brique qui commence à passer de mode est réservée pour les communs. La majesté des lignes, les pavillons latéraux intégrés (et non plus seulement juxtaposés) à la composition, les toits élevés à nombreuses cheminées et leur balustrade de pierre, les fron-

Vaux-le-Vicomte – Le Buffet

D. Thierry/DIAF

tons sculptés, le rez-de-chaussée surélevé en entresol devenant le bel étage et faisant perdre son importance à la cage d'escalier, le grand salon central en légère saillie sur les jardins assurent le succès de ce plan imité pendant près de 150 ans. Lebrun manifeste, ici, la diversité et la richesse de son talent. Il travaille à partir de 1659, mais le temps lui manque et la rotonde centrale à seize cariatides du Grand Salon reste inachevée ; dans la chambre du Roi, son œuvre annonce les Grands Appartements de Versailles.

Le Nôtre, dans les **jardins★★★**, sait ordonner les perspectives. Les terrasses, les vases, les buis taillés, les miroirs d'eau et les orangers (transportés à Versailles) participent à la composition.

Le souci essentiellement décoratif du classicisme naissant (Villandry) est ici dépassé et les facéties du baroque tempérées par le sens de la majesté. Les trois principales lignes d'eau – douves du château, bassins allongés des « Canaux », Grand Canal – apparaissent, au dernier moment, de façon assez théâtrale. Mystification accordée au goût de l'époque, l'architecture des grottes semble reposer sur la bordure du dernier bassin carré, au centre de la perspective, le vallon du Grand Canal échappant au regard. Les niches extrêmes des grottes abritent deux dieux-fleuves, l'un des vestiges les plus importants de la statuaire du 17e s. à Vaux. Du dernier bassin rond (la Gerbe), vue d'ensemble du château et du parc.

⊙ ►► Musée des Équipages★.

Créez vos propres itinéraires
à l'aide de la carte des principales curiosités et régions touristiques.

VENDÔME★★

17 525 habitants
Cartes Michelin n°s 64 pli 6 ou 238 pli 2 – Guide Vert Châteaux de la Loire

Au pied d'un coteau abrupt que coiffe un château, le Loir se divise en plusieurs bras étroits. Vendôme est construite sur les îles où se pressent clochers et pignons à hauts toits d'ardoises.

★ ANCIENNE ABBAYE DE LA TRINITÉ

Fondée en 1040 par Geoffroy Martel, comte d'Anjou, l'abbaye desservie par les bénédictins connut une extension considérable et devint l'une des plus puissantes de France ; la pourpre cardinalice était attachée à la charge d'abbé. L'abbaye de la Trinité fut le siège d'un pèlerinage à la relique de la Sainte Larme que le Christ versa sur le sépulcre de Lazare et qui fut rapportée de croisade.

★★ Église abbatiale – C'est une remarquable réalisation de l'art gothique flamboyant. A droite s'élève, isolé, l'harmonieux clocher du 12e s. qui servit de modèle au clocher vieux de N.-D. de Chartres. L'étonnante façade flamboyante, soulignée par un grand gâble ciselé, contraste avec la sobre tour romane.

Intérieur – Seul vestige de l'édifice du 11e s., le transept précède le chœur doublé d'un déambulatoire ouvert sur cinq chapelles rayonnantes. Dans la nef, remarquer l'ampleur du triforium et des fenêtres hautes. Le chœur, du 14e s., est garni de belles **stalles★** de la fin du 15e s. décorées de scènes naïves. La chapelle axiale abrite le célèbre vitrail, datant de 1140, appelé *Majesté Notre-Dame.*

Ⓥ ►► Musée★.

VENDÔME

Abbaye (R. de l')	2
Béguines (R. des)	3
Bourbon (R. A.)	4
Change (R. du)	5
Chartrain (Fg.)	6
Chevallier (R.)	7
Gaulle (R. du Gén.-de)	8
Grève (R. de la)	9
Guesnault (R.)	12
Poterie (R.)	
République (Pl. de la)	14
St-Bié (R.)	15
St-Jacques (R.)	18
St-Martin (Pl.)	19
Saulnerie (R.)	22
Verdun (Av. de)	23

F   Tour de Poitiers
H   Hôtel de ville
K   Porte de Beauce
L   Lavoir du 16e s.
M   Musée

Mont VENTOUX★★★

Cartes Michelin n°s 81 pli 3 ou 245 pli 17 ou 246 pli 10
Guides Verts Alpes du Sud et Provence

Le mont Ventoux ne rivalise pas, par son altitude et l'horizon montagneux qu'il embrasse, avec les sommets majeurs des Grandes Alpes ; mais, en avant de la chaîne, il se dresse à l'écart de toute cime concurrente dans une dénivelée exceptionnelle. C'est la plus spectaculaire des grandes arêtes formées par un « crêt » échancrant le flanc d'un « mont » plissé en dôme (anticlinal) des Alpes du Sud. Il domine les plis en berceau (synclinaux), d'Apt au Sud et de Nyons au Nord, selon un schéma géographique d'une simplicité comparable à celle des crêts et des vals de la morphologie jurassienne. C'est le point de mire de toute la Provence rhodanienne, souligné en hiver par un étincelant capuchon de neige.

La route qui le dessert compose une sorte d'itinéraire de promenade *(67 km)* entre Vaison et Carpentras. Sur les pentes mêmes du Ventoux, elle est coupée par la neige entre le 15 novembre et le 15 mars Ⓥ.
Une course automobile de côte s'y est disputée jusqu'en 1973. Certains étés, la montée du Ventoux représente une épreuve majeure du Tour de France cycliste.

★★ **Vaison-la-Romaine** – *Voir à ce nom.*

Après Malaucène, la route passe à proximité de la source vauclusienne du Groseau qui jaillit par plusieurs fissures au pied d'un escarpement. Elle traverse ensuite des bois de sapins et des pâturages ; la vue se dégage sur la vallée du Toulourenc où de grands talus d'éboulis masquent les couches plissées et inclinées de calcaire friable qui se délitent et se désagrègent. Après le mont Serein (alt. 1 428 m) apparaissent les Dentelles de Montmirail et les Baronnies.

★★★ **Le sommet** – Alt. 1 909 m. Cet immense champ de cailloux blancs, éclatés par le gel, est occupé par une station radar, une tour hertzienne, un émetteur de télévision et une station météorologique. Le sommet, comme son nom l'indique, est particulièrement venté ; le mistral y souffle avec une furie sans pareille. La température y est, en moyenne, de 11° plus basse qu'au pied. Le botaniste y trouve des échantillons de la flore polaire comme la saxifrage du Spitzberg et le petit pavot velu du Groenland.

Aux heures extrêmes de la journée et en arrière-saison, le **panorama**★★★ s'y déploie du massif des Écrins aux Cévennes et au littoral méditerranéen.

Au cours de la descente, en aval de Chalet-Reynard (alt. 1 419 m), la route traverse des peuplements de pins d'Alep et de pins à crochets, de chênes verts et blancs, de cèdres et de hêtres avant de retrouver les vignes et les arbres fruitiers après St-Estève et Bédoin.

Massif du VERCORS★★★

Cartes Michelin nos 77 plis 3, 4, 12, 13, 14 ou 244 plis 27, 28, 37, 38, 39
Guide Vert Alpes du Nord

Ce grand massif des Préalpes du Nord, au relief plus calme que celui de la Chartreuse, est formé de plis couchés issus de la zone axiale et venus s'empiler ici. Au Nord, la montagne de Lans, orientée vers Grenoble, constitue une région pastorale longtemps restée à l'écart du reste du massif en raison de l'absence de route dans les gorges de la Bourne.

A l'Ouest, le Vercors proprement dit présente une structure géologique simple : son épaisse carapace de calcaire urgonien a résisté en plaques à l'attaque de l'érosion qui s'y exerce surtout dans les festons, au débouché du plateau sur la plaine de Royans, dans les cluses qui échancrent ses bombements plissés et dans les grottes.

En 1944, le Vercors fut le théâtre d'un épisode tragique de la résistance en France durant la Seconde Guerre mondiale. Dès 1943 des formations militaires clandestines s'étaient constituées en pleine forêt pour organiser la forteresse naturelle qu'est ce massif montagneux ; elles furent rejointes, au printemps 1944, par plusieurs milliers de combattants patriotes et de « réfractaires ». Les raids allemands contre leurs positions s'intensifièrent en juin. L'ennemi, qui avait besoin de toutes ses forces pour contrecarrer la progression des Alliés en Italie et la pression des troupes débarquées en Normandie qui préparaient leur percée sur Mortain et Falaise, ne pouvait pas laisser un front intérieur s'ouvrir sur ses arrières et menacer ses voies de communications. Le maquis du Vercors repousse plusieurs attaques dotées de puissants renforts le 19 juillet, aéroportées le 21. Les résistants, réduits, reçoivent le 23 juillet l'ordre de dispersion. 700 habitants ou défenseurs du Vercors étaient tombés, plusieurs villages étaient en ruine.

Nécropole nationale au Nord de Vassieux-en-Vercors et **Mémorial du Vercors** ⊘ au col de Lachau.

★★★ **Gorges de la Bourne** – D'une homogénéité extraordinaire, elles s'évasent d'amont en aval et débouchent sur l'ancienne ville drapière de **Pont-en-Royans** dont les maisons, suspendues à la falaise, composent un site original.

★★★ **Combe Laval** – La route, taillée dans une formidable paroi calcaire, s'accroche, vertigineusement, 600 m au-dessus du vallon supérieur du Cholet.

★★★ **Grands Goulets** – Ce passage héroïque (plusieurs tunnels – route ouverte en 1851) est saisissant par son encaissement et son étroitesse. Il permet d'observer, à sa partie supérieure, le début du travail d'érosion opéré par le Vernaison dans une structure géologique encore peu démantelée. Le village des Barraques-en-Vercors fut détruit par les Allemands en janvier 1944.

★★ **Col de Rousset** – *Gagner la sortie Sud de l'ancien tunnel désaffecté.* Le col est tout autant une limite climatique que morphologique entre les Alpes du Nord et celles du Sud. Il offre, ainsi que la route en lacet qui s'en échappe, une vue saisissante sur les grandes parois du Vercors, sur la dépression de Die, 960 m plus bas, et sur le fouillis des croupes arides infiniment répétées du Diois.

Grand Canyon du VERDON★★★

Cartes Michelin nᵒˢ 81 pli 17 ou 84 plis 6 et 7
ou 114 plis 7 à 10 ou 245 plis 34, 35 – Guide Vert Alpes du Sud

Le Verdon, descendu du col d'Allos, affluent de la Durance, entaille les Préalpes de Castellane de gorges sans rivales en Europe où l'hostilité de la nature a découragé toute installation humaine.

Le Grand Canyon – Entre le confluent du Jabron à l'Est (pont de Carajuan) et son débouché dans le lac de Ste-Croix à l'Ouest (pont du Galetas), sur 26 km, le Verdon a creusé dans le calcaire jurassique son gigantesque et vertigineux canyon, tantôt dans l'axe même d'un pli en dôme (anticlinal) où il a pénétré à la faveur des dislocations du sol, tantôt en s'enfonçant sur place selon son tracé antérieur (phénomène d'antécédence) à l'ère tertiaire, sous l'influence du soulèvement alpin, lorsque l'ensemble de la région s'est soulevé.

Des buis et des chênes verts soulignent les arêtes et les assises des strates de calcaire.

A la crête, l'écartement des corniches varie de 200 à 1 500 m ; la largeur au fond, de 8 à 90 m ; la profondeur, de 250 à 600 m. Une telle hauteur de parois rend sensibles ce que furent l'ampleur et la durée de la sédimentation jurassique.

Gorges du Verdon – Falaise des Cavaliers

373

★★★ La Corniche Sublime - *Rive Sud.*
Des balcons de la Mescla au col d'Illoire, la route *(20 km)* sinueuse a été tracée pour révéler les sites les plus impressionnants : **Balcons de la Mescla★★★** d'où la vue plonge sur le confluent (mêlée) des eaux de l'Artuby et du Verdon ; **Pont de l'Artuby★** qui enjambe une gorge aux parois rigoureusement verticales ; tunnels du Fayet dominant l'Étroit des Cavaliers ; **Falaise des Cavaliers★** haute de 300 m.

★★★ La route des Crêtes - *Rive Nord.*
Ce circuit *(23 km au départ de la Palud)* offre une succession de belvédères sur la partie la plus spectaculaire des gorges. Plus à l'Est, le **Point Sublime★★★** domine l'amont du canyon et le **Couloir de Samson★★.**

★ Castellane - *Page 321.*

★★ Moustiers-Ste-Marie - C'est « la ville » du plateau de Valensole, dépression comblée par les alluvions du Verdon. Elle vaut par son **site★★** de gorge sur laquelle un baron, de retour des Croisades, a tendu une chaîne de fer forgé, et par son église au **clocher★** orné d'arcatures lombardes. La faïencerie y fut introduite en 1679 ; les pièces de Moustiers les plus recherchées, décorées au grand feu, sont traitées en camaïeu bleu et représentent de séduisantes scènes de chasse.

VERDUN★★

20 753 habitants
Cartes Michelin nᵒˢ 57 pli 11 ou 241 pli 23 – Guide Vert Alsace et Lorraine

Située sur la rive gauche de la Meuse, Verdun fut une forteresse gauloise puis gallo-romaine. Elle fit son entrée dans l'Histoire par le **traité de Verdun**, en 843. Un an après le serment de Strasbourg, les petits-fils de Charlemagne (les trois fils de Louis le Pieux) s'y répartissaient l'Empire en le démantelant, à l'encontre de la politique d'unité voulue par leur père. Lothaire, empereur, y recevait la zone centrale (Italie du Nord, Provence, Rhénanie, Pays-Bas) ; Louis, les pays germaniques et Charles le Chauve, la Gaule. C'était surtout un partage successoral où intervenaient la superficie des domaines et la richesse des bénéfices ; mais ses répercussions dominent encore la politique européenne au point que Joseph Calmette le considère comme « le traité le plus important de toute l'Histoire ».

15 ans plus tard, en 858, après la mort de Lothaire, Louis le Germanique, qui rêve d'expansion et de cieux cléments, déclenche « la première guerre franco-allemande » et, déjà, en pratiquant une attaque brusquée et en violant la neutralité de la Lorraine. Charles ne peut résister que grâce à l'appui du clergé conduit par l'évêque de Reims.

★ La ville haute - Place forte et siège d'un évêché, elle s'étage au-dessus de la Meuse. Elle fut assiégée le 31 août 1792 par le duc de Brunswick, occupée quelques semaines et libérée par la victoire de Valmy. Elle éprouva de nouveau un siège puis une occupation de 1870 à 1873. Puis, durant 18 mois, elle fut le point culminant de la Grande Guerre.
Ses monuments marquants sont la **cathédrale Notre-Dame★** construite sur le modèle des basiliques rhénanes (elle est bâtie sur le point le plus haut de la ville) et le **palais épiscopal★** bâti par Robert de Cotte au 18ᵉ s.

◎ ►► La Citadelle souterraine★.

Champ de bataille de VERDUN★★★

La notoriété de Verdun est liée à la bataille dont l'enjeu était déterminant pour l'issue de la Première Guerre mondiale et sur laquelle se portait tout le regard du monde. Durant 18 mois s'y sont déployées des deux côtés de la ligne de front, et jusqu'à leur paroxysme, les plus hautes vertus dont les hommes soient capables : courage, héroïsme et patriotisme, dans l'horreur et la violence de l'Enfer de Verdun.

Lorsque l'Allemagne déclare la guerre à la France, le 3 août 1914, le centre de Verdun n'est qu'à 40 km de la frontière imposée en 1871. Mais le plan Schlieffen *(voir à Metz)* ne prévoit pas, pour l'immédiat, d'activité importante dans ce secteur. Ce n'est donc qu'après son échec sur la Marne et après que la guerre de positions eut enterré et immobilisé les deux armées dans les tranchées que l'ennemi décide d'enlever la place fortifiée de Verdun pour prendre à revers l'aile droite de l'armée française et créer un choc psychologique.

A 7 h 15, dans le petit matin glacial du 21 février 1916, précédée d'une formidable préparation d'artillerie, est déclenchée, sous les ordres du général von Falkenhayn, l'attaque brusquée et frontale pratiquement contenue par le sacrifice du colonel Driant et de ses chasseurs à pied. Mais le fort de Douaumont tombe quatre jours plus tard. La nuit suivante, le général Pétain prend le commandement effectif et le conserve jusqu'au 30 avril ; appelé alors à de plus hautes responsabilités (au groupe d'Armées du Centre), il est remplacé sur le terrain par le général Nivelle (il fut élevé à la dignité de maréchal le 19 novembre 1918). La charnière a tenu ; la résistance française s'est révélée finalement infranchissable.

L'ennemi va donc essayer de faire céder les mâchoires de la tenaille : c'est la bataille aux Ailes en mars et avril (l'Argonne, les Éparges et, plus proches, la Cote 304, le Mort-Homme) ; puis la bataille d'usure destinée à « saigner à blanc l'armée française ». Mais, le 11 juillet, l'ultime offensive allemande échoue devant le fort de Souville, à 5 km de Verdun ; les troupes du Kronprinz, fils de l'empereur Guillaume II, reçoivent l'ordre de rester désormais sur une stricte défensive.
La contre-offensive française se développe à partir d'octobre 1916. Le 20 août 1917, l'Enfer de Verdun s'apaise. La France y a jeté tous ses hommes valides et perdu 400 000 de ses enfants, gage de son avenir, mais prix de sa liberté.

LE THÉÂTRE DES COMBATS *10 km au Nord-Est de Verdun*

La Cote 304 - Durant 14 mois, ce fut l'un des grands enjeux de la bataille aux Ailes. Attaquée le 20 mars 1916, elle fut enlevée 3 mois plus tard et reprise le 24 août.

Douaumont - La **nécropole** des 15 000 tombes du cimetière national, le phare, le cloître, l'ossuaire dans les cryptes du monument rempli d'ossements anonymes en constituent le site le plus poignant.

Fort de Douaumont ⊙ - Avec ses galeries et ses casemates, ses œuvres vives marquées à jamais par les impacts des obus, c'est le théâtre le plus symbolique et peut-être le plus héroïque des combats. Depuis le 5 août 1915 il n'abritait que quelques territoriaux de maintenance ; il fut enlevé par surprise le 25 février 1916 et repris le 24 octobre.

Les Éparges - Cet éperon des côtes de Meuse, qui domine la plaine de la Woëvre, tomba dès le 21 septembre 1914. Ce fut l'un des théâtres les plus disputés et les plus meurtriers de la guerre des Mines, repris le 10 avril 1915. Les entonnoirs ouverts par les fourneaux de mines, le Point C, le Point X, le monument du Coq et le cimetière du Trottoir en constituent les sites essentiels.

Fleury-devant-Douaumont - Le village fut pris le 23 juin et repris le 18 août 1916. Sous l'ombrage des pins, seuls quelques exhaussements de terrain localisent des maisons de cette bourgade anéantie. Chapelle moderne N.-D.-de-l'Europe.

Butte de Montfaucon - Occupée dès 1914, elle ne fut libérée que le 28 septembre 1918 par les assauts des régiments américains lancés sur les versants de ses hauteurs redoutablement défendues.

Le Mort-Homme - C'est l'un des sites de la bataille aux Ailes. Les assauts allemands y furent lancés à partir de la butte de Montfaucon. En mars et avril 1916, tous s'y brisent mais le 23 mai le sommet est enlevé ; vainement, car l'ennemi ne parvient pas à en déboucher. Le 30 août 1917 le Mort-Homme était reconquis ; « ils » avaient tenu le sommet mais « ils n'ont pas passé ».

Tranchée des Baïonnettes - Impressionnant lambeau de terrain (sous une dalle de protection monumentale) d'où pointent des canons de fusils équipés de leur baïonnette. Un bataillon de Vendéens et de Bretons fut enseveli ici le 10 juin 1916, dans sa tranchée dont les bombardements resserreraient les lèvres, les fusils appuyés au parapet, prêts à l'attaque une fois les grenades lancées.

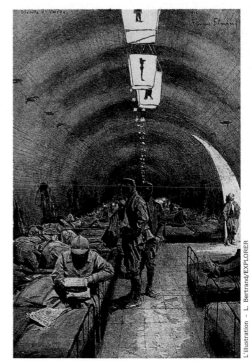

Casemate

Fort de Vaux ⊙ - Pris le 7 juin 1916, évacué le 2 novembre, c'est le « fort du sacrifice ».
« Verdun est le cœur de la France » *(le Kronprinz impérial)*
« La bataille n'était plus qu'un homme en train de mourir » *(Fritz von Unruh)*.

Création de la royauté française à son apogée, Versailles, qui fut (la période de la Régence mise à part) siège du gouvernement et capitale politique de la France de 1682 à 1789, doit sa réputation à l'exceptionnel ensemble composé par le **château** Ⓥ, **ses jardins** et **Trianon** Ⓥ. Le classicisme français atteint, là, son sommet.

Versailles « a apporté à l'Europe l'art de vivre, le bon ton, l'esprit de conduite et de repartie, l'amour du vrai, la tolérance, les valeurs humaines, le goût du beau, l'amour du travail bien achevé, le secret d'être sans paraître, le souci de faire briller les autres » *(Pierre Gaxotte).*

LES SOUVERAINS – LA COUR – LE GOUVERNEMENT

Louis XIII – Né en 1601 – Épouse Anne d'Autriche en 1615

Louis XIV – Né en 1638 – Épouse Marie-Thérèse en 1660

Le traité de Westphalie met fin à la guerre de Trente Ans ; il donne à la France une grande partie de l'Alsace, et consacre l'usage du français comme langue diplomatique. **1648**

Le traité des Pyrénées met fin aux hostilités avec l'Espagne et donne à la France le Roussillon, la Cerdagne et l'Artois. **1659**

A la mort de Mazarin, Louis XIV décide de gouverner lui-même – Arrestation de Fouquet – Colbert nommé surintendant des Finances – Campagne contre le protestantisme. **1661**

Mesures contre les religieuses de Port-Royal. **1664**

Guerre de Dévolution ; elle prend fin en 1668 par le traité d'Aix-la-Chapelle : la Flandre wallonne devient française. **1667**

La cour se tient à Paris, au Louvre

Guerre de Hollande ; terminée par la paix de Nimègue en 1678. **1672**
Conquête de la Franche-Comté. **1674**

R.M.N.

Louis XIV par Le Brun

Le 6 mai, la Cour et le gouvernement s'installent à Versailles. **1682**
Marie-Thérèse meurt le 30 juillet. « C'est le premier chagrin qu'elle me cause », **1683** déplore le roi. Elle n'a occupé sa belle chambre qu'un peu moins de 15 mois. Le roi quitte alors son grand appartement de l'aile Nord du palais et se transporte sur la cour de Marbre.

Révocation de l'édit de Nantes – Audience du Doge de Gênes. **1685**
Réception des ambassadeurs du Siam – Guerre de la Ligue **1686** d'Augsbourg terminée en 1697 par le traité de Ryswick.

La connaissance de la mythologie antique et de ses symboles est nécessaire pour apprécier Versailles comme il le conviendrait. Le château et ses jardins peuplés de statues peuvent en effet être considérés, dans leur ensemble, comme le « dernier temple solaire de l'humanité ».

Ci-dessous, nous mettons en regard quelques événements et réalisations artistiques majeurs permettant de jalonner l'évolution d'un monument en chantier durant plus de 150 ans.

Les événements extérieurs à Versailles sont rappelés en rouge.

Les visiteurs ne disposant que d'un temps strictement limité devront se borner aux ensembles mis en valeur par des caractères gras et accompagnés d'étoiles. Voir les descriptions dans notre guide Vert Ile-de-France.

LES ARTISTES ET LEURS CHEFS-D'ŒUVRE

1610 – 1643

1624 Le roi se fait construire un pied-à-terre dans cette région giboyeuse.

1631 Philibert Le Roy construit un petit château de brique, de pierre et d'ardoise.

1643 – 1715

1661 Le Brun, responsable de la décoration du château : il dirige toute l'équipe des artistes (dessinateurs, peintres, sculpteurs, tapissiers, ciseleurs...).

1664 En mai, grande fête des « Plaisirs de l'Ile enchantée » organisée comme une célébration ; on y donne trois actes du *Tartuffe* de Molière.

1666 Premier spectacle des Grandes Eaux.

1667 Creusement du Grand Canal.

1668 Le Vau agrandit le château par une « enveloppe » de pierre : il construit les six salons du Grand Appartement et dessine une large terrasse à l'italienne donnant sur les jardins. Dans cette enveloppe, il distribue les **Grands Appartements★★★** du roi (au Nord) et de la reine (au Sud, côté soleil). Il restaure la **cour de Marbre★★**, ensemble de brique à parements de pierre qui devint la cour réservée au souverain, ennoblie par son pavage surélevé de marbre blanc et noir, par les 40 bustes (pour partie de Coysevox) de ses façades, par ses mansardes ornées de vases et par le portique à colonnes soutenant le balcon à ferronneries dorées de la chambre du roi. Le Nôtre dessine les **Jardins★★★** : chef-d'œuvre du jardin français où le paysage dépasse l'idée de majesté (qui avait prévalu à Vaux-le-Vicomte) et se hausse de surcroît, par la mythologie et ses symboles à manifester la souveraineté royale. 200 statues en font un musée de plein air de la sculpture classique (bronzes de Keller ornant les parterres d'eau – bassin de Latone des frères Marsy, par où Louis XIV recommandait de commencer la visite de son domaine – vase de la Paix et Char d'Apollon de Tuby – bas-reliefs de Girardon...). Le 18 juillet y est donné le « Grand divertissement royal ».

1671 Le Brun entreprend la décoration des Grands Appartements ; les matériaux nobles caractérisent le premier style Louis XIV. Portraits de Rigaud et de Van Loo.

1672 Boulle livre ses premiers cabinets à incrustations de cuivre.

1674 Fêtes durant l'été. Le Brun dessine 24 statues pour les jardins. Le 18 août, Racine donne la première d'*Iphigénie* dans un théâtre de verdure proche de l'Orangerie.

1678 Lulli donne *Alceste* dans la cour de Marbre. Desjardins, Le Hongre et les frères Marsy travaillent à la fontaine de Diane. Jules Hardouin-Mansart, neveu par alliance de François Mansart, agrandit le château dans le style Louis XIV seconde période : ampleur du 1er étage sur un rez-de-chaussée élevé, colonnes rompant la monotonie des lignes horizontales, importance des fenêtres, sculptures sur les arêtes supérieures allégeant l'édifice. Sur la terrasse de Le Vau, il élève la **galerie des Glaces★★★**. Cette galerie (une idée partagée avec Le Brun) constitue un admirable salon de réception entre le salon de la Guerre et celui de la Paix ; elle prolonge, et par ses miroirs retourne, les jeux du soleil couchant. Sa décoration fut achevée en 1687.

1680 La Quintinie crée le potager du roi.

1683 La Lande, le musicien préféré du roi, compose des divertissements et des ballets. Puget sculpte son *Milon de Crotone* puis son *Persée et Andromède*.

1684 Jules Hardouin-Mansart dessine l'Orangerie.

1688 Jules Hardouin-Mansart construit le Trianon de Marbre ou Grand Trianon (péristyle de Robert de Cotte – mobilier Empire et Restauration).

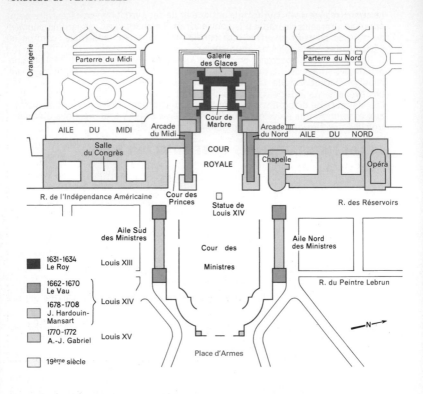

Orangerie

Parterre du Midi

Galerie
des Glaces

Parterre du Nord

AILE   DU   MIDI

Arcade
du Midi

Cour de
Marbre

Arcade Ⅲ
du Nord   AILE   DU   NORD

Salle
du Congrès

COUR

Chapelle

ROYALE

Opéra

R. de l'Indépendance Américaine

Cour des
Princes

Statue de
Louis XIV

R. des Réservoirs

Aile Sud
des Ministres

Aile Nord
des Ministres

1631-1634
Le Roy

Louis XIII

Cour   des

R. du Peintre Lebrun

1662-1670
Le Vau

Ministres

1678-1708
J. Hardouin-
Mansart

Louis XIV

N→

1770-1772
A.-J. Gabriel

Louis XV

19ème siècle

Place d'Armes

Guerre de Succession d'Espagne ; la victoire de Denain permet la paix d'Utrecht en 1713 (acquisition de la frontière Nord).	**1701**
Répression de la révolte des Camisards : les « dragonades ».	**1702**
Mort du Grand Dauphin (né en 1661).	**1711**
Mort du duc de Bourgogne (né en 1682).	**1712**
Audience des ambassadeurs de Perse – Le 1er septembre, mort de Louis XIV.	**1715**

Louis XV – Né en 1710 – Épouse Marie Leszczynska en 1725

Philippe d'Orléans régent de 1715 à 1723. La Cour et le gouvernement quittent Versailles pour Paris du 9 septembre 1715 au 15 juin 1722.	
Naissance du Dauphin, père de Louis XVI.	**1729**
La Guerre de Succession de Pologne (qui se déroule en Italie) aboutit au traité de Vienne en 1738.	**1733**
Guerre de Succession d'Autriche (paix d'Aix-la-Chapelle en 1748).	**1740**
Mariage du Dauphin avec Marie-Josèphe de Saxe, infante d'Espagne.	**1745**
Guerre de Sept Ans (paix de Paris en 1763)	**1756**
Le 5 janvier : attentat de Damiens contre Louis XV	**1757**
Louis XV meurt de la variole	**1774**
Necker nommé au Trésor	**1776**

Louis XVI – Né en 1754 – Épouse Marie-Antoinette en 1770

Le 3 septembre le traité de Versailles consacre l'Indépendance des États-Unis.	**1783**
Affaire du collier de la reine : arrestation du cardinal de Rohan.	**1785**
Le 22 février : assemblée des notables dans la salle des Menus Plaisirs.	**1787**

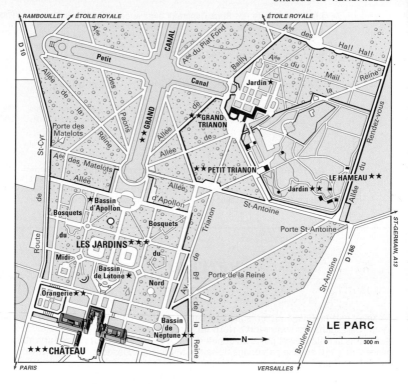

1699   Chapelle royale de Hardouin-Mansart (achevée en 1710 par Robert de Cotte et décorée par Van Cleve, Le Lorrain, Coustou et Coypel pour les fresques).

1701   Appartement du roi aménagé par Hardouin-Mansart : la chambre est disposée dans l'axe de la course du soleil (présentée dans son meuble d'été de 1723).

1712   Salon d'Hercule (ancienne chapelle) achevé en 1736 (plafond de Lemoyne).

1715 – 1774

1729   Réfection de la décoration de la chambre de la reine, achevée par Boucher.

1738   Aménagement des cabinets intérieurs.
1739   Gaudreaux : son superbe médaillier.

1742   Nattier devient le portraitiste de Mesdames.

1754   Passemant : célèbre horloge astronomique (bronzes de Caffieri).
1755   Ange-Jacques Gabriel aménage le cabinet du Conseil des ministres.

1762   Ange-Jacques Gabriel élève le Petit Trianon (boiseries de Guibert).
1768   Ange-Jacques Gabriel construit l'Opéra royal, grande salle de spectacle, décoré par Pajou et annonciateur du style Louis XVI.
1769   Le secrétaire à cylindre, marqueteries et bronzes dorés du cabinet de travail du roi, chef-d'œuvre de l'ébénisterie française du 18e s., fabriqué par Œben, est achevé et signé par Riesener.

1774 – 1793

1774   Ange-Jacques Gabriel aménage le Petit Trianon et, avec le sculpteur Rousseau, crée la bibliothèque du roi.
1775   Coustou : statues et bustes du bosquet de la Reine.
1783   Construction du Hameau dans les jardins du Petit Trianon – Mique décore le cabinet intérieur de la reine.

1787   Portrait de Marie-Antoinette et ses enfants par Mme Vigée-Lebrun.

Château de VERSAILLES

Le 5 mai : ouverture des États Généraux dans la salle des Menus Plaisirs. **1789**
20 juin : serment du Jeu de Paume.
14 juillet, à Paris, prise de la Bastille.
4 août : nuit de l'abolition des privilèges.
6 octobre : la famille royale gagne Paris sous la pression de l'émeute.

Révolution – Empire – Restauration – République

Le 10 août : chute de la monarchie. **1792**
Le 21 janvier : Louis XVI guillotiné place de la Concorde à Paris. **1793**

Le 18 janvier : l'Empire d'Allemagne est proclamé dans la galerie des **1871**
Glaces – Séances de l'Assemblée nationale dans l'Opéra.
L'amendement Wallon jette les bases de la IIIe République. **1875**
28 juin : traité de Versailles mettant fin à la Première Guerre mondiale. **1919**

VÉZELAY★★

571 habitants
Cartes Michelin nos 65 pli 15 ou 238 pli 23 – Guide Vert Bourgogne

Vézelay est un village pittoresque bâti sur l'arête d'un éperon qui domine la vallée de la Cure dans les contreforts Nord du Morvan.

Autrefois la colline avait porté un oppidum celtique. En 878 y fut fondée une abbaye, placée en 1050 sous le patronage de sainte Madeleine. Dès lors, Vézelay devint l'un des grands pèlerinages français. Il fallut bientôt entreprendre la construction d'un vaste sanctuaire dans lequel saint Bernard prêcha la 2e croisade. En 1279 les moines de St-Maximin, en Provence, finissent par l'emporter et font authentifier des ossements découverts dans une grotte du massif de la Ste-Baume comme les reliques de sainte Madeleine : curieuse religiosité médiévale où les églises se disputent, avec des ossements falsifiés, le patronage d'une « sainte » ni canonisée ni probablement martyre. Très vite Vézelay périclite ; les huguenots pillent l'abbaye, la Révolution la rase, la foudre l'achève. En 1840, Prosper Mérimée, inspecteur des Monuments Historiques, reconnaît la valeur de Vézelay et charge un architecte de 26 ans, Viollet-le-Duc, d'en assurer la restauration.

★★★ **Basilique Ste-Madeleine** – Elle fut édifiée de 1096 à 1104 et restaurée après l'incendie de 1120. Extérieurement, elle présente un vaisseau roman (épaulé au 13e s. par une rangée d'arcs-boutants), la tour St-Antoine et un beau chevet à chapelles rayonnantes (de la terrasse, **vue**★ sur la vallée de la Cure).

Dans la pénombre de son narthex (1140-1160), le **tympan**★★★ du portail central (vers 1125), antérieur à celui d'Autun, représente le Christ transmettant sa grâce aux apôtres et les envoyant en mission. Les disproportions elles-mêmes concourent à l'ordonnance symbolique de la composition : le Christ, d'une taille surhumaine, dans sa gloire, étend ses grandes mains dispensatrices de son pouvoir alors que ses longues jambes l'éloignent des contingences terrestres ; dans une sorte de contre-perspective, les apôtres et plus encore les païens des premiers plans apparaissent tout petits. Le talent du sculpteur se manifeste dans les attitudes des apôtres et des personnages qui occupent le linteau et les médaillons, et dans les vêtements plissés au fer qu'agite le souffle de l'esprit au soir de l'envoi des disciples en mission.

La nef, romane, de dix travées, reconstruite de 1120 à 1135, est d'une ampleur et d'une clarté exceptionnelles. Elle est originale en Bourgogne par ses grandes arcades en plein cintre, par l'absence de tribunes ou de faux triforium, par ses matériaux polychromes, par ses piliers garnis de colonnes engagées (et non de pilastres) et surtout par les voûtes d'arêtes qui couvrent même le vaisseau principal. Son ornement majeur est l'ensemble de **chapiteaux**★★★, sculptés à partir de 1106, qui coiffent ses piliers ; les deux testaments, la vie des saints, des sujets moraux, un bestiaire fabuleux mais décoratif sont autant de sujets empreints de mouvement et de verve dont le style annonce celui d'Autun. Le magnifique chœur, gothique (1185-1215), semble témoigner du rayonnement de l'Ile-de-France et de Sens.

Pour trouver la description d'une ville ou d'une curiosité isolée, consultez l'index.

De 1790 à nos Jours

1791 Hubert Robert : La Fête de la Fédération.

1810 David : esquisse de son « Serment du Jeu de Paume ».
1833 Démolition des appartements (à l'exception du corps central du 1er étage) pour l'aménagement d'un musée.
1837 Le château devient musée de l'Histoire de France.

VICHY★★★

27 714 habitants
Cartes Michelin nos 73 pli 5 ou 239 pli 8 – Guide Vert Auvergne

Vichy, reine des villes d'eaux, étale le luxe de ses thermes et de ses parcs *(p. 43)* dans la vallée de l'Allier. Ses eaux y attirèrent des baigneurs dans l'Antiquité, au 17e s. et surtout lorsque Napoléon III en fit une ville de cure à la mode.
Son histoire est marquée par une construction féodale qui surveillait le passage de l'Allier, par une extension urbaine sous Henri IV et par le siège du gouvernement de l'État français (12 juillet 1940-20 août 1944) replié là dans une liberté très surveillée lorsque la soudaineté de la défaite eut plongé la France dans la stupeur.

★LE QUARTIER THERMAL

L'architecture thermale de la seconde moitié du 19e s. y retient l'attention par quelques réalisations caractéristiques : Grand Casino par Badger (1865) achevé en 1900 ; galerie Napoléon (1857) conservée de l'ancien établissement de 2e classe ; galeries couvertes du parc des Sources du ferronnier Robert installées là en 1900 après avoir été montées à l'Exposition universelle de 1889 ; grand établissement thermal (1900) par Lecœur et Woog.

VIENNE★★

29 449 habitants
Cartes Michelin nos 74 plis 11, 12 ou 88 plis 19, 20 ou 246 pli 16
Guide Vert·Vallée du Rhône

Vienne occupe un site★ bien exposé de la rive gauche du Rhône dominant le coude creusé par le fleuve dans une avancée des terrains du Massif central.
La ville, capitale des Allobroges, fut romaine 60 ans avant la conquête de la Gaule par Jules César. Elle devint métropole de la Viennoise aux 3e et 4e s. Ses monuments publics, au pied du mont Pipet, faisaient alors face à la cité gallo-romaine★★ de St-Romain-en-Gal où s'élevaient les résidences particulières et des boutiques. Au 5e s., elle fut la capitale des rois burgondes qui gouvernaient la rive gauche du Rhône avant d'être évincés par les Francs en 532. Devenue terre d'Église entre l'Empire et le royaume, elle fut l'enjeu de leurs ambitions jusqu'à sa réunion à la Couronne, en même temps que le Dauphiné en 1349.

★★ Temple d'Auguste et de Livie
– Ce temple antique, élevé sous le règne d'Auguste, peu avant l'ère chrétienne, fut probablement reconstruit, avec moins de soin, sous Claude, un demi-siècle plus tard. Il dominait alors le forum à l'Est.
Il doit d'avoir conservé sa physionomie antique à ses réutilisations successives comme monument public (église, club des Jacobins, tribunal, musée, bibliothèque) jusqu'à sa restauration en 1850 par Mérimée.
Il offre une architecture romaine par l'édification de ses seize colonnes corinthiennes sur un podium (et non sur le sol à la grecque). Son fronton conserve la trace d'une inscription de bronze à la gloire du couple impérial Auguste et Livie.

★★ **Cathédrale St-Maurice** – L'église actuelle, placée sous le vocable d'un des martyrs de la légion thébaine en 302, fut entreprise vers 1230 par l'architecte Guillaume de l'Œuvre qui modernisa et suréleva le chevet archaïque du 11e s. et la voûta d'ogives. Vinrent ensuite la surélévation des sept travées romanes de la nef (reconnaissables à leurs pilastres cannelés) par des colonnes, un triforium et des fenêtres hautes permettant de poursuivre, à même hauteur, la voûte du chœur. Enfin, au 14e s., furent lancées les quatre dernières travées, la façade et ses portails.
La cathédrale fut mutilée 35 ans après son achèvement lors des guerres de Religion. Elle dut subir une importante restauration au 19e s. (voûtes, voussures des portails, fenestrage de la rose). A l'intérieur, il faut cependant observer la belle verrière Renaissance du collatéral *(à droite du chœur)*, le bas-relief du 13e s. (Hérode et les mages), à hauteur du 6e pilier dans le collatéral gauche, et la cathèdre *(dans l'abside derrière le maître-autel)*, rare siège épiscopal du 11e s. Aux voussures du portail principal, la disposition des sculptures est intéressante. En les lisant dans le sens des rayons on reconnaît un épisode de la vie du Christ *(dans la niche intérieure)*, la scène de l'Ancien Testament qui le préfigure *(au centre)*, et le prophète qui l'avait annoncé *(à l'extérieur)* : exemple, au 3e étage à droite, Jésus aux Enfers, Loth quitte Sodome en flammes, le prophète Osée.

⊙ ►► Théâtre romain★ – Église St-André-le-Bas★ – Cloître St-André-le-Bas★ – Ancienne église St-Pierre★ (musée lapidaire★).

Jardins et Château de VILLANDRY★★★

Cartes Michelin n°s 64 pli 14 ou 232 pli 35 – Guide Vert Châteaux de la Loire

Le château, rebâti à partir de 1536 sur des fondations anciennes, pour Jean Le Breton qui avait été ambassadeur en Italie, se distingue, en Touraine, par ses pavillons rectangulaires qui remplacèrent alors les anciennes tours rondes, ses fossés et ses canaux, son esplanade et sa terrasse. Surtout par ses jardins.

★★ **Château** ⊙ – A l'intérieur on remarque les boiseries Louis XV du grand salon et de la salle à manger, le grand escalier à rampe de fer forgé et un plafond mudéjar (Espagne du 13e s.) inattendu, importé ici par Joachim de Carvallo.

★★★ **Jardins** ⊙ – En 1906 le Dr Carvallo, fondateur de la « Demeure Historique », acquiert le domaine et entreprend d'en restaurer les jardins.
Ces salons de plein air répondent au goût de l'agriculture lancé par Olivier de Serres et à la synthèse imaginée par Jacques II Androuet Du Cerceau entre les jardins en croix des abbayes et les jardins floraux à l'italienne. Ils lancèrent la mode du potager décoratif. Sur 7 ha, séparés par des allées ombragées de tilleuls et de pampres, ils étagent un jardin d'eau formant miroir ; un jardin d'ornement dont les buis taillés évoquent l'amour tragique (lames et glaives), volage (éventails, billets), tendre (masques et cœurs), passionné (cœurs brisés) ; un jardin potager où 85 000 plants de fleurs et de légumes sont compartimentés en parcelles par des buis taillés. Les essences les plus simples (choux, céleris...), choisies pour leur valeur culinaire, leur symbolique, leurs vertus thérapeutiques ou leurs couleurs, se haussent par leur disposition au monde d'un art délicat et saisonnier.

Château de Villandry - Les jardins

VILLEFRANCHE-DE-ROUERGUE★

12 291 habitants
Cartes Michelin nᵒˢ 79 pli 20 ou 235 pli 15 – Guide Vert Gorges du Tarn

Villefranche était une étape sur la voie romaine entre Rodez et Cahors. En 1252 Alphonse de Poitiers y fonda une bastide qui devint une ville d'échanges entre le pays du froment (Fromental) à l'Ouest, et le pays du seigle (Ségala) à l'Est.

★ **Bastide** – La ville ancienne, sur la rive droite de l'Aveyron, est caractéristique de l'urbanisme du 13ᵉ s. avec ses rues pavées de gros galets et tracées à l'équerre, ses étroits passages coupe-feu (androne) et sa **place Notre-Dame**★ dominée par un grand Christ et bordée de couverts. Plusieurs de ses hautes et sévères maisons rouergates, en grès, ont conservé, sous le toit, un balcon ouvert (soleiro) permettant le séchage de la récolte : observer en particulier la maison du Président Raynal avec sa façade du 15ᵉ s. et la maison Dardennes avec sa cour à galeries.
L'**Église Notre-Dame**★, fortifiée, est intéressante. La grille des fonts baptismaux est un beau travail de ferronnerie.

★ **Ancienne Chartreuse St-Sauveur** ⊙ – 1461. Elle présente un style gothique très pur. Le petit cloître est un chef-d'œuvre de l'architecture flamboyante.

VILLEQUIER★

822 habitants
Cartes nᵒˢ 52 pli 13 ou 54 pli 9 ou 231 pli 21
Guide Vert Normandie Vallée de la Seine

En bordure de la Basse Seine, Villequier occupe une place à part dans l'histoire littéraire française.

Dans la « maison de brique couverte de pampres verts » des Vacquerie, le **musée Victor-Hugo**★ ⊙ consacre ses salles à Juliette Drouet, au poète lui-même, à la jeunesse, au mariage et à la mort de sa fille Léopoldine.

« **A Villequier** » – Septembre 1843. Victor Hugo (1802-1885) est au sommet de sa gloire littéraire. Il a déjà produit les *Odes et Ballades, Les Orientales, Hernani, Notre-Dame de Paris, Ruy Blas, Les Burgraves...* Il habite une demeure plaisante et commode, place des Vosges à Paris (**musée**), et dans des circonstances dramatiques il apprend la mort accidentelle de sa fille Léopoldine âgée de 19 ans et mariée, sept mois plus tôt, avec Charles Vacquerie. Une année durant, il cesse pratiquement d'écrire sous le coup de la douleur plus déchirante, et le 4 septembre 1844, presque d'un souffle, il rédige *A Villequier* qu'il acheva plus tard, puis introduisit dans le 4ᵉ livre des *Contemplations* consacré à la mémoire de sa fille. Louis Veuillot y voyait « les plus beaux vers de la langue française et de la littérature chrétienne ». Cette élégie est saisissante en effet par la profondeur et la complexité des sentiments, par le naturel pathétique du style, par l'ampleur du rythme et la discrétion des sonorités sourdes.

> « Les morceaux de ce cœur, tout plein de votre gloire,
> Que vous avez brisé... »

YVOIRE★★

Cartes Michelin nᵒˢ 89 pli 12 ou 244 pli 8 – Guide Vert Alpes du Nord

Ce pittoresque village fleuri, qui a conservé son cachet médiéval, jouit d'une situation exceptionnelle au bord du lac Léman à l'extrémité du promontoire séparant le Petit Lac du Grand Lac. Son port de plaisance est un lieu très fréquenté par les riverains suisses.

★ **VILLAGE MÉDIÉVAL** *(accès piétonnier seulement)*

Reconstruit au 14ᵉ s. à l'emplacement d'une ancienne place forte, Yvoire a conservé de cette époque une partie de ses remparts dont deux portes percées dans les tours et son château *(on ne visite pas)* au puissant donjon carré cantonné de tourelles. Les ruelles, bordées de maisons anciennes et animées par les échoppes d'artisans, débouchent sur de ravissantes places fleuries qui offrent de belles échappées sur le lac.
De l'extrémité de la jetée, on découvre la côte suisse, la cité de Nyon et les hauteurs du Jura.

⊙ ►► Jardin des Cinq-Sens★ – Excursions en bateau sur le Léman.

Cave de champagne Krug

Renseignements pratiques

Pour préparer son voyage

RENSEIGNEMENTS TOURISTIQUES

Fédération nationale des Comités régionaux de tourisme
14, avenue de l'Opéra, 75001 Paris. ☎ 01 47 03 03 10.

Fédération nationale des Comités départementaux de tourisme
280, boulevard Saint-Germain, 75007 Paris. ☎ 01 44 11 10 20.

Fédération nationale des Offices de tourisme et Syndicats d'initiative
280, boulevard Saint-Germain, 75007 Paris. ☎ 01 40 59 43 82.
Il existe en France près de 3 400 Offices de tourisme, Syndicats d'initiative et Offices municipaux de tourisme. Chaque fois que cela est possible, nous donnons l'adresse et le n° de ☎ dans le chapitre des Conditions de visite, en face de la localité concernée.

Office de tourisme et des Congrès de Paris – Accueil de France
127, avenue des Champs-Élysées, 75008 Paris. ☎ 01 49 52 53 54. (Dans chaque gare parisienne existe un bureau d'accueil, d'information et de réservation hôtelière.)

Les Maisons régionales à Paris

Alpes-Dauphiné	2, place André-Malraux, 1er	01 42 96 08 43
Alsace	39, avenue Champs-Élysées, 8e	01 42 56 15 94
Auvergne	194 bis, rue de Rivoli, 1er	01 44 55 33 33
Aveyron	46, rue Berger, 1er	01 42 36 84 63
Bretagne	203, boulevard St-Germain, 7e	01 53 63 11 50
Franche-Comté	2, boulevard de la Madeleine, 9e	01 42 66 26 28
Hautes-Alpes	4, avenue de l'Opéra, 1er	01 42 96 05 08
Hérault (Espace)	8-10, rue de la Harpe, 5e	01 43 29 86 51
Limousin	30, rue Caumartin, 9e	01 40 07 04 67
Lozère	4, rue Hautefeuille, 6e	01 43 54 26 64
Morvan « la Morvandelle »	25, rue St-Maur, 11e	01 47 00 53 15
Nord-Pas-de-Calais	25, rue Bleue, 9e	01 48 00 59 62
Périgord	6, rue Gomboust, 1er	01 42 60 38 77
Poitou-Charentes	68-70, rue Cherche-Midi, 6e	01 42 22 83 74
Pyrénées	15, rue St-Augustin, 2e	01 42 86 51 86
Savoie	31, avenue de l'Opéra, 1er	01 42 61 74 73

Fédération nationale du Folklore français – 40, avenue Terroirs de France 75012 Paris ☎ 01 44 74 52 01.

Caisse nationale des monuments historiques et des sites (CNMHS)
Hôtel de Sully, 62, rue Saint-Antoine, 75004 Paris. ☎ 01 44 61 21 50 ou 01 44 61 20 00.
Un laissez-passer au prix de 280 F permet de visiter, pendant un an à compter de la date d'achat, et autant de fois qu'il est désiré, plus de cent monuments appartenant à l'État et gérés par la CNMHS.

Fédération des Parcs naturels régionaux de France 4, rue de Stockolm, 75008 Paris. ☎ 01 44 90 86 20 et par Minitel 3615 PARC NATUREL.

Office national des forêts
Le programme complet de toutes les visites guidées et activités de loisirs en forêt peut être obtenu : par courrier : 2, avenue de St-Mandé, 75570 Paris cedex 12 par ☎ le service « Allô Forêt », 01 40 19 58 00.

Fédération des Écomusées et Musées de société
2, av. Arthur Gaulard, 25000 Besançon, ☎ 03 81 83 22 55.

Tourisme et handicapés

Un certain nombre de curiosités décrites dans ce guide sont accessibles aux personnes handicapées. Pour les connaître, voir le chapitre des Conditions de visites qui les signale par le signe &.
Des informations générales peuvent être obtenues sur le Minitel 3614 HANDITEL ou sur Internet www.handitel.org.
On peut consulter le **Comité national français de liaison pour la réadaptation des handicapés** 38, boulevard Raspail, 75007 Paris. ☎ 01 45 80 90 13.
L'**Association des paralysés de France** édite : « Où ferons-nous étape ? » 17, boulevard Auguste-Blanqui, 75013 Paris. ☎ 01 40 78 69 00.
Le **guide Rouge MICHELIN-France** et le **guide MICHELIN Camping Caravaning** indiquent, respectivement, les chambres accessibles aux handicapés physiques et les installations sanitaires aménagées.

Organismes de tourisme à Paris

Automobile Club National	5, r. Auber, 9e	01 44 51 53 99
Auto, Caravaning-Camping-Car Club de France	37, r. d'Hauteville, 10e	01 47 70 29 81
Automobile-Club de France	8, pl. de la Concorde, 8e	01 43 12 43 12
Camping-Club de France	218, bd St-Germain, 7e	01 45 48 30 03
Chaîne thermale du soleil	32, av. de l'Opéra, 2e	01 44 71 37 00
Féd. Franç. de Camping-Caravaning	78, r. de Rivoli, 4e	01 42 72 84 08
Féd. Nat. des Logis de France	83, av. d'Italie, 13e	01 45 84 70 00
Féd. Unie des Auberges de Jeunesse (FUAJ)	27, r. Pajol, 18e	01 44 89 87 27
Ligue Franç. pour les Auberges de la Jeunesse	67, rue Vergniaud, 13e	01 45 48 69 84
Stations Françaises de Sports d'Hiver	61, bd Haussmann, 8e	01 47 42 23 32
Union Nat. des Associations de Tourisme et de Plein Air (UNAT)	8, r. César-Franck, 15e	01 47 83 21 73
Villages-Vacances-Familles (VVF)	38, bd Edgar-Quinet, 14e	01 60 81 60 60

Les services Michelin

Qu'il soit d'affaires ou d'agrément, un voyage ne s'improvise pas, il faut avant le départ choisir les itinéraires, déterminer les étapes et évaluer les temps de trajet.

Il n'y a pas de carte à tout faire : un document unique ne peut satisfaire tous les besoins, qui vont de la représentation des plus petits détails aux informations générales. Outre le site de la localité et les caractéristiques des routes, il est nécessaire de savoir où trouver les plages, les baignades en rivière, les piscines, les golfs, les hippodromes, les terrains de vol à voile, etc.

Les **cartes MICHELIN** sont regroupées par séries qui se distinguent par la couleur de la couverture. A chaque couleur correspond une échelle, à chaque échelle correspond un usage.

Ainsi les **cartes rouges** sont les cartes grandes routes au 1/1 000 000, les **cartes jaunes** sont les cartes régionales ou les cartes détaillées au 1/200 000, les **cartes vertes** sont des cartes locales au 1/50 000 ou au 1/100 000, et les **cartes bleues** sont des plans de villes au 1/15 000 ou au 1/10 000 (Paris, Lyon, Lille).

Noter aussi l'Atlas routier relié n° 99 et l'Atlas routier à spirale n° 94.

Le **3615 MICHELIN** (2,23 F –0,34 € la minute) rendent des services de plus en plus nombreux aux automobilistes, qu'ils soient professionnels ou simplement touristes : distance, temps de parcours, météo (grâce à Météo France), villes étapes, curiosités à étoiles décrites dans les guides Verts, péages en francs français ou en devises. Actuellement 26 pays européens sont couverts en totalité au travers de 800 000 km de routes et de plus de 70 000 localités ; l'extension à de nouveaux pays sera prochainement proposée.

Le **3617 MICHELIN** (5,57 F – 0,85 € la minute) permet aux usagers de la route d'obtenir, sur télécopie et immédiatement, tous les renseignements utiles au bon déroulement de leur voyage.

Michelin sur Internet
Accès : http : //www.michelin.com
*   Informations générales sur la manufacture Michelin*
Accès : http : // www.michelin-travel.com
Produits tourisme Michelin, présentés en 4 rubriques :
*   – le calcul d'itinéraires*
*   – les ressources touristiques (avec hôtel, restaurant et camping)*
*   – le catalogue des produits Michelin*
*   – la messagerie Michelin*

Le chemin de fer

SNCF ☎ 01 45 65 60 00 – Horaires, réservations sur Minitel **3615 SNCF** ou sur Internet www.sncf.fr.

Les voyages aériens

Les aéroports

Par le Minitel 3615, il est possible d'obtenir les informations pratiques, les horaires et les réservations grâce aux codes suivants :
HORAV ou HORAVION Aéroports de Paris.
AERBO Aéroport de Bordeaux-Mérignac.
ENVOL Aéroport de Marseille-Provence.
HORAV06 Aéroport de Nice-Côte d'Azur.
SATOLAS Aéroport de Lyon-Satolas.

Les grandes compagnies aériennes

Air France : 119, avenue des Champs-Élysées, 75008 Paris. ☎ 01 42 99 22 04. Minitel 3615 ou 3616 AIR FRANCE.

Air Inter Europe : ☎ 08 02 80 28 02. Minitel 3615 AIR INTER.

Les grandes compagnies maritimes

Croisières Costa-Paquet, 5, boulevard Malesherbes, 75008 Paris. ☎ 01 49 24 42 00. S.N.C.M. Ferryterranée, 12, rue Godot-de-Mauroy, 75009 Paris. ☎ 08 36 67 95 00.

L'hébergement

Le **guide Rouge « Hôtels et Restaurants » MICHELIN France**, mis à jour chaque année, présente une sélection – établie après enquêtes et visites – d'établissements, cités dans chaque catégorie par ordre préférentiel.

Le **guide Camping-Caravaning MICHELIN France** recense les meilleurs terrains sélectionnés par nos services.

Fédération nationale des Services de Réservation Loisirs Accueil (SLA) – 280, boulevard St-Germain, 75007 Paris. ☎ 01 44 11 10 44 ou Minitel 3615 code DETOUR.

Maison des Gîtes de France – 59, rue St-Lazare, 75009 Paris. ☎ 01 49 70 75 75. Minitel 3615 GITES DE FRANCE.

Relais et Châteaux – 15, rue Galvani, 75017 Paris. ☎ 01 45 72 90 00.

Des vacances originales

Suivant les régions traversées, il est possible de trouver de multiples idées de vacances plus ou moins originales, les **guides Verts MICHELIN**, dans le chapitre des Renseignements pratiques, suggèrent de nombreuses solutions.

Le tourisme fluvial

La France possède le premier réseau navigable d'Europe (environ 8 500 km). Ce riche patrimoine se découvre fort agréablement, à toute petite vitesse (pas plus de 6 km/h), à bord de bateaux de plaisance fluviaux.

Pour la location, compte tenu de l'abondance des loueurs, il est préférable de s'adresser à la : Fédération des industries nautiques, port de Javel Haut, 75015 Paris. ☎ 01 44 37 04 00.

En général, les tarifs comprennent la location du bateau, l'assurance, l'assistance technique. Il existe une formule « aller simple », qui permet de retrouver son véhicule à un point quelconque du parcours.

De nombreux loueurs proposent également des vélos, bien utiles pour aller faire des courses, des promenades, des excursions le long du chemin de halage ou dans les villages avoisinants.

Sur certains petits canaux, c'est le plaisancier qui manœuvre les écluses ; sur les autres, il est d'usage d'aider l'éclusier.

Les bateaux de moins de 10 CV ne nécessitent aucun permis.

Les éditions GRAFOCARTE-Navicarte (125, rue Jean-Jacques-Rousseau, 92136 Issy-les-Moulineaux. ☎ 01 41 09 19 00) proposent des guides de navigation fluviale trilingues.

Le Canoë-kayak

Ce sport d'eaux vives se pratique aussi bien sur les lacs, les rivières (Ardèche, Dordogne, Vézère, Loire, la Loue en Franche-Comté, Durance, Arve, Ubaye dans les Alpes) qu'en mer. Les **guides Verts** Michelin Alpes du Nord, Alpes du Sud, Gorges du Tarn, Normandie Vallée de la Seine et Normandie Cotentin donnent, plus particulièrement, des renseignements pratiques concernant les régions décrites.
Fédération française de canoë-kayak, 87, quai de la Marne, 94340 Joinville-le-Pont.
☎ 01 45 11 08 50.

Canoë en famille

La Randonnée pédestre et l'alpinisme

Il y a près de 130 000 km de sentiers de randonnée en France. Des topoguides sont édités par la **Fédération française de la randonnée pédestre (FFRP)** – Comité national des sentiers de grande randonnée. Pour se les procurer, s'adresser au centre d'information, 14, rue Riquet, 75014 Paris. ☎ 01 44 89 93 90.
La FFRP élabore, en collaboration avec la Caisse nationale des monuments historiques et des sites, des « Sentiers historiques ».
Club Alpin français, 24, avenue de Laumière, 75019 Paris ☎ 01 53 72 87 13.
Fédération française de la Montagne et de l'Escalade, 8 à 10, quai de la Marne, 75019 Paris ☎ 01 40 18 75 50.

Le Cyclotourisme

Les listes de loueurs de cycles sont généralement fournies par les Syndicats d'initiative et les Offices de tourisme. Des bicyclettes peuvent être également louées dans certaines gares S.N.C.F. qui proposent souvent trois types de cycles : des vélos de type randonneur, des vélos « VTT », des bicyclettes de type traditionnel.
Fédération française de cyclotourisme, 8, rue Jean-Marie-Jégo, 75013 Paris. ☎ 01 49 35 69 00.
Fédération française de cyclisme, 5, rue de Rome, 93561 Rosny-sous-Bois cedex. ☎ 01 49 35 69 00 et sur Minitel 3615 FFC.

Le Tourisme équestre

Délégation nationale au tourisme équestre (DNTE) : 30, avenue d'Iéna, 75116 Paris ☎ 01 53 67 43 43 ou sur Minitel 3615 CHEVALFRANCE.
Dans chaque région, les **Associations régionales de tourisme équestre (ARTE)** représentent la Délégation nationale ; les régions sont elles-mêmes divisées en **Comités départementaux de tourisme équestre (CDTE)**.

Voile et Planche à voile

Fédération française de voile, 55, avenue Kléber, 75784 Paris Cedex 16. ☎ 01 44 05 81 00.

La Chasse

Renseignements au « **Saint-Hubert – Club de France** » 10, rue de Lisbonne, 75008 Paris. ☎ 01 45 22 38 90.

LES ÎLES DE LA FRANCE

Guides Verts : *Normandie Cotentin, Bretagne, Poitou Vendée Charentes, Provence, Côte d'Azur et Corse.*

Près de la moitié des frontières de la France sont maritimes : 2 700 km sur 5 670 km.

Tout au long des côtes sont semées des dizaines d'îles de rêve multicolores. Les unes sont minuscules, à peine de la taille d'un champ, d'autres sont très grandes. Ainsi la **Corse** représente plus de trois fois la superficie d'un pays comme le Grand-Duché du Luxembourg.

Pour le touriste terrien, elles sont bien souvent synonymes de dépaysement ; petites terres isolées au milieu des eaux, elles regorgent de mystères et de charmes, toutes imprégnées de culture séculaire du monde marin.

Répertoriées du Nord au Sud, dans le sens Ouest-Est, voici les principales :

Les îles du PONANT *(Manche-Océan)*

Iles Chausey★ : 65 ha à marée haute, rattachées à la commune de **Granville**.

Ile de Bréhat★ : 318 ha, à 10 mn de traversée de l'**Arcouest** près de **Paimpol**.

Ile de Batz : 357 ha, à 15 mn de traversé de **Roscoff**.

Ile d'Ouessant★★ : la plus occidentale des îles du littoral atlantique, 1 558 ha, point culminant 60 m ; 2 h 30 de traversée de **Brest** ou 1 h 30 du Conquet.

Ile de Molène : 100 ha, 30 mn de traversée de la **pointe St-Matthieu**.

Ile de Sein : 58 ha, point culminant 6 m, 1 h de traversée d'**Audierne**.

Iles de Glénan : groupe d'une dizaine d'îlots, quasi inhabités, rattachés à la commune de **Fouesnant**.

Ile de Groix★ : 1 770 ha, point culminant 49 m ; 45 mn de traversée de **Lorient**.

Ile de Sein

C. Chevallier

Les îles du golfe★★ du Morbihan : Parmi la multitude d'îles et d'îlots que compte le golfe, il faut retenir plus particulièrement l'**Ile-aux-Moines★**, 310 ha, et l'**île d'Arz**, 324 ha.

Belle-Ile-en-Mer★★ : 8 400 ha, 1 h de traversée à partir de **Quiberon**.

Ile d'Houat : 288 ha, 1 h de traversée à partir de **Quiberon**.

Ile d'Hœdic : 209 ha, 1 h 30 à partir de **Quiberon**, via **Houat**.

Ile d'Yeu★★ : 2 300 ha, de toutes les îles du Ponant, c'est la plus éloignée du continent. 1 h 15 de traversée depuis **Fromentine**.

Ile d'Aix★ : 129 ha, 20 mm depuis **Fouras**.

Les îles de Noirmoutier★, **de Ré★** et **d'Oléron★** : Elles sont reliées au continent par un pont routier.

Les îles du LEVANT *(Méditerranée)*

Archipel du Frioul : île de **Pomègues** et île **Ratonneau** reliées par le port du Frioul, îlot d'**If★★** : promenade de 1 h 30, à partir de **Marseille**.

Iles des Calanques : île **Maire**, île **Jarre**, île **Calseraigne**, île de **Riou**, autant de paradis pour la pêche sous-marine.

Ile de Bendor★ à 7 mn de Bandol.

Iles d'Hyères★★★ : île de Porquerolles★★★, 1 254 ha, à 20 mn de Giens, île de Port-Cros★★, 640 ha, à 45 mn de Port-de-Miramar, île du Levant, 996 ha, à 35 mm du Lavandou.

Iles de Lérins★★ : île St-Honorat★★, 60 ha, île Ste-Marguerite★★, 210 ha, à 30 mn de Cannes ou de Juan-les-Pins.

Îles Sanguinaires★★ : 60 mn de traversée d'Ajaccio – Îles Lavezzi★ : 30 mn de traversée de Bonifacio.

Les monuments et sites français inscrits au PATRIMOINE MONDIAL

1. – Le Mont-Saint-Michel et sa baie. *Guide Vert Normandie-Cotentin.*
2. – La cathédrale de Chartres. *Guide Vert Ile-de-France.*
3. – Le palais et le parc de Versailles. *Guide Vert Ile-de-France.*
4. – La basilique et la colline de Vézelay. *Guide Vert Bourgogne.*
5. – Les grottes ornées de la Vallée de la Vézère. *Guide Vert Périgord-Quercy.*
6. – Le palais et le parc de Fontainebleau. *Guide Vert Ile-de-France.*
7. – La cathédrale d'Amiens. *Guide Vert Flandres-Artois-Picardie.*
8. – Le théâtre antique et ses abords et l'« Arc de Triomphe » d'Orange. *Guide Vert Provence.*
9. – Les monuments romains et romans d'Arles. *Guide Vert Provence.*
10. – L'abbaye cistercienne de Fontenay. *Guide Vert Bourgogne.*
11. – La Saline royale d'Arc-et-Senans. *Guide Vert Jura.*
12. – Les places Stanislas, de la Carrière et d'Alliance à Nancy. *Guide Vert Alsace et Lorraine.*
13. – L'église de Saint-Savin-sur-Gartempe. *Guide Vert Poitou Vendée Charentes.*
14. – Les golfes de Girolata et de Porto, la réserve naturelle de Scandola et les calanche de Piana en Corse. *Guide Vert Corse.*
15. – Le pont du Gard. *Guide Vert Provence.*
16. – La cathédrale de Strasbourg et la Grande Ile. *Guide Vert Alsace et Lorraine.*
17. – La cathédrale, le palais du Tau et la basilique Saint-Remi à Reims. *Guide Vert Champagne.*
18. – Paris : les quais de la Seine de l'Arsenal au pont d'Iéna (île de la Cité, île St-Louis), les grandes perspectives et leurs monuments (la Concorde, la Madeleine, la chambre des Députés, le pont Alexandre-III, le Grand et le Petit-Palais, les Invalides, l'École militaire, le Champ-de-Mars et le palais de Chaillot). *Guide Vert Paris.*
19. – Le château de Chambord et son domaine. *Guide Vert Châteaux de la Loire.*
20. – La cathédrale St-Étienne de Bourges. *Guide Vert Berry-Limousin.*
21. – Le centre historique d'Avignon. *Guide Vert Provence.*
22. – Le Canal du Midi. *Guide Vert Pyrénées-Roussillon.*
23. – Le cirque de Gavarnie (avec les sites espagnols d'Ordesa et du Mont Perdu). *Guide Vert Pyrénées-Aquitaine.*
24. – La cité de Carcassonne. *Guide Vert Pyrénées-Roussillon.*
25. – Chemins de Saint-Jacques-de-Compostelle en France.
26. – Site historique de Lyon.

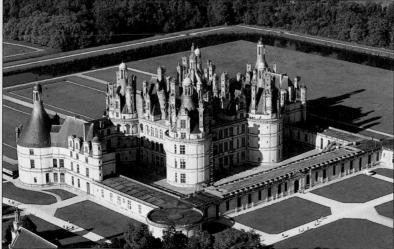

Château de Chambord

La gastronomie

Pays du bien-manger et du bien-vivre, la France foisonne de merveilleuses spécialités régionales. Outre la carte des spécialités régionales et des grands vignobles pages 54 et 55, et le **guide Rouge MICHELIN France « Hôtels Restaurants »**, on pourra se faire une idée avec ces quelques traditions culinaires.

Soupes, consommés ou potages : les plus renommés sont le *velouté d'asperges*, la *soupe de poireaux-pommes de terre*, la *soupe à l'oignon* appelée aussi *gratinée*, les *bisques de homard*, la *garbure* (soupe aux choux épaisse du Sud-Ouest), la *cotriade* (soupe aux poissons de Bretagne) servis en début du repas.

Hors-d'œuvre : ils sont multiples et l'imagination des cuisiniers est sans limite dans ce domaine, cependant il faut citer : la *salade niçoise* (tomates, anchois, oignons, olives), la *salade lyonnaise* (à base de différentes viandes assaisonnées et additionnées d'huile, de vinaigre, d'échalotes), la *salade cauchoise* (céleri, pommes de terre et jambon). On peut aussi commencer le repas par une *flamiche* (spécialité picarde de tarte aux poireaux) ou une *ficelle* (crêpe au jambon avec sauce béchamel aux champignons). La *tapenade* est une spécialité provençale (purée d'olives noires, bien mélangée avec des câpres, des anchois, du thon). La *quiche lorraine* (tarte au jambon ou au lard avec de la crème). La *pissaladière* (tarte provençale avec des oignons et des anchois).

Garbure

Comment ne pas parler des fruits de mer et crustacés, huîtres de Belon, de Cancale ou de Marennes, crevettes, langoustines, palourdes.

Plats de résistance : les deux grandes familles sont les plats de poissons et les plats de viandes accompagnés de toutes sortes de légumes suivant les saisons, ou même de *gratin dauphinois* (mélange de pommes de terre, d'œufs et de lait) à ne pas confondre avec le *gratin savoyard* (pommes de terre, œufs et bouillon).
La *bouillabaisse* (célébrissime plat marseillais aux trois poissons : la rascasse, le grondin et le congre assaisonné de safran, de thym, d'ail, de laurier, de sauge, de fenouil). La *brandade* (crème onctueuse faite de morue pilée et préparée avec de l'huile d'olive, du lait, quelques gousses d'ail) s'apprécie particulièrement à Nîmes.

Bouillabaisse

En Bretagne, les *homards à l'armoricaine*, les *moules à la crème*, l'*alose* ou le *brochet au « beurre blanc »* nantais font concurrence à la *sole dieppoise*, aux *crevettes* et *coques* de *Honfleur* en Normandie, tout aussi bien qu'au *loup* (nom local du bar) *grillé au fenouil* ou *au sarment de vigne* en Provence-Côte d'Azur.
L'abondance des plats régionaux est telle qu'une rapide énumération ne permet d'en donner qu'un faible aperçu.

La *choucroute* de Strasbourg (choux, pommes de terre, porc, saucisses, jambon), le *cassoulet* de Toulouse ou de Castelnaudary (ragoût de haricots blancs auxquels on ajoute des morceaux d'oie ou de canard ainsi que de la charcuterie), les *tripes* à la mode de Caen, le *canard au sang* de Rouen, les *meurettes* de Bourgogne (sauce au vin) accompagnent aussi bien les œufs pochés que les cervelles ou le bœuf... bourguignon ; la *potée* auvergnate (chou, morceau de porc, lard, navets) ou franc-comtoise (chou, saucisse de Morteau ou de Montbéliard), l'*aligot* de Chaudes-Aigues (onctueux mélange de tomme fraîche et de pommes de terre écrasées assaisonné d'ail), les *tripoux* d'Aurillac, le *poulet basquaise* (tomates et piments), le *lapin chasseur* ou *forestier* (champignons et lardons).

Les fromages

Il y a en France une telle diversité de fromages que l'on s'y perd facilement. Il est donc intéressant d'essayer de fixer quelques points de repère parmi les grandes familles.

I - Les **fromages à pâte molle**
a) les fromages à croûte fleurie (Brie de Meaux, Camembert, Chaource...).
b) les fromages à croûte lavée (Livarot, Reblochon, Munster, Vacherin...).
c) les fromages à croûte naturelle (Tomme de Romans, Cendrés de Bourgogne, Brie de Melun...).

II - Les **fromages à pâte pressée, non cuite** (Cantal, Fourme de Laguiole, Gapron d'Auvergne...).

III - Les **fromages à pâte dure, pressée, cuite** (Emmental de Savoie, Comté de Franche-Comté, Beaufort de Savoie et de Dauphiné...).

IV - Les **fromages à pâte persillée**
a) les Bleus à croûte naturelle (Bleu de Bresse, Bleu de Corse, Fourme de Montbrison...)
b) les Bleus amincis par brossage (Roquefort, Bleu d'Auvergne, Bleu des Causses...).

V - Il existe enfin des fromages à **pâte fondue** comme la crème de Gruyère, le fondu aux noix ou aux raisins, et toute la gamme des pâtes à tartiner.

Entremets, fruits et desserts

Sous l'appellation générale de **desserts**, les « douceurs » de fin de repas sont innombrables : outre les corbeilles de fruits, les fraises à la crème ou au vin rouge, les salades ou macédoines riches de tous les fruits du verger, les compotes de pommes, de poires, de pêches, la France gourmande est friande de pâtisseries de toutes sortes : tarte des dames Tatin (tarte cuite à l'envers et caramélisée), gâteau aux noix de Grenoble, far de Bretagne, pain d'épice du Gâtinais, clafoutis (gâteau de lait et d'œufs mélangés avec des fruits et cuit au four, Kougelhopf (prononcer Kouglof) gâteau alsacien en forme de couronne servi aussi bien au dessert qu'au goûter). Il faut encore parler des crèmes au caramel, des crèmes renversées, des îles flottantes que l'on retrouve dans à peu près toutes les régions.

Kougelhopf

Bibliographie pratique

Il existe une infinité d'ouvrages traitant des villes, des monuments et des sites de France ; les bibliographies sont nombreuses, les histoires de France de tous les âges foisonnent ; il est bien sûr très difficile de donner une liste exhaustive. Voici cependant quelques titres et collections :
La collection des **24 guides Verts régionaux MICHELIN** propose une somme non négligeable de précieux renseignements, sans cesse remis à jour, dans tous les domaines liés au tourisme. Le tableau d'assemblage se trouve en dernière page de couverture.

Monographies :

Parmi les plus connues citons :
La collection *Les Images du Patrimoine* éditée par la **direction du Patrimoine**, sous l'égide du ministère de la Culture.
Les *Petites Monographies des grands édifices de France.*
Quelques éditeurs se sont spécialisés dans la réimpression de livres anciens, rares ou introuvables, dans le domaine de l'histoire ou du régionalisme : *les éditions du Choletais, Res Universis, Horvath, Jeanne-Lafitte...*

Histoire :

Histoire de la France par Georges Duby en 4 volumes, *collection Référence, éditions Larousse.*
Les Rois qui ont fait la France par Georges Bordonove, *éditions Gérard Watelet Pygmalion.*
L'Identité de la France par Fernand Braudel – *Espace et Histoire. Les Hommes et les choses.*
La France médiévale, sous la direction de Jean Favier, *éditions Fayard.*
Les Origines de la France de Clovis à Hugues Capet par Edward James, *collection des Hespérides, éditions Errance.*
Atlas historique des routes de France. Georges Reverdy, *Presses de l'École nationale des Ponts et Chaussées/diffusion Bordas.*
Les éditions Fayard publient de très nombreuses biographies : **Louis XI, François Ier, Marie de Médicis, Richelieu, Mazarin, Louis XV, Jules Ferry, Clemenceau, Poincaré...**
La collection La Vie quotidienne... va de la **La Vie quotidienne en Gaule pendant la paix romaine** à la **La Vie quotidienne à l'Élysée au temps de Charles De Gaulle**, *Hachette.*

Histoire de l'art :

La collection Zodiaque, aux éditions de La Pierre qui vire, traite plus particulièrement de l'art roman.
La collection Les Hauts Lieux, éditions Bordas, propose plusieurs thèmes : Les hauts lieux de la préhistoire, de la littérature, de la musique, du Moyen Âge, du romantisme, de la peinture, de l'art moderne...
Histoire du cinéma français de Maurice Bessy et Raymont Chirat, *éditions Pygmalion, Gérard Watelet.*

Littérature :

Outre tous les « classiques », Larousse, Hatier, Garnier, Flammarion, Le Seuil, la collection *La Pléiade* propose les œuvres complètes de la plupart des écrivains français, sous une présentation agréable...

Divers :

Les parcs naturels de France, *éditions Minerva.*
Les plus beaux jardins de France, *éditions Minerva.*
Nouveau Guide des plus beaux jardins de France, *éditions Rivages.*
La France vue d'en haut, *éditions Nathan.*
Terroirs et vins de France, *éditions du BRGM.*
Série « France », *éditions Autrement.*
La France du vin par Jacques Puisais, collection Mémoires photographiques, *éditions direction du Patrimoine.*

Les produits multimédia :

Louis XIV et Versailles, *édition Arborescence.*
2 000 ans d'histoire de France, *édition Havas édition électronique.*
Voyage en France, *édition Scala / E.M.M.E. interactive.*
Le musée d'Orsay *édition Montparnasse Multimédia.*
Musée du Louvre, peintures françaises, *édition R.M.N./ Musée du Louvre.*

Petite filmographie

Parmi les milliers de films tournés à travers la France, nous avons sélectionné quelques œuvres célèbres ou remarquables soit pour la qualité de leurs acteurs ou de leurs metteurs en scène, soit pour la beauté de leurs décors et paysages.

À bout de souffle (1959) de Jean-Luc Godard, avec Jean-Paul Belmondo et Jean Seberg (Paris) – *Guide Vert Paris*.

Au revoir les enfants (1987) de Louis Malle, avec Gaspard Manesse (Provins) – *Guide Vert Champagne*.

Cyrano de Bergerac (1990) de Jean-Paul Rappeneau, avec Gérard Depardieu (Le Mans, Uzès, abbaye de Fontenay) – *Guides Verts Châteaux de la Loire, Provence* et *Bourgogne*.

Les Demoiselles de Rochefort (1966) de Jacques Demy (Rochefort), avec Catherine Deneuve et Françoise Dorléac – *Guide Vert Poitou Vendée Charentes*.

Germinal (1993) de Claude Berri, avec Renaud et Gérard Depardieu (Oignies, Astres) – *Guide Vert Flandres Artois Picardie*.

La Grande Illusion (1937) de Jean Renoir, avec Pierre Fresnay et Jean Gabin (Château du Haut-Kœnigsbourg, Colmar et les environs de Neuf-Brisach) – *Guide Vert Alsace-Lorraine*.

Jean de Florette et **Manon des Sources** (1986) de Claude Berri, avec Yves Montand (Cuges-les-Pins, Mirabeau et Plan-d'Aups) – *Guides Verts Provence* et *Côte d'Azur*.

Jeux interdits (1951) de René Clément, avec Brigitte Fossey (Puget-Théniers) – *Guide Vert Côte d'Azur*.

Les Misérables (1982) de Robert Hossein, avec Lino Ventura (Sarlat, Monpazier et Sireuil) – *Guide Vert Périgord-Quercy*.

Pierrot le Fou (1965) de Jean-Luc Godard, avec Jean-Paul Belmondo (Ile de Porquerolles) – *Guide Vert Côte d'Azur*.

La Reine Margot (1994) de Patrice Chéreau, avec Isabelle Adjani et Daniel Auteuil (Forêt de Compiègne, St-Quentin, Reims et la rue St-Eloi à Bordeaux) – *Guides Verts Flandres Artois, Champagne* et *Pyrénées Aquitaine*.

Le Retour de Martin Guerre (1982) de Daniel Vigne, avec Gérard Depardieu et Nathalie Baye (Artigat, Balaguères) – *Guides Verts Pyrénées Aquitaine* et *Pyrénées Roussillon*.

La Règle du Jeu (1939) de Jean Renoir, avec Marcel Dalio (Château de La Ferté-St-Aubin, Lamotte-Beuvron et les environs de Brinon-sur-Sauldre) – *Guide Vert Châteaux de la Loire*.

Le Salaire de la peur (1953) de Henri-Georges Clouzot, avec Charles Vanel et Yves Montand (La bambouseraie de Prafrance, Anduze et Uzès) – *Guides Verts Gorges du Tarn* et *Provence*.

Les Valseuses (1974) de Bertrand Blier, avec Gérard Depardieu et Patrick Dewaere (Valence) – *Guide Vert Vallée du Rhône*.

Le Vieux Fusil (1976) de Robert Enrico, avec Philippe Noiret (Château de Bruniquel) – *Guide Vert Périgord Quercy*.

« La Grande Illusion » de Jean Renoir

La France en fête

Dans ce chapitre, après le nom de la ville (et le renvoi à la carte Michelin pour les villes non décrites), nous donnons le n° de téléphone préférentiel à l'usage du public pour obtenir tout renseignement (informations, dates, programmes, réservations...).

Fêtes civiles ou religieuses

Ce calendrier propose un choix de manifestations particulièrement intéressantes pouvant jalonner votre itinéraire, voire justifier une variante, si les circonstances d'un voyage vous conduisent à proximité.

Février

Chalon-sur-Saône	03 85 48 37 97	Carnaval Foire « froide » des Sauvagines
Dunkerque	03 28 26 26 26	Carnaval
Hazebrouck	03 28 49 59 89	Grand cortège
Nice	04 93 92 82 82	Carnaval
Le Touquet	03 21 06 72 00	Enduro des sables

Jeudi Saint

Le Puy-en-Velay	04 71 09 38 41	Procession des Pénitents blancs
Saugues (76 16)	04 71 77 82 42	Procession des Pénitents blancs (à la tombée de la nuit)

Vendredi Saint

Arles-sur-Tech (86 18) .	04 68 39 11 99	Procession nocturne des Pénitents noirs
Burzet (76 18)	04 75 94 41 03	Figuration de la Passion
Collioure (86 20)	04 68 82 15 47	Procession des Pénitents
Perpignan	04 68 66 30 30	Procession de la Sanch
Roquebrune-Cap-Martin	04 93 35 01 18	Procession du Christ Mort
Sartène	04 95 77 05 11	Procession U Catenacciu

Dimanche de Pâques

St-Benoît-sur-Loire	02 38 35 72 43	Cérémonie pascale à la basilique

Mi-avril

Gérardmer	03 29 27 27 27	Fête des Jonquilles

Avril

Chartres	01 43 25 55 33	Grand pèlerinage des étudiants

Début mai

Orléans	02 38 24 05 05	Fêtes johanniques, la plus ancienne et régulière commémoration historique française

Mi-mai

St-Tropez	04 94 97 45 21	Bravade
Tréguier	02 96 92 30 57	Pardon de Saint-Yves (patron des avocats)
Le Mont-St-Michel	02 33 60 14 30	Fête de la Saint-Michel de printemps

Fin mai

Rouen	02 32 08 32 40	Fêtes Jeanne d'Arc
Pomarez (78 7)	05 58 89 30 28	Courses de vaches landaises
Les Stes-Maries-de-la-Mer	04 90 97 82 55	Pèlerinage des Gitans

Pentecôte

Honfleur	02 31 89 23 30	Fête des Marins
Pau	04 59 27 31 89	Grand Prix Automobile de formule 3000

Début juin

La Rochelle	05 46 44 62 44	Semaine internationale de la voile
Utah Beach Omaha Beach	02 33 71 58 00	Commémoration du débarquement du 6 juin 1944. Secteur américain

Mi-juin
Chambord . . . . 01 32 49 10 00 Game Fair (journées nationales de la pêche et de la chasse)
Le Mans . . . . 02 43 40 24 24 Course automobile des « 24 Heures »

Mi-juin à Septembre
Le Puy du Fou . . . . 02 51 64 11 11 « Cinéscénie »

Début juillet
Douai . . . . 03 27 88 26 79 Fêtes de Gayant avec sortie des géants et de leur famille

14 juillet
Partout en France . . . . Fête nationale : feux d'artifice à la nuit tombée
Paris . . . . Défilé du 14 juillet sur les Champs-Elysées *(le matin)*

Mi-juillet
Carcassonne . . . . 04 68 25 07 04 « Embrasement » de la Cité

Fin juillet
Sainte-Anne-d'Auray 02 97 57 68 80 Grand Pardon de Sainte-Anne
(63 2) . . . .

Début août
Bayonne . . . . 05 59 46 01 46 Fêtes de Bayonne (fêtes tradition-nelles de rues, corridas)
Colmar . . . . 03 89 20 25 50 Foire aux vins d'Alsace

Mi-août
Béziers (83 15) . . . . . . 04 67 31 76 76 Feria ; « Folle nuit »
Carcassonne . . . . 04 68 25 07 04 « Les Médiévales de Carcassonne »
Chamonix . . . . 04 50 53 00 88 Fête des Guides
Pomarez (78 7) . . . . . . 05 58 89 30 28 Courses de vaches landaises
St-Palais (85 4) . . . . . . 05 59 65 71 15 Festival de la Force basque

Fin août
Boulogne-sur-Mer . . . . . 03 21 31 68 38 Pèlerinage à N.-D. de Boulogne
Concarneau . . . . 02 98 97 13 47 Fête des Filets bleus
Monteux (81 12) . . . . . 04 90 66 97 18 Feu d'artifice (Monteux est réputé pour ses artificiers)

Début septembre
Dinan . . . . 02 96 39 22 43 Fête des Remparts (tous les 2 ans)
Lille . . . . 03 20 21 94 21 Grande braderie
Le Mas Soubeyran . . . . 04 66 85 02 72 Grande « Assemblée » des protestants de France au musée du Désert

Fin septembre
Le Mont-St-Michel . . . . 02 33 60 14 30 Fête d'automne de l'Archange saint Michel

Mi-novembre
Beaune . . . . 03 80 26 21 30 « Les trois glorieuses ». Vente aux enchères des vins des Hospices

Début décembre
Marseille . . . . 04 91 13 89 00 Foire aux Santons
Mont Ste-Odile . . . . 03 88 95 80 53 Grand pèlerinage alsacien
Strasbourg . . . . 03 88 52 28 28 Marché de Noël

Noël
Les Baux-de-Provence . 04 90 54 34 39 Messe de minuit

Spectacles « Son et Lumière » en Val de Loire

Ces données ne peuvent être fournies qu'à titre indicatif en raison des modifications fréquentes tant dans les numéros de ☎ que dans le titre des spectacles.

Ces spectacles de grande qualité changent de thème périodiquement. La liste ci-dessous n'est qu'une sélection, sur le Val de Loire.

Amboise . . . . 02 47 57 14 47 *« A la cour du roy François »*
Azay-le-Rideau . . . . 02 47 45 42 04 *« Les imaginaires d'Azay-le-Rideau »*
Blois . . . . 02 54 78 72 76 *« Ainsi Blois vous est conté »*

Chenonceau	02 47 23 90 07		*« Au temps des dames de Chenon-ceau »*
Cheverny	02 54 42 69 03		*« Le cours du temps »*
Loches	02 47 59 07 98		*« Le chevalier au loup »*
Le Lude	02 43 94 60 09		*« Les couleurs du monde »*
Valençay	02 54 00 04 42		*« Esclarmonde »*

Festivals

Nous donnons ci-dessous un choix parmi les plus célèbres festivals organisés annuellement en France. Et pour chacun d'eux la période durant laquelle il se déroule et le genre artistique auquel s'attache son renom. Les manifestations qui relèvent surtout des activités d'expositions, salons, foires, stages, programmes saisonniers des stations n'y figurent pas.

Aix-en-Provence	04 42 26 11 61	*Juillet*	Art lyrique
Arles	04 90 18 41 20	*Juillet*	Rencontres interna-tionales de la photo-graphie
Avignon	04 90 37 66 50	*Juillet-août*	Art dramatique
Belfort	03 84 55 90 90	*Juillet*	Les Eurockéennes
Besançon	03 81 25 05 85	*Septembre*	Musique classique, concours internatio-nal de jeunes chefs d'orchestres
Bourges	02 48 70 61 11	*Avril*	Printemps de Bourges
Calvi	04 95 65 80 65	*Octobre*	Festiventu (le vent sous toutes ses formes)
Cannes	01 45 61 66 00	*Mai*	Festival international du film
La Chaise-Dieu	04 71 09 48 28	*Fin août*	Festival de musique
Chaumont-sur-Loire .	02 54 20 99 22	*1er juillet/ 15 octobre*	Festival international des jardins
Clermont-Ferrand ...	04 73 91 65 73	*Février*	Festival international du court-métrage
Coutances	02 33 76 78 50	*Semaine de l'Ascension*	« Jazz sous les pom-miers »
Deauville	02 31 14 14 14	*Septembre*	Film américain
Divonne-les-Bains ...	04 50 40 34 16	*Juin*	Musique de chambre
Évian	04 50 75 04 26	*Mi-mai*	Rencontres musicales
Gannat	04 70 90 12 67	*Juillet*	« les cultures du monde »
Gerardmer	03 29 60 98 21	*Février*	« Fantastica » : festival du film fantastique
Juan-les-Pins	04 92 90 53 00	*Juillet*	Festival mondial du jazz
Limoges	05 55 10 90 10	*Septembre/ octobre*	Francophonie en Limousin, théâtre et créations de l'espace francophone
Lorient	02 97 21 24 29	*Août*	Festival interceltique
Lyon	04 72 40 26 26	*Mi-septembre/ mi-octobre*	Biennale en alter-nance : les années paires la danse, les années impaires l'art contemporain
Marciac	05 62 09 33 33	*Mi-août*	Jazz in Marciac
Montpellier	04 67 60 60 60	*Fin juin/début juillet*	Festival International Montpellier danse (danses et musiques traditionnelles)
Nantes	02 40 08 01 00	*2e week-end de juillet*	Festival international d'été (musiques, chant et danses)
Orange	04 90 34 70 88	*Mi-juillet/début août*	Chorégies : opéras, concerts symphoni-ques
Quimper	02 98 55 53 53	*Juillet*	Festival de Cor-nouaille

Géants du Nord

Jean le Bûcheron
Steenvoorde

Martin
et Martine
Cambrai

Gayant et
sa femme
Douai

La Matelote
*Grand-Fort
Philippe*

Reuze-maman *Cassel*

La Roque d'Anthéron **Abbaye de Silvacane** 04 42 50 58 63	*Début août*	Festival international de piano
St-Céré 05 65 38 28 08	*Mi-juill./fin août*	Art lyrique
St-Donnat-sur- **l'Herbasse** 04 75 45 10 29	*Juillet-Août*	Musique de Jean-Sébastien Bach
St-Malo 02 99 40 39 63	*Octobre*	Quai des bulles (festival de B.D)
St-Michel-de-Cuxa- **Prades** 04 68 96 33 07	*Fin juillet/début août*	Festival Pablo Casals
Salon de Provence . . 04 90 56 27 60	*Début août*	Musique de jazz
Sarlat 05 53 31 10 83	*Fin juill./début août*	Festival des jeux du théâtre
Abbaye de Sylvanès . 05 65 49 52 52	*Fin juin/début juillet*	Festival de musique sacrée
Toulouse 05 61 22 40 05	*Septembre*	Piano aux Jacobins

Conditions de visite

Les renseignements énoncés ci-dessous s'appliquent à des touristes voyageant isolément et ne bénéficiant pas de réduction. Pour les groupes constitués, il est généralement possible d'obtenir des conditions particulières concernant les horaires ou les tarifs. Ces données ne peuvent être fournies qu'à titre indicatif en raison de l'évolution du coût de la vie et de modifications fréquentes dans les horaires d'ouverture de nombreuses curiosités. Lorsqu'il nous a été impossible d'obtenir des informations à jour, les éléments figurant dans l'édition précédente ont été reconduits. Dans ce cas ils apparaissent en italique.

Les **édifices religieux** ne se visitent pas pendant les offices. Certaines églises et la plupart des chapelles sont souvent fermées. Les conditions de visite en sont précisées si l'intérieur présente un intérêt particulier ; dans le cas où la visite ne peut se faire qu'accompagnée par la personne qui détient la clé, une rétribution ou une offrande est à prévoir.

Dans certaines villes, des **visites guidées** de la localité dans son ensemble ou limitées aux quartiers historiques sont régulièrement organisées en saison touristique. Cette possibilité est mentionnée en tête des conditions de visite, pour chaque ville concernée. Dans les Villes d'Art et d'Histoire et les Villes d'Art 🅰, les visites sont conduites par des guides-conférenciers agréés par la Caisse Nationale des Monuments Historiques et des Sites.

Lorsque les curiosités décrites bénéficient de facilités concernant l'accès pour les handicapés, le symbole ♿ figure à la suite de leur nom.

A

AIGUES-MORTES   🔖 porte de la Gardette - 30220 - ☎ 04 66 53 73 00

Tour de Constance et remparts – Mai-sept. : 9h30-19h (juin-août : 9h30-20h) ; oct.-avr. : 10h-17h (fév.-avr. et oct. : 10h-18h). Fermé 1er janv., 1er mai, 1er et 11 nov., 25 déc. 32F. ☎ 04 66 53 61 55.

AIX-EN-PROVENCE   🔖 2, place du Général-de-Gaulle - 13100 - ☎ 04 42 16 11 61

Visite guidée de la ville 🅰 – S'adresser à l'Office de tourisme.

Cathédrale et cloître St-Sauveur – Lun.-ven.

Musée Granet – Tlj sf mar. 10h-12h, 14h-18h. Fermé j. fériés. 10F. ☎ 04 42 38 14 70.

Muséum d'Histoire naturelle – 10h-12h, 13h-17h, pdt expos. : 10h-18h. Fermé 1er janv., 1er mai, 25 déc. 10F. ☎ 04 42 26 23 67.

Fondation Vasarely – De mi-mars à fin oct. : 10h-13h, 14h-19h, w.-end 10h-19h ; de nov. à mi-mars : 9h30-13h, 14h-18h, w.-end 9h30-18h. Fermé 1er janv., 1er mai, 25 déc. 35F. ☎ 04 42 20 01 09.

Musée des Tapisseries – Tlj sf mar. 10h-12h, 14h-17h (avr.-oct. : fermeture à 18h) Fermé 1er janv., 1er mai, 25 déc. 10F. ☎ 04 42 21 05 78.

AJACCIO (Aiacciu)   🔖 3, boulevard Roi-Jérôme - 20181 - ☎ 04 95 51 53 03

Musée napoléonien (Hôtel de ville) – ♿ Tlj sf w.-end 9h-12h, 14h-17h (de mi-juin à mi-sept. : fermeture à 18h). Fermé j. fériés et 18 mars. 10F. ☎ 04 95 51 52 53.

Musée Fesch – ♿ De mi-juin à mi-sept. : tlj sf. mar. 10h-17h30 ; de mi-sept. à mi-juin : tlj sf dim. et lun. 9h15-12h15, 14h15-17h15. Fermé 1er janv., 18 mars, 1er mai, 14 juil., 1er nov., 25 déc. 25F. ☎ 04 95 21 48 17.

Maison Bonaparte – Avr.-sept. : 9h-12h, 14h-18h (dernière entrée 1/4h av. fermeture), lun. 14h-18h ; oct.-mars : 10h-12h, 14h-16h45, lun. 14h-16h45. Fermé 1er mai. 22F. ☎ 04 95 21 43 89.

ALBI   🔖 Palais de la Berbie, place Ste-Cécile - 81000 - ☎ 05 63 49 48 80

Palais de la Berbie (Musée Toulouse-Lautrec) – ♿ Juin-sept. : 9h-12h, 14h-18h (juil.-août : 9h-18h) ; avr.-mai : 10h-12h, 14h-18h ; nov.-fév. : tlj sf mar. 10h-12h, 14h-17h ; mars et oct. : tlj sf mar. 10h-12h, 14h-17h30. Fermé 1er janv., 1er mai, 1er nov., 25 déc. 24F. ☎ 05 63 49 48 70.

Écomusée d'ALSACE

♿ Juil.-août : 9h-19h ; avr.-juin et sept. : 9h30-18h ; mars et oct. : 10h-17h ; nov.-fév. : 10h30-16h30. 78F (enf. : 48F). ☎ 03 89 74 44 74.

AMBOISE

🅿 quai Général-de-Gaulle - 37400 - ☏ 02 47 57 09 28

Château – Juil.-août : 9h-19h30 ; avr.-juin : 9h-18h30 ; de mi-mars à fin mars et sept.-oct. : 9h-18h ; de fév. à mi-mars : 9h-12h, 14h-17h30 ; nov.-janv. : 9h-12h, 14h-17h. Fermé 1er janv. et 25 déc. 39F. ☏ 02 47 57 00 98.

Clos-Lucé, demeure de Léonard de Vinci – De fin mars à mi-nov. : 9h-19h (juil.-août : 9h-20h) ; de mi-nov. à fin mars : 9h-18h (janv. : 10h-17h). Fermé 1er janv. et 25 déc. 39F (enf. : 20F). ☏ 02 47 57 62 88.

AMIENS

🅿 6 bis, rue Dusevel - 80000 - ☏ 03 22 71 60 50

Visite guidée de la ville 🅰 – S'adresser à l'Office de tourisme.

Musée de Picardie – ♿ Tlj sf lun. 10h-12h30, 14h-18h. Fermé 1er janv., 1er mai, 14 juil., 11 nov., 25 déc. 20F. ☏ 03 22 97 14 00.

Hortillonnages – D'avr. à fin oct. : visite guidée (1h) en barque à partir de 14h. Maison des hortillonnages, 54, bd Beauvillé. 30F (enf. : 15F). ☏ 03 22 92 12 18.

Château d'ANCY-LE-FRANC

De fin mars au 11 nov. : visite guidée (1h) 10h-12h, 14h-18h. 42F (-11 ans : 15F). ☏ 03 86 75 14 63.

Les ANDELYS

🅿 24, rue Philippe-Auguste - 27700 - ☏ 02 32 54 41 93

Château-Gaillard – De mi-mars à mi-nov. : tlj sf mar. et mer. matin 9h-12h, 14h-18h. 18F.

Principat d'ANDORRA (Principauté d'ANDORRE)

🅿 rue du Docteur-Vilanova - Andorra-la-Vella - ☏ (376) 82 02 14

Andorra la Vella

Casa de la Vall (Maison des Vallées) – Visite guidée (1/2h) 9h30-13h, 15h-19h, dim. et j. fériés 10h-14h. Réserver 1 mois av. au ☏ (376) 82 91 29. Fermé j. de réunion Parlementaire. Gratuit. ☏ (376) 82 02 14.

Église Sant Joan de Caselles

De juil. à mi-sept. : visite guidée 10h-13h, 15h-18h ; de mi-sept. à fin juin : visite guidée sur demande. ☏ (376) 82 02 14 ou (376) 85 13 78 (Melle Ester).

ANGERS

🅿 place Kennedy - BP 5157, ou place de la Gare - 49051 - ☏ 02 41 23 51 11

Le billet combiné à tarif unique (valable jusqu'au 31 décembre de l'année en cours), permet de visiter : le château, la galerie David-d'Angers, le musée des Beaux-Arts (logis Barrault), l'hôtel Pincé et le musée Jean-Lurçat. 50 F.

Visite guidée de la ville 🅰 – S'adresser à l'Office de tourisme.

Église St-Serge – Tlj sf dim. ap.-midi (hors juil.-août).

Château – De juin à mi-sept. : 9h30-19h (dernière entrée 3/4h av. fermeture) ; de mi-mars à fin mai et de mi-sept. à fin oct. : 10h-18h ; de nov. à mi-mars : 10h-17h. Fermé 1er janv., 1er mai, 1er et 11 nov., 25 déc. 35F (enf. : 23F). ☏ 02 41 87 43 47.

Musée Jean-Lurçat et de la tapisserie contemporaine – De mi-juin à mi-sept. : 9h-18h30 ; de mi-sept. à mi-juin : tlj sf lun. 10h-12h, 14h-18h. Fermé 1er janv., 1er et 8 mai, 14 juil., 11 nov., 25 déc. 20F. ☏ 02 41 18 24 40.

Galerie David-d'Angers – De mi-juin à mi-sept. : 9h-18h30 ; de mi-sept. à mi-juin : tlj sf lun. 10h-12h, 14h-18h. Fermé 1er janv., 1er et 8 mai, 14 juil., 1er et 11 nov., 25 déc. 10F. ☏ 02 41 18 24 40.

Musée Pincé – Mêmes conditions de visite que pour la galerie David d'Angers. 10F.

ANGOULÊME

🅿 2, place St-Pierre - 16000 - ☏ 05 45 95 16 84

Visite guidée de la ville 🅰 – S'adresser à l'Office de tourisme.

C.N.B.D.I. : musée de la bande dessinée – ♿ Tlj sf lun. (hors vac. scol.) 10h-18h (été : fermeture à 19h). Fermé 1er janv., 1er mai, 25 déc. 30F (enf. : 20F). ☏ 05 45 38 65 65.

ANNECY

🅿 centre Bonlieu, 1, rue J.-Jaurès - 74000 - ☏ 04 50 45 00 33

Visite guidée de la ville 🅰 – S'adresser à l'Office de tourisme.

Château – Juin-sept. : 10h-18h ; oct.-mai : tlj sf mar. 10h-12h, 14h-18h. 30F (enf. : gratuit). ☏ 04 50 33 87 30.

Palais de l'Isle – Mêmes horaires de visite que le château-musée. 20F (enf. : gratuit). ☏ 04 50 33 87 31.

Tour du lac – D'avr. à fin oct. : plusieurs types de croisières commentées (1h). 59F. Bâteaux omnibus de port à port (à partir de mai). 70F. Croisière avec arrêt à Doussard. 74F. Déjeuner-croisière et dîner-dansant à bord de MS Libelule. Horaires et réservations : s'adresser à la Compagnie des Bateaux du Lac d'Annecy. ☎ 04 50 51 08 40.

ANTIBES

🛈 11, place du Général-de-Gaulle - 06200 - ☎ 04 92 90 53 00

Château Grimaldi : Musée Picasso – Tlj sf lun. 10h-12h, 14h-18h (juin-sept. : ouv. en continu). Fermé j. fériés. 30F. ☎ 04 92 90 54 20.

Bassin d'ARCACHON

Promenades en pinasse – Les vedettes UBA (Union des Bateliers Arcachonnais) proposent : en sais., la traversée Arcachon-Cap Ferret 50F AR., la visite commentée des parcs à huîtres 55F, la visite de la réserve du Banc d'Arguin 70F, le circuit du littoral 70F. toute l'année, le tour de l'Ile aux Oiseaux 70F. Embarquements : jetée Thiers et jetée d'Eyrac (Arcachon), jetée Bélisaire (au Cap Ferret). S'adresser au. ☎ 05 56 54 60 32.

ARC-ET-SENANS

Saline royale – Avr.-oct. : 9h-12h, 14h-18h (juil.-août : 9h-19h) ; nov-mars : 10h-12h, 14h-17h. Fermé 1er janv. et 25 déc. 39F. ☎ 03 81 54 45 45.

ARLES

🛈 35, place de la République 13200 - ☎ 04 90 18 41 20

Visite guidée de la ville – S'adresser à l'Office de tourisme.

Sites et musées arlésiens – Avr.-sept. : 9h-12h30, 14h-19h (de mi-juin à mi-sept. : 9h-19h) ; mars et oct. : 10h-12h30, 14h-17h30 ; nov. : 10h-12h30, 14h-17h ; fév. : 10h-12h, 14h-17h ; déc.-janv. : 10h-12h, 14h-16h30. Fermé 1er janv.,

Arc-et-Senans – Saline royale, la maison du directeur

J. H. Lefièvre/EXPLORER

1er nov., 25 déc. 55F, billet forfaitaire donnant accès à l'ensemble des sites arlésiens. ☎ 04 90 18 41 22.

Théâtre antique – ♿ Se reporter aux « sites et musées arlésiens ». 15F. ☎ 04 90 49 36 74.

Arènes – ♿ Se reporter aux « sites et musées arlésiens ». Fermé lors des spectacles taurins. 15F. ☎ 04 90 49 36 74.

Cryptoportiques – ♿ Se reporter aux « sites et musées arlésiens ». 15F. ☎ 04 90 49 36 74.

Cloître St-Trophime – ♿ Se reporter aux « sites et musées arlésiens ». 15F. ☎ 04 90 49 36 64.

Museon Arlaten – Juin-août : 9h30-13h, 14h-18h30 (dernière entrée 1h av. fermeture), juin : fermé lun. ; sept.-mai : tlj sf lun. 9h30-12h30, 14h-17h (avr.-mai et sept. : fermeture à 18h). Fermé 1er janv., 1er mai, 1er nov., 25 déc. 20F. ☎ 04 90 96 08 23.

Musée de l'Arles antique – ♿ 9h30-12h, 13h30-18h (d'avr. à mi-sept : 9h-19h). Fermé 1er janv., 1er mai, 1er nov., 25 déc. 35F (enf. : 25F). ☎ 04 90 18 88 88.

Musée Réattu – ♿ Avr-sept. : 9h-12h30, 14h-19h ; mars et oct. : 10h-12h30, 14h-17h30 ; nov. : 10h-12h30, 14h-17h ; fév. : 10h-12h, 14h-17h ; déc.-janv. : 10h-12h, 14h-16h30. Fermé 1er janv., 1er nov., 25 déc. 15F. ☎ 04 90 49 36 74.

Palais Constantin – ♿ Se reporter aux « sites et musées arlésiens ». 15F. ☎ 04 90 49 36 74.

Les Alyscamps – ♿ Se reporter aux « sites et musées arlésiens ». 15F. ☎ 04 90 49 36 74.

ARRAS

🏛 hôtel de ville, place des Héros - 62000 - ☎ 03 21 51 26 95

Visite guidée de la ville 🅰 – S'adresser à l'Office de tourisme.

Hôtel de ville – Visite accompagnée en s'adressant à l'Office de tourisme.

Beffroi – Montée aux heures d'ouv. des souterrains. 14F.

Musée des Beaux-Arts – Oct.-mars : tlj sf mar. 10h-12h, 14h-18h, jeu. 10h-18h, dim. 10h-12h, 15h-18h ; avr.-sept. : tlj sf mar. 10h-12h, 14h-17h, jeu. 10h-17h, sam. 10h-12h, 14h-18h, dim. 10h-12h, 15h-18h. Fermé 1er janv., 1er et 8 mai, 14 juil., 1er et 11 nov., 25 déc. 20F, gratuit 1er mer. et dim. du mois. ☎ 03 21 71 26 43.

Parc ASTÉRIX

Juil.-août : 9h30-19h ; avr. : 10h-18h ; mai-juin : 10h-18h (sf certains lun. et ven.), w.-end 9h30-19h ; sept. : mer. 10h-18h, w.-end 9h30-19h ; de déb. oct. à mi-oct. : mer. et w.-end 10h-18h. Fermé de mi-oct. à fin mars. Il est conseillé de se renseigner car certains j. ou h. d'ouv. sont susceptibles de modifications. 170F (enf. : 120F, -3ans : gratuit). ☎ 08 36 68 30 10 ou 3615 ASTERIX.

AUCH

🏛 1, rue Dessoles - 32000 - ☎ 05 62 05 22 89

Cathédrale Ste-Marie – Fermé pdt la pause de midi (hors juil.-août). À l'entrée, des commentaires enregistrés présentent les caractéristiques de l'édifice. Pour la visite du déambulatoire et des verrières, des baladeurs sont disponibles : 10F, dépôt d'une pièce d'identité en caution.

Stalles – Avr.-sept. : 8h30-12h, 14h-18h ; oct.-mars : 9h30-12h, 14h-17h. 8F.

AUTUN

🏛 2, avenue Charles-de-Gaulle - 71400 - ☎ 03 85 86 80 38

Visite guidée de la ville 🅰 – S'adresser à l'Office de tourisme.

Musée Rolin – Avr.-sept. : tlj sf mar. 9h30-12h, 13h30-18h ; oct.-mars : tlj sf lun. et mar. 10h-12h, 14h-16h. 20F. ☎ 03 85 52 09 76.

AUXERRE

🏛 1, quai de la République - 89000 - ☎ 03 86 52 06 19

Ancienne abbaye St-Germain – Visite libre du musée, visite guidée de la crypte (3/4h) tlj sf mar 10h-18h30 (oct.-avr. : tlj sf mar. 10h-12h, 14h-18h). Fermé j. fériés. 22F (billet combiné incluant la visite du musée Leblanc-Duvernoy), gratuit mer. ☎ 03 86 51 09 74.

Cathédrale St-Étienne - Trésor et crypte – Tlj sf dim. matin et pdt fêtes. Visite du trésor et de la crypte 14h-18h. 15F. ☎ 03 86 52 23 29.

AVEN ARMAND

Juin-août : visite guidée (1h) 9h30-19h ; de mi-mars à fin mai et sept. : 9h30-12h, 13h30-18h ; d'oct. à déb. nov. : 9h30-12h, 13h30-17h. Fermé de déb. nov. à mi-mars. 47F (enf. : 20F). ☎ 04 66 45 61 31.

AVIGNON

🏛 41, cours Jean-Jaurès - 84000 - ☎ 04 90 82 65 11

Visite guidée de la ville 🅰 – S'adresser à l'Office de tourisme.

Palais des Papes – 9h30-18h30 (avr.-oct. : 9h-19h). 45F (55F pdt expos.). ☎ 04 90 27 50 74.

Pont St-Bénézet – Avr.-oct. : 9h-19h ; nov.-mars : 9h30-17h45. 17F. ☎ 04 90 27 50 73.

Musée du Petit Palais – Tlj sf mar. 9h30-12h, 14h-18h (juil.-août : tlj sf mar. 10h30-18h). Fermé 1er janv., 1er mai, 14 juil., 1er nov., 25 déc. 30F, gratuit dim. (d'oct. à fin fév.). ☎ 04 90 86 44 58.

Musée Calvet – Tlj sf mar. 10h-13h, 14h-18h. 30F. Fermé 1er janv., 1er mai, 25 déc. ☎ 04 90 86 33 84.

Musée Louis-Vouland – Juin-sept. : tlj sf dim. et lun. 10h-12h, 14h-18h ; oct.-mai : tlj sf dim. et lun. 14h-18h. Fermé j. fériés. 20F. ☎ 04 90 86 03 79.

Musée lapidaire – Tlj sf mar. 10h-13h, 14h-18h. Fermé 1er janv., 1er mai, 25 déc. 10F. ☎ 04 90 86 33 84.

Fondation Angladon-Dubrujeaud – Tlj sf lun. et mar. : 13h-18h, j. fériés 15h-18h (juil.-août : fermeture à 19h). 30F. ☎ 04 90 82 29 03.

AZAY-LE-RIDEAU

Château – Juil.-août : 9h30-19h (dernière entrée 3/4h av. fermeture) ; avr.-juin et sept.-oct. : 9h30-18h ; nov.-mars : 9h30-12h30, 14h-17h30. Fermé 1er janv., 1er mai, 1er et 11 nov., 25 déc. 35F (enf. : gratuit). ☎ 02 47 45 42 04.

B

BARBIZON
🗓 55, Grande-Rue - 77630 - ☎ 01 60 66 41 87

Auberge du père Ganne – Tlj sf mar. 10h-12h30, 14h-17h (d'avr. à mi-nov. : fermeture à 18h). Fermé de déb. janv. à mi-janv. 25F. ☎ 01 60 66 22 27.

BASTIA
🗓 place St-Nicolas - 20200 - ☎ 04 95 55 96 96

Visite guidée de la ville – S'adresser à l'Office municipal de tourisme.

Chapelle Ste-Croix – Tlj sf w.-end.

Les BAUX-DE-PROVENCE
🗓 ilot Post Ténébras Lux - 13520 - ☎ 04 90 54 34 39

Musée d'Histoire des Baux – Mars-oct. : 9h-19h30 (juil.-août : 9h-20h30) ; nov.-fév. : 9h-18h (17h hiver). 36F (enf. : 20F). ☎ 04 90 54 55 56.

Cathédrale d'Images – ♿ De mi-fév. à mi-janv. : 10h-18h (mars-sept. : 10h-19h). 43F (enf. : 27F). ☎ 04 90 54 38 65.

Musée Yves-Brayer – Avr.-sept. : 10h-12h30, 14h-17h30 ; oct.-mars : tlj sf mar. 10h-12h30, 14h-18h (mars : fermeture à 17h). Fermé janv.-fév. 25F. ☎ 04 90 54 36 99.

BAYEUX
🗓 pont St-Jean - 14403 cedex - ☎ 02 31 51 28 28

Tapisserie dite de la Reine Mathilde – ♿ De mi-mars à mi-oct. : 9h-18h30 (mai-août : fermeture à 19h) ; de mi-oct. à mi-mars : 9h30-12h30, 14h-18h. Fermé 1er et 2 janv. (matin), 25-26 déc. 39F (billet combiné musée Baron-Gérard et musée d'Art religieux). ☎ 02 31 51 25 50.

Musée mémorial - Bataille de Normandie - 1944 – ♿ De mai à mi-sept. : 9h30-18h30 ; de mi-sept. à fin avr. : 10h-12h30, 14h-18h. Fermé de mi-janv. à fin janv. et 25 déc. 32F. ☎ 02 31 92 93 41.

Musée Baron Gérard – De juin à mi-sept. : 9h-19h ; de mi-sept. à fin mai : 10h-12h30, 14h-18h. Fermé 1er janv. et 25 déc. 39F (billet combiné musée de la Tapisserie de Bayeux et musée d'Art religieux) (enf. : 15F). ☎ 02 31 92 14 21.

BAYONNE
🗓 place des Basques - 64100 - ☎ 05 59 46 01 46

Visite guidée de la ville 🅰 – S'adresser à l'Office de tourisme.

Musée Bonnat – ♿ Tlj sf mar. 10h-12h, 14h30-18h30. Fermé j. fériés. 20F, gratuit 1er dim. du mois. ☎ 05 59 59 08 52.

Musée Basque – ♿ De mi-juin à mi-avr. : tlj sf lun. 10h-12h, 14h30-18h30. Tarif non communiqué. ☎ 05 59 59 08 98.

BEAULIEU-SUR-DORDOGNE
🗓 6, place Marbot - 19120 - ☎ 05 55 91 09 94

Trésor de l'église St-Pierre – De mi-juil. à fin août : visite guidée (1h1/2) tlj sf dim. 17h-18h30, sam. sur demande. 20F. M. Sapin. ☎ 05 55 91 18 78.

BEAUNE
🗓 rue de l'Hôtel-Dieu - 21200 - ☎ 03 80 26 21 30

Visite guidée de la ville 🅰 – S'adresser à l'Office de tourisme.

Hôtel-Dieu – ♿ De fin mars à mi-nov. : 9h-18h30 (de mi-nov. à fin mars : 9h-11h30, 14h-17h30). 32F. ☎ 03 80 24 45 00.

Musée du vin de Bourgogne – 9h30-18h (déc.-mars : tlj sf mar.). Fermé 1er janv. et 25 déc. 25F. ☎ 03 80 24 56 92.

BEAUVAIS
🗓 1, rue Beauregard - 60000 - ☎ 03 44 45 08 18

Visite guidée de la ville 🅰 – S'adresser à l'Office de tourisme.

Cathédrale St-Pierre : Horloge astronomique – Son et lumière (1/2h) à 10h40, 11h40, 14h40, 15h40, 16h40 (juin-août : spectacle supp. à 12h40). Fermé 1er janv. 22F (enf. : 5F). ☎ 03 44 48 11 60.

Musée départemental de l'Oise – De juil. à mi-oct. : 10h-18h ; de mi-oct. à fin juin : tlj sf mar. 10h-12h, 14h-18h. Fermé 1er janv., Pâques, Pentecôte, 1er mai, 1er nov., 25 déc. 10F, gratuit mer. ☎ 03 44 11 43 83.

Abbaye du BEC-HELLOUIN

Juin-sept. : visite guidée (1h) à 10h, 11h, 15h, 16h, 17h, sam. à 10h, 11h, 15h, 16h, dim. et j. fériés à 12h, 15h, 15h30, 16h, 18h (visite libre mar.) ; oct.-mai : à 11h, 15h15, 16h30, dim. et j. fériés 12h, 15h, 16h sur demande auprès de M. Watson. 25F. ☎ 02 32 43 72 60.

BELFORT

🛈 2 bis, rue Clemenceau - 90000 - ☎ 03 84 55 90 90

Le Lion – Juil.-sept. : 8h-19h ; avr. et oct. : 8h-12h, 14h-18h ; mai-juin : 8h-12h, 14h-19h ; nov.-mars : 10h-12h, 14h-17h, w.-end et j. fériés 8h-12h, 14h-17h. 3F. ☎ 03 84 54 25 51.

Fortifications – De juin à fin sept. : visite guidée (de 1h à 3h) 10h-12h, 14h-18h. ☎ 03 84 54 25 51.

BELLE-ÎLE

🛈 quai Bonnelle, Le Palais - 56360 - ☎ 02 97 31 81 93

Au Palais, location de voitures sans chauffeur, bicyclettes, tandems et mobylettes.

Citadelle Vauban – Avr.-oct. : 9h30-18h (juil.-août : 9h-19h) ; nov.-mars : 9h30-12h, 14h-17h. 35F (enf. : 15F). ☎ 02 97 31 84 17.

BESANÇON

🛈 place de l'Armée-Française - 25000 - ☎ 03 81 80 92 55

Visite guidée de la ville 🄰 – S'adresser à l'Office de tourisme.

Cathédrale St-Jean – Tlj sf mar. 9h-18h (été : fermeture à 19h). ☎ 03 81 83 34 62.

Horloge astronomique – Visite guidée (1/4h) tlj sf mar. à 9h50, 10h50, 11h50, 14h50, 15h50, 16h50, 17h50 (oct.-avr. : fermé mer.). Fermé en janv., 1er mai, 1er et 11 nov., 25 déc. 15F. ☎ 03 81 81 12 76.

La Citadelle et ses musées – Pâques-Toussaint : 9h-18h (juil.-août : 9h-19h) ; Toussaint-Pâques : 10h-17h. Fermé 1er janv. et 25 déc. 40F, billet valable pour tous les musées de la citadelle (enf. : 20F). ☎ 03 81 65 07 54.

Musée comtois – Mêmes conditions de visite que la citadelle. Fermé mar. Toussaint-Pâques.

Muséum de Besançon - Musée d'Histoire naturelle – Parc zoologique, aquarium, insectarium, noctarium. Mêmes conditions de visite que la citadelle. Fermé mar. Toussaint-Pâques.

Musée de la Résistance et de la Déportation – Mêmes conditions que la citadelle. Déconseillé -10 ans. Fermé mar. Toussaint-Pâques. ☎ 03 81 65 07 55.

Musée des Beaux-Arts et d'Archéologie – ♿ Tlj sf mar. 9h30-12h, 14h-18h (juin-oct. : ouv. en continu). Fermé 1er janv., 1er mai, 1er nov., 25 déc. 21F (-18ans : gratuit), gratuit sam. ap.-midi. ☎ 03 81 82 39 89.

Bibliothèque municipale – Expositions temporaires. ☎ 03 81 81 20 89.

Grottes de BÉTHARRAM

De fin mars à fin oct. : visite guidée (1h1/2) 8h30-12h, 13h30-17h30 ; de déb. janv. à fin mars : lun.-ven. à 14h30. Fermé de fin oct. à déb. janv. 50F. ☎ 05 62 41 80 04.

BEYNAC-ET-CAZENAC

🛈 la Balme - 24220 - ☎ 05 53 29 43 08

Château – Visite guidée (1h) 10h-12h, 14h-18h30. 30F (enf. : 15F). ☎ 05 53 29 50 40.

BITCHE

🛈 hôtel de ville - porte de Strasbourg - 57230 - ☎ 03 87 06 16 16

Citadelle – De mars à mi-nov. : visite (avec casque infra-rouge, 2h) 10h-17h (juil.-août : 10h-18h). 38F (enf. : 23F). ☎ 03 87 06 16 16.

BLOIS

🛈 pavillon Anne-de-Bretagne, 3, avenue J.-Laigret - 41000 - ☎ 02 54 90 41 41

Visite guidée de la ville 🄰 – S'adresser à la Conservation du château, service Animation du Patrimoine. ☎ 02 54 90 33 33.

Château – Juil.-août : 9h-20h (dernière entrée 1/2h av. fermeture) ; de mi-mars à fin juin et sept. : 9h-18h30 ; d'oct. à mi-mars : 9h-12h30, 14h-17h30. Fermé 1er janv. et 25 déc. 35F (enf. : 20F). ☎ 02 54 78 06 62.

Cour de l'Hôtel d'Alluye – ♿ 10h-12h, 14h-16h sur demande préalable 4j. av. auprès de Mme Terré, 8, rue St-Honoré, 41000 Blois. Gratuit. ☎ 02 54 56 38 00.

Maison de la Magie - Robert-Houdin – ♿ Juil.-août : spectacle (1/2h) 10h30-12h, 14h-18h30 ; avr.-juin et sept. : tlj sf lun. 10h-12h, 14h-18h ; d'oct. à mi-nov. : mer., jeu., w.-end 10h-12h, 14h-18h ; fév.-mars : mer. et w.-end 14h-18h. Fermé de mi-nov. à fin janv. 48F (enf. : 34F). ☎ 02 54 55 26 26.

Château de BONAGUIL

Juil.-août : 10h-17h45 ; juin : 10h-12h, 14h-17h ; sept.-mai : 10h30-12h, 14h30-16h30 ; vac. scol. Noël : 14h30-16h30. Fermé déc.-janv. 30F. ☎ 05 53 49 59 76.

BONIFACIO (Bunifaziu)

🛈 place de l'Europe - 20169 - ☎ 04 95 73 11 88

Visite guidée de la ville – Pas de visite proposée par l'Office de tourisme.

Mémorial du bastion – Juil.-août : 9h-20h ; avr.-juin et de sept. à mi-oct. : tlj sf dim. et j. fériés 11h-17h30. Fermé de mi-oct. à fin mars. 10F. ☎ 04 95 73 11 88.

Église St-Dominique – *Juil-août : visite guidée (1/2h) ; sept.-juin : s'adresser à l'Office de tourisme. 10F.*

BORDEAUX

🛈 12, cours du XXX Juillet - 33080 - ☎ 05 56 00 66 00
🛈 gare St-Jean (esplanade arrivée) - 33000 - ☎ 05 56 91 64 70
🛈 aéroport de Bordeaux-Mérignac (hall d'arrivée) - 33700 - ☎ 05 56 34 39 39

Visite guidée de la ville ▲ – S'adresser à l'Office de tourisme.

Basilique St-Michel – Fermé dim. ap.-midi.

Grand Théâtre – Visite guidée (1h) selon le planning des répétitions et sur réservation. 30F. Office de tourisme.

Musée des Beaux-Arts – ♿ Tlj sf mar. 11h-18h. Fermé j. fériés. 20F, gratuit 1er dim. du mois. ☎ 05 56 10 17 18.

Musée d'Aquitaine – ♿ Tlj sf lun. 11h-18h. Fermé j. fériés. 20F, gratuit 1er dim. du mois. ☎ 05 56 01 51 00.

Musée d'Art contemporain (Entrepôt Lainé) – ♿ Tlj sf lun. 11h-18h, mer. 11h-20h. Fermé j. fériés. 20F (expos. temporaires : 30F), gratuit 1er dim. du mois. ☎ 05 56 00 81 50.

Croiseur Colbert – Juil.-août : 10h-19h ; avr.-juin, sept., vac. scol. zone C : 10h-18h, sam. et dim. 10h-19h ; oct.-mars : tlj sf lun. et ven. 10h-18h. Fermé de déb. déc. à mi-déc., 1er janv., 25 déc. 42F. ☎ 05 56 44 96 11.

Village des BORIES

♿ De 9h au coucher du soleil. 30F. ☎ 04 90 72 03 48.

Musée des Tumulus de BOUGON

♿ Juil.-août : tlj sf mer. matin 10h-19h, sam., dim., j. fériés 10h-20h ; fév.-juin et sept.-déc. : tlj sf mer. matin 10h-18h. Fermé en janv. et 25 déc. 25F. ☎ 05 49 05 12 13.

BOULOGNE-SUR-MER

🛈 quai de la Poste - 62200 - ☎ 03 21 80 56 78

Visite guidée de la ville ▲ – S'adresser à l'Office de tourisme.

Basilique Notre-Dame :
Crypte et trésor – 14h30-17h. 10F. ☎ 03 21 99 75 98.

Colonne de la Grande-Armée – Avr.-sept. : 9h-12h, 14h-18h ; oct.-mars : tlj sf mar. 9h-12h, 14h-17h, mer. 14h-17h. Fermé 1er janv., 1er mai, 1er et 11 nov., 25 déc. Gratuit. ☎ 03 21 31 68 38.

Château-Musée – Tlj sf mar. 10h-12h30, 14h-17h, dim. 10h-12h30, 14h30-17h30. Fermé 1er janv., 1er mai, 25 déc. 20F. ☎ 03 21 10 02 20.

Nausicaa – ♿ Juil.-août : 9h30-20h ; sept.-juin : 9h30-18h30. Fermé les 3 premières sem. de janv., 25 déc. 65F (3-12 ans : 45F). ☎ 03 21 30 98 98.

BOURG-EN-BRESSE

🛈 6, avenue Alsace-Lorraine - 01005 - ☎ 04 74 22 49 40

Église de Brou – Possibilité de visite guidée sur demande. Fermé 1er janv., 1er mai, 1er et 11 nov., 25 déc. 35F (billet combiné incluant la visite du musée). ☎ 04 74 22 83 83.

Musée – Avr.-sept. : 9h-12h30, 14h-18h30 (de mi-juin à mi-sept. : 9h-18h30) ; oct.-mars : 9h-12h, 14h-17h. Fermé 1er janv., 1er mai, 1er et 11 nov., 25 déc. 35F. Sur demande 15j. av. auprès du monastère de Brou, 63, bd de Brou. ☎ 04 74 22 83 83.

BOURGES

🛈 21, rue Victor-Hugo (près de la cathédrale) - BP 145 - 18003 - ☎ 02 48 23 02 60

Visite guidée de la ville ▲ – S'adresser à l'Office de tourisme.

Cathédrale St-Étienne :
Crypte – Juil.-août : 9h-13h, 14h-19h, dim. 14h-19h ; avr.-juin et sept.-oct. : visite guidée (1h) 9h-12h, 14h-18h, dim. 14h-18h ; nov.-mars : 9h-12h, 14h-17h, dim. 14h-17h. Fermé 1er janv., 1er mai, 1er et 11 nov., 25 déc. 32F (crypte et la tour Nord). ☎ 02 48 65 49 44.

Palais Jacques-Coeur – Juil.-août : visite guidée (1h) 9h-13h, 14h-19h ; sept.-juin : 9h-12h, 14h-18h (nov.-mars : fermeture à 17h). Fermé 1er janv., 1er mai, 1er et 11 nov., 25 déc. 32F. ☎ 02 48 24 06 87.

BOURGES

Musée du Berry (Hôtel Cujas) – Tlj sf mar. 10h-12h, 14h-18h, dim. 14h-18h. Fermé 1er janv., 1er mai, 1er et 11 nov., 25 déc. Gratuit. ☎ 02 48 70 41 92.

Musée des Arts décoratifs (Hôtel Lallemant) – Tlj sf lun. 10h-12h, 14h-18h, dim. 14h-18h. Fermé 1er janv., 1er mai, 1er et 11 nov., 25 déc. Gratuit. ☎ 02 48 57 81 17.

Musée Estève (Hôtel des Échevins) – ♿ Tlj sf mar. 10h-12h, 14h-18h, dim. 14h-18h. Fermé 1er janv., 1er mai, 1er et 11 nov., 25 déc. Gratuit. ☎ 02 48 24 75 38.

BRANTÔME
🅱 pavillon Renaissance - 24310 - ☎ 05 53 05 80 52

Le clocher – De mi-juin à mi-sept. : visite guidée (1h) tlj sf mar. 10h-12h30, 14h-18h (juil.-août : tlj sf mar. 10h-19h). 25F. ☎ 05 53 05 80 63.

Château de la BRÈDE

Juil.-sept. : visite guidée (1/2h) tlj sf mar. 14h-18h ; avr.-juin : w.-end et j. fériés 14h-18h ; d'oct. à mi-nov. : w.-end et j. fériés 14h-17h30.

BREST
🅱 place de la Liberté - 29200 - ☎ 02 98 44 24 96

Musée des Beaux-Arts – Tlj sf mar. 10h-11h45, 14h-18h, dim. 14h-18h. Fermé j. fériés. 25F. ☎ 02 98 00 87 96.

Océanopolis – ♿ D'avr. à déb. sept. : 9h30-18h (dernière entrée 1h av. fermeture), w.-end 9h30-19h. 50F (enf. : 30F). ☎ 02 98 34 40 40.

BRIANÇON
🅱 la Citadelle - 05100 - ☎ 04 92 21 08 50

Visite guidée de la ville 🅰 – S'adresser au service du Patrimoine. ☎ 04 92 20 29 49.

Citadelle – De juil. à fin août : 10h-12h, 14h-18h. 20F. ☎ 04 92 20 29 49

BRISSAC-QUINCÉ

De juil. à mi-sept. : visite guidée (1h) 10h-17h45 ; avr.-juin et de mi-sept. à fin oct. : tlj sf mar. 10h-17h15. Fermé nov.-mars. 45F (enf. : 35F). ☎ 02 41 91 22 21.

C

CAEN
🅱 hôtel d'Escoville, place St-Pierre - 14300 - ☎ 02 31 27 14 14

Visite guidée de la ville 🅰 – S'adresser à l'Office de tourisme.

Musée des Beaux-Arts – ♿ Tlj sf mar. 9h30-18h. Fermé 1er janv., 1er mai, 1er nov., Acension, 25 déc. 25F (période expo.), 20F (hors période expo.), gratuit mer. (-18 ans : gratuit). ☎ 02 31 85 28 63.

Musée de Normandie – Tlj sf mar. 9h30-12h30, 14h-18h. Fermé 1er janv., Pâques, 1er mai, 1er nov., 25 déc. 10F, gratuit mer. ☎ 02 31 86 06 24.

Mémorial - Un musée pour la Paix – ♿ 9h-19h (de déb. juil. à mi-août : fermeture à 20h), dernière entrée 1h1/4 av. fermeture. Fermé de déb. janv. à mi-janv., 25 déc., 30-31 janv. 72F. ☎ 02 31 06 06 44. Librairie et médiathèque, ☎ 02 31 06 06 52.

CAHORS
🅱 place François-Mitterrand, BP 207 - 46004 - ☎ 05 65 53 20 65

Visite guidée de la ville 🅰 – S'adresser à l'Office de tourisme.

Pont Valentré – Fermé.

CALAIS
🅱 12, boulevard Clemenceau - 62100 - ☎ 03 21 96 62 40

Musée des Beaux-Arts et de la Dentelle – ♿ Tlj sf mar. 10h-12h, 14h-17h30, sam. 10h-12h, 14h-18h30, dim. 14h-18h30. Fermé j. fériés. 15F, gratuit mer. ☎ 03 21 46 48 40.

La CAMARGUE

Musée Camarguais – ♿ Avr.-sept. : tlj ; oct.-mars : tlj sf mar. Fermé 1er janv., 1er mai, 25 déc. 25F. Se renseigner pour les h. ☎ 04 90 97 10 82.

Centre d'information de Ginès/François Hüe – Avr.-sept. : 9h-18h ; oct.-mars : tlj sf ven. 9h30-17h. Fermé 1er janv., 1er mai, 25 déc. Pour les films à l'étage, 5F par personne et par film. ☎ 04 90 97 86 32.

CAP CORSE

Maison du Cap Corse – Renseignements et documentation sur le Cap Corse auprès de l'Office du tourisme du Cap Corse, Maison du Cap Corse, 20200 Ville-de-Pietrabugno. ☎ 04 95 32 01 00.

Carcassonne

CARCASSONNE
🛈 15, boulevard Camille-Pelletan - 11000 - ☎ 04 68 10 24 30

Château Comtal – Juil-août : visite guidée (1h) 9h-19h30 ; juin et sept. : 9h-19h ; avr.-mai : 9h30-12h30, 14h-18h ; oct. : 9h30-18h ; nov.-déc : 19h30-17h ; janv.-mars : 10h-12h30, 14h-17h. Fermé 1er janv., 1er mai, 1er et 11 nov., 25 déc. 35F (enf. : 23F). ☎ 04 68 11 70 70.

CARNAC
🛈 avenue des Druides - 56340 - ☎ 02 97 52 13 52

Musée de Préhistoire J.-Miln-Z.-Le-Rouzic ♿ Juil.-août : tlj sf mar. 10h-18h30, w.-end 10h-12h, 14h-18h30 ; sept.-juin : tlj sf mar. 10h-12h, 14h-17h (juin et sept. : fermeture à 18h). Fermé 1er janv., 1er mai, 25 déc. 30F été, 25F hors sais. ☎ 02 97 52 22 04.

Tumulus St-Michel – Fermé pour travaux de restauration.

CARPENTRAS
🛈 170, allée Jean-Jaurès - 84200 - ☎ 04 90 63 00 78

Visite guidée de la ville 🅰 – S'adresser au Service Culture et Patrimoine.

CASTRES
🛈 3, rue Milhau-Ducommun - 81100 - ☎ 05 63 62 63 62

Musée Goya – Tlj sf lun. 9h-12h, 14h-17h, dim. et j. fériés 10h-12h, 14h-17h (d'avr. à mi-sept. : fermeture à 18h). Fermé 1er janv., 1er mai, 11 nov., 25 déc. 20F. ☎ 05 63 71 59 30.

CAUDEBEC-EN-CAUX
🛈 place Charles-de-Gaulle - 76490 - ☎ 02 35 96 20 65

Église Notre-Dame – Possibilité de visite guidée sur demande auprès de l'Office de tourisme.

Logis de la CHABOTTERIE

Juil.-août : 10h-19h ; sept.-juin : 9h30-18h, dim. et j. fériés 10h-19h. Fermé les 3 dernières sem. de janv., 1er janv. (matin), Toussaint (matin), Noël (matin). 30F (-18ans : gratuit). ☎ 02 51 42 81 00.

La CHAISE-DIEU
🛈 place de la Mairie - 43160 - ☎ 04 71 00 01 16

Église abbatiale de St-Robert Juin-sept. : 9h-12h, 14h-19h, dim. 14h-19h ; oct.-mai : 10h-12h, 14h-17h. ☎ 04 71 00 06 06.

Choeur et trésor – Choeur : mêmes conditions que l'église abbatiale. 15F. Trésor : juil.-août.

Attention : pdt la période du Festival de Musique (2e quinzaine d'août), les visites sont limitées : il est vivement recommandé de téléphoner afin de connaître les h. et les modalités de visite.

CHÂLONS-EN-CHAMPAGNE 🖪 3, quai des Arts – 51000 – ☎ 03 26 65 17 89

Visite guidée de la ville ⬛ – S'adresser à l'Office de tourisme.

Église N.-D.-en-Vaux – Tlj sf w.-end 10h-12h, 14h-18h.

Musée du cloître de N.-D.-en-Vaux – Tlj sf mar. 10h-12h, 14h-17h (avr.-sept. : fermeture à 18h). Fermé 1er janv., 1er mai, 1er et 11 nov., 25 déc. 25F. ☎ 03 26 64 03 87.

CHALON-SUR-SAÔNE 🖪 boulevard de la République – 71100 – ☎ 03 85 48 37 97

Visite guidée de la ville ⬛ – S'adresser à l'Office de tourisme.

Musée Nicéphore-Niepce – Tlj sf mar. 9h30-11h30, 14h30-17h30 (juil.-août : tlj sf mar. 10h-18h). Fermé j. fériés. 14F. ☎ 03 85 48 41 98.

Musée Denon – Tlj sf mar. 9h30-12h, 14h-17h30. Fermé certains j. fériés. 12F, gratuit mer. ☎ 03 85 90 50 50.

CHAMBÉRY 🖪 24, boulevard de la Colonne – 73000 – ☎ 04 79 33 42 47

Visite guidée de la ville ⬛ – S'adresser à l'Office de tourisme.

Château – Juil.-août : visite guidée (1h) à 10h30, 14h30, 15h30, 16h30, dim. et 15 août à 14h30, 15h30, 16h30 ; mai-juin et sept. : à 14h30 ; oct.-avr. : (château + ville) w.-end et j. fériés à 14h30. Fermé 1er janv. et 25 déc. 25F (château), 30F (château + ville). ☎ 04 79 33 42 47.

Les Charmettes – Tlj sf mar. visite guidée (1h)10h-12h, 14h-16h30 (avr.-sept. : fermeture à 18h). Fermé j. fériés. 20F (billet groupé avec les musées Savoisien et des Beaux-Arts), gratuit 1er dim. du mois. ☎ 04 79 33 39 44.

Musée savoisien – Tlj sf mar. 10h-12h, 14h-18h. Fermé j. fériés. 20F (enf. : gratuit). ☎ 04 79 33 75 03.

Château de CHAMBORD

Avr.-oct. : 9h-18h15 (dernière entrée 1/2h av. fermeture), juil.-août : 9h30-18h45 ; nov.-mars : 9h-17h15. Fermé 1er janv., 1er mai, 25 déc. 40F. Visites-conférences à thème ou animations à la carte sur réservation. Le programme peut être demandé au service des visites du domaine national de Chambord. ☎ 02 54 50 40 00.

CHAMONIX-MONT-BLANC 🖪 place Triangle de l'Amitié – 74400 – ☎ 04 50 53 00 24

Téléphérique de l'Aiguille du Midi – De juil. à fin août : 7h-17h, trajet en deux tronçons : Chamonix-Plan de l'aiguille et Plan de l'aiguille-Aiguille du Midi. (dép. toutes les 1/2h). 196F AR (enf. : 98F). ☎ 04 50 53 30 80, réservation possible en été au ☎ 08 36 68 00 67.

Panoramic Mont-Blanc – Juil.-août : 8h-16h ; de mi-avr. à fin juin et de déb. sept. à mi-sept. : 9h-15h (AR avec arrêt panoramique : 3h). 260F AR à partir de Chamonix ; 292F en juil.-août (enf. : 146F). ☎ 04 50 53 30 80.

Télécabine et téléphérique du Brévent – De déb. juin à fin sept. et de déb. déc. à fin avr. : Chamonix-Planpraz en télécabine (20mn), Planpraz-Brévent en téléphérique (10mn). 81F AR (-16ans : 40,50F). ☎ 04 50 53 13 18.

Téléphérique des Praz à la Flégère – De mi-juil. à mi-août : 7h40-17h50 (6mn, toutes les 1/2h) ; de déb. juil. à mi-juil. et de mi-août à fin août : 8h10-17h20 ; de mi-juin à fin juin et sept. : 8h10-12h30, 13h30-16h50. 56F AR, 44F A. ☎ 04 50 53 18 58.

CHAMPIGNY-SUR-VEUDE

Sainte-Chapelle – Possibilité de visite guidée tlj sf mar. ☎ 02 47 95 71 46.

Château de CHAMPS

Avr.-sept. : tlj sf mar. 10h-12h, 13h30-17h30, w.-end et j. fériés 10h-12h, 13h30-18h ; oct.-mars : tlj sf mar. 10h-12h, 13h30-16h30. Fermé 1er janv., 1er mai, 1er et 11 nov., 25 déc. 32F (-12 ans : gratuit). ☎ 01 60 05 24 43.

Château de CHANTILLY

Musée – Mars-oct. : visite guidée (3/4h) tlj sf mar. 10h-18h ; nov.-fév. : tlj sf mar. 10h30-12h45, 14h-17h, w.-end et j. fériés 10h30-17h. 39F (musée et parc). ☎ 03 44 62 62 62.

Musée vivant du Cheval et du Poney – ♿ Avr.-oct. : tlj sf mar. 10h30-17h30, w.-end et j. fériés 10h30-18h ; nov.-mars : 14h-17h, w.-end et j. fériés 10h30-17h30. Fermé 1er janv. et 25 déc. 50F (enf. : 35F). ☎ 03 44 57 13 13.

Parc – ♿ Mêmes conditions de visite que le château. 17F.

Jardin anglais – Mêmes conditions de visite que le parc.

CHARTRES

place de la Cathédrale – 28000 – ☎ 02 37 21 50 00

Cathédrale Notre-Dame :

Montée aux parties hautes – Mai-août : 9h-18h30, dim. et j. fériés 13h-19h ; sept.-fév. : 9h30-11h30, 14h-17h30, dim. et j. fériés 14h-17h30 ; mars-avr. : 10h-12h, 14h-16h30, dim. et j. fériés 14h-16h30. Fermé 1er janv., 1er mai, lun. Pentecôte (ap.-midi), 1er et 11 nov., 25 déc. 25F. ☎ 02 37 21 22 07.

Musée des Beaux-Arts – Tlj sf mar. 10h-12h, 14h-17h, dim. 14h-17h (mai-oct. : fermeture à 18h). Fermé 1er janv., 1er et 8 mai, 1er et 11 nov., 25 déc. 15F. ☎ 02 37 36 41 39.

CHÂTEAUNEUF

Château – Avr.-sept. : visite guidée (1h) 9h30-11h30, 14h-17h (juin-août : visite supplémentaire à 18h) ; oct.-mars : tlj sf mar. et mer. à 10h, 11h, 14h, 15h. Fermé 1er janv., 1er mai, 1er et 11 nov., 25 déc. 25F. ☎ 03 80 49 21 89.

CHÂTILLON-SUR-SEINE

4, place Marmont – 21400 – ☎ 03 80 91 13 19

Musée – D'avr. à mi-nov. : tlj sf mar. 9h-12h, 14h-18h (de mi-juin à mi-sept. : 9h-12h, 13h30-18h) ; de mi-nov. à fin mars : tlj sf mar. 10h-12h, 14h-17h. Fermé 1er janv., 1er mai, 25 déc. 28F. ☎ 03 80 91 24 67.

Château de CHENONCEAU

De mi-mars à mi-sept. : 9h-19h ; de mi-sept. à fin sept. : 9h-18h30 ; de déb. mars à mi-mars et de déb. oct. à mi-oct. : 9h-18h ; de mi-fév. à fin fév. et de mi-oct. à fin oct. : 9h-17h30 ; de déb. fév. à mi-fév. et de déb. nov. à mi-nov. : 9h-17h ; de mi-nov. à fin janv. : 9h-16h30. 45F (enf. : 35F). ☎ 02 47 23 90 07.

Château de CHEVERNY

De juin à mi-sept. : 9h15-18h45 ; de mi-sept. à fin sept. : 9h30-12h, 14h15-18h ; mars et oct. : 9h30-12h, 14h15-17h30 ; nov.-mai : 9h30-12h, 14h15-18h30. Visite guidée sur demande préalable : Château de Cheverny, 41700 Cheverny. D'avr. à mi-sept. : « soupe des chiens » tlj sf w.-end et j. fériés à 17h ; de mi-sept. à fin mars : tlj sf mar., w.-end, j. fériés à 15h. 34F (château et parc), 64F (château et découverte insolite du parc et du canal), 81F (château et vol en ballon), 98F (château, vol en ballon et découverte insolite du parc). ☎ 02 54 79 96 29.

CHINON

place Hofheim – 37500 – ☎ 02 47 93 17 85

Château – De mi-mars à fin sept. : 9h-18h (juil.-août : 9h-19h) ; oct. : 9h-17h ; de nov. à mi-mars : 9h-12h, 14h-17h. Fermé 1er janv. et 25 déc. 28F. ☎ 02 47 93 03 34.

Grotte de CLAMOUSE

Juin-sept. : visite guidée (1h) 10h-18h (juil.-août : 10h-19h) ; fév.-mai et oct. : 10h-17h ; nov.-janv. : 12h-17h. 42F (enf. : 21F). ☎ 04 67 57 71 05.

CLERMONT-FERRAND

place de la Victoire – 63000 – ☎ 04 73 98 65 00

Visite guidée de la ville 🄰 – S'adresser à l'Office de tourisme.

Cathédrale N.-D.-de-l'Assomption :

Trésor – De juil. à mi-sept. : tlj sf dim. et lun. 14h30-17h. Fermé 14 juil. et 15 août. 10F.

Musée des Beaux-Arts – ♿ Tlj sf lun. 10h-18h. Fermé 1er janv., 1er mai, 1er nov., 25 déc. 24F. ☎ 04 73 16 11 30.

CLUNY

6, rue Mercière – 71250 – ☎ 03 85 59 05 34

Ancienne abbaye – Juil.-sept. : 9h-19h ; avr.-juin : 9h30-12h, 14h-18h ; oct. : 9h30-12h, 14h-17h ; de nov. à mi-fév. : 10h-12h, 14h-16h ; de mi-fév. à fin mars : 10h-12h, 14h-17h. Fermé 1er janv., 1er mai, 1er et 11 nov., 25 déc. 32F. ☎ 03 85 59 12 79.

Musée d'Art et d'Archéologie – Mêmes conditions de visite que l'ancienne abbaye. 14F, 32F (billet jumelé avec l'abbaye). ☎ 03 85 59 23 97.

COGNAC

16, rue du 14-Juillet – 16100 – ☎ 05 45 82 10 71

Les Chais – Toutes les visites sont guidées (1h à 1h1/2) :

Hennessy – ♿ De mars à fin déc. : visite guidée (1h1/4) 10h-17h (juin-sept. : 10h-18h). Fermé 1er mai et 25 déc. 30F. ☎ 05 45 35 72 68.

Rémy Martin – De mi-juil. à mi-sept. : visite guidée (1h1/2) en train 10h-17h30 ; d'avr. à mi-juil. et de mi-sept. à fin oct. : 9h30-11h, 13h30-17h15 (fermé dim. en avr. et oct.). Fermé nov.-mars, 1er mai. 25F. ☎ 05 45 35 76 66 (réservation recommandée).

Martell – Juil.-août : visite guidée (1h) 9h45-17h, w.-end et j. fériés 10h-16h15 ; juin et sept. : lun.-ven. 9h45-11h, 14h-17h ; oct.-mai : lun.-ven. à 9h30, 11h, 14h30, 15h45, 17h, ven. à 9h30 et 11h. Gratuit. ☎ 05 45 36 33 33.

Musée municipal – Juin-sept. : tlj sf mar. 10h-12h, 14h-18h ; oct.-mai : tlj sf mar. 14h-17h30. Fermé j. fériés. 12F. ☎ 05 45 32 07 25.

411

COLLONGES-LA-ROUGE

Visite commentée du village – S'adresser à l'association : « les Amis de Collonges ». Mme Faucher. ☎ 05 55 84 07 99 ou ☎ 05 55 84 08 03.

Maison de la Sirène – Pâques-Toussaint : 10h-12h, 14h30-18h30. 10F. ☎ 05 55 84 08 03.

COLMAR
🛈 4, rue Unterlinden - 68000 - ☎ 03 89 20 68 92

Musée d'Unterlinden – Avr.-oct. : 9h-18h ; nov.-mars : tlj sf mar. 10h-17h. Fermé 1er janv., 1er mai, 1er nov., 25 déc. 35F (enf. : 25F). ☎ 03 89 41 89 23.

Église des Dominicains – De fin mars à fin déc. : 10h-13h, 15h-18h, sous réserve en continu 10h-18h. 8F.

Église St-Matthieu – De mi-juin à mi-sept. : 10h-12h, 15h-17h ; de mi-sept. à mi-juin : se renseigner. ☎ 03 89 41 44 96.

COLOMBEY-LES-DEUX-ÉGLISES

La Boisserie – ♿ Tlj sf mar. 10h-12h, 14h-17h30 (mai-sept. : fermeture à 18h). Fermé déc.-fév. 20F. ☎ 03 25 01 52 52.

COMPIÈGNE
🛈 place de l'hôtel de ville - 60200 - ☎ 03 44 40 01 00

Visite guidée de la ville 🅰 – S'adresser à l'Office de tourisme.

Palais :

Appartements historiques – Visite guidée (1h, dernière entrée 3/4h av. fermeture) tlj sf mar. 10h-16h30 (mars-oct. : fermeture à 18h). Fermé 1er janv., 1er mai, 1er nov., 25 déc. 35F, dim. : 23F. ☎ 03 44 38 47 00 ou ☎ 03 44 38 47 02.

Musée de la Voiture – Visite guidée (1h, dernière entrée 17h15) tlj sf mar. 10h-18h. Fermé 1er janv., 1er mai, 1er nov., 25 déc. 25F, dim. : 17F.

Musée de la Figurine historique – Tlj sf lun. 9h-12h, 14h-17h, dim. et j. fériés 14h-17h (mars-oct. : fermeture à 18h). Fermé 1er janv., 1er mai, 14 juil., 1er nov., 25 déc. 12F. ☎ 03 44 40 72 55.

Musée Vivenel – Tlj sf lun. 9h-12h, 14h-17h, dim. 14h-17h (mars-oct. : fermeture à 18h). Fermé 1er janv., 1er mai, 14 juil., 1er nov., 25 déc. 12F. ☎ 03 44 20 26 04.

Wagon du maréchal Foch – D'avr. à mi-oct. : tlj sf mar. 9h-12h15, 14h-18h15 ; de mi-oct. à fin mars : tlj sf mar. 9h-11h45, 14h-17h15. Fermé 1er janv. et 25 déc. 10F. ☎ 03 44 85 14 18.

CONCARNEAU
🛈 quai d'Aiguillon - 29900 - ☎ 02 98 97 01 44

Tour des remparts – De mi-juin à mi-sept. : 9h-20h ; de mi-sept. à mi-juin : 10h-17h. Fermé vac. scol. fév.-Toussaint. L'accès aux remparts peut être interdit par suite de conditions météorologiques défavorables et lors de la fête des Filets bleus. 5F (basse sais. : gratuit).

Musée de la Pêche – ♿ 9h-12h, 14h-18h (de déb. juil. à déb. sept. : 9h-20h). Fermé 3 dernières sem. de janv., 1er janv., 25 déc. 36F. ☎ 02 98 97 10 20.

CONQUES
🛈 12320 - ☎ 05 65 72 85 00

Trésor – 9h-12h, 14h-18h (juil.-août : 9h-13h, 14h-19h). Fermé 1er janv. et 25 déc. (matin). 30F. ☎ 05 65 72 85 00.

Concarneau

J.-P. Lescouret/EXPLORER

412

Château de CORMATIN

D'avr. au 11 nov. : visite guidée (3/4h) 10h-12h, 14h-17h30 (juin et sept. : fermeture à 18h30, de mi-juil. à mi-août : 10h-18h30). 38F (parc : 20F). ☎ 03 85 50 16 55.

CORTE (Corti) 🖥 place des Quatre-Canons - 20250 - ☎ 04 95 46 26 70
🖥 La citadelle - Caserne Campana

Musée de la Corse – ♿ De mi-juin à mi-sept. : 10h-20h ; d'avr. à mi-juin et de mi-sept. à fin oct. : tlj sf lun. et j. fériés 10h-18h ; nov.-mars : tlj sf dim., lun., j. fériés 10h-18h. Fermé pdt vac. scol. fév., 1er janv., 1er mai, 25 déc. 35F. ☎ 04 95 45 25 45.

Manoir de COUPESARTE

Visite de l'extérieur 8h-20h.

La COUVERTOIRADE

Les remparts – Juil.-août : 10h-19h ; de déb. fév. à déb. mars, de déb. avr. à fin juin et de sept. à mi-nov. : 10h-12h, 14h-17h ; de déb. mars à déb. avr. : w.-end 10h-12h, 14h-17h. Fermé de mi-nov. à déb. fév. 15F. ☎ 05 65 58 55 59.

Église-forteresse – D'avr. à fin oct. : visite guidée 10h-12h, 14h-17h. ☎ 05 65 58 55 59.

Château de CRÈVECŒUR-EN-AUGE

Musée Schlumberger – Juil.-août : 11h-19h ; de fin mars à fin juin et sept.-oct. : tlj sf mar. 11h-18h. 29F. ☎ 02 31 63 02 45.

D

Grotte des DEMOISELLES

Juil.-août : visite guidée (1h, dernier dép. 18h15) 9h-19h ; avr.-juin et sept. : 9h-12h, 14h-18h ; oct. : 9h30-12h, 14h-17h. Fermé nov.-déc. 1999 pour travaux, 1er janv. 42F (enf. : 21F). ☎ 04 67 73 70 02.

DIEPPE 🖥 quai du Carénage - BP 152 - 76204 - ☎ 02 35 84 11 77

Visite guidée de la ville 🅰 – S'adresser à «Dieppe, ville d'Art et d'Histoire», hôtel de ville, BP 226 - 76203 Dieppe Cedex.

Musée du château – Tlj sf mar. (dernière entrée 1/2h av. fermeture) 10h-12h, 14h-17h (juin-sept. : tlj 10h-12h, 14h-18h). Fermé 1er janv., 1er mai, 1er nov., 25 déc. 15F. ☎ 02 35 84 19 76.

Cité de la Mer – ♿ 10h-12h, 14h-18h (mai-août : 10h-19h). Fermé 1er janv., 25 déc. et 31 déc. ap.-midi. 28F (enf. : 16F). ☎ 02 35 06 93 20.

DIJON 🖥 34, rue des Forges - 21022 - ☎ 03 80 44 11 44

Visite guidée de la ville 🅰 – S'adresser à l'Office de tourisme.

Musée des Beaux-Arts – ♿ Tlj sf mar. 10h-18h. Fermé 1er janv., 1er et 8 mai, 14 juil., 1er et 11 nov., 25 déc. 22F, gratuit dim. ☎ 03 80 74 52 09.

Chartreuse de Champmol – Fermé pour travaux jusqu'à fin 1999.

Crypte de la cathédrale St-Bénigne – 9h-18h30. Possibilité de visite guidée sur demande auprès de l'Office de tourisme. 7F. ☎ 03 80 30 14 90.

Musée archéologique – Tlj sf mar. 9h-12h, 14h-18h (juin-sept. : tlj sf mar. 9h30-18h30). Fermé 1er janv., 1er et 8 mai, 14 juil., 1er et 11 nov., 25 déc. 14F, gratuit dim. ☎ 03 80 30 86 23.

DINAN 🖥 6, rue de l'Horloge - 22100 - ☎ 02 96 39 75 40

Visite guidée de la ville 🅰 – S'adresser à l'Office de tourisme.

Château – De mi-mars à mi-nov. : tlj sf mar. 10h-12h, 14h-18h (de juin à mi-oct. : 10h-18h30) ; de mi-nov. à mi-mars : tlj sf mar. 13h30-17h30. Fermé en janv. et 25 déc. 25F. ☎ 02 96 39 45 20.

DISNEYLAND PARIS

De mi-juil. à fin aôut : 9h-23h ; haute sais. : 10h-18h, w.-end et j. fériés 9h-20h ; basse sais. : 10h-18h, sam. 9h-20h. Pour tout renseignement complémentaire s'adresser au ☎ 01 60 30 60 30. Pour les visites guidées, s'adresser à City Hall sur Town Square dans Main Street, USA : 50F (enf. : 30F). Parking : voitures 40F, motos 25F.

Passeport Disneyland Paris en haute saison : 1 j. : 220F (enf. 3-11ans : 170F) ; 2 j. : 425F (enf. : 330F) ; 3 j. : 595F (enf. : 460F). Les passeports 2 et 3 j. peuvent être utilisés de façon non consécutive. Pour toute information, consulter le Minitel 3615 DISNEYLAND ou le site Internet www.disney.fr.

Réadmission : Pour toute sortie provisoire du parc il faut une contremarque (tamponnée sur la main) ; conserver le passeport et le billet de parking.

DOMRÉMY-LA-PUCELLE

Maison natale de Jeanne-d'Arc – ♿ Avr.-sept. : 9h-12h, 13h30-18h30 ; oct.-mars : tlj sf mar. 9h30-12h, 14h-17h. Fermé 1er janv. et 25 déc. 20F. ☎ 03 29 06 95 86.

Le DORAT
🛈 17, place de la Collégiale - 87210 - ☎ 05 55 60 76 81

Collégiale St-Pierre :

Crypte – De fin juin à mi-sept. : visite guidée 14h-18h ; de mi-sept. à fin juin : sur demande auprès de l'Office de tourisme.

DOUAI
🛈 70, place d'Armes - 59500 - ☎ 03 27 88 26 79

Visite guidée de la ville 🅰 – S'adresser à l'Office de tourisme.

Musée de l'Ancienne Chartreuse – Tlj sf mar. 10h-12h, 14h-17h, dim. 10h-12h, 15h-18h. Fermé j. fériés. 12F, gratuit 1er sam. du mois. ☎ 03 27 71 38 80.

Beffroi et Hôtel de ville – Juil.-août : visite guidée (1h) à 10h, 11h, 14h, 15h, 16h, 17h ; sept.-juin : 14h, 15h, 16h, 17h, dim. et j. fériés à 10h, 11h, 15h, 16h, 17h. Fermé 1er janv. et 25 déc. 11F. ☎ 03 27 88 26 79.

Fort de DOUAUMONT

Juil.-août : 10h-19h ; juin : 10h-18h30 ; avr.-mai et sept. : 10h-18h ; oct. : 10h30-13h, 14h-17h30 ; fév.-mars et nov.-déc. : 10h30-13h, 14h-17h ; janv. : 11h-16h. Fermé certains j. fériés. 15F. ☎ 03 29 86 14 18.

DOUÉ-LA-FONTAINE
🛈 place du Champ-de-Foire - ☎ 02 41 59 20 49

Zoo de Doué – Avr.-sept. : 9h-19h ; de mi-fév. à fin mars et d'oct. à mi-nov : 10h-12h, 14h-18h30. Fermé de mi-nov. à mi-fév. 65F (-10ans : 35F). ☎ 02 41 59 18 58.

DUNKERQUE
🛈 beffroi, rue de l'Amiral-Ronarc'h - 59240 - ☎ 03 28 66 79 21

Musée d'Art contemporain – Fermé au public.

Musée des Beaux-Arts – Tlj sf mar. : 10h-12h, 14h-18h. Fermé 1er janv., 1er mai, 1er nov., 25 déc. 20F, gratuit dim. ☎ 03 28 59 21 65.

Musée portuaire – Tlj sf mar. 10h-12h45, 13h30-18hJ (juil.-août : fermeture à 18h). Fermé 1er janv., veille Mardi Gras, 1er mai, 25 déc. 25F. ☎ 03 28 63 33 39.

E

ÉCOUEN

Musée de la Renaissance – Tlj sf mar. 9h45-12h30, 14h-17h15. Fermé 1er janv., 1er mai, 25 déc. 25F. ☎ 01 34 38 38 50.

EMBRUN
🛈 place Général-Dosse - 05200 - ☎ 04 92 43 72 72

N.-D.-du Real - Trésor – Juil.-août : visite guidée (1h1/4) lun.-jeu. à 16h ; sept.-juin : jeu. à 15h. 25F.

Abbaye de l'ÉPAU

Mars-oct. : 9h30-12h, 14h-18h (dernière entrée 20mn av. fermeture) ; nov.-fév. : 9h30-12h, 14h-17h30. Fermé 1er janv. et 25 déc. 15F. ☎ 02 43 84 22 29.

ÉVREUX

🛈 3, place du Général-de-Gaulle - 27000 - ☎ 02 32 24 04 43

Musée – Tlj sf lun. 10h-12h, 14h-18h. Fermé 1er janv., 1er mai, 1er et 11 nov., 25 déc. Gratuit. ☎ 02 32 31 52 29.

Les EYZIES-DE-TAYAC

🛈 place de la Mairie - 24620 - ☎ 05 53 06 97 05

Grotte de Font-de-Gaume – Mêmes conditions que la grotte des Combarelles.

Grotte des Combarelles – ♿ Avr.-sept. : visite guidée (3/4h, dernière entrée 1h av. fermeture) sur réservation tlj sf mer. 9h-12h, 14h-18h ; mars et oct. : tlj sf mer. 9h30-12h, 14h-17h30 ; nov.-fév. : tlj sf mer. 10h-12h, 14h-17h. Fermé 1er janv., 1er mai, 1er et 11 nov., 25 déc. 35F (enf. : 23F). S'adresser à la grotte de Font-de-Gaume. ☎ 05 53 06 90 80.

Gisement de Laugerie Haute – ♿ Avr.-sept. : visite guidée sur réservation (3/4h, dernière entrée 1h av. fermeture) tlj sf mer. 9h-12h, 14h-18h ; mars et oct. : tlj sf mer. 9h30-12h, 14h-17h30 ; nov.-fév. : tlj sf mer. 10h-12h, 14h-17h. Fermé 1er janv., 1er mai, 1er et 11 nov., 25 déc. 15F. S'adresser à la grotte de Font-de-Gaume. ☎ 05 53 06 90 80.

Abri du Poisson – Mêmes conditions que la grotte de Laugerie Haute.

Grotte du Grand Roc – Avr.-oct. : visite guidée (1/2h) 9h30-18h (juil.-août : 9h30-19h) ; nov.-mars : 10h-17h (sf sam. en fév. et déc. hors vac. scol.). Fermé en janv. 38F (enf. : 20F). 48F (billet jumelé avec l'abri de Laugerie-Basse) (enf. : 25F). ☎ 05 53 06 92 70.

F

FÉCAMP

🛈 113, rue Alexandre-le-Grand BP 112 - 76400 - ☎ 02 35 28 51 01

Visite guidée de la ville 🅰 – S'adresser au Service Animation du Patrimoine. ☎ 02 35 28 84 39.

Palais Bénédictine – De mi-mars à mi-nov. : 10h-12h, 14h-17h30 (de mi-mai à déb. sept. : 9h30-18h) ; de mi-nov. à mi-mars : 10h-11h15, 14h-17h. Fermé en janv. et 25 déc. 29F. ☎ 02 35 10 26 10.

Musée des Arts et de l'Enfance – Mêmes conditions que le musée des Terre-Neuvas et de la pêche.

Musée des Terre-Neuvas de la Pêche – ♿ Juil.-août : 10h-12h, 14h-18h30 ; sept.-juin : tlj sf mar. 10h-12h, 14h-17h30. Fermé 1er janv., 1er mai, 25 déc. 20F (billet combiné avec le musée des Arts et de l'Enfance). ☎ 02 35 28 31 99.

FIGEAC

🛈 hôtel de la Monnaie - place Vival - 46102 - ☎ 05 65 34 06 25

Visite guidée de la vieille ville 🅰 – S'adresser à l'Office de tourisme.

Musée de l'Hôtel de la Monnaie – De juil. à mi-sept. : 10h-13h, 14h-19h ; mai-juin : 10h-12h, 14h30-18h, dim. et j. fériés 10h-13h ; de mi-sept. à fin oct. : 10h-12h30, 14h-18h30, dim. et j. fériés 10h-13h ; oct.-avr. : tlj sf w.-end et j. fériés 11h-12h, 14h30-17h30. Fermé 1er janv. et 1er mai. 10F. ☎ 05 65 34 06 25.

Musée Champollion – Mars-oct. : tlj sf lun. (hors j. fériés) 10h-12h, 14h30-18h30 (juil.-août : tlj) ; nov.-fév. : tlj sf lun. 14h-18h. Fermé 1er janv., 1er mai, 25 déc. 20F (enf. : 12F). ☎ 05 65 50 31 08.

Station préhistorique de FILITOSA

Station préhistorique – D'avr. à fin oct. : 8h au coucher du soleil. 22F. De préférence en milieu de journée : bon éclairage pour l'examen des sculptures et gravures. ☎ 04 95 74 00 91.

A. Lorgnier/CEDRI-VISA

Statue-menhir Filitosa VI

FOIX

🏛 45, cours G.-Fauré – 09000 – ☎ 05 61 65 12 12

Château et Musée départemental de l'Ariège – Avr.-oct. : 9h45-12h, 14h-18h (juil.-août : 9h45-18h30) ; nov.-mars : tlj sf lun. et mar. 10h30-12h, 14h-17h30. Fermé 1er janv. et 25 déc. 25 F. ☎ 05 61 65 56 05.

FONTAINEBLEAU

🏛 4, rue Royale – 77300 – ☎ 01 60 74 99 99

Palais :

Grands Appartements – ♿ Tlj sf mar. 9h30-12h30, 14h-17h (mai-juin et oct. : 9h30-17h, juil.-août : 9h30-18h). Fermé 1er janv, 1er mai, 25 déc. 35F (enf. : gratuit). ☎ 01 60 71 50 60.

Petits Appartements et Galerie des Cerfs – Visite guidée (1h) tlj sf mar. 14h-17h. Se renseigner le jour même. Fermé 1er janv., 1er mai, 25 déc. 16F.

Musée Napoléon 1er – Visite guidée (1h) lun., jeu. et sam. matin. Se renseigner le matin par téléphone. 16F. ☎ 01 60 71 50 60.

Abbaye de FONTENAY

De mi-mars à mi-nov. : visite libre à 9h et guidée (3/4h) 10h-12h, 14h-18h (juil.-août : 10h-18h) ; de mi-nov. à mi-mars : visite libre 9h-12h, 14h-17h. 45F (enf. : 22F). ☎ 03 80 92 15 00.

FONTEVRAUD-L'ABBAYE

Abbaye – Les divers bâtiments font l'objet de très importants travaux de restauration, qui doivent s'étendre sur de nombreuses années. De juin au 3e dim. de sept. : 9h-18h30 ; du 3e dim. de sept. à fin mai : 9h30-12h, 14h-17h (18h30 suivant sais.). Fermé 1er janv., 1er et 11 nov., 25 déc. 32F. ☎ 02 41 51 71 41.

Abbaye de FONTFROIDE

♿ Juil.-août : visite guidée (1h) 9h30-18h30 ; sept.-juin : 10h-12h, 14h-16h (avr. juin et sept.-oct. : fermeture à 17h). 36F. ☎ 04 68 45 11 08.

FOUGÈRES

🏛 1, place A.-Briand – 35300 – ☎ 02 99 94 12 20

Visite guidée de la ville 🅰 – S'adresser au Service du Patrimoine.

Château – Avr.-sept. : 9h30-12h, 14h-18h (de mi-juin à mi-sept. : 9h-19h) ; oct.-mars : 10h-12h, 14h-17h. Fermé en janv. et 25 déc. 30F (enf. : 11F). ☎ 02 99 99 79 59.

Cap FRÉHEL

Accès au parking – Juin-sept. : 10F par voiture ; oct.-mai : gratuit.

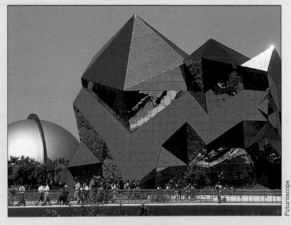

Futuroscope – Le Parc européen de l'image

Le FUTUROSCOPE

♿ Juil.-août : 9h-nocturne ; sept.-juin : 9h-18h, vac. scol., j. fériés et certains w.-end : 9h-19h. 195F (enf. : 140F) hte saison ; 175F (enf. : 120F) moy. saison ; 145F (enf. : 100F) basse saison. ☎ 05 49 49 30 80.

G

Viaduc de GARABIT

Différents types de promenades en bateau sont proposés. Mai-oct. : sur bateau-restaurant (3h1/4) à partir de 172F. Mai-sept. : sur le lac de retenue de Grandval (3/4h), 46F. Juil.-août : vers le château d'Alleuze (2h) à 15h30, 59F. Juil.-août : vers les gorges de la Truyère (3/4h) à 16h, 46F. Avr.-oct. : gorges, viaduc et pont autoroutier (1/2h) à 10h, 11h, 14h, 15h, 16 h, 17h, 18h, 56F (tarif dégressif si le bateau comporte plus de six personnes). ☎ 04 71 23 49 40.

Attention : tous les dix ans (1997-2007) une vidange est effectuée au barrage de Garabit-Grandval, stoppant les activités de promenades sur la Truyère.

Cairn de GAVRINIS

Dép. depuis la cale de Penn-Lannic tous les 1/4h précédant la visite. Juin-sept. : visite guidée (1h) 10h-12h, 14h-18h ; avr.-mai : 14h-18h, w.-end, j. fériés, vac. scol. 10h-12h, 14h-18h ; oct. : tlj sf mar. 14h-17h. 56F, 51F hors sais. Il est recommandé de réserver sa place en haute sais. Sagemor. ☎ 02 97 57 19 38 ou ☎ 02 97 42 63 44.

GRASSE   🛈 Palais des Congrès, 22, cours H. Cresp - 06130 - ☎ 04 93 36 66 66

Visite guidée de la ville 🅰 – S'adresser à l'Office de tourisme.

Villa-musée Fragonard – Mêmes conditions de visite que le musée d'Art et d'Histoire de Provence.

Musée d'Art et d'Histoire de Provence – Juin-sept. : 10h-19h ; oct.-mai : tlj sf lun. et mar. 10h-12h, 14h-17h. Fermé en nov. et j. fériés. 20F. ☎ 04 93 36 01 61.

Musée international de la Parfumerie – Juin-sept. : 10h-19h ; oct.-mai : tlj sf lun. et mar. 10h-12h, 14h-17h. Fermé en nov. et j. fériés. 20F expo. permanente, 25F expo. temporaire. ☎ 04 93 36 01 61 ou ☎ 04 93 36 80 20.

GRENOBLE   🛈 14, rue de la République - 38000 - ☎ 04 76 42 41 41

Visite guidée de la ville 🅰 – S'adresser à l'Office de tourisme.

Téléphérique du Fort de la Bastille – De mi-juin à mi-sept. : (6mn, en continu) 9h-0h00, lun. 11h-0h00 (juil.-août : fermeture à 0h30) ; de fin mars à mi-juin et de mi-sept. à fin oct. : 9h-0h00, lun. 11h-19h30, dim. 9h-19h30 ; de nov. à mi-mars : 10h30-18h30, lun. 11h-18h30. 35F AR, 24F A. ☎ 04 76 44 33 65.

Musée archéologique - Église St-Laurent – ♿ Tlj sf mar. 9h-12h, 14h-18h. Fermé 1er janv., 1er mai, 25 déc. 20F. ☎ 04 76 44 78 68.

Musée de Grenoble – ♿ Tlj sf mar. 11h-19h, mer. 11h-22h. Fermé 1er janv., 1er mai, 25 déc. 25F. ☎ 04 76 63 44 44.

Musée Dauphinois – ♿ Tlj sf mar. 10h-18h (mai-oct. : fermeture à 19h). Fermé 1er janv., 1er mai, 25 déc. 20F. ☎ 04 76 85 19 01.

Château de GRIGNAN

Avr.-oct. : visite guidée (1h) 9h30-11h30, 14h-17h30 (juil.-août : fermeture à 18h) ; nov.-mars : tlj sf mar. 9h30-11h30, 14h-17h30. Fermé 1er janv. et 25 déc. 30F. ☎ 04 75 46 51 56.

Château de GROSBOIS

De mi-mars à fin nov. : visite guidée (3/4h) dim. et j. fériés 14h-17h. 25F. ☎ 01 45 10 24 24.

GUISE

Château – Visite guidée (1h) 10h-12h, 14h-18h (hiver : fermeture à 17h30). Fermé de mi-déc. à déb. janv. 30F. ☎ 03 23 61 11 76.

H

Abbaye d'HAMBYE

Bâtiments conventuels : d'avr. à fin oct. : visite guidée (derniers dép. à 11h30 et 17h30) tlj sf mar. 10h-12h, 14h-18h. Fermé 1er janv. et 25 déc.

Église et musée : mars-oct. : 10h-12h, 14h-18h ; fév. et nov. : vac. scol., w.-end, j. fériés 10h-12h, 14h-18h ; vac. scol. Noël : 10h-12h, 14h-18h. Fermé déc.-janv. sf vac. scol. de Noël, 1er janv. et 25 déc. 25F (enf. : 10F). ☎ 02 33 61 76 92.

Abbaye royale de HAUTECOMBE

Visite audioguidée (1/2h) tlj sf mar. 10h-11h30, 14h-17h. ☎ 04 79 54 58 80.

Château de HAUTEFORT

D'avr. à mi-oct. : visite guidée (1h, dernière entrée 3/4h av. fermeture) 10h-12h, 14h-18h (de mi-juil. à fin août : 9h30-19h) ; vac. scol. hiver : 14h-18h ; de mi-nov. à mi-janv. : dim. 14h-18h. Fermé de mi-déc. à mi-janv. 35F, 25F (parc). ☎ 05 53 50 51 23.

Château du HAUT-KŒNIGSBOURG

Mai-sept. : 9h-18h (juil.-août : 9h-18h30) ; mars-avr. et oct. : 9h-12h, 13h-17h30 ; nov.-fév. : 9h30-12h, 13h-16h30. Fermé 1er janv., 1er mai et 25 déc. 40F (enf. : 25F). ☎ 03 88 82 50 60.

Le HAVRE   🛈 186, boulevard Clemenceau - 76059 - ☎ 02 32 74 04 04

Musée des Beaux-Arts André-Malraux – ♿ Tlj sf mar. 11h-18h, w.-end 11h-19h. Fermé 1er janv., 1er et 8 mai, 14 juil., 11 nov., 25 déc. 25F. ☎ 02 35 19 62 61.

HONFLEUR   🛈 BP 137, place de la Porte-de-Rouen - 14602 - ☎ 02 31 89 23 30

Visite guidée de la ville  – S'adresser à l'Office de tourisme.

Musée Eugène-Boudin – De mi-mars à fin sept. : tlj sf mar. 10h-12h, 14h-18h ; d'oct. à mi-mars : tlj sf mar. 14h30-17h, w.-end et j. fériés 10h-12h, 14h30-17h. Fermé de janv. à mi-fév., 1er mai, 14 juil., 25 déc. 28F (été). ☎ 02 31 89 54 00.

Clocher Sainte-Catherine – De mi-mars à fin sept. : tlj sf mar. 10h-12h, 14h-18h ; d'oct. à mi-nov. : tlj sf mar. 14h30-17h, w.-end et j. fériés 10h-12h, 14h30-17h. Fermé 1er mai et 14 juil. 10F. ☎ 02 31 89 91 94.

Les HOUCHES   🛈 74310 - ☎ 04 50 55 50 62

Téléphérique de Bellevue – De mi-juin à mi-sept. : 8h-12h30, 13h30-17h (juil.-août : 7h15-18h). 70 AR. ☎ 04 50 54 40 32.

J

JOSSELIN   🛈 place de la Congrégation - 56120 - ☎ 02 97 22 36 43

Château – Juil.-août : visite guidée (3/4h) 10h-18h ; juin et sept. : 14h-18h ; avr.-mai et oct. : mer., w.-end, j. fériés, vac. scol. 14h-18h. 32F (enf. : 23F), 59F château et musée des poupées (enf. : 42F). ☎ 02 97 22 36 45.

JUMIÈGES

Abbaye – De mi-avr. à mi-sept. : 9h30-19h ; de mi-sept. à mi-avr. : 9h30-13h, 14h30-17h30. Fermé 1er janv., 1er mai, 1er et 11 nov., 25 déc. 32F. ☎ 02 35 37 24 02.

Josselin

K

Gorges de KAKOUETTA

De mi-mars à mi-nov. : de 8h à la tombée de la nuit. 25F. ☎ 05 59 28 73 44 (Bar La Cascade) ou☎ 05 59 28 60 83 (mairie).

KAYSERSBERG

Musée Albert-Schweitzer – De mai à fin oct., Pâques, les 4 w.-end av. Noël : 9h-12h, 14h-18h. 10F. ☎ 03 89 78 22 78.

L

LANGEAIS

Château – Avr.-sept. : 9h-18h30 (de mi-juil. à fin août : 9h-21h) ; oct. : 9h-12h30, 14h-18h30 ; nov.-mars : 9h-12h, 14h-17h. Fermé 25 déc. 40F (enf. : 20F). ☎ 02 47 96 72 60.

LAON
🖪 place du Parvis-de-la-Cathédrale – 02000 – ☎ 03 23 20 28 62

Visite guidée de la ville – S'adresser à l'Office de tourisme.

Musée – Tlj sf mar. 10h-12h, 14h-17h (avr.-sept. : fermeture à 18h). Fermé 1er janv., 1er mai, 14 juil., 25 déc. 16F, gratuit dim. oct.-mars. ☎ 03 23 20 19 87.

Chapelle des Templiers – Tlj sf mar. 10h-17h (avr.-sept. : fermeture à 18h). Fermé 1er janv., 1er mai, 14 juil., 25 déc. Gratuit. ☎ 03 23 20 19 87.

Église St-Martin – Juil.-août : ap.-midi ; sept.-juin : sur demande auprès de l'Office de tourisme.

LAPALISSE

Avr.-sept. : visite guidée (1h1/2) 9h-12h, 14h-18h ; oct. : w.-end et j. fériés 9h-12h, 14h-18h. 30F. ☎ 04 70 95 01 12.

Grotte de LASCAUX

Avr.-sept. : visite guidée (3/4h) 9h-19h ; oct. : tlj sf lun. 9h-19h ; fév.-mars et nov.-déc. : 10h-12h30, 13h30-17h30. Fermé 1er janv. et 25 déc. Attention ! Durant l'été la billetterie se trouve à Montignac, sous les arcades de l'Office de tourisme. La vente des billets commence à 9h et se termine aussitôt la barre des 2 000 entrées atteinte (ce qui en sais. se produit rapidement). 50F (enf. : 25F), 57F (billet jumelé comprenant la visite du parc et du musée du Thot) (enf. : 30F). ☎ 05 53 35 50 10.

LAVAUDIEU

Cloître – De mi-juin à mi-sept. : visite guidée (1/2h) 10h-12h, 14h-18h30 ; de Pâques à mi-juin et de mi-sept. à fin oct. : tlj sf mar. 10h-12h, 14h-17h. Fermé nov.-Pâques. 25F (billet combiné incluant la visite de la Maison des Arts et Traditions Populaires). ☎ 04 71 76 46 00 ou ☎ 04 71 76 08 90.

Îles de LÉRINS

Accès – Liaisons régulières tlj au dép. de Cannes : Compagnie Esterel Chanteclair. Ile Ste-Marguerite : 50F ; île St-Honorat : 50F ; les deux îles : 70F. ☎ 04 93 39 11 82. En sais., croisières (1h1/2) à bord du Nautilus, avec vision des fonds marins : 70F et excursion à St-Tropez ou Monaco : 150F. Avr.-oct. : excursion dans l'Esterel, le long des calanques rouges : 90F.

Île Ste-Marguerite

Fort Royal - Musée de la mer – Tlj sf mar. 10h30-12h15, 14h15-16h30 (juil.-sept. : fermeture à 18h30 ; avr.-juin : fermeture à 17h30). Fermé en janv. et j. fériés. 10F. ☎ 04 93 38 55 26.

Centre historique minier de LEWARDE

Mars-oct. : visite guidée (1h1/2) 9h-17h30 (juil.-août : 9h-17h30, ven. 9h-20h) ; nov.-fév. : 13h-17h, dim. et j. fériés 10h-17h. Fermé 1er janv., 15-31 janv., 1er mai., 1er nov., 25 déc. 64F, 56F basse sais. (enf. : 32F/28F). ☎ 03 27 95 82 82.

LILLE
🖪 Palais Rihour – 59000 – ☎ 03 20 21 94 21

Visite guidée de la ville – S'adresser à l'Office de tourisme.

Citadelle – De juin à fin août : visite guidée (2h) dim. 15h-17h. 45F. ☎ 03 20 21 94 21.

LILLE

Hospice Comtesse – Tlj sf mar. 10h-12h30, 14h-18h. Fermé 1er janv., 1er mai, 14 juil., 1er week-end sept., 1er nov., 25 déc. 15F. ☎ 03 20 49 50 90.

Palais des Beaux-Arts – &. Tlj sf mar. 10h-18h, lun. 14h-18h, ven. 10h-19h. Fermé 1er janv., 1er mai, 14 juil., 1er week-end de sept., 1er nov., 25 déc. 30F. ☎ 03 20 06 78 00.

LIMOGES   🛈 boulevard de Fleurus - 87000 - ☎ 05 55 34 46 87

Musée de l'Évêché – Juin-sept. : 10h-11h45, 14h-18h ; oct.-mai : tlj sf mar. 10h-11h45, 14h-17h. Fermé 1er janv., 1er mai, 1er et 11 nov., 25 déc. Gratuit. ☎ 05 55 34 44 09.

Musée National Adrien-Dubouché – Tlj sf mar 10h-12h30, 14h-17h45 (juil.-août : ouv. en continu). Fermé 1er janv., 1er mai, 25 déc. 22F (enf. : gratuit). ☎ 05 55 33 08 50.

LISIEUX   🛈 11, rue d'Alençon - 14100 - ☎ 02 31 62 08 41

Les Buissonnets – Rameaux-sept. : visite audioguidée (1/4h) 9h-12h, 14h-18h ; fév.-mars et oct. : 10h-12h, 14h-17h ; nov.-déc. : 10h-12h, 14h-16h ; janv. : sur demande. Gratuit. ☎ 02 31 48 55 08.

LOCHES   🛈 place Wermelskirchen - 37600 - ☎ 02 47 91 82 82

Visite guidée de la ville – S'adresser à l'Office du tourisme.

Château – De juil. à mi-sept., vac. scol. Pâques, Ascension, 1er et 8 mai, Pentecôte : 9h-19h ; de mi-mars à fin juin et de mi-sept. à fin sept. : 9h-12h, 14h-18h ; d'oct. à mi-mars : 9h-12h, 14h-17h. Fermé 1er janv. et 25 déc. 23F, 31F (donne accès au donjon). ☎ 02 47 59 01 32.

Donjon – De mi-mars à fin sept. : 9h30-13h, 14h30-19h (de juil. à mi-sept. : 9h-19h) ; d'oct. à mi-mars : 9h30-13h, 14h30-18h. 23F, 31F (donne accès au Logis Royal). ☎ 02 47 59 07 86.

LOCMARIAQUER   🛈 place de la Mairie - 56740 - ☎ 02 97 57 33 05

Ensemble mégalithique – Juin-sept. : 10h-19h (dernière entrée 1/2h av. fermeture) ; avr.-mai : 10h-13h, 14h-18h ; oct.-mars : 14h-17h. Fermé de mi-déc. à mi-fév. 32F, 25F basse sais. ☎ 02 97 57 37 59.

LOCRONAN   🛈 place de la Mairie - 29180 - ☎ 02 98 91 70 14

Musée de l'affiche en Bretagne – D'avr. à mi-oct. : tlj sf sam. 10h-13h, 14h-18h (de fin juin à fin août : 10h-18h). Fermé j. fériés (hors sais.). 20F. ☎ 02 98 51 80 59.

LOURDES   🛈 place Peyramale - 65100 - ☎ 05 62 42 77 40

Château fort – Avr.-sept. : tlj sf mar., dim., j. fériés 9h-12h, 13h30-18h30 ; oct.-mars : lun., mer., jeu., sam. 9h-12h, 14h-18h, ven. 14h-17h. Fermé de mi-oct. à fin mars. 32F (enf. : 16F). ☎ 05 62 42 37 37.

Les LUCS-SUR-BOULOGNE

Le chemin de la Mémoire des Lucs – Juil.-août : 10h-19h ; sept.-juin : 9h30-18h, dim. et j. fériés 10h-19h. Fermé les 3 dernières sem. de janv., 1er janv. (matin), Toussaint (matin), Noël (matin). Gratuit. ☎ 02 51 42 81 00.

Château du LUDE

&. Avr.-sept. : visite guidée (3/4h) 9h30-12h30, 14h-18h ; oct.-mars : sur demande. 40F. ☎ 02 43 94 60 09.

LUNÉVILLE

Château : musée – Tlj sf mar. 10h-12h, 14h-17h (avr.-sept. : fermeture à 18h). Fermé 1er janv., lun. Gras, 25 déc. 15F. ☎ 03 83 76 23 57.

LUSSAULT-SUR-LOIRE

Aquarium de Touraine – &. Juil.-août : 9h-20h ; avr.-juin et sept. : 10h-19h ; d'oct. à mi-nov. : 10h-17h. Fermé de mi-nov. à fin mars. 50F (enf. : 35F), 90F (enf. : 50F) (aquarium et Mini-châteaux), 78F (enf. : 45F) (aquarium et Fou de l'âne), 120F (enf. : 79F) (aquarium, Mini-châteaux et Fou de l'âne). ☎ 06 36 68 69 37 ou ☎ 08 36 68 69 37 (numéro indigo).

LYON

place Bellecour - 69002 - ☎ 04 72 77 69 69

Une carte valable une journée donne accès à un tarif réduit à l'ensemble des musées municipaux de Lyon : Musée des Beaux-Arts, Musées de l'Hôtel de Gadagne, Musée d'Art contemporain, Musée de l'Imprimerie, Centre d'histoire de la Résistance et de la Déportation et le musée Henri-Malartre à La Rochetaillée.

Visite guidée de la ville  – S'adresser à l'Office de tourisme.

Musée de la Civilisation gallo-romaine – ♿ Tlj sf lun. et mar. 9h30-12h, 14h-18h. Fermé 1er janv., 1er mai, 1er nov., 25 déc. 20F. ☎ 04 72 38 81 90.

Primatiale St-Jean – Possibilité de visite guidée dans le cadre de visite du Vieux-Lyon. S'adresser à l'Office de tourisme.

Hôtel de Gadagne :

Musée historique de Lyon – Tlj sf mar. 10h45-18h. Fermé j. fériés. 25F (billet incluant le musée de la Marionnette). ☎ 04 78 42 03 61.

Musée International de la Marionnette – Tlj sf mar. 10h45-18h. Fermé j. fériés. 25F (enf. : gratuit). ☎ 04 78 42 03 61.

Guignol – Vac. scol. : tlj sf lun. à 15h (1/2h) et 16h15 (1h) ; de sept. à mi-juil. : mer., w.-end, j. fériés. Sur réservation. Fermé de mi-juil. à fin août, 1er janv., 25 déc. 50F (enf. : 40F). ☎ 04 78 28 92 57.

Trésor de la primatiale St-Jean
Coffret en Ivoire (9e-10e s.)

Musée de l'Imprimerie – Tlj sf lun. et mar. 14h-18h. Fermé j. fériés. 25F (enf. : gratuit). ☎ 04 78 37 65 98.

Musée des Beaux-Arts – ♿ Tlj sf lun. et mar. 10h30-18h (lun. 13h-18h RDC et 1er ét. seulement). Fermé j. fériés. 25F. ☎ 04 72 10 17 40.

Musée des Tissus – Tlj sf lun. 10-17h30. Fermé j. fériés. Tarif non communiqué. ☎ 04 78 38 42 00.

Musée des Arts décoratifs – Tlj sf lun. 10h-12h, 14h-17h30. Fermé j. fériés. 30F. ☎ 04 78 38 42 00.

Musée Guimet d'Histoire naturelle – Vac. scol. zone A : 10h30-18h ; hors vac. scol. : tlj sf lun. et mar. 13h-18h. Fermé 1er janv., 1er mai, 1er nov., 25 déc. 20F. ☎ 04 72 69 05 00.

Musée des Hospices civils – ♿ Lun.-ven. et 1 dim. par mois 13h30-17h30. Fermé j. fériés. 10F. ☎ 04 72 41 30 42.

Église St-Nizier – Tlj sf lun. matin 7h-19h30.

M

Château de MAISONS-LAFFITTE

Tlj sf mar. 10h-12h, 13h30-17h (d'avr. à mi-oct. : fermeture à 18h). Fermé 1er janv., 1er mai, 1er et 11 nov., 25 déc. 32F. ☎ 01 39 62 01 49.

Le MANS

hôtel des Ursulines, rue de l'Étoile - 72000 - ☎ 02 43 28 17 22

Visite guidée de la ville  – S'adresser à l'Office de tourisme.

Musée automobile de la Sarthe – ♿ De mi-fév. à fin déc. : 10h-18h (dernière entrée 1h av. fermeture), juin-sept. : 10h-19h ; de janv. à mi-fév. : w.-end et j. fériés 10h-18h. Fermé 1er janv. et 25 déc. 40F (7-11ans : 10F). ☎ 02 43 72 72 24.

Musée d'Histoire et d'Ethnographie – 9h-12h, 14h-18h, dim. et j. fériés 10h-12h, 14h-18h (d'oct. à mi-avr. : fermé lun.). Fermé certains j. fériés. 16F, gratuit dim. ☎ 02 43 47 38 80.

Musée de Tessé – ♿ Mêmes conditions de visite que le musée de la Reine Bérengère. 16F, 25F billet combiné avec le musée de la Reine Bérengère, gratuit dim. ☎ 02 43 47 38 51.

MARNAY

Musée Maurice-Dufresne – Mai-oct. : 9h15-19h (dernière entrée 1h av. ferme-ture) ; de mi-fév. à fin avr. et nov. : 9h15-18h. Fermé de déc. à mi-fév. 50F (enf. : 25F). ☎ 02 47 45 36 18.

MARQUÈZE

Écomusée de la Grande Lande – Accès uniquement possible par le « petit train des résiniers ». Juil.-août : dép. de la gare de Sabres (tous les 3/4h) 10h-12h, 14h-17h20 ; avr.-mai et oct. : 14h-16h, dim. et j. fériés 10h-12h, 14h-16h40 ; juin et sept. : 10h-12h, 14h-16h40, dim. et j. fériés 10h-12h, 14h-17h20. Fermé nov.- mars. 47F. ☎ 05 58 07 52 70.

MARSEILLE ▉ 4, la Canebière - 13001 - ☎ 04 91 13 89 00

Foire aux santons – Foire aux santons de la Canebière, du dernier dim. de nov. au 31 déc.

Visite guidée de la ville ▉ – S'adresser à l'Office de tourisme.

Musée des Docks romains – Juin-sept. : tlj sf lun. 11h-18h ; oct.-mai : tlj sf lun. 10h-17h. Fermé j. fériés. 12F. ☎ 04 91 91 24 62.

Centre de la Vieille Charité – Juin-sept. : tlj sf lun. 11h-18h ; oct.-mai : tlj sf lun. 10h-17h. Fermé j. fériés. Musée d'Archéologie méditerranéenne : 12F ; musée des Arts Africains, Océaniens et Amérindiens : 12F ; expositions temporaires : 18F. ☎ 04 91 56 28 38.

Musée du Vieux Marseille – Fermé pour travaux. ☎ 04 91 55 10 19.

Musée Cantini – Juin-sept. : tlj sf lun 11h-18h ; oct.-mai : tlj sf lun. 10h-17h. Fermé j. fériés. 12F. ☎ 04 91 54 77 75.

Musée Grobet-Labadié – Juin-sept. : tlj sf lun. 11h-18h ; oct.-mai : tlj sf lun. 10h-17h. Fermé j. fériés. 12F. ☎ 04 91 62 21 82.

Musée des Beaux-Arts – Juin-sept. : tlj sf lun. 11h-18h ; oct.-mai : tlj sf lun. 10h-17h. Fermé j. fériés. 12F. ☎ 04 91 14 59 30.

Visite du port moderne – Visite guidée (2h) en autobus lun.-ven. 9h-17h. S'adresser 2 sem. av. au Port Autonome de Marseille, Direction Générale - section Visites Réceptions, 23, pl. de la Joliette, BP 1965, 13226 Marseille Cedex 02. ☎ 04 91 39 47 24.

Château d'If – Été : dép. toutes les h. ; hiver : dép. toutes les h. et 1/2h. 50F. Avr.-sept. : 9h-17h40 ; oct.-mars : 9h15-18h45. 25F (visite château). Cette société organise également des services réguliers desservant les Îles du Frioul. Forfait îles d'If et du Frioul : 80F. Groupement des Armateurs Côtiers Marseillais, 1, quai des Belges, 13001 Marseille. ☎ 04 91 55 50 09.

Aven de MARZAL

Avr.-oct. : visite guidée (1h) 10h-18h ; mars et nov. : dim. et j. fériés 11h-17h. 42F (enf. : 27F). ☎ 04 75 55 14 82 ou ☎ 04 75 04 12 45.

Zoo préhistorique – ⴜ Avr.-oct. : 10h-18h ; mars et nov. : dim. et j. fériés 11h-17h. 42F (enf. : 27F). ☎ 04 75 55 14 82 ou ☎ 04 75 04 12 45.

Grotte du MAS-D'AZIL

Vac. scol. printemps et juin-sept. : visite guidée (1h) 10h-12h, 14h-18h ; avr.-mai : 14h-18h, dim. et j. fériés 10h-12h, 14h-18h ; mars et oct.-nov. : dim. et j. fériés 14h-18h. Fermé déc.-fév. 40F (enf. : 20F) billet incluant la visite du musée. ☎ 05 61 69 97 71.

MEAUX ▉ 2, rue St-Rémy - 77100 - ☎ 01 64 33 02 26

Visite guidée de la ville ▉ – S'adresser au Service du Patrimoine. ☎ 01 64 34 68 05.

Ancien Évêché (Musée Bossuet) – Avr.-sept. : tlj sf mar. 10h-12h15, 14h-18h ; oct.-mars : mer.-sam. 10h-12h, 14h-18h, dim.-lun. 14h-17h. Fermé 1er janv., 1er mai, 14 juil., 25 déc. 15F, gratuit mer. ☎ 01 64 34 84 45.

Château de MEILLANT

Mars-oct. : visite guidée (3/4h) 9h-11h45, 14h-18h45 ; fév. et nov. : 9h-11h45, 14h-17h30. Fermé déc.-janv. 45F (enf. : 20F). ☎ 02 48 63 32 05.

MENTON ▉ Palais de l'Europe - 06500 - ☎ 04 93 57 57 00
▉ Maison du patrimoine, 5, rue Ciapetta - 06500 - ☎ 04 93 10 33 66

Visite guidée de la ville ▉ – S'adresser à la Maison du patrimoine. ☎ 04 92 10 33 66.

Hôtel de ville – Visite de la salle des mariages Jean Cocteau tlj sf w.-end 8h30-12h30, 13h30-17h. Fermé j. fériés. 10F. ☎ 04 92 10 50 00.

Église St-Michel – Fermé sam. matin et j. fériés.

Musée des Beaux-Arts – Palais Carnolès – Tlj sf mar. 10h-12h, 14h-18h. Fermé j. fériés. Gratuit. ☎ 04 93 35 49 71.

METZ 🛈 place d'Armes - 57000 - ☎ 03 87 55 53 76

Visite guidée de la ville – S'adresser à l'Office de tourisme.

Crypte et Trésor de la cathédrale – Mai-oct. : 9h30-18h15, dim. et j. fériés 12h-18h15 ; oct.-avr. : 9h30-12h, 14h-18h, dim. et j. fériés 14h-18h. Fermé 1er mai et 15 août. 25F. ☎ 03 87 75 54 61.

La Cour d'Or, Musées – 10h-12h, 14h-18h. Fermé 1er janv., ven. saint, 1er mai, 1er et 11 nov., 25 déc. 30F, gratuit mer. et dim. matin. ☎ 03 87 75 10 18.

Menton – La cathédrale

Église St-Pierre-aux-Nonnains ⟡ Mai-sept. : tlj sf lun. 14h-18h ; janv.-avr. et d'oct. à mi-déc. : w.-end 14h-18h. Fermé 1er mai, Pentecôte, 14 juil., 15 août, 1er nov., 25 déc. Gratuit. ☎ 03 87 39 92 00.

Pic du MIDI DE BIGORRE

Route à péage – De déb. juin à déb. oct. : 24F (enf. : 12F). S'adresser à Héliotour ☎ 05 62 91 90 33 (en sais.) ou ☎ 05 62 91 16 10 (hors sais.).

Observatoire – ⟡ Fermé pour travaux. Réouverture automne 1999.

MILLAU 🛈 avenue Alfred-Merle - BP 331 - 12103 - ☎ 05 65 60 02 42

Fouilles de la Graufesenque – 9h-12h, 14h-18h30. Fermé 1er janv., 1er mai, 1er et 11 nov., 25 déc. 25F (musée de Millau et fouilles : 35F). ☎ 05 65 60 11 37.

Musée de Millau – Avr.-sept. : 10h-12h, 14h-18h (juil.-août : 10h-18h) ; oct.-mars : tlj sf dim. et j. fériés. Fermé 1er janv., 1er mai, 1er et 11 nov., 25 déc. 26F. ☎ 05 65 59 01 08.

MOISSAC 🛈 place Durand-de-Bredon - 82200 - ☎ 05 63 04 01 85

Cloître – ⟡ De mi-mars à mi-oct. : 9h-12h, 14h-18h (juil.-août : 9h-19h) ; de mi-oct. à mi-mars : 9h-12h, 14h-17h. Fermé 1er janv. et 25 déc. 30F. ☎ 05 63 04 01 85.

Principauté de MONACO 🛈 2a, boulevard des Moulins - 98000 - ☎ (377) 92 16 61 66

Pour joindre au départ de la France un correspondant en Principauté de Monaco, il est nécessaire de composer le 00 puis l'indicatif de la principauté 377 enfin les 8 chiffres du correspondant.

Musée océanographique – Avr.-sept. : 9h-19h (juil.-août : 9h-20h) ; mars et oct. : 9h30-19h ; nov.-fév. : 10h-18h. Fermé dim. du Grand Prix automobile de Monaco. 60F. ☎ 00 377 93 15 36 00.

Palais du Prince – Juin-sept. : 9h30-18h30 ; oct. : 10h-17h. 30F. ☎ 00 377 93 25 18 31.

Principauté de MONACO

Jardin exotique – De mi-mai à mi-sept. : 9h-19h ; de mi-sept. à mi-mai : 9h15-18h ou tombée de la nuit selon les mois. Fermé 19 nov. et 25 déc. 39,50F (billet groupé avec la grotte de l'Observatoire et le musée d'Anthropologie préhistorique). ☎ 00 377 93 15 29 80.

Collection de voitures anciennes – ♿ 10h-18h. 30F (enf. : 15F). ☎ 00 377 92 05 28 56.

Grotte de l'Observatoire – Mêmes conditions de visite que le Jardin exotique.

Musée d'Anthropologie préhistorique – De mi-mai à mi-sept. : 9h-19h ; d'avr. à mi-mai et de mi-sept. à fin sept. : 9h-18h30 ; fév.-mars et oct. : 9h-18h ; janv. et nov. : 9h-17h30 ; déc. : 9h-17h. Fermé 19 nov. et 25 déc. 39,50F (comprenant la visite du jardin exotique). ☎ 00 377 93 15 80 06.

Musée napoléonien – Juin-sept. : 9h30-18h30 ; d'oct. au 11 nov. : 10h-17h ; de mi-déc. à fin nov. : tlj sf lun. 10h30-12h30, 14h-17h. Fermé de mi-nov. à mi-déc., 1er janv., 25 déc. 20F. ☎ 00 377 93 25 18 31.

Musée National de Monaco – Pâques-sept. : 10h-18h30 (dernière entrée 1h av. fermeture) ; oct.-Pâques : 10h-12h15, 14h30-18h30. Fermé 1er janv., 1er mai, 19 nov., 25 déc. et les 4 j. du Grand Prix automobile de Monaco. 30F. ☎ 00 377 93 30 91 26.

Musée des timbres et des monnaies – ♿ Juil.-sept. : 10h-18h ; oct.-juin : 10h-17h. 20F. ☎ 00 377 93 15 41 50.

MONTAUBAN
🛈 ancien collège pl. Prax - 82000 - ☎ 05 63 63 60 60

Musée Ingres – Juil.-août : 9h30-12h, 13h30-18h ; sept.-juin : 10h-12h, 14h-18h (fermé dim. matin de mi-octobre aux Rameaux). Fermé 1er janv., 1er mai, 14 juil., Toussaint, 25 déc. 20F, gratuit mer. (hors expo.). ☎ 05 63 22 12 91.

MONTBÉLIARD
🛈 rue Henri-Mouhot - 25200 - ☎ 03 81 94 45 60

Musée Peugeot à Sochaux – ♿ Tlj 10h-18h. Fermé 1er janv. et 25 déc. 30F. ☎ 03 81 94 48 21.

MONT-LOUIS
🛈 rue du Marché - 66210 - ☎ 04 68 04 21 97

Four solaire – ♿ Juil.-août : visite guidée (1/2h) 9h30-12h30, 13h30-19h ; sept.-juin : 10h-12h30, 14h-18h. 30F. ☎ 04 68 04 14 89.

MONTPELLIER
🛈 « Le Triangle » - allée du Tourisme - 34000 - ☎ 04 67 60 60 60

Musée Atger – Tlj sf w.-end : 13h-17h45. Fermé en août et j. fériés. Gratuit. ☎ 04 67 66 27 77.

Musée Fabre – ♿ Tlj sf lun. 9h-17h30, w.-end 9h30-17h. Fermé j. fériés. 20F. ☎ 04 67 14 83 05.

Chaos de MONTPELLIER-LE-VIEUX

De mi-mars à mi-sept. : 9h30-19h ; de mi-sept. à déb. nov. : 9h30-18h. Fermé de déb. nov. à mi-mars. 30F (enf. : 12F). ☎ 05 65 60 66 30.

Le MONT-ST-MICHEL
🛈 corps de garde des Bourgeois 50116 - ☎ 02 33 60 14 30

A l'entrée des parcs de stationnement, des panneaux, mis à jour quotidiennement, informent de l'heure de la marée haute et des risques éventuels. Suivre scrupuleusement les indications sur place. 15 F.

Abbaye – Mai-sept. : 9h-17h30 ; oct.-avr. : 9h30-16h30, vac. scol. 9h30-17h. Fermé 1er janv., 1er mai, 1er et 11 nov., 25 déc. 40F (visite libre ou guidée), 65F (visite conférence, sur demande préalable). ☎ 02 33 60 14 14.

Le Mont-Saint-Michel

Y. Arthus-Bertrand/ALTITUDE

MONTSÉGUR

Château – Mai-août : 9h-19h30 ; mars : 10h30-17h ; avr. : 10h-17h ; sept. : 9h-17h30 ; oct. : 9h30-17h ; nov. : 10h-16h ; déc. : tlj sf lun. et selon météo. 22F billet incluant la visite du musée archéologique. ☎ 05 61 01 06 94.

Musée archéologique – Juil.-août : 10h-12h30, 14h-19h30 ; mai-juin : 10h-12h30, 14h-19h ; oct.-avr. : 13h-17h. Fermé janv.-mars. Gratuit. ☎ 05 61 01 06 94.

MORGAT

Les Grandes Grottes – De mai à fin sept. : visite guidée (3/4h), dép. toute la journée selon les marées. 45F (enf. : 35F). Armement Rosmeur, ☎ 02 98 27 10 71 ou vedettes *Sirènes,* ☎ 02 98 96 20 10.

MOULINS
🛈 11, rue François Péron – 03000 – ☎ 04 70 44 14 14

Cathédrale :

Triptyque du Maitre de Moulins – Avr.-sept. : visite guidée (1/4h) 9h-11h40, 14h-17h40, dim. et j. fériés 9h30, 14h-17h40 ; oct.-mars : tlj sf mar. 10h-11h40, 14h-16h40, dim. et j. fériés 9h30, 14h-16h40. Fermé 1er janv., 1er et 8 mai, 25 déc. ☎ 04 70 20 89 65.

Musée Anne de Beaujeu – Tlj sf mar. : 10h-12h, 14h-18h. Fermé 1er janv., 1er mai, 25 déc. 20F. ☎ 04 70 20 48 47.

Mausolée du duc de Montmorency – Visite guidée sur demande 8 j. av. 30F. ☎ 04 70 48 51 18.

MOZAC

Église – Possibilité de visite guidée sur demande. Syndicat d'initiative. ☎ 04 73 64 19 26.

MULHOUSE
🛈 9, avenue Maréchal Foch – 68100 – ☎ 03 89 35 48 41

Musée national de l'Automobile – ♿ Tlj sf mar. 10h-18h (dernièr entrée 1/2h av. fermeture). Fermé 1er janv. et 25 déc. 57F (enf. : 27F). ☎ 03 89 33 23 23.

Musée français du Chemin de fer – ♿ Avr.-sept. : 9h-18h ; oct.-mars : 9h-17h. Fermé 1er janv., 25-26 déc. 45F (enf. : 20F). ☎ 03 89 42 25 67.

Musée français du Chemin de fer.

Musée de l'Impression sur étoffes – ♿ 10h-18h. Fermé 1er janv., 1er mai, 25 déc. 36F (enf. : 15F). ☎ 03 89 46 83 00.

Musée historique – Tlj sf mar. 10h-12h, 14h-17h (mai-oct. : fermeture à 18h). Fermé 1er janv., ven. Saint, Pâques, Pentecôte, 1er mai, 14 juil., 1er et 11 nov., 25-26 déc. 21F. ☎ 03 89 45 43 20.

Temple St-Étienne – De mai à fin sept. : tlj sf mar. 10h-12h, 14h-18h, dim. 14h-18h. Fermé 14 juil. Gratuit. ☎ 03 89 46 58 25.

Parc zoologique et botanique – ♿ Mai-août : 9h-19h (dernière entrée 1/2h av. fermeture) ; avr. et sept. : 9h-18h ; mars et oct.-nov. : 9h-17h ; déc.-fév. : 10h-16h. 46F (hors sais. et enf. : 23F) ☎ 03 89 31 85 10.

MUROL

Visites simples : juil.-août : mer. et sam. 10h-19h ; avr.-juin et sept. : 10h-12h, 13h30-18h ; oct.-mars : w.-end et j. fériés, vac. scol. 14h-17h. Fermé 14 juil. 20F.

Visites animées (1h1/2, personnages en costume) : juil.-août : tlj sf mer. et sam. dép. tous les 3/4h 10h-11h30, 13h45-17h30 ; mars-juin et sept.-oct. : sur demande ; nov.-mars : pas de visites animées. Fermé 14 juil. 45F. ☎ 04 73 88 67 11.

N

NANCY
🛈 14, place Stanislas - 54000 - ☎ 03 83 35 22 41

Visite guidée de la ville 🅰 – S'adresser à l'Office de tourisme.

Palais ducal : musée historique lorrain – Mai-sept. : tlj sf mar. 10h-18h ; oct.-avr. : tlj sf mar. 10h-12h, 14h-17h, dim. et j. fériés 10h-12h, 14h-18h. Fermé 1er janv., dim. de Pâques, 1er mai, 14 juil., 1er nov., 25 déc. 20F, 30F donnant accès au couvent des Cordeliers. ☎ 03 83 32 18 74.

Église et couvent des Cordeliers : musée d'Arts et Traditions populaires – Mêmes conditions de visite que la Palais ducal.

Musée des Beaux-Arts – ♿ Tlj sf mar. 10h30-18h. Fermé 1er janv., 1er mai, 14 juil., 1er nov., 25 déc. 35F, gratuit 1er dim. du mois 10h30-13h30. ☎ 03 83 85 30 72.

Musée de l'École de Nancy – Tlj sf mar. 10h30-18h, lun. 14h-18h. Fermé 1er janv., 1er mai, 14 juil., 1er nov., 25 déc. 20F. ☎ 03 83 40 14 86.

NANTES
🛈 place du Commerce - 44000 - ☎ 02 40 20 60 00

Tous les jours, d'avril à septembre, à partir de 10 h 15, le Petit Train de Nantes effectue un circuit commenté au centre de la ville. Départ face à la Cathédrale, place St-Pierre ☎ 02 40 62 06 22.

Visite guidée de la ville 🅰 – S'adresser à l'Office de tourisme.

Château des ducs de Bretagne – Juil.-août : expo 9h-18h, cour et remparts 9h-19h ; sept.-juin : tlj sf mar. 9h-12h, 14h-18h. Fermé 1er janv., Pâques, 1er et 8 mai, 1er et 11 nov., 25 déc. 20F, gratuit 2e dim. du mois. ☎ 02 40 41 56 56.

Musée des Beaux-Arts – Tlj sf mar. 10h-18h, ven. 10h-21h, dim. 11h-18h. Fermé j. fériés. 20F, gratuit ven. 16h30-21h. ☎ 02 40 41 65 65.

Muséum d'Histoire naturelle – ♿ Tlj sf lun. 10h-12h, 14h-18h, dim. 14h-18h. Fermé j. fériés. 20F, gratuit 3e dim. du mois. ☎ 02 40 99 26 20.

Palais Dobrée – Tlj sf lun. 10h-12h, 13h30-17h30. Fermé j. fériés. 20F (billet combiné manoir de la Touche et musée archéologique). ☎ 02 40 71 03 50.

Musée Jules-Verne – ♿ Tlj sf mar. 10h-12h, 14h-17h, dim. 14h-17h. Fermé j. fériés. 8F. ☎ 02 40 69 72 52.

Musée archéologique – Tlj sf lun. 10h-12h, 13h30-17h30. Fermé j. fériés. 20F (billet combiné manoir de la Touche et Palais Dobrée). ☎ 02 40 71 03.

NARBONNE
🛈 place R.-Salengro - 11100 - ☎ 04 68 65 15 60

Visite guidée de la ville 🅰 – S'adresser à l'hôtel de ville de Narbonne, service culturel. ☎ 04 68 90 30 66.

Trésor de la cathédrale – Avr.-nov. : tlj sf ven. et dim. 14h30-17h (juin-sept. : tlj sf dim. 10h-12h30, 14h30-17h) ; déc.-mars : sur demande préalable. 10F. ☎ 04 68 33 70 18.

Palais des Archevêques :
Donjon Gilles Aycelin – 10h-12h, 14h-18h (juil.-août : 10h-18h). 10F. ☎ 04 68 90 30 13 ou ☎ 04 68 42 45 27.

Musée archéologique, musée d'Art, Horreum – Avr.-sept. : 9h30-12h15, 14h-18h ; oct.-mars : tlj sf lun. 10h-12h, 14h-17h. Fermé 1er janv., 1er mai, 1er et 11 nov., 25 déc. 30F billet donnant accès à tous les musées. ☎ 04 68 90 30 54.

Musée lapidaire – De juil. à fin août : 9h30-12h15, 14h-18h. 30F. ☎ 04 68 90 30 54.

NEVERS
🛈 Palais Ducal - 58000 - ☎ 03 86 68 46 00

Visite guidée de la ville 🅰 – S'adresser à l'Office de tourisme.

Musée municipal – Mai-sept. : tlj sf mar. 10h-18h30 ; oct.-avr. : tlj sf mar. 13h30-17h30, dim. et j. fériés 10h-12h, 14h-17h30. Fermé entre Noël et Jour de l'an, 1er mai. 15F. ☎ 03 86 71 67 90.

Couvent St-Gildard et musée – Avr.-oct. : 7h-19h30 ; nov.-mars : 7h30-12h, 14h-19h, dim. et j. fériés 8h-12h, 14h-19h. Gratuit. ☎ 03 86 71 99 50.

Cathédrale St-Cyr-et-Ste-Julitte – De juil. à mi-sept. : possibilité de visite guidée sur demande. ☎ 03 86 58 13 84.

Grotte de NIAUX

Le nombre de visiteurs admis dans la grotte étant limité à 220 par jour (20 par visite), il est indispensable de réserver le plus tôt possible (une sem. av. pdt été). Juil.-août : visite guidée tous les 3/4h 8h30-17h15 ; sept. : 10h-17h15 ; oct.-juin : à 11h30, 14h30, 16h. Fermé 1er janv. et 25 déc. 60F (enf. : 35F). Se munir de bonnes chaussures, de bottes en période très pluvieuse. ☎ 05 61 05 88 37.

NICE

🚹 avenue Thiers - 06000 - ☎ 04 93 87 07 07
🚹 2, rue Massenet - 06000 - ☎ 04 93 87 60 60

Visite guidée de la ville – S'adresser au C.A.I.D.E.M. ☎ 04 93 62 18 12.

Ascenseur du château – ♿ Avr.-sept. : 9h-19h (juin-août : 9h-20h) ; oct.-mars : 10h-18h. 5,40F AR, 3,80F A. ☎ 04 93 85 62 33.

Promenade en train touristique – Avr.-oct. : visite guidée (3/4h, toutes les 1/2h) en train 10h-18h (juin-août : 10h-19h) ; nov.-mars : 10h-17h. Fermé de déb. janv. à mi-janv. et de mi-nov. à mi-déc. 30F AR. ☎ 04 93 18 81 58.

Site archéologique gallo-romain de Cimiez – Mêmes conditions de visite que pour le musée archéologique.

Musée Archéologique – ♿ Avr.-sept. : tlj sf lun. 10h-12h, 14h-18h ; oct.-mars : tlj sf lun. 10h-13h, 14h-17h. Fermé de mi-nov. à déb. déc., 1er janv., 1er mai, 25 déc. 25F (-18ans : gratuit), comprenant l'accès au site archéologique. ☎ 04 93 81 59 57.

Musée Matisse – Tlj sf mar. 10h-17h (avr.-sept. : fermeture à 18h). Fermé 1er janv., 1er mai, 25 déc. 25F. ☎ 04 93 81 08 08.

Musée national Message biblique Marc-Chagall – ♿ Tlj sf mar. 10h-17h (juil.-sept. : fermeture à 18h). Fermé 1er janv., 1er mai, 25 déc. 30F. ☎ 04 93 53 87 20.

Musée des Beaux-Arts – Tlj sf lun. 10h-12h, 14h-18h. Fermé 1er janv., 1er mai, 25 déc. 25F, gratuit 1er dim. du mois. ☎ 04 92 15 28 28.

Musée d'Art moderne et d'Art contemporain – ♿ Tlj sf mar. 10h-18h. Fermé 1er janv., 1er mai, dim. de Pâques, 25 déc. 25F, gratuit 1er dim. du mois. ☎ 04 93 62 61 62.

Musée d'Art naïf Jakovsky – Tlj sf mar. 10h-12h, 14h-18h. Fermé 1er janv., Pâques, 1er mai, 25 déc. 25F, gratuit 1er dim. du mois. ☎ 04 93 71 78 33.

Chapelle de la Miséricorde – Visite guidée organisée par le CAIDEM, mar. à 15h. 45F. ☎ 04 93 62 18 12

Église St-Martin-St-Augustin – Tlj sf lun. 9h30-12h, 14h30-16h, dim. 9h30-12h. Fermé en août. ☎ 04 93 62 34 40.

NÎMES

🚹 6, rue Auguste - 30000 - ☎ 04 66 67 29 11

Visite guidée de la ville 🅰 – S'adresser à l'Office de tourisme.

Arènes – Juin-sept. : 9h-18h30 ; oct.-mai : visite guidée (1/2h) 9h-12h, 14h-17h30. Fermé 1er janv., 1er mai, Pentecôte, 25 déc. et j. de spectacle. 28F. ☎ 04 66 76 72 77.

Maison Carrée – Juin-sept. : 9h-12h, 14h30-19h ; oct.-mai : 9h-12h30, 14h-18h. Fermé 1er janv., 1er mai, 25 déc. Gratuit. ☎ 04 66 36 26 76.

Musée d'Archéologie – Tlj sf lun. 11h-18h. Fermé 1er janv., 1er mai, 1er et 11 nov., 25 déc. 28F. ☎ 04 66 67 25 57.

Musée des Beaux-Arts – ♿ Tlj sf lun. 11h-18h. Fermé 1er janv., 1er mai, 25 déc. 28F. ☎ 04 66 67 38 21.

Musée du Vieux Nîmes – Tlj sf lun. 11h-18h. Fermé 1er janv., 1er mai, 1er et 11 nov., 25 déc. 28F. ☎ 04 66 36 00 64.

Carré d'Art – ♿ Tlj sf lun. 10h-18h. Fermé 1er janv., 1er mai, 25 déc. 28F. ☎ 04 66 76 35 70.

NOHANT-VIC

Château – Juil.-août et 3e w.-end sept. : visite guidée (1h) 9h-19h30 (dernier dép. 1h av. fermeture) ; avr.-juin et sept. à mi-oct. : 9h-12h15, 14h-18h30 ; de mi-oct. à fin mars : 10h-12h15, 14h-16h30. Fermé 1er janv., 1er mai, 1er et 11 nov., 25 déc. 35F. ☎ 02 54 31 06 04.

Abbaye de NOIRLAC

Avr.-sept. : 9h45-12h, 13h45-18h30 (juil.-août : 9h45-18h30) ; oct.-janv. : tlj sf mar. 9h45-12h, 13h45-17h ; fév.-mars : 9h45-12h, 13h45-17h. Fermé 1er janv. et 25 déc. 35F (enf. : 20F). ☎ 02 48 62 01 01.

Chapelle N.-D.-DES-FONTAINES

De juin à fin sept. : 9h-19h. Office de tourisme. ☎ 04 93 04 36 07.

GIRAUDON-LAUROS

« George Sand », par C. Blaize.

427

O

OBERNAI   🅩 chapelle du Beffroi - 67210 - ☎ 03 88 95 64 13

Visite guidée de la ville – S'adresser à l'Office de tourisme.

ORADOUR-SUR-GLANE   🅩 place du Champ-de-foire - 87520 - ☎ 05 55 03 13 73

Ruines – Avr.-sept. : 9h-12h, 14h-19h (juil.-août : 9h-19h) ; oct.-mars : 9h-12h, 14h-17h. Fermé 1er janv., 1er mai, 25 déc. Gratuit. Office de tourisme.

ORANGE   🅩 5, cours Aristide-Briand - 84100 - ☎ 04 90 34 70 88

Visite guidée de la ville 🅰 – S'adresser à l'Office de tourisme.

Théâtre antique – ♿ Avr.-sept. : 9h-18h30 ; oct.-mars : 9h-12h, 13h30-17h. Fermé 1er janv. et 25 déc. 30F. ☎ 04 90 34 70 88.

Aven d'ORGNAC

Avr.-sept. : visite guidée (1h) 9h30-12h, 14h-18h (juil.-août : 9h30-18h) ; mars et d'oct. à mi-nov. : 9h30-12h, 14h-17h. 45F (enf. : 29F). ☎ 04 75 38 62 51.

ORLÉANS   🅩 place Albert-ler - 45000 - ☎ 02 38 24 05 05

Visite guidée de la ville – S'adresser à l'Office de tourisme.

Musée des Beaux-Arts – Mer. 10h-20h, jeu.-sam. : 10h-18h, mar. et dim. : 11h-18h. Fermé 1er janv., 1er mai, 1er nov., 25 déce. 20F. ☎ 02 38 79 21 55.

Musée historique et archéologique – Mai-sept. : tlj sf lun. 14h-18h (juil.-août : tlj sf lun. 10h-18h) ; oct.-avr. : mer. et w.-end 14h-18h. Fermé 1er janv., 1er mai, 1er nov., 25 déc. 15F. ☎ 02 38 79 25 60.

Museum des Sciences Naturelles – ♿ 14h-18h. Fermé 1er janv., 1er et 8 mai, 1er nov., 25 déc. 20F. ☎ 02 38 54 61 05.

Crypte – En cours d'aménagements nouveaux.

Parc floral de la Source – ♿ D'avr. à mi-nov. : 9h-18h ; de mi-nov. à fin mars : 14h-17h. Fermé 25 déc. 23F (enf. : 13F). ☎ 02 38 49 30 00.

OTTMARSHEIM

Centrale hydro-électrique – Visite guidée (2h) tlj sf w.-end 8h-12h, 14h-16h30, ven. 8h-12h sur demande écrite 3 sem. av. à E.D.F., Énergie Est, 54, av. Robert-Schuman, BP 1007, 68050 Mulhouse Cedex. ☎ 03 89 35 20 00.

Île d'OUESSANT

Centre d'interprétation des Phares et Balises – ♿ Mai-sept. et vac. scol. : 10h30-18h30 ; avr. : tlj sf lun. 14h-18h30 ; oct.-mars : tlj sf lun. 14h-16h. 25F. ☎ 02 98 48 80 70.

OUISTREHAM-RIVA-BELLA

Le Grand Bunker – De fév. à mi-nov. : 10h-18h (mai-sept. : 9h-19h). 35F. ☎ 02 31 97 28 69.

P

Gouffre de PADIRAC

Août : visite guidée (1h1/2) 8h-19h ; juil. : 8h30-18h30 ; avr.-juin et sept.-oct. : 9h-12h, 14h-18h. Tarif non communiqué. ☎ 05 65 33 64 56.

Zoo de la PALMYRE

♿ Avr.-sept. : 9h-19h ; oct.-mars : 9h-12h, 14h-18h. 70F (enf. : 50F). ☎ 08 36 68 18 48.

PARAY-LE-MONIAL   🅩 25, avenue Jean-Paul II - 71600 - ☎ 03 85 81 10 92

Visite guidée de la ville – S'adresser à l'Office de tourisme.

Musée de la Faïence charollaise – ♿ De fin avr. à fin oct. : 10h-12h, 14h-18h (juil.-août : 10h-12h, 15h-19h). 17F. ☎ 03 85 81 10 92.

PARIS

Musée de l'Armée – Voir Les INVALIDES.

Les Invalides – Avr.-sept. : 10h-18h ; oct.-mars : 10h-17h. Fermé 1er janv., 1er mai, 1er nov., 25 déc. Le billet est valable 1j. pour permettre une visite complète du musée de l'Armée, de l'église du Dôme, du musée des Plans-Reliefs et du musée de l'Ordre de la Libération. 38F. ☎ 01 44 42 37 72.

Église du Dôme – Avr.-sept. : 10h-18h ; oct.-mars : 10h-17h. Fermé 1er janv., 1er mai, 1er nov., 25 déc. 38F. ☎ 01 44 42 37 72.

L'Arc de Triomphe – Avr.-sept. : 9h30-23h (dernière entrée 1/2h av. fermeture) ; oct.-mars : 10h-22h30. Fermé 1er janv., 1er et 8 mai, 14 juil., 11 nov., 25 déc. 40F. ☎ 01 55 37 73 77.

Les Invalides et la place de la Concorde : vue depuis la rue Royale

Tour Eiffel – Ascenseur : de mi-juin à fin août : 9h-24h ; de sept. à mi-juin : 9h30-23h. Escaliers : de mi-juin à fin août : 9h-24h ; de sept. à mi-juin : 9h30-18h30. 21F 1er étage, 43F 2e étage, 60F 3e étage. ☎ 01 44 11 23 23.

Palais de Justice – Tlj sf dim. 8h30-18h. Fermé j. fériés. On peut assister librement, en principe, à une audience civile ou correctionnelle. La galerie des Bustes et le Tribunal pour Enfants sont interdits au public. ☎ 01 44 32 50 00.

La Conciergerie – Avr.-sept. : 9h30-18h30 ; oct.-mars : 10h-17h. Fermé 1er janv., 1er mai, 1er et 11 nov., 25 déc. 35F. ☎ 01 53 73 78 50.

Panthéon – Avr.-sept. : 9h30-18h30 (dernière entrée 17h45) ; oct.-mars : 10h-18h15 (dernière entrée 17h30). Fermé 1er janv., 1er mai, 11 nov., 25 déc. 35F. ☎ 01 44 32 18 00.

Opéra Garnier (Bibliothèque-Musée) – 10h-16h30 (sf spectacle en matinée ou manifestation exceptionnelle) ; visite guidée (1h1/2) foyers publics et musée tlj sf lun. à 13h, rendez-vous 1/4h av. hall d'entrée, statue de Rameau. Visite libre : 30F (-10ans : gratuit), visite guidée : 60F (-10ans : 25F). Fermé 1er janv. et 1er mai. ☎ 01 40 01 22 63.

La Ste-Chapelle – Avr.-sept. : 9h30-18h30 ; oct.-mars : 10h-17h. Fermé 1er janv., 1er mai, 1er et 11 nov., 25 déc. 35F. ☎ 01 53 73 78 51.

Musée national du Moyen Âge Thermes & Hôtel de Cluny – Tlj sf mar. : 9h15-17h45. Fermé 1er janv., 14 juil., 25 déc. 38F. ☎ 01 53 73 78 16.

Palais de la Découverte – ♿ Tlj sf lun. : 9h30-18h, dim. et j. fériés : 10h-19h. Fermé 1er janv., 1er mai, 14 juil., 25 déc. 30F (enf. : 20F), planétarium : 15F. ☎ 01 40 74 80 00.

Centre Georges-Pompidou – Le musée est fermé jusqu' en déc. 1999. Pour tout renseignement, ☎ 01 44 78 12 33.

Orangerie – Fermé d'août 1999 à fin 2001 pour travaux.

Le Louvre – Voir aussi ce nom dans la partie du guide *Visiter Paris*. ♿ Tlj sf mar. et certains j. fériés 9h-18h. Mer. (tout le musée) 9h-21h45 et lun. (partiellement). La fermeture des salles débute 1/2h av. fermeture. Le Louvre médiéval et les salles d'histoire du Louvre : 9h-21h45 ; les librairies, les restaurants et cafés : 9h30-21h45 ; les expositions temporaires sous la pyramide : 9h-21h45. Collections permanentes : 45F av. 15h, 26F après 15h et dim. toute la journée (- 18 ans : gratuit), gratuit 1er dim. du mois. Les billets sont valables toute la journée, même si l'on sort du musée. Leur vente se termine à 17h15 et 21h15 (lun. et mer.). Pour éviter les files d'attente, possibilité d'acheter les billets à l'avance : en s'adressant à la FNAC ou ☎ 08 03 80 88 03 (le prix du billet est majoré d'une commission de 6F) ou encore par Minitel 3615 LOUVRE ou par internet http ://www.louvre.fr ; les billets sont valables n'importe quel jour jusqu'au 31 janv. de l'année suivant celle de l'achat.

Pour savoir si certaines salles seront fermées, vous pouvez consulter le planning hebdomadaire d'ouverture garantie des salles sur internet, minitel et serveur vocal. La *carte Musée et Monuments*, laissez-passer valable 1, 3 ou 5 j. pour 70 musées et monuments, est en vente aux caisses et dans la galerie marchande du Carrousel du Louvre et donne l'accès sans attente aux collections permanentes ; la *carte Louvre jeunes* (valide 1 an, pour les - 26 ans, achat sous la pyramide ou par correspondance) offre l'accès libre aux collections permanentes du musée et aux expositions temporaires, des activités culturelles réservées aux adhérents, des réductions à l'auditorium, aux visites-conférences. ; la *carte des Amis du Louvre* (valide 1 an ; achat au guichet des Amis du Louvre, à côté de la chalcographie, entre la Pyramide et la Pyramide inversée) permet un accès libre au musée et aux expositions temporaires et des réductions dans de nombreuses autres expositions de la capitale. Informations générales sur serveur vocal (en 5 langues) ☎ 01 40 20 51 51 ; Accueil ☎ 01 40 20 53 17 ; Minitel 36 15 LOUVRE ; Internet http : //www louvre fr.

Musée d'Orsay – ♿ De mi-juin à mi-sept. : tlj sf lun. 9h-18h, jeu. 9h-21h45 ; de mi-sept. à mi-juin : tlj sf lun 10h-18h, jeu. 10h-21h45, dim. 9h-18h. Fermé 1er janv., 1er mai, 25 déc. 40F. ☎ 01 40 49 48 14.

La Cité des Sciences et de l'Industrie – ♿ Tlj sf lun. 10h-18h, dim. 10h-19h ; l'Argonaute : 10h30-17h30, w.-end 11h-18h30. Fermé 1er mai et 25 déc. ☎ 01 40 05 70 00.

La Géode – ♿ Séance toutes les h. 10h-21h, lun. 10h-18h. 57F (tarif réduit : 44F). ☎ 01 40 05 12 12 (réservation) et ☎ 01 40 05 79 99 (information).

La Grande Arche – 10h-19h (dernier accès à 18h). 43F. ☎ 01 49 07 27 57.

Musée de l'automobile de la Colline de la Défense – ♿ 12h30-19h30 (dernière entrée 18h30). 35F (enf. : 20F). ☎ 08 36 67 06 06.

Conservatoire national des Arts et Métiers - Musée national des Techniques – Fermé pour travaux jusqu'à fin 1999. ☎ 01 53 01 82 20.

PAU
🛈 place Royale - 64000 – ☎ 05 59 27 27 08

Musée national du Château de Pau – De mi-juin à mi-sept. : visite guidée (1h) des appartements 9h30-11h45, 13h30-17h45 ; de mi-sept. à mi-juin : 9h30-11h45, 14h-16h15. Fermé 1er janv., 1er mai, 25 déc. 25F. ☎ 05 59 82 38 19.

Musée des Beaux-Arts – Tlj sf mar. 10h-12h, 14h-18h. Fermé j. fériés. 10F. ☎ 05 59 27 33 02.

Centre de Préhistoire du PECH MERLE

Rameaux-Toussaint : visite guidée (1h) 9h30-12h, 13h30-17h. Visite limitée à 700 visiteurs par jour (il est conseillé de réserver en saison). 44F (enf. : 30F), 38F hors sais. (enf. : 25F). ☎ 05 65 31 27 05.

PÉRIGUEUX
🛈 rond-point Mataguerre, 26, place Francheville - 24000 – ☎ 05 53 53 10 63

Visite guidée de la ville 🅰 – S'adresser à l'Office de tourisme.

Église St-Étienne-de-la-Cité – Tlj sf dim. et j. fériés 8h-19h.

Musée du Périgord – Avr.-sept. : tlj sf mar. 11h-18h, w.-end 13h-18h ; oct.-mars : tlj sf mar. 10h-17h, w.-end 13h-18h. Fermé j. fériés. 20F. ☎ 05 53 06 40 70.

PÉROUGES
🛈 entrée de la Cité - 01800 – ☎ 04 74 61 01 14

Musée du Vieux-Pérouges – 10h-12h, 14h-18h (nov.-Pâques : ouv. dim. seulement). 15F. ☎ 04 74 61 00 88.

PERPIGNAN
🛈 Palais des Congrès, pl. A.-Lanoux - 66000 – ☎ 04 68 66 30 30

Palais des rois de Majorque – Juin-sept. : 10h-18h (dernière entrée 1h av. fermeture) ; oct.-mai : 9h-17h. Fermé 1er janv., 1er mai, 1er nov., 25 déc. 20F. ☎ 04 68 34 48 29.

Castillet (Casa Pairal) – De mi-juin à mi-sept. : tlj sf mar. 9h30-19h, dim. 9h30-17h30 ; de mi-sept. à mi-juin : tlj sf mar. 9h-18h, dim. 9h-17h. Fermé j. fériés. 25F. ☎ 04 68 35 42 05.

Château de PEYREPERTUSE

Juil.-août : 9h-20h30 ; avr.-juin et sept. : 10h-19h ; fév.-mars et oct.-déc. : 10h-17h. Fermé en janv. Visite interdite par temps d'orage. Se munir de bonnes chaussures. 20F. ☎ 04 68 45 03 26.

Château de PIERREFONDS

Mars-oct. : 10h-12h30, 14h-18h, dim. 10h-18h (mai-août : 10h-18h) ; nov.-fév. : 10h-12h30, 14h-17h, dim. 10h-17h30. Fermé 1er janv., 1er mai, 1er et 11 nov., 25 déc. 32F. ☎ 03 44 42 72 72.

Le PIN-AU-HARAS

♿ D'avr. à mi-oct. : visite guidée (1h) 9h30-18h ; de mi-oct. à fin mars : 10h-12h, 14h-17h. Fermé 1er janv. et 25 déc. 25F. ☎ 02 33 36 68 68.

PLANÈTE SAUVAGE

♿ Juin-août : 10h-17h30 ; avr.-mai et sept. : 10h-17h, dim. et j. fériés 10h-17h30 ; de mi-fév. à fin fév. et d'oct. au 11 nov. : 10h-16h. Fermé du 11 nov. à mi-fév. 90F (enf. : 50F). ☎ 02 40 04 82 82.

POITIERS

🅱 8, rue des Grandes-Écoles BP 377 - 86009 - ☎ 05 49 41 21 24

Visite guidée de la ville 🅰 – S'adresser à l'Office de tourisme.

Baptistère St-Jean – Juil.-août : mar., dim, j. fériés 10h-12h30, 14h-18h ; avr.-juin et sept.-oct. : 10h30-12h30, 15h-18h ; nov.-mars : tlj sf mar. 14h30-16h30. Fermé 1er mai. 4F. ☎ 05 49 52 54 65.

Palais de Justice – Tlj sf w.-end 9h-18h. Fermé j. fériés. Gratuit. ☎ 05 49 50 22 00.

Musée Ste-Croix – Juin-sept. : tlj sf lun. matin 10h-12h, 13h15-18h, w.-end et j. fériés 10h-12h, 14h-18h ; oct.-mai : tlj sf lun. matin 10h-12h, 13h15-17h, mar. 10h-17h, w.-end 14h-18h. Fermé 1er janv., Pâques, 1er et 8 mai, Pentecôte, Toussaint, 25 déc. 15F, gratuit mar. (billet jumelé avec musée des Chièvres). ☎ 05 49 41 07 53.

POLIGNAC

Château – Juin-sept. : 10h-19h ; Pâques-mai et vac. scol. Toussaint : 14h-18h ; oct. : dim. et j. fériés 14h-18h. Fermé nov.-Pâques. 15F. ☎ 04 71 02 46 57.

Golfe de PORTO

Tour génoise – *De juin à fin août : 10h-20h. 10F.*

Promenade en mer - Côte Sud et Nord du Golfe – *Juil.-sept. : promenade en mer (1/2 j.) au dép. de Porto (2 dép. par j.) ; mai et juin : un j. sur deux. 70F.* ☎ 04 95 26 17 10.

Les Calanche – D'avr. à fin oct. : promenades en mer (3h ou 5h avec escale à Girolata) au dép. de Porto, 2 par j. 180F. ☎ 04 95 26 15 16 ou ☎ 04 95 21 83 97.

Abbaye de PORT ROYAL DES CHAMPS

Musée national des Granges – De mi-mars à déb. nov. : tlj sf mar. 10h30-18h30 ; de déb. nov. à mi-mars : w.-end 10h30-18h. Fermé entre Noël et Jour de l'an. 16F. ☎ 01 30 43 73 05.

PROVINS

🅱 chemin de Villecran - BP 44 - 77160 - ☎ 01 64 60 26 26

Visite guidée de la ville 🅰 – S'adresser à l'Office de tourisme.

Tour César – Avr.-oct. : 10h-18h ; nov.-mars : 14h-17h. Fermé 25 déc. 17F.

Le PUY DU FOU

Cinéscénie – ♿ Du dernier w.-end de mai au 1er w.-end de sept. : représentation du spectacle (1h3/4) ven. et sam. 22h30. 125F (enf. : 45F). Réservation obligatoire. ☎ 02 51 64 11 11.

Puy de Fou – Spectacle de nuit

PUY DU FOU

Écomusée de la Vendée – Mai-sept. : tlj sf lun. 10h-19h (dernière entrée 1/2h av. fermeture) ; oct.-avr. : tlj sf lun. 10h-12h, 14h-18h. Fermé en janv. et 25 déc. 15F. ☎ 02 51 57 60 60.

Grand Parc – &. De déb. juin à mi-sept. : 10h-19h ; mai : w.-end et j. fériés 10h-19h. Fermé de mi-sept. à fin avr. et 3 juil. 1999. 115F (enf. : 50F). ☎ 02 51 64 11 11.

Le PUY-EN-VELAY
place du Breuil - 43000 - ☎ 04 71 09 38 41

Visite guidée de la ville ▲ – S'adresser à l'Office de tourisme.

Musée Crozatier – Mai-sept. : tlj sf mar. 10h-12h, 14h-18h ; oct.-avr. : tlj sf mar. 10h-12h, 14h-16h, dim. et j. fériés 14h-16h. Fermé 1er janv., 1er nov., 25 déc. 20F, gratuit dim. ap.-midi et oct.-avr. ☎ 04 71 09 38 90.

Rocher Corneille – Mai-sept. : 9h-19h (juil.-août : 9h-19h30) ; de mi-mars à fin avr. : 9h-18h ; oct.-mars : 10h-17h. Fermé déc.-janv. (hors vac. scol. zone A et hors dim. 14h-17h). 20F. ☎ 04 71 04 11 33.

Cloître - chapelle des Reliques - trésor d'Art Religieux – Juil.-sept : 9h30-18h30 ; avr.-juin : 9h30-12h30, 14h-18h ; oct.-mars : 9h30-12h, 14h-16h30. Fermé 1er janv., 1er mai, 1er et 11 nov., 25 déc. 25F. ☎ 04 71 05 45 52.

Chapelle St-Michel d'Aiguilhe – De juin à mi-sept. : 9h-19h (de déb. juin à mi-juin : 9h-12h, 14h-19h) ; avr.-mai 10h-12h, 14h-18h ; de mi-mars à fin mars : 10h-12h, 14h-17h ; de mi-sept. à mi-nov. : 9h30-12h, 14h-17h30 ; de fév. à mi-mars et de mi-déc. à déb. janv. : 14h-16h. Fermé 1er janv. et 25 déc. 13F. ☎ 04 71 09 50 03.

Cathédrale Notre-Dame :
Visite commentée – 7h-19h.

QUIMPER
place de la Résistance - 29000 - ☎ 02 98 53 04 05

Visite guidée de la ville ▲ – S'adresser à l'Office de tourisme.

Musée des Beaux-Arts – &. Avr.-oct. : tlj sf mar. 10h-12h, 14h-18h (juil.-août : 10h-19h) ; nov.-mars : tlj sf mar. 10h-12h, 14h-18h, dim. 14h-18h. Fermé 1er janv., 1er mai, 1er et 11 nov., 25 déc. 25F. ☎ 02 98 95 86 85 ou ☎ 02 98 95 45 20.

Musée départemental breton – Juin-sept. : 9h-18h ; oct.-mai : tlj sf lun. et j. fériés 9h-12h, 14h-17h, dim. 14h-17h. 25F. ☎ 02 98 95 21 60.

Musée de la faïence – &. De mi-avr. à fin oct. : tlj sf dim. 10h-18h. Fermé j. fériés. 26F. ☎ 02 98 90 12 72.

R

RAMBOUILLET
hôtel de ville - 78120 - ☎ 01 34 83 21 21

Château – Visite guidée (1/2h) tlj sf mar. 10h-11h30, 14h-16h30 (avr.-sept. : fermeture à 17h30). Fermé 1er janv., 1er mai, 1er et 11 nov., 25 déc. 32F. ☎ 01 34 94 28 79.

Parc – Mai-sept. : 8h-19h (juin-août : 8h-20h) ; oct.-avr. : 8h-18h (nov.-janv. : 8h-17h). Gratuit.

Laiterie de la Reine et Chaumière des Coquillages – Visite guidée (3/4h) tlj sf mar. 10h-11h30, 14h-15h30 (avr.-sept. : fermeture à 17h30). Fermé 1 w.-end sur 2, 1er janv., 1er mai, 1er et 11 nov., 25 déc. 15F. ☎ 01 34 94 28 79.

REIMS
2, rue Guillaume-de-Machault - 51100 - ☎ 03 26 77 45 25

Visite guidée de la ville ▲ – S'adresser à l'Office de tourisme.

Palais du Tau – De mi-mars à mi-nov. : 9h30-12h30, 14h-18h ; de mi-nov. à mi-mars : 10h-12h, 14h-17h, w.-end 10h-12h, 14h-18h. Fermé 1er janv., 1er mai, 1er et 11 nov., 25 déc. 32F (-12ans : gratuit). ☎ 03 26 47 81 79.

Musée St-Remi – 14h-18h30, w.-end 14h-19h. Fermé 1er janv., 1er mai, 14 juil., 1er et 11 nov., 25 déc. 10F. ☎ 03 26 85 23 36.

Musée-hôtel Le Vergeur – Visite guidée (1h) tlj sf lun. 14h-18h. Fermé entre Noël et Jour de l'an, 1er mai, 14 juil., 1er nov. 20F. ☎ 03 26 47 20 75.

Les caves de Champagne :
Veuve Clicquot-Ponsardin – Visite guidée sur demande quelques j. av. (1h1/5) tlj sf dim. à 10h30, 14h30 et 16h30 (nov.-mars : fermé sam.). Gratuit. ☎ 03 26 89 54 41.

Mumm – Mars-oct. : visite guidée (1h) 9h-11h, 14h-17h ; nov.-fév. : lun.-ven. 9h-11h, 14h-17h, w.-end 14h-17h. Fermé 1er janv. et 25 déc. 25F. ☎ 03 26 49 59 70.

Piper Heidsieck – Visite guidée (1/2h) 9h-11h45, 14h-17h15 (déc.-fév. : tlj sf mar. et mer.). Fermé 1er janv. et 25 déc. 40F. ☎ 03 26 84 43 44.

Pommery – Pâques-oct. : visite guidée (1h) 10h-17h de préférence sur rendez-vous ; nov.-Pâques : lun.-ven. sur rendez-vous. Fermé de fin déc. à déb. janv. et 1er nov. 40F (enf. : 20F). ☎ 03 26 61 62 56.

Ruinart – Visite guidée (1h1/2) tlj sf w.-end et j. fériés sur demande préalable auprès du service visites et réceptions, 4, r. des Crayères, 51053 Reims. Gratuit. ☎ 03 26 77 51 51.

Taittinger – Visite guidée (1h) 9h30-12h, 14h-16h30, w.-end et j. fériés 9h-11h, 14h-17h (déc.-fév. : tlj sf w.-end). Fermé 1er janv. et 25 déc. 25F. ☎ 03 26 85 84 33.

Musée des Beaux-Arts – Tlj sf mar. 10h-12h, 14h-18h. Fermé 1er janv., 1er mai, 14 juil., 1er et 11 nov., 25 déc. 10F. ☎ 03 26 47 28 44.

Chapelle Foujita – De mai à fin oct. : tlj sf mer. 14h-18h. Fermé 1er mai et 14 juil. 10F. ☎ 03 26 47 28 44.

RENNES   🛈 11, rue St-Yves - 35064 - ☎ 02 99 67 11 11

Visite guidée de la ville 🄰 – S'adresser à l'Office de tourisme, service « Rennes Ville d'Art et d'Histoire ».

Palais de Justice – L'incendie qui a ravagé le Palais de justice (Parlement de Bretagne) dans la nuit du 4 au 5 fév. 1994 interdit toute visite jusqu'à nouvel avis. Réouv. prévue fin 1999.

Cathédrale St-Pierre – Possibilité de visite guidée súr demande auprès de l'Office de tourisme.

Musée des Beaux-Arts – Tlj sf mar. 10h-12h, 14h-18h. Fermé j. fériés. 20F. ☎ 02 99 28 55 85.

Écomusée du pays de Rennes – Tlj sf mar. 9h-12h, 14h-18h, sam. 14h-18h, dim. 14h-19h. Fermé de mi-janv. à fin janv. et j. fériés. 30F (enf. : 15F). ☎ 02 99 51 38 15.

La RHUNE

De mi-mars à mi-nov. : accès par chemin de fer à crémaillère à partir de la gare de St-Ignace : dép. en fonction de la météo et de l'affluence, en général toutes les 1/2h à partir de 9h. 60F AR. (enf. : 35F AR.). ☎ 05 59 54 20 26.

RIBEAUVILLÉ   🛈 1, Grand'Rue - 68150 - ☎ 03 89 73 62 22

Visite guidée de la ville – S'adresser à la mairie. ☎ 03 89 73 20 00.

Hôtel de Ville : musée – De mai à fin oct. : visite guidée (1h) tlj sf lun. et sam. 10h-12h, 14h-15h. Gratuit. ☎ 03 89 73 20 00.

RICHELIEU   🛈 6, Grande-Rue - 37120 - ☎ 02 47 58 13 62

Musée de l'hôtel de ville – Juil.-août : visite guidée (1/4h) tlj sf mar. 10h-12h, 14h-18h ; janv.-juin : tlj sf mar., w.-end, j. fériés 10h-12h, 14h-16h. Fermé 11 nov. 10F. ☎ 02 47 58 10 13.

Promenades en train à vapeur – De mi-juil. à mi-août : tlj sf mar. ; de juin à mi-juil. et de mi-août à fin sept. : w.-end et j. fériés. Se renseigner sur les h. de circulation. 60F AR (à partir de Chinon). ☎ 02 47 58 12 97.

RIOM   🛈 16, rue du Commerce - 63200 - ☎ 04 73 38 59 45

Visite guidée de la ville 🄰 – S'adresser à l'Office de tourisme.

Sainte-Chapelle – Juil.-août : visite guidée (1/2h) tlj sf w.-end 10h-12h, 14h30-17h30 (dernière visite 1/2h av. fermeture) ; juin et sept. : mer.-ven. 15h-17h ; avr.-mai : mer. 15h-17h. 15F. ☎ 04 73 38 99 94.

Musée régional d'Auvergne – Tlj sf mar. 10h-12h, 14h-17h30 (juin-sept. : fermeture à 18h). Fermé 1er janv., Foire des Cendres (fév. ou mars), Pâques, 1er mai, Foire St-Amable (juin), 14 juil., 15 août, 19 oct., 1er et 11 nov., 25 déc. 25F, gratuit mer. ☎ 04 73 38 17 31.

Musée Mandet – Tlj sf mar. 10h-12h, 14h-17h30 (juin-sept. : fermeture à 18h). Fermé 1er janv., Foire des Cendres (fév. ou mars), Pâques, 1er mai, Foire St-Amable (juin), 14 juil., 15 août, 19 oct., 1er et 11 nov., 25 déc. 25F. ☎ 04 73 38 18 53.

RIQUEWIHR
🏛 2, rue de la 1re-Armée - 68340 - ☎ 03 89 49 08 40

Musée du Dolder – Juil.-août : 10h-12h, 13h30-18h15 ; avr.-juin et de sept. à mi-oct. : w.-end et j. fériés 10h-12h, 13h30-18h15. 10F.

RIXHEIM

Musée du Papier peint – Juin-sept. : 10h-12h, 14h-18h (dernière entrée 1/2h av. fermeture) ; oct.-mai : tlj sf mar. 9h-12h, 14h-18h, w.-end et j. fériés 10h-12h, 14h-18h. Fermé 1er janv., ven. Saint, 1er mai, 25 déc. 35F. ☎ 03 89 64 24 56.

ROCAMADOUR
🏛 hôtel de ville - 46500 - ☎ 05 65 33 62 59

Hôtel de ville – Avr.-sept. : 10h30-12h30, 13h30-18h (de mi-juil. à fin août : 9h30-19h30) ; oct.-mars : vac. scol. 14h30-17h30. Fermé 1er janv. et 25 déc. 10F. ☎ 05 65 33 22 00.

Musée d'Art sacré Francis-Poulenc – ♿ Juil.-août : 10h-19h ; sept.-juin : 10h-12h, 14h-18h. Il est préférable de téléphoner en hiver. 28F (enf. : 15F). ☎ 05 65 33 23 30.

ROCHEFORT
🏛 avenue Sadi-Carnot - 17300 - ☎ 05 46 99 08 60

Visite guidée de la ville 🅰 – S'adresser à l'Office de tourisme.

Maison de Pierre Loti – De juil. à mi-sept. : visite guidée (3/4h) à partir de 10h (dép. toutes les 1/2h) ; de mi-sept. à fin juin : tlj sf mar. à 11h, 12h, 14h, 15h, 16h, dim. 14h, 15h, 16h. Fermé en janv., 1er et 11 nov., 25 déc. 45F (avr.-sept.), 40F (oct.-mars). ☎ 05 46 99 08 60 (réservation recommandée).

Musée de la Marine – Avr.-sept. : 10h-18h ; oct.-mars : tlj sf mar. 10h-12h, 14h-17h. Fermé de mi-nov. à mi-déc., 1er janv., 1er mai, 25 déc. 29F. ☎ 05 46 99 86 57.

Musée d'Art de d'Histoire – Juil.-août : tlj sf lun. 13h30-19h ; sept.-juin : tlj sf dim. et lun. 13h30-17h30. Fermé j. fériés. 10F. ☎ 05 46 99 83 99.

La ROCHEFOUCAULD
🏛 halle aux grains, place de Gourville - 16110 - ☎ 05 45 63 07 45

Château – Pâques-oct. : 10h-19h ; nov.-Pâques : dim. et j. fériés à partir de 14h. 40F. ☎ 05 45 62 07 42.

La ROCHELLE
🏛 quartier du Gabut, place de la Petite-Sirène - 17000 ☎ 05 46 41 14 68

Tour St-Nicolas – Avr.-sept. : 10h-19h ; oct.-mars : tlj sf mar. 10h-12h30, 14h-17h30. Fermé 1er janv., 1er mai, 1er et 11 nov., 25 déc. 25F (billet jumelé avec la tour de la Chaîne et de la Lanterne : 45F). ☎ 05 46 34 11 81.

Tour de la Lanterne – Avr.-sept. : 10h-19h ; oct.-mars : tlj sf mar. 10h-12h30, 14h-17h30. Fermé 1er janv., 1er mai, 1er et 11 nov., 25 déc. 25F

La Rochelle – Le Vieux Port et la tour St-Nicolas

PIX

(billet jumelé avec la tour de la Chaîne et de St-Nicolas : 45F). ☎ 05 46 34 11 81.

Muséum d'Histoire naturelle – Tlj sf lun. 10h-12h30, 13h30-17h30, w.-end et j. fériés 14h-18h (de mi-juin à mi-août : fermeture à 18h). Fermé 1er janv., 1er mai, 14 juil., 1er et 11 nov., 25 déc. 21F (-18 ans : gratuit). ☎ 05 46 41 18 25.

Musée du Nouveau Monde – Tlj sf mar. 10h30-12h30, 13h30-18h, dim. et j. fériés 15h-18h. Fermé 1er janv. et 8 mai, 14 juil., 11 novembre, 25 déc. 21F. ☎ 05 46 41 46 50.

Musée des Beaux-Arts – Tlj sf mar. 14h-17h. Fermé 1er janv., 1er et 8 mai, 14 juil., 11 nov., 25 déc. 21F. ☎ 05 46 41 64 65.

Musée des Automates – ♿ Juin-août : 9h30-19h ; fév.-mai et sept.-oct. : 10h-12h, 14h-18h ; nov.-janv. : 14h-18h. 40F (enf. : 25F). ☎ 05 46 41 68 08.

Musée d'Orbigny-Bernon – Tlj sf mar. 10h-12h, 14h-18h, dim. et j. fériés 14h-18h. Fermé 1er janv., 1er et 8 mai, 14 juil., 11 nov., 25 déc. 21F. ☎ 05 46 41 18 83.

ROCHETAILLÉE-SUR-SAÔNE

Musée Henri-Malartre – Juil.-août : 9h-19h ; avr.-juin et sept.-oct. : 9h-18h, w.-end et j. fériés 9h-19h ; nov.-mars : 9h-18h. Fermé dernière sem. janv., 1er janv., 25 déc. 35F (-18 ans : gratuit). ☎ 04 78 22 18 80.

RODEZ
🛈 place Foch - 12005 - ☎ 05 65 68 02 27

Musée Fenaille – Fermé pour travaux de rénovation.

Chapelle de RONCHAMP

Chapelle N.-D.-du Haut – 9h-18h30. 10F. ☎ 03 84 20 65 13.

ROQUEBRUNE-CAP-MARTIN
🛈 20, avenue Paul-Doumer - 06190
☎ 04 93 35 62 87

Donjon – Juin-sept. : 10h-12h30, 15h-19h30 ; fév.-mai : 10h-12h30, 14h-18h ; oct.-janv. : 10h-12h30, 14h-17h. 20F. ☎ 04 93 35 07 22.

ROQUEFORT-SUR-SOULZON
🛈 avenue Lauras - 12250 - ☎ 05 65 59 93 19

Caves de Roquefort – Juil.-août : visite guidée (1h) 9h30-18h30 ; juin et sept. : 9h30-11h30, 13h30-17h ; oct.-mai : 9h30-11h30, 14h-17h. Fermé 1er janv., 2 janv. matin, 24 déc. ap.-midi, 25 déc., 26 déc. matin, 31 déc. ap.-midi. 15F. ☎ 05 65 59 93 30.

Musée de Préhistoire – De mi-juin à mi-sept. : 10h-13h, 14h-18h. Gratuit. ☎ 05 65 59 91 95.

Château de ROQUETAILLADE

Pâques-Toussaint : visite guidée (1h) 14h-18h ou 14h30-17h (juil.-août : 10h30-19h) ; Toussaint-Pâques : dim., j. fériés, vac. scol. zone B : 14h30-17h. Fermé 25 déc. 35F. ☎ 05 56 76 14 16.

ROUEN
🛈 25, place de la Cathédrale - 76000 - ☎ 02 32 08 32 40

La *Carte des Musées de Rouen*, valable 1 an, permet la visite des collections permanentes du musée des Beaux-Arts, du musée Le Secq des Tournelles, du musée de la Céramique. Cette carte donne droit à un tarif réduit aux expositions temporaires. Achat au guichet de chaque musée. 60 F.
Le *RouenPass'*, valable 1 an, offre une visite gratuite de Rouen et accorde de nombreuses réductions ou entrées libres dans plusieurs musées. Des réductions sont accordées, sous certaines conditions, dans des établissements hôteliers. 60 F.

Visite guidée de la ville 🅰 – S'adresser à l'Office de tourisme.

Crypte, déambulatoire et tombeaux de la cathédrale Notre-Dame – Visite guidée (3/4h) 9h-19h. Fermé 1er janv. et 1er mai. Tarif non communiqué. ☎ 02 35 07 40 23.

Église St-Ouen – De mi-mars à fin oct. : tlj sf mar. 10h-12h30, 14h-18h ; de nov. à mi-mars : mer. et w.-end 10h-12h30, 14h-16h30. Fermé de mi-déc. à mi-janv. ☎ 02 32 08 13 90.

Musée des Beaux-Arts – ♿ Tlj sf mar. 10h-18h. Fermé j. fériés. 20F. ☎ 02 35 71 28 40 ou ☎ 02 35 52 00 62.

Musée de la Céramique – Tlj sf mar. 10h-13h, 14h-18h. 15F. ☎ 02 35 07 31 74 ou ☎ 02 35 52 00 62.

Palais de Justice – S'adresser à l'Office de tourisme.

Le Secq des Tournelles – Tlj sf mar. 10h-13h, 14h-18h. Fermé j. fériés. 15F. ☎ 02 35 88 42 92 ou ☎ 02 35 52 00 62.

Musée des Antiquités de la Seine-Maritime – Tlj sf mar. 10h-12h15, 13h30-17h30, dim. 14h-18h. Fermé 1er janv., 1er mai, 1er et 11 nov., 25 déc. 20F. ☎ 02 35 98 55 10.

Église St-Godard – Visite en sem.

Serres dans le Jardin des Plantes – Tlj sf w.-end 8h-11h30, 13h30-16h45 sur demande (15 j. av.). Fermé j. fériés. Gratuit. ☎ 02 32 18 21 30.

Abbaye de ROYAUMONT

♿ 10h-18h (nov.-fév. : 10h-17h30). 28F. ☎ 01 30 35 59 70.

RUEIL-MALMAISON

Musée – Avr.-sept. : tlj sf mar. (dernière entrée 3/4h av. fermeture) 10h-12h30, 13h30-17h45, w.-end 10h-18h (mai-juil. : tlj sf mar. 10h-17h45) ; oct.-mars : tlj sf mar. 10h-12h30, 13h30-17h15, w.-end 10h-17h45. Fermé 1er janv. et 25 déc. 30F (enf. : gratuit). ☎ 01 41 29 05 55.

Château de Bois-Préau – Été : jeu.-dim. 12h30-18h30 (dernière entrée 1/2h av. fermeture) ; hiver : jeu.-dim. 12h30-18h. 16F. ☎ 01 41 29 05 55.

S

ST-BARTHÉLEMY-D'ANJOU

Château de Pignerolle (musée européen de la Communication) – Avr.-Toussaint : 10h-12h30, 14h30-18h ; Toussaint-avr. : sam. 14h30-18h, dim. et vac. scol. 10h-12h30, 14h30-18h. Fermé 25 déc. 45F (enf. : 25F). ☎ 02 41 93 38 38.

ST-BENOÎT-SUR-LOIRE

La basilique – Visite libre tlj et possibilité de visite guidée. ☎ 02 38 35 72 43.

ST-BERTRAND-DE-COMMINGES

Cathédrale Ste-Marie-de-Comminges – Possibilité de visite guidée sur demande (cloître, chœur des Chanoines et trésor). 25F. ☎ 05 61 89 04 91.

ST-DENIS 🛈 1, rue de la République - 93200 - ☎ 01 55 87 08 70

Cathédrale : Tombeaux et Crypte – 10h-17h, dim. et j. fériés 12h-17h (avr.-sept. : fermeture à 19h). Fermé 1er janv., 1er mai, 1er et 11 nov., 25 déc. 32F. ☎ 01 48 09 83 54.

ST-ÉMILION 🛈 place des Créneaux - 33330 - ☎ 05 57 24 72 03

Église monolithe, chapelle de la Trinité, grottes de l'ermitage, catacombes – Avr.-oct. : visite guidée (3/4h) 10h-11h30, 14h-17h45 (juil.-août : fermeture à 18h30) ; nov.-mars : 10h-11h30, 14h-17h. 33F. ☎ 05 57 55 28 28.

ST-GERMAIN-EN-LAYE 🛈 38, rue au Pain - 78100 - ☎ 01 34 51 05 12

Visite guidée de la ville ⬛ – S'adresser à l' Office de tourisme.

Musée des Antiquités nationales – ♿ Tlj sf mar. 9h-17h15. Fermé 1er janv. et 25 déc. 25F (enf. : gratuit). ☎ 01 39 10 13 21.

Musée du Prieuré – Tlj sf lun. et mar. 10h-17h30, w.-end 10h-18h30. Fermé 1er janv., 1er mai et 25 déc. 25F. ☎ 01 39 73 77 87.

ST-GERVAIS-LES-BAINS 🛈 115, avenue du Mont-Paccard - 74170 - ☎ 04 50 47 76 08

Tramway du Mont-Blanc – De St-Gervais au col de Voza (1800 m) : de mi-juin à déb. oct. et de mi-déc. à mi-avr. 89F. De St-Gervais au Nid d'Aigle (2400 m) : de fin juin à mi-sept. (2h1/2). 130F. ☎ 04 50 47 51 83.

ST-JEAN-DE-LUZ 🛈 place Maréchal-Foch - 64500 - ☎ 05 59 26 03 16

Maison Louis-XIV – De juin à mi-oct. : visite guidée (1/2h) 10h30-12h, 14h30-17h30, dim. 14h30-17h30 (juil.-sept. : fermeture à 18h30). Fermé 14 juil. et 15 août matin. Tarif non communiqué. ☎ 05 59 26 01 56.

ST-MALO 🛈 esplanade St-Vincent - 35400 - ☎ 02 99 56 64 48

Visite guidée de la ville ⬛ – S'adresser au musée d'Histoire de la ville au grand donjon du château. ☎ 02 99 40 71 57.

Musée d'Histoire de la ville et d'Ethnographie du pays malouin – Avr.-sept. : 10h-12h, 14h-18h ; oct.-mars : tlj sf lun. et j. fériés 10h-12h, 14h-18h. Fermé 1er mai. 26,50F. ☎ 02 99 40 71 57.

Fort National – De juin à fin sept. : visite guidée (1/2h) à marée basse (horaires variables en fonction des marées). Fermé à marée haute. 20F. ☎ 04 70 34 71 85.

Le Grand Aquarium – ♿ De mi-juil. à fin août : tlj sf dim. 9h-22h30 (dernière entrée 1h av. fermeture) ; de déb. juil. à mi-juil. : 9h-20h ; sept.-juin : 9h30-19h. Fermé 1er janv. (matin) et 25 déc. (matin). 52F (enf. : 36F), 64F (aquarium et cinéma 3 D). ☎ 02 99 21 19 00.

Abbaye ST-MARTIN-DU-CANIGOU

Accès à l'abbaye – Route d'accès interdite aux véhicules. Accès à l'abbaye uniquement à pied (1/2h à 3/4h) ou par un service de jeeps proposé par des transporteurs. S'adresser à l'Office du tourisme de Vernet-les-Bains. ☎ 04 68 05 55 35.

Abbaye – De mi-juin à mi-sept. : visite guidée (3/4h) à 10h, 12h, 14h, 15h, 16h, 17h, dim. et j. fériés à 12h30 ; de mi-sept. à mi-juin : à 10h, 12h, 14h30, 15h30, 16h30, dim. et j. fériés à 12h30. Fermé mar. d'oct. à Pâques. 20F. ☎ 04 68 05 50 03.

Église ST-NECTAIRE

De juin à mi-sept. : tlj sf mar. 10h-12h, 14h30-18h, dim. 14h30-18h ; de mi-sept. à fin sept. : tlj sf mar. et jeu. 10h30-11h30, 14h30-16h30, dim. 14h30-16h30 ; avr.-mai et de déb. oct. à mi-oct. : tlj sf mar. et jeu. 14h-16h30. Fermé de mi-oct. à fin mars. ☎ 04 73 88 50 67.

ST-NICOLAS-DE-PORT

Basilique – De juil. à mi-sept. : visite guidée (1h) dim. et j. fériés 14h-18h comprenant la chapelle des Fonts, le trésor et la sacristie : 20F, les tours : 10F.

Visite avec baladeur toute l'année tlj sf dim. et lun. 14h-18h, baladeur à retirer 1 rue des 3 Pucelles, Parvis de la Basilique. ☎ 03 83 46 81 50.

ST-OMER   🚹 boulevard Pierre-Guillain - 62500 - ☎ 03 21 98 08 51

Musée de l'hôtel Sandelin – Fermé pour restructuration. Pour tout renseignement, ☎ 03 21 38 00 94.

ST-POL-DE-LÉON

Chapelle du Kreisker – De juil. à fin août : possibilité de visite guidée.

ST-QUENTIN   🚹 27, rue Victor-Basch - 02100 - ☎ 03 23 67 05 00

Visite guidée de la ville 🅰 – S'adresser à l'Office de tourisme.

Musée Antoine-Lécuyer – Tlj sf mar. : 10h-12h, 14h-17h, sam. 10h-12h, 14h-18h, dim. 14h-18h. Fermé 1er janv., 1er mai, 1er nov., 25 déc. 15F, gratuit mer. ☎ 03 23 64 06 66.

ST-RÉMY-DE-PROVENCE   🚹 place Jean-Jaurès - 13210 - ☎ 04 90 92 05 22

Glanum – Avr.-sept. : 9h-19h ; oct.-mars : 9h-12h, 14h-17h. Fermé 1er janv., 1er mai, 1er et 11 nov., 25 déc. 32F. ☎ 04 90 92 23 79.

ST-RIQUIER

Église et trésorerie – Avr.-oct. : visite guidée (1h) tlj sf mer. ap.-midi et dim. matin à 9h30, 10h30, 11h30, 14h, 15h, 16h et 17h ; nov.-mars : à 11h, 14h et 15h. Fermé de mi-juil. à fin juil. 10F. ☎ 03 22 28 20 20.

Musée départemental – Juil.-août : 10h-18h ; mai-juin et sept. : 10h-12h, 14h-18h ; de mi-fév. à fin avr. et de déb. oct. à fin nov. : 14h-18h, w.-end et j. fériés 10h-12h, 14h-18h. Fermé de déb. déc. à mi-fév. Gratuit. ☎ 03 22 68 20 20.

ST-SAVIN

Abbaye – Avr.-oct. : 9h30-12h30, 13h30-18h30 (juil.-août : 9h30-19h) ; fév.-mars et nov. : 14h-17h30. Fermé en janv. et 24-25, 31 déc. 30F (enf. : gratuit). ☎ 05 49 48 66 22.

ST-THÉGONNEC

Chapelle funéraire – D'avr. à fin sept. : 9h-18h (juin-août : 9h-19h). Gratuit. ☎ 02 98 79 47 64.

ST-TROPEZ   🚹 quai Jean-Jaurès - 83990 - ☎ 04 94 97 45 21

Musée de l'Annonciade – Tlj sf mar. 10h-12h, 14h-18h (juin-sept. : fermeture à 19h). Fermé en nov., 1er janv., 1er mai, Ascension, 25 déc. 30F. ☎ 04 94 97 04 01.

SAINTES   🚹 villa Musso, 62, cours National - 17100 - ☎ 05 46 74 23 82

Visite guidée de la ville 🅰 – S'adresser à l'Office de tourisme.

Musée des Beaux-Arts – Mai-sept. : tlj sf lun. 10h-12h, 14h-18h ; oct.-avr. : tlj sf lun. 10h-12h, 14h-17h30, dim. et j. fériés 14h-18h. Fermé 1er janv., 1er mai, 1er nov., 25 déc. 10F, gratuit dim. (passeport donnant accès aux 4 musées de la ville : 20F). ☎ 05 46 93 03 94.

St-Tropez – Le port

Abbaye aux Dames – De mi-avr. à fin sept. : 10h-12h30, 14h-19h ; d'oct. à mi-avr. : 14h-18h, mer. et sam. 10h-12h30, 14h-19h. Fermé entre Noël et Jour de l'an. 20F. ☎ 05 46 97 48 48.

Fort de SALSES

Juin-sept. : 9h30-18h30 (juil.-août : 9h30-19h) ; avr.-mai et oct. : 9h30-12h30, 14h-18h ; nov.-mars : 10h-12h, 14h-17h. Fermé 1er janv., 1er mai, 1er et 11 nov., 25 déc. 32F. ☎ 04 68 38 60 13.

Église SAN MICHELE DE MURATO

Visite sur demande auprès de la mairie de Murato. Prêt de la clé en échange d'une pièce d'identité. ☎ 04 95 37 60 10.

SARLAT-LA-CANÉDA   🛈 hôtel de Vienne, place de la Liberté – 24203 – ☎ 05 53 31 45 45

Visite guidée de la ville 🅰 – S'adresser à l'Office de tourisme.

SARTÈNE

Musée de préhistoire corse – Mai-sept. : tlj sf dim. 10h-12h, 14h-18h ; oct.-avr. : tlj sf w.-end 10h-12h, 14h-17h. Fermé 1er mai. 15F. ☎ 04 95 77 01 09.

SAUMUR   🛈 place de la Bilange - BP 241 - 49400 - ☎ 02 41 40 20 60

Musée de l'École de cavalerie – Le plan « Vigipirate » interdit momentanément les visites. De juin à fin juil. : exposition temporaire 10h-12h, 15h-18h. 10F. ☎ 02 41 83 93 06.

Musée des Blindés – ♿ Avr.-oct. : 9h-12h, 14h-18h (juil.-août : 9h-18h) ; nov.-mars : 10h-12h, 14h-17h. Fermé 1er janv. et 25 déc. 20F. ☎ 02 41 53 06 99.

Le château et ses musées – Juil.-août : visite guidée (3/4h) 9h30-18h, mer. et sam. 20h30-22h30 ; juin et sept. : 9h30-18h ; oct.-mars : tlj sf mar. 9h30-12h, 14h-17h30 ; avr.-mai : 9h30-12h, 14h-17h30. Fermé 1er janv. et 25 déc. 38F. ☎ 02 41 40 24 40.

Réserve naturelle de SCANDOLA

Accès – La visite de la réserve ne peut se faire que par mer au dép. de Porto, de Calvi ou d'Ajaccio. Se reporter à ces noms pour les horaires d'excursions.

SEDAN   🛈 place du Château - BP 322 - 08202 Cedex - ☎ 03 24 27 73 73

Château fort – De mi-mars à mi-sept. : visite guidée (1h1/2) 10h-12h, 13h-17h (juil.-août : 10h-18h) ; de mi-sept. à mi-mars : tlj sf lun. 13h30-16h30, w.-end, j. fériés, vac. scol. 10h-12h, 13h30-16h30. Fermé 1er janv. et 25 déc. 45F (enf. : 30F).

Île de SEIN

Accès à l'île – Juil.-août : au dép. d'Audierne - ligne régulière (Ste-Evette) - tlj toute l'année embarquement à bord de l'*Enez Sun III* (250 passagers) aller à 9h, 11h30, 16h50, retour à 10h20, 15h30, 18h15 ; sept.-juin : aller à 9h30, retour à 16h. Penn ar bed. ☎ 02 98 70 70 70.

De mi-juil. à mi-août : au dép. de Camaret à bord de l'*André Colin* (196 passagers) aller à 8h45, retour dim. seulement à 17h (dép. de l'île de Sein). Penn ar bed. ☎ 02 98 27 88 22.

Abbaye de SÉNANQUE

Mars-oct. : 10h-12h, 14-18h (dernière entrée 1/2h av. fermeture), dim. et j. fériés 14h-18h ; nov.-fév. : 14h-17h, w.-end et j. fériés 14h-18h. Fermé ven. Saint, j. fériés religieux (matin), 25 déc. 30F. ☎ 04 90 72 05 72.

SENLIS
🚶 place du Parvis-Notre-Dame - 60300 - ☎ 03 44 53 06 40

Visite guidée de la ville 🔺 – S'adresser à l'Office de tourisme.

Chapelle Royale St-Frambourg – Mai-oct. : w.-end et j. fériés 15h-18h ; nov.-avr. : dim. 15h-17h. 20F. ☎ 03 44 53 39 99.

SENS
🚶 place Jean-Jaurès - 89100 - ☎ 03 86 65 19 49

Musée, trésor et palais synodal – Juin-sept : 10h-12h, 14h-18h (juil.-août : 10h-18h) ; oct.-mai : tlj sf mar. (hors vac. scol.) 14h-18h, mer., w.-end, j. fériés 10h-12h, 14h-18h. Fermé 1er janv. et 25 déc. 20F (gratuit 1er dim. du mois). ☎ 03 86 64 46 22.

Prieuré de SERRABONE

10h-18h (dernière entrée 17h30). Fermé 1er janv., 1er mai, 1er nov., 25 déc. 10F. ☎ 04 68 84 09 30.

Château de SERRANT

D'avr. à mi-nov. : visite guidée (1h) tlj sf mar. 9h30-12h, 14h-18h ; de mi-nov. à fin déc. : w.-end et j. fériés 9h30-12h, 14h30-16h30, lun.-ven. sur demande. Fermé janv.-mars. 45F. ☎ 02 41 39 13 01.

SÈVRES

Musée national de Céramique – Tlj sf mar. 10h-17h. Fermé j. fériés. 23F. ☎ 01 41 14 04 20.

SÉVRIER
🚶 place de la Mairie - 74320 - ☎ 04 50 52 40 56

Musée de la Cloche – ♿ Juin-août : 10h-12h, 14h30-18h30, dim. 14h30-18h30 ; sept.-mai : tlj sf lun. 10h-12h, 14h30-17h30, dim. 14h30-17h30. Fermé de déb. déc. à mi-déc., 1er janv., 25 déc. 24F. ☎ 04 50 52 47 11.

Fort du SIMSERHOF

Fermé pour restauration jusqu'en mars 2001.

SISTERON
🚶 04200 - ☎ 04 92 61 36 50

Citadelle – Avr.-oct. : (dernière entrée 1h av. fermeture) 9h-18h30 (de mi-juil. à mi-août : 9h-20h30) ; de déb. nov. au 11 nov. : 9h-17h30. 20F. ☎ 04 92 61 27 57.

Église Notre-Dame – Lun.-ven. 14h30-17h30.

SOISSONS
🚶 16, place Fernand-Marquigny - 02200 - ☎ 03 23 53 17 37

Visite guidée de la ville 🔺 – S'adresser à l'Office de tourisme.

SOSPEL
🚶 Pont-Vieux - 06380 - ☎ 04 93 04 15 80

Fort St Roch – Juin-sept. : visite guidée (1h1/2) tlj sf lun. 14h-18h ; avr.-mai et oct. : w.-end et j. fériés 14h-18h. 25F (enf. : 15F). ☎ 04 93 04 15 80 ou ☎ 04 93 04 00 70.

SOUILLAC
🚶 boulevard Louis-Jean-Malvy - 46200 - ☎ 05 65 37 81 56

Musée national de l'Automate et de la Robotique – Juin-sept. : 10h-12h, 15h-18h (juil.-août : 10h-19h) ; avr.-mai et oct. : tlj sf lun. 10h-12h, 15h-18h ; nov.-mars : tlj sf lun. et mar. 14h-17h. 30F (enf. : 15F). ☎ 05 65 37 07 07.

STRASBOURG
🚶 17, place de la Cathédrale - 67200 - ☎ 03 88 52 28 28

Visite guidée de la ville 🔺 – S'adresser à l'Office de tourisme.

Tour de la cathédrale – Juil.-août : 8h30-19h ; avr.-juin et sept. : 9h-18h30 ; mars et oct. : 9h-17h30 ; nov.-fév. : 9h-16h30. 20F. ☎ 03 88 43 60 32.

STRASBOURG

Cathédrale : horloge astronomique – Sonnerie à 12h30. 5F. Possibilité de fermeture en cas de cultes exceptionnellement longs ou de répétitions de concerts. ☎ 03 88 52 28 28.

Musée de l'Oeuvre Notre-Dame – Tlj sf lun. 10h-12h, 13h30-18h, dim. 10h-17h. Fermé 1er janv., ven. Saint, 1er mai, 1er et 11 nov., 25 déc. 30F (enf. : 20F).

Palais Rohan :

Musée d'Arts décoratifs – ♿ Tlj sf mar. 10h-12h, 13h30-18h, dim. 10h-17h. Fermé 1er janv., ven. Saint, 1er mai, 1er et 11 nov., 25 déc. 30F (enf. : 20F). ☎ 03 88 52 50 00.

Musée des Beaux-Arts – Mêmes conditions de visite que le musée des Arts décoratifs.

Musée archéologique – ♿ Mêmes conditions de visite que le musée des Arts décoratifs.

Promenades en vedette sur l'Ill – *Embarcadère au palais Rohan. Mai-sept. : dép. toutes les 1/2h 9h30-22h ; oct. : 9h-21h ; nov.-avr. : 10h30, 11h15, 13h, 13h45, 14h30, 15h15 et 16h. 40F (enf. : 20F). De mai à fin sept. « flânerie nocturne » sur l'Ill illuminée à 21h30 et 22h ; oct. entre 19h et 21h. 42F (enf. : 21F). Pour tous renseignements,* ☎ *03 88 32 75 25.*

Barrage Vauban – De mi-mars à mi-oct. : 9h-20h ; de mi-oct. à mi-mars : 9h-19h. Gratuit. ☎ 03 88 60 90 90.

Musée alsacien – ♿ Mêmes conditions de visite que le musée des Arts décoratifs.

Musée d'Art moderne et contemporain – ♿ Tlj sf lun. 11h-19h, jeu. 12h-22h. Fermé 1er janv., ven. Saint, 1er mai, 1er et 11 nov., 25 déc. 30F (enf. : 20F). ☎ 03 88 23 31 31.

Musée historique – Fermé pour travaux de rénovation, réouverture prévue courant 2000.

Château de SUSCINIO

Avr.-sept. : 10h-12h, 14h-19h (juin-sept. : 10h-19h) ; oct.-mars : tlj sf mar. 14h-17h, w.-end et j. fériés 10h-12h, 14h-17h. Fermé de mi-déc. à mi-janv. 30F (enf. : 10F). ☎ 02 97 41 91 91.

T

TARASCON-SUR-ARIÈGE

Parc pyrénéen de l'Art préhistorique – De mars à déb. nov. : 10h-18h (juil.-août : 10h-19h). 55F (enf. : 35F). ☎ 05 61 05 10 10.

TAUTAVEL

Musée de Tautavel - Centre européen de Préhistoire – ♿ Juil.-août : 9h-21h ; avr.-juin et sept. : 10h-18h ; oct.-mars : 10h-12h30, 14h-18h. 36F (enf. : 18F). ☎ 04 68 29 07 76.

THANN

🅱 6, place Joffre - 68800 - ☎ 03 89 37 96 20

Collégiale St-Thiébaut – Visite libre de la collégiale, visite guidée du choeur sur demande. Office de tourisme.

Abbaye du THORONET

Avr.-sept. : 9h-19h, dim. 9h-12h, 14h-19h ; oct.-mars 10h-13h, 14h-17h. Fermé 1er janv., 1er mai, 1er et 11 nov., 25 déc. 35F. ☎ 04 94 60 43 90.

TOUL

🅱 parvis de la Cathédrale - 54203 - ☎ 03 83 64 11 69

Église St-Gengoult – Visite guidée sur demande préalable auprès de l'Office de tourisme.

Musée municipal – Avr.-oct. : tlj sf mar. 10h-12h, 14h-18h ; nov.-mars : tlj sf mar. 14h-18h. Fermé 1er janv., Pâques, 1er mai, Toussaint, 25 déc. 17F. ☎ 03 83 64 13 38.

TOULON

🅱 place Raimu - 83000 - ☎ 04 94 18 53 00

Le port – *De mi-juin à fin sept., un navire de guerre, mouillant en rade, est habituellement accessible aux visites. S'adresser aux bateliers, quai de Cronstadt.*

Promenades en vedettes – Embarcadères : quai Cronstad, côté préfecture maritime. De mi-avr. à fin oct. : circuit commenté (1h) pour visiter la rade de Toulon matin et ap.-midi ; de nov. à mi-avr. : l'ap.-midi seulement. 45F.

Renseignements et réservations auprès de la S.N.R.T.M., 1247 route du Faron, 83200 Toulon. ☎ 04 94 62 41 14.

Musée-mémorial national du débarquement de Provence – ♿ Juil.-sept. : 9h45-12h45, 13h45-18h30 (dernière entrée 1h av. fermeture) ; mai-juin : tlj sf lun. 9h45-12h45, 14h-18h ; oct.-avr. : tlj sf lun. 9h45-12h45, 14h-17h30. 25F. ☎ 04 94 88 08 09.

Musée de la Marine – ♿ Avr.-sept. : 10h-18h30 ; oct.-mars : tlj sf mar. 13h30-18h. Fermé en nov. 29F. ☎ 04 94 02 02 01.

Navire de débarquement « La Dives » – De mai à fin oct. : visite guidée (1h) 10h-12h, 13h30-18h30. 25F. ☎ 04 94 02 06 96.

TOULOUSE

🛈 donjon du Capitole - 31000 - ☎ 05 61 11 02 22

Visite guidée de la ville  – S'adresser à l'Office de tourisme.

Les Jacobins – ♿ Ouv. tlj. 10F. ☎ 05 61 22 21 92.

Musée des Augustins – ♿ Tlj sf mar. 10h-18h, mer. 10h-21h. Fermé 1er janv., 1er mai, 25 déc. 12F. ☎ 05 61 22 21 82.

Fondation Bemberg (Hôtel d'Assézat) – Tlj sf lun. 10h-18h, jeu. 10h-21h. Fermé 1er janv. et 25 déc. 30F. ☎ 05 61 12 06 89.

Musée Georges-Labit – ♿ Tlj sf mar. 10h-17h (juin-sept. : 10h-18h). Fermé j. fériés. 12F. ☎ 05 61 22 21 84.

Place du Capitole - Les arcades

Musée St-Raymond – ♿ 10h-18h (juin-août : 10h-19h). Fermé 1er janv., 1er mai, 25 déc. 12F. ☎ 05 61 22 21 85.

Muséum d'Histoire Naturelle – Actuellement fermé pour travaux. ☎ 05 61 52 00 14.

Musée Paul-Dupuy – ♿ Juin-sept. : tlj sf mar. 10h-18h ; oct.-mai : tlj sf mar. 10h-17h. Fermé j. fériés. 12F. ☎ 05 61 14 65 50

Château de TOURNOËL

Juil.-août : visite guidée (3/4h) 10h-18h ; avr.-juin et de sept. à mi-oct. : visite libre tlj sf jeu. 10h-18h ; de mi-fév. à fin mars et de mi-oct. à mi-nov. : visite libre tlj sf jeu. 13h30-17h. Fermé de mi-nov. à mi-fév. 20F (enf. : 10F). ☎ 04 73 33 53 06.

TOURS

🛈 78, rue Bernard-Palissy - 37000 - ☎ 02 47 70 37 37

Une carte Multi-Visites est en vente à l'Office de tourisme ainsi qu'à l'entrée de tous les musées municipaux. Cette carte, valable 1 an à compter de la date d'achat, donne accès aux 6 musées et offre la possibilité de participer à une visite-conférence à thème. 50F.

Visite guidée de la ville  – S'adresser à l'Office de tourisme.

Musée du Compagnonnage – ♿ De mi-juin à mi-sept. : 9h-12h30, 14h-18h ; mi-sept. à mi-juin : tlj sf mar. 9h-12h, 14h-18h. Fermé 1er janv., 1er mai, 14 juil., 1er et 11 nov., 25 déc. 25F. ☎ 02 47 61 07 93.

La Psalette – Avr.-sept. : visite guidée (1/2h) 9h30-12h30, 14h-18h, dim. 14h-18h ; oct.-nov. : 9h30-12h30, 14h-17h, dim. 14h-17h ; déc.-mars : mer., ven., sam. 9h30-12h30, 14h-17h, dim. 14h-17h. Fermé 1er janv. et 25 déc. 15F. ☎ 02 47 47 05 19.

Musée des Beaux-Arts – Tlj sf mar. 9h-12h45, 14h-18h. Fermé 1er janv., 1er mai, 14 juil., 1er et 11 nov., 25 déc. 30F. ☎ 02 47 05 68 73.

Prieuré de St-Cosme – Juin-sept. : 9h-19h ; oct.-mai : 9h-12h30, 13h30-17h (de mi-mars à fin mai et oct. : fermeture à 18h). Fermé déc.-janv. 23F, 46F (donne accès à la Maison de la Devinière et au Château de Saché). ☎ 02 47 37 32 70.

Hôtel Gouin – De mi-mars à fin sept. : 10h-12h30, 14h-18h30 (juil.-août : 10h-19h) ; de fév. à mi-mars et oct.-nov. : tlj sf ven. 10h-12h30, 14h-17h30. Fermé déc.-janv. 21F. ☎ 02 47 66 22 32.

Château et Historial de Touraine – Juil.-août : 9h-18h30 ; de mi-mars à fin juin et sept.-oct. : 9h-12h, 14h-18h ; de nov. à mi-mars : 14h-17h30. 35F. ☎ 02 47 61 02 95.

TOURS

Aquarium tropical – ♿ Juil.-août : 9h30-19h, dim. et j. fériés 14h-19h ; avr.-juin et sept.-oct. : 9h30-12h, 14h-18h, dim. et j. fériés 14h-18h ; nov.-mars : 14h-18h. 30F. ☎ 02 47 64 29 52.

Musée des Équipages militaires et du train – *Tlj sf w.-end 13h30-17h30. Fermé j. fériés, entre Noël et Jour de l'an, la dernière sem. de fév. Gratuit.* ☎ *02 47 77 20 35.*

TRÉGUIER
🛈 hôtel de ville - 22220 - ☎ 02 96 92 30 19

Maison de Renan – D'avr. à fin oct. et vac. scol. : tlj sf lun. et mar. 10h-12h, 14h-18h (juil.-août : 10h-13h, 14h30-18h30). 25F. ☎ 02 96 92 45 63.

Cathédrale St-Tugdual – De juil. à fin août : possibilité de visite guidée tlj sf dim. et j. fériés 10h-12h, 14h30-18h.

Cloître – Juil.-août : 9h30-18h30, dim. et j. fériés 12h30-18h30 ; mai-juin et sept : 10h-12h, 14h-18h, dim. et j. fériés 14h-18h. 14F (cloître et trésor). ☎ 02 96 92 22 33.

Forêt de TRONÇAIS

Visite guidée de la forêt – Pdt un ou deux mois chaque été, au départ du rond de Tronçais. S'adresser à l'Office National des Forêts ☎ 04 70 46 82 00 ou au CPIE ☎ 04 70 06 14 69. Renseignements sur les activités touristiques, s'adresser à l'Association du Pays de Tronçais à Cérilly. ☎ 04 70 67 55 89.

TROYES
🛈 16, boulevard Carnot - 10014 - ☎ 03 25 82 62 70

Visite guidée de la ville 🅰 – S'adresser à l'Office de tourisme.

Hôtel de Vauluisant – Juil.-août : tlj sf mar. 10h-18h ; janv.-juin : tlj sf lun. et mar. 10h-12h, 14h-18h. Fermé j. fériés. 30F (enf. : 5F), gratuit mer. ☎ 03 25 42 33 33.

Maison de l'Outil et de la Pensée ouvrière – 9h-13h, 14h-18h, w.-end et j. fériés 10h-13h, 14h-18h. 40F. ☎ 03 25 73 28 26.

Musée d'Art moderne – ♿ Tlj sf mar. 11h-18h. Fermé j. fériés. 30F, gratuit mer. ☎ 03 25 76 26 80.

Abbaye St-Loup : musée des Beaux-Arts, d'Archéologie, d'Histoire naturelle – Juil.-août : tlj sf mar. 10h-13h, 14h-18h, dim. 10h-12h, 14h-18h ; janv.-juin : tlj sf mar. 10h-12h, 14h-18h. Fermé j. fériés. 30F, gratuit mer. ☎ 03 25 76 21 68.

Pharmacie de l'Hôtel-Dieu – ♿ Juil.-août : tlj sf mar. 10h-18h ; janv.-juin : mer. et w.-end 14h-18h. Fermé j. fériés. 20F, gratuit mer. ☎ 03 25 80 98 97.

U

UTAH BEACH

Musée du Débarquement – ♿ Juin-sept. : 9h30-18h30 ; avr.-mai : 10h-12h30, 14h-17h30 ; de mi-nov. à fin mars : w.-end, j. fériés, vac. scol. : 10h-12h30, 14h-17h30. Fermé 1er janv. et 25 déc. 27F. ☎ 02 33 71 53 35.

V

VAISON-LA-ROMAINE
🛈 place du Chanoine-Sautel - 84110 - ☎ 04 90 36 02 11

Visite guidée de la ville 🅰 – S'adresser à la Maison du tourisme.

Ruines romaines (Puymin, Villasse) – Juil.-août : Puymin : 9h30-19h, Villasse 9h30-12h, 14h30-19h ; juin et sept. : Puymin : 9h30-18h, Villasse 9h30-12h, 14h30-18h ; mars-mai et oct. : 10h-12h30, 14h-18h ; nov.-fév. : tlj sf mar. 10h-12h, 14h-16h30. Fermé 1er janv. et 25 déc. 40F billet donnant accès à l'ensemble des monuments de la ville (enf. : 14F). ☎ 04 90 36 02 11.

Musée archéologique Théo-Desplans – Mars-oct. : 10h-12h30, 14h30-18h (juil.-août : 9h30-19h, juin et sept. : 9h30-18h) ; nov.-fév. : tlj sf mar. 10h-11h30, 14h-16h. Fermé 1er janv. et 25 déc. 40F donnant accès à l'ensemble des monuments (enf. : 14F). ☎ 04 90 36 51 30 ou ☎ 04 90 36 51 31.

VALCABRÈRE

Basilique St-Just – Juil.-sept. : 9h-19h ; Pâques-Toussaint et toutes les vac. scol. : 9h-12h, 14h-18h. ☎ 05 61 95 49 06 ou ☎ 05 61 88 35 82.

Château de VALENÇAY

Avr.-oct. : 9h30-18h (juil.-août : 9h30-19h30) ; mars : 14h-17h, w.-end 10h-17h ; janv.-fév. : w.-end 14h-17h. Fermé 1er janv. et 25 déc. 52F château, parc et musée de l'automobile (enf. : 42F). ☎ 02 54 00 10 66.

Parc – Mêmes conditions de visite que le château.

VANNES

🖪 1, rue Thiers - 56000 - ☎ 02 97 47 24 34

Visite guidée de la ville 🅰 – S'adresser à l'Office de tourisme.

Musée archéologique – Avr.-oct. : tlj sf dim. 9h30-12h, 14h-18h (juil.-août : ouv. en continu) ; nov.-mars : tlj sf dim. 14h-18h. Fermé j. fériés. 20F. ☎ 02 97 42 59 80.

Aquarium océanographique et tropical – &. Juin-août : 9h-19h ; sept.-mai : 9h-12h30, 13h30-18h. Fermé 1er janv. (matin) et 25 déc. (matin). 50F (enf. : 30F). ☎ 02 97 40 67 40.

Fort de VAUX

&. De mai à sept. : 9h-18h30 ; avr. : 9h-18h ; fév.-mars : 9h30-12h, 13h-16h30 ; d'oct. à mi-déc. : 9h30-12h, 13h-17h. Fermé de mi-déc. à fin janv. 15F. ☎ 03 29 86 14 18.

Château de VAUX-LE-VICOMTE

De mi-mars au 11 nov. : 10h-13h, 14h-18h, dim. et j. fériés 10h-18h ; de mai à fin sept. : visite aux chandelles jeu. et sam. 20h-24h. 62F (château, jardin et musée des équipages), 80F (soirée aux chandelles). ☎ 01 64 14 41 90.

Jardins – De mi-mars au 11 nov. : 10h-18h, de mai à fin sept. : visite aux chandelles jeu. et sam. 20h-24h. 30F (jardin et musée des équipages). ☎ 01 64 14 41 90.

Musée des Équipages – Mêmes conditions de visite que les jardins.

VENDÔME

🖪 le Saillant, 47-49, rue Poterie - 41100 - ☎ 02 54 77 05 07

Salle capitulaire de l'ancienne abbaye de la Trinité – Tlj sf mar. 10h-12h, 14h-18h. Fermé 1er janv., 1er mai, 25 déc. Gratuit. ☎ 02 54 77 26 13.

Musée – Tlj sf mar. 10h-12h, 14h-18h. Fermé 1er janv., 1er mai, 25 déc. 16F. ☎ 02 54 77 26 13.

Mont VENTOUX

État de la route – Pour toutes précisions sur l'enneigement des routes du massif du Ventoux (risques d'obstruction nov.-mai) téléphoner au ☎ 08 36 68 02 84 (Météo France).

VERDUN

🖪 place de la Nation - 55016 - ☎ 03 29 86 14 18

La Citadelle souterraine – &. Juil.-août : parcours reconstitution (1/2h) 9h-19h ; mai-juin : 9h-18h ; avr. et sept. : 9h-12h, 14h-17h30 ; de mi-fév. à fin mars et d'oct. à mi-déc. : 10h-12h, 14h-17h ; de mi-déc. à mi-fév. : 14h-16h. Fermé certains j. fériés. 35F (enf. : 15F). ☎ 03 29 86 14 18.

VERSAILLES

🖪 7, rue des Réservoirs - 78000 - ☎ 01 39 50 36 22

Visite guidée de la ville 🅰 – S'adresser à l'Office de tourisme.

Visites-conférences – Tlj sf lun. Réservation obligatoire sur place, le j. même. Entrée D. Visites conférences 1h : 25F, 1h1/2 : 37F, 2h : 50F (supplément à ajouter au tarif d'entrée de 45F). ☎ 01 30 83 77 88.

Château de Versailles

VERSAILLES

Chapelle et Grands Appartements – Outre la traditionnelle visite des Grands Appartements, le nouveau circuit inclut habituellement les salles des Croisades, certaines salles du 17^{e}s., la galerie des Batailles et la salle de 1830. Tlj sf lun. (dernière admission 1/2h av. fermeture) 9h-18h30 (oct.-avr. : fermeture à 17h30). 45F, (tarif réduit : 35F à partir de 15h30 mar.-dim). ☎ 01 30 83 76 20.

Grand et Petit Trianon – Avr.-sept. : tlj sf lun. 10h-18h30 (dernière entrée 1/2h av. fermeture) ; oct.-mars : tlj sf lun. 10h-12h30, 14h-17h30, w.-end 10h-17h30. Grand Trianon : 25F (tarif réduit : 15F) ; Petit Trianon : 15F (tarif réduit : 10F) ; billet incluant la visite du Petit Trianon : 30F (tarif réduit : 20F). ☎ 01 30 83 76 20.

VIEIL-ARMAND

Monument national du Vieil-Armand – D'avr. au 11 nov. : 8h-12h, 14h-18h. 12F. ☎ 03 89 23 12 03.

VIENNE
🛈 cours Brillier - 38200 - ☎ 04 74 53 80 30

Visite guidée de la ville – S'adresser à l'Office de tourisme.

Église St-André-le-Bas – Visite guidée aux mêmes heures d'ouv. que le cloître.

Cloître St-André-le-Bas, théâtre romain, musée des Beaux-Arts et d'Archéologie, église St-Pierre – Avr.-oct. : tlj sf lun. 9h30-13h, 14h-18h ; nov.-mars : tlj sf lun. 9h30-12h30, 14h-17h, dim. 14h-18h (théâtre 13h30-17h30). Fermé 1er janv., 1er mai, 1er et 11 nov., 25 déc. 11F. ☎ 04 74 85 50 42.

Château de VILLANDRY

Avr.-oct. : 9h-18h (juil.-août : 9h-18h30) ; mars : 9h-17h30 ; de fin oct. à mi-nov. : 9h-17h ; fév. : 9h30-17h. Fermé de mi-nov. à déb. fév. 45F (château et jardins). ☎ 02 47 50 02 09.

Jardins – Avr.-sept. : 9h-19h (juin-août : 8h30-20h) ; oct.-janv. : 9h-18h ; fév.-mars 9h30-17h. 32F, 45F château et jardin (enf. : 26F/38F). ☎ 02 47 50 02 09.

VILLEFRANCHE-DE-ROUERGUE
🛈 promenade du Guiraudet - 12200
☎ 05 65 45 13 18

Ancienne chartreuse St-Sauveur – De juil. à fin sept. : 10h-12h, 14h-18h. 20F. ☎ 05 65 45 13 18.

VILLENEUVE-LÈS-AVIGNON
🛈 1, place Charles-David - 30400 - ☎ 04 90 25 61 33

Visite guidée de la ville – S'adresser à l'Office de tourisme.

Chartreuse du Val de Bénédiction – 9h30-17h30 (avr.-sept. : 9h-18h30). Fermé 1er janv., 1er mai, 1er et 11 nov., 25 déc. 32F. ☎ 04 90 15 24 24.

VILLEQUIER

Musée Victor-Hugo – Tlj sf mar. 10h-12h30, 14h-17h, dim. 14h-17h30 (avr.-sept. : fermeture à 18h). Fermé 1er janv., 1er mai, 25 déc. 20F. ☎ 02 35 56 78 31.

Y

YVOIRE
🛈 place de la Mairie - 74140 - ☎ 04 50 72 80 21

Jardin des Cinq-Sens – ♿ De mi-mai à mi-sept. : 10h-19h ; de mi-avr. à mi-mai : 11h-18h ; de mi-sept. à mi-oct. : 13h-17h. Fermé de mi-oct. à mi-avr. 40F (-16ans : 25F). ☎ 04 50 72 88 80.

Index

Le Mont-St-Michel ...... Villes, curiosités et régions touristiques

Anne de Bretagne ...... Noms historiques, personnages célèbres

Les curiosités isolées (châteaux, abbayes, barrages, grottes, sources...) sont répertoriées à leur nom propre

Les N^{os} de pages en **gras** renvoient à la description principale

Les monuments ou sites français inscrits au Patrimoine mondial sont soulignés *de bleu* (voir la liste p. 389)

A

Abaquesne (Masséot) 316
Aber 118
Ader (Clément) 356
Agen 20
Ahusquy 348
Aigoual (Mont) 70
Aigues-Mortes 70
Aiguille du Midi 138
L'Aiguillon (Anse) 214
Aix (Île) 16-390
Aix-en-Provence 62-71
Aix-les-Bains 62
Ajaccio 62-**73**
Albi 75
Albigeois 20
Les Albigeois 75
Les Albret 283
Alcuin 361
Aliénor d'Aquitaine 110
Alleuze (Château) 327
L'Alpe-d'Huez 62
Alsace 15
Alsace (Écomusée) 76
Alpes 20-317
Amboise 76
Ambleteuse 127
Amélie-les-Bains 62
Amiens 78
Ampère (André) 208
Ancy-le-Franc (Château) 79
Les Andelys (Château) 81
Andorre (Principauté) 80
Anduze 134
Angers 81
Ango (Manoir) 159
Angoulême 83
Annecy 62-**83**
Anne de Bretagne 192
Antibes 323
Anzy-le-Duc 32
Aphanize (Col) 348
Aquitaine 20
Arago (François) 286
Arbailles (Forêt) 348
Arcachon 62-**84**
Arçay (Pointe) 214
Arc-et-Senans 85
Ardèche (Gorges) 85
Ardennes 15
Argelès-Gazost 62
Argelès-Plage 62
Argoat 13
Arles 86
Arles-sur-Tech 397
Armor 13

Arp (Jean) 349
Arras 88
Arromanches 157
Artois 15
Ascain 329
Astérix (Parc) 89
Aubisque (Col) 89
Auch 89
Auge (Pays) 200
Aulnay 90
Aurignac 170
Aussois (Col d') 369
Authion (Massif) 322
Autun 90
Auvergne 17
Auxerre 91
Aven Armand 91
Avignon 92
Avoriaz 62
Ax-les-Thermes 62
Azay-le-Rideau (Château) 95
Azincourt 333

B

Bagnères-de-Bigorre 62
Bagnoles-de-l'Orne 62
Balleroy (Château) 47
Bandol 62
Banyuls 287
Barbizon 282
Barcelonnette 321
Barèges 62
Bar-le-Duc 95
Bart (Jean) 166
Bartholdi (Frédéric) 102-150
Bastia 131
Batz (Île de) 390
La Baule 62-**96**
Baume (Cirque) 202
Baumes (Cirque) 353
Les Baux-de-Provence 96
Bavella (Aiguilles, col) 97
Bayard (Col) 324
Bayeux 97
Bayonne 20-**107**
Béarn 283
Beaufort 319
Beaufortain 319
Beaulieu-sur-Dordogne 99
Beaulieu-sur-Mer 62
Beaune **99**-398
Beauvais 101
Le Bec-Hellouin (Abbaye) 101
Belfort 102

Bellevarde (Rocher de) 368
Belle-Île 62-**103**
Bénodet 62
Béout (Sommet) 203
Bergès (Aristide) 141
Bergson (Henri) 361
Berliet (Marius) 209
Bernard (Claude) 209
Berry 16
Berzé-la-Ville 43
Besançon 104
Besse-en-Chandesse 296
Bétharram (Grotte) 204
Beuvray (Mont) 90
Beynac-et-Cazenac (Château) . . 106
Béziers 399
Biarritz 62-**106**
Bitche 107
Blériot-Plage 126
Blois 108
Bollée (Amédée) 213
La Bollène-Vésubie 322
La Bolline 322
Bonaguil (Château) 108
Bonaparte 73
Bonhomme (Col) 316
Bonifacio 109
Bordeaux 110
Bories (Village) 181
Bossuet (Jacques-Bénigne) 217
Boucher de Perthes (Jacques) . . 168
Bouchet (Lac) 299
Boudin 319
Bougon (Tumulus) 112
Boulogne-sur-Mer 113
Bourbonnais 18
Le Boulou 62
Bourbons 25-251
La Bourboule 62
Bourdeille (Pierre de) 117
Le Bourg-d'Oisans 243
Bourgelat (Claude) 208
Bourg-en-Bresse 113
Bourges 114-399
Le Bourget (Lac) 116
Bourgogne 16
Bourg-St-Maurice 319
Bourne (Gorges) 372
Bouvines 196
Brantôme 117
Braus (Col) 322
Bray-Dunes 166
La Brède (Château) 117
Brest 118
Bretagne 13
Briançon 119
Briare (Pont-Canal) 119
Brioude 120
Brissac (Château) 121
Brouage 121
Bruère-Allischamps 218
Bugeaud (Thomas) 199
Burzet 397

C

Cabourg 62-156
Caen 122
Cahors 124
Calais 126
Calanche 292

Les Calanques 133
Calvi 396
Camargue 128
Le Cannet-Plage 62
Cannes 62-**129**
Cap Blanc-Nez 127
Cap-Gris-Nez 113
Capcir 226
Cap Corse 131
Cap-d'Antibes 62
Capet (Hugues) 23
Capétiens 23-**250**
Cap-Ferrat 240
Capvern 62
Carcassonne **130**-398
Carnac 62-**132**
Carolingiens 22
Caron (Cime de) 369
Casse Déserte 320
Cassis 132
Castellane 323
Castres 133
Catalauniques (Champs) 135
Le Cateau-Cambrésis (Traité) . . 334
Cathares 229
Caudebec-en-Caux 133
Causses 19
Cauterets 62
Cayolle (Col) 321
Cent Ans (Guerre) 23
Céramique 199
Cerdagne 226
Cévennes 19
Cévennes (Corniche) 134
Cézanne (Paul) 71
Chablais 317
La Chaise-Dieu **134**-399
Châlons-en-Champagne 135
Chalon-sur-Saône 136
Chambéry 136
Chambord (Château) **137**-398
Chamonix-Mont-Blanc 62-**137**
Champagne 15
Le champagne 303
Champigny-sur-Veude 144
Champollion (Jean-François) . . . 173
Champs-sur-Marne (Château) . . 282
Chanson de Roland 181
Chantilly (Château) 138
Chaource 139
Chapeau-de-Gendarme 325
Charentes 16
Charles X 255
Charles le Téméraire 160
Charleville-Mézières 139
Charmant-Som 141
Chartres **140**-397-399
Chartreuse (Massif) 141
Châteauneuf 100
Châteauneuf-sur-Loire 13
Châtelguyon 63
Châtillon-sur-Seine 142
Chaudes-Aigues 63
Chausey (Îles) 390
Le Chazelet (Oratoire) 320
Chenonceau (Château) **142**-399
Chevalier (Maurice) 275
Cheverny (Château) **143**-399
Chèvre (Cap) 284
Chinon 143
Chrestien de Troyes 364
Cinglegros (Rocher) 353

Ve République 260
Cîteaux 178
Civaux 289
Clairière de l'Armistice 152
Clairvaux 178
Clamouse (Grotte) 328
Clause (Jean-Pierre) 349
Clermont-Ferrand 145-398
Clouet (Jean) 361
Clovis 290-301
Cluny 148
La Clusaz 317
Cluses 317
Code Civil 254
Cœur (Jacques) 115
Cognac 149
Collioure 20-287
Collonges-la-Rouge 150
Colmar 150-397
La Colmiane 322
Colombey-les-Deux-Églises 151
Combe Laval 372
Combloux 63
Compiègne 151
Concarneau 153
Condé 310
Conflent 226
Conques 153
Constituante 253
Consulat 254
Contrexéville 63
Convention 254
Coquelles 127
Cordes-sur-Ciel 154
Cormet de Roselend 319
Cormatin (Château) 148
Corneille (Pierre) 313
Corniche Sublime 374
Corniche Normande 156
Cornouaille 300
Corps 324
Corse 21
Corte 154
Cosquer (Grotte) 132
Côte d'Albatre 158
Côte d'Amour 96
Côte d'Argent 85
Côte d'Azur 21
Côte d'Émeraude 331
Côte d'Opale 127
Côte Fleurie 156
Côte Vermeille 287
Cotentin 14
Cote 304 375
Coulomb (Charles de) 73
Coupesarte (Manoir) 200
Courbons 323
Courchevel 63
Coutances 155-398
La Couvertoirade 156
Crèvecœur (Manoir) 200
Le Croizic 96
Le Crouesty 63
Crozon (Presqu'île) 284

D

Dali (Salvador) 286
Daluis (Gorges) 321
Daurat (Didier) 356
Dax 63
Deauville 63-156

Débarquement (Plages) 157
De Gaulle (Charles) 151
Les Demoiselles (Grotte) 158
Denfert-Rochereau 102
Descartes (René) 25
Les Détroits 353
Les Deux-Alpes 63
IIe République 256
La Devinière (Métairie) 143
Dewoitine (Émile) 357
Dieppe 63-158
Digne 323
Dijon 159
Dinan 162
Dinan (Pointe) 284
Dinard 63-162
Directoire 254
Disneyland Paris 163
Dives 98
Divonne 63
Domme 163
Domrémy-La-Pucelle 164
Le Dorat 158
Doré (Gustave) 349
Douai 164
Douaumont (Nécropole) 375
Doubs (Saut) 165
Doué (Zoo) 343
Du Guesclin (Bertrand) 162
Dunkerque 166-396
Durance (Dépression) 323

E

Écouen (Château) 282
Écrins (Massif) 243
Émaux 199
Embrun 320
Empire 254
Enghien 63
Les Éparges 375
Épernay 15
L'Épine (Basilique) 167
Érard (Sébastien) 349
Erquy (Cap) 331
Espagnols (Pointe) 284
Esterel (Massif) 129
Étretat 167
Évian 63-399
Évreux 168
Les Eyzies-de-Tayac 168
Èze 240

F

Fanjeaux 358
Le Faouët 170
Faron (Mont) 356
Faucigny 317
Favre-Bulle (Maurice) 105
Faye (Pas) 323
Fécamp 172
Fenioux 173
Figeac 173
Filitosa 174
Flandres 15
Flaubert (Gustave) 313
Fleury-devant-Douaumont 375
Foch (Ferdinand) 29-152

Foix 175
Fontainebleau 175
La Fontaine de Vaucluse 177
Font-de-Gaume (Grotte) 171
Fontenay (Abbaye) 178
Fontevraud (Abbaye) 179
Fontfroide (Abbaye) 237
Font-Romeu 63
Foucauld (Charles de) 349
Fougères 180
Fouquet (Jean) 361
Fouquet (Nicolas) 369
Fragonard (Jean-Honoré) 323
France (Anatole) 361
Fréhel (Cap) 180
Fréjus (Baptistère) 42
Frioul (Archipel du) 390
Frou (Pas) 141
Le Futuroscope 180

G

Gaffori (Jean-Pierre) 154
Gaillon (Château) 46
Galibier (Col) 319
Gambetta (Léon) 124
Gannat 399
Gap 324
Garabit (Viaduc) 327
Gassendi (Pierre) 323
Gavarnie (Cirque) 181
Gérardmer 66
Gerbier de Jonc 221
Géricault (Théodore) 313
Germigny-des-Prés 325
Gien 13
Girardon (François) 364
Girolata (Golfe) 21
Girondins 110
Glanum (Ruines) 336
Glénan (îles de) 390
Gold Beach 157
Gordes 181
Gramat (Causse) 306
Grand 42
Grand Ballon 316
Grand Colombier 182
Grande-Guerre (1914-1918) 29
La Grande-Lande (Ecomusée) .. 182
Grandmont (Abbaye) 44
La Grande-Motte 66-227
Grande Sassière (Réserve) 371
Grands-Goulets 372
Granier (Col) 141
Grasse 323
La Graufesenque 222
La Grave 320
Grégoire de Tours 360
Grenoble 183
La Grèze (Grotte) 170
Grignan (Château) 185
Groix (île de) 390
Gros-Bois (Château) 282
Guérande 185
Guillaume le Conquérant ... 98-123
Guillaumet (Henri) 357
Guillestre 320
Guimard (Hector) 209
Guimet (Jean-Baptiste
    et Émile) 209
Guimiliau (Enclos paroissial) ... 338
Guise (Château) 335

H

Hambye (Abbaye) 185
Hardouin-Mansart (Jules) 377
Hautecombe (Abbaye) 116
Hautefort (Château) 186
Haut-Koenigsbourg (Château) .. 186
Le Havre 187
Hazebrouck 394
Henri IV 26
Hérisson (Cascade) 188
Hoc (Pointe) 157
Hoëdic (Île d') 390
Hohneck 316
Holçarté (Crevasses) 348
Honfleur 188
Hossegor 66
Houat (Île d') 390
Les Houches 138
Houlgate 156
Hourtous (Roc) 353
Hugo (Victor) 383
Hunspach 189
Hyères (Îles d') 390

I – J

Île-de-France 13
Iraty (Forêt) 348
Iseran (Col) 319
Issarlès (Lac) 221
Issoire 190
Izoard (Col) 320
Jacquard (Marie-Joseph) 208
Janvier (Antide) 105
Japy (Georges-Frédéric) 105
Jansénisme 294
Jeanne d'Arc 143-151-164-246
Jean sans Peur 159
Josselin (Château) 190
Jouarre (Crypte) 42
Jouffroy d'Albans 208
Jourdan (Jean-Baptiste) 199
Joux (Forêt) 191
Juan-les-Pins 66-399
Jumièges (Abbaye) 191
Juno Beach 157
Jura 16
Jussieu (les frères) 208

K

Kakouetta (Gorges) 348
Kaysersberg 191
Kellermann (François) 349
Kernascléden 192
Kerzanton 119

L

La Fontaine (Jean de) 252
La Latte (Fort) 331
Lamartine (Alphonse de) 116
Lamour (Jean) 233
Landes 20-182

Langeais (Château) 192
Laon 193
Lapalisse (Château) 194
Lascaux (Grotte) 194
Latécoère (Pierre) 356
Lautaret (Col) 319
Lavaudieu (Prieuré) 120
Le Corbusier 312
Ledoux (Claude-Nicolas) 85
Législative 253
Léman (Lac) 317
Le Nain (Frères) 193
Le Nôtre (André) 377
L'Épée (Frédéric) 105
Lépine (Louis) 208
Lérins (Îles) 194
Lessay 195
Le Vau (Louis) 377
Lewarde (Centre historique
   minier) 195
Liguge 289
Lille 196
Limagnes 18
Limoges **198**-398
Limousin 16
Limosin (Léonard) 198
Lisieux 200
Loches 201
Locmariaquer (Ensemble
   mégalithique) 368
Locronan 201
Lons-le-Saunier 202
Lorient 26-399
Lorraine 15
Loti (Pierre) 308
La Loue (Source) 202
Louis XI 361
Louis XIII 261
Louis XIV 25-262-328-378
Louis XIV (Siècle de) 251
Louis XV 253-379
Louis XVI 253-379
Louis XVIII 255
Louis-Philippe 255
Lourdes 203
Luchon 66
Le Lude (Château) 399
Lumière (les frères) 208
Lumières (Siècle des) 252
Lunéville 204
Lure (Signal) 347
Lussault-sur-Loire 78
Lyon **205**-401

M

La Madeleine 157
Maginot (ligne) 107
Maillol (Aristide) 286
Maisons Laffitte (Château) 282
Le Mans **212**-398
Marais Poitevin 213
Marcamps 170
Marciac 400
Margain (Bec) 141
Marguerite d'Autriche 113
Marmoutier (Église) 344
Marnay 95
Marne-la-Vallée 163
Marquèze 182
Marsat (Église) 305
Marseillaise 217-349

Marseille 214
Marzal (Aven) 86
Le Mas-d'Azil (Grotte) 217
Matisse (Henri) 184-239
Maurienne 319
Maures (Massif) 338
Meaux 217
Mégévand (Laurent) 105
Megève 66
Meillant (Château) 218
Menez Hom 13
Menton 66-**218**
Mer de Glace 138
Mermoz (Jean) 357
Mérovingiens 22
Metz 219
Meuse ardennaise 226
Mézenc (Massif) 221
Michelin (les frères) 146
Midi (canal) 223
Midi de Bigorre (Pic) 221
Mignard (Pierre) 364
Millau 221
Modane 319
Moëze (Croix hosannière) 308
Moissac 223
Molène (Île) 390
Molière 252
Monaco (Principauté) 226
Monarchie de Juillet 28
Monet (Claude) 187
Montauban 225
Montbéliard (Pays) 102
Mont-Blanc (Massif) 138
Le Mont-Dore 66
Monte-Carlo 66-**227**
Montesquieu (Charles) 117
Montereau 159
Monteux 398
Montfaucon (Butte) 375
Monthermé 226
Mont-Louis 226
Montpellier **226**-400
Montpellier-le-Vieux 225
Le Mont-St-Michel **227**-398
Montségur (Château) 229
Morbihan (Golfe) 368
Morgat (Grottes) 284
Le Mort-Homme 375
Morvan 16
Morzine 66-**317**
Moulins 229
Moulinet 322
Moussais-la-Bataille 290
Moustiers-Ste-Marie 374
Mozac (Église) 305
Mulhouse 230
Murbach (Église) 232
Murol (Château) 332

N

Nancy 233
Nantes 234
Napoléon Ier (voir aussi
   Bonaparte) 73-322
Napoléon III 256
Narbonne 236
Naurouze (Seuil) 129
Navacelles (Cirque) 237
Néouvielle (Massif) 237
Neuvy-Saint-Sépulcre 42

Nevers 238
Niaux (Grotte) 175
Nice 66-**238**
Niepce (Nicéphore) 136
Nîmes 241
Nohant (Château) 242
Noirlac (Abbaye) 242
Noirmoutier (Île) 16-390
Nominoé 367
Normandie 14
Normandie (Pont) 189
N.-D.-des-Fontaines 341
Nouaillé-Maupertuis 291

O

Obernai 244
Oisans 243
Oléron (Île) 16-390
Omaha-Beach 157
Oradour-sur-Glane 245
Orange 244
Orcival 246
Orgnac (Aven) 245
Orléans 247
Ottmarsheim 232
Ouessant (Île) 246
Ouistreham 157

P

Padirac (Gouffre) 248
Palissy (Bernard) 338
Palmyre (Zoo) 121
Paoli (Pascal) 154
Paray-le-Monial 250
Paris **250**
  Amelot-de-Bisseuil (Hôtel) 270
  Arc de Triomphe 263
  Armée (Musée) 279
  Arts et Métiers (Conservatoire) . . 280
  Art Moderne (Musée) 279
  Beauvais (Hôtel) 270
  Bercy 271
  Béthune-Sully (Hôtel) 270
  Carnavalet (Hôtel) 270
  Carrousel (Arc de Triomphe) 270
  Chaillot (Palais) 266
  Champs-Élysées (Avenue) 270
  Cité des Sciences 276
  Cluny (Hôtel) 279
  Collège de France 273
  Conciergerie 264
  Concorde (Place) 264
  Découverte (Palais) 280
  La Défense (Quartier) 270
  École Militaire 265
  Élysée (Palais) 271
  L'Étoile (Place Charles-de-Gaulle) . 263
  Géode 276
  Georges-Pompidou (Centre) 279
  Grande Arche de la Défense 271
  Guénégaud (Hôtel) 270
  Hôtel de Ville 272
  Institut de France 273
  Les Invalides 262
  Lamoignon (Hôtel) 269
  Louvre (Palais) 260
  Louvre (Musée) 276
  Luxembourg (Palais) 271
  Madeleine (Place) 280
  Le Marais 269
  Matignon (Hôtel) 271

Montmartre (Butte) 275
Notre-Dame 266
N.-D.-du-Val-de-Grâce 269
Opéra Garnier 266
Orangerie (Musée) 279
Orsay (Musée) 278
Palais-Bourbon 271
Palais de Justice 264
Palais de la Défense (CNIT) 271
Palais-Royal 265
Panthéon 265
Pyramide du Louvre 262
Quartier Latin 272
Rohan (Hôtel) 270
Sacré-Cœur (Basilique) 276
St-Eustache (Église) 268
St-Germain-des-Prés (Église) . . . 268
St-Séverin (Église) 268
Ste-Chapelle 268
Ste-Geneviève (Montagne) 272
Sorbonne 273
Soubise (Palais) 270
Tertre (Place) 276
Tour Eiffel 264
Tuileries (Jardins) 270
Vendôme (Place) 280
Villette (Parc) 276
Voie Triomphale 270
Vosges (Place) 269
Pascal (Blaise) 146
Pau 283
Pech-Merle (Grotte) 284
Peisey-Nancroix 369
Penhir (Pointe) 284
Penmarch (Presqu'île) 300
Périgord 17
Périgueux 285
Pérouges 286
Perpignan **286**-397
Perret (Auguste) 187
Perron (Louis) 105
Perros-Guirec 66
Peugeot (les frères) 102
Peyrepertuse (Château) 287
Phalsbourg 16
Philippe le Bon 159
Philippe le Hardi 159
Piaf (Édith) 275
Piana (Calanche) 292
Piaon (Gorges) 322
Pibeste (Pic) 204
Picardie 15
Picasso (Pablo) 323
Pierrefonds (Château) 153
Piette (Édouard) 217
Pilat (Dune) 85
Le Pin (Haras) 288
La Plagne (Lac de) 369
Plombières 66
Plougastel-Daoulas 118
Point Sublime 374
Poisson (Abri) 170
Poitiers 289
Poitou 16
Polignac (Château) 299
Pomarez 398
Pomègues (Île de) 390
Pontarlier 291
Pont-d'Arc 86
Pont du Diable (Gorges) 317
Pont du Gard 292
Pont-en-Royans 372
Ponte Nuovo 155
Porcelaine 199
Pornichet 66-96
Port-Coton 104
Port-Donnant 104

Port-Louis 26
Port-Navalo 368
Porto (Golfe) 292
Port-Royal-des-Champs 294
Port-St-Père (Safari africain) . . . 236
Le Pouliguen 96
Pourville-sur-Mer 158
Prades 401
Pralognan 369
Propriano 66
Provence 19
Provins 294
Le Puy-en-Velay 297
Puy-de-Dôme 295
Puy-de-Sancy 296
Le Puy-du-Fou 296
Puy-Mary 300
Puys (Chaîne) 295
Pyrénées 20

Q

IVe République 260
Quentin de La Tour (Maurice) . . 335
Quercy 17
Queyras 320
Quiberon 66
Quiberon (Presqu'île) 368
Quimper 300-401

R

Rabelais (François) 143
Racine (Jean) 294
Rambouillet 282
Ray-Pic (Cascade) 221
Raz (Pointe) 301
Ré (Île) 17-390
Reims 301
Religion (Guerres de) 25
Renan (Ernest) 363
Rencontre (Prairie) 324
René (roi) 71-81
Rennes 303
Renoir (Auguste) 198
République 256
Restauration 255
Révolution 253
Rhône (Vallée) 18
La Rhune 329
Richelieu (Cardinal) 26
Richelieu 144
Richier (Ligier) 95
Riez 42
Rigaud (Hyacinthe) 286
Rimbaud (Arthur) 139
Rinplas 322
Riom 304
Rioux (Église) 339
Riquet (Pierre-Paul) 129
Riquewihr 305
Riviéra niçoise 240
Robespierre (Maximilien) 88
Rocamadour 306
Rochefort 307
La Rochefoucauld 308
La Rochelle 66-308
Rochetaillée 210

Rocroi 310
Rodez 310
Rolin (Nicolas) 99
Ronchamp (Chapelle) 312
Ronsard (Pierre de) 361
La Roque d'Anthéron 400
Roquebillière 322
Roquebrune-Cap-Martin 219
Roquefort (Caves) 225
Roquetaillade (Château) 313
Roscoff 66-334
Rouen 313-397
Rouffignac (Grotte) 170
Rouget-de-l'Isle (Claude) . . 202-349
Roure 322
Rousset (Col) 372
Roussillon 20
Route des Crêtes 316
Route des Grandes Alpes 317
Route Impériale des Cimes 107
Route Napoléon 322
Route des Sapins 191
Roya (Gorges) 340
Royan 66
Royat 66
Royaumont (Abbaye) 282
Rueil-Malmaison 282

S

Les Sables-d'Olonne 66
St-Benoît-sur-Loire 324
Saint Bernard 178
St-Bertrand-de-Comminges . . . 325
St-Cast-le-Guildo 66
St-Céré 401
St-Claude 325
St-Denis (Basilique) 326
Saint Dominique 358
St-Donat-sur-l'Herbasse 401
St-Émilion 325
Saint-Exupéry (Antoine de) 357
St-Flour 326
Saint François-de-Sales 83
Saint Gatien 260
St-Germain-en-Laye 327
St-Gervais 67
St-Gilles 43
St-Guilhem-le-Désert 328
St-Honorat (Île) 195
Saint Hugues 148
St-Jean-de-Luz 67-329
St-Jean-Pied-de-Port 330
St-Lary-Soulan 237
Saint Loup 364
St-Loup-de-Naud (Église) 295
St-Malo 67-330
Saint Martin 260
St-Martin-du-Canigou 332
St-Martin-Vésubie 322
St-Mihiel 96
St-Nectaire 67-332
St-Nicolas-de-Port (basilique) . . . 333
St-Omer 333
St-Palais 398
St-Philbert-de-Grand-Lieu 42
St-Point (Lac) 291
St-Pol-de-Léon 334
St-Quentin 335
St-Raphaël 67
St-Rémy-de-Provence 336
St-Riquier 336

St-Romain-en-Gal 381
St-Sauveur-sur-Tinée 322
St-Savin 29-**336**
St-Thégonnec (Enclos
   paroissial) 337
St-Trojan 67
St-Tropez 67-**338**
St-Valéry-en-Caux 159
St-Véran 320
Saint Yves 363
Ste-Adresse 187
Ste-Anne-d'Auray 398
Sainte Bernadette
   Soubirous 203-238
Sainte Geneviève 250
Ste-Marguerite (Île) 194
Ste-Marguerite-sur-Mer 159
Ste-Maxime 67
Ste-Odile (Mont) **243**-398
Sainte Thérèse 200
Saintes 338
Les Stes-Maries-de-la-Mer . . **128**-397
Les Saisies (Col) 319
Salers 339
Salins 202
Salon-de-Provence 401
Salses (Fort) 340
Sancerre 13
Sand (George) 242
Sangatte
   (Tunnel sous la Manche) 127
San-Michele-de-Murato
   (Église) 340
Saorge 341
Sare 329
Sarlat-la-Canéda 341
Sartène **342**-397
Sassière (Lac) 368
Saugues 397
La Saulire 369
Saumur 343
Le Sautet (Barrage) 324
Saverne 344
Scandola 293
Schlucht (Col) 316
Schweitzer (Albert) 191
Seconde Guerre mondiale 29
Second Empire 256
Sedan 344
Seebach 189
Sein (Île de) 390
Senanque (Abbaye) 181
Senez 323
Senlis 345
Sens 346
Serrabone (Prieuré) 346
Serrant (Château) 82
Serre-Chevalier 67
Serres (Olivier de) 26
Sète 19
Sévigné (Mme de) 185
Sèvres 283
Signac (Paul) 338
Simserhof (Fort) 107
Sisteron 346
Sizun (Cap) 300
Sochaux 102
Socoa (Falaises) 329
Soie 209
Solignac 347
Solutré (Roche) 170
Sospel 322
Souillac 347
Soule (Haute) 348

Strasbourg **349**-397
Succession de Bretagne
   (Guerre) 190
Sully 26
Super-Lioran 67
Le Suquet 129
Suscinio (Château) 368
Sword Beach 157
Sylvanès (Abbaye) 400

T

Taffoni 293
Tain-l'Hermitage 19
Talleyrand (Charles-Maurice) . . . 367
Talloires 84
Tarascon-sur-Ariège 175
Tarentaise 319
Tarn (Gorges) 19-**352**
Tautavel 169
Tazenat (Gour) 305
Terra-Amata (Gisement) 169
Thimmonier (Barthélemy) 208
Thonon 65-**317**
Le Thoronet (Abbaye) 353
Tignes (Barrage) 319
Tignes 369
Torréens 174
Toul 354
Toulon 354
Toulouse **356**-401
Toulouse-Lautrec (Henri de) 75
Le Touquet-Paris-Plage 67-**359**
Tournoël (Château) 305
Tournon 19
Tournus 359
Tours 360
Tranchée des Baïonnettes 375
Trégastel 67
Tréguier 363
Trente (Combat des) 190
Trépassés (Baie) 301
IIIe République 29-257
Tronçais (Forêt) 363
Trouville 67-156
Troyes 364
Truyère (Vallée) 327
Tuéda (Réserve) 369
Tunnel sous la Manche 127
Tulle 16
Turenne 344
Turini (Forêt) 322

U

Utah-Beach **157**-397
Uzerche 16

V - W

Vaison-la-Romaine **366**
Le Val-André 67-**331**
Valcabrère (Basilique) 325
Val de Loire 13
Val-d'Isère 67-**319**
Valençay (Château) **369**-399
Valence 19

Vallée Blanche 138
Valois 24-250
Vannes **367**-401
Vanoise (Massif de la) 368
Var (Haute vallée) 321
Vars (Col) 321
Vauban 196
Vaugelas (Claude) 286
Vaux (Fort) . . . .
Vaux-le-Vicomte (Château) 372
Vendée 16
Vendée militaire 28
Vendôme 371
Vénéon (Vallée) 243
Vénètes 367
Ventoux (Mont) 371
Vercingétorix 145
Vercors (Massif) 372
Verdon (Grand Canyon) 373
Verdun 374
Versailles (Château) 376
Veules-les-Roses 159
Vézelay 380
Vic (Église) 242
Vichy 67-381
Le Vieil-Armand 316
Vienne 381
Villandry (Château) 382

Villard-de-Lans 47
Villefranche-de-Rouergue 383
Villers-sur-Mer 156
Villeneuve-lès-Avignon 94
Villequier 383
Villers-Cotterêts 24
Vimy (Mémorial) 88
Vincennes (Château) 283
Violette 356
Vittel 67
Vizille 324
La Voie Sacrée 96
Voisin (les frères) 208
Volvic 304
Vouillé 290
Vosges 14
Wimereux 127
Wissant 127

Y - Z

Yeu (Île) 16-390
Ys (Ville d') 300
Yvoire 383
Zuydcoote 166

MANUFACTURE FRANÇAISE DES PNEUMATIQUES MICHELIN
Société en commandite par actions au capital de 2 000 000 000 de francs
Place des Carmes-Déchaux – 63 Clermont-Ferrand (France)
R.C.S. Clermont-Fd B 855 200 507
© *Michelin et Cie, Propriétaires-Éditeurs 1997*
Dépôt légal novembre 1997 – ISBN 2 06-049004-9 – ISSN 0293-9436

Printed in the EU 09-99/3

Compogravure : MAURY Imprimeur, Malesherbes
Impression–Brochage : AUBIN Imprimeur, Ligugé

Illustration de la couverture par Nathalie BENAVIDES/Jean-Luc ROYER

Simplifiez-vous la route!

internet
http://www.michelin-travel.com

Collection Guides Verts Michelin

Titres France

- Alpes du Nord
- Alpes du Sud
- Alsace Lorraine
- Auvergne Bourbonnais
- Berry Limousin
- Bourgogne
- Bretagne
- Champagne Ardenne
- Châteaux de la Loire
- Corse
- Côte d'Azur
- Flandres Artois Picardie
- Ile-de-France
- Jura
- Languedoc Gorges du Tarn Cévennes
- Normandie Cotentin
- Normandie Vallée de la Seine
- Paris
- Périgord Quercy
- Pays Rhénans
- Poitou Vendée Charentes
- Provence
- Pyrénées Aquitaine
- Pyrénées Roussillon
- Vallée du Rhône

Titres Monde

- Allemagne
- Autriche
- Barcelone et la Catalogne
- Belgique, Luxembourg
- Berlin
- Bruxelles
- Californie
- Canada
- Danemark, Norvège, Suède, Finlande
- Ecosse
- Espagne
- Europe
- Florence et la Toscane
- Floride
- France
- Grande-Bretagne
- Grèce
- Guadeloupe-Martinique
- Hollande
- Irlande
- Italie
- Le Québec
- Londres
- Maroc
- New York
- Nouvelle Angleterre
- Portugal
- Rome
- Suisse
- Sicile
- Thaïlande
- Venise
- Vienne

MICHELIN